东坡年鉴

2022

眉山市东坡区党史研究和地方志编纂中心 编

方志出版社
Publishing House of Local Records

图书在版编目（CIP）数据

东坡年鉴. 2022 / 眉山市东坡区党史研究和地方志编纂中心编. —北京：方志出版社，2022.12
ISBN 978-7-5144-5508-3

Ⅰ. ①东… Ⅱ. ①眉… Ⅲ. ①东坡区—2022—年鉴
Ⅳ. ①Z527.14

中国版本图书馆CIP数据核字（2022）第240517号

责任编辑：罗滔
责任校对：刘玉霞
责任印制：梅中英
出 版 者：方志出版社
地　　址：北京市朝阳区潘家园东里 9 号（国家方志馆4层）
邮　　编：100021
网　　址：http://www.zgfzcb.cn
发　　行：方志出版社图书营销中心（010-67110500）
印　　刷：四川金鹏宏达实业有限公司
开　　本：889毫米×1194毫米 1/16
印　　张：28.5
字　　数：931千字
版　　次：2022年12月第1版
印　　次：2022年12月第1次印刷
定　　价：280.00元

2021年11月8日至10日，东坡区在市会议中心召开区六届人大一次会议、区政协六届一次会议。图为区六届人大一次会议
（区人大 供图）

2021年6月4日，区委书记廖小宁(一排左三)带队督查全区高考备考工作（区融媒体中心 供图）

2021年7月22日，区人大常委会主任何万高（一排左二）督导中心城区老旧小区改造工作（区人大 供图）

2021年3月3日，区委副书记、区政府区长杨翔宇(左四)率队调研农业重大项目及产业工作（区融媒体中心 供图）

2021年10月12日，区政协党组书记、主席候选人郭建华（左四）到尚义镇白马龚村敬老院走访慰问（区政协 供图）

2021年4月14日，东坡区举行“十四五”开局首个县级领导干部和科级主要负责人读书班（区融媒体中心 供图）

2021年6月3日，东坡区乡村振兴局挂牌成立（区农业农村局 供图）

2021年6月28日，眉山市东坡区庆祝中国共产党成立100周年活动暨党史学习教育专题党课在眉山会展中心举行（区融媒体中心 供图）

2021年6月17日，东坡区召开中国少年先锋队眉山市东坡区第二次代表大会（团区委 供图）

2021年1月25日，东坡区举行一季度重大项目集中签约仪式（区经合局 供图）

2021年3月11日，东坡区在东坡水厂举行“引青入东”工程通水仪式（区水利局 供图）

2021年4月12日，中国柑桔学会2021学术年会暨眉山市第四届晚熟柑橘节开幕式在会展中心举行（区农业农村局 供图）

2021年，万亩晚熟柑橘标准园及景观台（区农业农村局 供图）

2021年12月15日，成乐高速公路扩容项目眉山至乐山段建成通车。图为正在建设中的东坡区境内施工现场（区综交中心 供图）

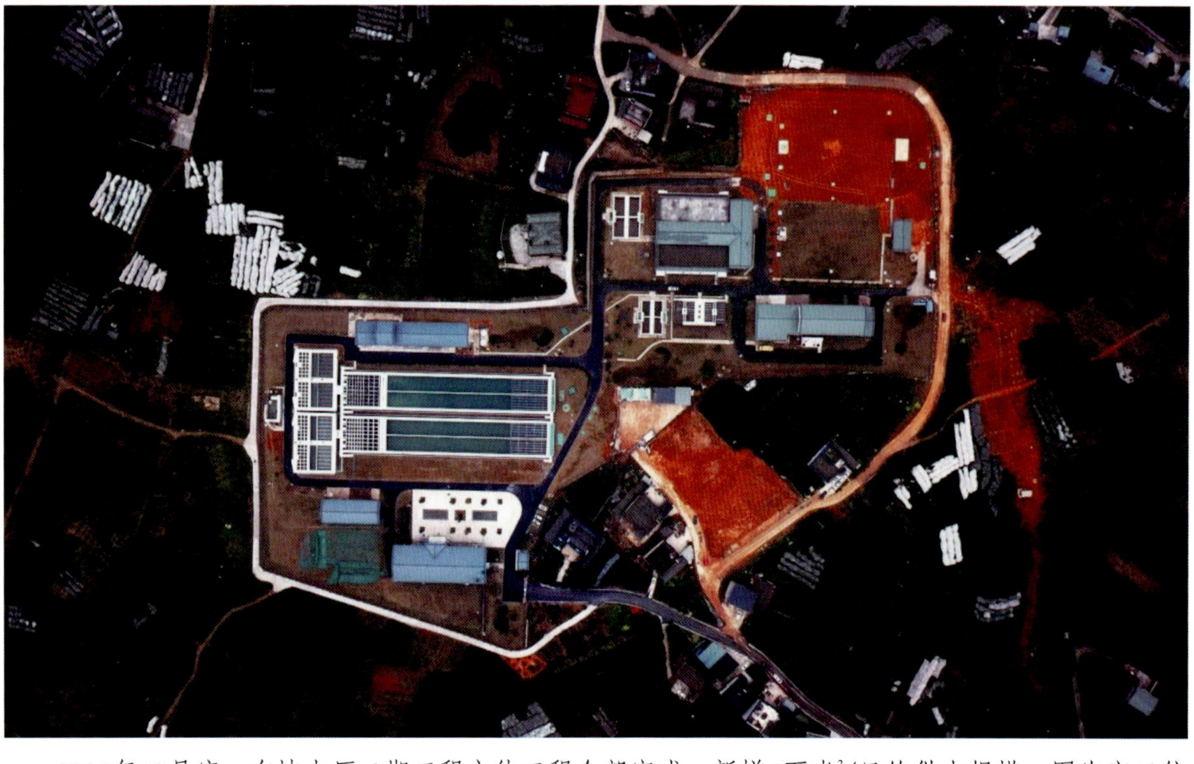

2021年12月底，东坡水厂二期工程主体工程全部完成，新增5万米³/日的供水规模，图为完工俯拍图（区水利局 供图）

2021年，东坡区国家现代农业产业园（区农业农村局 供图）

2021年，万家好种养循环基地——思蒙黄金茶种植基地（区农业农村局 供图）

2021年1月22日，东坡区举行新冠肺炎疫情处置应急演练（区融媒体中心　供图）

2021年4月7日，区文明办组织眉山爱心之友志愿者协会在尚义镇龚村开展庆祝中国共产党成立100周年暨我为群众办实事红色主题志愿服务活动（区融媒体中心　供图）

2021年7月1日，东坡邻里中心·白马分中心群众体验日活动（区融媒体中心 供图）

2021年11月18日，通惠街道崇义社区同升二期小区以“共建共治共享 同升同心同行”为主题，开展改造资金募捐活动（区融媒体中心 供图）

2021年3月25日，由区商务博览局主办、“味在东坡”餐饮文化协会承办的首届“东坡名厨”川菜烹饪技能比赛暨结业考试在开元禧悦酒店举行（区商务博览局 供图）

2021年4月20日，举办“童心向党耀眉州”庆祝中国共产党成立100周年中小学生现场作文大赛（区教体局 供图）

2021年4月24日，2021千禾眉山东坡半程马拉松暨全国半程马拉松锦标赛（东坡站）在眉山市东坡城市湿地公园鸣枪开跑，CCTV5全程直播（区融媒体中心 供图）

2021年5月25日，东坡区第十届中小学生艺术展示活动暨第四届师生书画大赛颁奖大会在眉山会展中心举行（区融媒体中心 供图）

2021年5月21日，东坡区公安分局在眉山中学举办反诈和禁毒知识宣传展览（区教体局 供图）

2021年8月30日，中华人民共和国第十四届运动会群众展演广场舞决赛成绩公布，东坡区少年儿童业余体校队荣获健身舞分项企事业单位组三等奖（区教体局 供图）

2021年，开展化肥农药“双减”行动。图为植保无人机统防统治（区农业农村局 供图）

2021年，东坡“街长”在行动。图为区级各单位到社区参与环境整治、秩序维护等共建工作（区街长办 供图）

2021年，建设中的岷江东岸（区融媒体中心 供图）

编辑说明

一、《东坡年鉴》的编纂以马克思列宁主义、毛泽东思想、邓小平理论、“三个代表”重要思想、科学发展观、习近平新时代中国特色社会主义思想为指导，坚持辩证唯物主义和历史唯物主义的立场、观点和方法。

二、《东坡年鉴》是由眉山市东坡区人民政府主办，眉山市东坡区党史研究和地方志编纂中心编纂的年度资料性文献。它系统、全面、翔实地记载了眉山市东坡区自然、政治、经济、文化、社会等方面情况。旨在保存和积累地方文献资料，为国内外各界人士了解、认识、研究东坡区传递信息，促进经济、科技、文化交流，为加快东坡发展、造福东坡人民服务。

三、《东坡年鉴》于1988年首次编纂。《东坡年鉴(2022)》(简称本年鉴)收录的资料时限原则为2021年1月1日至12月31日，部分史实适当上溯或下延。

四、本年鉴结构，基本按类目、分目、条目三个层次进行梯级设置。全书设大事记、东坡概况、中共眉山市东坡区委员会、眉山市东坡区人民代表大会、眉山市东坡区人民政府、政协眉山市东坡区委员会、眉山市东坡区纪检监察委员会、民主党派、群众团体、法治、军事、经济管理、城乡建设与管理、农业与农村、工业·建筑业、交通·通信、商贸·旅游、财税·金融、文化事业、人民生活与社会保障、教育·体育、卫生·科技、环境保护与治理、街道与镇、人物·荣誉、附录、索引等。

五、本年鉴资料均由区级各园区、部门、镇(街道)、企事业单位提供，并经主要负责人审核。数据大多以统计部门的数据为准，个别数据因单位统计口径不同，不尽一致，引用数据时，请以统计部门的数据为准。文件资料由区委办、区政府办提供，图片资料由东坡区融媒体中心及相关单位提供。

《东坡年鉴(2022)》编辑部

目 录

大事记

东坡概况

中共眉山市东坡区委员会

眉山市东坡区人民代表大会

眉山市东坡区人民政府

政协眉山市东坡区委员会

眉山市东坡区纪检监察委员会

民主党派

群众团体

法 治

军 事

经济管理

城乡建设与管理

农业与农村

工业·建筑业

交通·通信

商贸·旅游

财税·金融

文化事业

人民生活与社会保障

教育·体育

卫生·科技

环境保护与治理

街道与镇

人物·荣誉

附　录

Contents

Chronicle of Events

Overview of Dongpo

Meishan Dongpo District Committee of the Communist Party of China

Meishan Dongpo District People's Congress

Dongpo District People's Government of Meishan City

Meishan Dongpo District Committee of the CPPCC

Meishan Dongpo District Discipline Inspection and Supervision Commission

Democratic Parties

Mass Organizations

Rule of Law

Military

Economic Management

Urban and Rural Construction and Management

Agriculture and Rural Areas

Industry and Construction

Transportation and Communication

Commerce and Tourism

Finance and Taxation&Finance

Cultural Undertakings

People's life and social security

Education&Physical Education

Health and Technology

Environmental Protection and Governance

Streets and Towns

Character&Honor

Appendices

大事记

1月

4日 区委五届十九次全会暨区委经济工作会议在市会议中心召开。会议听取和讨论区委书记廖小宁代表区委常委会作的工作报告;审议通过《中共眉山市东坡区委关于制定东坡区国民经济和社会发展第十四个五年规划和二〇三五年远景目标的建议》;讨论《2021年全区经济工作要点》;听取区委常委会党建工作报告等。

5日 区委副书记、区政府代理区长、市岷东新区党工委书记杨翔宇前往泡菜园区和甘眉工业园区南区,现场督导重大产业项目推进工作。

同日 区委副书记、区政府代理区长杨翔宇调研眉山“中国泡菜城”蒙牛集团西南生产基地项目、申唐食品年产6万吨复合调味品项目建设情况。

6日 东坡区制发《眉山市东坡区推进新冠病毒疫苗接种工作方案》和《眉山市东坡区新冠病毒疫苗接种技术方案》,将9类重点接种人群细分为36小类,正式启动首批新冠疫苗接种工作。

7日 广安市广安区党政代表团一行到眉山“中国泡菜城”考察现代农业园区建设和发展情况,区人大常委会主任何万高、区政协主席李胜华等区级领导陪同。

同日 区五届七次人代会代表中的党员大会召开,区委常委、区委组织部部长王军宣布区委关于成立会议临时党委的通知。区委书记廖小宁发表讲话。

7日至8日 政协眉山市东坡区第五届委员会第六次会议在市会议中心召开。会议审议通过《政协眉山市东坡区第五届委员会第六次会议提案审查情况报告》《政协眉山市东坡区第五届委员会第六次会议决议(草案)》。

7日至8日 眉山市东坡区第五届人民代表大会第七次会议在市会议中心召开。会议表决通过政府、人大、法院、检察院等七个报告以及“十四五”规划和二〇三五年远景目标纲要的决议。大会选举杨翔宇为眉山市东坡区人民政府区长。

8日 区第五届人代会第七次会议第二次大会召开。区委书记廖小宁主持会议。

11日 副省长李云泽、省政协副主席赵振铣一行到眉山“中国泡菜城”调研海霸王速冻食品生产基地规划建设情况。

12日 副省长、省政协主席赵振铣一行调研金龙社区基层治理工作。

14日 东坡区社会科学界联合会第二次代表大会召开。会议听取和审议《眉山市东坡区社科联第一届理事会工作报告》;表扬东坡区2014—2020年社科工作先进集体和先进个人;修订《眉山市东坡区社会科学界联合会章程》;选举产生区社科联第二届理事会理事、常务理事、主席、副主席、秘书长。

15日 区委书记廖小宁主持召开2021年区委农村工作领导小组第一次会议。

18日 东坡区成功创建“2018—2020年全国计划生育优质服务先进单位”。

20日 四川省文化和旅游厅发布《关于第二批省级全域旅游示范区拟认定名单的公示》,东坡区上榜公示名单。

22日 眉山市暨东坡区新冠肺炎疫情处置应急演练在太和镇体育中心举行。

同日 东坡区第十一届村(居)委会换届选举工作部署暨专题培训会召开。

25日 眉山市东坡区2021年一季度重大项目集中签约仪式举行。市委常委、常务副市长刘先伟,副市长鲁力,区委书记廖小宁,区人大常委会主任何万高,区政协主席李胜华,区委副书记谭正中、张文鹏出席签约仪式。

同日 东坡区种粮售粮大户李相德,作为全国唯一种粮代表前往北京参加由李克强主持的座谈会。与其余6位教育、科技文化、卫生、体育界人士和基层群众代表一道,对《政府工作报告》《“十四五”规划和二〇三五年远景目标纲要(草案)》两个征求意见稿提出建议,会议由中共中央政治局常委、国务院总理李克强主持。

27日 东坡区“金通工程”响应式村通客运开行仪式在眉山东站举行,标志着首批30辆农村客运轿车正式在13个镇投入运营。

同日 东坡区召开民主党派和无党派代表人士座谈会。区委书记廖小宁出席会议并讲话,区委副书记谭正中主持。区委常委、统战部部长游方全，区人大常委会副主任岳志红，区政府副区长马琴，区政协副主席田中文、张燕、陈岸芷出席会议。

同日　区委人大工作会议召开。区委书记廖小宁，区人大常委会主任何万高，区政协主席李胜华，区委副书记谭正中、张文鹏出席会议。

28日　区委书记廖小宁专题调研全区文旅融合高质量发展工作。区委常委、宣传部部长李维义，副区长余鹏参加调研。

29日　区委书记廖小宁主持召开2020年度全区党委（党组）书记落实主体责任述职评议会。市委组织部副部长、市委“两新”工委书记马炜到会指导，区委书记廖小宁作会议讲话。

2月

3日　区委书记廖小宁前往大石桥街道，宣讲中共十九届五中全会、省委十一届八次全会、市委四届十六次和区委五届十九次全会精神。

5日　东坡区2021年党管武装述职暨武装工作会议召开。

7日　全区第十一届村（居）委会换届选举推进会召开，区委书记廖小宁出席并讲话。

同日　区委副书记、区长、市岷东新区党工委书记杨翔宇主持召开东坡区第一季度经济运行暨重点工作会。

9日　东坡区生态环境保护委员会2021年第一次全体（扩大）会议暨生态环境突出问题整改现场工作会议召开，区委书记廖小宁出席会议。

10日　市委常委、统战部部长来建一行到东坡区卫生健康局督导疫情防控工作并慰问局机关干部。

18日　区委、区政府召开全区复工复产复商复市工作会，安排部署新春开局冲刺工作。

22日　区委书记廖小宁主持召开区委落实中央和省委巡视组反馈意见整改工作领导小组会议，听取省委第四巡视组巡视东坡区反馈意见整改落实推进情况，对全区巡视整改工作进行再动员、再部署、再调度。

23日　区委副书记、区长、市岷东新区党工委书记杨翔宇带队，专题调研甘眉工业园区南区重点项目推进工作。甘眉工业园区南区党工委书记丁全洪，区委常委、常务副区长廖锦，区委常委、总工会主席邹和良，副区长王志丹参加。

24日　区委副书记、区政府区长杨翔宇一行到眉山“中国泡菜城”调研海思科、艾仕达、三益电子、亲亲食品、今麦郎等项目生产建设及推进情况。

27日　东坡区为解决农民工返岗需求组织开行的“春风行动”客运专车搭载19名东坡籍农民工开往西昌。

3月

2日　东坡区2021年乡村振兴试点村竞争演讲在东坡区公安分局举行，全区30个村的村党委书记用演讲的形式争取试点村资格。

同日　四川省政府网站公布《四川省“5+1”重点特色园区培育发展三年行动计划（2021—2023年）》，眉山“中国泡菜城”成功入选。

同日　区委副书记、区长、市岷东新区党工委书记杨翔宇带队专题调研部分农业重大项目及产业工作，副区长王志丹陪同调研。

4日　区委书记廖小宁主持召开2020年度县级领导班子和县级干部年度考核暨干部选拔任用工作“一报告两评议”大会。会议开展2020年度县级领导班子和县级干部年度考核述职测评。区委书记廖小宁代表区委班子作大会述职，并作个人口头述职。区委副书记、区长杨翔宇代表区政府班子作大会述职，并作个人口头述职。

8日　区妇联组织召开“献礼建党百年•共建幸福家园——东坡幸福家庭和美工程”发布仪式暨“三八”国际劳动妇女节庆祝大会。区委常委、区总工会主席邹和良，副区长、妇儿工委主任马琴参加会议。

11日　东坡区举行“引青入东”工程通水仪式，市委书记慕新海宣布“引青入东”工程通水，并与省水利厅副厅长李勇蔺、省水利厅农田水利局局长董军，市领导刘十庆、刘先伟、肖忠良，相关区县负责人共同开阀通水。

12日　团市委、团区委联合区少工委、三苏镇政府、区青年联合会、区青年志愿者协会等部门单位在三苏镇望苏村开展“青春志愿·绿色同行”植树活动,200余名志愿者共栽种1200株树苗。

13日 东坡区第十一届村(居)民委员会换届选举工作结束,选举产生1009名村(社区)“两委”成员进入新一届村级领导班子中。

16日 市委常委、市纪委书记刘海一行到眉山“中国泡菜城”调研。

同日 区委书记廖小宁主持召开四川文创会客厅——中国共产党成立100周年文化献礼专项活动汇报会,成都眼镜蛇策划顾问公司总经理缪建伟汇报本次活动方案,中新社四川分社社长邹辉、金恒德集团董事长周金法、岷东新区党工委副书记、管委会主任黄世文分别作发言,市委常委、宣传部部长何迎晓作讲话。

17日 东坡区川南酿造有限公司等研发团队共同攻关的科技项目“基于MVR泡菜盐渍液高效综合利用关键技术研究与示范”在四川省科学技术奖励大会上获得科技进步一等奖。

同日 重庆市黔江区委副书记、区长徐江,黔江区委常委、正阳工业园区党工委书记、管委会主任张力到眉山“中国泡菜城”调研。

18日 由四川日报报业集团封面新闻、华西都市报社主办,眉山东坡老家文旅传媒有限公司承办的第十一届C21论坛在东坡区举行。论坛以“新中心·新高地·新生活”为主题。

同日 四川省卫生健康委副主任、党组成员徐旭一行莅临东坡区督查基建项目工作情况,现场督查岷东新区人民医院(市中医医院)迁建项目一期工程,查看区疾控中心综合业务楼项目建设前期工作推进情况。

19日 区委庆祝中国共产党成立100周年活动暨党史学习教育领导小组召开第一次会议。

同日 区检察院依法对丹棱县公安局民警陈某徇私枉法一案提起公诉,该案系国家监察体制改革后,全市检察机关首例自侦案件。区检察院检察长牟敏出庭支持公诉,全区政法部门共计200余人旁听并接受警示教育。

同日 市政府副市长冉登祥一行到眉山“中国泡菜城”调研亲亲食品、蒙牛乳业、今麦郎食品等项目建设情况。

同日 省委常委、政法委书记邓勇一行调研指导东坡区法院队伍教育整顿工作推进情况,给予高度肯定。

23日 市委常委、宣传部部长何迎晓率队到东坡区蟆颐观调研宗教场所文物保护修复工作。

同日 全省殡葬改革现场会在复兴镇白塔村召开,省直有关部门、省民政厅和各市(州)民政局等领导现场参观指导。

24日 东坡区人民政府与四川青木制药有限公司举行签约仪式,标志着总投资4.8亿元、占地面积240亩的原料药加制剂西部药谷生产基地项目正式落户东坡区。

25日 由区商务博览局主办“味在东坡”餐饮文化协会承办的首届“东坡名厨”川菜烹饪技能比赛暨结业考试在开元禧悦酒店举行。

同日 民革眉山市东坡区支部“中山同心学堂”在东坡区永寿小学正式挂牌开班授课。

同日 2021年四川省文旅行业协会联席会召开,区委书记廖小宁出席会议并致辞。

27日 东坡区新的社会阶层人士联谊会联合多部门在眉山万达广场举办2021年春季人才招聘会。

28日 《四川省知识产权服务促进中心关于2021年省级知识产权专项资金安排情况的公告》公布完成,眉山“中国泡菜城”获批100万元知识产权特色小镇建设专项资金。

30日 四川历瑞医药有限公司眉山基地项目开工仪式举行。市委常委、常务副市长、眉山高新区党工委书记刘先伟宣布开工,区委书记廖小宁致辞,区委副书记、区长杨翔宇主持。

同日 由眉山市委宣传部、东坡区委宣传部、眉山日报社、东坡区融媒体中心组成的采访团从苏轼的出生地眉山出发,寻访湖北省黄冈市黄州区,开展城市形象主题联动宣传活动。

31日 东坡区生态环境保护委员会2021年第二次全体(扩大)会议召开,区委书记廖小宁出席会议。廖小宁强调全区上下要坚持问题导向,增强生态环境保护的责任感紧迫感,不断推进生态环境保护工作取得新成效。

同日 全区政法队伍教育整顿会议召开,区委书记廖小宁出席会议并开展坚守初心勇担使命努力锻造新时代政法铁军的主题党课。

同日 全区安全生产工作暨森林防灭火工作会议召开,区委书记廖小宁出席会议并讲话,区委常委、常务副区长廖锦，副区长余鹏出席会议。

4月

1日 重庆高速公路集团党委书记、董事长滕英明带队到东坡区调研。副市长孙剑，区委书记廖小宁，区委副书记、区长、市岷东新区党工委书记杨翔宇，甘眉工业园区南区党工委书记丁全洪，区委常委、常务副区长廖锦陪同。

2日 省疾控中心副主任钟波一行4人到东坡区培训“十四五”期间血吸虫病防治重点工作。

3日至5日 2021首届天府眉山家装节和眉山第八届惠民团车节在眉山会展中心举办。

11日 中国工程院院士邓秀新和中国工程院、中国柑桔学会、省农业农村厅、省农科院专家一行莅临东坡区，实地调研东坡晚熟柑橘产业发展情况，帮助指导东坡晚熟柑橘产业高质量发展。省农业农村厅二级巡视员胡强，市政府副秘书长肖巍，区委常委、统战部部长游方全陪同。

11日至13日 由中国柑桔学会、四川省农业农村厅四川省林业和草原局、眉山市人民政府共同主办的中国柑桔学会2021年学术年会暨眉山市第四届晚熟柑橘节在东坡区举行。

12日 东坡区组织召开2021年度区人大代表票决民生实事项目东坡区老旧小区改造动员大会。

13日 东坡区县级领导干部和科级主要负责人读书班举行。区委书记廖小宁在开班式上作主题报告。区人大常委会主任何万高，区政协主席李胜华出席，区委副书记谭正中主持。

同日 区委书记廖小宁主持召开区委农村工作领导小组第二次会议，会议审议《眉山市东坡区农业农村局关于切实抓好2021年粮食生产工作的建议意见》《中共眉山市东坡区委农村工作领导小组办公室关于下达东坡区2021年农业和农村经济主要目标的建议意见》。

14日 区委书记、区两项改革“后半篇”文章专项工作领导小组组长廖小宁主持召开全区两项改革“后半篇”文章专项工作领导小组第一次会议。会议审议通过《东坡区两项改革“后半篇”文章专项工作领导小组工作规则》《东坡区两项改革“后半篇”文章专项工作领导小组办公室工作方案》《东坡区两项改革“后半篇”文章专项工作专班组建方案》《东坡区两项改革“后半篇”文章2021年度专项工作督导方案》。

同日 四川省政协副主席钟勉一行调研指导苏祠街道金龙社区基层治理工作。

15日 达州市政协党组副书记、副主席张洪波一行到眉山“中国泡菜城”考察泡菜产业发展情况。

17日 东坡区委书记廖小宁率队前往重庆市江北区，见证重庆市四川眉山商会东坡分会、眉山市东坡区驻重庆农民工服务工作站的成立。

19日 东坡区镇领导班子换届工作动员大会暨换届纪律专题谈心谈话会召开。

20日 由区教体局和区青少年作协联合举办的“红心向党耀眉州”中小学生现场作文比赛在三苏祠内举行。

22日 东坡区召开未成年人保护工作委员会第一次扩大会议。

同日 什邡市政协副主席喻敏一行到眉山“中国泡菜城”考察，区政协副主席李继成陪同。

同日 市政府一级巡视员唐宏一行到眉山“中国泡菜城”考察亲亲食品、汇宇生物、海霸王等项目推进情况，区委常委、区总工会主席邹和良陪同。

同日 眉山“中国泡菜城”应中国食品发酵工业研究院副院长、全国食品与发酵工业信息中心主任程池邀请，在国际大食品产业集群发展高峰论坛作《千年川泡菜，百亿大产业》报告推介。

同日 区委副书记、区长杨翔宇采取不发通知、不打招呼、不听汇报、不用陪同接待、直奔基层、直插现场的“四不两直”方式，前往太和镇悦兴污水处理厂、雨朵肉类食品有限公司污水处理工程、森源生物科技有限公司、科二路停车场等地进行暗访督导，听取相关情况汇报，并针对存在的问题，现场提出具体整治要求，确保国家和省、市关于生态文明建设和环境保护工作的各项决策部署在东坡落地生根、开花结果。

23日 广安市邻水县政协副主席陈禾一行到眉山“中国泡菜城”考察。

24日 2021千禾眉山东坡半程马拉松暨全国半程马拉松锦标赛（东坡站）跑遍四川（东坡站）

开赛,赛事由央视CCTV-5全程直播。

同日 济南市天桥区委统战部考察组一行到农工党东坡区支部实践创新基地——太和镇好味稻水稻专业合作社考察学习。

29日 党史学习教育县级领导班子中心组学习暨县级领导干部专题读书班在四川电信国防教育基地举行。

30日 区委书记廖小宁带队督导检查"五一"节前安全生产、森林防灭火、地质灾害防治等工作。廖小宁强调,各级各部门要认真贯彻落实中央和省、市各项部署要求,坚持问题导向,强化底线思维,全力保安全,严防各类事故的发生,确保人民群众平安快乐祥和过节。

同日 区委副书记、区长杨翔宇带队前往检查修文镇岳营村水毁工程建设进度、道路交通安全、岷江重点流域防汛、汤坝航电工程建设进度等工作的开展情况。

5月

6日 市人大常委会主任刘十庆带队对代表票决的东坡区辖区内的老旧小区改造项目进行专题监督检查。

同日 东坡区、青神县人民政府与天津振威展览股份有限公司签订协议,在现代会展领域建立战略合作关系。市政府副市长鲁力见证签约,博鳌亚洲论坛顾问、中国会展经济研究会副会长姚望出席仪式。

同日 东坡区创建天府旅游名县迎检工作安排部署会召开。区委书记廖小宁出席会议并发表讲话。

同日 东坡区人民政府与天津振威展览股份有限公司签订战略合作协议。

7日 "建党百年 初心之路"大型全国巡展眉山站活动将在东坡城市湿地公园启动。

8日 东坡区人民政府、成都中医药大学、眉山市卫生健康委三方签订《共建成都中医药大学附属眉山医院、成都中医药大学眉山临床医学院合作协议》,按照直属附属医院管理模式建设成都中医药大学附属眉山医院、成都中医药大学眉山临床医学院。

10日 2021年眉山市地震应急演练在东坡区举行,由消防、公安、交警、医疗、应急管理等部门组成的抢险救灾工作组在泡菜园区内进行实战演练。

同日 区委全面依法治区工作会议召开。区委书记廖小宁主持会议。

同日 东坡区生态环境保护委员会2021年第三次全体(扩大)会议召开。区委副书记、区长杨翔宇主持会议,区委书记廖小宁出席并发表讲话。

同日 市人大常委会副主任李永高率队,到东坡区太和镇悦兴小学、甘眉园区调研民族团结进步创建工作。

11日 市委第四巡察组进驻东坡区,对换届纪律作风开展巡察。

同日 省委组织部换届工作谈心谈话会召开,区委书记廖小宁出席会议并讲话。

12日 区卫生健康局举办庆祝中国共产党成立100周年暨2021年"5·12"国际护士节东坡区首届"'南丁格尔式护士'和'南丁格尔式护理团队'"表扬活动。

同日 湖南省怀化市政协党组成员、副主席杨陵俐一行到眉山"中国泡菜城"考察。

同日 由团市委书记李永康带的队、市委宣传部等相关部门组成中期评估分析小组,到东坡区开展《四川省中长期青年发展规划(2017—2025年)》中期评估实地审核。

12日至13日 党史学习教育县级领导班子中心组学习暨县级领导干部专题读书班实践教学在四川长征干部学院雅安夹金山分院举行,区委书记廖小宁出席并发表讲话。

13日 云南省保山市政协副主席、市工商联主席温仕红一行到眉山"中国泡菜城"考察,市政协副主席、党组副书记余自生陪同。

17日 区委书记廖小宁主持召开区政法队伍教育整顿领导小组第三次全体会议暨落实"自查从宽、被查从严"政策有关事宜专题会,传达学习全国、全省政法队伍教育整顿相关会议精神,听取区委政法委、区级政法各单位、区教育整顿办部分专项组工作推进情况汇报,审议有关文件。

19日 第六批25名东坡区干部人才前往羌乡茂县,开展为期2年的对口帮扶工作。

20日 区检察院依法对涉嫌污染环境罪的陈某某、孟某某等6名被告人提起公诉和刑事附带民事公益诉讼。该案系新《中华人民共和国固体废物污染环境防治法》实施后全省首例危险废物污染环境案，入选生态环境部打击危废违法典型案例。

同日　东坡区开展第二届“5·20”关爱困难母亲城乡妇联结对帮扶活动，活动由区妇联主办，各镇（街道）妇联、区级机关妇委会共同参与，共为全区80名困难母亲发放慰问金、生活用品等5万元。

20日至21日　区委副书记、区长杨翔宇前往苏祠初中、齐通小学、眉山一中等部分中小学校，专题调研指导全区教育工作。

21日　政协眉山市东坡区第五届委员会第七次会议在眉山市会议中心召开。

同日　眉山“中国泡菜城”景区信息化建设官方网站正式上线运营。

24日　副市长鲁力，区委书记廖小宁，区委副书记、区长、市岷东新区党工委书记杨翔宇，市委组织部常务副部长、区委副书记张瑾等市区领导，会见曲江文化产业集团党委副书记、总经理彭海涛，以及西安华陆集团董事长王斌一行，双方围绕加快眉州大宋不夜城项目建设，推进深层次合作等进行交流讨论。

26日　区委书记廖小宁主持召开区委庆祝中国共产党成立100周年活动暨党史学习教育领导小组第二次会议，传达学习习近平总书记在福建、广西考察期间关于抓好党史学习教育的重要讲话精神，听取东坡区庆祝中国共产党成立100周年活动和党史学习教育工作情况汇报，讨论审议有关文件，安排部署下一步重点工作。

28日　眉山市东坡区正大集团5000万只白羽肉鸡全产业链项目签约仪式举行。市委书记慕新海，正大集团中国区农牧食品企业资深副董事长谢毅等出席并见证签约。

同日　眉山市生态环境保护工作推进会议召开，区委书记廖小宁出席会议并就东坡区生态环境保护工作作表态发言。

31日　四川天和堂食品股份有限公司高端冷冻食材研发生产基地奠基仪式举行。

同日　眉山市两项改革“后半篇”文章第二督导组到东坡区，现场督导全区两项改革“后半篇”文章工作情况。

6月

3日　东坡区乡村振兴局正式揭牌。

同日　东坡区镇领导班子换届工作会暨换届纪律谈心谈话会召开。区委书记廖小宁出席会议，区委副书记、区长、市岷东新区党工委书记杨翔宇主持会议。

4日　区委书记廖小宁带队督查全区高考备考工作，区委副书记、区长杨翔宇，区委常委、常务副区长廖锦，区级相关部门主要负责人参加督查。

同日　东坡区举办中小微企业联谊会暨庆祝中国共产党成立100周年活动。

5日　区委书记廖小宁带队专题调研东坡区天府旅游名县创建工作。区委副书记谭正中，区委常委、区纪委书记、监委主任陈霞，区委常委、宣传部部长李维义，副区长余鹏参加调研。

7日　市委第二巡回指导组组长杨志忠带队调研指导东坡区党史学习教育工作。

同日　市人大常委会副主任李建章率市经信局、市应急管理局和安全专家到眉山“中国泡菜城”调研眉山市东坡区海霸王食品有限公司、四川省惠通食业有限责任公司安全工作开展情况。

8日　东坡区举办“学党史、颂党恩、跟党走”有奖知识竞赛决赛，来自全区12个系统和片区的12支参赛队伍，共36名选手同台竞赛。

同日　东坡区成功创建省级健康促进区。

9日　希尔顿逸林酒店开工仪式在万科“眉州文化村”举行。市人大常委会副主任李永高宣布开工。区委书记廖小宁，区委副书记、区长杨翔宇，区人大常委会主任何万高，区政协主席李胜华参加开工仪式。

10日　东坡区召开2021年度执行工作联席会议，通报2020年执行工作情况，安排部署2021年推动“切实解决执行难”相关工作。

13日　东坡区创建天府旅游名县，尚义镇龚村作为创建乡村旅游点顺利迎接省级旅游专家组的检查，并得到区领导的一致好评。

16日　市纪委副书记、市监委副主任邓世虎一行到眉山“中国泡菜城”开展生态环境保护和安全生产专项调研督导。

同日　东坡区市场监管局和

青羊区市场监管局(青羊区知识产权局)在眉山市会议中心签订《知识产权跨区域保护战略协作协议》。省市场监管局知识产权规划发展处处长周广平、区政府副区长余鹏、市市场监管局副局长祝佳梅共同见证。

18日 中共眉山市东坡区思蒙镇第四次代表大会召开，标志着东坡区镇党委领导班子换届选举工作拉开序幕。

同日 区委副书记、区长杨翔宇带队采取"四不两直"方式，深入全区部分食品生产企业，督导检查食品生产安全、环保、食品质量安全等相关工作。副区长余鹏陪同检查。

18日至24日 东坡区镇党委领导班子换届选举工作完成。全区13个镇全部足额选举产生党委、纪委班子成员，共选举产生党委委员117名，纪委委员65名。

23日 四川省副省长杨兴平调研眉山市疫情防控工作，实地查看东坡区大石桥街道体育馆临时接种点，对现场接种工作予以肯定。

同日 区委书记廖小宁主持召开区委党建领导小组会议，会议学习贯彻中共十九届五中全会、省委十一届八次、九次全会和市委四届十六次全会精神，传达市委党建领导小组会议精神，审议区委党建领导小组2021年工作要点。

28日 东坡区组织召开全区社会各界人士庆祝中国共产党成立100周年座谈会。区委常委、统战部部长游方全参加座谈会。全区各民主党派、统战团体负责人以及非公有制经济人士代表近40人参加会议。

同日 眉山丽思·卡尔顿酒店项目签约仪式举行，区委书记廖小宁在签约仪式致辞。

7月

6日 全区生态环境保护大会召开。副区长王志丹对当前和下一步全区生态环境保护工作作安排部署，区委书记廖小宁出席会议并讲话。

同日 东坡区召开2021年道安委第一次全体会议。区委副书记、区长杨翔宇主持会议并发表讲话。

同日 翰墨歌盛世·丹青颂百年——庆祝中国共产党成立100周年"四省五地"政协书画联展在眉山市美术馆举行。区委书记廖小宁，区政协主席李胜华，区委常委、宣传部部长李维义以及来自浙江省桐乡市四川省什邡市、安徽省灵璧县、广西壮族自治区桂林市雁山区的政协领导出席开幕式。

同日 眉山市东坡区政协、浙江省桐乡市政协、四川省什邡市政协、安徽省灵璧县政协、广西壮族自治区桂林市雁山区政协一行到眉山"中国泡菜城"参观调研，园区党工委书记郭吉祥陪同。

10日 由区委、区政府主办的东坡区第三届职工运动会在眉山中学开幕，来自全区各镇(街道)、园区、机关和企事业单位的64支代表队，2800余名运动员参加。

13日 全区严肃换届纪律暨加强换届风气监督警示教育大会召开，区委书记廖小宁出席会议并讲话。

14日 东坡区召开2021年度老旧小区改造工作推进会。

同日 团省委书记张荣一行调研东坡区"东坡·团伴"志愿服务项目并召开青年座谈会，团省委办公室、宣传部及团市委负责人参加调研和座谈。

20日 全国爱国拥军模范、东坡区爱心企业家彭斌茹在区公安分局会议室举办第四届"强军奉献奖"，为291名驻眉山部队立功官兵和眉山籍立功官兵发放奖励金，其中东坡籍立功官兵65名。

同日 东坡区召开区镇两级人民代表大会换届选举工作会。

25日 区委书记廖小宁前往万胜镇高中桥、核桃堰水库、核桃堰泄洪道及三苏镇东馆村等地质灾害隐患点实地调研。

29日 东坡区15—17岁人群新冠病毒疫苗接种工作全面启动。

同日 杨翔宇前往崇礼镇疫苗临时接种点进行督导检查，要求持续加大对辖区群众的宣传动员力度，深入推进疫苗接种工作，力求做到"应接尽接"，真正构建全民免疫屏障。

30日 区委书记廖小宁主持召开"八一"拥军慰问活动，市委书记胡元坤，市委副书记、天府新区眉山党工委书记黄剑东，市委常委、市委秘书长汪树槐，市委常委、眉山军分区政治委员，市人大常委会副主任李建章，市政协副主席余自生，市退役军人事务局局长邢光华出席慰问活动。

31日 东坡区2021年岷江流

域河湖长制工作暨迎接中央环保督察工作推进会召开。区委书记、区总河长、岷江区级河长廖小宁主持，区委副书记、区长、毛河区级河长杨翔宇参加会议。

8月

2日 市委副书记、代理市长黄河到眉山“中国泡菜城”调研今麦郎食品有限公司项目建设、疫情防控、生态环保、安全生产、防汛减灾等工作开展情况。

3日 东坡区知联会“中国泡菜城”分会在眉山“中国泡菜城”管委会成立。

4日 东坡区召开2021年上半年经济运行情况和下半年经济工作政党协商座谈会。区委办、区政府办、区委统战部、区发改局相关负责人，全区各民主党派、工商联、统战团体负责人和无党派人士代表20余人参加会议。

5日 区委副书记、区长杨翔宇主持召开区政府第七次全体会议暨上半年经济形势分析会。

6日 区委副书记、区长、市岷东新区党工委书记杨翔宇主持召开东坡区生态环境突出问题整改第七次调度会。

10日 市政协副主席、民进眉山市委主委向东前往尚义镇白马社区同心文化艺术大讲堂、东坡统一战线创新实践基地、政协委员工作室调研。

同日 区委书记廖小宁主持召开区委全委(扩大)会议，对本届党政领导班子和现任区级领导班子成员、法检“两长”进行民主评议和民主测评，开展政治素质负面清单评价和党政领导班子及领导干部推动高质量发展实绩评价，全额定向民主推荐新一届区级领导班子成员及法检“两长”人选。

12日 市委书记胡元坤到东坡区调研。胡元坤强调，要把产业兴城作为主攻方向，推动全区经济社会高质量发展，为全市建设现代化成都都市圈科创增长极作出积极贡献。

16日 四川菜篮子生态农业有限公司党支部正式成立并举行授牌仪式，区人大常委会主任何万高出席授牌仪式。

17日 东坡区第一支镇级应急队暨村级应急分队在万胜镇挂牌成立。

同日 区委副书记、区长杨翔宇采取不发通知、不打招呼、不听汇报、不用陪同接待，直奔基层、直插现场的“四不两直”方式，到四川省中明环境治理有限公司、鑫统领集团鑫益商砼公司、永丰饲料有限公司等地，暗访督导生态环境保护有关工作并开展现场办公。

20日 东坡区召开生态环境保护工作会暨迎接第二轮中央生态环境保护督察动员会。

23日 中共眉山市东坡区商贸服务行业委员会正式成立，隶属于区委“两新”工委。

25日 东坡区委书记廖小宁带队赴成都市武侯区考察交流。武侯区委书记陈麟，武侯区委副书记、代理区长景波，武侯区政协主席伍本康陪同。东坡区委副书记、区长杨翔宇，东坡区人大常委会主任何万高，东坡区政协主席李胜华参加。

27日 眉山市人大常委刘十庆主任、区人大常委何万高主任一行到东坡区调研3岁以下托育机构发展情况。

30日 东坡区首个农村地区邻里中心•玉龙分中心建成投运。

31日 省人大常委会党组成员、副主任王菲一行到东坡区调研农村妇女“两癌”筛查工作和普惠托育示范建设工作。

9月

3日 东坡区召开“纪念中国人民抗日战争暨反法西斯战争胜利76周年座谈会”，邀请14名抗战老兵和老兵家属参加。

6日 眉山“中国泡菜城”蒙牛乳制品(眉山)有限公司正式开启两条康美苗条装真果粒生产线，蒙牛智能化常温奶生产项目正式投产。

同日 区委常委、区政府常务副区长廖锦到眉山“中国泡菜城”调研汇宇生物科技项目一期等项目建设推进情况。

同日 东坡区获批“2021年川派餐饮创新发展先行区”。

同日 东坡岛水街入选2021年省级步行街改造提升示范点项目。

10日 东坡区人民政府与眉山汇龙药业科技有限公司成功举行签约仪式，标志着上市公司成都圣诺科技发展有限公司全资子公司——眉山汇龙药业科技有限公司总投资5.2亿元的氨基酸衍生物、多肽原料药及系列产品生产、CDMO平台项目正式签约落地东坡区。这是眉山市制造业招商引资“百日攻坚”行动动员部署会和第一次调度会召开以来，全市签约的首个重大项目。

同日 区委书记廖小宁一行前往重庆，与重庆高速公路集团党委书记、董事长滕英明等进行工作洽谈。

同日 东坡区首家乡风文明“道德超市”在万胜镇艾光村正式开业。

13日 市人大常委会党组书记杜紫平率队莅临东坡区调研，区委书记廖小宁，区人大常委会主任何万高陪同。

18日 区委书记廖小宁带队前往部分安全生产重点领域进行督导检查。

同日 区委副书记、区长杨翔宇督导检查节前安全、防疫和环保等有关工作。

25日 东坡区开展新一届区、镇人大代表选举工作，全区121个区人大代表选区、373个镇人大代表选区约66.7万名选民选举区、镇两级人大代表。

29日 由区委、区政府主办的东坡区第三届职工运动会在眉山市会展中心闭幕。

同日 由中国调味品协会酱油专业委员会、中国调味品协会调味酱专业委员会主办，千禾味业食品股份有限公司承办的2021年中国酱油及调味酱产业创新发展高峰论坛在东坡区开幕。区委书记廖小宁出席开幕式并致辞。

30日 2021·眉山市暨东坡区烈士公祭活动在东坡区烈士陵园举行。市委、市政府、眉山军分区有关领导，市中级人民法院院长，市人民检察院检察长；东坡区委、区人大常委会、区政府、区政协、区人武部主要负责同志；市、区有关部门负责同志，各民主党派、工商联、无党派人士和人民团体代表，烈士遗属、老战士，部队官兵、社会各界群众、消防指战员、学生、优秀退役军人代表等近500人参加。

10月

8日 四川省2021年第四季度重大项目集中开工眉山分会场仪式在东坡区举行，市委常委、常务副市长刘先伟宣布开工，区委副书记、区长杨翔宇致辞。

11日 省人大常委会党组成员、副主任宋朝华赴富牛镇云龙村调研市县乡人大换届选举工作，市委书记胡元坤陪同调研，市委副书记、市长黄河出席有关活动。

12日 重庆高速公路集团党委委员、监事会主席伍立新带队莅临东坡区，就深化合作、加快在建项目建设等事宜进行洽谈对接。

14日 东坡区全国文明城市长效管理暨“街长制”工作推进会召开。区委常委、宣传部部长杨程对复检工作作部署安排。区委书记廖小宁出席会议并讲话。

14日至15日 中国共产党眉山市东坡区第六次代表大会召开。

15日 中国共产党眉山市东坡区第六届委员会第一次全体会议召开。全会选举产生中国共产党眉山市东坡区第六届委员会常务委员会委员和书记、副书记。廖小宁、杨翔宇、郭益、廖锦、邹和良、熊宝策、杨程、张健、杨江海、程玉(女)、唐本清当选为中共眉山市东坡区委常委。廖小宁当选为中共眉山市东坡区委书记，杨翔宇、郭益当选为中共眉山市东坡区委副书记。

19日 东坡区人民政府与四川省交通建设集团股份有限公司举行签约仪式，标志着总投资50亿元的四川省钢构智造产业基地项目正式落户东坡区。

21日 区委书记廖小宁带队，专题调研东坡区全国文明城市长效管理暨“街长制”工作难点问题。

同日 省法院党组书记、院长王树江到眉山，考察调研眉山法院工作。市委常委、政法委书记周孝平，市法院党组书记、院长易晓东，区委书记廖小宁、区委常委杨江海等陪同。

27日 市政府副市长李建兴调研东坡区新冠疫苗加强免疫接种工作，对东坡区免疫接种工作予以肯定。市卫生健康委党委书记、主任蒋传德，区人民政府区长杨翔宇、区人民政府副区长马琴陪同调研。

28日 市政府副市长戴林莉到眉山“中国泡菜城”调研东坡泡菜产业技术研究院和川南酿造有限公司，园区党工委书记郭吉祥陪同。

同日 省委巡视工作领导小组成员、省委巡视办主任顾勇一行到东坡区玉龙村、白虎滩社区开展实地调研。

11月

8日至10日 政协眉山市东坡区第六届委员会第一次会议在市会议中心举行。区委书记廖小宁出席会议并讲话,区委副书记、区长杨翔宇作政府工作报告,区人大常委会主任何万高作人大常委会工作报告,区政协主席李胜华,区政协党组书记郭建华出席会议。

8日至10日 眉山市东坡区第六届人民代表大会第一次会议第一次大会在市会议中心召开,区委书记廖小宁出席会议并讲话。会议听取人大常委会和“一府两院”工作报告,表决通过选举办法等一系列草案。

12日 区法院发出第一份统一制式的《离婚证明书》,这是省高院首次在全省范围内推行统一规范《离婚证明书》的眉山市首份。

16日 东坡区启动3—11岁儿童新冠疫苗接种工作。

27日 东坡区2021年项目投资竞技拉练现场会召开,市人大常委会副主任、区委书记廖小宁率队调研全区重点项目、部署项目推进工作。

30日 东坡区副区长马琴代表四川省就东坡区探索推广“143”模式,全面构建困境儿童分级分类关爱保护体系作未成年人保护工作经验在民政部举办的全国儿童福利机构和未成年人保护暨儿童福利领域服务机构安全管理和疫情防控工作培训班上交流。

同日 “眉山市东岸建设有限公司增资扩股协议”签约仪式在东坡区隆重举行,重庆巨能建设集团和东坡发展投资集团签订合作协议。

同日 四川省第二轮深化构建和谐劳动关系综合配套改革试点启动会在东坡区举行。东坡区成功列入“省级深化构建和谐劳动关系综合配套改革试点”地区,为全市唯一。

12月

1日 市人大常委会副主任、区委书记廖小宁专题调研区人大、区政协工作。

同日 阿坝州茂县县委副书记、县人民政府县长杨健一行到眉山“中国泡菜城”考察今麦郎饮品眉山有限公司、海霸王食品有限公司建设发展情况。

4日 东坡区召开2021年下半年乡村振兴暨两项改革“后半篇”文章推进会。

同日 永寿镇邻里荷塘和罗平广场召开全区乡村振兴现场会。

6日 市政协主席、党组书记黄剑东专题调研指导东坡区政协工作。

同日 市政协主席、党组书记黄剑东走访看望农工党眉山市东坡区支部主委、农工党中央表彰的脱贫攻坚工作先进个人祝光伦,市政协副主席、党组副书记熊英,市政协秘书长胡建辉,区政协主席、党组书记郭建华陪同。

7日 四川省实绩考核农业农村优先发展专项检查汇报会召开,市人大常委会副主任、区委书记廖小宁出席会议并就全区农业农村优先发展、创建乡村振兴省级成效显著区工作作汇报。检查组组长谢锡平出席会议。

同日 省级乡村振兴成效显著区“四个优先”专项检查组甘孜州委领导一行人莅临尚义镇龚村检查,区政府副区长朱科良,区委农办主任、区农业局局长豆成杰及相关部门负责人参加。

9日 东坡区红十字会揭牌仪式举行。赓即召开东坡区红十字会第一届第一次会员代表大会,选举产生常务理事、会长、常务副会长、副会长、兼职副会长、秘书长、兼职监事长。

10日 省规划专项调研督导组组长、省委组织部人才处二级调研员彭强率队调研督导东坡区中长期青年发展规划工作。

12日至18日 省委农村工作领导小组核查评估组对东坡区开展2021年度巩固脱贫成果实地评估。

13日 市委书记胡元坤前往东坡区,调研中共十九届六中全会、省委十一届十次全会和市第五次党代会精神学习宣传贯彻情况并赴基层宣讲。

同日 东坡区在眉山市中医医院新院区二期工程规划内建设核酸检测基地,日检测量达39600管,成为西南片区最大的核酸检测基地。

14日 省委常委、副省长李云泽到眉山“中国泡菜城”调研。

市委副书记、市长黄河,市委副书记、天府新区眉山党工委书记刘先伟,市人大常委会副主任、区委书记廖小宁等陪同。

15日 省公安厅二级警务专员贾黎、省农业厅交流合作处副处长张扬、省妇联发展部部长俞慧敏等一行人莅临尚义镇龚村、铁炉检查眉山市县党政领导班子推进乡村振兴战略实绩情况,市人大常委会副主任、区委书记廖小宁,区政府副区长朱科良,区委农办主任、区农业局局长豆成杰陪同。

16日 全省以工代赈示范工程现场会在万胜镇艾光村以工代赈示范工程实施点召开,区政府常务副区长廖锦现场指导。

16日至17日 省以工代赈办组织全省各市州到东坡区开展以工代赈群众务工组织联合调研交流活动。

17日 眉山市人大常委会副主任、东坡区委书记廖小宁带队赴茂县推进对口帮扶工作,看望慰问援藏干部人才。

19日 区委农村工作领导小组2021年度第二次全体会议召开。市人大常委会副主任、区委书记廖小宁出席会议。

20日 眉山市制造业招商引资"百日攻坚"行动集中签约仪式举行,其中,东坡区共签约2个重大项目,分别为总投资7亿元的享誉机械高端数控机床生产基地项目,以及总投资6亿元的漫味龙厨复合调味品及配套包装项目。

30日 区委书记廖小宁主持召开甘眉工业园区南区领导干部大会,市委副书记刘先伟,市委常委、市政府副市长王淑琳,市委组织部常务副部长张瑾出席会议。张瑾宣读市委人事任免决定;王淑琳作会议讲话;甘眉南区党工委副书记、管委会主任李永康作表态发言。刘先伟进行会议讲话。

30日至31日 市人大常委会副主任、区委书记廖小宁,区委副书记、区长、市岷东新区党工委书记杨翔宇,分别前往部分重点领域,督导检查安全生产、疫情防控、大气污染防治等工作。

31日 市人大常委会副主任、区委书记廖小宁主持召开区委六届八次常委会(扩大)会议。区委副书记、区长杨翔宇,区人大常委会主任何万高,区政协主席郭建华参加会议。

同日 东坡区完成全区医疗机构设置调整,全区25个基层医疗卫生机构调整为16个,整合后设置的基层医疗卫生机构统一挂牌。

东坡概况

东坡区情

东坡区情

【地理位置】 东坡区是眉山市域中心，由3个街道和13个镇组成。地处成渝地区双城经济圈建设腹地，北距成都天府新区32公里，紧邻成都东部新区，是成都城市空间南向拓展的延伸点、成眉同城化发展核心区，距离成都双流机场50公里、天府国际机场80公里，拥有"航空双港"。北接眉山市彭山区，南连眉山市青神县和乐山市夹江县，东邻眉山市仁寿县，西接眉山市丹棱县和成都市蒲江县，总面积1335.94平方公里(包含彭山区飞地)，占眉山市域总面积的18.6%。

(彭雪梅)

【地形地貌】 东坡区位于成都平原西南边缘，岷江纵贯县境东部，境内流长35公里。地势西北高东南低，主要由平坝、阶地、浅丘、深丘、低山等地貌构成，冲积平原约占30%，缓丘平坝约占60%，低山约占10%。多悦、秦家、万胜、三苏以低山地地貌为主；尚义、太和、松江、永寿以冲积平原地貌为主；修文、思蒙、复兴、崇礼、富牛以缓丘平坝地貌为主。最高点为万胜镇梧山，海拔948.5米，最低点永寿镇境内岷江的筏子渡河心，海拔391.4米，相差557.1米。

(彭雪梅)

【行政区划】 2019年12月，经四川省人民政府和眉山市人民政府批复(川府民政〔2019〕13号、眉府函〔2019〕84号)，进行乡镇行政区划调整：撤销土地、复盛、金花、柳圣、广济、盘鳌、复兴7个乡；撤销悦兴、白马、象耳、崇仁4个镇；新设置复兴镇(驻兴旺街22号，辖原复兴乡、原柳圣乡和原金花乡通政街社区、正义村、长山埂村、白塔村、金花村、红陵村所属行政区域)；扩建9个镇(太和镇，归并原悦兴镇；尚义镇，归并原白马镇、原象耳镇；思蒙镇，归并原崇仁镇；三苏镇，归并原广济乡；秦家镇，归并原盘鳌乡；富牛镇，归并原土地乡和原复盛乡中复村以及太和镇河东社区所属行政区域；崇礼镇，归并原复盛乡新街社区、观盛村、中桂村、中塘村、中坊村以及原金花乡金江村、红阳村所属行政区域；万胜镇，归并秦家镇新四村、大同村、新星村所属行政区域；多悦镇，归并秦家镇红丰村、马桥村、宋坪村、一里村所属行政区域)；保留3个街道和3个镇(苏祠、大石桥、通惠街道，修文、松江、永寿镇)。全区原有的3个街道、16个镇、7个乡调整为3个街道、13个镇。

【建置沿革】 东坡区，原眉山县，建置始于南齐建武三年(496)，迄今1516年。历史上多为州、郡所治，古称眉州，又称齐通、通义。北宋太平兴国元年(976)，将通义县改称眉山县。2000年7月，撤销眉山地区设立区级眉山市。同年12月20日，撤销眉山县，改建东坡区(县级)，以北宋大文豪苏东坡而定名。

【人口概况】 截至2021年11月30日，全区共有364678户、874002人，平均每户2.4人，总人口数比2020年增加837人。总人口中，男性435043人，占总人口的49.78%，女性438959人，占总人口的50.22%，性别比为99.11(以女性为100)。总人口中18岁以下的133310人，占总人口的15.25 %；18岁—35岁的157543人，占总人口的18.03%；35岁—60岁的389892人，占总人口的44.61%；60岁以上的193257人，占总人口的22.11%。

2021年东坡区共出生5976人，出生率为0.66%，出生人口比2020年减少1710人，出生人口中男性3028人，女性2948人，出生性别比为102.7(以女性为100)；2021年东坡区共注销死亡人口5459人，死亡率为0.63%，死亡人口比2020年减少3698人。人口自然增加282人，自然增长率为3‰。

全区2021年度省内市外和省外共迁入5083人，迁出省内市外和省外人口5001人，总迁移率为1.15%，人口机械增长率为0.9‰。其中，省外迁入1052人，迁往省外992人。迁往省外比省外迁入少60人。

2021年11月底全区乡村人口458505人，占总人口的52.46%，比上年减少609人。城镇人口415497人，占总人口的47.54%，比上年实际增加1446人。城镇人口占总人口的比例同比上升0.5%。

截至2021年11月30日，全区农村居民转城镇居民共有1837人。"农转非"中招生、投资、录聘用5人，占0.27%；投靠亲属468人，占25.48%；城乡属性调整31人，占1.69%；投资购房325人，占17.69%；其他1008人，占54.87%。

(熊锋 杨洋 蒋晓彬 于璐)

【气候概况】 2021年度平均气温为17.9℃，较历年平均气温17.7℃偏高0.2℃；年极端最高气温为38.4℃，较历年极端最高气温39.2℃偏低0.8℃；年度极端最低气温为-1.4℃，较历年极端最低气温-3.6℃偏高2.2℃；本年度总降水量855.5毫米，较历年平均降雨量1010.3毫米偏少15%；本年度总日照时数为1074.2小时，较历年平均日照时数1006.3小时偏多7%。

2021年东坡区气候较为平稳，气温、降水和日照均正常。冬春（1—4月）天气总体平稳，气温整体偏高，降水持续偏少。入汛后，5月降水接近常年，6月降水显著偏少，7月降水正常，8月降水略偏少。全年汛期日最高气温≥35℃的高温天气共有10天，接近常年。夏季日最高温度为38.4℃，出现在8月1日。秋季9月降雨偏多，10月阴雨寡照日数偏多；晚秋到初冬（11—12月）气候较为平稳，无冬干现象发生。

【气温】 2021年度平均气温为17.9℃，比常年偏高0.2℃。

从图1可以看出，2021年各月同历年同期比较，2月、3月、7月、9月、12月气温偏高，1月、6月气温正常，4月、5月、8月、10月、11月气温偏低。从图中可以看出温度的距平变化呈波形分布，其中冬季气温明显偏高。

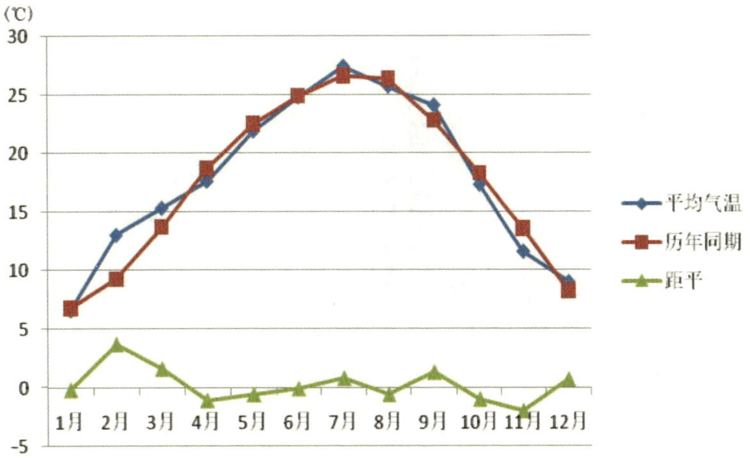

图1 2021年东坡区各月平均气温与同期比较图

降温：全年冷空气活动频繁，主要有5次降温天气过程，分别是：1月6—8日降温幅度达8.6℃，2月25—28日降温幅度达9.2℃，3月17—21日降温幅度达11℃，10月4—6日降温幅度达8.8℃；12月25—27日降温幅度达6.9℃。

高温：全年东坡区高温天气时段集中，其中7月4天、8月6天，共10天，日数接近常年。

【降水】 2021年度总降雨量为855.5毫米，比常年偏少15%。

从降雨的分布上来看见（图2），全年降水总体为两头少，中间多。汛期全区降雨日较多，持续时间长，过程累计雨量较大。降雨时空分布不均，5月、9月降雨偏多，6—8月降雨明显偏少。汛期全区主要出现10次暴雨天气过程，累计最大降雨量出现在思蒙镇，雨量为1016.2毫米。

从降雨距平图可以看出，全年降水分布极其不均。冬季（1—2月）降雨显著偏少，春季（3—4月）降水持续偏少；汛期（5—9月）总降雨量为705.8毫米，较常年同期偏少14%；降雨时间分布不均，10月降水接近常年，11月—12月降水偏多，无冬干现象发生。

全年9月、11月和12月降雨较历史同期偏多；2月、3月、6月、8月雨量较历史同期偏少，其中2月、3月、6月为特少，6月达到气象学夏旱标准；其余月份雨量均为正常。全年共出现10次暴雨天气过程，

表1　　2021年东坡区各月平均气温与历年同期比较表　　单位：℃

月份/项目	1月	2月	3月	4月	5月	6月	7月	8月	9月	10月	11月	12月	年平均
平均气温	6.6	13	15.3	17.6	21.9	24.8	27.4	25.7	24.1	17.3	11.6	9	17.9
历年同期	6.8	9.3	13.7	18.7	22.5	24.9	26.6	26.3	22.8	18.3	13.6	8.3	17.7
距　平	-0.2	3.7	1.6	-1.1	-0.6	-0.1	0.8	-0.6	1.3	-1	-2	0.7	0.2

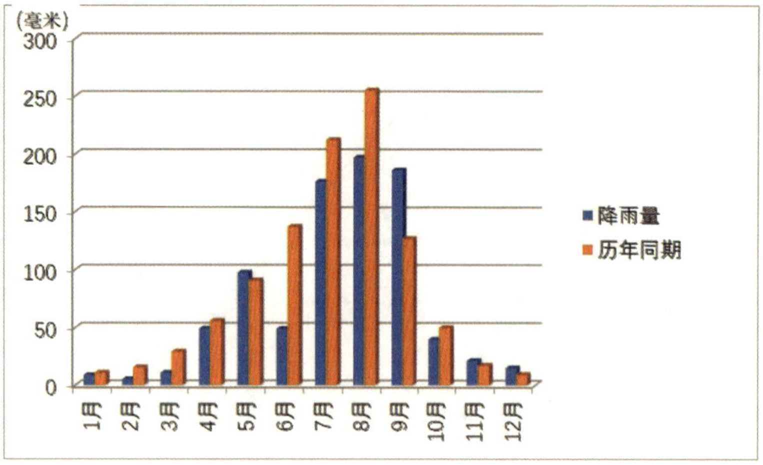

图2 2021年东坡区各月降雨量与同期比较图

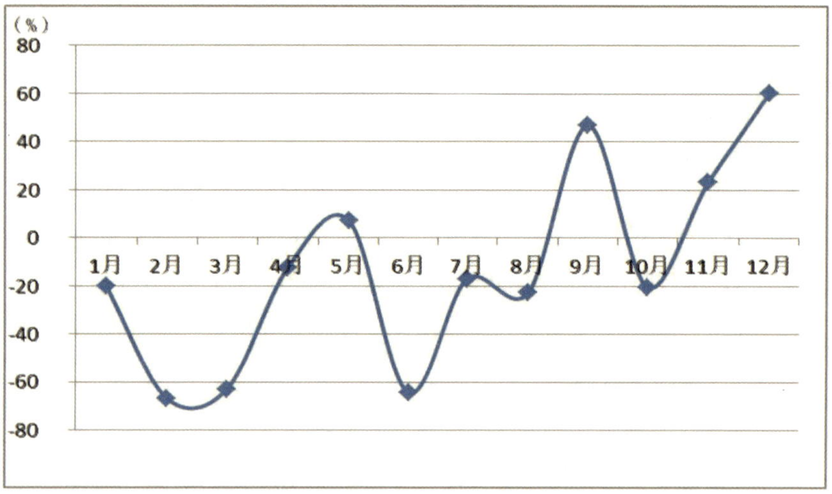

图3 2021年东坡区各月降雨量距平图

分别为5月2日、5月3日、7月8日、7月15日、7月18日、7月24日、8月22日、8月25日—26日、9月3日、9月15日。

【日照】 2021年度总日照时数为1074.2小时,比常年偏多7%。

从图4上看,全年除1月、2月、9月、12月日照时数较常年同期偏多,其中1月、2月、12月为特多;4月、5月、6月、8月、10月日照时数比常年同期偏少,其中10月为特少;其余月份日照时数为正常。

从日照时数上来看,春季光照条件好,气温回暖早、热量充足,播栽面积得到保证;秋冬季日照充足,利于晚熟大春作物的收晒。

【重要天气气候及影响】 1.强对流天气频发,暴雨内涝带来较大影响春季和汛期是强对流天气频发的时段,2021年监测到雷暴的日数达17天,7月出现4次暴雨天气过程,8月出现2次暴雨天气过程,9月出现2次暴雨天气过程,9月降雨量较常年同期偏多43%。

2.持续高温天气带来较大影响

全年高温天气时段集中,汛期日最高气温≥35℃的高温天气共有10天,其中7月4天、8月6天。夏季日最高温度为38.4℃,出现在8月1日。高温日数接近常年,在最近5年属偏少(2017—2020年分别为25天、19天、10天、21天)。

3.冬季雾霾天气给交通出行和人民生活带来不利影响

全年全区共出现7次大雾天气,给人民生产生活和交通运输产生较大影响,受大雾天气影响,高速封闭,公路班车晚点多。

4.秋绵雨及冬季低温阴雨对农业生产带来不利影响

表2

2021年东坡区各月降雨量与历年同期比较表

月份 项目	1月	2月	3月	4月	5月	6月	7月	8月	9月	10月	11月	12月	年平均
降雨量(毫米)	8.7	5.2	10.8	49.2	97.5	49	176.2	197	186.1	39.7	21.2	14.9	855.5
历年同期(毫米)	10.9	15.6	29.1	56.1	90.9	137.2	212.2	255.1	126.8	49.9	17.2	9.3	1010.3
降雨量距平(%)	-20%	-67%	-63%	-12%	7%	-64%	-17%	-23%	47%	-20%	23%	60%	-15%

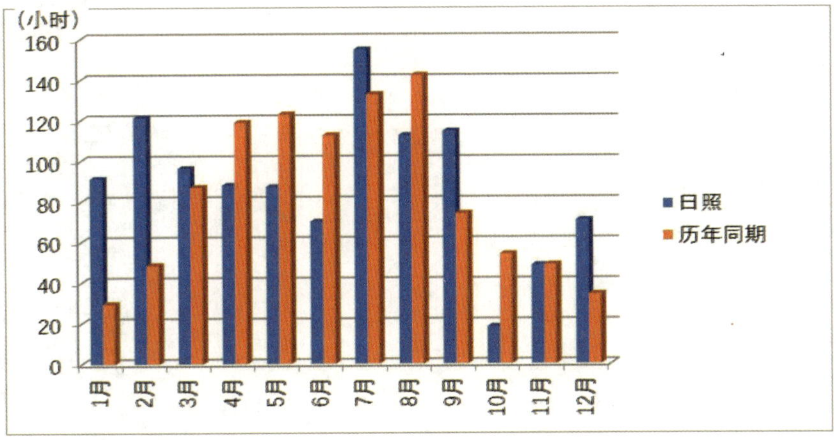

图4 2021年各月日照时数与同期比较图

全年秋季东坡区连阴雨明显，雨日多，9—10月降雨日数达31天，连续的阴雨天气对作物收晒带来不利的影响。通过调查，连续降水造成土壤湿度过高，对小春备耕播种带来一定影响。11—12月，全区出现3次强降温天气过程，气温下降幅度大，且低温阴雨天气持续时间长，最低气温低于0℃天数少，柑橘果树虽过结果期但大部分均已套袋，所以影响不大。

（吕莲　田茂）

2021年各月日照时数与历年同期比较表

表3

月份 年份	1月	2月	3月	4月	5月	6月	7月	8月	9月	10月	11月	12月	年平均
日照（小时）	91.3	121.3	96.4	88.1	87.3	70.2	154.8	112.5	114.6	18.4	48.6	70.7	1074.2
历年同期（小时）	29.6	48.6	87.1	118.9	122.9	112.6	132.7	142.3	74.2	54.1	48.9	34.4	1006.3
日照时数距平（%）	208%	150%	11%	-26%	-29%	-38%	17%	-21%	54%	-66%	-1%	106%	7%

東坡

东坡

中共眉山市东坡区委员会

重要会议/区委事务/组织建设/宣传/统一战线/机构编制管理/
区委巡察/老干部服务和管理/党政干部教育/人才服务

重要会议

【区委六届一次党代会】 2021年10月14日，中国共产党眉山市东坡区第五届代表大会第一次会议在眉山市会议中心召开。大会由区委书记廖小宁主持。会议应到代表312名，实到308名，符合规定人数。代表们以无记名投票的方式，选举产生33名中国共产党眉山市东坡区第六届委员会委员、6名候补委员，29名中国共产党眉山市东坡区第六届纪律检查委员会委员和64名出席中国共产党眉山市第五次代表大会的代表。大会表决通过《关于中共眉山市东坡区第五届委员会报告的决议》和《关于中共眉山市东坡区第五届纪律检查委员会工作报告的决议》。大会一致认为，报告确定的“肩负首位再造产业东坡，聚力攻坚奋进全国百强，为推动高质量发展实现共同富裕而不懈奋斗”这一主题，贯彻中央精神，体现省委、市委要求，符合东坡实际，顺应全区广大党员和人民群众的共同期盼。大会提出，未来五年区委的总体要求是：坚定以习近平新时代中国特色社会主义思想为指导，深入贯彻落实习近平总书记来川视察重要讲话精神和对四川工作系列重要指示批示精神，全面贯彻中共十九大和十九届二中、三中、四中、五中全会精神；立足新发展阶段、贯彻新发展理念、融入新发展格局，抢抓成渝地区双城经济圈建设、成德眉资同城化发展、现代化成都都市圈科创增长极建设等战略机遇，统筹发展与安全、质量与效率，保持稳中求进工作总基调；坚持以人民为中心，以“做活区位、做强产业、做大城市、做美乡村、做优生态、做实民生”为基本路径，坚持走高质量发展、共同富裕道路。大会强调，要肩负首位再造产业东坡，聚力攻坚奋进全国百强，经过五年不懈努力，实现全区主要经济指标增幅高于全国全省全市平均水平，地区生产总值年均增速保持在8%以上，城乡居民人均可支配收入年均增速分别高于8%、9%，确保2023年跻身全国综合实力百强区，2026年地区生产总值总量突破800亿元，三次产业“145”结构基本构建。

大会指出，要统筹谋划、聚焦重点，抓住关键、突破难点，实现各领域、各方面工作的大跨越、大提升。要聚力对标成渝、理念赋能，推动交通配套提速、产业协同提质、招商营商提能，建设同城度更高的开放东坡；要聚力工业带动、科创赋能，加速产业空间集约、功能园区集能、高新企业集聚，建设能级度更高的智造东坡；要聚力东彭同城、城市赋能，提升城市承载能力、城市包容气质、城市消费活力，建设吸附度更高的活力东坡；要聚力乡村振兴、改革赋能，推进农业高质高效、乡村宜居宜业、农民富裕富足，建设协同度更高的富裕东坡；要聚力低碳环保、绿色赋能，坚持擦亮绿色本底、推动绿色发展、共建绿色家园，建设颜值度更高的美丽东坡；要聚力改善民生、品质赋能，推动社会保障普惠普及、社会事业优先优质、社会治理共建共享，建设满意度更高的幸福东坡。大会号召，全区各级党组织和全体共产党员要紧密团结在以习近平同志为核心的党中央周围，不忘初心、牢记使命，赓续精神、矢志奋进，肩负首位再造产业东坡，聚力攻坚奋进全国百强，为推动高质量发展实现共同富裕而不懈奋斗。

【区委全委会议】 2021年1月4日，区委五届十九次全体会议暨区委经济工作会议召开，出席会议的有，区委委员22人，区委候补委员5人。区纪委常委、区委巡察组组长和有关方面负责人参加会议。区第五次党代会代表中部分基层人员列席会议。全会坚定以习近平新时代中国特色社会主义思想为指导，深入学习贯彻中共十九届五中全会、中央经济工作会议，省委十一届八次全会、省委经济工作会议和市委四届十六次全会暨市委经济工作会议精神，听取和讨论区委书记廖小宁代表区委常委会作的工作报告；审议通过《中共眉山市东坡区委关于制定东坡区国民经济和社会发展第十四个五年规划和二〇三五年远景目标的建议》；讨论了《2021年全区经济工作要点》；听取区委常委会党建工作报告；通过区委委员调整事项。廖小宁就《〈中共眉山市东坡区委关于制定东坡区国民经济和社会发展第十四个五年规划和二〇三五年远景目标的建议〉(讨论稿)》向全会作说明，并就2021年全区经济工作的考虑作讲话。全会提出高位对标中央、省委、市委决策部署，加快推动成渝地区双城经济圈建设、成德眉资同城化发展、建设成都都市圈副中心等战略部署在东坡落地生根，在奋进高质量发展中闯出新路子、在融入新发展格局中展现新作为，统筹发展和安全，推进治理能力和治理体系现代化，实现经济行稳致远、社会安定和谐，为全面建设现代化成德眉资同城发展先行区、成都都市圈副中心示范区开好局、起好步。全会提出“十四五”时期东坡经济社会发展主要目标和2035年远景目标，力争2023年跻身全国综合实力百强区，2025年创成全省县域经济发展强县，国民生产总值总量突破800亿元，主要经济指标增幅高于全省、全市平均水平。展望2035年，东坡将与全国、全省、全市同步基本实现社会主义现代化，建成现代化成德眉资同城发展先行区、成都都市圈副中心示范区，实现综合实力、创新驱动、城市能级、文化影响、民生福祉、治理水平大幅跃升。全会将2021年工作主题确定为新“双强区”建设攻坚年。全区经济工作总体要求是，坚持以习近平新时代中国特色社会主义思想为指导，全面贯彻中共十九届五中全会、省委十一届八次全会、市委四届十六次全会和中央、省市经济工作会议精神，坚持稳中求进工作总基调，坚持以人民为中心发展思想，以推动高质量发展为主题，以深化供给侧结构性改革为主线，以改革创新为根本动力，以开放发展为旗帜引领，做好“六稳”工作、落实“六保”任务，巩固拓展疫情防控和经济社会发展成果，努力实现经济持续健康运行、社会保持和谐稳定，以优异成绩庆祝中国共产党成立100周年。全会指出，为实现2021年经济工作目标，中央经济工作会议明确“八项重点任务”，省委经济工作会议提出“八大工作思路”，市委经济工作会议提出了“四个思路”。全区上下要把中央、省委、市委经济工作会议的重要遵循、重要指引，领会透、把握准、落实好，重点围绕“融成入圈”，在开放合作上集中攻坚；围绕“动能转换”，在创新驱动上集中攻坚；围绕“提质增量”，在项目推进上集中攻坚；围绕“转型升级”，在产业发展上集中攻坚；围绕“中强功能”，在城乡建设上集中攻坚；围绕“发展共享”，在民生福祉上集中攻坚。全会强调，适应新发展阶段、贯彻新发展理念、融入新发展格局，关键是要加强党对经济工作的全面领导，提高抓经济工作的政治站位，提高解决实际问题的能力，创造性推动工作落地落实。

9月8日，区委五届二十二次全体会议召开。出席会议的有区委委员21人，候补委员5人。其他县级领导、区纪委常委、区监委委员、区委巡察组组长和有关方面负责人参加会议。区第五次党代会代表中部分基层人员列席会议。全会由区委常委会主持。全会深入贯彻习近平总书记关于创新发展的重要论述，全面落实中共十九届五中全会、省委十一届九次全会、市委四届十八次全会决策部署，审议通过《中共眉山市东坡区委关于深入推进创新驱动引领高质量发展的决定》。廖小宁就《决定（讨论稿）》，向全会作说明。全会指出，要坚持创新在现代化建设全局中的核心地位。要锚定深入推进创新驱动引领高质量发展的主要目标，建成现代化成都都市圈副中心科创新高地，建设产学研融合发展先行区、高新技术产业示范区、数字经济创新试验区、市域创新生态标杆区。全会提出，要聚焦科技产业赋能，加速科创空间集约。要突出“一城”引领，打造创新发展主引擎，坚持“四园”发力，打造创新发展动力源。要聚焦高新企业转型，加速科创主体集聚；要聚焦功能园区配套，加速科创平台集能；要聚焦创新人才培育，加速科创核心集汇，要聚焦环境品质优化，加速科创政策集合。

（段蕊珈）

区委事务

【信息调研】 2021年，围绕区域发展、领导关注、群众关切，定期深入村（社区）、园区、企业等基层调研，全面摸清实情、掌握实况、提炼亮点，获评全省党委系统信息工作先进区县，“三四五项目工作法情况报告”被《四川改革专报》采用，“正大300万只蛋鸡项目情况报告”等文稿获市委主要领导肯定性批示。上报市委办信息300余条，编发《东坡信息》31期，获区委主要领导肯定性批示2次，“东坡区因地制宜找准‘资源盘活’做好两项改革‘后半篇’文章”“创新‘三三制’管理方式促进小型水库管理精细化”“东坡区试点构建优质课程体系入选全省‘双减’十大典型案例”等60余篇信息在省委办公厅《每日要情》、市委办《眉山要情》《工作交流》刊载。2021年党委信息突破

500份，排名全市第一，刷新历年最高分数记录。聚焦区委经济工作会、区委全会、区第六次党代会等大型会议，完成《关于2021年区委经济工作安排的考虑》《中共眉山市东坡区委关于深入推进创新驱动引领高质量发展的决定》《肩负首位再造产业东坡、聚力攻坚奋进全国百强，为推动高质量发展实现共同富裕而不懈奋斗》等重要文稿撰写50余篇，编发主要领导讲话《工作通报》7期，推动各级党委决策部署落地到基层一线。

【文会管理】 贯彻落实中央《关于进一步解决形式主义问题做好2021年为基层减负工作主要措施及分工方案》，对全年各类发文及会议限额“只降不增”目标实施动态监测，对全区发文开会情况建立台账，严控发文数量，按季度对账清理、不定期督查；全年制发精简文件统计范围内文件200份，较2020年同比下降43.34%；达到在2020年基础上再压减10%以上的目标。全年公文流转和文件拟办合格率达100%，处理各级来文2000余份，未发生误时、误事、泄密、遗失现象。全年区委办按照科学部署、高效细致的原则，共承担召开全区性会议21次。

【目标管理】 完善考核体系，将城乡基层治理、乡村振兴等工作纳入基础目标，并将“我为群众办实事”实践活动、党校迁建项目等14项工作纳入单项目标考核。细化分解市委、市政府下达的140项党务目标和政务目标，明确责任分工，确保各项任务落实落细。根据市定政务目标季度考核情况，每季度将扣分事项点对点反馈责任单位，督促相关单位按期整改，先后召开2次全区目标绩效管理推进会。开展镇（街道）评议区级职能部门工作试点，创新“3+5+N”评议方式，根据区级部门不同的职能职责，将部门分为综合管理服务、经济发展服务、民生保障服务三个类别；将评议主体分为在职干部职工、两代表一委员、普通群众、网格员、企业代表5类；对不同评议对象设置不同评议项目与分值，确保实现精准评议，并将评议结果纳入全年目标绩效考核，推动镇（街道）与区级职能部门常态化互联互动，促进区级职能部门增强服务意识、优化工作方式、提高服务基层和群众能力。

【区委督查】 围绕省委巡视反馈意见整改落实、疫情防控、迎接第二轮央督、防汛减灾、安全稳定等中心工作，制定形成2021年度42项区级督查检查计划，全年共开展实地督查110余次，书面督查80余次，制发《督查通报》49期（其中疫情防控42期）、《督查专报》1期，督办常委会议定事项落实情况10期。深化领导批示件办理，每月对区委书记签批件办理情况进行专项督查，对未办结事项持续跟踪督办；对推进难度大、涉及面广的事项，帮助沟通协调、向上反馈，构建形成推进合力。按时限要求完成巡视整改、整治形式主义、中央八项规定精神落实情况等阶段性报告。

【全面深化改革】 制定区委深改委《2021年改革工作要点》《2021年改革落实台账“三张清单”》，“清单制+责任制”部署改革任务111项。突出改革实效，“三四五”项目工作法经验被省委《四川改革动态》刊载全省推广，构建优质课程试点改革、“143”关爱困境儿童保护体系、“三长一督六员”街长制等改革经验受到中央、省、市肯定，改革工作位列全市第一方阵。

【政务接待】 2021年全年接待领导和来宾157批次，共11500人次，其中二级任务及以上任务接待5次，部省级31次，市（厅）级41次，党政代表团21次，商务接待32次等。完成全国政协原副主席陈宗兴，全国人大常委会副委员长、民革中央主席万鄂湘，全国政协副主席、九三学社中央常务副主席邵鸿，全国政协副主席汪永清，国务院原副总理马凯到眉山调研，第十一届C21论坛及四川十大经济影响人物颁奖活动、中国柑桔学会2021年学术年会暨眉山市第四届晚熟柑橘节、2021千禾眉山东坡半程马拉松锦标赛等重大接待和活动。发挥展示眉山东坡形象、扩大友好交往、密切合作交流的重要窗口、重要纽带和重要平台作用，为建设成都都市圈高质量发展新兴城市提供后勤保障。

【机关事务管理】 执行《政府会计制度》《党政机关厉行节约反对浪费条例》等规定，开展年度经费预算，保证办公经费的正常运转；管理办公用品和固定资产，做到账物相符；落实值班值守制度；加强车辆管理使用，规范驾驶员行为，保障各项工作安全用车。

【对外事务】 充分发挥职能，配合区防控指挥部控制疫情，协助成都市对200余名境外来川籍严格落实隔离观察和保障服务，对境外来眉人员严格落实14+7天管控措施，累计排查管控境外返回人员650人，未出现脱管、漏管现象。制定相关制度和应急预案，开展外国记者管理工作和外籍人士疫苗接种工作，接种45人。

【保密管理】 贯彻落实《工作秘密管理暂行办法》，指导全区完成工作秘密事项清单。加强法治宣传，区委理论学习中心组学习《中华人民共和国保守国家秘密法》。完成全区保密知识竞赛。分批为基层党组书记、青年后备干部、退役士官开展保密培训。开展“全覆盖”式自查自评检查，对不合格单位开展“回头看”。完成互联网工作邮箱安全排查。启动微信专项检查。开展国家统一考试保密检查指导。

【群众服务】 组织党员干部到江公社区开展疫情防控工作，指导社区居民注册使用健康码。推进党员干部“双报到”工作开展，鼓励支持党员干部到小区、社区认领志愿服务岗位，参加小区、社区志愿服务活动。与社区共建“街长制”工作，开展环境卫生治理、关心关爱妇女儿童等工作，为社区提供政策讲解、法律咨询等服务4次。开展普法行动，投入14万元支持村社各项建设。认真做好群众来信和来电工作，文明接待群众来访，做到接待热心、倾听细心、回答耐心、处理用心。

【机关建设】 坚持落实“三会一课”等制度，召开中心组会议12次、“三会一课”20余次，开展谈心谈话72人次，于6月报区直机关工委批复，补选区委办机关党委委员4人；于7月新设立的两个支部候选人建议名单，分别召开党员大会后选举产生一、二支部委员各3名。组织党员干部到四川电信国防教育基地开展主题党日活动；分两批次赴雅安市石棉县和甘孜州泸定县开展党史教育现场教学。组织观看《悬崖之上》谍战片。组织举办党群系统党史教育知识竞赛；组织党群系统党员代表共80余人参加党史学习教育专题宣讲。积极开展“我为群众办实事”实践活动，将党史学习教育和包保工作、结对帮扶有机结合。

（段蕊珈）

组织建设

【概况】 2021年，东坡区组织工作坚持以习近平新时代中国特色社会主义思想为指导，认真贯彻全国、全省、全市组织部长会议精神，坚决落实区委决策部署，围绕中心、服务大局，主动担当作为，为推进“肩负首位再造产业东坡、聚力攻坚奋进全国百强”提供坚强组织保证。年内，区委组织部先后被评为“东坡区2021年度城乡基层治理先进集体”“2021年度组织工作先进集体”“成渝地区双城经济圈和‘双强区’建设先进集体”“2021年度乡村振兴工作先进集体”“2021年度全面深化改革工作先进集体”“2021年度党政办公室工作先进集体”“2021年度两项改革‘后半篇’文章工作先进集体”“2021年度‘街长制’工作先进集体”等。

【干部教育与监督】 围绕中国共产党成立100周年主题，举办领导干部读书班、新提拔副科职干部培训班、村（社区）“两委”干部培训班等各类重点班27期4700余人次，审批备案55个单位到党史党性教育基地开展现场教学，组织全区共3000余人参加中共的十九届五中全会精神暨党史学习教育网络专题培训。严肃换届纪律，加强换届风气监督，常态开展警示教育，对10200余人次开展攻心式谈话，签订《严肃换届纪律承诺书》4700余份，发放换届纪律“明白卡”18000余本，制发宣传漫画400余份，观看警示教育片7600余人次，建立244人风气直报员队伍。

【干部队伍建设】 落实新时代好干部标准，鲜明区委“一条标准”“两个原则”“三个导向”，对实干实绩的干部高看一眼，对担当作为的干部厚爱三分，对基层一线的干部同等优先。2021年提拔重用政治素质过硬、敢于担当作为、工作实绩突出、群众口碑好的优秀干部175人；全年2名县级干部获得重用，7名科级干部提任副县级领导职务。针对性选配58名专业性干部人才充实到部门班子，围绕乡村振兴、基层治理考调区外干部22人，聚焦农业农村、工程管理等急需紧缺专业考核招录研究生16人。

【人才队伍建设】 赴北京、兰州、西安等14所省内外高校召开宣讲会,引进33名作物学、金融学等急需专业研究生到各机关事业单位,52名高层次人才到东坡区重点企业。深化与天府峨眉计划专家联谊会合作,在成都设立"东坡区人才引进工作站",成功引进国千专家杨刚带项目落地东坡。实施"东坡英才"计划,评选第三批"东坡英才"16名、团队1支,发放安家补助251万元;实施"八大行业本土人才"培育计划,整合各行业主管部门力量,培育"东坡田园明星""东坡名厨"等八大行业人才280名。

【基层党组织建设】 聚焦党史学习教育、县乡村领导班子换届、城乡基层治理等重点核心任务,推动基层党建工作提质增效。升格城市社区党委48个、村级党委154个,增建小区党支部671个,统筹区级领导全覆盖联系48个城市社区;深化"街道吹哨、部门报到"、街长制等制度,协调解决老旧小区改造、邻里中心建设等矛盾问题80余件。建成邻里中心10个,塑造"12+"东坡邻里、"网红水街映党红"等品牌,开展亲邻活动150余场14万余人次,引导70万余人次党员群众参与"党史学习教育进万家""百年党史一起学"等主题活动,组织7032名在职党员到社区开展"我为群众办实事"等志愿活动350余场次,协调解决城市环境治理、小区噪声污染等群众急难愁盼问题200余个。邻里中心建设经验获得市委主要领导签批,东坡水街商圈入选"四川省第二批两新组织党建示范园区楼宇(商圈市场)",华陆大厦入选"省级两新组织党建示范楼宇",多悦镇正山口村被评为"2021省级5A先进村党组织","网红水街映党红"品牌活动入选全国"2021年度百个两新党建优秀案例"。完成县乡村领导班子换届工作,编印《操作指导手册》5册,梳理区、镇、村换届操作规程31项,严格开展前期调研、换届考察、人事安排等工作,区"三会"期间,压紧压实团长、分区(排)负责人、监计票人、联络员4类群体工作职责,高频多轮召开培训演练会、选情调度会、风险研判会,"东坡经验"获得市委组织部认可并在市"三会"运用。换届后,镇(街道)班子成员平均年龄较上届下降1.8岁、全日制本科学历占比提升32.6个百分点,村(社区)党组织书记平均年龄下降4岁、大专及以上学历占比提升22个百分点,有效实现"一降一升"目标。

(聂念飞)

宣传

【概况】 东坡区委宣传部是东坡区主管宣传思想文化、意识形态工作的职能部门,负责学习宣传贯彻党的路线、方针、政策,肩负"举旗帜、聚民心、育新人、兴文化、展形象"的使命任务,统筹推进全区理论武装、新闻舆论、文旅融合、文明创建、意识形态等各项重点工作,为"肩负首位再造产业东坡、聚力攻坚奋进全国百强"提供坚强思想保证和强大精神力量。加挂区委对外宣传办公室(区政府新闻办公室)、区精神文明建设办公室、区互联网信息办公室、区新闻出版局(区版权局)牌子,挂靠区文联、区社科联,下设眉山市东坡区网络舆情中心1个事业单位,内设办公室、理论股、宣传教育股、文艺股、创建指导股(公民思想道德建设股)、新闻综合股(对外宣传推广股)、网络监管股、出版电影管理股(反非法反违禁股)等8个股室。

【理论教育与宣传】 2021年,东坡区结合党史学习教育的深入开展,通过理论学习中心组集中研学、邀请专家讲学、"学习强国"学习平台自学等方式,传达学习习近平新时代中国特色社会主义思想和习近平总书记系列重要讲话、指示批示精神,深刻学习感悟党的百年光辉历史,全面学习宣传贯彻中共十九届六中全会精神等,持续推动理论武装走深走实走心。全年共征订、汇编并发放《习近平论把握新发展阶段、贯彻新发展理念、构建新发展格局》《东坡区党史学习教育口袋书》等理论学习书目7万余册,区委理论学习中心组开展专题学习研讨会共计15次,县级党员领导干部深入分管(联系)行业、部门(单位)上党课52场次,各基层党组织通过理论学习中心组学习会、组织生活会、"三会一课"等开展专题学习研讨700余场(次)。先后邀请对外经济贸易大学、中山大学、人民大学教授,围绕党史学习教育、数字经济战略发展、中共十九届六中全会精神等内容为全区党员干部作专题宣讲辅导。分类组建理论宣讲、基层文艺宣讲、先进典型宣讲等17个区委宣讲团，深入园区、学校、医院、企业、村（社区）、院坝等基层一线，开展中共百年历史、习近平总书记“七一”重要讲话、中共十九届六中全会，以及省委十一届九次、十次全会，市区党代会等重要会议精神宣讲300余场，全区通过“三会一课”、新时代文明实践站（所）、群众“坝坝会”等开展各类宣讲600余场，覆盖1.6万余人次。统筹网上网下、内宣外宣，组织“奋斗百年路 启航新征程”主题宣传，开辟“学党史 觅足迹”“每日党课”等专栏和“我为群众办实事——人大代表、政协委员、党员、社会各界在行动”系列报道，动态刊载信息1000余篇，中央、省、市级媒体宣传报道150余篇。

2021年9月1日，省委宣讲团在区公安分局会议室宣讲“七一”重要讲话精神

【课题研究】 围绕区委中心和重点工作开展课题研究，发挥社科界的“思想库”“智囊团”作用。2021年完成“关于巩固拓展脱贫攻坚成果同乡村振兴有效衔接对策研究”等区级立项课题20项，完成“扛牢‘中强’首位责任，助力建设现代化眉山的思考”等市级课题2项、“新民主主义革命在东坡”等党史学习教育课题4个，编发《重要成果专报》7期。

【宣传报道】 2021年，依托各级主流媒体宣传报道东坡区在新“双强区”建设、“双区八创”、“六稳六保”、全国文明城市常态长效管理和脱贫攻坚成果巩固提升的好经验、好做法，以及全区重点工作、重大项目的推进情况、成效成果等，累计在《人民日报》、中央电视台、新华社等中央级媒体刊发刊播稿件400余条，《四川日报》、四川电视台、《四川经济日报》等省级媒体刊发刊播稿件1800余条。形成以“东坡老家”手机客户端为龙头，“微东坡”微信公众号等为重要阵地的“端微广电号”模式，截至年底，“东坡老家”APP下载量超38万次，全年稿件编发总量2万余条。融媒体建设经验被写入《全省政务新媒体运维管理工作案例》印发全国学习借鉴，并由省长黄强作出肯定性批示。

【网络舆情管理】 印发《2021年东坡区网信工作要点》，区委常委会会议共开展专题研究3次，全年召开专题分析研判会4次，研判处置全区涉政谣言、邪教反宣等网络舆情问题；围绕重大政策、重大项目等，强化舆情风险排查、评估，对东坡区2021年农村人居环境整治项目、眉山“中国泡菜城”19号路市政工程等74个重大事项进行网络舆情风险评估备案；全年查处基督教非法聚会点4处，整治“两乱”场所5处。

【文明先进典型选树】 以先进典型为引领，倡导文明新风。2021年向市推荐“眉山好人”评选对象7名，罗军、袁春梅被评为眉山市第七届道德模范；陈梦瑶、黄政宁、唐佳欣分别获得2021年四川省“新时代好少年”和眉山市“新时代好少年”称号；全区1个社区、1个志愿服务组织、2名志愿者、2项志愿服务项目被评为“眉山志愿服务先进典型”，1个志愿服务组织被评为2021年度“四川省十佳志愿服务组织”，1名志愿者被评为2021年度“四川省百名优秀志愿者”。

【文明城市建设】 印发《2021年眉山市东坡区精神文明建设工作要点》，围绕庆祝中国共产党成立100周年主题，开展“红色”主题活动、“永远跟党走——我们的节日中秋”纪念活动等，受众6万余人次；

基本建成东坡区新时代文明实践中心及云平台、16个镇（街道）新时代文明实践所和222个村（社区）新时代文明实践站；建立健全“8+N”志愿服务体制机制，推进青年志愿服务改革试点，探索建立应急志愿服务体系，截至年底，全区在全国志愿服务信息系统实名注册的志愿者人数18万，占户籍人口的20.6%；全区共建立763支志愿服务队，实现全区16个镇（街道），222个村（社区）志愿服务全覆盖，全年围绕理论宣讲、文化服务、教育体育、科学普及、法律服务等开展志愿服务活动6000余场次；贯彻落实《新时代爱国主义教育实施纲要》，开展中国特色社会主义和中国梦宣传教育；印发《2021年眉山市东坡区未成年人思想道德建设工作方案》，建成1个未成年人保护中心、2个未成年人心理辅导站，开展“扣好人生第一粒扣子”“童心向党”“新时代好少年”“优秀童谣”等各类主题实践活动，举办市、区第五届中华经典诵读比赛决赛，创作东坡“优秀童谣”作品11个。

【乡风文明建设】 制定《眉山市东坡区群众性精神文明创建发展规划（2021—2023年）》，推进文明单位、文明村镇、文明家庭建设，向上预申报国家文明单位1个、国家文明村1个，省级最佳文明单位1个、省级文明村镇30个，市级文明单位12个、市级文明村镇25个，复查验收文明校园73个。围绕“反对陈规陋习、培育文明乡风”，开展婚丧礼俗整治、道德讲堂实践、农村殡葬改革等“六大行动”，印发《眉山市东坡区婚俗改革试点工作方案》，制定爱党爱国星、尊法守法星等10类“星级文明户”评选标准，倡导村民破旧俗、树新风，促进社会和谐稳定。

【公共文化服务建设】 实施公共文化阵地“补短板”行动，尚义镇等8个综合文化站面积均提升至300平方米以上，永寿镇等9个综合文化站藏书量均超过1500册，全区共建成数字文化广场6个，16个综合文化站实现无线网络全覆盖。作为全省7个试点单位之一，东坡区顺利通过全省第二批县级文化馆图书馆总分馆制建设验收，截至2021年11月，全区共有文化馆总馆1个、分馆9个，图书馆总馆1个、分馆20个。

【传统文化传承创新】 开展“致敬匠心 守护非遗”“东坡非遗——献礼建党百年”“2021文化和自然遗产日”、东坡非遗社区实践等展览展示展演活动，累计进校园6次，进社区（乡村）15次；录制非遗技艺教学视频，线上开展“非遗过大年·文化进万家”云端课堂，浏览量2万余人次。完成“麦芽糖传统制作技艺”“眉州镶碗制作技艺”等6个第九批区级非遗项目申报，三苏祠荣获“联合国教科文组织文化遗产保护荣誉证书”，截至年底，全区共有非遗项目63项，其中省级6项，市级21项，区级36项，非遗项目数量居全市第一。完成眉山报恩寺消防工程，以及万胜镇法宝寺券顶、崇礼镇万祠堂保护维修工程建设；争取市、区文物保护资金支持，推进蟆颐山重瞳观、眉州武庙、盘鳌万年台保护维修工程。开展坛罐山遗址、莲花坝遗址、登云古城遗址、宏大地产、金恒德房地产（一、二期项目）、万景进园汇等个6

2021年2月，在全区各大书店推出党史学习教育重点读物专栏

项目近700余亩考古调查发掘工作；其中坛罐山遗址二期考古发掘出土旧石器文物逾100件，测年最晚在34万年，5月18日，“坛罐山遗址”首次亮相省博物院“远古四川——旧石器时代”展览。

【文化品牌建设】 打造品牌融汇核心标识，推动三苏祠入选“成渝十大文旅新地标”，打造《少年苏东坡传奇》城市超级IP，打造“中国泡菜城”食品产业科普博览集群，打造“东坡醉月地·眉山不夜城”夜间经济品牌，东坡特色水街成为“新晋网红打卡地”。依托举办东坡文化国际学术高峰论坛、东坡半程马拉松赛事等会展会节活动，丰富文旅业态，集聚文旅人气。推进石佛河畔生态湿地观光园、坛罐山陶瓷艺术度假区、维亚康姆、眉州文化村、眉州大宋不夜城等重点文旅项目，开发春赏花、夏采摘、秋农耕、冬赏灯的全季乡村旅游产品，2021年东坡区成功创建省级全域旅游示范区。依托眉州东坡·世界川菜园等平台，发展特色餐饮，建设“川味”产业集群核心区，打造川菜名城，东坡肘子、东坡泡菜入选四川省首批农村生产生活遗产名录。

【文艺作品创作】 开展“庆祝建党百年，赞颂美丽家乡”“庆祝中国共产党成立100周年主题诗歌交流会”系列活动，创作出《百岁寿星》《百年党史再回眸》《入党申请书》《重温入党誓词》《伟人的手》《永远的北斗》等作品。区书法家协会组织20余幅作品参展“百年奋斗·不忘初心”线上书画摄影展，东坡诗社在《东坡老家》专栏“东坡诗人之

2021年10月20日，东坡区在成都举办第十三届中国泡菜食品国际博览会新闻发布会

家”编辑美篇15期，刊发原创作品160余首、摄影作品100余张；区诗歌协会在“诗歌阅读”公众号推出“眉山诗人展”专辑，展出12名东坡诗人作品；老年书画研究会发行《艺里艺苑》特刊700余册，带动全区群众积极参与文艺创作。时玉英作品获“中国梦·劳动美”第七届全国职工书法美术作品展美术类优秀奖；赵启明作品《幸福万年长》在“百年同舟华彩丹青成德眉资美术书法摄影优秀作品巡展”中荣获二等奖；崔宗喜作品《晨光曲》入展第4届“中国农民丰收节·四川摄影作品展”，作品《春游翡翠杙(yì)》入展第十一届中国竹文化“竹韵风华山水宜宾”全国摄影大展；彭晓兰、华子、张世明等多篇散文和诗歌作品入选《四川作家报》《四川文学》《散文百家》《星星》等；龚莹莹的《空间和语言承载的文学理想——评马平长篇小说〈塞影记〉》被四川媒体登载，人民日报客户端转载；沈荣均散文集《天青色等烟雨》荣获第十届四川文学奖；巨全毅摄影作品《大熊猫栖息地四姑娘山》入选中国摄影家协会主办的“中国世界遗产地”全国摄影大展；周勇《老少皆知》入选2021第八届“文明在手”聚焦垃圾分类全国摄影大赛。

围绕东坡文化、志愿服务、建党百年等主题，创作歌曲20余首，创作《党啊亲爱的母亲》《大江东去》《吐火变脸》等以东坡元素为主的戏剧作品，弘扬东坡文化作品《青青小荷》、庆祝中国共产党成立100周年作品《丰收的中国》《百年辉煌路》，小品《老有所依》、朗诵《红旗颂》、歌舞《我和我的祖国》等，其中小品《老有所依》荣获四川省第十八届四川省小戏小品比赛三等奖。

【基层阅读阵地建设】 推进全区农家书屋的改革创新与提质增效，完善对农家书屋的设备配置和图书更新，年内为全区125个农家书屋选配优秀出版物12875册，内容

涵盖党史学习教育、未成年人读物、农技知识等多领域。推进全区农家书屋与新时代文明实践中心共建共营，依托志愿服务力量组织开展世界读书日、党史学习教育、“我爱阅读100天”“书香东坡 快乐一夏”暑期少儿系列活动等150余次。组织开展“我的书屋我的梦”农家书屋优秀作品征集活动，征集优秀作品109幅，其中获得全国(全省)优秀作品表扬3个。

(李为民)

统一战线

【概况】 2021年，区统战工作坚持以习近平总书记关于加强和改进统一战线工作的重要思想为指导，以“全省基层统战工作质量年”为主题，充分发挥统一战线法宝作用，推动东坡统战工作高质量发展，不断凝聚“肩负首位再造产业东坡，聚力攻坚奋进全国百强”合力。东坡区、太和镇获市委市政府“全市统战工作先进集体”表扬，区台办获省台办“四川对台联络工作先进单位”表扬，区侨联获省侨联“全省基层侨联组织和‘侨胞之家’典型选树单位”表扬。太和镇悦兴小学被命名为全省第六批民族团结进步示范学校。

【统一战线理论宣传】 区委常委会7次研究统战工作，区委表扬统战工作先进集体20个、先进个人30名。区委常委会将《中国共产党统一战线工作条例》纳入区委常委会、新任副科级干部培训班、园区、镇(街道)和区级各部门理论学习内容，组织开展“基层统战大家谈”座谈会1次、“同心·大讲堂”1期、学习活动12次、基层调研2次。

【党外代表人士工作】 做好人大、政协换届中党外人士的安排工作，当届产生278名区政协委员中，党外政协委员167人(占比60.1%)，党外政协常委27人(占比65.9%)，符合规定比例。由选民依法选举产生区人大代表315名中，党外人大代表111人(占比35.2%)，党外人大常委10人(占比33.3%)，符合规定比例。开展党外干部谈心谈话，建立党外干部信息库，促进党外干部成长。2021年提拔党外正科干部2人、党外副科干部4人。

【民主党派工作】 以工作推进会、学习交流会、民主生活会等方式，努力建设“听党话跟党走”的民主党派人士队伍，引导各民主党派发挥好参谋、好帮手、好同事作用，落实参政党建设相关文件精神，支持民主党派加强自身建设。围绕中心、服务大局，制定实施政党协商计划，召开情况通报会、政党协商会6次，邀请民主党派负责人列席区政府常务会，引导支持民主党派成员建言献策40余条、调研文章6篇。民盟东坡区总支完成届中调整工作，获民盟四川省委“纪念中国民主同盟成立80周年先进集体”表扬，民进东坡区总支副主委周江峰获“民进全国社会服务暨脱贫攻坚工作先进个人”称号、会员王洪光获“四川省乡土文化能人”称号，农工党东坡区支部主委祝光伦获农工党中央“农工党脱贫攻坚先进个人”称号、党员陈丽萍获省委、省政府“四川省对口帮扶涉藏地区和彝区贫困县先进个人”称号。支持同心志愿者服务队开展军地共建、疫情防控、禁毒宣传、助学助教、服务人才招聘会等各种志

2021年1月27日，东坡区召开民主党派和无党派代表人士座谈会

2021年4月17日，重庆市四川眉山商会东坡分会成立

愿活动30余次。在“水街”建立东坡统战同心志愿服务站，参与“水街”常态化疫情防控、矛盾纠纷调解等志愿服务。东坡同心志愿者服务队禁毒防艾“三进”项目在市文明办、市民政局、团市委联合举办的“眉山市首届志愿服务品牌项目创评大赛”中荣获“眉山市首届志愿者服务品牌项目‘优秀奖’”。

【民族工作】 打造创建眉山卫生职业学校民族团结进步实践基地，提升太和镇悦兴小学和思蒙镇思蒙社区民族团结进步示范基地建设水平，深化少数民族道德法治、文明养成等教育，促进民族团结和谐。完善区域联动和部门协作机制，建立健全少数民族矛盾纠纷化解工作机制，实现民族领域安全稳定工作。太和镇悦兴小学、眉山卫生职业学校被认定为第一批眉山市民族团结进步教育基地，太和镇、区教体局、区司法局、眉山第一中学、东坡区实验初级中学、思蒙镇思蒙社区被命名为第二批眉山市民族团结进步示范区示范单位。

【宗教工作】 开展“爱国爱教爱家乡”主题教育活动，推进宗教活动场所规范化管理三年行动，打造不二寺、福音堂、蟆颐观、大旺寺4个宗教中国化示范场所。落实区、镇、村三级宗教工作网络和镇、村两级责任制，加强宗教领域风险隐患排查，严密防范境外宗教渗透，依法打击非法宗教活动，治理佛教、道教“两乱”3处。落实宗教场所安全专项整治三年行动要求，实施宗教场所“四改”工程。在宗教领域开展常态化疫情防控。开展宗教领域隐患排查治理20余次，确保宗教场所安全事故零发生。安排资金、协调用地，支持帮助蟆颐观、大旺寺完善场所配套基础设施。

【非公有制经济人士工作】 引导民营经济人士坚定发展信念，保持发展定力，听党话跟党走。举办中小微企业联谊会暨庆祝中国共产党成立100周年活动，近300家企业参加。建立领导干部联系民营企业制度，搭建政企沟通、政商对话等平台，畅通诉求反映和权益维护渠道，进一步优化营商环境。好味稻水稻专业合作社经验获李克强总理肯定。推荐5名非公有制经济人士为四川省光彩事业促进会五届理事会理事。非公有制经济人士丁文军事迹入选四川省“百名统战人说统战事”。完成东坡区第六届工商

2021年3月19日，眉山市东坡区台联第三次代表大会召开

2021年10月16日,东坡区新联会承办"2021年眉山市大学生专场公益招聘会"

联(商会)换届工作,完成16个镇(街道)商会换届任务,打造太和商会依法登记注册示范点,率先在全市试点完成乡镇商会依法登记注册。成立重庆市四川眉山商会东坡分会,打造中小微企业一站式服务平台——"创业之家"。开展"百企联百村共走振兴路"行动,倡导企业勇担社会责任,20家民营企业与村(社区)结对,投入各类资金9273.5万元。区委区政府表扬民营经济工作先进集体30个、先进个人30名。东坡区太和商会《"双阵地"注重引领,搭平台强化服务》被《中华工商时报》评为"镇街商会工作最佳案例"。

【港澳台及海外统一战线工作】 开展港澳台情调查以及侨情调查,更新数据库。完成台联换届工作。建立首家离境退税商店。区侨联赴简阳市开展"川渝相向聚英才,同心共创谋新篇"活动。区侨联、区台联与什邡市侨联、什邡市台联签订友好协议。开展"服务港澳台侨界大走访"活动,走访慰问侨眷、台胞台属12人,侨资企业2家、台资企业3家。以下大南街社区"全国社区侨务工作示范单位"为着力点,完善全区为侨服务平台建设。协调解决台胞接种新冠疫苗。开展侨资企业"正大集团眉山东坡区300万只蛋鸡项目"和台资企业"海霸王眉山项目"协调服务工作,帮助解决实际困难和问题。

【党外知识分子工作】 成立首个工业园区分会——东坡区知联会"中国泡菜城"分会,服务园区经济及泡菜产业发展。岷江现代农业园区分会发挥人才优势,依托"黄长征工作室",组织粮食安全生产、农民技能提升等各类培训18次,培育出喻文建、王云富等12个创新创业先进典型。

【新的社会阶层人士工作】 在城区、镇建立8个就业服务站,免费为企业展示招聘信息4500余条。组织开展4次大型公益招聘会,提供岗位5000余个,吸引求职者2万余人。搭建"眉山同心人才网",免费为本地企业和求职者提供互联网招聘服务,吸引注册用户2.25万余人,入驻企业1173家,累计发布岗位信息1.2万余条。区新联会会长邓凯被省同城化发展领导小组办公室聘为"成都都市圈(成德眉资同城化)稳定公平可及营商环境建设观察员"。

【黄埔军校同学后代联谊工作委员会工作】 常态化关注抗战老兵生活动态、身体状况,在传统节日和抗战老兵生日、生病、离世等重要时间,开展关爱活动4次。组建抗战老兵故事宣讲团,开展抗战老兵故事巡讲活动10余场次。发挥教育展示基地作用,抓好节点开展爱国主义教育6次。

(吕建群)

机构编制管理

【概况】 中共眉山市东坡区委机构编制委员会办公室(简称区委编办)为区委机构编制委员会办事机构,承担区委机构编制委员会日常工作,为区委工作机关,归口区委组织部管理。区委编办现有内设股室4个:综合股、机构编制股、监督检查审计股、事业单位监管股(挂区事业单位登记管理局牌子);下属事业单位2个:区事业单位登记服务中心、区机构编制电子政务中心。

【两项改革"后半篇"文章】 制定《优化乡镇机构编制资源配置工作方案》,结合实际提出具体工作举措15项;强化扩权赋能,明确镇主要职责12项,印发镇(街道)权责清单、赋权清单和属地事项责任清单280项；配强人员编制，调整优化镇编制数和科级领导职数，统筹调编8名、职数6名；优化派驻机构，完善设置16个自然资源所、派出监察办公室，明确司法所、市场监管所职能职责，将撤并的乡镇卫生院调整为建制镇卫生院分院；统筹区镇条块力量，整合机构编制人员，在多悦镇开展机构编制“扁平化”管理试点工作，按模块建立工作平台，实行编制分类管理、人员统筹使用，改革举措被《四川机构编制》、《四川日报》、川观新闻客户端等刊载报道。

【街道管理体制改革】 深化街道扩权赋能，建立权责清单准入制度，推动权责清单与街道“三定”规定有机衔接；聚焦街道提能赋予“六项权力”，完善人财物下沉街道、权责匹配的制度机制，提升街道治理能力和水平；优化人员编制，根据街道人口规模、辖区面积、发展特点等综合因素统筹增核人员编制，调整后，各街道行政编制增幅达26.3%，进一步充实和加强街道工作力量。

【重点领域改革】 完善农业综合行政执法体系，调整优化区农业农村局内设机构，增挂区农业综合行政执法大队牌子，建立健全镇综合行政执法体系，拟订镇综合行政执法体系工作方案，构建4个层级执法架构，建立2个会议，健全4项工作机制；完成扶贫工作机构调整，设置区乡村振兴局，区委农办秘书股，助推脱贫攻坚成果同乡村振兴有效衔接，同步划转水利水电工程移民职责，在区水利局增挂区水利水电工程移民工作办公室牌子；推进公安“大部门、大警种”改革，完成区公安分局内设机构调整；完成生态环境监测监察机构垂管改革，稳妥上划对应机构、编制、人员；调整区红十字会管理体制并完善组织架构，落实区供销社“三会”制度调整领导职务设置；深化行政复议体制改革，整合行政复议职责，调剂增编2名；加强文物保护工作，在区文化广播电视和旅游局增挂区文物局牌子；理顺应急管理职责体系，调整森林防灭火指挥部及其办公室，增核区应急管理局兼职副局长职数2名，明确48个部门安全生产监管职责。

2021年10月26日，第二次全区机构编制核查和2021年度机构编制统计培训会召开

【事业单位管理】 全面梳理全区事业单位职能职责，对区不动产登记中心等6个事业单位进行职能明确、调整划转工作，开展参公事业单位的摸底清理，建立台账、梳理问题，为下一步规范管理打下基础；优化事业单位登记服务，全年共办理事业单位法人证书新设立登记1个、变更登记80个、注销登记7个、遗失补领登记3个，办理统一社会信用代码84个，完成323个事业单位年度报告公示审核工作，年检率100%，合格率100%。

【机构编制规范化管理】 制定《第二次全区机构编制核查工作方案》，召开机构编制核查培训会，全区所有机构、编制、在编人员、编外人员全覆盖纳入核查；修订完善《眉山市东坡区机构编制实名制管理信息系统维护和管理办法》，开展人员上下编、台账完善、数据统计分析等工作；结合区领导分工调整，对区级议事协调机构进行重新清理、规范，对主要任务已经完成的议事协调机构和对应省、市已经撤销的议事协调机构进行撤销、整合、更名等调整，全年共精简议事协调机构25个；加强中文域名和网上名称管理，截至年底，全区机关和事业单位共注册有效中文域名492个,正常运行且按照规定使用党政机关网站标识的网站4个。

【机构编制服务保障】 服务保障经济社会发展。优化调整市岷东新区、眉山"中国泡菜城"职能职责、内设机构和人员编制,增核编制15名;成立区先进制造业发展促进中心、区数字经济发展中心,为区经信局、区发改局、区商务博览局等经济工作任务重的部门增核编制29名。

服务保障民生事业发展。全年共新建14所公办幼儿园,撤并8所农村中小学,核定编外教职工额度408名,内部调整教职工编制237名,补充教师266名;优化医疗卫生资源配置,重新核定区人民医院、区妇幼保健院人员总量2514名,通过公招、农村医学定向生等渠道为乡镇卫生院补充专业技术人员79名;成立区未成年人保护中心,构建"区、镇(街道)、村(社区)"三级联动的未成年人保护网络;建立健全残疾人康复服务体系,成立区残疾人康复中心。

服务保障干部队伍建设。会同区委组织部修订完善《眉山市东坡区中层干部配备办法》,建立健全中层干部选拔任用机制和监督管理机制;开展机关事业单位公招计划审批工作,全年共审批下达公招、人才引进、区外考调等计划425名。

【"三型"编办创建】 规范内部管理,修订完善内部管理制度18个,制定《业务工作流程手册》,优化工作办事流程22个;深入基层一线,形成《机构编制管理视角下优化县域教育资源配置的思考》《部门派驻乡镇机构共性问题研究》等调研报告,为进一步优化机构编制资源配置提供科学参考;创新工作方式,为全区各部门(单位)"一对一"配备"机构编制工作顾问",提供一站式的机构编制咨询服务和业务办理,主动联系部门(单位)314次,提供咨询服务374次,解决实际问题54个。

【机构编制监督检查】 开展机构编制专项检查、选人用人专项检查、党政主要领导干部经济责任审计"三项检查",全面检查单位机构编制管理和执行情况,对发现的问题,写入报告、建立台账、反馈部门、限期整改,全年共巡察、审计、实地检查单位135个。

(冯　玉)

区委巡察

【概况】 2021年,区委巡察始终坚持把"两个维护"作为根本政治任务,树牢"四个意识",坚定"四个自信",深化政治巡察,坚持问题导向,强化"靶向治疗"。全年开展第十三、十四轮两轮常规巡察,对全区污水处理厂建设运营、老旧小区改造、交通3个领域重点项目机动巡察,对全区粮食购销领域专项巡察。共发现问题290个,移交问题线索21件,提出工作建议62条。

【巡察决策和部署】 协调解决巡察工作中的困难和问题,推动巡察监督与其他监督贯通融合,形成"党委主导、部门配合、各司其职、齐抓共管"的"一盘棋"工作格局,推动全面从严治党向基层延伸、向纵深发展。全年召开领导小组会2次,书记专题会2次,领导小组成员参加巡察动员会14次,巡察反馈会15次,审核被巡察单位党组织巡察整改方案15份,向被巡单位传导整改压力。

【巡察制度建设】 制发《2021年巡察工作计划》《2021年巡察工作要点》《东坡区巡察整改"四方会审"工作机制实施办法(试行)》,根据十一届省委粮食购销领域专项巡视巡察工作部署会议精神,印发《五届区委粮食购销领域专项巡察工作方案》。区纪委监委将巡察整改监督纳入《2021年全区党风廉政和反腐败工作要点》、印发《区委巡察工作流程图》,从制度层面推动巡察整改日常监督。

【巡察队伍建设】 区委巡察办与区委组织部联合挑选146名优秀人才加入巡察人才库,对人才库进行调整优化;选派1名巡察组组长到省委第二巡视组上挂交流锻炼;向兄弟区县借力,抽调专业性人才参与巡察,确保巡察干部"抽之即来,来之能战"。成立临时党支部,加强抽调党员干部学习、教育和管理。发挥抽调巡察干部考核、评优选先机制作用,对在巡察工作中表现优秀的34名巡察干部出具工作鉴定,以正向考评激励巡察干部。

【巡视巡察上下联动】 10月,区委第二巡察组联动市委第二巡察组对粮食购销领域的13个单位党组织开展专项巡察,对具体问题,市授权办理8个、联合办理2个、提级办理1个。区委第二巡察组围绕5个方面23项重点内容开展监督,共查阅资料1000余份,个别谈话38人次,走访粮库点位28个,受理群众来访来电共1人次,发现问题17个,移交问题线索3条。

【完善质效评估机制】 2021年,巡察办总结第十一轮、第十二轮巡察质效评估经验,完善《东坡区巡察工作评估办法(试行)》,将巡察质效评估范围延伸到巡察全过程,对被巡察单位整改情况、巡察组执行巡察工作规范化建设情况,设置“三位一体”综合评估体系,“三位”即工作质效评估对象为被巡察单位党组织、巡察组、巡察干部。“一体”即采取“听、查、访、谈、测”等一体方式,开展多维度综合评估。这一做法被《党风廉政建设》《四川党的建设》等主流媒体报道。

【巡察整改】 探索建立阶段性整改“三审”机制:依次由区纪委监委、区委组织部、区委巡察机构、派驻纪检监察组“四方”会审;领导小组常务副组长预审;区委常委会终审组成。全年区委常委会审议整改报告4个。持续后续整改,落实专人负责,印发《关于持续推进巡察后续整改工作的通知》,43个单位党组织按要求总结报告整改推进情况。

【巡察成果运用】 2021年,巡察办梳理总结5年巡察成果,形成“四汇编一报告”(典型案例汇编、特色亮点汇编、巡察成果汇编、制度汇编、五年巡察工作情况报告)。全年督促27个被巡单位,建章立制174条,完成问题整改318条,有效促使被巡察单位把整改落实转化为改进作风、推动工作、加快发展的实际行动,增强群众的满意度和获得感。例如:5月,巡察富牛镇发现玉龙村486户百姓“饮水难”问题,区委巡察机构推动市水厂、区供排水公司、镇党委加快推进线路勘察、征地、挖沟、水管铺设等各项工作,29天解决长期困扰玉龙村群众的“饮水难”问题,结束玉龙村未通自来水的历史。

(曾皇豪)

老干部服务和管理

【概况】 截至2021年底,东坡区委老干部局管理服务老干部共144人,其中,离休干部14人,县级实职退休干部60人,2002年机制改革提前退休享受副县级待遇老干部65人,代管老干部5人。2021年,区老干部局严格按照上级对在新形势下开展老干部工作的安排部署,围绕中心大局、聚焦主责主业、统筹协调推进,全面完成各方面工作任务。

【老干部思想政治建设】 围绕庆祝中国共产党成立100周年系列活动,组织老干部开展党史学习教育,开展集中学习8场,座谈学习2场,红色教育基地现场学习7次,深入学习百年党史、中共十九届六中全会精神、习近平总书记“七一”重要讲话精神。组织全区“五老”组成宣讲团,在全区16个镇(街道)、14个村(社区)、21所学校开展“学党史·颂党恩·听党话·跟党走”主题巡讲98场次,听众3.4万人次;开展习近平总书记“七一”重要讲话专题巡讲43场次,听众1.2万人次。

【老干部服务管理】 落实老干部政治待遇,推进老干部理论学习、定期通报、参加重要会议和活动、重大节日走访慰问等制度。全年组织老干部集中理论学习8次;邀请2名区级领导向老干部通报政府相关工作;邀请市人民医院医生开展健康知识讲座;组织老干部到宜宾赵一曼纪念馆、李庄抗战文化陈列馆等红色教育基地开展“学党史 铭党恩”党史学习教育主题参观活动;在春节、重阳、国庆等重大节日对老干部开展慰问。落实老干部生活待遇,足额落实离退休干部参观费、交通费、书报费、慰问费等各项经济待遇,帮扶特殊困难老干部1名;组织老干部开展健康体检1次;按政策调高离休干部困难补助标准,落实医疗门诊照顾待遇;慰问生病住院老干部17人。丰富老干部活动,全年组织棋牌组、书画组、门球组、拳剑组、摄影组5个老干部活动组集中开展活动共76次;带领摄影组、书画组老干部分别到柳江古镇、汉阳坝、彭祖山等地开展摄影、写生活动。

【老干部“正能量”活动】 探索并推进老干部助力城乡基层治理,依托离退休干部党支部、小区业委会等组织,利用小区活动阵地资源,引导老干部就近就地助力基层治理。讲红色历史，做正能量宣讲员，全区“五老”在17所中小学开展家风家训主题教育巡讲，覆盖师生3.2万人次。苏祠街道金龙社区和白虎滩社区开设“爷爷课堂”，邀请老党员老干部为社区青少年讲述党的革命历程和光荣传统24场。化矛盾纠纷，依托社区邻里中心建设，在金龙、白虎滩等社区邻里中心设立老干部调解室，全年共协助社区调解矛盾纠纷16件。促乡村振兴，开展“送政策下乡、送文化下乡、送技术下乡”的“三送”活动，组织以区关工委为代表的老干部理论宣讲团，为基层党员群众宣讲党的政策理论50余场；组织老干部书画组到崇礼镇大定桥村开展“送春联下乡”活动，为群众赠送春联150余幅；组织以农技专家雷农田等为代表的老干部科技服务队，深入田间地头开展农技知识讲座100余场，帮助群众解决生产实际困难。

【关心下一代工作】 加强关工委组织建设和“五老”队伍建设，注重吸纳身体健康、热心青少年工作、有一定专长的“五老”人员加入关心下一代工作，形成一支威信高、能力强、覆盖面广、结构稳定的“五老”队伍。截至年底，全区所有镇(街道)均建有关工委组织，并延伸到社区、小区，实现纵向到底、横向到边。完善关心下一代工作基础设施建设，投入关爱基金13万元用于青少年实践基地的建设和管理，增建关爱青少年活动室10个。强化“五老”帮扶工程基础，开展“五失”青少年摸底和“五助”帮扶工作，向60名品学兼优青少年发放慰问金3万元。开展系列助学活动，发放助学金24万元，为残疾特校筹集关爱资金11万元。

(张文丽)

党政干部教育

【概况】 中共眉山市东坡区委党校(行政学校)是学习、研究、宣传马克思主义、毛泽东思想、中国特色社会主义理论体系的重要阵地，是对党员干部进行党性锻炼和教育的熔炉。负责轮(培)训领导干部、中青年干部、理论骨干、轮(培)训公务员和其他干部，承担干部、职工等岗位继续教育工作，对乡镇(街道办事处)党校进行业务指导，围绕区委区政府中心工作，开展调研，为区委、区政府决策提供参考。

【干部培训】 2021年，区委党校先后主办、协办培训班15期，共培训1665人次。其中，东坡区入党积极分子和发展对象培训班2期，参训300人；东坡区中青年干部培训班1期，参训61人；东坡区新提拔副科职干部培训班1期，参训48人；东坡区科级干部进修班1期，参训28人；东坡区基层党员示范培训班1期，参训80人；新任党组织书记培训班1期，参训32人；东坡区镇(街道)党校师资培训班1期，参训16人；村(社区)“两委”干部培训班2期，参训458人；全区公车驾驶员培训班1期，参训165人；全区驻村帮扶力量培训班1期，参训177人。协办市委党校培训班共3期，参训300人。

【教学科研】 2021年，区委党校获市委党校“全市党校系统2021年度科研管理优秀奖”表彰，全年向市委党校申报课题4项，立项4项，结项4项；向区社科联申报课题4项，立项1项，结项1项。其中，“东坡区多悦镇‘两项改革’后半篇文章实践探索”“对东坡区融入成渝地区双城经济圈建设的思考”“用眉山红色资源赓续眉山红色基本研究”3篇调研课题被编入市委党校2021年度《学报》；《领会党史教育目的要求争做学史力行时代先锋》被编入市委党校《庆祝“中国共产党成立100周年”暨党史学习教育理论研讨会论文集》；“对东坡区培育县域经济强区的探索”“对东坡区融入成渝地区双城经济圈建设的思考”被市委党校评为2021年全市党校系统优秀研究课题。

【理论宣讲】 2021年，区委党校共派出王勇、张火箭、冷继红、余开能4位领导和教师，深入乡镇(街道)、区级部门开展党史学习教育、习近平总书记“七一”重要讲话和中共十九届六中全会精神宣讲工作，共计宣讲15场，受众1200余人次。

【送教下乡】 2021年，区委党校派出3名教师“送教下乡”，在崇礼镇、太和镇、富牛镇入党积极分子和发展对象培训班上，为学员们讲述“探寻党的百年历史足迹”“习近平新时代中国特色社会主义思想的基本立场、观点和方法”“认真学习党内法规发展史养成纪律自觉 住为人做事底线”等课程。

(黄佳文)

2021年12月10日，年轻干部倾听“耐得住寂寞 经得住考验 分得清取舍”培训课

人才服务

【概况】 眉山市东坡区人才工作中心是区委下属事业单位，由区委组织部代管。负责承担区人才工作领导小组的日常事务；协助拟定全区人才政策；负责指导全区人才队伍建设；负责全区人才引进、培训、服务等工作；负责开展专家人才联系服务工作；完成区委、区政府交办的其他工作。

【人才引进】 2021年，组织区内企业赴高校、人力资源市场举办专场招聘会30余场，与成都合作网络直播招聘会4场，引进体制内急需紧缺人才33名，主导产业高层次人才52名，为1100余家企业发布岗位信息3万余条，常年储备产业工人2.5万人，鼓励龙蟒福生等科创型企业，通过项目合作、顾问指导、兼职引进等方式，柔性引进10余名国内外专家人才。

【人才培育】 实施“东坡英才”计划，评选第三批“东坡英才”16名、团队1支，发放安家补助251万元。实施“八大行业本土人才”培育计划，整合各行业主管部门力量，培育“东坡田园明星”“东坡名厨”等八大行业人才280名。举办“东坡区优秀企业管理人才培训班”，选派50名企业高管、技术骨干赴华为公司总部参观学习。

【优化人才发展环境】 东坡区提升人才服务水平，为人才提供安居就医、家属就业、子女就学开辟绿色通道，组织46名“东坡英才”进行免费健康体检，为“东坡英才”解决“子女就学”等需求问题20余次，保障人才后顾无忧。实施“安居保障”工程，装修48套人才公寓，为100余名人才提供“拎包入住”服务。与银行、保险公司等金融机构合作，开发出“东坡英才贷”“东坡英才保”等金融创新产品，为人才发展保驾护航。

（郑　好）

東坡

東坡

眉山市东坡区人民代表大会

重要会议

【东坡区第五届人民代表大会第七次会议】 1月7日至8日,眉山市东坡区第五届人民代表大会第七次会议在市会议中心举行。第一次大会应到代表273名,实际到会代表262名,第二次大会应到代表273人,实到269人,符合法定人数。

大会听取区政府代理区长杨翔宇作的政府工作报告,区人大常委会主任何万高作的区人大常委会工作报告,区人民法院院长刘锋作的人民法院工作报告,区人民检察院检察长牟敏作的人民检察院工作报告。与会代表书面审议国民经济和社会发展计划报告、财政预算报告、2020年环境状况和环境保护目标完成情况报告、区政府关于2020年度民生实事项目完成情况和2021年度民生实事候选项目情况的报告、眉山市东坡区国民经济和社会发展"十四五"规划和二〇三五年远景目标纲要草案,表决通过《选举办法(草案)》、民生实事项目代表票决办法草案,集中观看2020民生项目实施情况专题片。大会以无记名投票方式进行选举,杨翔宇全票当选为东坡区人民政府区长。会议表决通过政府、人大、法院、检察院等七个报告以及"十四五"规划和二〇三五年远景目标纲要的决议。大会宣布2020年民生实事项目完成情况满意度测评结果和2021年民生实事项目代表票决结果,"引青入东"二期工程、整治病(危)桥和漫水桥6座、增建公办幼儿园5所、续建公办幼儿园1所等10个项目确定为东坡区2021年度民生实事项目。

【东坡区第六届人民代表大会第一次会议】 11月8日至10日,眉山市东坡区第六届人民代表大会第一次会议在市会议中心顺利举行。第一次大会应到代表315名,实到303名,第二次大会应到代表315名,实到307名。

大会听取区委副书记、区长杨翔宇作的政府工作报告,区人大常委会主任何万高作的人大常委会工作报告,还听取区人民法院工作报告、区人民检察院工作报告。通过《选举办法(草案)》,表决通过设立东坡区第六届人民代表大会有关专门委员会的决定(草案)和组成人员人选办法(草案)。大会选举产生区人大常委会主任、副主任、委员,区人民政府区长、副区长,区监察委员会主任,区人民法院院长,区人民检察院检察长,以及出席眉山市第五届人民代表大会代表。根据选举计票结果,何万高当选为眉山市东坡区第六届人民代表大会常务委员会主任;杨翔宇当选为眉山市东坡区人民政府区长;谭正中、杜光俊、岳志红、杜贵林当选为眉山市东坡区第六届人民代表大会常务委员会副主任;张健当选为眉山市东坡区监察委员会主任;廖锦、徐学锋、朱科良、马琴、王志丹、余鹏、王维强当选为眉山市东坡区人民政府副区长;刘锋当选为眉山市东坡区人民法院院长;张春林当选为眉山市东坡区人民检察院检察长(须由市人民检察院检察长提请市人大常委会批准);选举王飞等30人为眉山市东坡区第六届人民代表大会常务委员会委员;选举丁文军等87人为出席眉山市第五届人民代表大会代表。

【区委人大工作会议】 1月27日,区委人大工作会议在区公安分局312会议室召开,区委书记廖小宁出席会议并讲话。区人大常委会主任何万高,区政协主席李胜华参加会议。区委副书记谭正中主持会议。区委副书记,区纪委书记,区委宣传部部长,区委组织部部长,区人大常委会副主任,区法院院长,区检察院检察长,镇(街道)党(工)委书记、人大负责人,区级有关部门(单位)和区人大各委室(办)主要负责人参加会议。

会议传达学习省委、市委人大工作会议精神,太和镇党委、尚义镇人大主席团、区农业农村局、区审计局作交流发言,复兴镇党委、万胜镇人大主席团、区财政局、区发改局作书面交流发言。

【人大常委会会议】 1月14日,眉山市东坡区第五届人大常委会第四十一次会议在眉山宾馆3楼汇报厅召开。区人大常委会主任何万高主持会议,区人大常委会副主任李莉、张友清、岳志红、刘然国参加会议,区政府常务副区长廖锦,区政协副主席张燕列席会议。会议听取和审议"一府一委两院"人大任命干部工作情况报告,并进行满意度测评。会议以无记名投票的方式表决通过人事任免事项,决定任命余鹏为区人民政府副区长,邓璐为区民政局局长。

2月26日，眉山市东坡区第五届人大常委会第四十二次会议在眉山宾馆3楼汇报厅召开。区人大常委会主任何万高主持会议，区人大常委会副主任李莉、张友清、岳志红、刘然国出席会议。区政府常务副区长廖锦列席会议，区政协副主席张燕列席会议。

会议传达学习四川省第十三届人民代表大会第四次会议精神，审议并通过《眉山市东坡区人民代表大会常务委员会议事规则(修订草案)》。会议以无记名投票的方式表决通过人事任免事项，决定任命徐学锋为眉山市东坡区人民政府副区长、眉山市公安局东坡区分局局长，张书为眉山市东坡区人力资源和社会保障局局长，唐晓黎为眉山市东坡区审计局局长，汪学东为眉山市东坡区信访局局长，李金桥为眉山市东坡区监察委员会副主任，黄琴为眉山市东坡区监察委员会委员。

4月28日，眉山市东坡区第五届人大常委会第四十三次会议在眉山宾馆3楼汇报厅召开。区人大常委会主任何万高主持会议，区人大常委会副主任李莉、张友清、岳志红参加会议，副区长王志丹列席会议。会议听取和审议区政府关于2020年全区环境状况和环境保护目标完成情况的报告、区政府关于水毁工程恢复建设工作情况的报告。会议审议通过关于东坡区各镇新一届人民代表大会代表总名额的决定。

6月28日，眉山市东坡区第五届人大常委会第四十四次会议在区政府一楼礼堂召开。区人大常委会主任何万高主持会议，区人大常委会副主任李莉、岳志红、刘然国参加会议，副区长唐本清列席会议。会议听取并审议区人大常委会执法检查组关于区政府贯彻《中华人民共和国就业促进法》情况的执法检查报告，表决通过《关于同意将东坡区富牛片区、柏杨片区土地征收成片开发纳入2021年国民经济和社会发展计划的决定》，听取区人大法制委员会关于规范性文件备案审查工作情况的报告。

7月19日，眉山市东坡区第五届人大常委会第四十五次会议在区政府一楼礼堂召开。区人大常委会主任何万高主持会议，区人大常委会副主任李莉、张友清、岳志红、刘然国参加，副区长唐本清列席会议。会议审议并通过区政府关于提请将《眉山市东坡区刘巷片区土地征收成片开发方案》《眉山市东坡区合林片区土地征收成片开发方案》《眉山市东坡区盘鳌片区土地征收成片开发方案》纳入2021年国民经济和社会发展年度计划的议案，并将所涉及相关项目纳入东坡区“十四五”规划编制。会议审议通过东坡区区、镇两级人民代表大会代表选举日的决定(草案)，决定2021年9月25日为区、镇两级人民代表大会代表日。会议审议通过关于设立东坡区选举委员会的决定(草案)，关于设立东坡区各镇选举委员会的决定(草案)，关于确认东坡区各镇人大主席团成员职数的决定(草案)。

8月31日，眉山市东坡区第五届人大常委会第四十六次会议在区政府一楼礼堂召开。区人大常委会主任何万高主持会议，区人大常委会副主任李莉、张友清、岳志红、刘然国参加会议，区政府副区长唐本清，区政协副主席宿丽霞列席会议。会议听取和审议区政府关于2021年上半年民生实事项目推进情况的报告，听取和审议区政府关于办理区人大代表建议、批评和意见情况的报告。会议听取区法院、区检察院半年工作报告，听取和审议区政府关于2021年上半年国民经济和社会发展计划执行情况的报告；区政府关于2020年度区本级财政预算执行及其他财政收支情况审计工作的报告；区政府关于2020年财政决算情况和2021年上半年财政预算执行情况的报告，审查批准区政府2020年财政决算。会议通过相关人事任免，决定张春林为眉山市东坡区人民检察院代理检察长。

9月26日，眉山市东坡区第五届人大常委会第四十七次会议在区政府一楼礼堂召开。区人大常委会主任何万高主持会议，区人大常委会副主任李莉、张友清、岳志红、刘然国参加会议，区委常委、区政府常务副区长廖锦，区委常委、区纪委书记张健列席会议。与会人员集中学习《四川省人民代表大会常务委员会关于国有资产管理情况监督的决定》，审议通过关于东坡区第六届人民代表大会代表另行选举日的决定(草案)，决定2021年10月18日为另行选举日。会议通过相关人事任免，任命张健为东坡区监察委员会副主任、决定为代理主任，任命朱科良为区政府副区长。

10月28日，眉山市东坡区第五届人大常委会第四十八次会议在区政府一楼礼堂召开。区人大常委会主任何万高主持会议,区人大常委会副主任李莉、张友清、岳志红、刘然国参加会议,副区长马琴,区政协副主席宿丽霞列席会议。会议审议并通过区政府关于民营医疗机构监督管理工作情况的报告,听取和审议区政府关于贯彻执行《四川省粮食安全保障条例》情况的报告、区政府关于2021年财政预算调整方案的报告,审查批准区政府2021年财政预算调整,审议通过代表资格审查报告(草案)和关于召开东坡区第六届人民代表大会第一次会议的决定(草案),审议区第六届人民代表大会第一次会议方案(草案),讨论人大工作报告(审议稿)。

12月24日,眉山市东坡区第六届人大常委会第一次会议在区政府一楼礼堂召开。区人大常委会主任何万高主持会议,区人大常委会副主任谭正中、岳志红、杜光俊、杜贵林参加会议,副区长马琴,区政协副主席宿丽霞列席会议。会议审议通过东坡区第六届人民代表大会资格审查委员会人选名单、东坡区人民代表大会常务委员会民生实事项目人大代表票决制实施办法(试行),研究讨论区人大常委会2022年工作要点,将部分片区土地征收成片开发纳入年度国民经济和社会发展计划的决定。会议对区政府办理区人大常委会关于《中华人民共和国就业促进法》实施情况审议意见、关于水毁工程恢复建设工作情况审议意见和关于民营医疗机构监督管理工作情况审议意见的工作进行满意度测评。会议分别听取区政府关于2020年度财政收支审计查出问题整改情况的报告,区水利局、区农业农村局关于审计查出问题整改落实情况的报告,并对审计查出问题整改落实工作进行满意度测评。

(李书伟)

人大事务

【概况】 眉山市东坡区人民代表大会常务委员会(简称区人大常委会)位于眉山市东坡区下西街100号,占地约4亩,建筑面积3000平方米。机构改革后,眉山市东坡区人大设8个专门委员会,分别是法制委员会、监察和司法委员会、经济委员会、教育科技文化卫生民族宗教委员会、农业与农村委员会、城乡建设环境资源保护委员会、预算委员会、社会建设委员会。眉山市东坡区人大常委会设办事工作机构3个,即办公室(信访办)、研究室、人事代表工作委员会。有机关党委、工会、妇委会、老协等党群组织。区人大常委会依法行使重大事项决定权、监督权和任免权。区人民代表大会、区人大常务委员会议、区人大常委会主任会议是人大行使职权的重要形式。

2021年,区人大常委会履行宪法和法律赋予的各项职责,依法作出涉及农业、工业、社会、文化、法治、改革、稳定等方面的决议、决定;开展法律法规贯彻实施情况的执法检查;听取和审议“一府一委两院”的工作报告和专题报告;依法任免、决定任免国家机关工作人员;开展工作评议;组织全区换届选举工作,加强对乡镇人大工作的指导;密切联系群众,充分发挥代表作用,办理或督办代表议案,建议、批评和意见,联系督办信访件;加强自身建设,强化机关内部管理,树立地方国家权力机关的良好形象。

【依法行使决定权】 作出批准财政决算和预算调整的决议2项,作出关于人大换届选举的决议决定8项、关于接受人大任命干部和常委会组成人员等辞职的决定11项。听取区政府关于土地征收成片开发的情况报告4次,作出同意将甘眉工业园区铝城片区、富牛片区等12个片区开发纳入经济社会发展计划的决定6项。

【依法行使任免权】 完成区六届一次人代会选举任务,任命人大和“一府一委两院”干部77人次,免职38人次,区委推荐的拟任人选全部满票通过。

【依法行使监督权】 监督依法治区战略实施,开展就业促进法执法检查,督促扩大就业容量,提升就业质量。听取审议区政府关于四川省粮食安全保障条例执行情况报告,督促落实粮食安全保障工作。听取区法院、区检察院工作情况报告,促进区法院、区检察院在维护社会公平正义、保障经济社会高质量发展等方面尽职尽责。专题听取扫黑除恶专项斗争、禁毒人民战争工作情况报告,深化重点领域综合治理。协助市人大常委会开展固体废物污染环境防治法、非物质文化遗产法等4部法律法规的执法检查。推进规范性文件备案审查工作，接收报备规范性文件21件，报送市人大审查21件。

监督全区经济社会发展，听取审议经济社会发展计划执行情况报告，推动区政府加大“六稳”“六保”工作力度。听取审议预算、决算报告，要求抓好增收节支，保急需保重点，严控债务风险。委托第三方机构对财政预算执行情况进行审查，促进预算安排和资金管理规范化。听取审议审计工作和审计查出问题整改工作情况报告，跟踪监督审计查出的问题完成整改33个。调研“天府旅游名县”创建工作，推动服务设施提升、旅游环境改善、文旅品牌打造。调研乡镇建制调整后国有资产管理和使用情况，推动乡镇行政区划和村级建制调整改革“后半篇”文章。

监督全区民生建设，听取审议区政府关于民营医疗机构监督管理工作情况报告，助推满足人民群众多元化医疗服务需求。调研医疗保障工作，实地走访多家医疗医药机构和区医保中心，邀请代表座谈交流，提出加强医保政策宣传，加大征缴力度，强化医保基金监管等调研建议。配合市人大常委会开展3岁以下婴幼儿托育服务情况调研，建议充分利用现有资源，试点开展公共托育服务。

监督生态环境保护和治理，听取审议环境状况和环境保护目标完成情况报告，针对环保基础设施短板、个别流域水质不稳定、泡菜高盐废水等问题，要求压实生态保护责任，探索生态优先、高质量发展的途径。牵头开展东风渠“河长制”工作，督促环保督察发现的黑臭水体、场镇生活污水直排等问题的整改，确保东风渠东坡段水质常年稳定在3类。

监督农业农村发展，听取审议区政府关于水毁工程修复建设工作情况报告，实地察看黄连埂水库灌区、广青路万光桥等水毁工程修复建设情况，要求区政府及相关部门加强项目管理，强化建后管护，督促完成32个区管水毁工程项目建设。调研巩固脱贫攻坚成果同乡村振兴有效衔接，要求从政策、产业、人才、治理等六个方面入手，筑牢防止返贫致贫防线，调研成果得到区委主要领导肯定性批示，批转相关部门落实。

【群众信访】 加强信访监督，依法受理群众来信来访31件次，妥善解决群众合法合理诉求。

【民生实事票决项目】 2021年1月，在区五届人大七次会议上，全体人大代表差额票决出2021年东坡区民生实事项目，交区人民政府办理。2月，区人大常委会进一步完善民生实事项目的监督工作机制，制发《2021年民生实事项目监督推进工作方案》，由区人大各专委会牵头建立代表监督小组10个，督促票决项目落地落实。3月，全区各镇陆续召开镇人代会票决出镇级民生实事项目，参照区人大常委会项目监督工作做法，同步组织人大代表参与镇级民生实事票决项目监督工作。7月，区人大常委会组织开展民生实事项目视察调研，审议通过《区人民政府关于2021年度民生实事项目推进情况的工作报告》，对项目实施提出建议意见，交区人民政府落实。

【代表履职】 推进履职平台规范化建设，全区建成16个人大代表之家、200余个人大代表联络站，代表活动、意见处理、台账资料、服务管理等各个环节更加规范。富牛镇玉龙村代表联络站建设工作得到省人大常委会充分肯定。深化“我为群众办实事——人大代表在行动”实践活动，1300余名各级代表联系走访基层群众2万多人次，推动解决保洁员工资兑付、集镇路灯照明、村组道路建设等问题221个；市区镇三级代表联手多方筹资101万元，完成思蒙镇藕花村2组1.98公里水泥路建设。

听取审议区政府民生实事项目进展情况报告，市区两级人大代表对纳入改造的100个老旧小区实施联动监督15次，协调解决方案设计、违建拆除、电梯安装、电力线路改造等难点堵点问题40余个。完善代表建议办理工作，推动建议办理从“答复型”向“落实型”转变，区五届人大六次会议收到的39件代表建议、批评和意见全部办结，代表满意、基本满意率达100%。

（李书伟）

東坡

眉山市东坡区人民政府

区政府常务会议/政府事务/民政工作/行政审批/机关事务服务/群众信访/应急管理/消防/成眉同城发展

区政府常务会议

【区政府五届九十二次常务会议】1月6日,召开区政府五届九十二次常务会议,会议组织学习中央经济工作会议精神等内容;听取《关于争创"双强区"工作推进情况的报告》《关于2020年全区向上争取资金工作情况的报告》;研究审议《关于为区级储备粮油贷款提供担保的请示》等议题。

【区政府五届一百零六次常务会议】 5月31日,召开区政府五届一百零六次常务会议,会议传达学习习近平总书记在河南省南阳市调研时的重要讲话精神和习近平总书记重要文章《努力成为世界主要科学中心和创新高地》等内容;审议《眉山市东坡区养老服务业发展激励扶持十条措施(送审稿)》等议题。

【区政府五届一百零九次常务会议】 6月30日,召开区政府五届一百零九次常务会议,会议组织学习《中华人民共和国未成年人保护法》《中华人民共和国动物防疫法》《中华人民共和国畜牧法》等内容;审议了《眉山丽思卡尔顿酒店项目投资合同书(送审稿)》《眉山市东坡区三苏祠历史文化街区、眉州古城墙历史文化街区开发项目战略合作框架协议(送审稿)》等议题。

【区政府五届一百一十三次常务会议】 8月16日,召开区政府五届一百一十三次常务会议,会议传达学习市委书记胡元坤调研东坡区指示批示精神和代理市长黄河调研东坡区指示批示精神;审议《眉山市东坡区大中型水利水电工程移民"十四五"规划(2021—2025年)》等议题。

【区政府五届一百一十六次常务会议】 9月7日,召开区政府五届一百一十六次常务会议,会议传达学习习近平总书记在河北承德考察时的重要讲话精神;审议《眉山市东坡区推进中心镇改革发展工作方案(送审稿)》《关于实施2021年美丽乡村建设的请示》等议题。

【区政府五届一百二十一次常务会议】 10月27日,召开区政府五届一百二十一次常务会议,会议传达学习习近平总书记、李克强总理关于老龄工作的重要指示批示精神;听取《关于经济领域风险防范化解工作推进情况的报告》;审议《政府工作报告(送审稿)》《眉山市东坡区2021年农村"厕所革命"整村推进示范村建设项目实施方案(送审稿)》等议题。

【区政府六届一次常务会议】 11月11日,召开区政府六届一次常务会议,会议传达学习统筹推进全省乡村国土空间规划编制和两项改革"后半篇"文章工作会议精神;听取《关于项目推进和谋划工作进展情况的报告》;审议《生物医药产业发展战略合作协议(送审稿)》《关于实施乡镇农贸市场改造升级项目的请示》等议题。

【区政府六届三次常务会议】 11月29日,召开区政府六届三次常务会议,会议传达学习中央全面深化改革委员会第二十二次会议精神;听取《关于近期东坡区道路交通安全管理工作情况的报告》;审议《眉山市东坡区对口帮扶阿坝州茂县五年规划(2021—2025)(送审稿)》等议题。

(范恒越)

政府事务

【概况】 2021年,面对新冠肺炎疫情起伏反复、经济下行压力持续增大,在区委的坚强领导和区人大、区政协的大力支持下,全区积极应对各类风险挑战,狠抓"六稳"工作、落实"六保"任务,有力推动经济社会稳步发展。全年实现地区生产总值530.2亿元、同比增长8.4%,完成一般公共预算收入26.6亿元、同比增长10.1%,城镇、乡村居民人均可支配收入同比分别增长8.4%、10.5%,三次产业结构比优化调整为11.8∶39.8∶48.4,实现"十四五"良好开局。

【第一产业】 第一产业增加值实现62.7亿元、同比增长6.7%。高标准农田增加2.6万亩,粮食总产量达到30.1万吨,生猪产能稳步恢复,出栏量达到50万头,超额完成稳产保供任务。成功争取制种大县财政奖励项目,获中央补贴资金1.5亿元。正大300万只蛋鸡项目竣工投产。培育国省级示范合作社3个,川南酿造获评农业产业化国家重点龙头企业。

【第二产业】 蒙牛、今麦郎等9个项目竣工投产，规模以上工业企业增加28家、总数达到247家，规模以上工业增加值增长13.2%，居全市第一。泡菜食品全产业链产值达到215亿元，苑东生物、北京智立、宝莱特集团等上市企业入驻西部药谷，甘眉工业园区南区被商务部认定为国家首批加工贸易产业园、全省唯一，三大主导产业实现产值258.8亿元、同比增长8.8%。富生电器获评国家级“专精特新”企业，培育国家级高新技术企业3家，高新技术产业规上工业产值达到170亿元、同比增长11%。

【第三产业】 限上商贸单位增加16家，库内商贸服务业单位总数达到186家。第三产业增加值实现256.6亿元、增长8.8%。城市商圈人气渐旺，东坡岛水街入选省级步行街改造提升试点。餐饮营业收入占全市40%，获评首批省级川派餐饮创新发展先行区。依托京东云等平台推广本地特色产品，产生全国第1000亿件快递，邮政业务量占全市总量的54%，全网零售额达到31.4亿元，全市第一。打造研学基地17个，获评全国研学旅行基地称号。推出6个大类旅游路线33条，“东坡马拉松”被中央电视台体育频道全程直播，旅游综合收入增长11%，成功创建省级全域旅游示范区。

【对外交流与合作】 全年签约成德眉资同城项目16个、总投资93亿元，完成10个“三区三带”项目投资30.5亿元。联合成都市青羊区开展知识产权跨区域保护协作，与成都天府国际生物城管委会签订《成眉医药产业同城发展创新示范区合作协议》，与成都市武侯区共建“成眉同城大健康产业先行示范园”。华西二院眉山市妇女儿童医院、成都中医药大学附属眉山医院正式开诊。四川大学眉山校区落户岷东，苏辙中学、苏南小学等10所学校与成都名校结对办学。招商引资成效显著。签约正大5000万羽白羽肉鸡、蜀道集团钢构智造产业基地等项目41个，协议资金689亿元、签约项目数创历史新高，履约率达到98%。其中，制造业项目36个、占比87.8%，超额完成市定制造业招商引资“百日攻坚”行动任务，位列“红榜”。公共服务提标升级，设置“跨区域通办服务专窗”，实现132个事项“跨省通办”、210个事项“川渝通办”、100个事项成德眉资无差别受办。实现成德眉资医保缴费年限和医疗检验结果互认，省内异地就医和跨省就医直接结算医疗机构增加至63家。成眉日间动车加密至83列，发车间隔缩短至12分钟。

【城乡建设】 城市建成区面积增至52.3平方公里、城镇化率达到62.58%，常住人口突破90万；投入1亿元，启动288个老旧小区改造，完成改造120个，惠及居民8180户；全面启动智慧停车，增建公共停车位200个、新能源充电桩(站)79个，增加公交线路2条，眉州驿站、坛罐山驿站建成投用；完成道路景观绿化20.5公里，建成区绿化覆盖率达到43.9%、人均公园绿地面积达到16.4平方米。乡村振兴深入推进，做深两项改革“后半篇”文章，完成第十一届村(居)民委员会换届选举；健全防止返贫动态监测和帮扶机制，巩固拓展脱贫攻坚成果同乡村振兴有效衔接，获评全省乡村振兴成效显著县，万胜镇艾光村、富牛镇玉龙村被评为省级乡村振兴示范村，多悦镇海珠村被评为省级重点帮扶优秀村；科学划定4个镇级经济片区、33个村级片区，重塑县域经济发展地理版图，万胜镇、思蒙镇、多悦镇入选省级百强中心镇候选镇，修文镇被评为2021年度全国千强镇；推进农村人居环境整治，生活污水有效处理率、户用卫生厕所普及率、农村生活垃圾有效处理率分别达到76%、93%、98%，成功创建“美丽四川·宜居乡村”达标村15个，获评全国第四批节水型社会建设达标区，入选全国水系连通及水美乡村建设试点县，获中央补贴资金1.2亿元。交通路网日趋完善，成乐高速扩容东坡段建成通车，天府大道眉山段、环城公路南环线开工建设。汤坝航电主体工程全面建成，岷江三桥顺利合龙。增建农村公路122.5公里，整治病危桥、漫水桥10座，30辆响应式农村客运车辆投入使用。

【民生建设】 2021年，30件民生实事全面落地，158个民生项目全面完成目标任务，民生投入占财政预算支出比例保持在80%以上。基本民生保障有力，保障留守儿童、残疾人、贫困户等群体权益，发放各类救助资金8700余万元，困境儿童关爱工作经验全国推广。开展职业技能培训2.5万人次，提供岗位4.6万个，城镇登记失业率控制在3.0%以内，成功举办全省第二轮深化构建和谐劳动关系综合配套改革试点启动会。发放创业担保贷款1171万元，东坡创客孵化园创成“省级创业孵化基地”“三区联动”就业创业做法被国务院通报表扬。社会事业稳步推进，纵深推进“双减”政策，整治校外培训机构81家，学科类培训机构压减率达到92.6%。优化教育资源供给，7所公办幼儿园建成投用、增加学位2250个，撤并整合义务教育学校8所，高考本科硬上线万人比连续25年全市第一。基层医疗机构由26个优化整合为16个，投入资金1.2亿元，建成通惠社区卫生服务中心和松江镇、尚义镇2个建制镇卫生院。区核酸检测基地投入运行，可48小时内完成全员核酸检测，疫苗接种任务超额完成，防疫屏障更加牢固。增加养老服务设施34个，养老服务供给水平稳步提升。生态环境持续改善，压紧压实四级河长责任，24条区级河流中10条实现类别提升，其中，10条市级河流水质稳定在Ⅲ类以上。加强涉气污染源排查整治，空气环境质量持续稳定达标，优良天数311天。持续开展土壤污染防治，做实危险废物收集处置全流程监管，土壤和地下水环境质量保持稳定。泡菜盐渍液高效综合利用技术获四川省科技进步一等奖，吉香居等4家企业实现泡菜盐渍液全回收。完成中省环保督察反馈问题整改86个。

【督查工作】 紧扣区委、区政府重大项目、重点工作、省市区领导批办交办事项以及上级下达督促检查任务，突出抓好区政府常务会议定事项、疫情防控、对上争取、民生实事等多项工作，常态化组织开展专项政务督查70余次，编发《督查通报》《落实与反馈》《专题报告》60余起。

【信息公开】 全年公开政务信息1万余条，门户网站总访问量938537次，受理留言93条，办结率100%，共开展3次网上征集意见活动，收到依申请信息公开200余件并全部回复。

（范恒越）

民政工作

【基层政权建设与社区治理】 完成东坡区第十一届村(居)委会换届选举工作，实现222个村(社区)一次选举100%成功，村组织书记、主任“一肩挑”任务100%完成，组织意图人选100%高票当选；村(居)委会成员高中以上学历较上届提升13.7%，平均年龄较上届下降4岁，女性干部较上届提升4%，干部队伍结构实现既定的“两升一降”目标。

深入实施省级城乡社区治理试点示范，有序推进苏祠街道、多悦镇等6个镇(街道)、社区第二批城乡社区治理示范工作，积极探索创新城乡社区治理新理念、新机制、新模式，经验做法在全省交流；坚持从小切口创新谱写基层治理“大文章”，在崇礼镇大定桥村开展村级议事协商创新试点，被民政部办公厅确认为全国村级议事协商创新实验试点单位。在闲置镇村公有资产盘活利用、集体经济壮大发展、基层组织建设和城乡社区治理等方面探索出一系列东坡模式、东坡经验，1个做法被省级《工作动态》刊发，4条经验被市级《工作动态》刊载，其中2条受到市委、市政府主要领导肯定性批示。

【社会组织管理】 在苏祠街道白虎滩社区建成社工总站，完成苏祠街道、大石桥街道、多悦镇、太和镇、富牛镇5个镇(街道)社工站及苏辙中学学校社工站建设，各社工站常态化、专业化开展工作，群众满意度较高。截至2021年底，东坡区共发展持证社工216人，占全市持证社工人数的39%，其中社会工作师34人、助理社会工作师182

2021年3月13日，多悦镇正山口村村民委员会选举大会现场

人，完成社工首次登记161人，在中国社会工作网注册社工机构2个，注册社工人数150人，占全市系统注册社工人数的48%；共注册志愿者186627人，注册志愿服务队1071个，发布项目4469个服务，总时长952894.37小时，有服务时长人数达到122677人。

【社会事务管理】 切实保障农村居民“逝有所安”，建成乡村公益性公墓14个，实现镇级全覆盖，金顶山墓区作为全省殡葬工作会议参观点位；开展“清源行动”，关停棺材铺、石材加工铺50余家；开展突出问题整治，整治硬化大墓、活人墓3900余座，整理恢复土地600余亩。东坡区深化农村殡葬改革推进移风易俗工作在《眉山要情》第25期上刊发。

（向　征）

2021年10月29日，召开《四川省优化营商环境条例》专题学习会议

行政审批

【概况】 眉山市东坡区行政审批局（简称区行政审批局）2019年2月21日正式挂牌成立，加挂眉山市东坡区政务服务管理局牌子（简称区政管局）。职能职责为：牵头全区优化营商环境、推进政府职能转变和“放管服”改革；加强政务服务和公共资源交易管理工作的方针、政策、法律、法规以及区委区政府决策部署；负责权责清单制度建设、清理并实施动态管理；负责指导并推进全区政务服务和公共资源交易服务体系标准化、规范化、便民化建设；负责对一体化政务服务平台的管理和维护；负责“12345”政务服务热线的日常运行、管理及受理事项的协调、督办等有关工作。内设办公室、行政审批改革股、政务服务管理股、公共资源交易管理股，下属事业单位为眉山市东坡区政务热线服务中心，代管眉山市东坡区政务服务和公共资源交易中心。

【一体化政务服务平台管理】 2021年，全区依申请类政务服务事项提速80%以上，一次办事项数占比达92.36%；全程网办率达96.46%，“互联网+监管”目录清单认领率达100%，共计梳理完成政务事项目录办理项2116条。开展政务服务“好差评”，引导企业、群众多渠道参与评价工作，截至年底，全区办件主动评价率为98.42%。开展电子印章绑定和电子证照汇聚工作，引导49个部门（单位）完成129个电子印章申请审核工作。推动工程建设项目使用工改系统进行接件、办件，全年共计录入工改办件928件。

【简政放权】 对全区26个部门及

2021年11月15日，开展“窗口腐败”问题专项监督集中约谈会

镇(街道)1091项行政权力事项,明确镇(街道)职能职责,印发《眉山市东坡区镇(街道)法定行政权力及责任清单》《眉山市东坡区赋予镇(街道)县级行政权力及责任清单》;为基层减负松绑,清理全区"奇葩证明",取消51项证明事项,采用一次性告知承诺制等方法代替;按照"成熟一批,下放一批"的原则,委托下放47项行政权力事项和54项公共服务事项至镇(街道)行使。

【优化营商环境】 东坡区先后印发《眉山市东坡区营商环境指标提升专项行动方案》《2021年眉山市东坡区创建一流营商环境工作方案》《眉山市东坡区优化营商环境工作绩效考核试行办法》。围绕营商环境评价18项一级指标,制定优化提升举措,创新改革,最大限度委托服务事项、削减办事材料、压减办理时限,进一步提高政策透明度。

【政务服务大厅管理】 2021年,区行政审批局政务大厅入驻部门窗口共办理服务事项634908件,其中行政许可事项78430件,其他事项556478件,按时办结率100%;共为5001户企业登记注册,注册资金2024070.6万元。修订完善政务服务大厅管理制度,开展"庸懒散浮拖""窗口腐败问题"专项整治活动,持续推进窗口作风建设。建立政务服务大厅值班长和片长管理制度,坚持每日巡查,对当日发现的不良现象及违规违纪行为进行督查通报。每月对大厅窗口运行情况及区行政审批局政务服务工作进行汇总并形成工作简报,推选红旗窗口、党员示范岗和服务明星。全年开展督查巡查1800余次,现场提醒80余人次,通报处理各类违规违纪现象12件次。

【镇(街道)便民服务中心建设】 2021年,按照两项改革"后半篇"文章工作要求,完成太和、秦家、富牛、多悦4个镇便民服务中心标准化建设工作。设置无差别受理综合窗口,深化"一窗受理、分类审批、一枚印章、统一出件"工作模式;梳理下放镇村群众办理的高频事项,推动63项群众高频需求事项向基层延伸;对"我要修住房、我要领低保"等25个便民服务"一件事一次办";建立代办"轻骑兵"队伍,将60余项服务事项纳入代办帮办服务内容;推进"政务+金融"服务模式,与农商银行签署合作协议,在富牛镇宋程村、秦家镇弥陀村等5个村建成农村金融综合服务站。

【"12345"政务服务热线】 区政务热线服务中心坚持月通报、季督查,全年发出月运行情况简报12期,月热点、突出问题报告12期,督察通报4期;组织承办单位召开"政务服务便民热线新系统"培训会,交流会商16次,现场调研督办38件,电话督办700余次,网络督办5000余次。全年共办结区委书记信箱76件,区长信箱79件,按时办结率100%;办结市"12345"政务热线平台工单22494件,按时办结率100%。

【公共资源交易管理服务】 区行政审批局公共资源交易管理股对区本级公共资源交易服务工作进行指导、监督、检查,协助处理公共资源交易投诉,为企业营商环境提供公开、公平、公正平台,推进公共资源交易的服务体系标准化建设工作。参加各类招投标项目开标、评标等监督共计39项;参加各类增量工程现场协调、确认,各类磋商、检查等现场会议等共计44项;参加各类土地、国有资产拍卖监督,共计91宗土地,涉及金额约30亿;参与砂石询价4次,泡菜城路灯询价1次。

(祝　斌)

机关事务服务

【概况】 按照《关于印发〈眉山市东坡区机关事务服务中心职能配置、内设机构和人员编制规定〉的通知》,区机关事务服务中心于2017年11月挂牌成立,是区政府直属事业单位,正科级。设综合股、公务用车股、公共机构节能股和办公用房股4个内设机构。

【办公用房保障】 年内,开展办公用房使用巡视巡察整改工作"回头看"、办公用房测绘和调剂整合工作,加强办公用房使用管理,摸清家底,纳入信息化管理并优化用房配置。全年对19个单位存在的问题进行督促整改;共计测绘101家单位、建筑面积264443平方米、宗地面积248757平方米,绘制平面图并将测绘数据纳入"东坡区办公用房使用管理信息系统”；综合利用腾退办公用房，调剂区纪委2号楼给区拆迁办，调剂区卫健局5楼给区征补中心。

【公务用车管理】 年内，通过落实“三定点”规定，开展公务用车安全管理专项教育整顿和公车使用情况督查，强化和规范公车管理。全年通过公务用车管理平台进行定位及轨迹监控共计派车3.5万余次，确定东坡区公务用车7家定点保险、3家定点加油、15家定点维修服务企业，共报废更新公务用车2台；联合派驻区政府办纪检组对60个机关事业单位进行3次督查。

【公共机构节能】 开展公共机构节能宣传，打造区市场监管局作为区级垃圾分类示范单位；开展“拒绝舌尖上的浪费 光盘打卡行动”“你晒光盘我送礼”活动，推动光盘打卡行动成为大家生活日常。落实能耗系统数据填报，推进节约型机关创建，成功率达到94.7%。截至年底，全区成功创建国家级节约型公共机构示范单位1家、省级节约型公共机构示范单位1家、节水型示范单位45家以及节约型机关54家。按时完成各单位能耗数据催报工作，超额完成省市下达的人均综合能耗下降2%，单位建筑面积能耗下降1.5%，人均用水量下降2.3%的目标任务。摸清区机关企事业单位食堂基本情况，统计汇总食堂共计195个，与区住建局一起协调市城投中恒能环保科技有限公司做好全市公共机构餐厨垃圾的收运、处理工作。

【行政审批代办】 全年受理审核代办农村居民进城购房及城区购买新建商品房等补贴申请193份，涉及补贴金额107.63万元，全部移交市房管局拨款。代办四川投资项目在线审批监管平台上综合窗口事项，负责批分各阶段项目至相关审批部门，全年共批分在线审批综合窗口项目232个，均处于正常运行状态。

（夏　雪）

群众信访

【概况】 眉山市东坡区信访局下设办公室、办案股、接访股和群众工作中心，其主要职责：综合协调、指导全区信访工作；组织开展信访问题排查化解、风险评估；负责汇集分析社情民意，综合研判信访事项；负责处理群众的来信和网上留言，接待来访；指导、处置群众进京到省到市集体上访、非接待场所上访和跨地区、跨部门的重要信访问题；向责任单位交办、转送信访事项，检查督促信访事项的办理；承担区信访工作联席会议和区政府信访事项复查委员会日常工作。

【信访事项办理】 2021年，全区信访总量1535件（批）1891人次，同比下降13.2%。其中，走访250批606人次，占总量的16.2%；来信573件，占总量37.3%；网上信访712件，占总量46.4%；重复信访率同比下降56.27%，群众满意率达96%。

【领导接访和包案化解】 全年区级领导共接待群众来访20批34人次，全部办解。以“案结事了”为目标，通过区领导包案化解68件重复信访积案。

【窗口建设】 组织业务骨干和政法委员到宜宾市叙州区信访局考察学习，组织全区政法委员培训3次，组织全区信访干部4批30人轮流到信访部门跟班学习。升级群众工作中心，建成集信访接待、矛盾调处、法律援助、心理疏导于一体的区矛盾纠纷多元化解协调中心。深化诉访分离，将访前律师咨询前置于接访窗口，指导信访人合理合法维护自身正当权益，全年累计提供法律服务90余次。

【信访法治建设】 强化信访法治宣传教育，推进法治信访建设，引导群众合理合法表达诉求，全年到省访下降为19批20人次。

【重大会节值守】 组建信访工作专班，完成东坡半程马拉松等重大会节活动值守工作。

（张保全）

应急管理

【三年行动专项整治】 开展安全生产排险隐患“百日攻坚”、安全生产集中攻坚、“两个行动”专项检查等行动，按照“1+3+22”（1个安全生产专项整治，三年行动计划，3个实施方案，22个行业领域整治方案）模式，建立完善专项整治行动推进会商研判机制。共组织检查组435

2021年，建成东坡区矛盾纠纷多元化解协调中心

个，检查企事业单位3497家，排查整治隐患3340处，责令停业整改4处，行政处罚100.496万元，约谈7家，联合惩戒企业3家。

【隐患排查治理】 全区共明察暗访37912个单位和重点部位，排查各类事故隐患32477处，已整治完成32088处，限期整治389处。重大隐患13处，其中区级挂牌重大隐患9处，市级挂牌重大隐患4处。治理隐患17处，投入治理资金134.97万元。全区共发生各类安全生产事故21起，分别死亡20人，分别同比下降12.5%、4.76%。

【“创安2021”执法行动】 共执法检查企业2125家，出动执法人员2471人次，检查生产经营单位2311家，发现隐患1553条，其中重大安全隐患84处已全部整改，下达执法文书137份，立案80起，处罚款79.8万元。

【烟花爆竹监管】 多次联合执法，共收缴非法产品圆饼炮1.2万余饼、组合烟花158组，已全部销毁并对违法人员行政处罚。

【应急力量建设】 全区组建16支镇级应急队320名志愿队员、221支村级应急分队2210名志愿队员，基层应急队伍人员配备全覆盖无死角，达到队伍建设的初期标准。16个镇(街道)配发天通卫星电话、移动水泵、救生绳、救生衣、强光手电等救援装备；成立区森林防灭火专项整治工作领导小组，增建2个瞭望塔和4处视频监控，组建一支40人的森林扑火专业队伍。

【地震应急综合实战演练】 承办全市地震应急演练，共14个演练流程和科目，出动应急、消防、住建、交通等部门800余人，投入参演车辆50余辆，使用各类救援装备80余台(套)，全要素、全流程对抗震救灾各场景进行演示。截至2021年底，组织各类别演练共计320余次。

【应急预案编制】 印发《眉山市东坡区突发事件总体应急预案》，各镇(街道)完成综合预案编制，各牵头部门完成突发事件类、应急保障类、部门类应急等预案的编制。

【自然灾害救助】 落实2020年洪涝灾害恢复重建，累计投入资金840万元，重建194户、维修加固414户；冬春救助受灾困难群众2512户、10285人，通过“一卡通”

2021年4月13日，东坡区集中销毁一批非法烟花爆竹产品

2021年5月10日，2021年眉山市地震应急演练在东坡区崇礼镇举行

平台发放救助资金89.25万元；统筹推进全区第一次综合风险普查工作，完成重点对象清查，共计录入清查对象信息829条。

【地质灾害应急工程治理和隐患排查】 投入专项资金101.5万元，完成1处地质灾害应急工程治理项目（多悦镇郑军村3组千佛岩地质灾害应急工程治理）、1处重特大地质灾害隐患点应急救援能力评估及行动方案建设（三苏镇五一村4组滑坡地质灾害隐患点应急救援能力评估及行动方案建设）和3处地质灾害应急排危除险项目（崇礼镇玄翁村8组长河碥崩塌应急排危除险、复兴镇五圣村2组大丛林滑坡应急排危除险、修文镇龙合村1组滑坡应急排危除险）。

【防汛工作】 汛期期间落实各类防汛责任人720人，全区共组建246支、近5000人的防汛抢险救援队伍，组织、督导全区16个镇（街道）开展128场次防汛应急演练。全区共计出动救援人员1000余人次，提前转移人员2000多人。全区共6031人受灾，农作物受灾面积0.3公顷，房屋受损15间，直接经济损失129.6万元。

【森林防灭火专项整治】 区委常委会、区委中心组扩大会，区政府常务会议、区政府专题会学习研究专项整治工作26次。投入30余万元，在三苏湖建立瞭望塔1座，在多悦镇砦子城投资50余万建立瞭望塔1座；投入150余万建设森林防灭火指挥中心视频会议室，林区视频监控4处；投入256万元组建一支40人的专业队伍，全区13个有林镇全部完成森林防灭火演练。

【自然灾害风险普查】 按时完成清查阶段所有工作任务，完成230所学校、68所医疗卫生机构、32个提供住宿的社会服务机构、50个危化企业、75个加油加气站等对象清查工作，共计录入清查对象信息829条。

【法治宣传】 组织开展安全生产月、“5·12”全国防灾减灾日集中宣传教育活动，结合安全宣传“五进”，接受群众咨询2万余人次，发放各种宣传资料10万余份，设置宣传展板60余个，通过LED显示屏播放安全生产和应急公益广告

2021年1月22日，东坡区组织开展森林火灾扑救实战拉动演练

2021年2月25日，尚义镇中店社区被国家减灾委、应急管理部、中国气象局、中国地震局评为全国综合减灾示范社区

约400小时，宣传标语200余份。投入资金60余万元打造齐通小学安全生产进学校示范点，联合相关媒体累计推出“五进”宣传报道60余篇，齐通小学示范点被应急管理部和省应急管理厅作为示范点位进行宣传报道。在各行业部门和单位分别组织开展新《中华人民共和国安全生产法》专题培训，组织全体干部参加省、市新修改《中华人民共和国安全生产法》知识讲座，共开展各类新安法知识讲座100余场次，培训人数约5000余人。

【安全社区建设】 11月，尚义镇通过省级安全社区创建验收，全区省级安全社区共建成7个镇。

（周红霞）

2021年8月25日，东坡区与武侯区悦湖科技城管理委员会签订《协同发展合作协议》

【防汛救灾水利项目】 推动防洪工程建设，完成岷江东坡大堤崇礼段堤防整治工程，整治加固堤防3.89公里，2021年度完成投资约1000万元；实施投资约9800万元的岷江堤防永寿段、松江段、石佛段整治工程建设，工程整治加固和新建堤防总长17.217公里，2021年度完成建设任务的80%，完成投资约8000万元；实施投资3233万元的思蒙河思蒙镇莲花段防洪治理工程，综合治理河道长度6公里，增建堤防4.874公里，2021年度完成建设任务80%，完成投资2500万元；实施东坡区2020年水利基础设施（河道类）水毁灾后重建（修复）工程，完成投资1815万元，完成整治（修复）护岸7.4公里。

（詹开建）

消　防

【概况】 东坡区消防救援大队（简称大队）建于1978年，百坡路救援站建于1973年；2019年1月3日，眉山市东坡区消防救援大队举行授衔换装仪式；2019年12月31日，眉山市东坡区消防救援大队正式挂牌，依据《组建国家综合性消防救援队伍框架方案》，消防救援队伍接受应急管理部消防救援局和地方党委政府双重领导。大队承担消防监督执法、灭火抢险与应急救援2项主要职责，负责市级消防安全重点单位以外单位的日常监

2021年5月12日，区消防大队参加眉山市地震应急演练

管，直接列管216家区级重点单位；负责开展基层组织、社会单位消防宣传培训和业务指导，督促部门、乡镇街道履行消防工作责任制；负责灭火抢险与应急救援。大队下属消防力量出警范围主要是中心城区红星路以南的老城区以及相应部分乡镇，全区“119”接处警由市消防支队指挥中心受理。建有永寿、思蒙、万胜、白马4个乡镇专职消防队，配备各类消防车14辆、消防摩托8辆、舟艇3艘，载水59.68吨、泡沫16.4吨，应急及执法用车4辆、皮卡车5辆。

【火灾与救援】 2021年，全区共发生火灾285起，直接财产损失75.8万元，无较大以上和社会影响较大的火灾发生，火灾形势总体平稳。全区消防救援消防队伍共接警1029起，扑救火灾285起，抢险救援228起，社会救助516起，抢救被困人员108人，抢救财产价值13.4万元。

【消防安全管理】 2021年，区消防救援大队在区政府做《关于火灾形势分析和消防安全工作的报告》，理清机构改革和撤乡并镇后各方的管理责任，推进卫计、教育、住建、公安、工商、质监、文体旅新、商务、经信等全区各行业部门消防安全检查。在日常工作中强化监督和管理，通过“双随机、一公开”系统，进行消防安全抽查。推动消防车道、水源、电动自行车充电设施等纳入288个老旧小区改造，乡镇968个消火栓“三年补建计划”全面完成，数万户城乡居民消防安全条件得到改善。

【消防宣传教育】 2021年招录专业人员、配备专业装备，组建运营全媒体中心，与眉山电视台、中国应急网、眉山人网、微东坡、美团等合作，推进消防宣传“五进”（进企业、进农村、进社区、进学校、进家庭）。搭建微信科普宣传平台，创办视频号“大东哥是我”，拍摄公益广告《这些细节你忽略了吗》，制作MV《追梦》，编排舞台剧《责任》，将消防知识以群众喜闻乐见的方式推送到电影院、KTV、视频彩铃、今日头条和短信平台。推广全民消防安全学习平台，注册用户6万余人。联合行业系统、高校、民间救援力量开展消防志愿服务，组织各类行业和公务员消防安全培训32次。

【消防安全专项治理】 开展消防安全专项整治三年行动，与住建、

2021年10月28日，南湖幼儿园、双河幼儿园师生参观消防大队营区

教育、民政、公安等部门及园区、街道联合推进商住混合体、住宅小区、电动自行车、学校及教育培训机构等专项整治，共检查单位952家，发现并督促整改火灾隐患或违法行为1191处，下发行政处罚决定书103份，临时查封18家，责令“三停”14家，罚款70万元，拘留11人，督改重大火灾隐患1处。针对中心城区新业态、新开业公共娱乐场所和遗留问题小区等“痛点”，运用专项抽查规则，严厉打击开业后擅自改变防火条件、消防设施无人管理等问题，从严查处场所违法行为，推进隐患整治和设施维修，净化消防安全环境。

【执法规范化建设】 加强规范文明执法建设，执法全部通过“双随机、一公开”系统抽取，面向社会公示，确保执法公开、规范。开展巡察问题线索整改和收送红包礼金、消防装备采购领域廉洁风险、消防执法“微腐败”专项整治，综合运用廉政学习、谈心谈话、案例警示、排查清退等工作方式，规范个人情况向组织汇报制度。规范党委议事和学习制度，调整工作分工，完善内控制度，规范许可和执法程序。开发“东坡消防政务服务”平台，探索许可、执法随机抽签机制，规范窗口受理和限时办结，公开透明执法信息，坚决用制度杜绝腐败滋生。

（张海澜）

成眉同城发展

【概况】 2021年是“十四五”开局之年，东坡区立足于“十四五”期间建设“双区八创”的总体定位，用实际行动贯彻落实省委推动成德眉资同城化的重大部署，以主人公意识扛起市委建设成都都市圈副中心的首位担当。在同城交流、产业布局同城、公共服务同城等方面取得初步成效。

【同城交流】 8月，眉山经开新区管委会与华西大健康产业功能区管委会签订《成眉同城大健康产业先行示范区合作协议》，依托飞地经济模式，打造“成眉同城大健康产业先行示范园”；甘眉工业南区管委会与武侯悦湖科技城管委会签订《协同发展合作协议》，依托飞地经济模式，共建“成眉同城高端新材料及智能制造产业合作园”。

【产业布局同城】 2021年全区新签约成德眉资同城项目16个，总投资约93亿元，其中，经开新区新签约恒瑞制药、青木制药、海纳联创等9个成眉同城项目，投资约22.8亿元；中国泡菜城引进漫味龙厨复合调味品及配套包装、高端调理预制品等4个项目，投资约14亿元；甘眉南区引进飞翔防水总部生产基地（二期）、桥梁核心连接构件制造、四川省钢构智造产业基地等3个项目，投资约56.2亿元。加强区域技术合作，四川龙蟒福生科技有限公司、四川博佳制药有限公司等4家企业分别与四川大学、中国科学院成都生物研究所等高校、企业、科研机构开展技术研发合作，

2021年3月18日，东坡区政府与四川青木制药有限公司签约

2021年10月28日,“成眉同城中职班主任班级管理工作研讨会”在东坡中等职业技术学校召开

合作项目6个。深化产业链配套合作,组织中车、千禾等12家企业参加首届成都都市圈产业生态建设企业供需对接云共享大会。推进“三区三带”项目建设,东坡区涉及的10个“三区三带”项目完成年度计划投资30.5亿元。

【公共服务同城】 政务服务方面,根据四市政务服务主管部门整理公布的“同城化无差别”受理清单,推动居民身份证异地办理、养老保险转移、企业设立等100项政务服务实现线上线下异地无差别受理;设置“成德眉资一体化企业登记服务专窗”,实行“专窗”受理“最多跑一次”的服务模式。社保就业方面,利用省级平台开展转移接续业务,全年共办理转移22800人,资金6301万元;人力资源市场供求信息互通共享,全年开展蓉漂人才网络招聘会等活动4场,提供就业活动岗位622个。户籍管理方面,“省内一站式”网上迁移办理率达100%;通过“微户政”受理群众业务咨询99件,审核79件,办理19件,省内居民身份证申(换)领1350件,省内户口迁移610件。养老方面,落实德眉资3市社会化养老机构收住成都市中心城区户籍老年人享受成都服务性床位补贴政策,将成都籍在眉服务性床位补贴1.98万元拨付至各养老机构;定期派员交流学习,组织18名养老一线骨干赴成都参加养老人才培训;按照《成德眉资养老服务协同发展实施方案》,推动养老相关标准互通互认、养老服务政策异地通关。医疗方面,开展校地合作,市中医医院成为成都中医药大学附属眉山医院,深度开展医、教、研合作;区妇保中心与四川省妇保院建立四川纵向三级妇幼健康专科联盟;5月,成德眉资四市签订《成德眉资区域医疗检验结果互认合作协议》,实行检验结果互认;先后派出26名优秀卫生专业技术人才到华西、成都中药大学附属医院等医院进修,省级专家6次到东坡区进行卫生专业技术交流和指导。医保方面,实现成德眉资职工医保转移“一地办”,全年网上办理医保转移335人;试点“异地就医备案”通办,全年办理17例;推广医保待遇异地(含成德眉资)直接结算,99家药店、36家医疗机构开通跨省门诊刷卡结算;全区71家定点医疗机构和352家定点零售药店签订成德眉资统一版本的“两定”机构服务协议。教育方面,推动川大眉山校区规划编制相关工作,为开工建设打好基础;苏辙中学、苏南小学、区研培中心等4所学校、机构与成都地区开展校际学习交流活动15次,实现教育平台共建、管培共商、资源共享。

(范恒越)

東坡

東坡

政协眉山市东坡区委员会

政治协商/民主监督/参政议政/自身建设

政治协商

【五届六次全委会】 中国人民政治协商会议眉山市东坡区第五届委员会第六次会议于2021年1月6日至8日在眉山市会议中心召开。254名区政协委员参加会议,邀请及列席人员131名,区政协主席李胜华、区政协副主席陈岸芷分别主持第一次、第二次大会,区委书记廖小宁出席会议并作重要讲话。会议审议批准李胜华主席代表政协眉山市东坡区第五届委员会常务委员会所作的工作报告,审议批准田中文副主席代表政协眉山市东坡区第五届委员会常务委员会所作的关于提案工作情况的报告。委员们列席眉山市东坡区第五届人民代表大会第七次会议,听取并讨论区人民政府、区人民法院、区人民检察院工作报告和《2020年区国民经济和社会发展计划执行情况及2021年计划草案报告》《眉山市东坡区国民经济和社会发展第十四个五年规划和二〇三五年远景目标纲要》《2020年区财政预算执行情况及2021年区财政预算草案报告》,普遍赞同并提出意见建议。

【五届七次全委会】 中国人民政治协商会议眉山市东坡区第五届委员会第七次会议于2021年5月20日至21日在市会议中心召开。257名政协委员参加会议,区政协主席李胜华主持两次大会。会议学习全国、省、市政协会议精神,习近平总书记在党史学习教育动员会上的讲话精神,区委书记廖小宁在全区县级领导干部和科级主要负责人读书班上的讲话精神,会议选举李继成、宿丽霞为政协眉山市东坡区第五届委员会副主席。

【六届一次全委会】中国人民政治协商会议眉山市东坡区第六届委员会第一次会议于2021年11月7日至11月9日召开。278名区政协委员参加会议,邀请及列席人员124名,区政协党组书记郭建华主持两次大会,区委书记廖小宁出席会议并作重要讲话。会议审议批准李胜华代表政协眉山市东坡区第五届委员会常务委员会所作的工作报告。会议选举郭建华为政协眉山市东坡区第六届委员会主席,李继成、陈岸芷、宿丽霞、许云贵为政协眉山市东坡区第六届委员会副主席,胡碧俊为政协眉山市东坡区第六届委员会秘书长,选举产生政协眉山市东坡区第六届委员会常务委员41名。

委员们列席东坡区第六届人民代表大会第一次会议,听取并讨论区人民政府工作报告和区人民法院、区人民检察院工作报告,赞同以上报告并提出建议意见。

【常委会与党组会、主席会】 全年召开常委会会议3次、党组会议20次、主席会议5次,对全区重要人事安排、重大建设规划、重大决策部署等进行协商,围绕民生事业、乡村振兴、城市建设、企业创新等方面提出意见建议。

民主监督

【民主评议】 2021年4月至5月,区政协对区住建局工作开展民主评议。评议工作小组组织政协委员深入基层走访有关区直单位、基层群众和区住建局服务对象,组织相关单位、项目业主代表人士和区住建局各股室、下属事业单位负责人等开展座谈,听取区住建局近3年来工作情况汇报,切实了解区住建局履职、依法行政和作风建设情况,广泛收集整理社会各界对区住建局工作的意见建议,形成民主评议报告。

【提案办理】 2021年,区政协委员、各参加单位和各专门委员会积极撰写、提交提案117件,经“三级联审”,确定立案78件,其中并案8件,立案率为73.5%。按照分级负责、归口办理的原则,转市政协交办9件,区级相关部门办理69件。区政协副主席及党组成员牵头,对《关于加快“两车”智能防盗系统的建议》等5件重点提案进行跟踪督办,对区政协五届五次会议期间提出的《关于加强东坡区小流域综合治理的建议》等4件重点提案办理情况开展“回头看”。部分提案建议被纳入区委区政府的决策部署,部分转化为政府部门的实际工作措施。

【社情民意】 及时收集反映《关于整治齐通中小学周边交通安全问题的建议》《关于加快修复万盘路洪灾损毁桥梁及周边道路的建议》《关于解决苏祠街道社区卫生服务中心业务用房面积不足的建议》《关于解决东坡中等职业技术学校正门路政花台挡道导致交通拥堵问题的建议》《关于对甘眉工业园区南区调整公交车运行路线的建议》《关于加快推进住宅小区配套供电设施移交的建议》等民情,提出建议11条，为区委、区政府体察民情、了解民意、集中民智、解决民需提供依据和参考。

【民主监督“一府两院”及提案办理】 每半年听取一次区政府、区纪委监委、区人民法院、区人民检察院工作情况通报，每年听取一次区政府关于全区政协委员提案办理情况的通报、区纪委监委全年工作通报。

参政议政

【视察调研】 按照《政协眉山市东坡区委员会关于2021年度视察调研等工作的安排意见》，围绕全区民生事业、农业农村发展、城市建设、社会管理、环境保护等方面，开展视察调研活动。开展“工业园区建设发展情况”委员集中视察，完成“引青入东工程建设情况”常委会会议专题议政课题，对“全区文物保护工作”“农村客运公交化”“特殊人群服务管理”“城市垃圾分类处置”和“巩固双创成果”开展协商调研，形成8个协商调研报告。

【“有事来协商”平台建设】 紧扣区委新“双强区”发展定位，围绕区“十四五”规划精准选题，充分发挥政协专门协商机构作用。深入推进“有事来协商·东坡事大家议”平台建设，整合镇（街道）、村（社区）社会治安综合治理和大调解组织资源，推进“有事来协商·东坡事大家议”小微协商常态化，完成复兴镇五圣村沟渠整治、思蒙镇石沱村断头路修建、松江镇张坎片区自来水管网改造、永寿镇高坝支渠渡槽维修等小微协商。

【疫情防控】 区政协主席、副主席多次指导联系镇（街道）疫情防控工作，了解重点场所防控值勤、“三码”查验、信息登记等情况。组织区政协机关干部前往红星西路社区，开展常态化疫情防控包保工作，做到具体点位专人负责。

【参与政务】 参与“双创”及“街长制”工作，发动干部300余人次，支持资金10万元。切实履行河湖库长职责，牵头负责的河、湖、库水质稳步改善。

自身建设

【思想政治建设】 全面加强政治思想建设，采取“线上+线下、集中+自学、培训+研讨”等形式，通过党组会、常委会、委员小组活动等，组织全体委员和机关干部认真学习党史学习教育指定教材、习近平总书记“七一”重要讲话及中共十九届六中全会精神，先后开展集体学习26次、集中研讨交流16次，撰写心得体会90余篇。组织机关党员干部赴阿坝开展红色教育实践活动，举办全区政协系统党史学习教育报告会和“学党史、筑同心”党史知识竞赛暨庆祝中国共产党成立100周年演讲比赛。

【委员管理】 选派政协委员、机关干部参加省、市政协组织的成渝地区双城经济圈建设、政协委员履职能力提升、新闻宣传等学习培训。持续加强委员服务管理，走访看望委员60余人次，评选年度优秀委员19人，按程序增补3名委员。引导委员“立足岗位、建功立业”，委员谢厚明被评为东坡区“十佳致富带头人”，委员王洪光被省委宣传部评为“四川首批100名乡土文化能人”，委员周江峰获民进中央“民进全国社会服务暨脱贫攻坚工作先进个人”称号，委员祝光伦获农工党中央“脱贫攻坚工作先进个人”表彰。

【制度建设】 制定实施委员小组联系镇（街道）工作制度，各镇（街道）党委副书记推选为区政协委员，实现镇（街道）政协工作全覆盖。制定《委员工作室管理办法》，成立2个政协委员工作室，有效延伸委员履职触角。

【文化文史工作】 组织部分政协委员、文史馆员前往雅安市上里古镇实地考察调研，围绕东坡区范围内历史文化遗迹保护情况进行实地调研、召开座谈协商会，形成《进一步加强东坡区文物保护调研报告》，有力促进东坡区文物保护工作。举办“翰墨歌盛世、丹青颂百年”“四省五地”政协书画联展，以文章、书法、绘画、歌舞等艺术形式讴歌百年辉煌党史。

【友好往来】 加强与其他政协组织和社会各界的联系，接待30余个兄弟区县政协到东坡区考察交流。围绕农村客运公交化改革、特色农业发展、文旅融合等课题，前往绵阳、广安、巴中等地考察学习。

【媒体宣传】 全年在市级以上报刊、网络刊发新闻宣传稿件70余篇,“引青入东工程建设”“思蒙镇村际交通环线联通”协商情况被《四川政协报》专题报道,连续15年被省政协表彰为新闻宣传工作先进单位。

（张靖涛）

眉山市东坡区纪检监察委员会

重要会议/纪检监察事务

2021年4月16日，中国共产党眉山市东坡区第五届纪律检查委员会第七次全体会议在市会议中心召开

重要会议

【中国共产党眉山市东坡区第五届纪律检查委员会第七次全体会议】 中国共产党眉山市东坡区第五届纪律检查委员会第七次全体会议，审议并通过陈霞代表区纪委常委会所作的《充分发挥监督保障执行促进完善发展作用 为奋进“十四五”、攻坚新“双强区”提供坚强保障》工作报告。

全会认为，报告实事求是的总结2020年东坡区党风廉政建设和反腐败工作取得的成绩，客观分析存在的问题，提出2021年的工作建议。2020年，全区各级纪检监察组织牢固树立“四个意识”、坚定“四个自信”、做到“两个维护”，始终坚持稳中求进总基调，依规依纪依法履职尽责，一体推进不敢腐、不能腐、不想腐，努力推动纪检监察工作高质量发展，各项工作取得新成效。

全会要求，全区纪检监察干部要以坚持以习近平新时代中国特色社会主义思想为指导，深入学习贯彻中共十九大及十九届二中、三中、四中、五中全会精神，全面贯彻落实中央、省、市纪委全会安排部署，立足新发展阶段，贯彻新发展理念，融入新发展格局，坚持稳中求进工作总基调，协助党委推进全面从严治党，忠实履行党章和宪法赋予的职责，以推动高质量发展为主题，充分发挥监督保障执行、促进完善发展作用，一体推进不敢腐、不能腐、不想腐，扎实推进规范化法治化建设，切实加强干部队伍建设，为“十四五”开局、新“双强区”攻坚提供坚强保障。

全会号召，全区各级纪检监察组织和广大纪检监察干部要更加紧密团结在以习近平同志为核心的党中央周围，在市纪委监委和区委的坚强领导下，不松劲、不停步、再出发，以敢于斗争的胆气、善于斗争的锐气，奋力谱写全面从严治党、党风廉政建设和反腐败斗争的新篇章，为建设现代化成德眉资同城发展先行区、成都都市圈副中心示范区提供坚强政治保障，推动东坡区“十四五”开好局、起好步，以优异成绩庆祝中国共产党成立100周年。

（郭圆圆）

纪检监察事务

【概况】 2021年，区纪检监察委员会坚定以习近平新时代中国特色社会主义思想为指导，一以贯之推进全面从严治党，巩固发展反腐败斗争压倒性胜利，全区政治生态持续向好。在市纪委监委和区委坚强领导下，全区各级纪检监察组织以推进高质量发展为主题主线，坚决捍卫“两个确立”、忠诚践行“两个维护”，自觉从党的百年奋斗历程中汲取智慧力量，持续发挥监督保障执行、促进完善发展作用，为全区经济社会发展大局提供坚强保障。同级监督机制创新做法被中央纪委国家监委网站向全国推介，区纪委监委被推荐为全省纪检监察系统先进集体，被省纪委监委确定为案件审理工作联系点。

【政治监督】 抓实执政监督，制发《贯彻落实区委五届二十二次全会精神服务保障创新驱动引领高质量发展工作任务清单》，明确6个方面16条工作措施，以监督保障决策部署落地。围绕常态化疫情防控、优化营商环境、森林防灭火、生态环境保护、安全生产等中心工作开展监督检查，印发督查通报47期，督促整改问题1200余个。严明政治纪律和政治规矩，严肃查处违反政治纪律案件1件1人。严肃换届纪律，开展监督检查5次，督促整改问题53个，严查顶风违纪典型3件11人，出具党风廉政审查意见1564人次。

压实政治责任，贯彻执行市纪委监委履责提示办法，制发《关于加强对“一把手”和领导班子监督的工作任务分工表》，用“两单一通报一提示”督责机制，着力破解“一把手”监督和同级监督难题。安排1名县级领导、5名镇和区级部门党组织主要负责人向区纪委全会现场述责述廉，并接受质询和民主评议。坚持失责必问、问责必严，对落实“两个责任”不力的42名领导干部进行问责。

【作风整顿】 开展“四风”顽疾问题专项整改，清退违规违纪资金近20万元，问责处理16个单位13人。整治公款吃喝等顽瘴痼疾，开展“吃公函”问题排查清理，全面排查整改公务接待管理制度不规范、无公函接待、“一函多餐”等问题7个。对公务用车及机关食堂管理开展专项督查，发现并督促整改问题33个。持续整治“奇葩”证明，形成《村（社区）证明事项负面清单》，清理困扰企业和群众的各类“奇葩”证明51项。

巩固作风建设长效机制，开展贯彻落实中央八项规定精神制度建设“回头看”，梳理中共十八大以来全区现行有效的政策制度文件51个，整改执行制度不严格不到位不精准等问题24个。紧盯元旦、春节、中秋等重要时间节点，发送廉洁短信万余条，印发典型案例通报4期。开展正风肃纪专项督查，查处违反中央八项规定精神问题31件43人。

助推优化营商环境，落实“服务保障民营经济健康发展十八条措施”的实施意见，查处涉企违纪违法问题30件53人。开展“窗口腐败”违规违纪问题专项监督，发现并督促整改问题13个，督促建立健全制度17个，严肃查处套取办证费用、审核把关不严等问题3件5人。针对中央纪委交办楼盘售后返租、商品房“住改商”等问题核查整改，问责处理1件2人。

【廉政教育】 挖掘并运用三苏廉政文化精髓，打造“一馆一廊”廉洁文化教育基地。组织247名拟任副科职干部参加廉政法规知识测试，系好年轻干部廉洁从政“第一颗纽扣”。开展“清风扬眉•廉洁齐家”活动，举办“清廉六一”主题活动，让青少年在潜移默化中接受廉洁教育。在中央、省级媒体发布党风廉政相关稿件60余篇，持续擦亮“清廉东坡”品牌。

【惩贪治腐】 突出重点削减存量、零容忍遏制增量，受理信访举报109件、同比下降46.1%；处置问题线索407件，立案审查调查246件，党纪政务处分216人，其中科级干部18人，留置26人，移送司法6人，为国家和集体挽回经济损失530余万元。开展政法队伍教育整顿执纪问责，处置问题线索49件，立案审查调查18件，党纪政务处分15人，留置4人，移送司法4人。

做深以案促改，向案发单位发出纪检监察建议书2份，及时堵塞权力运行漏洞。到案发单位召开处分决定宣布暨警示教育大会3次，发挥反面典型警示震慑作用。开展处分决定执行情况专项检查，发现并督促整改问题60个。对全区177名受处分人员开展暖心回访,帮助其卸下包袱、重新出发。

【专项整改】 助力乡村振兴,建立"领导班子成员+纪检监察室+派驻纪检监察组+镇纪委"的联动监督工作机制,常态化开展巩固拓展脱贫攻坚成果同乡村振兴有效衔接、"一卡通"发放平台运行、规范村级财务管理等5个方面专项监督,发现并督促整改问题65个,查处扶贫领域腐败和作风问题2件2人。

深化"4+2"系统治理,建立追责问责工作协作配合机制,严肃查处拆分项目规避招标、违规挂靠资质等问题34件45人,追缴违纪资金20余万元。开展粮食购销领域腐败问题专项整治,处置问题线索27条,立案2人。开展养老机构专项整治,拉网式排查敬老院(养老服务中心)16个,发现并督促整改问题85个,追责问责5件6人。

【群众利益保护】 开展小微权力"监督一点通"服务平台试点建设,梳理公示"小微权力"清单30项,办理回复群众投诉件85件。推动建成"一卡通"阳光审批平台,实现惠民惠农资金全链条监管。推动扫黑除恶斗争常态化,查处涉黑涉恶腐败和"保护伞"问题6件7人,移送司法3人。

(郭圆圆)

東坡

民主党派

中国国民党革命委员会东坡区支部/中国民主同盟东坡区总支/中国民主建国会东坡区总支/
中国民主促进会东坡区总支/中国农工民主党东坡区支部/九三学社东坡区基层委员会

中国国民党革命委员会东坡区支部

2021年11月7日，民革东坡区支部党员参加政协眉山市东坡区第六届委员会第一次会议

2021年3月25日，中山同心学堂书法班开班

【概况】 2021年，民革东坡区支部发展党员2名，截至年底，共有党员47名，其中眉山市第五届人大代表2名，眉山市第五届政协委员3名；东坡区第六届人大代表6名（其中区人大常委会委员2名），东坡区第六届政协委员12名（其中区政协常委2名）。2021年，民革东坡区支部被民革四川省委会表扬为“民革思想宣传工作先进集体”和“民革祖统工作先进集体”；多名党员受到民革四川省委会、民革眉山市总支、东坡区委区政府表扬。

【党派建设】 优化拟发展党员考察程序，首次通过单位出具廉政表现说明书的形式，对被考察对象工作作风及廉洁从政的情况进行了解，全年发展党员2名。5月，组织近年来入党党员，参加与成都、泸州、德阳和资阳民革组织共同举办的新党员培训班。组织全体党员学习中共中央总书记习近平在党史学习教育动员大会、“七一勋章”颁授仪式、庆祝中国共产党成立100周年大会和纪念辛亥革命110周年大会上的讲话，传达中共十九届六中全会、眉山市第五次党代会和东坡区第六次党代会精神。开展人大代表、政协委员的提名推荐工作，注重人选素质、严守推荐程序，通过集体谈话等方式，提升当选区人大代表和区政协委员的党员政治素养。

【参政议政】 围绕幼儿园办学改革、特殊教育送教上门两个课题开展调研，形成《关于优化东坡区公立幼儿园办学改革的调研建议》，得到区委主要领导肯定性签批。全年组织超过1/3的党员参加民革省委会和市委、区委统战部组织的各类学习培训活动，增强党员对中国共产党的认识和对中国特色社会主义道路的认同感，提高参训党员的参政议政能力。

【社会服务】 3月，在永寿小学正式挂牌“中山同心学堂”并开班授课。这是民革东坡区支部在永寿建立的第二个建立书法培训基地，由两名中国书法家协会的民革党员为学校每周免费授课一次。5月，为献礼中国共产党成立100周年，民革东坡区支部在市总支的带领下与成都市委会和华西医院支部践行为民服务办实事，共同组织

40余名两地医务人员在多悦镇开展医疗咨询活动。

【宣传交流】 2021年，民革东坡区支部接待成都、重庆等地各级兄弟组织来东坡区参观学习，对外展现宣传东坡区三苏祠、水街等文化名片和晚熟柑橘、泡菜等美食名片。5月，组织成眉两地书画家联合开展调研眉山特色文化暨采风创作活动，增进两地合作和文化交流，围绕"庆祝中国共产党成立100周年"主题，创作近50幅风格多样的书画作品，以笔墨抒发民革党员对祖国的热爱，活动信息在国家级媒体《团结报》上刊登报道。党员龚勇的行草作品《习近平总书记在中国共产党成立100周年之际发表的重要讲话》和何鸿的行书作品《纪念孙中山先生文》分别入展"书香致远翰墨流芳——眉山市书画名家收藏展"。民革东坡区支部全年共有29篇信息在国家、省、市、区级媒体上刊登报道。

【祖统工作】 参加"民革党员说辛亥革命"微视频拍摄活动，组织党员撰写讲稿，回顾辛亥革命的历史功绩和革命精神，深化党员对辛亥革命的认识，激励党员在做好祖统工作凝聚共识，为促进祖国完全统一做贡献。

（张帆）

中国民主同盟东坡区总支

【概况】 2021年，民盟东坡区总支发展盟员4名、入盟积极分子2名。截至年底，共有盟员64名，其中眉山市第五届政协委员1名；东坡区第六届人大代表4名（其中区人大常委1名），东坡区第六届政协委员7名（其中区政协常委3名）。

2021年11月7日，民盟东坡区总支盟员参加政协眉山市东坡区第六届委员会第一次会议

【党派建设】 教师盟员参加区委宣传部、文联、教体局联合组织的抗疫征文，多名盟员作品获奖；3名盟员参加市委统战部第一期同心大讲堂活动；4名盟员参加市委统战部民主党派新成员培训；总支还为盟员征订《团结报》《四川民盟》等统一战线报纸杂志，强化日常学习教育。

【参政议政】 盟员参与市、区政协调研活动4次，专题座谈活动2次。参与政党协商会2次，并在食品安全及东坡区上半年经济运行情况工作会上分别提出书面建议意见；区政协五届五次、六次全会期间，民盟东坡区总支提交个人提案、集体提案共24件，其中《关于强化我区乡村道路建设与维护的建议》《关于调整东坡区农村初中学校结构布局的建议》集体提案入选区政协大会发言材料集。提交社情民意2篇，其中《关于城区排水系统中雨水篦子下加装铁丝网隐患问题》被区政协采用；《关于防疫期间我省畜禽产业面临的问题和建议》被省政协和民盟省委采用。

【社会服务】 加强对民盟东坡区总支松江初中的阵地建设工作。完成对连体固定橱窗式宣传栏加强改造升级，充实更新宣传栏目内容；响应市委、市政府号召，参与"双创"复检的联系工作和脱贫攻坚，盟员干部联系帮扶贫困户共计8户；资助三苏镇五一村建设资金2000元；支委徐叶负责申报国培专项资金50余万元，全年培训全区幼儿园教师2000余人次。

开展"烛光阅览室"项目工作，为烛光阅览室征订杂志35种，丰富学生课外阅读资源；9月与松江初中签订继续合作协议，并举行秋季开班仪式，在松江初中免费为学校办吉他培训班和舞蹈培训班，培训吉他爱好者10人，舞蹈班爱好者28人。

（杨　静）

2021年11月7日，民建东坡区总支会员参加政协眉山市东坡区第六届委员会第一次会议

中国民主建国会东坡区总支

【概况】　2021年，民建东坡区总支发展会员5名，转出1名，截至年底，共有会员53名，其中眉山市第五届政协委员3名（市政协常委1名）；东坡区第六届人大代表5名（区人大常委1名），东坡区第六届政协委员11名（区政协常委2名）。

【对外交流】　10月28日，民建德阳市委旌阳区支部、经开区支部到访东坡区，与东坡区总支缔结友好支部，搭建起两地民建基层组织深入交流和共同进步的平台，助推成德眉资同城化发展。

【党派建设】　9月22日，组织30余名骨干会员赴通威集团参观交流，以本次学习交流活动为契机，建立会员及会员企业之间的常态化沟通平台，广泛凝聚民建智慧和力量，为推动家乡经济社会高质量发展做贡献。全年开展“学习党史会史，弘扬优良传统”专题读书活动、“忆峥嵘岁月，固合作初心”爱国教育观影活动，赴广元、南充开展党史会史学习教育。总支会员伍静被民建四川省委评为全省反映社情民意信息工作先进个人，总支委员董敏被市委、市政府评为抗击新冠肺炎疫情先进个人。

【参政议政】　通过专题调研、对口联系、特约监督、走基层等形式在一线开展调查研究，利用政协会议、政党协商会议等参政议政平台建言献策。总支共形成《控减实现碳中和目标 技革推动绿色化发展》《妥善整治餐饮专营外卖店促进外卖餐饮平稳健康发展》《转革办好新时代职业教育 推调培育技能型大国人才》《关于知识产权质押融资存在问题及对策建议》4篇调研报告，提出《关于加强农民自建房监管的建议》《眉山市东坡区在乡村振兴背景下开展农村地区食品安全监管的建议》《关于提升基层医疗卫生服务能力的建议》《进一步加强眉山社会养老幼儿托育服务体系的建议》4篇提案建议，撰写《优化支流水电站布局 绘制长江生态圈画卷》《提前布局基层

2021年10月28日，民建东坡区总支与民建德阳市委经开区支部签订友好支部协议

防汛 有序备战“七下八上”主汛期》《布局核心城市群 谋划国内市场棋盘》《关于营商环境进一步疏“堵”解“难”的建议》4篇社情民意。其中，针对东坡区实际情况的修改稿《关于提升基层防汛能力，筑牢汛期安全堤坝的建议》获区委主要领导签批。

【社会服务】 总支委员董敏始终战斗在疾控工作第一线，开展75期疫情防控现场培训，完成新冠肺炎疫情分析专报60期，累计审核每日疫情摘要436期，为区内教育系统、各部门、百余家企业、大型会议提供疫情防控指导和驻点保障。委员郑波热心资助2名贫困大学生，其中一名每期9000元学费，一名每月1500元生活费；为贫困山区消防安全工作赞助灭火器200个及两台抽水机。会员刘加胜、吴佳丽等一直活跃于同心志愿者服务队，积极参与疫情防控、双创、禁毒防艾等志愿者活动。会员企业宏远上铖超市有限公司被四川省税务局授予“离境退税商店”，标志着全市首家离境退税商店正式上线，助推对外经贸交流。

（黄 欣）

中国民主促进会东坡区总支

【概况】 2021年，民进东坡区总支发展会员4名，截至年底，共有会员72名，其中眉山市第五届政协委员5名，东坡区第六届人大代表5名，东坡区第六届政协委员15名

2021年10月22日，民进东坡区总支在职支部前往冕宁开展党史学习教育现场学习

（其中区政协常委2名）。

【党派建设】 组织总支会员开展民进中央“反映社情民意”主题学习，先后在彭州市刘邓潘起义纪念馆、尚义镇龚村开展学党史、学会史的学习教育，赴冕宁、泸定开展“学党史、守初心，重走长征路”党史学习教育。组织骨干会员参加民进四川省委2021年度宣传干部综合素能提升培训班、眉山市党外代表人士履职提升班等，全年发展会员4名；共有15名会员获得国家、省级、市委市政府、区委区政府等共计29项表彰表扬。会员周江峰被民进中央评为民进全国社会服务暨脱贫攻坚工作先进个人，会员王洪光被四川省委宣传部评为

2021年1月22日，民进东坡区总支组织“春联万家·奋进新征程”活动

乡土文化能人。

【参政议政】 全年共报送14条社情民意，涉及眉山公园建设、文化发展、道路交通等多方面内容。提交政协提案13件，向区委提交《关于盘活农村宅基地，助力东坡乡村振兴的建议》，获区委主要领导签批。东坡区政协向会员周江峰授牌政协委员工作室，通过委员工作室发挥委员主体作用、推动履职向界别群众延伸、创新基层协商民主形式。

2021年12月31日，农工党东坡区支部第六届第三次党员大会

【社会服务】 民进东坡区总支在联系乡镇尚义镇白马社区建立同心文化艺术大讲堂，开展文化惠民活动7次，参与人数约3600人。全年总支会员参与送教活动28人次，听课学生约1500人，为河南水灾捐款、捐资助学、慰问老人、贫困留守儿童等共捐款捐物4万余元，组织开展公益性活动演出17次，观众约7300人。

【信息宣传】 全年宣传信息84条，被中央级媒体采用2条，省级媒体采用28条，市级媒体采用26条，区级媒体采用28条。会员曾伟被《人民日报》全媒体平台大篇幅报道。

（王晓波）

中国农工民主党东坡区支部

【概况】 2021年，农工党东坡区支部发展党员6名，截至年底共有党员70余名。眉山市第五届政协委员4名（其中市政协常委1名）、东坡区第六届人大代表9名（其中区人大常委1名）、东坡区第六届政协委员13名（其中区政协常委3名）。

【党派建设】 学习贯彻上级重要文件会议精神，学习习近平新时代中国特色社会主义思想，贯彻落实《中国共产党统一战线工作条例》；召开庆祝会、座谈会、讨论会，引领党员自觉听党话、跟党走；支部副主委李语静在全市政协系统“峥嵘百年 与党同行”演讲赛中获优秀奖；举办“学习中共党史 讲好农工党故事”专题党课。组织党员参加市总支第四次代表大会，配合市总支完成换届工作。加强组织机制

2021年9月10日，太和小学第四届“农工杯”优秀教师表彰大会

建设、制度建设、纪律作风建设，制定出台会议制度等相关规定。发展党员6名，学历层次进一步提高。启动党员之家建设和开展工作交流，市政协主席、党组书记黄剑东调研东坡区支部党员之家和荣誉室；民进省直工委直属小组、致公党市支部、东坡区侨联、济南市天桥区委统战部等有关单位，先后到支部好味稻同心创新实践基地调研参观。发挥优秀党员示范引领作用，20余人次受到各级各类表彰表扬。

【信息宣传】 在《团结报》、团结网、农工党中央网站、四川政协网、四川统一战线网、农工党四川省委网站、眉山政协网、眉山统一战线网等各级媒体上稿40余篇。

【参政议政】 围绕党政中心、民生急盼，就推动东坡区高质量发展、加快中医药产业发展、支持民营经济发展、重视粮食生产等课题，深入调研并形成调研成果。先后向区委、区政协提交《关于应对疫情挑战 进一步优化我区营商环境的建议》《关于在乡村振兴中充分发挥我区各民主党派作用的建议》建言献策3篇。参加全区统一战线代表人士对政府工作报告意见建议座谈会、全区统一战线代表人士对全区“十四五”规划编制及国民经济和社会发展意见建议座谈会、全区经济运行情况及下半年经济工作政党协商座谈会等各类政党协商会，并在会上踊跃发言。《关于在“双城”东风中多角度筑强东坡区医药产业发展的建议》得到区委主要领导批示。党员人大代表、政协委员向市、区人大、政协提交各类提案建议14件。

【社会服务】 加强党员志愿者服务队建设，牵头东坡区同心志愿服务中心工作，到尚义、修文、万胜、太和等乡镇，开展“新春关爱 情暖眉州”“第四届农工杯优秀教师表彰暨困难学生助学”“关爱送给敬老院”等各类送温暖、献爱心活动。党员邹平带领眉山李妈妈爱心协会，支部主委祝光伦、党员周小龙等带领东坡同心志愿服务中心，常态化开展脱贫攻坚和助力乡村振兴各类困难群众帮扶、困难学生助学活动。支部主委祝光伦当选省光彩事业促进会第五届理事会理事，被农工党中央评为“农工党脱贫攻坚工作先进个人”；党员陈丽萍被省委、省政府评为“四川省对口帮扶涉藏地区和彝区贫困县先进个人”。

（张　华）

九三学社东坡区基层委员会

【概况】 2021年，九三学社东坡区基层委员会发展社员5名，截至12月30日，共有社员53名。其中，科学技术、高等教育、医药卫生20名，占比37.7%，女社员20名，占比37.7%，离退休社员13名，占比24.5%。眉山市第五届人大代表1名，眉山市第五届政协委员2名，东坡区第六届人大代表3名，东坡区第六届政协委员7名；科级干部2名。

【党派建设】 开展中共党史学习教育，共组织社员开展集体学习教育5次，学习习近平新时代中国特色社会主义思想、中共十九届六中全会等重要会议精神、中共中央总书记习近平在庆祝中国共产党成

2021年11月3日，九三学社东坡区基层委员参观眉山抗战将士纪念馆

2021年10月14日，九三学社东坡区基层委员会联合眉山市中医院在洪雅县东岳镇桥口村开展“关爱老人，心系健康”重阳节义诊活动

立100周年大会上的重要讲话等，组织社员参观爱国主义教育基地，骨干社员参观成都战役纪念馆，参加社中央组织党史知识竞赛活动，委员苏文娟以优异的成绩获得社省委表扬。聚焦乡村振兴、全民健康等领域务实开展“我为群众办实事”实践活动6次。严格社员入社主界别要求和程序要求，加强入社前的培训和考察，吸纳优秀代表人士入社，2021年发展社员5名，其中医卫界2名，公务员、技术人才和企业人才各1名。

【参政议政】 2021年，九三学社东坡区基层委员会共提交建议、提案14件，社情民意9条，调研报告2篇，其中调研报告《关于进一步巩固双创成果的相关建议》受到区委主要领导签批转办，集体提案《关于巩固全区脱贫攻坚成果的建议》在区政协五届六次会议作为书面发言，《关于加强食品安全工作的建议》和《强化高质量土地供应，推动经济社会高质量发展》2篇材料在政党协商会议上发言。

【社会服务】 与三苏镇开展对口联系4次，结合“我为群众办实事”活动开展，“七一”前夕走访慰问三苏16户困难群众，发放慰问金8000元。全年对联系部门东坡区经信局通过座谈会、实地走访等形式开展监督4次，针对泡菜企业高盐废水处理、科技创新等方面进行调研，并形成调研报告上报区委。12月18日，前往创新实践基地盘鳌乡敬老院开展“暖冬行动”，捐赠物资3000余元。持续开展健康眉山行动，组织社员专家走进东坡区国有企业，为16家国有企业员工讲授慢病管理知识；赴东坡区修文镇岳营村、洪雅县东岳镇桥口村开展医疗下乡活动，为400余人次群众免费提供医疗服务。整合社内资源，携手爱心企业广东奥妙开展“同心美丽乡村建设”捐赠活动，为全区13个镇3个街道、217个村（社区）捐赠总价值12万元的洗护用品。

【信息宣传】 2021年，在中央、省、市、区各级媒体发布信息宣传88篇，其中中央媒体采用9篇、省级媒体采用15篇。

（孙　倩）

東坡

群众团体

眉山市东坡区总工会/共青团眉山市东坡区委员会/眉山市东坡区妇女联合会/眉山市东坡区科学技术协会/
眉山市东坡区工商业联合会/眉山市东坡区文学艺术界联合会/眉山市东坡区残疾人联合会/
眉山市东坡区黄埔军校同学后代联谊工作委员会/眉山市东坡区社会科学界联合会/
眉山市东坡区新的社会阶层人士联谊会/眉山市东坡区党外知识分子联谊会

眉山市东坡区总工会

2021年,区总工会对劳模开展慰问

【概况】 眉山市东坡区总工会(简称区总工会),位于眉山市东坡区通惠街道颍州北路115号,下属眉山市东坡区工人文化宫事业单位。区总工会是中国共产党领导的职工自愿结合的工人阶级群众组织,是党联系职工群众的桥梁和纽带,是工会会员和职工合法权益的代表者、维护者。区总工会具有四项基本职能:一是参与职能,代表和组织职工参与国家和社会事务管理,参与企业、事业单位民主管理,实施民主监督;二是维护职能,切实维护职工合法权益;三是建设职能,引导广大职工群众参加建设和改革,努力完成经济和社会发展任务,积极推动社会经济效益和生产力的提高;四是教育职能,加强思想政治教育和文化技术教育,进一步提升职工队伍素质。

【组织建设】 2021年,全区有基层工会1591个,其中独立工会1534个、联合工会57个,涵盖单位3091个,工会会员18.09余万人。工会建会率、会员入会率均达到99%。全区四川省工会网上工作平台建立组织框架813个,工会会员约8.27万人,下载“川工之家”APP人数约4.6万人。全区共有百人以下、25人以上企业285家,建会率达91.93%。全区建会公有制企业厂务公开、职代会(职工大会)建制率达100%,建会非公有制企业厂务公开、职代会(职工大会)建制率达98%。

【职工培训】 开展4期农民工家政培养老护理培训,共培训200余人,投入经费10万元。在四川工会网上工作平台的“就业创业”板块公布59个企业招聘信息,提供就业岗位2215个。联合相关单位,举办各类线下招聘会,吸引158家企业参与,提供了运营管理、财务、营销、技术员等多种类型岗位6940个,求职人数达2万余人,现场收到求职简历4300余份。

【职工维权】 2021年共签订集体合同220份,覆盖企业1516家。在一千零一夜网络科技有限公司打造企业调解室1个,在经开区新区打造职工法律援助站1个。聘请律师组成法律顾问团,开展法律宣传及法律援助活动,利用律师团代理劳资纠纷案,调处成功率达到90%。联合律师顾问团律师深入企业开展“送法进企业”宣讲活动和法律体检活动6场,为企业提供劳动用工法治体检200余件次。对50家100人以上及规模以上企业开展劳动用工法律风险排查化解工作,涉及职工6700余人。

【困难帮扶】 全年共投入资金198.7135万元,帮扶救助4166人次。其中,筹集本级专项资金99.45万元,在企业开展“暖冬关爱行动”,为1989名企业困难职工(农民工)发放慰问金;12月,对131名符合条件的建档困难职工(农民工)进行生活、医疗、助学救助,投入央财、省财、省总、本级资金共65.4635万元,实现应助尽助;投入资金14.3万元,为镇环卫工人、建筑工地工人、高温一线交警、抗疫一线的医务工作者以及高温高热高湿的生产一线职工送去2000份防暑降温物资;投入助学资金19.5万元,对46名家庭困难的

2021年，在四川德峰药业开展职工包装技能竞赛活动

职工(农民工)子女进行助学救助。

【劳模关爱】 全年共计发放劳模慰问金、救助金33.26万元，慰问劳模225人次。5月，与眉山市中医院联合开通劳模就医“绿色通道”，设置健康专员1名，负责协调安排专科医生接诊、预约检查、陪同治疗、协办手续、取药等医疗服务。组织52名无财政供给劳模参加体检，投入资金6.78万元。

【职工活动】 打造劳模、工匠省级“创新工作室”2个，市级“创新工作室”1个，打造省级职工之家1个，市级职工之家1个，区级职工之家3个，打造户外服务站点4个。联合区教体局承办东坡区第三届职工运动会，全区各镇、街道、园区、机关和企事业单位共有64支代表队、2800余名职工参赛，其中有5家企业参赛，共产生个人名次120个，团体名次194项。开展以“建功十四五，奋进新征程”为主题的技能竞赛活动，其中包含医药企业职工包装技能竞赛、园区消防安全技能竞赛、幼儿园食品安全技能竞赛、“安康杯”竞赛、网约送餐员职业技能竞赛等各类竞赛活动，职工参与人数1.5万人。组织开展群众性安全生产隐患大排查活动，收到基层单位排查安全隐患案例60余个。在“东坡工会”微信公众号平台开辟“有奖问答”栏目，通过“线上答题+红包奖励”方式开展“建党百年·智赢红包”知识竞赛活动，共计开展19期，累计34万余人次参与，发放有额红包10万余个，发放金额17万余元。联合区委宣传部、区文广旅局、区史志编纂中心、区融媒体中心成功举办“学党史、颂党恩、跟党走”党史有奖知识竞答活动，最终全区12个系统和片区12支参赛队伍的36名选手获胜。6月，在眉山宾馆召开眉山市东坡区工会系统、经信系统党史学习教育专题宣讲会，由区委常委、区总工会主席邹和良以“知史爱党明史爱国忠诚贡献东坡工业、群团、工人力量”为主题，为各园区、镇、街道、区级部门、全区规模以上企业等相关负责人近300人宣讲专题党课。以“中国梦·劳动美”为主题，组建劳模工匠宣讲团，开展3

2021年7月，区总工会开展“普惠活动”健身康复培训班

场“劳模工匠”精神进校园、进企业、进园区主题宣讲活动。

【会费管理】 市、区两级与税务签订的征收协议全额5000万元，2021年完成征收5565.35万元，已完成111.31%，其中小微企业工会经费208.09万元，已返还207.97万元。

【普惠服务】 全年投入资金约80.18万元，开展“欢乐年货券”“九元看电影”新春“邮惠8”“周末优惠购”“节日一元购”“舞蹈培训班”“健身康复培训班”等普惠活动，惠及工会会员约4.47万人次。

（何　曼）

共青团眉山市东坡区委员会

【概况】 2021年，共青团眉山市东坡区委员会(简称团区委)以习近平新时代中国特色社会主义思想、习近平总书记“七一”重要讲话精神及中共十九届六中全会精神为指引，以“凝聚青年、服务大局、当好桥梁、从严治团”为目标，紧紧围绕区委和团市委部署要求，聚焦主责主业和党政中心，狠抓中长期青年发展规划试点、基层建设、青春志愿服务等工作，积极参与乡村振兴、疫情防控、文明城市复检等全区重点工作，各项工作取得良好成效。团区委下属事业单位2个，一是区青年权益保护中心，与团区委合署办公，主要负责青年权益工作；二是区青少年宫，独立办公。2021年团区委共有下级组织1351个，团员22596人，发展团员1618名，“学社衔接”率100%。

【重要会议】 3月5日，东坡区青年志愿者协会第二次会员代表大会召开，选举产生第二届理事会理事27人、第一届监事会监事5人，并由第二届理事会第一次会议选举产生第二届理事会会长、副会长、秘书长。

6月17日，中国少年先锋队眉山市东坡区第二次代表大会召开，区委书记、区少工委名誉主任廖小宁，团市委书记李永康，区委常委、常务副区长廖锦，区委常委、区总工会主席邹和良出席会议，区第二届少代会正式代表、列席人员，部分区级单位领导以及全区中小学校长共300余人参加会议。大会选举产生中国少年先锋队眉山市东坡区第二届工作委员会主任杜贵林、李登科，副主任兰剑、吕佳，表决通过《中国少年先锋队眉山市东坡区第二次代表大会关于眉山市东坡区第一届少工委工作报告的决议(草案)》。

7月27日，眉山市东坡区落实《四川省中长期青年发展规划(2017—2025年)》工作联席会议第三次全体会议暨工作推进会召开，区委常委、总工会主席邹和良主持，区联席会议成员单位分管负责人，规划涉及的各区级部门分管领导以及各镇(街道)团委书记参加会议，会议传达学习市联席会议第三次全体会议暨工作推进会精神，审议2020年工作总结，评估2021年工作要点和工作细则，邹和良就进一步做好青年工作提出要求。

【疫情防控服务】 2021年，团区委组织青年志愿者寒暑假在各社区开展“天府健康通”宣传志愿服务活动和新冠疫苗接种志愿服务，共有1000余人次青年志愿者参加，服务全区居民入户登记1500余人次、发放宣传资料2000余份、电话寻访800余人次、帮助600余人次申请健康码、查验健康码5000余人次、累计服务时长2000余小时。周末及节假日常态化组织青年志愿者、紧急救援志愿者前往东坡水街开展疫情防控和秩序维护服务，累计上岗1500余人次，服务总时长超7700个小时。

【团组织建设】 完善全区基层团组织架构，开展园区、小区和非公有制企业团建“百日攻坚”行动，成立岷江现代农业园区团工委，增设5个农合社和经合社团组织、16个小区团组织、45个非公有制企业团组织。聚焦返乡大学生团员青年，建立“东坡区青春雁归临时团支部”，在基层开展疫情防控、环保宣传、关爱留守等志愿服务，被团省委基层组织专报经验推广。探索建设楼宇商圈团组织，成立金龙社区东坡里商圈团支部、白虎滩社区穿越东坡商圈团支部、财富中心商圈团支部。完成13个镇团委换届，222个村(社区)团组织换届，实现镇村两级团干部平均年龄30.5岁。选派6名西部计划志愿者、在校大学生和返乡大学生团员青年到社区团组织兼任团组织副书记，多渠道充实基层团组织工作力量。

【青年思想建设】 打造“专题课堂”，组织东坡青年讲师团、红领巾

2021年4月27日，在东坡小学（低年级组）、东坡中学（高年级组）举办"党史我来讲 红色照我心"暨第七届"眉山故事少年说"讲说比赛东坡区复赛

宣讲团开展党史宣讲8场。打造"智慧课堂"，通过"东坡青年"微信公众号，推出"红领巾爱学习·党史十课"网上主题队课、"团团带你学党史·党史百年天天读"等网络课堂，累计发动127万余人次参与学习。利用东坡红色影厅和"青东家"青年之家组织快递小哥、新兴媒体、文创青年、青联委员等300余人集中观看优秀党史主题电影作品《悬崖之上》《山歌》《1921》等。打造"互动课堂"，依托眉山红色文化、东坡文化、生态文化，组织全区4万余名少先队员分批次在主题队日走进眉山抗战将士纪念馆、东坡区烈士陵园等红色革命基地，学党史、听事迹、亲劳动、谈变化、畅感悟。联合关工委发挥"五老"人员中坚力量，走进全区基层团组织和学校开展专题宣讲会30余场，覆盖2万余名共青团员。清明节、"五四"青年节期间，开展讲述党的故事、缅怀革命先烈、寻访红色地标等主题团日活动和实践活动140余次。举办全区中小学"党史我来讲·红色照我心"暨第七届"眉山故事少年说"讲说比赛、"东坡少年心向党·歌颂祖国歌颂党"大型语言赛事暨展演、"讲好党史故事·传承红色基因"东坡区少先队辅导员讲党史微队课比赛、青少年学党史征文比赛和歌咏比赛等赛事活动，组织中小学开展"100名红领巾集100面小红旗向中国共产党成立100周年致敬"红领巾特色活动、"学党史、强信念、跟党走"主题入团宣誓仪式、"学党史、颂党恩、听党话、跟党走"青少年夏令营活动，活动覆盖3000余人次。

【新媒体宣传】 运用新媒体弘扬社会主旋律，建立"东坡青年"新媒体矩阵，旗帜鲜明地开展网络舆论引导，微信微博关注量分别超18万人、4万人，微信公众号影响力长期居全省前2名，共发布推文300余条，阅读量达120万人次，其中单条突破2万阅读量。其中《回家路上，有被暖到！》《"青衣侠"成为东坡水街靓丽风景！一起为可爱的志愿者们打CALL吧！》《基层治理党旗红：眉山市坚持党建引领，规范城市网红景点治理》《乡村振兴 四川眉山：发挥青年力量，助推乡村振兴》等多条信息被《中国共青团》杂志、《天府先锋》《四川青年志愿者》等市级以上媒体采用。

【服务青年】 编制青年发展规划，开展前期课题调研并完成4400份调查问卷，形成《东坡青年发展大数据调研报告》，为《眉山市东坡区"十四五"青年发展规划》的编制提供数据支撑。召开东坡区落实《四川省中长期青年发展规划（2017—2025）年》工作联席会议第三次全体会议暨工作推进会，总结2020年工作，印发2021年工作要点，明确各部门重点项目及分工职责，围绕"构建人才新高地、回引人才促发展"的目标在青年的培养教育、成长发展、权益维护等方面累计出台操作性、针对性、适用性强的新政策27条。成立"专家研究团""青年智囊团""青年评议团"，收集青年发展建议意见106条，保驾护航"一案一章一规划"立足青年、问需青年、服务青年。出台《东坡区志愿服务制度改革试点方案》和《东坡区青年志愿服务激励办法（试行）》，组织开展疫情防控、大型会节服务、创建天府旅游名县、守护文明城市等"青春志愿"系列活动996次，志愿服务总时长36226小时。建设"青·东家"四级青年综合服务体系，建成"青年之家"35

2021年7月27日，东坡区中长期青年发展第三次联席会议召开

个，2021年发布线上线下活动1000余场，覆盖青少年2.5万人次；组织“东坡青恋”青年联谊交友活动5场次，覆盖单身青年500余人。

【青年创新创业】 推进“四川青年创业促进计划”，在全省率先创新初审PPT路演模式，按“导师负责制+实地审核制”原则，确保项目的低坏账率和高成长率，2021年共扶持21个项目，发放贷款214万元。联合邮储银行推出本土青年金融品牌“青发贷”，2021年共为263名青年发放低息贷款5655.6万元。动员组织创业青年参加眉州之星创新创业大赛、东创智慧农业等15个项目进入决赛并获奖；推荐创业项目参与“创青春”第三届成都平原经济区青年创新创业大赛，其中三苏源农业发展有限公司等3家企业入围决赛。

【志愿者服务与管理】 打造“青衣侠”志愿服务品牌，建成青年志愿服务中心，在地标和景区建立青年志愿服务驿站13个，青年志愿服务岗亭4个，“志愿四川·眉山东坡”注册10.49万人，2021年共组织开展疫情防控、大型会节服务、创建天府旅游名县、守护文明城市等“青春志愿”系列活动996次，志愿服务总时长36226小时。其中“青春志愿·绿色同行”捐种树苗活动被四川电视台报道，“苏娃讲苏府”志愿服务项目荣获眉山市首届志愿服务品牌项目创评大赛银奖，团属社会组织东坡读书会被评为2021年度“四川省十佳志愿服务组织”。

【青少年帮扶】 动员社会爱心力量筹集资金40万元，开展“新年心愿·青春微力量”公益暖冬行动、救助贫困青少年活动，慰问车辆厂小学留守儿童18名，慰问孤寡老人3位，列支21万元资助在读大学生30名。常态化实施“童伴计划”，建成12个“童伴之家”，共有14名“童伴妈妈”，420名留守儿童得到长期监护与关爱。

【对外交流与合作】 构建创业青年共话交流平台，9月23日，团区

2021年3月12日，在三苏镇望苏村开展“青春志愿·绿色同行”植树活动

委组织20余名东坡区优秀创业青年和农村青年致富带头人前往成都市武侯区，开展“成眉同城 共话创业”东坡武侯青年互动交流活动，与共青团武侯区委达成创业项目孵化计划、创业导师培育计划、青才创客助力计划、跨区平台展销计划4项创业合作协议。邀请成都高校志愿者参与志愿服务，招募12名成都信息工程大学志愿者参与“东坡·团伴”红领巾假期陪伴成长营项目志愿活动，服务东坡区“双职工”、进城务工人员子女、留守儿童。

【西部计划志愿者】 34名大学生西部计划志愿者全部分配到各基层单位，组织西部计划志愿者开展疫情防控、“青春志愿·绿色同行”、红色教育基地参观、慰问抗战老兵等10余次主题团日活动。东坡区西部计划项目办连续6年被评为“全国优秀西部计划项目办”，优秀志愿者杨悦被选拔参与2022年四川省优秀西部计划志愿者事迹巡回分享。

【从严治团】 严抓团的自身建设，持续推进共青团系统改革，以“智慧团建”为总抓手，实现对每个基层团组织的直接管理和对每名团干部、团员日常团务的有效覆盖，从思想、能力、担当、作风等方面从严管理团干部，确保团干部当好党的助手和后备军。严把团员入口关，提高团员发展质量，规范发展流程，强化编号管理，2021年全区共发展团员1618名。严肃团的纪律，严格执行中央八项规定、团中央“六条规定”，常态化开展廉政教育，推动团干部走基层、访团情，确保团的工作落地见效；常态化开展团内重点工作落实情况通报，对于落实不力的团组织，对其主要负责人进行谈话提醒。

【青少年宫】 东坡区青少年宫突显阵地活动公益性，以团建带宫建，开设有中国舞、拉丁舞、国画、儿童画、漫画、西画、小主持、戏剧表演、书法、机器人编程、陶艺、古筝等技艺培训项目。2021年共开设101场青(少)年之家公益活动，涉及非遗传承、传统节日、科学实验、手工制作等项目，近5000人次参与其中。开设“亲青”公益课堂4期32节课，包括民族民间舞、国画、拉丁舞、化妆等课程，600余人次参与其中。发挥东坡区校外青少年心理健康辅导中心功能，开展送教下乡7次、团体辅导16次、个体咨询43人次。4月，东坡区青少年宫被团省委青少年社会教育服务中心和四川省青少年宫协会授予“2020年度先进集体”称号。

（张露媚）

眉山市东坡区妇女联合会

【概况】 眉山市东坡区妇女联合会（简称区妇联）是区委领导下的全区各界妇女群众团体，具有广泛的代表性、群众性和社会性，是党和政府联系妇女群众的桥梁和纽带，是国家政权的重要社会支柱。东坡区妇联的基本职能是团结、动员广大妇女参与经济建设和社会发展，代表和维护妇女利益，促进男女平等。2021年，区妇联按照“围绕中心、服务大局、立足基层、服务妇女”的工作理念，以促进和谐为主题，稳步推进妇女儿童各项工作开展，组织和带领全区妇女为促进东坡经济发展、社会和谐稳定做出新贡献。

【巾帼创业发展】 开展妇女居家灵活就业培训，争取省妇联项目资金实施“家政服务进社区”项目，在金龙社区建立示范点，招募和选拔N个服务商家的“4+2+N”模式，为社区群众提供月嫂、家政、收纳等培训，开展插花、烘焙、瑜伽等公益活动。全年开办公益家政培训班17期，培训妇女500余人。

【巾帼普法维权】 健全妇女来信来访工作机制，建设妇女儿童维权网络，设置47名妇女维权信息员，开通“12338”妇女儿童维权热线；依托爱家情感志愿者协会，开展家事调解服务，全年共调解227起，调解成功率100%。结合“三八”维权周、安全生产宣传月、禁毒宣传月等时间节点开展丰富多彩的宣传活动，共发放各类科技宣传资料2000余份、《中华人民共和国婚姻法》《妇女权益保障法》《中华人民共和国反家暴法》等法律宣传资料2000余份、环保口袋500个、围裙500张，接受群众法律咨询20人次。

【巾帼惠民关爱】 开展困难母亲帮扶与救助，春节前夕全区副县级以上领导干部慰问48名贫困母亲，发放慰问金共计4.8万元；对来

2021年11月2日，在白虎滩社区举行家政服务进社区技能培训班

访的李霞等41名贫困母亲实施临时救助，发放慰问金4.75万元。开展关爱"两癌"妇女活动，春节前夕全区各级妇联干部共慰问"两癌"妇女200人，发放慰问金20万元；为彭爱如、邹群芳等9名"两癌"妇女争取省级和全国贫困母亲"两癌"救助专项基金9万元；为提高妇女"两癌"早诊早治率，降低死亡率，10月，联合区卫健局为全区1.5万名妇女群众提供免费妇女"两癌"筛查。

【关爱儿童】 开展关爱困境儿童活动，春节前夕全区共救助困境儿童200人，发放救助金20万元。针对部分女童存在与异性家属混居一室，无独立生存空间、生理知识缺乏、生活环境恶劣、卫生条件差等情况，启动"女童宜居"改造计划，对女童实施房屋住房环境改造、增添生理卫生用品、培训等并加强性别教育，全年共完成45户"女童宜居"改造。5月30日，区妇联在巾帼培训基地开展"童心向党、和美明天"庆祝"六一"儿童节主题活动。7月5日至8日组织10名留守儿童参加市妇联举办的"童心向党、筑梦成长"暑期研学夏令营活动。

【标准化"妇儿之家"建设】 区妇联通过购买社会组织服务，分类别、分层次开展"妇儿之家""家长学校"等活动。截至年底，"妇儿之家"共开展全民阅读、亲子活动、幸福家庭节、颂党恩等主题活动500余场，服务妇女儿童1万余人次，家长学校开展主题活动100余场。将基层治理和党史学习教育深度融合，在大北街社区、高灯社区、白虎滩社区、金龙社区、九龙豪府等5个"儿童之家"打造经典东坡、百味东坡、红色东坡、智慧东坡、和谐东坡等5种不同类型、具有各自特色的"儿童之家"公益活动。

【巾帼共建和谐】 区妇联把平安家庭、廉洁家庭创建工作纳入以家庭美德建设为主要内容的"五好文明家庭"创建活动，在广大家庭中积极倡导尊老爱幼、男女平等、夫妻和睦、勤俭持家、邻里团结的传统美德。在"三八"妇女节

2021年7月5日至8日，组织困境儿童前往重庆开展夏令营活动

2021年3月8日，在眉山宾馆召开“三八”国际劳动妇女节庆祝活动

2021年6月10日，在眉山宾馆召开基层妇联主席培训会

期间，开展“最美家庭”评选表彰活动，评选表彰罗晓蓉等10户区级“最美家庭”。5月15日，区妇联以国际家庭日为契机，面向全区发起开展“幸福家庭节”——周末一起回家、晒晒幸福家庭九宫格、全家总动员、幸福婚姻问卷调查等活动，号召全社会回归家庭和家人一起共享周末时光，弘扬好家风，维护家庭和谐。

【基层妇联建设】 为提高全区各级妇联干部的政策理论水平和实际工作能力，培育基层妇联领头雁，6月10日，区妇联在眉山宾馆举办2021年村（社区）妇联干部培训班，全区16个镇（街道）、222个村（社区）妇联主席参加此次培训。培训会指导各级妇联干部推进“巾帼心向党、巾帼建新功、巾帼暖人心、巾帼幸福家庭”四大提升行动，做实“东坡四姐”服务体系，开展家庭纠纷调解实务培训、《中华人民共和国民法典》妇女儿童权益讲解、村（社区）妇女儿童之家运行培训指导、禁毒防艾宣传专题讲座，帮助指导基层妇联干部明晰角色定位和主责主业。

（范璐琳）

眉山市东坡区科学技术协会

【概况】 眉山市东坡区科学技术协会（简称区科协）是中共眉山市东坡区委领导下的人民团体、科技工作者的群众组织，是党和政府联系科技工作者的桥梁和纽带，是推动科学技术事业发展的重要力量。其主要任务是：开展崇尚科学，破除迷信和反对邪教活动。弘扬科学精神，普及科学知识，传播科学思想和科学方法，捍卫科学尊严。开展青少年科学技术教育活动，提高全民科学素质。推广先进技术，指导科普设施建设、科普队伍建设。密切联系科技工作者，宣传党的路线方针政策，反映科学技术工作者的建议、意见和诉求，维护科学技术工作者的合法权益，建设科技工作者之家。截至2021年底，区科协下属农技协19个、基地24个，科协基层组织科普经费按每人每年0.8元标准列入同级财政年度预算。

2021年3月18日，由市、区科协和多悦镇党委政府主办的“喜迎建党100周年 科技助力乡村振兴”2021年科技下乡活动在多悦镇文化广场举办

【科学精神传播宣扬】 2021年度，以“全国科普日”“科技活动周”为载体，开展送科技下乡系列宣传活动12场次；开展“科普大篷车”进校园、“东坡区乡村科普学院”科普常态化活动共计21场次。接待群众咨询1万余人次，健康咨询和义诊2000余人，赠送“科普东坡”手册6万册，各类科普宣传资料近11万份，环保袋、实用围裙等科普用品1万余件。

【阵地建设】 重点围绕“天府科技云”服务工程，统筹开展科学技术知识普及、举办科普活动等工作，以项目带产业，促进协会转型升级。2021年争取到省级科普项目资金17.5万元，省级“天府科技云”中心运维补助项目资金10万元，四川东坡鹌鹑科技小院建设经费7万元，“天府科技云”服务科普惠民共享基地奖补经费1万元，推广“天府科技云”、提升保姆式服务及提升农民科学素质项目3万元，县级“天府科技云服务”中心标准化建设项目奖补资金19.5万元，合计58万元。

【教育与培训】 发挥行业优势，组织基层协会、基地精准对接会员及种养大户，结合农时、产业特点、种养殖节点，举办实用种养殖技术培训和新技术、新品种推广等，助推产业发展和产业结构调整。全年共组织各类种养殖培训240余场次，培训人员12万余人次。

【“天府科技云”平台建设】 截至2021年底，全区注册个人用户20491人，注册机构用户910个，精准科普服务量734129人次，指导企事业单位发布所能4495条、所需4664条，订单成交634单，成交金额1263万余元。线上开设“科普大厅”，向全省城乡群众推送科技知识、种植技术、生活常识等权威科普信息305条。

【银会合作】 “银会合作”项目贴息工作是区科协与邮政储蓄银行合作，为帮助农技协会员、种养殖户、科普带头人等予以贷款贴息的项目。2021年，区科协严格按照“择优扶强、定额贴息、专款专用、谁贷款谁享受贴息”的原则，贴息种养殖户73户共计44万元。

2021年3月25日，“科普大篷车”进太和小学

【建言献策】 组织老科技工作者和专家学者，围绕制约东坡区经济社会发展的焦点问题开展调查研究，积极建言献策。2021年形成《关于柑橘园改良情况的调研报告》，得到区委区政府肯定性签批。

（徐　林）

眉山市东坡区工商业联合会

【概况】 区工商联主要职能职责为：一是负责眉山市东坡区工商业联合会执委、常委、会员会议和其他重要会议的会务工作；二是做好工商界代表人事政治安排的推荐工作；三是负责收集反映非公有制人士意见、建议，办理人民来信来访。加强与我会人大代表、政协委员的联系，提高他们参政议政的意识，充分发挥他们在政治协商、民主监督和参政议政方面的作用；四是代表并维护会员的合法权益，反映会员的意见、要求和建议；为会员提供信息和科技、管理、法律、会计、审计、融资、咨询等服务，引导会员弘扬中华民族传统美德，先富帮后富走共同富裕的道路，热爱社会主义公益事业；五是调查研究东坡区非公有制经济发展中的工作经验、共通性问题及解决的办法，供区委领导参考；六是负责宣传工商联的性质、地位、任务、方针、政策；七是负责联系，指导乡镇分会、企业会员开展工作；八是负责工商联开展活动的后勤保障及经费管理；九是负责管理组建同业公会、行业商会、异地商会、发展会员、基层组织建设；十是承办区委、区政府交办的其他事项。

【区工商业联合会（商会）第六次会员代表大会】 眉山市东坡区工商业联合会（商会）第六次会员代表大会于4月28日在眉山希顿庄子宴会中心召开，听取和审议《眉山市东坡区工商联第五届执行委员会工作报告》《眉山市东坡区工商联第六届执行委员会工作报告决议（草案）》，选举产生眉山市东坡区工商业联合会（商会）第六届执行委员会领导班子：主席1名、副主席10名、副会长8名、执委29名；成立东坡区非公有制经济服务保障中心，新增编制3名。

【参政议政】 2021年区工商联共推荐27名民营经济人士作为东坡区六届人大代表建议人选，17名民营经济人士作为东坡区政协六届委员，6名民营经济人士进入眉山市党外人士库。区工商联积极做好参政议政工作，民营经济人士围绕全区经济、社会、民生等方面热点难点问题进行调研、建言献策，年内向市工商联上报提案两篇。

【思想引导与建设】 年内分别于4月2日、5月28日、7月1日组织党员干部和部分执委到桂花湖抗战将士纪念馆、朱德故里、青神西山等红色革命基地开展现场教学。加强党建引领，建立商会统战工作联络员和党建联络员制度，从机关选派2名党建指导员督导所属商会建立党支部。在中国共产党成立100周年之际，西藏眉山商会东坡分会、重庆眉山商会东坡分会、小微企业商会、太和商会均组织会员开展庆祝中国共产党成立100周年活动，颂党恩谋发展。

【评先推优】 组织参与由中华工商时报社发起的2021年度“创新中国”工商联（商会）工作案例推介活动，经中华工商时报社“创新中国”推介委员会复核审定，东坡区太和商会《“双阵地”注重引领 搭平台强化服务》被评为镇街商会工作最佳案例。

【商会改革和发展】 制发《东坡区促进工商联所属商会改革和发展实施方案》，推进商会改革发展，全区所有商会均按时完成换届任务，其中基层商会秘书长全部由镇（街道）党委副书记或组织宣统委员担任。按照“四好”商会标准，率先在全市打造太和商会依法登记注册示范点，以点带面，为商会在提供融资、信息、法律、技术、人才等方面起到示范带头作用。截至年底，东坡区有总商会1个、基层商会16个、行业商会2个、异地商会2个，会员665个，其中东坡区中小微企业商会会员105个，东坡区食品商会会员43个，眉山西藏商会东坡分会会员45个，眉山重庆商会东坡分会会员43个。

【“亲”“清”新型政商关系】 搭建建言献策、银企对接、维权服务“三大平台”，提升服务质量，整合服务资源，区工商联与东坡区中小微企业商会联合打造中小微企业一站式服务平台——创业之家，为企业提供企业开办、信息交流、文化阅读、项目孵化、会议会务、金融贷款等服务。11月与区税务局联合开展春雨润苗行动,一站式服务中小微企业办税。

(李　倩)

眉山市东坡区文学艺术界联合会

【概况】 眉山市东坡区文学艺术界联合会(简称区文联)对全区文艺家协会、学会、研究会进行指导,开展文学艺术领域的学术研究与交流,组织文艺活动和文艺评奖,协调开展中华优秀传统文化和东坡文化的研究阐发、保护传承、国民教育、宣传普及、创新发展、传播交流工作等。2021年,区文联下属11个协会,有会员1300余人,分别是作家协会、诗歌协会、书法家协会、美术家协会、摄影家协会、音乐舞蹈家协会、东坡诗社、老年书画研究会、散文学会、青少年作家协会、戏剧家协会。

【庆祝中国共产党成立100周年文艺活动】 开展"庆祝中国共产党成立100周年,赞颂美丽家乡""庆祝中国共产党成立100周年主题诗歌交流会",创作《百岁寿星》《百年党史再回眸》《入党申请书》《重温入党誓词》《伟人的手》《永远的北斗》等作品,区书法家协会组织20余幅作品参展"百年奋斗·不忘初心"线上书画摄影展。

【网络文艺】 东坡诗社在《东坡老家》专栏"东坡诗人之家"编辑文章十五期,刊发原创作品160余首、摄影作品100余张。区诗歌协会在"诗歌阅读"公众号推出"眉山诗人展"专辑,展出12名东坡诗人作品,带动全区群众积极参与文艺创作。

【专题文艺创作】 围绕乡村振兴这一中心工作进行专题创作,组织摄影家、画家、作家在全区基层一线开展"亲近自然,感受民族情""我家乡的变化"等基层采风,展现实施乡村振兴战略为全区干部群众带来的巨大变化,其中崔宗喜作品《晨光曲》入展第4届"中国农民丰收节·四川摄影作品展"。

【文艺惠民】 在区美术馆开展"迎春美术展",展出60余幅优秀画作。在全区组织选手参加央视节目《非常6+1》之"小不点大能耐"进基层选拔活动,吸引近400名选手参赛。组织书法家、美术家协会等文艺工作者,分赴全区各镇(街道)、村(社区),开展送福、送春联、送画等公益活动,将"福"气、"喜"气送到群众家门口。

【文学作品创作】 彭晓兰、华子、张世明等多篇散文和诗歌作品入选《四川作家报》《四川文学》《散文百家》《星星》等,其中龚莹莹的《空间和语言承载的文学理想——评马平长篇小说〈塞影记〉》被四川媒体登载,人民日报客户端转载;沈荣均散文集《天青色等烟雨》荣获第十届四川文学奖。

【戏剧作品创作】 创作《党啊亲爱的母亲》《大江东去》《吐火变脸》等东坡元素为主戏剧作品,宣传东坡旅游,弘扬东坡文化,打响东坡旅游宣传名片。其中原创方言小品《老有所依》荣获第十八届四川省小戏小品比赛三等奖。

【摄影作品创作】 崔宗喜摄影作品《春游翡翠�》入展第十一届中国竹文化"竹韵风华 山水宜宾"全国摄影大展,巨全毅摄影作品《大熊猫栖息地四姑娘山》入选中国摄影家协会主办的"中国世界遗产地"全国摄影大展,周勇《老少皆知》入选2021第八届"文明在手"聚焦垃圾分类全国摄影大赛。

【书画作品创作】 时玉英作品获"中国梦·劳动美"第七届全国职工书法美术作品展美术类优秀奖,赵启明作品《幸福万年长》在"百年同舟华彩丹青成德眉资美术书法摄影优秀作品巡展"中荣获二等奖,王健作品参加"百年辉煌·百花齐放"庆祝中国共产党成立100周年百人百幅书画摄影作品展,老年书画研究会发行《艺里艺苑》特刊700余册。

【音乐舞蹈作品创作】 围绕东坡文化、志愿服务、中国共产党成立100周年等主题,先后创作歌曲20余首。其中弘扬东坡文化作品《青青小荷》、庆祝中国共产党成立100周年作品《丰收的中国》《百年辉煌路》得到很好的社会反响,《歌声流淌100年》荣获中小学艺术节二等奖。

【"三苏文艺奖"评选】 2021年修订《眉山市东坡区"三苏文艺奖"评奖办法》并启动第四届"三苏文艺

奖”评选，分文学、书画、音乐舞蹈、摄影四个类别，共评出获奖作品42件，其中突出贡献奖2件、一等奖1件、二等奖19件、三等奖20件。

（宁廖霞）

眉山市东坡区残疾人联合会

【概况】 东坡区残联是参公事业单位，全区所辖3个街道，13个镇均成立残疾人联合会，由各镇（街道）分管领导担任镇（街道）残联主席，镇（街道）残联理事长任副主席，均配备残疾人专职干事，全区222个（村）社区均成立残疾人协会，由村主任或村支部（书记）担任残协主席，配备残疾人专职委员，形成健全的残疾人服务网络。

【残疾人保障】 区本级专项投入300余万元，救助困难残疾人2000人，标准500元/人·年，发放建档立卡残疾人脱贫补贴1000户，标准1000元/人·年，发放非重度智力和精神残疾人护理补贴2841人次，标准60元/月。对符合条件的重度残疾人代缴2022年城乡医保缴费补贴，标准320元/人，确保应保尽保。对150名贫困智力、精神残疾人和其他重度残疾人发放残疾评定补贴，标准150元/人。对6名肢体残疾人发放机动车燃油补贴，标准365元/人。对10名特殊困难残疾人分类实施紧急救助和临时救助。

【康复救助】 截至12月31日，为80名脑瘫儿童提供康复救助、为16名听力残疾儿童提供康复救助、为12名残疾儿童实施早期干预试点项目，实现应助尽助，让残疾儿童人人享有康复服务；对17名贫困偏瘫、截瘫残疾人提供康复救助，资助白内障患者复明康复手术380人，免费为660名残疾人适配急需的基本型辅助器具；对全区持证精神病患者服药全覆盖，重性精神病患者免费住院实行应治尽治；组织引导20952名残疾人享受家庭医生签约服务，实现残疾人基本康复服务汇总覆盖率达到98%。

【残疾人维权】 2021年，年投入资金29.8万元，集中在万胜镇、秦家镇、三苏镇、多悦镇、尚义镇5个镇（街道）实施残疾人家庭无障碍改造，完成数104户，完成目标任务的104%。全年共受理来电、来访45余人次，调查处理来信8件，办结率100%。全年完成全区首批145名残疾人驾驶专用车辆在眉山中心城区公共停车场免费停放的申报。6月10日，以残工委名义召开《中华人民共和国残疾人保障法》实施30周年座谈会，回顾《中华人民共和国残疾人保障法》实施30周年以来取得的成效，提高法治意识、提升法治理念、坚持法治思维，推动服务残疾人体系建设。

【助残事业宣传】 通过入户宣传等方式宣传党的路线方针、政策和残疾人“一法四条例”。在启贤广场开展了第31个全国“助残日”活动，共发放《东坡区残疾人惠民手册》《残疾预防知识》《残疾人保障法》等宣传手册200余份；发放盲杖、坐便椅、普通轮椅、护膝等辅具80余件，为残疾人提供涉残民生政策咨询100余次，为残疾人开展健康义诊、理发服务10余次；开展“书香有爱·阅读无碍”2021年西南四省残健融合诵读大赛作品推荐活动，反响强烈，通过抖音平台、微信等平台收集优秀作品14个。在2021年眉山市残疾人文化艺术周活动中《心中的彩虹》《再唱山歌给党听》项目获三等奖，《井冈翠竹》《雁南飞》《咱老百姓》项目获二等奖。在第五届全国残联专职委员知识竞赛中获区县级组织奖。

【残疾人事业扶持】 全面落实贫困家庭残疾学生的资助政策，重点关注送教上门工作质量，协调推进特殊教育发展，残疾儿童少年义务教育入学率达95%以上；通过购买社会化服务，为800名残疾人提供居家托养服务；投入70万元重点扶持残疾人居家灵活就业（创业）数430人，其中灵活就业补贴400人，每人1000元，一次性创业补贴30人，每人1万元。积极协调区人社局，为115名城镇就业困难残疾人家庭和农村贫困残疾人劳动者提供公益性岗位实现就业。全力指导6个镇与眉山民生职业培训学校或专业合作社开展农村残疾人实用技术培训，共培训残疾人500余人。积极拓宽残疾人基地辐射作用，四川祥弘居民服务有限公司、眉山东坡区三峰水果专业合作社成功创建眉山市农村残疾人就业创业示范基地。加大残疾人就业创业事迹宣传，肢体残疾人王康华自主创业的典型事迹在中央电视台农业农村频

2021年4月,组织中小学生在区青少年社会实践基地开展无人机飞行体验

道致富经栏目播出。

【残疾人证管理】 提供"入户评定"服务,组织入户评定工作组到217名新申办残疾人证的残疾人家中开展上门鉴定服务,截至12月31日,全区共颁发残疾人证21379人。其中肢体残疾10854人,视力残疾2784人,听力残疾2134人,言语残疾224人,智力残疾1820人,精神残疾3106人,多重残疾457人。

【"量服"工作】 切实做好全区21353人残疾人基本服务状况和需求信息数据动态更新工作,深化"量体裁衣"式残疾人服务工作,合理需求持证残疾人"量服"服务覆盖率99.83%,完成村社调查222个,村社调查完成率100%。

【新冠肺炎疫情防控工作】 坚持把疫情防控工作摆在重要位置,全面落实联防联控措施,规范化、标准化、常态化,帮助残疾人克服疫情带来的困难和风险,做好残疾人新冠疫苗接种事项通知,积极发挥广大残疾人工作者在疫情防控工作中的引领作用,认真做好全区残联系统疫情防控工作。

(李　灵)

眉山市东坡区黄埔军校同学后代联谊工作委员会

【概况】 东坡区黄埔军校同学后代联谊工作委员会(简称区黄埔后代联工委),1986年东坡区成立黄埔军校同学联络组,2007年东坡区成立眉山市黄埔后代联谊会东坡分会,2019年更名为东坡区黄埔军校后代联谊工作委员会,有委员27名,顾问4名。主要组成人员为黄埔后代及亲属,约70%是中共党员。

【组织建设】 全年发展会员2名,其中1名为自由职业者,1名为企业退休人员。加强宣传,全年各级各类媒体采纳用稿60余篇。

【社会服务】 在重要节日及老人生日、生病、百年过世时,对全区在世黄埔老人、抗战老兵及亲属开展慰问。1月,对全区所有在世黄埔老人、17位抗战老兵进行慰问;12月9日,慰问黄埔老人李绍章;发挥爱国主义教育基地的作用,全年约20万人接受爱国主义教育。

(王智军)

眉山市东坡区社会科学界联合会

【概况】 眉山市东坡区社会科学界联合会(简称区社科联)是中共眉山市东坡区委、区人民政府领导下的人民团体,是区委、区政府联系全区社会科学工作者的桥梁和纽带,是全区社会科学界的联合组织,是构建中国特色哲学社会科学、繁荣社会主义先进文化的重要力量。2021年区社科联围绕区委、区政府中心工作,紧扣服务发展大局,组织指导全区哲学社会科学工作,发挥"思想库"和"智囊团"作用,为推动东坡区高质量发展提供智力支持和理论支撑。

【社科类社会团体管理】 学习习近平总书记在中国共产党成立100周年大会上的讲话精神,面向全区公共服务系统部门和规模以

2021年2月13日，区黄埔军校同学后代联谊工作委员会为抗战老兵刘守阵祝寿

上工业企业相关负责人宣讲习近平总书记在庆祝中国共产党成立100周年大会上的重要讲话精神。加强社科类社会团体的管理。4月19日至5月15日，对全区社科研究机构和思想文化类学会协会等社团进行清理，经过清理，全区共有社科研究机构和思想文化类学协会社团20个，涉及主管部门11个。

【课题研究】 结合全区重点工作，完成"关于巩固脱贫攻坚成果同乡村振兴有效衔接对策研究"等20项区级立项课题。上报市级课题6个，其中区委"扛牢'中强'首位责任，助力建设现代化眉山的思考"、区政府"推动东坡县域经济融入成渝地区双城经济圈的思考"，被确定为市级立项课题。区级立项课题中，涌现出一批高质量课题，如"围绕'四基地一园区'推动岷东新区高质量发展""当前医药产业发展的思考""关于做强东坡区中心镇建设的对策研究""关于建设邻里中心助推城市基层治理的研究"等。完成"新民主主义革命在东坡""用好眉山红色资源，赓续眉山红色基因"等党史学习教育课题4个，印发重要成果专报7篇。

【社科普及活动】 年内，3个社科普及基地（区图书馆、区泡菜博物馆、区青少年社会实践基地）结合各自实际，开展一系列科普活动。区图书馆开展庆祝中国共产党成立100周年活动，参加由省委宣传部、重庆市委宣传部、省文化和旅游厅、重庆市文化和旅游发展委员会主办的"信仰的力量"——庆祝中国共产党成立100周年川渝"阅读之星"诵读活动，获四川地区组织奖；线上开展"建党百年 峥嵘岁月"21天打卡活动，参加活动人数300多人；创新学习形式，将党史学习教育相关内容制作成灯谜，到乡镇、社区和学校开展"学党史，猜灯谜"活动；开展"看电影 学党史——优秀电影展播"活动，共放映《建党伟业》《开国大典》等优秀电影4场，观众200余人。区泡菜博物馆开展东坡泡菜研讨、传承中华传统泡菜文化、泡菜科技展示、泡菜小课堂等活动，共接待游客1.8万余人次，其中接待各级政务来宾300余次，各旅游团体67次，各大中小学研学团体26次。区青少年社会实践基地重点从科学普及和爱国主义教育入手，加强青少年思想道德建设、推进素质教育，共开展90余期学生培训，参训学生约9000余名。

（倪艳红）

眉山市东坡区新的社会阶层人士联谊会

【概况】 眉山市东坡区新的社会阶层人士联谊会（简称区新联会）于2017年10月11日正式成立。有会员94名，男64名，女30名，其中民企技术和管理人员62名、社会中介组织从业人员20名、新媒体从业人员8名、自由职业4名。平均年龄32.5岁，眉山市第五届人大代表1名，眉山市第五届政协委员2名，东坡区第六届人大代表6名，东坡区第六届政协委员9名，聘请文学顾问1名，法律顾问1名。

【组织建设】 年内组织会员开展各类学习8次，发展会员13名。截至年底，有会员94名，理事19名，荣誉会长1名，会长1名，副会长3名，秘书长1名，副秘书长1名。

【社会服务】 全年区新联会参与社会服务20余次、500余人次。在城区、镇建立8个就业服务站，免费为企业展示招聘信息4500余条。组织开展4次大型公益招聘会，提供岗位5000余个，吸引求职者2万余人。搭建"眉山同心人才网"，免费为本地企业和求职者提供互联网招聘服务，吸引注册用户2.25万余人，入驻企业1173家，累计发布岗位信息1.2万余条。

【参政议政】 全年组织开展"凝心聚力"主题思想政治教育，集中学习习近平总书记"七一"重要讲话精神和《中国共产党统一战线工作条例》，拍摄制作庆祝中国共产党成立100周年活动视频，全网点击量500余万人次。

（王 欢）

眉山市东坡区党外知识分子联谊会

【概况】 眉山市东坡区党外知识分子联谊会（简称区知联会）由东坡区各界具有代表性、有影响力的无党派高中级知识分子组成。2021年有会员95名，其中，理事26名，市政协委员2名，区人大代表4名，区政协委员14名，县级领导干部1名，科级领导干部4名。班子成员由1名会长、5名副会长和1名秘书长组成；下设议政建言委员会、社会服务委员会、经济建设委员会，各配备1名主任、2名副主任牵头开展工作。

【组织建设】 8月，成立眉山市东坡区知联会眉山"中国泡菜城"分会，在眉山"中国泡菜城"管委会建分会阵地。全年发展会员8名，2名会员申请加入中国共产党和民主党派。全年组织开展"学党史、悟初心、启新程"主题教育，集中学习习近平总书记"七一"重要讲话精神和《中国共产党统一战线工作条例》，拍摄制作庆祝中国共产党成立100周年活动视频。

【参政议政】 全年累计提交人大代表建议、政协提案、调研报告9篇，其中《提升基层法治服务水平助推水果产业健康发展——关于加强东坡区水果购销合同规范性普及的调研报告》获区委主要领导签批肯定；区政协五届六次会议上，议政建议专委主任江国刚代表区知联会作《关于村级建制调整后闲置资产合理处置的建议》的经验交流，议政建议专委副主任周庆作《关于打造特色旅游街区提升东坡城市品质的建议》发言交流。

【公益服务】 开展高考题名困难学生慰问活动，发放奖励金1800元；拨付2000元支持三苏镇五一村基础设施建设；慰问困难群众4名，发放慰问金1600元。携手东坡区疾控中心开展疫苗科普知识巡讲服务14期，线上科普376条，受益群众60万余人次。创新健康宣传，携手区疾控中心、市展通公交客运有限公司打造"健康巴士"6辆。指导会员参与由区委统战部发起的同心志愿者服务队禁毒防艾宣传等各项公益活动20余人次。

【阵地建设】 建设"中国泡菜城"分会阵地，组成高层次人才班子队伍（研究生以上学历5人）。以分会副会长张伟、会员唐垚和汪冬冬所在的东坡泡菜研院为依托，牵头筹办第五届中国泡菜学术研讨会及酱腌菜分技术委员会年会；服务以眉山为主的省内外泡菜企业近20家，年内签约合作企业5家，开发产品20余个，转化产品技术6项；开展科研项目课题13项，完成专利申请6项，授权专利4项，成果转化专利2项；收集企业食品添加剂使用情况数据700余个，完成食品添加剂2760征求意见稿修改及企业意见征集与提交；参与产业发展座谈交流8次，接待50余批次约800人。

【社会服务】 岷江现代农业示范园区分会牵头开展2021年第六届水稻"一优良高"生产竞赛活动，范围扩展到太和、尚义、永寿、复兴、思蒙、修文6个粮食主产乡镇，组织种粮大户培训9场1100多人次，田间走访38次。以岷江农业园区开展200亩的水稻新品种新技术中试基地建设为核心抓好试验示范，引进新品种63个，开展试验新技术6项。年初柑橘冻害期间开展调查和应对措施技术指导，根据不同受灾程度提出抢救树体等技术方案，通过线上平台免费提供给全区柑橘种植者，探索出一套眉山本地应对极端天气的宝贵经验和方法。

【文化宣传】 会员王国平带领团队与东坡区"传承东坡文化骨干讲师团"开展深度合作，联合打造"悦读东坡讲堂"品牌栏目，面向普通市民和东坡爱好者持续开展东坡文化传播活动，累计开展“悦读东坡讲堂”定点课堂70场，聆听人数达到1.8万余人次。推动“悦读东坡讲堂”走进东坡区22所试点中小学校园，累计开展340场东坡文化课堂，10万余人次青少年学生受益，鼓励眉山青少年学生群体学“东坡”、效“东坡”，引导热爱阅读崇尚文明的社会风气。

（倪诗佩）

東坡

東坡

法　治

政法委及综治/依法治区/公安/检察/法院/司法行政

政法委及综治

【概况】 2021年,东坡区委政法委强化政治引领,统筹推进党史学习教育和政法队伍教育整顿,全力推进法治化营商环境建设,加强和创新社会治理,有力维护全区改革发展稳定大局,为打造更高水平的平安东坡、法治东坡贡献政法力量。

【党管政法工作】 认真贯彻《中国共产党政法工作条例》和省实施细则,开展政法队伍教育整顿,整改率为100%。高标准推进党史学习教育,通过制发年度学习清单,充分利用理论学习中心组、“三会一课”和主题党日开展学习活动,确保党史学习教育全年不断线、持续往深走。

【政法队伍建设】 建立《东坡区政法队伍政治轮训办法》《东坡区政法系统中层干部轮岗办法》《区委政法委干部职工平时考核实施方案》等39项制度机制并严格执行,机关队伍管理更加规范高效。区委政法委每季度召开区委政法委员会全体会议研究政法领域重大事项,召开政法系统党风廉政建设联席会议3次,分析研判政法系统党风廉政建设形势,会同区纪委监委开展政法队伍建设巡查1次。召开52次干部职工大会学习党的路线方针政策、党规党纪和各级关于党风廉政建设及反腐败工作部署要求,严格落实党风廉政建设责任制,制定可量化、可操作、可考核、可追究的区委政法委领导班子廉政建设季度工单,全面落实“一岗双责”。常态化开展审务、检务、警务督察,及时通报典型问题,促进司法公正。

【政治安全和反邪教工作】 在全区开展“国家安全宣传教育月”和“反邪教集中宣传月”活动,大力宣传《中华人民共和国国家安全法》《中华人民共和国网络安全法》《中华人民共和国反间谍法》,发放国家安全宣传海报2000余份、反邪教宣传资料1万份。完成政治重点人员教育转化1人;查处邪教案件4件,抓获涉案嫌疑人员6人。

【社会稳定】 全年成功处置或稳控突发群体性聚集事件29起,对75个重大项目开展社会稳定风险评估工作。圆满完成“五一”“十一”等重点节日,中国柑桔学会2021年学术年会暨眉山市第四届晚熟柑橘节、2021千禾眉山东坡半程马拉松赛、庆祝中国共产党成立100周年等重要活动,省政法队伍教育整顿指导组到眉山指导、迎接第二轮中央生态环境保护督察等重点工作的安保维稳信访任务。

【基层社会治理】 扎实推动市域社会治理现代化试点工作,将市域社会治理现代化试点工作纳入年度工作重点任务和“十四五”目标规划,将市域社会治理试点工作和文明创建、“放管服”改革、民生工程建设等中心工作相结合,同部署、同推进。围绕“区级培育特色、镇(街道)打造亮点”,全力实施“一区一特色、一镇一亮点”工程。全区共打造区镇村(社区)三级示范点28个,其中重点打造的“区矛盾纠纷多元化解协调中心”受到市区领导的肯定,苏祠街道白虎滩智慧社区建设项目被评为“全省数字政府赛道十佳案例”。推进治安防控体系建设,实现“雪亮工程”13个镇全覆盖,建设智慧平安小区118个,安装“平安乡村·慧眼工程”视频监控及“两车防盗系统”,进一步织密社会治安智能化防控网。

【扫黑除恶】 2021年是常态化扫黑除恶开局之年,区扫黑办以扫黑除恶常态化为抓手,坚持标准不降、力度不减,全年共受理涉黑涉恶线索26条,办结26条,侦办九类涉恶犯罪97件,刑拘102人,移送起诉79人;查处涉黑涉恶和腐败线索6件,立案6件7人,党纪政务处分5件6人,移送司法3人,其中“保护伞”7人;深化行业领域整治,有效整治突出问题4个,发出“三书一函”6份,不断健全、完善刑事司法和行政执法的无缝衔接,高位完成“净网”“断卡”等专项行动,持续助力“平安东坡”“法治东坡”建设。

【执法司法监督】 全年全区共受理涉法涉诉信访件196件,答复化解187件,答复化解率95.4%。常态化稳控涉法涉诉信访重点人员50人。参加“万案大评查”评查案件110件,其中合格案件99件、瑕疵案件7件、不合格案件3件、劣质案件1件;案件问题全部整改到位；严肃追责问责，案件承办人均取消年终评先评优资格，提醒谈话3人，留党察看两年1人，党内严重警告、撤职处分1人，诫勉谈话3人，书面检查并诫勉谈话1人，批评教育2人，免予处理2人；针对问题建章立制20余项。第一批涉法涉诉信访“治重化积”案件15件全部按时完成核销化解。第二批涉法涉诉信访“治重化积”案件6件，核销完成6件，完成率100%。区级政法各部门共完成司法救助20件34人次，发放救助资金65.726万元。开展举报平台涉法涉诉集中评查化解专项行动，26件案件评查结果均为合格，形成评查报告5份、化解报告23份。

【多元化解】 2021年，东坡区人民调解、行政调解排查受理3725件，化解3678件，化解成功率98.74%。全区共运行个人调解室5个，接待当事人3000余人次，调解成功各类矛盾纠纷210余起。挂牌成立眉山市东坡区物业纠纷人民调解委员会，调解成功矛盾纠纷158件。全年挂牌督办突出矛盾纠纷3件。推进远程调解，通过司法综合视讯平台提供咨询130余次，调解成功14件。通过移动微法院、网上诉讼服务中心等调解案件889件。全区23个派出所实现公调对接全覆盖，各级人民调解委员会共接受派出所移交、委托及协助调解案件共计848件，调解结案836件，结案率达98.58%。诉非衔接持续深化，2021年诉前委派调解成功1261件，完成司法确认130件，新增诉源治理示范村（社区）8个。建成并启用“东坡区人民法院调解中心”，研发“智调助手”平台，共计向调解员推送案件1013件，诉前调解成功率同比提升12个百分点。改革创新经验获得省法院院长王树江充分肯定。

【综治中心】 2021年，区综治中心整合、拓展、运用多项信息系统功能，做实做强社会治理工作。完成视频监控补点建设，实现东坡区13个镇全覆盖。宣传引导村民自主安装“平安乡村·慧眼工程”，有效补齐农村地区治安防控短板，超额完成年初制定的工作任务。发挥视频资源作用，“雪亮工程”在破案侦查、治安防控、化解矛盾、安全监管、基层党建、环境保护、精准扶贫、民生服务等方面作用突出，收集上报155件典型案例。心理咨询服务有序开展，41名心理咨询师按需入驻镇（街道）综治中心，采取“定期+需求”的方式开展心理咨询、疏导和危机干预工作。2021年共开展心理咨询服务409次。

【网格化管理】 区综治中心牵头对中心城区网格进行优化调整，中心城区由原593个网格化优化调整为552个网格，设立专属农贸市场网格13个，商业综合体网格14个。东坡区网格员为群众办理各类事件29.56万余件次、上报治安隐患8891个、排查消防隐患24.14万余次、协助人民法院查人找物335次，反馈率达100%；受理和录入群众线下反映上报的治安问题、咨询、投诉、求助等事项1468件，并在规定时间内处理完结、予以回复，群众满意度达100%。东坡区网格员协助区市场监督管理局、区民政局在疫情防控、电信反诈、防汛抗洪、脱贫攻坚等中心工作中贡献网格力量。

【东坡区法学会】 2021年，落实村级建制调整后114个村级法律服务室联系法官、检察官和律师342人（次），协助基层化解矛盾纠纷792起，提供法律咨询2000余次，推动法律服务在基层落地、落实。组织法学会员深入园区企业开展走访宣传20余次，为民营企业提供法律咨询340余次，诉讼引导服务68次，最大限度保护企业合法权益。2021年，共深入村（社区）开展习近平法治思想、民法典、宪法、婚姻法等主题宣传30余次，受教育群众达2万余人。注重创新实践，深入试点首席法律咨询专家制度。组建含有55名优秀法学人才的全区首席法律咨询专家团队，分8个专项组，每组由1名首席专家牵头开展涉及领域的相关法律事务。截至年底，东坡区首席法律咨询专家团队收到并完成委托事项14起，化解信访积案5起。注重学术研究，推动成果转化，“东坡区人民法院 治理涉黑恶犯罪中司法建议制度的现状、定位与完善——以眉山市2018—2020年50份司法建议书为样本”“东坡区委政法委 五治融合创新推进市域社会治理现代化实践”“东坡区人民检察院 基层检察院专业办案团队建设的探索与实践”3个课题入选市法学研究重点课题，为首届成渝地区双城经济圈法治论坛和第八届“治蜀兴川”法治论坛征文供稿10余篇。

（黄 玲）

依法治区

【概况】 2021年,区委常委会、人大常委会、政府常务会、政协党组会会前学法31次59篇。区委理论学习中心组集中学习研讨法治理论7次。区委党校将习近平法治思想纳入干部培训必学内容,培训党员领导干部115人次。组织干部任前法律考试50人次。制发《2021年全面依法治区工作要点及任务分解表》及《2021年度法治政府建设重点工作安排》,将法治建设纳入党政主要负责人年终履职内容。5月,召开全面依法治区工作会议,安排部署全年法治建设工作。

【依法决策】 健全党内法规工作联席会议机制,为区级领导配备18名法务助理,实现"一村(社区)一法律顾问"全覆盖。区级36个部门、16个镇(街道)聘用52名法律顾问,保障经费110.4万元(镇、街道统筹列支40.4万,区财政保障70万元)。开展合法性审查999件,提出书面意见505条。依法向市委、市政府备案规范性文件20件。

【"放管服"改革】 动态调整全区26个部门1089项行政权力事项。梳理形成镇(街道)法定行政权力及责任清单117项,委托下放45项行政权力事项和49项公共服务事项。取消"奇葩证明"51项,开展告知承诺制证明事项48项。设置"办不成事"反映窗口,开展"一把手走流程"活动,解决突出问题10件次,减少办事材料8项,压减办理时限10%,减少办事环节2个。

【执法监督】 开展人民群众最不满意行政执法突出问题承诺整改活动,实地走访企业7家,收集意见建议11条,进一步畅通政企沟通渠道。推进"互联网+监管"平台运行,完成全区807名行政执法人员实名认证。组建32人的区级行政执法专家库积极参与全区行政执法案卷评查、疑难案件研讨等工作。

【行政复议与应诉】 办理行政复议案件107件,办结97件;办理行政复议监督案件9件,办结9件。区司法局代理区政府行政诉讼案件134件,结案76件,区政府负责人出庭应诉率100%。

【诉讼制度改革】 建成4个"24小时自助诉讼服务站",为群众提供智能、便捷的24小时诉讼服务。启用区法院诉前调解中心,研发"智调助手"线上分案系统,分流民商事案件。创新构建"四大检察"发展格局,优化刑事检察监督,创新开展法官、检察官、警官同堂培训,践行少捕慎诉慎押司法理念,依法不批捕271人,不起诉95人,对745名犯罪嫌疑人适用认罪认罚从宽制度。强化检察监督,办理民事检察监督案件28件,发出检察建议21份;办理行政检察监督案件14件,发出检察建议14份;公益诉讼立案64件,发出诉前检察建议59份。强化法律监督,发出书面纠正违法通知书30份,提出抗诉5件。

【"大部门、大警种"改革】 区公安分局将21个机关业务部门、警种整合为14个,将29个派出所整合为20个,将87个内设中队优化调整为103个。启动复兴、修文、三苏、富牛派出所修建修缮项目,打造东坡区标杆金龙社区警务室,落实"一村(社区)一警务助理"169名,全面完成"大部门、大警种"改革任务。

【普法宣传】 利用"东坡老家""微东坡"等新媒体开展普法宣传,推送各类普法信息220条。开展"法治四川行"一月一主题活动,开展普法讲座18场,宣传活动160余场,发放资料5万余份。邀请"心连心"艺术团开展法治文艺巡演活动50余场,举办法律知识有奖竞猜30场,受众2万余人次。投入25万元打造以银杏花园小区、白虎滩社区和富牛镇玉龙村为代表的法治文化长廊,营造浓厚法治氛围。

【公共法律服务】 完成区镇村三级公共法律服务体系建设,建成远程视讯服务点32个,提供远程服务100余次。受理法律援助案件882件,接待群众咨询5313人次。办理公证案件3860件,接待当事人咨询2.2万余人次。

【多元化解工作】 2021年,全区排查非涉稳型矛盾纠纷5338件,化解4546件。其中人民调解、行政调解排查非涉稳型矛盾纠纷3725件,化解3678件;深化"诉非衔接",诉前委派调解案件2377件,调解成功1261件，司法确认130件。实现“公调对接”全覆盖，委托、移交各类矛盾纠纷848件，调解结案836件。鼓励社会力量参与矛盾纠纷化解，建立个人调解室6个，接待当事人3000余人次，成功调解各类矛盾纠纷144件，其中张成调解室被评为四川省“金牌调解工作室”。挂牌成立物业纠纷人民调解委员会，成功调解物业纠纷158件。鼓励心理医生入驻综治中心，入驻心理咨询师41人，开展心理咨询服务206人次。

【市域社会治理】 以“三苏传统法治文化滋养社会治理”为引领，打造区综治中心、“智慧法院”“检察服务大厅”等示范点位，成为全省标杆。苏祠街道金龙社区被司法部、民政部评为“2021年度全国民主法治示范社区”。实施第三期“雪亮工程”，引导村民自主安装“平安乡村·慧眼工程”，发动村(居)民安装“两车卫士”防盗系统，建成“智慧平安小区”112个，织密社会治安防控体系。

【社区矫正与安置帮教】 全区在册社区矫正对象421名(全年共接收社区矫正对象266人，解除社区矫正294人)，全年无人员脱管漏管，重新犯罪率控制在0.2%。全区在册刑释解矫人员2718名(全年共接收刑释解矫人员共512名)，其中12名重点人员全部落实必接必送，5名“三无”人员得到安置，未发生因生活困难重新犯罪案件和影响社会稳定的重大刑事案件。

（胥静霞）

公 安

【概况】 东坡区公安分局(简称分局)内设机构15个，派出所20个，社区警务室51个，其中派出所民警占总警力的45.5%，民警占全区实有人口的0.062%。2021年，分局共接处警31435起，立刑事案件2242起，破刑事案件912起，破案率40.68%，移送起诉505人，追回上网逃犯112人；受理行政案件3369起，查处2181起，查处率64.74%，行政拘留651人，行政处罚1611人，强制隔离戒毒111人；查处各类交通违法行为7466起。年内，先后荣获“全国打击危险废物违法犯罪行为”突出集体、四川省公安系统“建党100周年安保”维稳先进集体、全省公安机关标兵集体等13项国省集体荣誉。

【扫黑除恶】 常态化开展扫黑除恶斗争，全年立九类涉恶案件97件，刑事拘留九类涉恶嫌疑人102人、取保候审69人、提请逮捕50人，移送审查起诉79人。

【刑事侦查】 强化“黄赌毒”“食药环”“盗抢骗”等专项打击整治，侦办“黄赌”刑事案件33件，移送起诉59人，成功破获孙某等人开设赌场案等跨境网络赌博案件4起，打掉推广跨境涉赌网站团伙3个。破获毒品犯罪案件41起，移送起诉94人，查处吸毒人员381人，强制隔离戒毒111人。办理食药环案件32期，移送起诉45人。破获侵财类案件702件，挽回各类经济损失1000余万元。遏制电信网络诈骗新型犯罪高发势头，全年预警劝阻人员242批共计7684人，挽回经济损失115万余元。累计破获电信网络诈骗案件57件(含协助外地破案19件)，协助外地公安机关抓捕嫌疑人15人，自办电诈案件刑拘92人、移送起诉20人、审结起诉5人。成功侦破“森环科技公司被诈骗案”，打掉以李某、周某某为首的电诈案件洗钱组织2个。

【禁毒工作】 年内开展“两打三控”“护旗”禁毒系列“净边2021”“集群打零”等专项行动，共破获毒品犯罪案件41起，其中部级目标案件1起、省级目标案件1起，打掉制贩毒团伙12个，抓获制、贩毒犯罪嫌疑人71名，缴获毒品冰毒、麻古101.79千克，海洛因38.41克，氟胺酮38.1克、“笑气”90罐。责令社区戒毒57人，强制隔离戒毒111人。

【打击经济与网络犯罪】 全年破获非法集资案件26件，抓获违法犯罪嫌疑人26人，移送起诉14人；开展“净网2021”专项行动，破获涉网违法犯罪案件16件，提请逮捕犯罪嫌疑人121人，扣押冻结资金300余万元。

【治安行政管理】 年内，共开展各类专项整治15次，集中突击检查17次，累计检查单位、行业场所1000余家次，发现和消除各类安全隐患251处。共查处涉赌涉黄行政案件126起，行政处罚1037人；破获涉赌涉黄刑事案件20件，移送起诉83人。破获省督"12·4"系列开设赌场案,捣毁跨境赌博窝点5个,移送审查起诉36人;查处偷越国边境行政案件7起,行政处罚8人;破获偷越国边境刑事案件2起,移送起诉8人。按照中央、省、市"跨区域通办"工作要求,将"跨区域通办"作为"我为群众办实事"实践活动的重要内容,共梳理出"市内通办"12项、"省内通办"14项、"川渝通办"事项4项内容,共受理"跨区域通办"省内居民身份证申(换)领1350件、川渝居民身份证换领127件、省内户口迁移610件、川渝黔"一站式"户口迁移72件;通过"微户政"线上受理户籍业务咨询99件,审核79件,办理19件。开辟绿色通道,开展上门服务、预约服务、延时服务,共受理返乡农民工身份证办理78件、高考学生身份证办理220件、上门采集人像办理身份证3件、为老年人提供业务指引办理80人次。全年申请智慧平安小区账号142个,正式上线112个,运行达标93个,覆盖城镇实有人口82424人。推进"一村(社区)一警务助理"建设,14个派出所配备169名警务助理。

【枪支弹药及爆炸物品管理】 落实全区232所学校"六个100%"(施工工地周边100%围挡;物料堆放100%覆盖;出入车辆100%冲洗;施工现场地面100%硬化;土方开挖100%湿法作业;渣土车辆100%密闭运输)制度,推进枪爆、危化品管理,发现、消除各类安全隐患251起,收缴假冒伪劣和非法生产、储存各类鞭炮1.2万组,实现全年零事故。

【公安信访】 年内,共受理案件1072件,其中网上信访105件、接访56件,来信4件,办理市长热线907件。维护信访工作秩序,处理各类违法信访人员21人,其中行政拘留2人,警告17人,训诫19人。

【网络监督与通信管理】 年内,共检查辖区网吧356家次,查处网吧3家,对网吧发放整改通知书35次,受理增加和变更信息的网吧共8家。对全区重要信息系统、重点网站部署开展自查45家,攻防演练110余家次,发现网络安全漏洞120余个。对辖区网站、论坛、APP、微信公众号开展网络安全执法检查35家,开展网络安全评估45家,对存在网络安全风险的单位下发网络安全隐患提示单、风险告知书共42份,约谈责任单位9家,完成"一案双查"7件,审核网站备案增加29家。查处全市首例网上传播暴恐音视频案件,行政拘留4人。

【道路交通管理】 年内,开展"护旗"系列专项行动、"减量控大"专项整治行动,查处各类交通违法行为7466起,其中饮酒驾驶103起,货车超载713起,货车非法改装81起,载客汽车超员178起。开展道路安全隐患排查200余次,排查隐患163处,劝导不文明交通行为6000余次。

【公安宣传】 2021年,累计向上级报送信息、约稿120余条(篇),在各级新闻媒体发表稿件300余篇(条),分局信息宣传工作排名全市公安第一。累计审核发布内网信息2600余条。先后撰写工作专报、总结、报告等综合性文稿156篇,24篇文稿受市、区主要领导肯定性批示。微信微博和今日头条客户端总粉丝量达到5万个,"两微一网一端"总点击率达到1100万余次。

(熊锋 杨洋 蒋晓彬 于璐)

检 察

【概况】 眉山市东坡区人民检察院属国家的法律监督机关,主要职责是对刑事案件进行审查,决定是否逮捕和提起公诉;对刑事、民事、行政诉讼活动是否合法实行监督;对侵害国家利益和社会公共利益的民事、行政违法行为提起公益诉讼等。共设置内设机构5个,具体为:第一检察部(挂未成年人检察部、金融犯罪检察部牌子)、第二检察部、第三检察部、办公室、政治部(挂司法警察大队牌子)。

【刑事检察】 年内,共受理批捕案件477件722人,批准逮捕319件448人;受理审查起诉678件935人,起诉584件786人。其中,在影响国家安全、经济发展、社会安定、人民安定的重点领域方面,依法批捕等邪教组织犯罪2件4人,起诉4件6人;批捕故意杀人、强奸、绑架、聚众斗殴等严重影响社会治安和群众安全感的犯罪16件21人,起诉14件15人;批捕抢劫、抢夺、盗窃等多发性侵财犯罪131件160人,起诉169件207人;推进"断卡"行动,依法严厉打击电信网络诈骗

2021年10月22日，区检察院组织召开“东坡区未成年人保护社会治理检察建议集中公开宣告”会议

犯罪和新型电信网络犯罪24件68人；依法惩治黄赌毒犯罪，批捕89件130人，起诉125件190人；持续推进扫黑除恶斗争常态化，受理审查逮捕涉黑案件3件10人。在服务保障“六稳”“六保”工作方面，依法惩治传销、非法吸收公众存款、非法集资等涉众型经济犯罪，批捕5件7人，起诉2件2人；打击破坏生产经营、合同诈骗、强迫交易等破坏社会主义市场经济秩序犯罪32件71人。在保护未成年人方面，受理批准逮捕涉未成年人案件26件38人，批捕18人，其中未成年人犯罪案件17件25人，批捕9人；受理审查起诉涉未成年人案件22件29人，其中起诉未成年人犯罪案件11件16人，对罪行较轻并有悔罪表现的涉罪未成年人拟作附条件不起诉3件6人；落实未成年人特别程序规定，分案起诉2件2人；开展法律援助11人次，通知法定代理人到场19人次，通知合适成年人到场10人次；对符合条件的22名未成年人罪犯实施犯罪记录封存；指导开展社会调查29人次，开展心理疏导和矫正工作25人次。全年贯彻“少捕慎诉慎押”刑事司法政策，依法不批捕273人，不起诉89人，依法办理适用认罪认罚案件593件，提出确定刑量刑建议564人，量刑建议采纳率95.35%。

【惩治职务犯罪】 受理监委移送审查起诉职务犯罪案件5件5人，起诉9件9人。针对职务犯罪案件中反映的监管问题向相关行政机关制发检察建议2份，开展职务犯罪案件公开听证1件次，职务犯罪观摩庭3件次。强化职务犯罪提前介入工作，提前介入率达100%。

【法律监督】 刑事检察监督方面，监督公安机关立案37件、撤案10件、监督侦查活动违法22件次，纠正漏捕6人，追诉遗漏罪名8件，追诉遗漏同案犯32人；针对人民群众反映执法不严、司法不公等问题，发出书面纠正违法通知书30份，对确有错误的判决提出抗诉5件，发出检察建议109份；提前介入疑难、复杂、社会影响重大的案件52件，参与公安机关重大案件分析讨论19余次；完善羁押必要性审查制度，共采纳建议释放或变更强制措施29人；监督指定居所监视居住26人次，参加巡回检察2次；对已生效的涉黑、涉恶、涉保护伞共6件进行核查，其中，判决生效且涉及财产刑案件共4件，均进入执行程序。民事检察监督方面，共办理办结民事检察监督案件47件，其中办理民事生效裁判监督案件5件，和解成功2件；办理民事审判活动监督案件11件，发出检察建议11件；办理民事执行监督案件12件，和解成功1件，发出检察建议10件；办理支持起诉案件14件，发出支持起诉意见书14份；办理市检察院交办5件。行政检察监督方面，办理各类行政检察监督案件16件，提出检察监督建议16件，其中协助市院办理行政结果监督案件2件，办理行政审判程序监督案件4件，向审判机关发出检察建议4件，回复采纳4件；办理行政执行监督案件10件，向审判机关、行政机关分别发出检察建议5件，均回复采纳；建议行政机关移送涉嫌刑事犯罪案件9件15人。公益诉讼检察方面，共受理公益诉讼线索70件，立案70件，其中向行政机关发出诉前检察建议64件，刑事附带民事公益诉讼6件，其中办理的陈某某、孟某某等6名被告人污染环境刑事附带民事公益诉讼案系新固废法实施后全省首例危险废物污染环境案，该案同时入选生态环境资源部打击危废违法典型

2021年4月9日，区检察院对钟某某涉嫌虚开发票罪一案举行公开听证

案例；与监委、审计、公安等部门创建“1+6”公益诉讼制度体系，构建刑事、行政、民事“三责同追”模式，行政机关、司法机关互移线索10件，提供专业支持7次，派员现场协助和提前介入6次，同时追究“两责”以上14人。

【社会治理】 依托“12309”检察服务平台，受理群众来信来访141件，检察长接待群众来访12人次。结合积案化解、案件评查等专项活动，办结高检院重复信访案件7件。推进司法救助与脱贫攻坚相融合，对15名“应救尽救”的刑事被害人及其近亲属发放司法救助金17万元。加强农民工、空巢老年等弱势群体司法保护，帮助12名当事人成功追索劳动报酬、赡养费以及交通事故损害赔偿63余万元。推进“法律七进”，11名法治副校长分别到20余所学校开展各类法治讲座，开展反电信诈骗、反洗钱犯罪、禁毒、预防校园欺凌等法治宣传20余次，发放宣传资料万余份，接受群众咨询20余人，受教育群众、师生万余人。组织召开公开听证10次，邀请代表委员、人民监督员、值班律师以及社区、基层代表等25人次，收集听证员发表意见25条，均被采纳。

【司法行为规范】 加强司法规范建设，对办案期限预警提示96次，对433件案件开展流程监控。以政法队伍教育整顿为契机，开展万案大评查，共抽查各类案件20件，参与异地交叉评查20件。深化案件信息公开和律师权利保障，发布程序性信息1047条，发布重要案件信息39条，公开法律文书864份，接待辩护人、诉讼代理人要求或申请阅卷230次。邀请13名(次)人民监督员参与各类检察办案活动12件。加强人大代表、政协委员联络工作，邀请代表委员调研座谈、观摩庭审等联络活动8次。结合检察工作重点，分别在人民法治网、国际在线、《四川法制报》以及《眉山日报》等国家、省、市媒体发表信息82条，其中国家级媒体采用5篇、省级以上媒体采用78篇。

（张雪　陈阳）

法院

【概况】 眉山市东坡区人民法院坐落在眉山市城区杭州中路173号，占地14411平方米，内设机构11个，即：政治部、综合办公室、司法行政装备办公室、司法警察大队、立案庭(诉讼服务中心)、刑事审判庭、民事审判第一庭、民事审判第二庭、行政审判庭、审判管理办公室、执行局；派出机构7个，即：永寿法庭、万胜法庭、多悦法庭、思蒙法庭、崇礼法庭、富牛法庭、流动法庭。2021年，区法院共受理各类案件12362件，结案12105件，结案率97.92%，法官人均办案数252.19件，居全市第一位。全年共有16项工作、64人次获得表彰，荣获“全省法院涉诉信访工作先进集体”“2021年度司法宣传和通联工作先进单位”等，刑事审判团队获评“全省刑事审判工作先进集体”。

【刑事审判】 受理刑事案件584件，审结577件，结案率98.3%，对752人判处刑罚。审结危害食品药品安全、危险驾驶等案件121件，审结涉环境污染、非法捕捞等公益诉讼案件4件，依法严惩拐卖、虐待、性侵害等案件18件，依法严惩电信网络诈骗案件14件41人。依法惩治向基层政权渗透的周绍兵

2021年3月18日，区法院被授予“省级青年文明号”

等15人黑社会性质团伙，审结其他黑恶势力5个，推动扫黑除恶斗争常态化。

【民事审判】 受理各类民商事案件7873件，审结7740件，结案率98.31%，调撤率达63.9%。首次审理高空抛物案件，发布典型案例良性引导。审结涉物业、医疗、住房等群体性案件1441件，其中尚义镇某安置小区超百件物业服务合同纠纷调撤率达54.37%，业主自动履行率达100%。强化家事审判的情感修复作用，调解家事纠纷996件，持续发布人身安全保护令。

【行政审判】 受理行政案件465件，审结451件，结案率96.98%。运用行政争议实质化解“府院联动”五项机制，与行政机关召开联席会议27次，发出司法建议9条，督促行政机关自行纠违2件。搭建官民对话平台，对行政机关负责人无故未出庭的发出司法建议并抄告主管部门。发挥示范性调判工作机制作用，对13起1072件群体性行政争议案件适用示范诉讼，积极化解东坡岛、圣丰国际等涉众涉稳行政争议。

【案件执行】 受理执行案件4705件，执结4670件，其中有财产可供执行案件执结率达99.26%，执行到位金额6.48亿元。召开全区执行联席会议，开展“失信大曝光”“黑财清底”“根治欠薪”等专项执行行动，与《四川法制报》《眉山日报》建立常态合作，公开曝光失信被执行人453人。专项行动期间拘传37人、司法拘留3人，涉黑恶案件执行到位标的金额287.88万元，为务工人员追回工资642.02万元。争取财政资金购买执行救助保险，在不增加财政资金负担的情况下，为困难申请执行人增加救助资金60%。

【司法改革】 深化繁简分流机制改革，549件民商事案件通过非诉方式化解，72.09%的民商事案件通过简案团队快速裁判解决，案件平均审理时间25.02天。推行保全案件集中办理，120件案件由立案庭集中处理。推进书记员分类管理改革，按助理性书记员、事务性书记员、驻庭书记员进行分类管理、分类考核。加强劳务派遣人员规范化管理，制定《劳务派遣人员管理办法》。

成立东坡区法院调解中心。整合个人调解室、行业调解组织、法律职业群体等民间解纷力量，面

2021年6月10日，东坡区召开2021年度执行工作联席会议

2021年10月18日，区法院创新建立“前端化解式”调解中心

向社会选聘23个调解组织、55名调解人员入驻，由退休法官、专职律师等组建家事、交通等专业调解组7个和综合组1个。研发“智调助手”线上分案小程序，年内向调解员推送案件1608件，占同期递交起诉材料案件的78%，调解员自愿抢单1505件，指定分案103件，调解成功606件。该项创新经验做法受省高院院长王树江考察肯定并作全省推广。

【司法公开】 全年开展庭审直播1454件，点击量达524305人次。开展“三百普法”法治宣传教育活动15次，普法人数近3000人次，“两微”平台发布普法信息289期，关注人数达10万人次，被市级以上媒体转发推送364篇次，被人民法院新闻传媒总社表彰为“2021年度司法宣传和通联工作先进单位”。

（殷小雨）

司法行政

【概况】 眉山市东坡区司法局(简称区司法局)是眉山市东坡区人民政府工作部门，为正科级。2019年3月机构改革后，内设机构有:办公室、合法性审查股、社区矫正股、行政复议与应诉股、行政执法协调监督股、普法与依法治理股、人民参与和促进法治股、公共法律服务管理股、法律援助股、政治部、机关党委;中共眉山市东坡区委全面依法治区委员会办公室(简称区委依法治区办)设在区司法局。区司法局主要职能职责有:承担全面依法治国、依法治省、依法治市、依法治区重大问题的政策研究，协调有关方面提出全面依法治区规划建议，负责有关重大决策部署督察工作;负责区政府规范性文件、重大行政决策发布前的合法性审查，承办区政府规范性文件的报送备案工作，负责各乡镇政府(街道办事处)和区政府部门(单位)规范性文件报送区政府的备案审查工作，组织开展规范性文件清理;承担统筹推进法治政府建设的责任;承担统筹规划法治社会建设的责任;负责全区社区矫正和安置帮教管理工作;拟订全区公共法律服务体系建设规划并指导实施，统筹和布局城乡法律服务资源;指导监督律师、法律援助、公证和基层法律服务管理工作;规划、协调、指导法治人才队伍建设相关工作，指导监督本系统队伍建设;负责本系统行政审批工作，负责全区企业投诉处理和民营企业法律服务工作;负责职责范围内的安全生产和职业健康、生态环境保护、审批服务便民化等工作;完成区委、区政府交办的其他任务。

【合法性审查】 推进“放管服”改革，制定区本级全面推行证明事项告知承诺制任务清单，初步确定第一批告知承诺制的证明事项45项。创新制发《眉山市东坡区合同管理办法》，进一步规范和完善合同审查。2021年开展合法性审查993件(其中，审查政府投资项目合同319个，针对政府重大合同、重大决策等出具合法性审查意见书453次、合法性审查意见的函221次)，针对审查发现的问题，积极与送审或起草单位沟通协调，提出书面意见542条，采纳率100%。向市政府备案行政规范性文件13件，向区人大常委会备案行政规范性文件15件。推进党政法律顾问制度及党政县级领导法务助理制度，发挥法律顾问在重大行政决策、法治政府建设中的积极作用,2021年为区级领导配备法务助理18名。

【行政复议与应诉】 印发《眉山市东坡区加强和改进行政应诉、行政复议工作实施办法的通知》,对全区行政复议、行政应诉工作进行细化、规范;创新制发《眉山市东坡区行政复议、行政应诉约谈、通报工作规定》,明确败诉、决定履行和应诉约谈通报事项,压紧主体责任,倒逼工作落实。2021年办理行政复议案件107件(其中,区政府作为复议机关的行政复议案件88件,区政府作为被申请人的行政复议案件19件),办理行政复议监督案件11件(其中:区政府作为监督机关的行政复议监督案件2件,区政府作为被申请人的行政复议监督案件9件),办理区政府行政诉讼案件137件。行政机关负责人出庭应诉率100%。

【行政执法协调监督】 开展人民群众最不满意行政执法突出问题承诺整改活动,专项整治市场监管领域执法不规范问题,提高行政执法人员能力水平。实地走访企业7家,收集意见建议11条。完善行政执法《公示办法》《全过程记录办法》《重大行政执法决定法制审核办法》"三项制度",协调推动综合行政执法改革和乡镇综合执法体制改革。推进"互联网+监管"平台运行,完成全区行政执法人员实名认证。组建32人的区级行政执法专家库积极参与全区行政执法案卷评查、疑难案件研讨等工作。

【法治宣传】 强化法治宣传,制发"法治四川行"一月一主题活动方案,牵头开展或协助开展21个主题宣传活动。如联合法、检、教体到中小学校开展未成年人保护法和预防犯罪宣传等"送法进校园"活动。开展普法讲座18场,宣传活动160余场,发放资料5万余份。邀请心连心艺术团开展法治文艺巡演活动50余场,举行法律知识有奖竞猜近30场,受众2万余人次。投入25万元打造银杏花园小区、白虎滩小区和富牛镇玉龙村为代表的法治文化长廊。积极开展民主法治示范村建设。2021年1月,苏祠街道金龙社区获评司法部、民政部第八批"全国民主法治示范村(社区)"。

【社区矫正】 1月,成立东坡区社区矫正委员会,健全社区矫正组织领导体系,召开会议3次,解决具体事项4个。运用基站定位和手机定位等信息化手段对社区矫正对象进行定位,不定时采用电话、微信、视频方式加强核查,掌握其活动轨迹。认真自查2900余件社区矫正案件,有效整改问题51个。全区在册社区矫正对象421名(全年共接收社区矫正对象266人,解除社区矫正294人),全年无人员脱管漏管,重新犯罪率控制在0.2%。

【安置帮教】 全区在册刑释解矫人员2718名(全年共接收刑释解矫人员共512名)。全年未发生刑释解教人员因生活困难重新犯罪情况,未发生影响社会稳定的重大恶劣的刑事案件。

【人民调解】 深化"公调对接""诉调对接"机制,充实城区7名专职调解员至20名,落实14个镇派出所兼职调解员,出台相应补助政策。引导社会力量参与纠纷化解,成立6个个人调解室、1个行业调解委员会。12月14日,眉山市东坡区通惠街道人民调解委员会张成调解工作室被命名为"四川省金牌调解工作室"。2021年,全区公调对接调解纠纷848件,各人民调解委员会共接收法院委派、委托案件302件,全区行政调解案件1991件,各人民调解组织共调解矛盾纠纷1733件。全年无民间纠纷转发为自杀案件、民事纠纷转化为刑事案件、群体性械斗案件发生。

【法律援助】 2021年全区法律援助案件目标任务2950件,其中咨询接待2500人次,案件450件。全年共接待咨询群众5854人次,受理法律援助案件893件,分别完成全年目标任务的234%、198%。

【公证服务】 2021年共计办理完结常规案件3641件,接待当事人咨询2.2万余人次。

【律师事务所管理】 全区有律所7家(2021年省司法厅批准增设律所2家),律师47人,其中:专业律师45人,兼职律师2人;基层法律服务所9个,基层法律服务工作者24人。2021年组织律所律师参与扫黑除恶、调解、法律援助、农民工劳动合同普查等行政工作,开展"千所百会帮万企"活动,协调律师进企业开展法治体检,促进企业依法营业。开展律师行业突出问题专项治理活动,局机关领导班子和各律所负责人、各律所负责人和所有律师"两级谈、两必谈",鼓励律师自查整改存在的问题。开展律所和律师、基层法律服务所及其工作者变更许可工作,完成东坡区基层法律服务协会的换届工作。按照《四川省公职律师、公司律师制度改革实施办法》,办理公职律师申请和变更许可,截至年底,全区有公职律师19人。

【司法行政信息化建设】 依托公共法律服务实体平台,推进远程法律服务,2021年远程视讯法律服务覆盖全区16个镇(街道)和16个村(社区)。开通15个省内远程探监点位(区局1个+司法所14个),实现全区服刑人员省内远程亲情探监全覆盖。

【行风建设】 开展政法队伍教育整顿工作和党史学习教育,围绕政治教育、英模教育、党史教育、警示教育开展专题学习20场。召开5场"自查从宽、被查从严"政策宣讲会,开展3轮谈心谈话141人次,发出干警家属公开信47份。召开专题民主生活会和组织生活会,对47名干警开展3轮自我检视。召开征求意见座谈会2次。评查2018年以来重点案件20件,认定瑕疵案件1件。对132件"减刑、假释、暂予监外执行"案件开展全面筛查、检查,智能化排查、涉毒毛发检测干警47人。认定存在"六大顽瘴痼疾"1个,"N"类问题1个。制定完善《社区矫正领域违规干预执法活动、插手具体案件处理的登记报告制度》等30个制度,推进司法行政工作规范化、标准化、法治化。

(胥静霞)

東坡

军 事

人民武装/人民防空

人民武装

【概况】 2021年,东坡区人民武装部(以下简称区人武部)坚持以习近平新时代中国特色社会主义思想为指导,深入贯彻习近平强军思想,坚决贯彻落实上级年度工作决策部署,按照“举旗帜、抓龙头,谋主业、练精兵,强素质、打基础,严法纪、保安全”的工作思路,坚持“守正创新、守土尽责、守住底线”的工作要求,狠抓自身建设和国防动员各项工作落实,全面建设稳步健康推进。

【思想政治建设】 2021年,区人武部坚持把迎接和庆祝中国共产党成立100周年作为头等大事,扎实推进党史学习教育,组织到眉山抗战将士纪念馆、电信国防教育基地和夹金山干部学院参观学习,大力开展“我为群众办实事”活动,推动教育走心走深走实。以学习贯彻习近平主席重要讲话精神为核心内容,抓好常态化跟进式学习,专题组织习近平主席“七一”重要讲话、中共十九届六中全会精神学习。重视做好民兵队伍凝神聚魂工作,开展“强军有我、使命在肩”群众性实践活动。组织《军队党的建设条例》等8部党建法规学习贯彻,完成人武部党委换届选举,修订《人武部党委议事规则》。区人武部党委被省军区表彰为“先进团级党委”。严格落实党管武装工作制度,组织镇(街道)党(工)委书记专题述职。推动流毒清理见底清零,开展团职干部个人有关事项报告和全体人员政治考核,狠抓上级通报巡视巡察问题整改,常态开展党风党纪和反腐倡廉教育,强化遵规守纪的政治自觉和行动自觉。落实军委“禁酒令”,部署开展“三零”活动,着力抓好在外人员、“八小时以外”、节假日期间的规定执行,保持正风肃纪、抓早抓小的常长态势。

【战备训练】 2021年,区人武部定期召开党委议战议训会,落实战备值班制度,滚动修订水、火、震和协助地方维护社会稳定应急预案,对战备库室进行全面修缮规范,补充更新应急民兵连战备给养物资,组织基干民兵参加区防汛救灾和地震灾害应急救援演练。狠抓人武部机关、专武干部和民兵按纲施训落实,参训率保持在90%以上。

【国防动员】 2021年,区人武部组织“一年两征”征兵工作,大学生新兵占比89.7%,较上年度提升9.7个百分点、高出全市平均4.9个百分点。重视做好双拥工作,健全由12人组成的国防教育讲师队伍,会同区退役军人事务局为立功受表彰官兵家庭送喜报,并发放奖励金23.5万元。东坡区连续11届获评全省“双拥模范区”。

【基层建设】 2021年,区人武部认真学习贯彻《人武部贯彻〈军队基层建设纲要〉的措施》,以制度建设为核心,全面规范经常性基础性工作和“四个秩序”,推动强军目标在基层落地生根。持续开展“学法规、用法规、守法规”活动,大力推进《军队安全管理条例》《军队保密条例》《预防犯罪工作条例》入脑入心、进岗入责。紧紧扭住安全管理“17个关键要素”整体用力、重点突破,组织安全大检查、枪支弹药和固定资产大清查、防范微信泄密教育整顿,高度重视加强疫情防控工作,实现“五个坚决不发生”。

(何婧鹏)

人民防空

【概况】 眉山市东坡区人民防空办公室(以下简称区人防办)承担辖区内在建工地的人防审图、备案职责,同时提供技术指导服务。

【人防易地建设】 2021年,区人防办认真审批城市规划区内项目、建设项目与易地建设项目,征收防空地下室易地建设费。

【人防工程】 2021年,区人防办对辖区内已建成的人防工程产权归属,日常运行、维护管理、照明设施、消防设施、通风机、防汛设施等内容进行检查。

(游芷依)

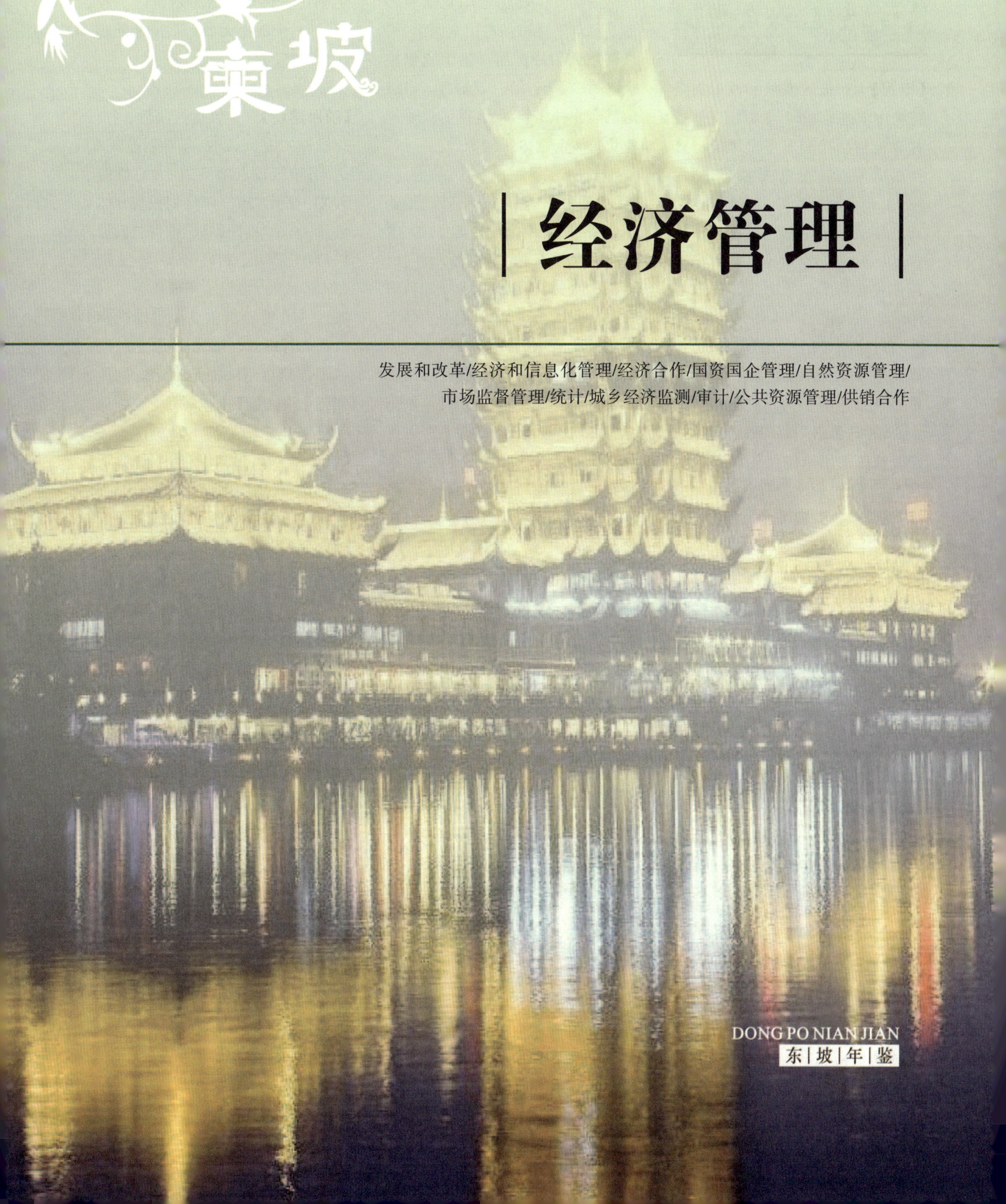

東坡

经济管理

发展和改革/经济和信息化管理/经济合作/国资国企管理/自然资源管理/市场监督管理/统计/城乡经济监测/审计/公共资源管理/供销合作

发展和改革

【概况】 东坡区发展和改革局坚持稳中求进总基调,紧紧围绕新冠肺炎疫情防控和服务全区经济社会高质量发展大局,扎实做好“六稳”工作、全面落实“六保”任务。2021年被市委、市政府授予“四川省2021年第一季度重大项目集中开工主会场活动筹办工作先进集体”“全面深化改革工作先进集体”“项目投资和向上争取项目资金工作先进集体”等18项荣誉称号,区价格认证中心被四川省价格认证中心评为“价格争议纠纷调解模式研究成绩突出单位”,先后25人次被市、区表彰为成德眉资同城化发展、村镇建设管理等多项工作先进个人。

【国民经济运行计划执行情况】 2021年,全年实现地区生产总值530.2亿元、同比增长8.4%;社会消费品零售总额增长16.2%,居全市第一;全社会固定资产投资增长11%;城乡居民人均可支配收入同比分别增长8.4%和10.5%,实现稳定增长;完成一般公共预算收入26.6亿元、同比增长10.1%;“味在眉山”销售收入达到459亿元;全区城镇化率提高1.5个百分点,城镇新增就业人数1.2万人。

【农业发展】 第一产业增加值实现62.7亿元、同比增长6.7%,农村居民人均可支配收入增速10.5%,两项指标稳居全市前列。粮食总产量达30.1万吨;生猪出栏达到50万头,超额完成稳产保供任务;晚熟柑橘规模和效益全国领先,黄颡鱼等鱼苗繁育市场占比全国第一,蜂群数量和蜂产品产量继续保持全国第二、全省第一。培育国省级示范合作社3个,市级以上农业产业化龙头企业达到52家。

【工业发展】 新增规模以上工业企业28户、总数达247户;三大主导产业实现产值258.8亿元、同比增长8.8%;规模以上工业增加值增长13.2%,居全市第一;泡菜食品全产业链产值达215亿元,泡菜盐渍液高效综合利用技术获评四川省科技进步一等奖,吉香居等4家企业实现泡菜盐渍全回收。富生电器获评国家级“专精特新”企业,新培育国家级高新技术企业3家,高新技术产业规上工业产值达170亿元、同比增长11%。甘眉工业园区南区被商务部认定为国家首批加工贸易产业园、全省唯一。千禾味业纳入省“贡嘎培优”计划,川南酿造获评国家级农业产业化龙头企业。

【第三产业发展】 新增规上商贸服务业单位16家,库内商贸服务业单位总数达186家。第三产业增加值实现256.6亿元、增长8.8%,全社会消费品零售总额增长16.2%,居全市第一。网络零售实现31.4亿元、全市第一。三苏祠入选“成渝十大文旅新地标”,东坡水街入选省级步行街改造提升示范点项目。餐饮收入占全市的40%,成功创建首批省级川派餐饮创新发展先行区。高标准举办眉山东坡半程马拉松赛事等节会活动,实现旅游综合收入增长11%,成功创建省级全域旅游示范区。数字经济不断壮大,活跃电商企业达324家。

【项目建设】 省级重点项目2个,总投资27亿元,2021年计划投资8亿元;市级重点项目21个,总投资590.19亿元,2021年计划投资69.2亿元;60个“挂图作战”项目总投资1397.05亿元,2021年计划投资132.56亿元,均超额完成任务。东坡区一季度省市重点项目推进和投资运行进入全市“红榜”;全区项目工作获得市委书记肯定性批示并转全市借鉴学习。

【资金争取】 2021年向上争取资金到位40.56亿元,其中中央资金29.68亿元、省级资金4.8亿元、市级资金6.08亿元,超额完成全年33亿元目标任务。全区专项债储备库项目18个(2021年新入库项目7个),总投资153.17亿元,分2批发行债券项目10个,共计13.34亿元。2021年争取到中央、省预算内投资项目13个,总投资4.59亿元,到位中央、省资金约2.1亿元,约占全市的30%。中央、省预算内资金、专项债资金均位居全市第一。

【政府性投资项目管理】 下达2021年度投资计划,涉及政府投资项目92个,总投资149.29亿元,下达2021年投资计划53.07亿元。按照政府投资项目审批相关要求进行审批、核准、备案。审批政府投资项目74个,备案企业投资项目75个。

【诚信体系建设】 按照《眉山市公共信用信息目录(2020年版)》调整完善东坡诚信评价平台数据归集目录,2021全年共报送行政许可38570条、行政处罚363条,报送数量居全市各区县第1位。

【燃煤锅炉电能替代】 区发改局会同经信、环保等相关部门,共同对辖区内2家造纸企业开展电能替代进行宣传、指导,倡导绿色生产理念,引导企业改变能源消费习惯,帮助企业算好经济账、环保账,推动企业参与电能替代。

【安全生产】 加强对区属国有粮食购销企业、西南油气田仁寿输气作业区、中心城区加气站和粮油加工企业的安全生产监督管理,开展应急演练6次,排查并整改安全生产风险隐患点33点(处)。

【招投标监管】 实行招标情况事后报告制度,重点加强事中事后监管。2021年,收到事后公开招标项目报备资料38个,招标控制价55126.73万元,中标价45100.39万元,节约资金10026.34万元,节资率22.23%;区发改局会同行业主管部门、派驻纪检组组建检查组开展专项检查5次,检查项目12个,发现和督促整改问题21个。

【价格监管】 完成涉案财物价格认定案件166件,涉及金额334万元;成功调解价格争议纠纷案件63件,涉及金额363.84万余元;高标准完成全国价格争议纠纷调解工作模式试点及课题研讨,被四川省价格认证中心通报表扬。为企业争取电费补贴510万元,为非居民用气用户节约天然气费284万余元;完成普惠性幼儿园保教费等定价工作;对全区11家新开盘销售房地产项目进行前期物业价格备案。

【仓储建设】 思蒙粮食购销公司2.2万吨粮食低温储备库项目已完工等待验收;思蒙粮食购销公司解放仓库综合用房及附属工程项目正在建设中;省粮食储备库1万吨粮食低温储备库项目已完成建设进度的80%;东坡区救灾物资储备库建设项目总投资456万元,已于2021年底开工建设。

【粮油监管】 成立东坡区粮食质量安全检验监测站,全年完成粮油检测任务200个,坚决杜绝不合格粮油流入市场;开展全社会粮食流通监督检查,维护粮食流通秩序,全年共开展监督检查18次,检查企业31家次,发现问题3个,完成整改3个;做好粮食收购监督检查工作,对执行超标稻谷收购工作的2个收购点开展监督检查,确保超标稻谷收购工作有序开展;2021年度粮食安全党政同责工作考评结果为优秀。

(王瑶瑶)

经济和信息化管理

【概况】 眉山市东坡区经济和信息化局(简称区经信局)是眉山市东坡区人民政府工作部门,为正科级,加挂眉山市东坡区数字经济发展局牌子(简称区数字经济发展局)。区经信局贯彻落实党中央关于工业经济、数字经济、信息化和无线电管理工作的方针政策和省委、市委、区委的决策部署,在履行职责过程中坚持和加强党对工业经济、数字经济、信息化和无线电管理工作的集中统一领导。局机关下设办公室、工业运行股、重点项目股、信息化股、安全应急股、盐业管理股、能源股、节能监察中心和数字经济发展中心等9个职能股(室)与中心。

【经济指标】 2021年,全区159户规上工业企业,实现产值402.02亿元,同比增长12.24%;税金7.07亿元;实现工业投资80.01亿元,同比增长12.1%;实现技改投资16.7亿元,同比增长26.2%;区属规上工业增加值增速6.8%。

【项目建设】 2021年,开工国为二期、天和堂、百品味源等11个重点工业项目,计划总投资达39.7亿元;续建汇宇生物、川金药业、兴川泰等25个千万元以上投资项目;三品食品、海霸王一期、味滋美等15个项目竣工投产。

【企业培育】 制定《2021年春节期间不停工(产)或提前复工(产)补贴奖补方案》,对2021年春节不停工不停产及提前复产的规模以上工业企业兑现奖补资金582万元。四川富生电器有限责任公司成功创建国家级“专精特新”企业;推荐千禾味业食品股份有限公司通过评审,纳入省“贡嘎培优”计划100户企业名单;推荐千禾味业食品股份有限公司、中车眉山车辆有限公司进入全省大企业大集团公司评选名单;推荐四川菜花香食品有限公司、四川李记酱菜调味品有限公司、四川川辣源食品有限公司等企业建立现代企业制度;推荐四川省吉香居食品有限公司等28户企业申报91个品种名优产品,在成渝地区八方协同建设世界级先进装备制造产业集群暨地方产品推介会上发布。组织29名创新型企业家赴深圳华为技术有限公司总部进行为期5天的培训学习。培育四川省川南酿造有限公司、四川青木制药有限公司2个省级技术中心。

【节能降耗】 在砖瓦、水泥、造纸等能耗较高的行业企业开展能耗监察,提高企业节能水平。把好技术改造投资项目节能审查关,按照节能审查规定杜绝高耗能高排放项目,对未批先建的项目督促其整改落实,完成千禾味业食品股份有限公司年产60万吨调味品智能制造项目临时节能备案管理工作。完成落后产能淘汰工作,指导千禾味业食品股份有限公司对1台35蒸吨燃煤锅炉进行煤改气转型升级。

【产业环保】 指导106家企业建立涉大气污染治理监管平台,督促VOCs重点企业制定“一企一策”治理方案,落实重污染天气工业企业错峰、轮停工作。2021年四川青木制药有限公司、四川大自然惠川食品有限公司成功创建省级绿色工厂。推进广益磷化堆场整治工程,围绕低洼渗水区域建设防渗挡水墙

2021年5月23日至27日,全区20名企业家在深圳华为公司参加“东坡创新型企业家培训班”

及两道渗滤液收集盲沟,有效引流和收集渗滤液;建设一座日处理量90立方米的渗滤液一体化处理站;在渗滤液一体化处理站出水口下游处配套建设900平方米功能性湿地,湿地出水达到地表水准Ⅳ类。

【要素协调】 完成千禾味业二期项目用地范围内220千伏电力线路、通信线路杆管线迁改工作;完成千禾味业二期10千伏电力专线建设工作;协调崇礼新城建设项目涉及电力线路建设工程;协调推进成乐高速扩容工程项目涉及军事光缆、天然气长输管线等迁改工程;协调推进正大集团东坡区300万只蛋鸡项目龙黄路杆管线迁改工作;推进牯牛山变电站线路建设工作。完成东坡半程马拉松赛,区“三会”等重大节会电力、通信保障工作。

【资金争取】 2021年,争取到位项目资金7993.63万元,其中四川威力生医疗科技有限公司、四川味滋美食品科技有限公司、四川国为制

2021年,广益磷化尾矿堆厂渗滤液污水处理站

药有限公司、四川伊诺达博医药科技有限公司、今麦郎饮品眉山有限公司、蒙牛乳制品（眉山）有限公司、中车眉山车辆有限公司、海思科制药（眉山）有限公司、四川森科制药有限公司9家企业争取省级工业发展资金3166万元；四川厨之乐食品有限公司、四川青木制药有限公司、四川茂华食品有限公司、四川龙蟒福生科技有限责任公司4家企业争取国省级中小企业发展资金405万元；电力工程项目资金4422.63万元。

【安全生产】 组织企业制定《安全生产责任清单》，强力推进全区工业企业进行安全风险分级管控，精确识别、管控危险源、风险点。扎实推进食品加工行业企业安全整治等各项安全生产专项整治，坚持以问题为导向开展安全生产隐患排查，共检查发现并整改隐患930项。开展安全教育培训3次，共计培训500余人次。

【信息化建设】 开展公共数据开放和政务数据共享工作，启动数据共享交换节点建设，加快政府数字化转型。完成眉山工业互联网标识解析行业节点及应用服务平台（C14食品制造业）项目入库工作，该项目成为四川省唯一“食品制造业”工业互联网二级节点，面向调味品、发酵制品制造等行业提供标识解析应用服务。推荐四川富生电器有限责任公司完成2021年新一代信息技术与制造业融合发展试点示范申报工作；推荐眉山东坡京东智联云数字经济有限公司完成第一批四川省数字化转型促进中心申报工作；推荐四川天府云大数据产业投资有限公司完成2021年成渝地区工业互联网及智能制造资源池服务商申报工作。组织千禾味业食品股份有限公司、中车眉山车辆有限公司等8家“两化融合”试点贯标企业开展“两化融合”自评估、自诊断、自对标工作。

（张静雯）

经济合作

【概况】 2021年，全区签约项目41个，协议资金689亿元，完成全年目标任务的170.8%，同比增长10.8%；工业类项目36个，占比87.8%，同比增长6.7%。其中，生物医药类项目16个，泡菜食品类项目11个，高端装备制造类项目7个，四大主导产业项目占工业项目比重达94%。全省制造业招商引资“百日攻坚”行动中，区党政主要领导率队外出招商21次，邀请32家企业来眉考察，推动全区签约制造业项目23个，完成市定目标的328.6%；协议投资113.96亿元，完成市定目标的142.5%；引进重大项目7个，完成市定目标的233.3%；开工项目12个，完成市定目标的300%。在全市“百日攻坚”行动三次“红黑榜”评比中，东坡区均位列前两位。

【项目引进】 全年签约重大项目17个，协议资金658亿元，完成目标任务的283.3%，同比增长13.3%。其中投资10亿元及以上项目10个，投资20亿元及以上项目6个，投资50亿元及以上项目3个。

【外商投资】 2021年引进外商独资项目1个，外商合资项目3个，省口径实际到位外资3402.9万美元，完成市定目标任务3400万美元的100%。商务部口径（FDI）到位597.5万美元。

【招商活动】 2021年，借助中外知名企业论坛、国企四川行、西博会、糖酒会、广交会、国际投资贸易洽谈会等开展东坡区产业推介，对接实际项目。全年区级主要领导外

2021年10月19日，东坡区举办四川省钢构智造产业基地项目签约仪式

出招商34次，其中省外27次，足迹遍布北京、上海、广州、深圳、重庆等地，推动重点项目70余个，成功促成投资50亿元的四川钢构智造产业基地项目、投资40亿元的东坡味道智慧科创产业基地项目等多个重大项目落户东坡。

【对外合作】 强化与商协会和委托招商机构的合作，“四川省天府峨眉计划专家联谊会”“成都市工业食品协会”等协会和“火石创造”“富埒晨舟”等中介和投资咨询机构提供40余条有效项目信息。在全区选派7名优秀干部到京津冀、长三角、珠三角等地驻外招商，全年共捕获有效项目信息30余条。以商招商，发挥企业家人脉优势、产品与技术优势，上游引下游，中间引两头，促进产业集群发展，三鑫医疗推荐的宝莱特集团和北京智力医学技术股份公司投资1亿元的透析液(粉)生产基地项目顺利落户经开新区。

【营商环境优化】 完善政策保障，出台《眉山市东坡区工业发展38条扶持政策》《眉山市东坡区经济合作项目引荐人奖励办法》《眉山市东坡区利用外资奖励办法(试行)》等政策文件，对重大项目“一事一议”予以支持，成功吸引成都圣诺生物科技股份有限公司、四川省交通建设集团股份有限公司等投资东坡。外资奖励办法的出台，为东坡区成功引进外商独资企业杜商机械投资700万美元的项目；为亲亲食品变更为外商直接投资企业且增资500万美元创设政策条件。促进项目落户，落实《工业项目“交办督办”试行办法》，确保招引项目6个月内开工建设，为企业创造更好营商环境。

(梁　璐)

国资国企管理

【概况】 2019年2月，按照区委区政府文件《关于印发〈眉山市东坡区机构改革方案〉的通知》，将区财政局的国有资产监督管理职责，相关机构的金融工作职责等整合，组建区国有资产和金融工作局，作为区政府工作部门。2019年3月，按照区委、区政府文件《关于印发〈眉山市东坡区国有资产和金融工作局职能配置、内设机构和人员编制规定〉的通知》，确定4个内设机构：办公室、监管股、金融管理股、财务股，下设1个事业单位：眉山市东坡区国有资产管理中心。2019年7月，按照区委编办文件《关于区国有资产和金融工作局下属事业单位机构编制事项的批复》，将区国有资产管理中心更名为区国有资产服务中心，主要职责调整为：负责全区行政事业单位经营性国有资产的租赁、物业管理和维修维护等服务性工作。

【国资监管】 成立东坡区国有资产资产租赁管理工作领导小组，印发《眉山市东坡区行政事业单位国有资产租赁管理办法(试行)》，全年实现经营性资产租赁收入725万元。

【国企监管】 2021年，经区人民政府授权区国资局履行出资人职责或由母公司履行出资人出资设立的区属国有公司共41家，公司在册人员约550人。下属国有企业主要承担全区重点基础设施、民生工程、棚户区改造、环境保护、扶贫搬迁等项目投资建设，并承担全区筹资、融资工作。

【眉山市东坡发展投资集团有限公司】 2021年11月30日，与重庆巨能建设集团签订“眉山市东岸建设有限公司增资扩股协议”，标志着双方的战略合作关系迈向新阶段。

【眉山市东坡区益民供排水有限公司】 2021年2月27日，眉山市东坡区农村饮水安全项目巩固提升工程项目(引青入东工程)一期工程完成联动调试成功通水，2021年底二期工程主管网建成通水，引青入东工程累计新增供水能力10万立方米/天，东坡区岷江以西8个镇46万名农村居民饮水安全得到巩固。2021年新增农村自来水安装1.5012万户。

【眉山市永惠农业发展投资有限公司】 正大集团眉山东坡区300万只蛋鸡项目全面交付投产，青年鸡场、蛋鸡养殖场、蛋品加工厂、饲料厂、有机无机复混肥厂等运行顺畅。蛋鸡约100万只，日产鸡蛋约85万枚。

【眉山市天伦实业发展有限公司】 启动绿色殡葬改革宣传工作，全年累计进入东坡区44个社区进行绿色殡葬改革宣传，累计发放宣传册1万余份，参与群众约5000人。

【眉山东坡老家文旅传媒有限公司】 运营城市超级IP《少年苏东坡传奇》动画片并完成15集制作，其中7集已审定。旗下抖音名人“苏小妹”先后在央视《生财有道》《开门大吉》《幸福账单》等节目亮相宣传东坡文化，文化传播能力和城市形象全面提升。

【眉山市东岸投资开发有限公司】 承办2021年眉山东坡半程马拉松赛，来自全国的1.5万余名跑者参加比赛。承担西区医院、皓峰山庄、崇礼敬老院3个集中隔离医学观察点的人员转运工作，累计收纳境外人员600余人，境内人员1000余人。

【眉山市东坡区星辰托育服务有限公司】 由东坡发展投资集团公司合资组建，并于2021年底建成眉山市首家公办普惠托育服务示范园——眉山东坡星辰美育培能托育中心，可提供托位200个，标志着东坡区启动普惠性托育服务试点工作。

【四川上臾中国泡菜城旅游有限公司】 负责中国泡菜城景区运营，通过完善医务室、行李寄存室、母婴室等基础设施和推出10项便民措施提升景区硬件配置和服务功能，2021年服务游客1.8万人次。

自然资源管理

【概况】 2021年，东坡区加强自然资源领域执法与监督，开展耕地保护、执法专项行动、“大棚房”及违建“别墅”回头看等专项行动，推动自然资源依法有序开发利用和保护。

【自然资源调查监测评价】 2020年度国土变更调查成果显示，耕地29126.72公顷、园地51787.49公顷、林地18538.64公顷、草地410.83公顷、城镇村及工矿用地17161.69公顷、交通运输用地5353.39公顷、水域及水利设施用地9212.87公顷、其他土地1532.42公顷、湿地469.47公顷。

【自然资源统一确权登记】 东坡区有国有自然资源水库54座（包括在建1座），总库容7251.47立方千米；河流17条，总长度554.75公里；湿地9个，国有林地1宗；矿藏11家，登记总储量47215.61万吨。

【自然资源开发利用】 全年完成划拨建设用地使用权26宗25044亩，划拨价款3.12亿元。一级市场土地出让111宗3370.2亩，实现土地出让合同价约46.23亿元。二级市场划拨转出让112宗7139.54平方米，收取土地出让金85.1712万元。全年共处置批而未供土地27551.86亩，其中2009—2018年批次处置1409.2亩，处置率为20.36%；2019—2020年批次处置26142.66亩，处置率为78.31%。

【耕地保护】 年内，按照下达的新一轮耕地保有量和永久基本农田目标任务，建立健全辖区党政同责的土地管理共同责任机制，落实区、乡（镇）、村、组四级巡查发现报告监管机制，从严控制非农建设占用耕地，与乡镇签订耕地保护目标责任书。遏制耕地“非农化”，防止耕地“非粮化”，确保完成全区耕地保有量和永久基本农田保护任务。

【防灾减灾】 年内，逐一对全区地质灾害隐患点进行拉网式排查，确定地质灾害隐患点153处，涉及受威胁农户375户1633人。完成洪涝灾后重建工作治理项目4个、排危除险项目4个、地质灾害隐患点自动化监测预警6处和1次地质灾害风险普查；开展《重大地质灾害事件与成功避险案例选编之一》“口袋书”和组织观看《四川省地质灾害防范宣传教育片》活动，共发放地质灾害各类宣传资料2000余份，培训群众1000余人，实现地灾防治“零伤亡”目标。森林防灭火宣传教育进林区、进学校、进社区、进家庭，张贴省、市、区森林防火命令1.5万余份，发放《眉山市市民森林防灭火应知应会问答》2万份、森林防灭火宣传单11万份、更新设置标识标牌1100个、利用新媒体发布信息100条、组建宣传队6支、开展巡回宣讲82次、宣传车宣传700次、开展学校宣传66次、召开“坝坝会”205次，发放《森林草原防火教育读本》4029册、挂图1933幅，增设6个重点林区“防火码2.0”；建成专业扑火救援队伍1支（40人），专职巡山护林员45名，实行网格化巡护和“智能巡护”，确保数字熊猫监测即报系统上线率100%，2021年未发生较大以上森林火灾安全事故。

【矿产资源管理】 推进《眉山市东坡区矿产资源总体规划（2021—

2025年)》编制工作，实现全区砂石非税收入约19890万元。组织矿山14家企业进行全国矿业权人勘查开采信息公示、年度开发利用基础数据统计、储量年报编制，接受部门和社会公众监督。

【森林资源保护监管】 印发《关于全面推行林长制的实施方案》，设立区级林长制办公室，完成区、镇、村三级林长设立，村林长、监管员、护林员"一长两员"体系构建。开展"世界湿地日""世界野生动植物日""爱鸟周""生物多样性日"等主题宣传教育活动，加大对《中华人民共和国森林法》《中华人民共和国森林法实施条例》《中华人民共和国野生动物保护法》等法律法规的宣传力度。落实专人对全区5.53公顷国家级重点公益林进行管护，严禁采伐。执行限额采伐，依法办理林木采伐许可证1174件，采伐蓄积46760.3立方米，实际采伐占采伐限额的32.1%。通过预测预报、示范带动、技术推广等措施引导、组织林农开展林业有害生物防治，全年林业有害生物监测面积4.51万公顷，实际监测率100%，其中松材病虫害监测防治面积1.1万亩，桉树病虫害监测防治面积7.2万亩，竹类病虫害监测防治面积6.58万亩，棕榈科类病虫害监测防治面积0.02万亩，全年全区未发生重大林业有害生物成灾。

【陆生野生动植物资源管理】 加强对全区7个野外野生动物监测观察点巡查，加强全区4家取得野生动物人工繁育许可证养殖主体的监督管理。开展"清风行动""网剑行动"和花鸟市场排查工作，对辖区范围内非法驯养繁殖、经营、运输和猎捕野生动物等违法行为进行摸底排查。印发《关于划定陆生野生动物禁猎期、禁猎区、禁用猎捕工具和方法的通告》，开展野生动物收容救护工作39次。

【自然资源执法监察】 开展各类动态巡查170余次，发现并制止违法违规用地5宗；查处违法案件52宗，其中涉土案件18宗、涉林案件27宗、规划违法案件7宗。完成2020年度土地及林业卫片违法图斑的查处整改和土地例行督察挂账问题整改工作。开展农村乱占耕地建房排查清理工作，发现问题904个，涉及耕地面积435亩，2021年增加问题4个及卫片执法涉及农房图斑21个。

（彭雪梅）

市场监督管理

【概况】 2019年2月22日，眉山市东坡区市场监督管理局挂牌成立，7月实现原工商、质监、食药监等人员统一管理，内设25个股室，16个派出机构。2021年，东坡区市场监管局紧紧围绕区委、区政府各项决策部署及市局各项工作要求，以服务发展和市场监管为主线，强监督、优服务、保民生、抗疫情，狠抓落实，担当作为，市场监管领域各项工作取得明显成效。

【市场综合监管】 2021年，牢牢守住全区市场监管安全底线，全年未发生市场监管领域重大安全事故。紧盯食品、药品、特种设备和工业产品质量"四大安全"，提升各类市场领域监管效能；推动政务服务优化，打造便捷营商环境；深化服务平台搭建，增添民营经济活力；深化标准引领，深入开展对标提升活动；加大执法力度，积极推进知识产权保护。规范和维护市场秩序，努力营造诚实守信、公平竞争的市场环境。

【工商登记】 助力创业发展，推动注册制度便利化，实施"多证合一"和企业登记全程电子化、电子营业执照改革；实行"先照后证"，允许主体资格与经营资格相分离。简化登记手续，推广"营商通""企业开办一窗通""企业全程电子化登记系统"等网上、掌上市场主体登记平台，缩短行政审批时限，节约企业时间成本。全年共为企业办理设立登记4625件，其中全程网办4270件；变更登记3653件，其中全程网办2842件。优化企业退出机制，全面实行企业简易注销登记改革，全年共为企业办理注销登记1192件，其中简易注销645件，节约公告费用95.36万元。放宽住所(经营场所)登记条件，推行企业登记"一址多照""一照多址"，推行企业集群注册便利化，开通疫情防控相关企业审批绿色通道，容缺、从简、从快办理。

【市场监管综合执法】 开展"春雷行动2021"、特种设备安全"创安2021"等专项执法行动，共办结各类案件518件，其中食品药品案件417件，货值金额305741元，罚没

2021年7月29日，区市场监管局在辖区加油站开展油品市场乱象专项检查

金额1080966元；产品质量、计量、特种设备违法案件62件，共计罚没金额91535元。打击不正当竞争、假冒伪劣、消费侵权等违法行为，查办案件39件，货值金额89870元，罚没金额313122元。

【市场秩序维护】 牵头跨部门公平竞争审查，开展“稻谷收购价格”“危险废物处置收费”“学科类校外培训机构”等专项检查，开展非法会销专项整治，关停45家，劝退2000余人。元旦、春节等节庆期间对城区宏远上铖、大润发、永辉等10余家主要商场、超市进行明码标价检查；开展“转供电”领域价格专项检查，共计清退不合理加价行为100余万元，移交转供电违法案件4起；按照“创建天府旅游名县”安排，免费向三苏祠、东坡金城、东坡岛水街的商家提供1万余张标价签，对三苏祠、东坡水街等旅游景点30余家餐饮、食品经营店进行巡查，就水街部分餐饮业主设立最低消费额的情况对商家进行约谈。

【宏观质量管理】 推进区域品牌、产业品牌、产品品牌培育力度，指导中车、李记酱菜等企业参加第五届市政府质量奖评选，其中中车眉山车辆有限公司获得第五届眉山市市政府质量奖。实施“东坡名匠”培育计划，推荐11人参评，培育以制造业为主体的各行各业能工巧匠、手工业知名艺人。组织指导3家小微企业申报省局组织的小微企业质量提升活动，其中东坡区廖家湾食品有限公司成功入选。

【产品质量安全监管】 完成对全区工业生产许可证获证企业全覆盖检查(包括水泥、电线电缆、化肥生产企业)，共发现问题21处，责令整改企业9家。配合省市部门对水泥、电线电缆开展专项监督检查，共抽查水泥企业4家，电线电缆企业1家，发现企业质量安全风险隐患问题11个，责令整改5家。组织抽检加油站销售的汽油、柴油、添加物、化肥等，共31批次，合格30批次，合格率97%。加强疫情防控工作，组织对生产及市场销售的一般防护口罩进行3个批次的抽样检测。

【特种设备安全监管】 完善特种设备“双重预防”建设和“清单制管理”工作，提高全区特种设备安全管理水平，开展节庆期间、“春雷行动2021”、排险除患百日攻坚、安全生产专项整治三年行动等各类特种设备专项执法检查。共检查特种设备使用单位227家，各类特种设备2000余台(件)，排查特种设

2021年9月6日，在百坡小学开展特种设备安全宣传知识进校园活动

备安全隐患492条，下达《特种设备安全监察指令书》145份，隐患整治到位率98%以上。

【食品安全监管与协调】 加强网络餐饮监管，召集第三方平台负责人就履行食品安全主体责任进行约谈；完成39家企业食品生产许可证的换证指导服务、现场审查工作；调整风险等级，完善企业信用档案。共出动400余人次，对辖区内139家次食品生产加工企业进行监督检查；开展白酒、乳制品、肉制品、小作坊品质提升行动，制定《眉山市东坡区食品小作坊加工类别“负面清单”目录》，完成全区食品生产企业食品安全管理人员抽查考核和企业年度自查报告收集工作。开展春季学校食品安全专项检查，出动执法人员696人次；完成2021年中考、高考食品安全保障，共出动执法人员1324人次，对14个高考点位、30个中考点位开展驻点保障和食材抽样快检。完成柑橘节、“东坡半马”、市区两级“三会”等重大节会食品安全保障。出动执法人员500余人次开展天府旅游名县迎检检查；开展食品安全抽检监测，食品抽检1520批次，检测完成1506批次，不合格56批次，合格率96.28%；“你点我检走进民心”投票参与率超3000人次。

2021年6月7日，区市场监管局对高考保障点开展食品抽样快检

【药品、医疗器械和化妆品安全监管】 开展药品经营、使用单位监管检查618家次，重点检查疫情防控用药械质量安全、含兴奋剂药品、特殊药品复方制剂、新冠肺炎疫情防控药品、互联网销售药品管理，处方药、中药饮片等重点品种是否超范围经营，药品购进渠道和储存条件、销售管理、有效期管理、处方药销售和执业药师在岗执业等情况，加强疫苗接种单位监管，督促企业整改80余家次，停业整改43家次。检查化妆品685家次、器械生产经营使用单位874家次，责令整改136家，立案查处6家；开展儿童化妆品、网络销售化妆品、新冠病毒检测试剂、一次性使用医疗器械、植入类医疗器械等产品专项检查；开展药品抽检60批次、医疗器械抽检5批次、化妆品抽检7

批次，未发现不合格样品；评审药品不良反应1044例，其中严重不良反应81例；评审医疗器械不良事件264例，其中严重不良事件73例；化妆品不良反应89例，其中严重不良反应13例。

【药品“互联网+智慧监管”试点工作】 7月，区市场监督管理局在全市率先开展药品“互联网+智慧监管”试点工作，区公安分局、区市场监管分别设置监管端口，对登记预警信息进行实时监管、筛查，实现“线上线下”双向监管，进一步堵塞监管漏洞，“东坡区特殊药品智慧监管登记”小程序在全区480余家药店全面铺开运行，含特药品全部实行实名销售登记管理，截至年底，全区系统登记销售含特药品46589.5盒，登记购买者26680人次。面对疫情防控形势，区市场监管局将退热药、止咳药、抗生素、抗病毒药(以下简称:“四类药品”)列入“互联网+智慧监管”实名登记范围，实现药品信息化监管和动态化监测，“四类药品”来源可查、去向可追、风险可控，发挥零售药店的“哨点”监测预警作用，为疫情防控精准助力。全年登记销售退热止咳类药品347264.5盒，登记购买者116403人次；抗生素、抗病毒类药品103870.5盒，登记购买者55823人次。

【计量工作】 开展元旦、春节、“五一”节日计量专项检查，随机抽查加油站13家，现场检查水街11家经营单位，计量器具20台(件)；为21个农村集贸市场配送公平秤，为16个下设市场监管所配备标准砝码；指导934家企业进行计量器具备案，受理强检计量器具备案5862台件。制定下发《开展2021年资源环境保护计量专项检查工作方案》，分解落实任务，确保环保计量安全，对全区32家污水处理厂在用计量器具检定情况进行检查，所有在用流量计均检定合格且在有效期内。

【标准化工作】 推行企业产品标准自我声明公开制度，引导全区78家企业声明公开339个产品标准。开展企业执行标准“双随机”监督抽查，共检查通威饲料、大卫爱尔门业等15家企业，指导企业提升产品执行标准质量，鼓励企业提高关键技术指标。

【检验检测】 对14家机动车检测机构进行专项检查，发现问题118个，责令改正14家，立案查处2家。联合相关部门对4家机动车检验检测机构、4家建筑领域检测机构、2家环境监测机构、1家农产品质量检测机构进行“双随机、一公开”监督检查，责令改正8家机构，指导企业严格落实整改，提升检验检测服务质量；对9家货车检验检测机构进行现场检查，共抽查检测报告100多份。

【认证认可】 加大强制性认证企业巡查，对全区19家3C认证企业开展现场检查，其中3家停产，重点查验企业是否持续保持获证时生产条件，指导企业进行问题整改，约谈1家企业。开展“世界认可日”宣传活动，围绕“我为群众办实事，认证认可检验检测在行动”的主题，召开辖区电动车经销商培训会，组织电动车经销商在宣传活动现场进行公开承诺。

【知识产权保护】 加强对驰名商标、地理标志、涉外商标等重点领域、重点产品知识产权侵权行为的打击力度，在“春雷行动2021”“知识产权护航”专项行动中，共查处商标侵权案件3例、假冒专利案件1例，罚没物资共145件，罚款17634元；完成地理标志产品东坡

2021年6月17日，东坡区市场监管局与成都市青羊区市场监管局在眉山市会议中心签订跨区域知识产权保护协议

肘子、东坡泡菜两个加工技术规范的备案，制定《东坡肘子（眉山产区）地理标志产品保护管理办法》，开展地理标志保护运用工程；与成都市青羊区签订《青羊区和东坡区知识产权跨区域保护协作协议》，进一步推进成德绵眉资地区知识产权跨区域保护；完成《眉山市东坡区专利资助政策》修订；在辖区内创建14个知识产权维权工作站，并对2批32个知识产权维权工作站（点）的人员进行培训。

【促进民营经济发展】 指导扶持10家民营企业建立现代企业制度，帮助创业者提升企业经营管理综合能力，为民营企业提供免费法律咨询服务，增强其法律意识和抵御风险能力。开展"百年党史进万企"，走访企业47家，调研收集企业发展问题建议23个，解决企业具体困难2个。

（杨雅丽）

统 计

【概况】 眉山市东坡区统计局主要职能是依照国家的法律、法规、政策和计划，制定全区性的统计现代化建设规划和统计调查计划，组织领导和综合协调各乡镇（街道）、各部门的统计和国民经济核算工作，监督检查统计法律、法规的实施。区统计局有内设机构6个，分别是办公室、综合农财股、工业统计股、服务业统计股、投资建设股、统计执法队。下属2个事业单位，分别是眉山市东坡区普查中心、眉山市东坡区社情民意调查中心。

【经济运行情况】 2021年，全区实现地区生产总值530.21亿元，同比增长8.4%。三次产业结构由2020年的12.6∶38.6∶48.8优化为2021年的11.8∶39.8∶48.4。规模以上工业增加值（区属）增长6.8%，全口径增长13.2%。全社会固定资产投资（区属）增长10.3%，全口径增长11.0%。社会消费品零售总额完成222.35亿元，增长16.2%。城镇居民人均可支配收入43698元，同比增长8.4%，排位全市第2；农村居民人均可支配收入24175元，增长10.5%。地方一般公共预算收入26.61亿元，同比增长10.1%；地方一般公共预算支出48.92亿元，增长0.6%。

【地区生产总值统计】 2021年，全年地区生产总值530.21亿元，按可比价计算比上年增长8.4 %。其中，第一产业实现增加值62.69亿元，增长6.7%，对经济增长的贡献率为10.1%，拉动经济增长0.85个百分点；第二产业实现增加值210.95亿元，增长8.5%，对经济增长的贡献率为38.8%，拉动经济增长3.26个百分点，其中工业实现增加值159.25亿元，增长10.8%，对经济增长的贡献率为36.5%，拉动经济增长3.1个百分点；第三产业实现增加值256.57亿元，增长8.8%，对经济增长的贡献率为51.1%，拉动经济增长4.3个百分点。工业增加值占GDP的比重达到30.0%，第三产业增加值占地区生产总值的比重达到48.4%。

【非公有制经济统计】 2021年，全区非公有制经济实现增加值293.60亿元，按可比价计算比上年增长9.2%，高于同期地区生产总值增幅0.8个百分点，占全区生产总值比重为55.4%。其中，第一产业增加值7.83亿元，增长5.7%；第二产业增加值134.50亿元，增长10.0%；第三产业增加值151.28亿元，增长8.7%。非公有制经济对全区生产总值增长的贡献率为59.2%，拉动经济增长5.0个百分点，成为推动全区经济增长的重要力量。

【工业统计】 2021年，工业经济持续平稳增长。全部工业实现增加值159.25亿元，增长10.8%，对经济增长的贡献率为36.5%，拉动经济增长3.1个百分点，其中规模以上工业增加值（年主营业务收入2000万元及以上企业，区考核口径，下同）增长6.8%。年末规模以上工业企业159户，年末规模以上工业盈亏相抵后实现净利润30.41亿元，同比增长6.7%；全年实现营业务收入378.7亿元，同比增长12.6%；应缴增值税6.71亿元，同比下降12.4%。

【固定资产投资统计】 2021年，投资规模500万以上的施工项目入库182个，实现投资总额351.43亿元（区属，下同），同比增长10.3%。其中：房地产开发投资158.47亿元，增长10.2%；技改投资16.66亿元，下降26.2%。分三次产业看，第一产业投资13.47亿元，增长7.3%；第二产业投资80.33亿元，增长11.9%；第三产业投资257.63亿元，增长9.9%。一、二、三产业占全社会固定资产投资的比重分别为3.8%、22.9%、73.3%。民间投资实现254.89亿元，增长11.9%，占全社会投资比重为72.5%。

【商贸业统计】 2021年，消费市场稳步回升，全年实现社会消费品零售总额222.35亿元，增长16.2%。从所在地看，城镇市场实现消费品零售额164.77亿元，增长16.0%；乡村市场实现消费品零售额57.58亿元，增长16.5%。从行业看，批发业实现零售额45.58亿元，增长14.5%；零售业实现零售额150.04亿元，增长14.1%；住宿业实现零售额1.27亿元，增长40.2%；餐饮业实现零售额25.46亿元，增长32.5%。从消费形态看，商品零售额195.68亿元，增长14.2%，其中限额以上商品零售额80.80亿元，增长17.4%；餐饮收入26.66亿元，增长32.8%，其中限额以上餐饮收入2.82亿元，增长27.1%。

【统计服务】 2021年，通过市局内网、区门户网站公开目录系统公开信息100余条，编印《统计月报》11册（1月免报），形成东坡区经济运行形势分析10篇，专业分析20余篇；印发《2020年统计公报》《2021东坡统计年鉴》；撰写专题分析3篇，调研报告1篇。

【法治宣传】 全年召开业务暨法律知识培训会议8次，培训镇（街道）、园区、部门及"四上"企业统计人员1000余人次。利用"12·8"等重要节点开展法治宣传活动，向社区居民发放法律宣传资料3000余份。

【数据质量检查】 开展清理违反统计法律法规的文件和做法、数据质量巡查等行动，在工业、服务业、房地产、商贸、投资等行业对企业进行数据核查，查出个别企业存在无统计台账、原始凭证不全、随意报数、统计指标理解不精准等问题。

（徐　彬）

城乡经济监测

【概况】 东坡区城乡经济监测中心主要承担全区农业农村工作监测任务，承担全区涉农工作项目跟踪监测和调研任务，组织开展全区经济社会重大问题专项调研等。涉及全区居民收支调查、主要畜禽监测调查、对地遥感抽样调查、劳动力调查、农民工监测调查、农民工市民化进程动态监测调查、采购经理调查、新设小微企业调查等国家及地方10余项调查工作任务。

【法治宣传】 实施"法制宣传月"、"9·20"统计开放日、"12·8"统计法颁布日等重要时点普法宣传活动，向群众发放普法宣传资料及礼品4600余份。加大依法调查宣传，下发《统计关系告知书》和《致调查户一封信》1000余份。开展普法"七进"活动，全年组织开展送法到调查企业、调查点60余次。

【监督检查】 强化监督检查，防范统计数据造假弄虚作假，定期或不定期开展数据抽查、基础工作检查等工作，全年共开展监督检查160余次。

【居民收支调查】 在全区范围内抽选11个镇（街道）、20个村（社区）共200户住户开展收入、支出调查工作。

2021年，城镇居民人均可支配收入43698元，同比增加3368元，增长8.4%。作为家庭收入的主要构成，居民人均工资性收入29846元，增长8.7%；经营净收入5373元，增长9.7%；财产净收入2855元，增长8.5%；转移净收入5625元，增长5.3%。城镇居民人均消费支出27306元，增长9.3%；人均食品烟酒消费支出9572元，同比增加372元，占生活消费支出的比重（恩格尔系数）为36.8%，比上年下降1.7个百分点。

2021年，农村居民人均可支配收入24175元，同比增加2288元，增长10.5%。收入构成为工资性收入10291元，增长9.0%；家庭经营净收入10070元，增长13.5%；财产净收入1000元，增长5.3%；转移净收入2814元，增长7.1%。农村居民人均生活消费支出17885元，增长10.9%；其中居住消费支出3500

2021年5月，在太和镇龙亭社区开展小麦实割实测

2021年10月,四季度全区主要畜禽监测调查业务培训会召开

元,增长6.1%;衣着消费支出1190元,增长9.9%;医疗保健消费支出1640元,增长6.5%,交通和通信支出2332元,增长24.7%;人均食品烟酒消费支出6381元,增长6.9%,占生活消费支出的比重(恩格尔系数)37%,比上年下降1.3个百分点。

【对地遥感抽样调查】 在全区范围内抽选12个镇、20个村,开展农作物播种面积、县级粮食产量抽样调查,推算全区粮食播种面积、主要农产品产量变化情况,研究粮食生产形势、价格变化情况。

2021年,全区粮食播种面积57.2万亩,比上年增加0.23万亩,增幅0.4%。其中:小麦播种面积0.37万亩,比上年减少0.01万亩,减幅2.5%;水稻播种面积48.83万亩,与上年同比持平;玉米播种面积5.91万亩,与上年同比持平;豆类播种面积0.7万亩,比上年减少0.09万亩,减幅11.4%;薯类播种面积1.39万亩,比上年增加0.48万亩,增幅52.7%。

2021年全区全年粮食产量30.1万吨,比上年增加0.56万吨,增幅1.9%。其中:小麦产量0.11万吨,与上年同比持平;水稻产量26.51万吨,比上年增加0.18万吨,增幅0.68%;玉米产量2.49万吨,比上年增加0.03万吨,增幅1.2%;豆类产量0.12万吨,比上年减少0.01万吨,减幅7.69%;薯类产量0.41万吨,比上年增加0.14万吨,增幅51.85%。

【主要畜禽监测调查】 全区涉及11个镇、32个村,20个大型养殖场(户),抽中调查小区15个,共1114户散养农户;抽中调查村15个,共53个规模养殖场(户),通过调查数据推算全区生猪、家禽、牛、羊生产和价格变化状况。

2021年,东坡区生猪存栏37.0万头,同比增长12.1%;能繁母猪存栏3.7万头,同比增长11.4%;全年出栏50.0万头,同比增长11.2%;猪肉产量3.6万吨,同比增长11.5%。

(易　容)

审计

【概况】 眉山市东坡区审计局内设9个股室和1个下属事业单位,分别是办公室、法制股、内部审计监督指导股、财政企业审计股、政策跟踪审计股(增挂农业农村审计股)、经济责任审计股、自然资源与生态环境审计股、教科文卫社保审计股、固定资产投资审计股和东坡区投资审计中心。2021年完成审计项目和计划审计项目189个,其中:计划项目16个,党政交办项目21个,指导业主开展审计项目152个,统筹指导和监督内审机构完成审计项目16个。审计查出管理不规范金额74312万元,违规金额18.66万元,发现非金额计量问题46个,工程项目节约财政投资12310万元,针对审计发现的问题提交建议并被采纳143条,移送有关部门处理案件2件,形成审计专报2期、审计要情2期,获得区委、政府主要领导签批8次。形成外宣稿55篇,采用39次(篇),其中:四川省审计厅网站采用3篇,《四川法治报》采用1篇,《眉山日报》采用12篇,《东坡信息》采用3篇,四川新闻网、搜狐新闻等网站采用20篇,获得眉山市审计学会优秀论文三等奖2篇。眉山市东坡区崇礼镇倪伦同志任期经济责任审计获眉山市审计局优秀审计项目表彰。

【财政审计】 运用“总体分析、发现疑点、分散核实、系统研究”的数字化审计模式，全年完成审计项目3个，分别是：2020年东坡区本级预算执行及决算（草案）审计、东坡区商务博览局预算执行审计、一级预算部门预算执行情况全覆盖审计。

【经济责任审计】 全年完成审计项目7个，分别是：东坡区水利局局长谢华伟经济责任审计；东坡区农业农村局局长豆成杰经济责任审计；东坡区商务博览局局长李宏燕经济责任审计；东坡区文化广播电视和旅游局局长张睿眉同志经济责任审计；东坡区富牛镇党委书记王薇经济责任审计；东坡区富牛镇原镇长肖文成经济责任审计；东坡区市场监督管理局原局长朱柏芳经济责任审计。移送有关部门处理案件1件。

【投资审计】 全年完成审计项目177个，其中：计划项目5个，交办项目20个，指导业主开展项目152个。送审决算金额197923万元，审计节约财政资金12310万元，审减率达6.22%。移送有关部门处理案件1件。

【资源环境审计】 全年完成审计项目1个：东坡区水利局局长谢华伟自然资源审计。向有关部门移送案件线索1件。

【专项审计】 全年完成审计项目4个，分别是：东坡区医疗保险基金、养老保险基金审计；东坡区高标准农田和农田水利建设管理情况专项调查；土地出让金收入支出情况专项审计调查；东坡区PPP项目建设管理情况专项审计调查。

【跟踪审计】 全年完成审计项目1个：国家重大政策措施落实情况跟踪审计。

【内部审计】 全年指导园区、区级部门完成审计项目16个。

【审计协助】 全年抽调2人参加省委巡视工作；抽调1人参加市纪委内部督查工作；抽调1人协助市纪委监委开展正风肃纪督查；抽调5人协助区委巡察办开展巡察工作；抽调1人参加检查政府采购招标代理机构工作；抽调4人协助市审计局开展眉山市高标准农田和农田水利设施建设管理和使用情况专项审计调查审计；抽调1人协助市审计局开展洪雅和丹棱PPP项目专项审计；抽调1人协助市审计局天府大道、南环线项目跟踪审计；抽调4人协助市审计局开展国有土地出让收入专项审计；抽调2人协助市审计局开展眉山市养老保险基金、医保基金专项审计。

【其他审计】 开展2018年至2020年双创资金专项审计；联合区人大常委会和被审计单位主管部门共同成立审计查出突出问题整改检查组，对屡审屡犯且不重视审计查出问题的情况建立追责问责机制。

（周洋睿）

公共资源管理

【概况】 2021年，区交易服务中心被评为省级"示范交易中心"。政府采购、工程建设、土地拍卖、国有产权出让全程电子化交易，"异地远程评标"标准化、在线化和移动化，全年92%的工程项目通过线上"不见面"开标系统完成，各类项目交易总计279宗，涉及总投资额47.19亿元，增收节资3.19亿元。

【工程招投标】 全年组织完成工程项目29项（次），总投资额（控制价）2.17亿元，中标金额1.50亿元，比预算控制价下浮0.67亿元，下浮30.88%。

【政府采购】 全年完成150个项目采购，预算资金8908.23万元，成交金额7581.89万元，节资1326.34万元，节资率14.89%。

【土地交易】 全年举行拍卖会29场，拍卖成交土地70宗，成交面积2319.20亩，成交金额45.05亿元，高出起拍价2.37亿元；举行挂牌会9场，挂牌成交土地22宗，成交面积1014.41亩，成交金额1.18亿元。

【产权交易】 全年组织拍卖会4场，拍卖成交8个产权交易项目，起拍价2789.01万元，成交价2889.83万元，高于起拍价100.82万元，溢价率0.04%。

（熊艳霞）

供销合作

【概况】 眉山市东坡区供销合作社联合社（简称区供销社）为区政府直属参公事业单位，主要职责贯彻执行党和政府关于深化供销合作社改革方针政策，积极推动本区供销合作社服务"三农"事业发展。组织全区供销社系统参与和推进农业产业化经营，加强商品供求、市场、信息服务体系建设，为农民提供产前、产中、产后系列化服务。2019年4月机构改革,按照中央、省、市关于深化供销合作社综合改革文件精神和区机构改革总体方案,原供销社从原区商务局划出,成立区供销合作社联合社,正科级,归属区政府直属参公事业单位。

【区供销社第一次代表大会】 2021年12月11日,区供销社召开眉山市东坡区供销合作社联合社第一次代表大会,选举产生区社理事会主任、副主任、理事,监事会主任、监事,修订《眉山市东坡区供销合作社联合社章程(草案)》。大会恢复完善供销合作社联合社代表大会、理事会、监事会(简称“三会”)制度,进一步厘清机构设置,提高区供销社的行业指导能力和统筹服务能力。

【供销体系建设】 根据《关于印发〈四川省供销合作社联合社关于加强基层供销社建设工作的实施意见〉的通知》文件要求,建立基层社示范社,区供销社持股不低于34%,或区供销社与村集体经济联合组织持股不低于50%。年内,区供销社通过新建、混改、注资等方式,利用省级供销综合改革专项资金、区级供销综合改革专项资金,采取“区供销社+村集体经济+农户”“区供销社+企业+农户”模式出资构建,分别在太和镇、复兴镇、多悦镇、崇礼镇设5个点位,主要从事农资供应、生活超市、代收代发代办等多样化服务。截至12月底,东坡区金花社区供销社、多悦镇正山口村供销社、太和镇四维村供销社、太和镇金光村供销社、崇礼镇光华社区供销社5个基层社挂牌运营。

(郑　朋)

東坡

城乡建设与管理

规划管理/建设管理/开发建设协调/国有土地上房屋征收与补偿/城区征地拆迁与安置补偿

规划管理

【概况】 2021年,依法执行国土空间规划相关法律法规政策,承担建立空间规划体系工作并监督实施。

【规划审批】2021年审批项目设计方案85个,办理用地规划许可证52本、工程规划许可证80本。

【规划监管】 2021年出具规划设计条件75宗,核发建设工程规划核实合格证88个。

(彭雪梅)

建设管理

【概况】 眉山市东坡区住房和城乡建设局(简称区住建局)为正科级单位。局机关内设股室共7个,分别是:办公室、建筑安全管理股、政策法规股、公用事业股、村镇建设股、勘察设计股、杆管线管理股;下属事业单位5个,分别是:住房保障服务中心、工程质量安全服务中心、农村建设服务中心、综合治理服务中心、区人民防空办公室。

【农村危房和土坯房改造】 2021年6月,完成全区2020年农村危房改造任务221户、农房抗震改造任务6户,共涉及中央补助资金370.95万元,通过"一卡通"将全部补助资金拨付到农户账户。做好2021年农村危房改造工作,7月省、市下达东坡区2021年农村危房改造任务284户、农房抗震改造任务26户,主要补助对象为农村低收入群体,年底前基本竣工。2021年东坡区土坯房改造通过拆、改、保、建工作原则全面推进,完成2953户土坯房改造任务。

【燃气建设】 东坡区境内共计21家燃气供气企业,其中10家管道燃气供气企业、4家液化石油气充装站(2家停业)、6家压缩天然气加气站(CNG)、1家液化天然气加气站(LNG)。在天然气方面,全区共建设天然气管道5160公里,天然气总开户数约36.6万户(4000余户非居用户),约占居民总开户数的86%,日供气总量约87万立方米。其中中心城区共建天然气管862公里,主管道普及率98%,居民开户数25.8万户,燃气普及率约97%;农村区域共建设天然气管道4298公里,主管道普及率92%,农村居民开户10.4万户,燃气普及率约86%。在全区城镇燃气大力推进下,2018年至2021年底,城镇燃气推广率增长38%。

【工程质量和安全监督】 根据《眉山市东坡区工程质量安全服务中心关于开展2021年建设工程"质量月"活动的通知》的工作要求,组织全区在建工程建设、施工、监理单位相关技术人员到眉山启迪科技园项目开展示范工程观摩活动,推行样板引路制度,引导工程项目建立样板层、样板间、样板工艺,发挥优质工程的样板示范带动作用。制定《2021年眉山市东坡区住建行业"安全生产月"活动方案》,成立"安全生产月"活动领导小组,结合建筑施工安全生产工作特点,开展安全生产主题宣教活动,组织施工企业开展应急预案演练活动。6月1日至17日组织开展"安全月"活动检查,共成立3个监督检查组,对全区在建工地进行一次安全隐患排查专项行动。全年共开展安全大检查3次,专项行动检查11次;共发出《建设工程责令限期整改通知书》120份,停工通知1份,整改安全隐患742处,确保全区建筑工程安全生产的良好态势。

【消防验收管理】 全年共完成43个项目的消防验收备案以及15个项目的消防验收工作;根据眉山住建局《关于进一步加强建设工程消防设计审查验收工作的通知》,完成二次消防备案验收14个。

【住房保障】 2021年改造老旧小区288个,涉及居民8180户,发放城镇住房保障家庭租赁补贴365户、53.44万元,加装电梯26台。

【住建领域民工保障】 积极履行监管职责,督促工程项目落实农民工实名制管理制度、工资专用账户管理制度、银行代发农民工工资制度、农民工工资保证金制度"四项制度",保障工资支付。2021年共接到拖欠民工工资投诉265起,涉及人数约4140人,涉及金额约5000万元。其中来电来访共178起,涉及人数约3497人,涉及金额约3829万元。市长热线共87起,涉及643人,涉及金额约1171万元。

(游芷依)

开发建设协调

【概况】 眉山市东坡区开发建设协调中心（简称区开发中心）为区政府直属事业单位。现有在岗人员25名，其中编制内16名。在职领导3名，其中，主任1名，副主任2名。区开发中心的主要职能是：贯彻执行区人民政府授权区域的开发、建设、经营、管理、协调、融资等工作。

【征地拆迁与安置】 东坡湖南片区征收农村集体土地1470亩，拆迁农村集体土地上房屋1300余户约25万平方米；收回国有土地使用权18宗约230亩，征收国有土地上房屋120户约7万平方米。截至年底已出让土地11宗、共计929.21亩，累计实现土地出让收入32.3083亿元。

【基础设施建设】 片区“三纵两横”（崇礼大道、富崇大道、崇礼中路、崇礼北路、滨江东路）道路主骨架已基本成型，崇礼大道、富崇大道、崇礼中路已建成，滨江东路已完成80%。配建项目累计投资3.18亿元。其中，投资0.5亿元的配建道路，包括望江路南段、渔乐路西段、颐泉路已建成；投资0.9亿元、占地160亩的桃园湖公园、建筑面积0.2万平方米的东坡书院，已建成并对外开放；投资0.28亿元、建筑面积9万平方米的滨江道公园，已开工建设；投资1.5亿元、建筑面积3.1万平方米的眉师附小崇礼校区，主体工程已封顶，已进入装修阶段。

【土地出让】 10月9日，成功拍卖崇礼镇D-482号地块（面积为4.9995亩），成交价为101万元；12月22日，成功拍卖崇礼镇D-480号地块（面积为10.94亩），成交价为215万元。

【房地产开发】 崇礼新城：占地面积335亩、建筑面积约58万平方米的万科首开区（揽江、宸江、皓江）已开始分批次交房；建筑面积1.2万平方米的邻里中心已建成并对外招商；建筑面积2.3万平方米的万科商业街——华灯集已全面开街；占地面积35亩、建筑面积约7万平方米的万科房产二期（江上云洲）已于2021年6月开工建设。截至2021年底，眉州文化村累计完成投资额147.3947亿元，固定资产投资额44.8504亿元。

东坡湖南片区：先后引进玫瑰园、万景、铁投瑞景、江天樾、金府等6家房地产公司入驻开发，片区共规划房屋建筑面积约150万平方米，截至2021年底已完成约135万平方米。占地35亩，建筑面积7.2万平方米，投资3.8亿元的玫瑰国际商业综合体，已开工建设，预计2023年竣工。

（刘　佳）

国有土地上房屋征收与补偿

【概况】 眉山市东坡区国有土地上房屋征收与补偿工作中心（简称区征补中心）为区政府直属正科级事业单位，内设综合股、房屋征收股、房屋安置股、房屋补偿股、财务股5个股室，主要职能为按照《国有土地上房屋征收与补偿条例》《四川省国有土地上房屋征收与补偿条例》规定和区住建局授权委托，负责实施东坡区行政区域、市本级（中心城区）及所有园区涉及国有土地上房屋的征收与补偿工作。

【安置户安置】 区委党校片区旧城改建项目完成项目外住宅安置户不动产权证书办理，协调推进项目内安置户电和项目内商业安置户不动产权证书办理。三苏雕像广场及东侧片区旧城改造项目完成除不愿办理不动产权证书的住宅安置户不动产权证办理，完成剩余5户商业安置户中2户安置户的安置工作。原区良种场北门片区旧城改建项目完成3户住宅安置户安置协议签订工作，崇礼棚户区改造项目完成安置户过渡费兑付。

【国有土地上房屋征收】 2021年开展征收项目16个，完成征收土地面积约200亩、建筑面积约4.8万平方米。全年完成征收补偿项目6个，分别为F-21安置地块周边配套项目、成乐高速松江段、成乐高速象耳段、江白路改扩建项目、城市南环线项目松江段、启贵商混项目。完成西北片区棚户区改造项目涉及东坡湖片区学校项目、太和片区棚户区改造项目签约。推进征收项目8个，城南片区棚户区改造涉及学道街片区项目完成剩余10户中2户的签约；岷月路建设项目和泡菜园区交易展示中心项目涉及1户、眉山经济开发区新区配套商务功能区建设项目剩余1户、城市南环线项目（永寿段）剩余1户、华西第二医院眉山市妇女儿童医院建设项目涉及4户完成签约前期准备工作;城市南环线项目(西段)原涉及3户中剩余2户完成签约前期准备工作,1户完成入户调查;岷江一桥项目部分被征收人完成征收补偿协议和补充协议签订;水天花月旅游景区次通道项目完成签订补充协议前期准备工作。

(朱宏昌)

2021年8月31日,秦家镇“简蒲高速”(成都三绕)安置小区抽签选房大会

城区征地拆迁与安置补偿

【概况】 2021年,市政府下达中心城区集体土地征地拆迁任务30宗1656.13亩基本完成,其中大石桥街道1530.44亩,太和镇125.69亩。涉及3个社区10个居民小组,其中8个居民小组需清盘拆迁,共涉及被拆迁户约1050户。

【安置入住】 完成主城区市本级征地拆迁居民安置851人,其中东坡岛开展3批次抽签选房222人,庄店花园快乐4组、5组、6组抽签选房617人,快乐3组棚改货币化安置9人,普田6组货币安置3人。牵头协调S-9安置区建设,基本完成地下建设;会同区自然资源和规划局对全区在建安置小区开展定期督促推进;牵头组织协调东坡岛安置小区、庄店花园等安置房建设质量整改、物业管理等工作。

【资金保障】 完成市本级直管区集体土地1656.13亩87774.89万元资金申报工作,到位资金70000万元。完成市本级拆迁项目过渡费申报工作,申报资金2054.17万元(大石桥1626.52万元、太和镇427.65万元),到位资金2054.17万元。完成通惠崇义7组、8组剩余土地上待安置人口货币化安置资金申报工作,到位资金2633.76万元。

(张喜萍)

東坡

农业与农村

农村建设/农业发展/种植业/畜牧业/林业/水产业/农业机械/移民安置/巩固拓展脱贫攻坚成果/为农气象服务/农业水利/眉山市东坡区岷江现代农业示范园区

农村建设

【概况】 2021年,全区农林牧渔业总产值112.2亿元,同比增长9.3%;第一产业增加值62.69亿元,同比增长6.7%;农村居民人均可支配收入24175元,同比增长10.5%。全区纳入全国家庭农场名录系统的家庭农场3055家,其中省级示范场27家、市级示范场85家;工商登记在册合作社1125个,其中国家级示范社6个,省级示范社35个,市级示范社53个;市级及以上农业产业化龙头企业51个,其中国家级龙头企业5个(全市共6个),省级龙头企业15个,川南酿造晋升为国家级农业产业化龙头企业,千禾味业入围2021中国农业企业500强。

【乡村振兴】 落实农业农村优先发展,聚焦推进巩固拓展脱贫攻坚成果同乡村振兴有效衔接,实施乡村建设行动,深化农村改革,助推全域农业现代化。确定重点镇和试点村,紧扣"五大攻坚"和成效显著区创建工作,按照"产业兴旺、生态宜居、乡风文明、治理有效、生活富裕"的总要求,以乡村振兴十大行动、十大项目、十大园区、"7+3"现代农业产业体系、先进示范创建为载体,建设"有产业、有颜值、有底蕴、有秩序、有保障、有活力"的"六有"新乡村。全区农业农村经济实现稳步增长。成功申报省级乡村振兴成效显著区、省级先进镇1个、示范村3个,市级先进镇4个、示范村16个。涉农重大项目正大300万只蛋鸡种养循环产业园项目建成投产,国家级杂交水稻制种基地、水产种业园、柑橘良种繁育工程、晚熟柑橘冷链物流加工中心、正大5000万只白羽肉鸡、西南智慧农业二期、德康生猪养殖、生猪育种等重大农业项目稳步推进。

2021年,正大300万只蛋鸡种养循环产业园投产

【美丽宜居乡村建设】 开展农村人居环境"六大行动",巩固"三大革命"治理成效。围绕建设"最美回家路",重点解决乡村环境"脏乱差"等问题;注重农耕文明、田园风光等乡土元素保护利用,推动农村风貌整体提升。新建成美丽宜居乡村达标村15个,实现174个行政村(社区)生活垃圾收转运处置体系覆盖率100%,农药包装废弃物处置率71%;160个涉农行政村(社区)生活污水处理率76%,规模养殖场畜禽粪污综合利用率达93%;建成农村卫生厕所15.8万户,户用卫生厕所普及率达95%。

【狂犬病防控】 全年春秋两季共免疫犬只26.47万只次,免疫率99.68%;捕杀流浪犬、无主犬、敞放犬等各类违章犬只395只;完成犬只血清免疫抗体检测192份,合格率91.15%;收容犬只19只,认养、认领犬只19只。

【血吸虫病防控】 全年血检肉牛553头、血检阳性牛0头,血检羊2222只、血检阳性羊0只;扩大化治疗肉牛943头次、羊6431只次,发放使用治疗药物吡喹酮16公斤;圈养肉牛992头次,无耕牛,有螺地带禁牧覆盖率100%,家畜圈养普及率基本达到100%,进一步巩固全区国家血吸虫病消除达标成果。

(苏　静)

农业发展

【概况】 2021年年末，全区农业人口557506人，实有耕地面积765938亩，设施农业用地21195亩，全年农作物总播种面积1230078亩。2021年，全区农林牧渔业总产值112.2亿元，同比增长9.3%；一产增加值62.69亿元，同比增长6.7%；农村居民人均可支配收入24175元，同比增长10.5%。

【农业重点项目】 抢抓融入“成渝现代高效特色农业带”等战略机遇，将正大300万只蛋鸡种养循环产业园、高标准农田建设、省级现代水产种业园区培育、晚熟柑橘产业集群、国家级杂交水稻制种基地等项目纳入全区“挂图作战”项目。正大300万只蛋鸡项目青年鸡场、蛋鸡舍竣工投产，存栏蛋鸡80万只，日产鸡蛋51万枚，饲料厂、蛋品加工厂、有机无机复混肥厂完成80%以上，满负荷后年产值达12亿元；建成高标准农田2.6万亩，完成建设任务的100%；完成水产种业园项目核心区道路、清运河整治、工厂化育种车间改进、品种测试(性能测定)、水产保育中心和水产种苗孵化展示中心场平等建设；晚熟柑橘产业集群项目完成标准化基地改造提升1.5万亩，打造眉山电商生态产业聚集中心，引进6通道电脑智能分选线，年处理能力达10万吨，建成柑橘品比园，引进新品种20个试验示范。与正大集团签订5000万只白羽肉鸡项目；争取到2021—2025年制种大县财政奖励项目，“十四五”期间制种大县财政奖励资金1.5亿元，年度资金3000万元。

【农业基础建设】 高标准农田建设，总投资7800万元，在思蒙镇、多悦镇、复兴镇、永寿镇新建高标准农田2.6万亩，全区累计建成57.87万亩。制种基地建设，新建制种基地3000亩，全区累计建成3万亩。提灌站建设，改造维修机电提灌站19座，总动力386千瓦，改善灌溉面积6930亩。实施“路灯照明”工程民生实事项目，安装太阳能路灯1500组。

【现代农业发展】 聚焦第一产业增加值增速和农村居民可支配收入增速两项核心指标，以“7+3”现代农业产业体系建设为牵引，“145”现代农业园区建设为载体，正大300万只蛋鸡、高标准农田建设、晚熟柑橘产业集群建设、西南智慧农业等重大项目为支撑，引领东坡现代农业高质高效发展。“7+3”现代农业产业体系加速壮大。粮食播种面积57.2万亩，产量达30万吨；年末生猪存栏39万头、出栏48.5万头；泡菜产业销售收入198亿元，市场份额占全国1/3、全省50%以上；晚熟柑橘总产量约39万吨，总产值约27.5亿元，规模和效益全国领先；水产品产量4.5万吨，名优水产品苗种繁育140亿尾，黄颡鱼等名优水产鱼苗繁育市场占比全国第一；蜂群数量和蜂产品产量保持全国第二、全省第一。巩固提升东坡区国家现代农业产业园全国样板，培育创建省市级现代农业产业园，“145”现代农业产业园体系建设成效显著。种养循环现代农业园区成功创建为市级园区，思蒙镇黄金茶产业园评定为区级现代农业产业园。正大300万只蛋鸡项目建成投产，5000万只白羽肉鸡项目正式签约。

【农业改革】 以乡村国土空间规划编制为契机，探索开展村规划编制试点，为乡村振兴和新型城镇化提供更大承载空间。规划万胜粮经复种片区、复兴粮蔬(药)轮作片区、思蒙种养循环片区等3个农业发展片区，设万胜镇、复兴镇、思蒙镇3个中心镇，多悦镇1个副中心镇，并细分25个村级片区，明确25个中心村，推动县域经济地理版图和生产生活生态空间格局更加优化。推进全国新一轮宅基地制度改革试点，全年全区申请宅基地宗数2400宗，申请面积342亩，审批总数2083宗，审批面积314.4亩，其中原则翻建1934宗，涉及面积293.8亩；改扩建33宗，涉及面积3.9亩；异址新建116宗，涉及面积17.0亩。加强土地流转管理指导，全区土地流转面积33.98万亩，其中规模流转面积27.75万亩，规模流转面积占土地流转比例达81.66%。创新财政金融支持乡村振兴机制模式，借助国家现代农业园创建契机，在东坡区国家现代农业园4亿元专项债中设置5100余万元新农村建设资金，发行东坡区垃圾分类处理项目一般债券3200万元。创新金融服务乡村振兴机制，投入5000万元建立乡村振兴贷款风险补偿机制。建立新型农业经营主体信贷风险基金和扶贫小额信贷风险补偿基金，为31户新型农业营业主体发放贷款6900余万元，中小企业担保贷款13笔8400万元。探索发展壮大新型集体经济，完成全村集体经济清产核资、成员资格界定、股权量化、登记赋码等工作，全区村级集体经济收入5万元以上的16个，10万元以上的10个，20万元以上的1个。

【农业环保】 开展化肥农药“双减”行动，累计建设化肥农药减量示范点27个，示范面积1.2万亩，全区化肥农药使用量持续保持负增长。加强水产养殖污染治理，推广应用“高低位池塘生态循环水养殖”“鱼草（稻、菜）共生”“池塘生态健康养殖”等健康养殖技术模式，建立健康养殖模式示范点8个，示范带动面积3600亩。强化畜禽粪污资源化利用，完成畜禽养殖场种养循环提升工程30个、养殖场臭气深度治理工程6个，畜禽粪污综合利用率达93%。农作物秸秆综合利用量29.3万吨，综合利用率96.6%。全区粮食作物农膜总使用量106.4吨，回收量96.3吨；经济作物农膜总使用量3001.1吨，回收量2632.8吨。建立农药包装废弃物回收处理中转站1个，回收网点685家，全年回收清运5.7吨包装废弃物。加强天然水域禁捕日常监管和违法行为的打击力度，全年出动执法人员1100余人次，执法车辆290余车次，查处非法捕捞行政违法行为10起19人，罚款8.8万元。完成新（改）建农村无害化户用卫生厕所9724座，户用卫生厕所普及率达95%，项目村厕所粪污均实现无害化处理或资源化利用。

2021年，开展化肥农药“双减”行动，图为太阳能杀虫灯绿色防控

【惠农补贴】 全年下达耕地地力保护补贴资金7940.84万元，补贴标准129.1元/亩，补贴农户18.4034万户，兑现补贴资金7940.84万元。下达稻谷补贴资金1115.17万元，补贴标准56.42元/亩，补贴农户5.1968万户，兑现补贴资金1115.17万元。下达一次性粮食补贴资金847.94万元，补贴标准36.93元/亩，补贴农户5.8948万户，兑现补贴资金847.94万元。发放农机购置补贴资金485.57万元，补贴机具823台（套），农业机械报废更新33.63万元，受益个人及组织570个。下达制种补贴资金441万元，补贴标准400元/亩，补贴制种农户47户，兑现补贴资金441万元。

【农业行业安全】 对农机、沼气、畜禽养殖、饲料兽药企业、畜禽屠宰行业安全生产进行监督管理，同时针对农村沼气、畜禽粪污化粪池、农机道路交通、农业生产领域工贸行业等重点领域开展排查整治专项行动，签订安全责任书，排查整治安全隐患，确保农业行业安全。全年举办安全生产宣传培训12期，发放宣传资料4200余份，参训人员950余人。承办全省沼气安全生产事故应急演练，120余人参加演练。

【农产品质量安全】 推进农产品质量安全监管检测能力建设，纳入国家质量追溯管理平台的“三品一标”认证产品和主要生产基地777个，实现农产品质量安全全程监控和质量可追溯。完成省级农产品质量安全例行监测4次，抽检样品129个（包括蔬菜、水果、食用菌、猪肉、牛肉、鸡蛋、鸡等），合格率98.4%；区级定量抽检农产品661个，合格率99.1%，乡镇抽检农产品4290个，速测合格率达100%。

【行政执法】 以农业投入品经营为重点开展专项检查，全年立案查处违法、违规销售农资案件21起，罚没款13万余元，全区未出现重大坑农害农事件和重大农产品质量安全事件。加大天然水域禁捕执法力度，协同公安机关追究刑事责任22起30人，行政处罚结案10起，罚款8.8万元，清理取缔涉渔船只11艘，清理整治违规网具100余张（顶），收缴电鱼工具24套、违规钓具200余支、渔获物200余千克，补偿性增殖放流鱼苗2万余尾。承办全国放鱼日眉山增殖放流活动，增殖放流鱼苗169.1万尾。受理政务服务热线等各类投诉举报案件78件，全部按规定时限办结。年内，农业行政处罚办结案卷中，获国家级优秀案卷1卷、省级优秀案卷1卷及省级优秀文书1卷。

（苏　静）

种植业

【概况】 截至2021年底，全区农业人口66.24万人，实有耕地面积76.59万亩，设施农业用地2.120万亩。全年农作物总播种面积123.0万亩，其中大春播种面积75.75万亩，小春播种面积47.26万亩。

【粮油种植】 全区粮食作物播种面积57.20万亩，总产量30.13万吨。其中小春播种面积0.9913万亩，产量0.2747万吨；大春播种面积56.21万亩，产量29.85万吨。粮食作物中，水稻48.83万亩、总产26.96万吨，小麦播种面积0.3725万亩、总产0.1129万吨，玉米5.910万亩、总产2.522万吨，豆类0.6951万亩、总产0.1174万吨，折粮薯类1.394万亩、总产0.4136万吨。油料作物25.77万亩，总产4.154万吨，其中油菜24.70万亩、总产3.875万吨，花生1.056万亩、总产0.1783万吨。

【特色种植】 全区蔬菜及食用菌面积36.86万亩，产量71.46万吨。水果种植面积45万亩，总产量57万吨。柑橘种植面积38.5万亩，产量50.5万吨，其中晚熟柑橘种植面积29万亩，总产量39万吨，是全国规模最大的生产种植基地，引进培育甘平、濑户见、明日见等优新柑橘品种。

【味在眉山】 东坡区“味在眉山”食品产业销售收入达到459.5亿元，其中：泡菜198亿元、粮油65.7亿元、果蔬56.7亿元、畜产品31.2亿元、餐饮35.1亿元、调味品12.4亿元、茶叶2亿元、乳制品25.6亿元、糖果糕点12.8亿元、水产品14.1亿元、酒类2.2亿元、饮料1.9亿元、森林食品1.8亿元；境外销售收入5.4亿元。

【杂交水稻】 全区杂交水稻制种生产面积2.73万亩，生产杂交水稻种子4600吨，主要有宜优99E-4、裕优华占等20余个品种。全区种植水稻均为杂交水稻，水稻种植面积48.83万亩，总产量26.96万吨，主要为宜香优2155、C两优0861、晶两优534、隆两优534、川种优3877等品种。

【品牌培育】 开展绿色农产品品牌创建，全区省级无公害农产品生产基地县（区）整体认定面积76.46万亩，认定全国绿色食品原料(蔬菜)标准化生产基地面积18.4万亩，“三品一标”保有量166个，其中无公害农产品58个、绿色食品95个、有机食品12个，“东坡泡菜”是国家地理标志产品。推行农产品统一包装标识上市，打造“东坡春见”区域品牌，全区种植面积为19.5万亩，是全国规模最大的生产种植基地。

【高标准农田建设】 完成2020年东坡区高标准农田建设任务，包括眉山市东坡区中央预算内投资高标准农田建设项目和四川省眉山市东坡区2020年复兴镇、永寿镇片区高标准农田建设项目，总投资7800万元，其中中省投资3900万元，地方配套投资3900万元，在思蒙镇、多悦镇、复兴镇、永寿镇新建成高标准农田2.6万亩，全区累计建成高标准农田57.87万亩。新开工建设2021年东坡区高标准农田建设任务，包括眉山市东坡区中央预算内投资高标准农田建设项目和四川省眉山市2021年东坡区修文镇高标准农田建设项目，总投资6420万元，其中中省投资3234万元，地方配套投入3186万元，在永寿镇、修文镇建成高标准农田2.14万亩。

（苏　静）

畜牧业

【概况】 2021年，全区畜牧业总产值34.46亿元，同比增长25.4%。畜禽种业水平全省领先，生猪良种化水平99%以上。生猪等主要畜禽规模养殖比重达到56%，规模养殖场设施设备配套率100%，畜禽粪污资源化利用93%以上。

【畜牧生产】 全年肉类总产量5.682万吨，其中生猪出栏50.03万头、产量3.579万吨，牛出栏3177

头、产量415吨，羊出栏4.526万只、产量524吨，禽出栏1281万羽、产量1.927万吨，兔出栏48.45万只、产量642吨，其他肉产量171吨。禽蛋产量0.8801万吨，其中鸡蛋产量0.7041万吨；牛奶产量2.456万吨；年末存箱蜜蜂约30万群，蜂产品产量1.058万吨。年末，存栏生猪37.00万头，其中能繁母猪3.677万头；牛存栏5628头，其中肉牛3208头，奶牛2420；羊存栏3.900万头，禽存栏640.5万羽，兔存栏9.532万只。

【政策扶持】 出台生猪良种补贴、生猪出栏补贴、育肥猪价格保险等补贴政策，全年争取到财政资金600多万元，主要用于生猪人工授精、生猪出栏奖励、育肥猪价格保险补贴、种畜禽性能测定等环节的补助。全年共兑现补贴资金1100万元。

【畜禽污染整治】 全年完成畜禽养殖场种养循环提升工程30个，完成养殖场臭气深度治理工程6个，畜禽粪污综合利用率达93%。推进养殖场臭气治理，全区已有6家大型养殖场开展养殖场臭气治理工程，配备除臭装置32台，安装降尘除臭滤网7131平方米。

【畜产品质量安全监管】 完成产地检疫生猪63.406万头，牛0.3438万头，禽3961.7928万羽；完成出省检疫猪产品789.876吨，出省检疫家禽1234.8073万羽，出省蜜蜂检疫换证25866群；完成运输环节和屠宰环节瘦肉精随机采样检测7215头份，结果均为阴性。

【屠宰管理】 全年共检查屠宰企业48家次，出动检查人员96人次，全年屠宰生猪20.4269万头。屠宰检疫监督，完成屠宰检疫猪20.4269万头，禽143.8252万羽。运输环节和屠宰环节瘦肉精监测，完成盐酸克伦特罗、莱克多巴胺、沙丁胺醇等瘦肉精随机采样检测各7215头份，结果均为阴性。开展打击生猪私屠滥宰违法行为专项行动，未发现有私屠滥宰违法行为。

【动物疫病防控】 全年春秋普防共免疫生猪猪瘟66.33万头次，牲畜口蹄疫68.44万头(只)次(其中猪口蹄疫66.33万头次、牛口蹄疫0.52万头次、羊口蹄疫1.59万只次)，羊小反刍兽疫1.47万只次，禽高致病性禽流感1122.62万羽次(其中鸡929.19万羽次、鸭93.08万羽次、鹅6.24万羽次、其他禽94.11万羽次)，消毒面积944.8万平方米。重大动物疫病免疫密度保持在95%以上。落实非洲猪瘟防控措施，依托"4+1"网格员开展猪群健康巡查，严格执行生猪产地检疫、运输车辆备案、屠宰企业非洲猪瘟自检制度，规范病死生猪无害化处理，落实养殖场防控主体责任。

(苏　静)

林　业

【概况】 2021年，加强森林抚育经营管护，培育和扶持林产业企业发展，大力发展森林生态旅游、生态康养等绿色惠民产业，全区林业产业发展态势良好，全年无重大森林病虫害发生。

【林业工程】 完成营造林1.8万亩、竹基地建设1000亩、启动工业大道东坡段(南段)中间隔离带竹林风景线绿化21公里建设。对全区主要森林病虫害进行实时监测，全年无重大森林病虫害发生。完成全区197株古树名木安全隐患排查并对有隐患的古树名木进行修复。

【林业产业和经济】 加强森林抚育经营管护，培育和扶持林产业企业发展，发展森林生态旅游、生态康养等绿色惠民产业，促进全区林业产业和经济发展。2021年，全区实现林业总产值355062万元，竹产业产值70026万元。

【退耕还林】 巩固第二轮未到期退耕还林，2021年巩固退耕还林7.15万亩，完成全区阳光审批系统信息录入并推送到一卡通发放平台，实现兑现资金149.1万元。

(彭雪梅)

水产业

【水产养殖业综述】 东坡区是全省渔业生产重点县和水产产业化示范县，名优水产种苗繁育居西部地区领先地位，其中黄颡鱼种苗繁育数量居全国第一位，斑点叉尾鮰、长吻鮠种苗繁育数量居全国第二位，是全国最大的鲶科鱼类种苗生产基地。2021年，全区水产养殖

2021年，眉山市东坡区现代水产种业园区

面积4.7万亩，全年水产品产量4.5万吨，名优水产品苗种繁育140亿尾，实现渔业产值11亿元。

【水产科技推广】 组织全区各镇（街道）农业服务中心、水产种苗生产单位、水产科技示范户负责人等600余人开展水产养殖技术培训，推广应用水产养殖新模式、新技术。在全区推广应用高低位池塘间循环水养殖、鱼草（菜）共生、封闭式循环水育苗、鱼稻共生综合种养等健康养殖模式，养殖水域生态环境得到改善，建立健康养殖模式示范点8个，示范带动面积3600亩。推进东坡区现代水产种业园省级现代农业园区培育，完成水产种业园核心区道路、清运河整治、工厂化育种车间改进与设备设施更新、亲本更新、品种测试（性能测定）评价能力建设。在黄颡鱼、斑点叉尾鮰、大口黑鲈等名优水产种苗基础上，重点开展斑点叉尾鮰“江丰1号”、大口黑鲈“优鲈3号”、杂交黄颡“黄优1号”等名优新品种的繁育推广，园区水产良种覆盖率达65%。

（苏　静）

农业机械

【概况】 全年完成农作物机耕91.82万亩、机播48.69万亩、机收65.38万亩。全区农机总动力58.86万千瓦，主要农作物耕种收综合机械化率达83.3%。

【农机化服务】 2021年全区拥有农机服务组织46家，其中规模较大具备全程机械化服务能力的农机服务组织24家。眉山市德心农机专业合作社为国家级示范农机服务专业合作社，眉山市一心农机专业合作社为省级“全程机械化+综合农事”服务中心，东坡区太和镇、尚义镇为全省“五良”融合稻菜全程机械化示范区。全年改造维修机电提灌站19座，总动力386千瓦，改善灌溉面积6930亩。

【农机补贴】 全年发放农机购置补贴资金485.5716万元，受益个人及组织达到570个，补贴机具823台（套），补贴农业机械报废更新资金33.63万元。实施机插秧环节补贴约4.8万亩，无人机植保作业环节补贴29万亩次（每亩可作业5次），补贴资金共计260万元。

【农机安全】 与农机专合社签订安全责任制清单，进行安全生产监督检查，检修农机具1万余台（套），发放农机安全生产资料500余份，电话、短信等形式宣传教育800余次，未发生农业机械事故。全年依法注销变型拖拉机1471台，存量465台。

（苏　静）

移民安置

【概况】 2021年初，全区有大中型水利水电工程农村移民人口2328人，其中直发直补1949人，项目扶持379人；年末有移民后期扶持人口2316人，其中直发直补1937人，项目扶持379人。全年累计迁入核增4人，累计死亡核减16人。

【移民后期扶持】 2021年移民后期扶持资金收入651万元。其中直发直补资金147万元，通过“一卡通”平台按月发放移民补助；项目资金504万元，用于硬化道路8059米、沟渠1220米。

【项目建设】 截至年底，东坡区有1座建成中型水库——两河口水库，在建工程有汤坝航电枢纽工程和穆家沟水库工程，2021年均为中型水利水电工程项目。

穆家沟水库位于岷江左岸一

2021年9月9日，穆家沟水库蓄水移民验收

级支流鲫江河右岸支沟穆家沟流域，总库容1317万立方米，总投资5.88亿元。移民搬迁安置960人，移民资金概算3.28亿元。于9月完成省级蓄水阶段移民安置验收工作，搬迁移民已安置入住。

汤坝航电枢纽工程系岷江干流彭山江口—乐山岷江三桥段规划梯级开发中的第三级。库区正常蓄水位414.8米，正常蓄水位库容4995万立方米，电站装机容量6.9万千瓦。移民搬迁安置1482人，移民资金概算4.61亿元。截至12月底，已完成截流阶段移民安置验收工作和部分蓄水阶段移民搬迁安置工作。

【移民权益保障】 协调镇、村和区级相关部门及时解决移民群众合理诉求。按时发放每人每月50元直补金和养老安置移民每人每月510元养老金。安排资金1.6万元对11户因病、因学、因灾造成家庭经济和生活困难移民户给予补助。

（刘花容）

巩固拓展脱贫攻坚成果

【概况】 2021年6月，按照《关于调整扶贫工作机构有关事项的通知》要求，区农业农村局挂牌机构区扶贫开发局更名为区乡村振兴局，撤销区脱贫攻坚领导小组，将其职能并入区委农村工作领导小组，统筹领导巩固拓展脱贫攻坚成果同乡村振兴有效衔接工作。根据中共中央、国务院总体部署，从脱贫攻坚工作阶段转入巩固拓展脱贫攻坚成果同乡村振兴有效衔接阶段。全区纳入防返贫监测对象36户105人，其中脱贫不稳定户14户43人，边缘易致贫户10户22人，突发严重困难户12户40人。

【帮扶措施】 落实“四个不摘”工作要求，党政一把手亲自谋划、靠前指挥、常态督导、高位推进。统筹选派154名第一书记、驻村工作队队员、选调生到村开展驻村帮扶工作，安排3100余名机关干部全覆盖结对帮扶9192户脱贫户、监测户，常态化开展走访帮扶工作。针对监测对象制定帮扶措施，根据监测对象的风险类别、真实意愿、自身能力和发展需求等开展针对性帮扶。全区共有农村低保对象6635户10069人、农村特困供养1850人，全年累计发放低保金3748.1万元，供养金1539.47万元，临时救助金938.01万元。落实各级财政衔接推进乡村振兴补助资金10115.87万元，其中中央2006.87万元、省级3009万元、市级460万元、区级配套衔接资金4640万元，安排产业发展、精准到户、以工代赈、资产收益、农村小型公益性基础设施建设等项目64个，分配下达比例100%。

【拓展脱贫攻坚成果】 聚力产业发展带动，以“7+3”现代农业产业体系建设为牵引，加快建设国家级杂交水稻制种基地、水产种业园、生猪育种、柑橘良种繁育工程、晚熟柑橘冷链物流加工中心。以国家级现代农业产业园为引领，打造“145”现代农业产业园区梯度推进体系，引领东坡区特色产业发展。稳抓就业创业提升，举办“春风行动”“五送下乡”“农民工网络招聘月”等各类招聘活动65场，为脱贫劳动力、农民工等群体提供就业岗位3.6万余个。实施公益性岗位兜底安置，在全区各行政村保洁、保绿、保安、河道疏通等岗位类别中开发公益性岗位，累计安置脱贫户、监测户1420人，发放补助资金700万元。引导创业带动，实现创业带动就业7960余人，发放创业贷款1541万元，扶持创业95人，带动就业236人。强化医疗保障衔接，全区特殊人群实现全额代缴参保，落实脱贫人口住院先诊疗后结算制度，以及住院和慢性病门诊维持治疗医疗费用个人支付占比均控制在10%以内，实现基本医疗有保障。持续抓好教育帮扶，开展集中就学情况排查、劝返复学、入学调查登记等专项行动，依法控辍保学。落实学生资助政策，共资助学生3.371万人次，发放补助资金、减免相关费用共计3239万余元，全区无因贫辍学学生。巩固提升饮水保障，实施多悦、三苏、秦家等9个镇自来水入户安装工程，项目总投资920万元，完成3628户共计0.94万人农村饮水安全巩固提升。实施“引青入东”工程，项目立项总投资约13亿元，建设供水总规模为10万米³/天，解决岷江以西约46万农村居民的饮水安全问题。

【对口帮扶】 开展新一轮对口帮扶茂县工作，全区选派25名素质过硬、业务精通的党政干部人才组成第六批对口帮扶工作组赴茂县开展工作。东坡区投入帮扶资金1000万元，实施涉及巩固脱贫成果、民生改善、教育保障、产业发展、干部人才培训、劳务协作、基础设施建设等方面9个对口帮扶项目，助力茂县巩固拓展脱贫攻坚成果同乡村振兴有效衔接。编制完成《眉山市东坡区对口帮扶阿坝州茂县五年规划（2021—2025年）》，将茂县巩固脱贫攻坚成果所需的产业发展、基础设施、基本公共服务、人才培训等项目纳入规划安排。

（苏　静）

为农气象服务

【为农气象信息服务】 建设监测信息接收、预警信息发布系统；增设应急气象观测设备，包括农田小气候观测站和业务平台会商大屏等设备。开展农气旬月报、农用天气预报、农业气象专题分析报告、产量预报及农业气象灾害评估和其他专项服务工作，全年发布农业气象旬报35期，农用天气预报33期，农业气象专题分析报告6期，气候趋势预测10期；针对大型种植基地、种植大户和农业合作社，采取手机短信等多种方式，保障“直通式”气象服务推进。

【人工降雨】 2021年6月，东坡区出现夏旱，农业生产受到严重影响，针对旱情，利用有利天气条件开展人工增雨作业，总计4次。

（吕莲　田茂）

农业水利

【概况】 编制完成《眉山市东坡区“十四五”水安全保障规划》，2021向上争取到位资金1.518亿元，实施各类水利项目33个，累计完成固定资产投资入统2.68亿元，完成31.58万亩农业水价改革任务，超额完成0.9万人农村饮水安全巩固提升任务，东坡区成功入选2022年全国水系连通及水美乡村建设试点县和全省第一批乡村水务试点县。按需储备防汛物资，修订各类应急预案，开展隐患排查整治和应急演练，安排部署各项防汛减灾工作措施，确保实现了安全度汛。

【专项工程】 实施东坡区2021年水库除险加固项目，总投资1249.90万元，对黄峰、共同、殷湾、李子埂、黄家林、红星、双龙、火红8座病险水库进行除险加固。

实施东坡区2020年基础设施水毁灾后重建（修复）工程，总投资1309.99万元，对富牛、三苏、复兴等10个镇进行水毁渠道修复和清淤，共计145处，长度约8公里，修复石河堰17处，修复大坝及消力池6处等。

实施东坡区2021年水利发展资金农业水价综合项目，总投资121.48万元，改革面积17.24万亩，安装计量设施81套。

实施东坡区2020年小型水库维修养护项目，总投资369.21万元，对全区55座水库进行主体工程维修，库区水面清洁、闸门、观测设施、启闭机等日常维修养护工作。

【基层安全饮水】 实施2021年农村安全饮水巩固提升工程，解决9400人安全饮水问题，编制东坡区“十四五”农村供水保障规划。实施“引青入东”工程，立项总投资约13.35亿元，引入青衣江优质水源，替代西山片区原有8个集中供水工程，补齐东坡区供水工程“散、小”水质合格率偏低的短板。“引青

2021年,对2020年水毁渠道修复清淤施工现场

入东”工程完成一期工程建设任务,截至年底,二期工程主体完工,3月11日举行“通水仪式”,实现西山片区46.05万人从“有水喝”到“喝好水”的提升。

【水利防汛】 汛前全面更新落实各类防汛责任人720人,逐级公示接受监督;组建镇、村两级抢险队伍246支,其中专业抢险队伍8支,岷江沿线抢险队伍10支;储备区级常规防汛物资350余万元;结合实际修编预案、分级组织开展防汛抢险应急演练128场次、开展防汛减灾业务培训类型363人次;调整防汛预警信息传递平台,完善群测群防体系。

开展防汛隐患排查整治,投入隐患排查队伍120支,出动3000余人次,排查点位945处,发现29处隐患点并全部整改;区防汛办、区地灾办会同区纪委组成6个督导组,汛期每月不定期对各镇、街道防汛减灾和地质灾害防治工作进行督导督查。

2021年全区共出现12次暴雨天气,总降雨量647.4—1088.6毫米,发布暴雨黄色预警信号3期,暴雨橙色预警信号4期、预警89次,预警短信30033条。先后召开防汛减灾专题会议5次,防汛调度会议12次,安排部署各项防汛减灾工作措施,实现“不死人、不决堤、不垮坝”的防汛目标。

【水利灌溉】 全区共有水库56座,包括:中型水库2座,即两河口水库、穆家沟水库,小(1)型水库15座,小(2)型水库39座。共计总库容8850万立方米,正常蓄水位对应库容6877万立方米,兴利库容6378万立方米,总设计灌溉面积39.79万亩。全区共有灌区384个(中型灌区11个、小型灌区373个),各类灌区设计灌溉面积共76.01万亩,实际灌溉面积59.82万亩。全区建成骨干灌溉渠道1469条,总长度2340.81公里(干渠335.02公里,支渠864.78公里,斗渠1141.01公里),建成农渠1916.30公里、其他渠道20.50公里,各类渠系建筑物共11540处。

(王　勋)

眉山市东坡区岷江现代农业示范园区

【概况】 眉山市东坡区岷江现代农业示范园区管辖范围为“东坡区绿色粮蔬现代农业园区”和“万亩晚熟柑橘园区”,共85平方公里。其中,东坡区绿色粮蔬现代农业园区辖太和、尚义2个镇,10个村,128个村民小组,共73平方公里;万亩晚熟柑橘园涉及太和、多悦2个镇5个村,面积1.8万亩。2021年,在区委、区政府和园区党工委、管委会的正确领导下,园区以“党建引领、疫情防控、粮食生产、项目建设、龙头培育、招商引资”六大行动为抓手,全方位推动园区工作迈上新台阶,助力园区实现高质量发展。

【防疫与复工复产】 严格落实疫情防控各项规定,组建疫情防控巡视宣传组,对园区下属企业、党支部、合作社开展防疫宣传、聚会劝退、安全生产督导等工作,引导群众树立科学防疫、安全生产观念,强化自觉防疫、安全生产意识,实现园区疫情、事故零发生。科学引导复工复产,园区组建由四川农业大学水稻研究所、眉山职业技术学院两所院校专家及眉山市和东坡区专业技术推广研究员等为成员的18人专家团队，引导新型农业经营主体科学、合理、有序开展复工复产，针对性开展专题培训和田间指导，协调解决招工难、复产难问题。

【产业布局】 园区形成以粮经复合产业为主导，一、三产业融合为特色的产业布局。建成2.56万余亩规模连片的“稻-菜”粮经复合基地，2600余亩有机蓝莓、柑橘等高端水果产业，3600余亩樱花、月季等特色花卉观赏产业。

【农田建设】 建成具有地势最平坦、视野最开阔、粮食蔬菜种植成片规模最大、机械化程度最高等特色的高标准农田4.8万亩、优质水稻基地3万亩，修建田间道路120.02公里，带动周边建成绿色高效粮经复合基地8.3万余亩。

【新型经营主体培育】 2021年，园区成功创建全国农村创业园区（基地），搭建推动农村创业发展、促进乡村产业振兴平台，得到CCTV-7、新华网、《人民日报》等重量级媒体宣传报道10余次，被央视《新闻联播》点名表扬。该项目产值是传统大棚的5—6倍，向周边农户提供长期性工作岗位132个，带来工资收益500余万元；带动周边农业绿色化、优质化、集约化发展，项目周边发展粮食和蔬菜病虫害绿色防控面积3万余亩，农药肥料减量30%的绿色节本增效技术得到积极应用。与省农科院合作进行种植技术攻关，解决蔬菜种植技术难题，助推现代化生产经营理念和高新技术的应用，全年园区增加无人植保机38台套，水稻印刷播种应用面积1400余亩，周边太和、尚义两个镇增加蔬菜设施大棚800余亩，智能化滴灌设施应用面积达1.3万余亩。培育好味稻合作社成功发展为集产加销一体化的综合型水稻专业合作社，注册自有商标3个，推出粮、油、酒等产品10余种，成为农业农村部全国110个“国家农业科技示范展示基地之一”，合作社理事长李相德作为全国唯一种粮代表，参加国务院总理李克强主持召开的座谈会。

【良种良法示范推广】 连续6年开展以优质、高产、高效为目标的水稻生产竞赛活动，引导发展优质水稻，2021年竞赛活动参赛业主共计163户，涉及东坡区6个水稻主产乡镇，带动全区实现水稻优质化率达95%以上；年内6.3万余亩竞赛田块平均亩产达649公斤，较全市平均产量水平直接增产6800余吨，带动覆盖区27万余亩水稻同比增产5%以上；12月，农业农村部、省政府、省农业厅、市政府等各级政府官网刊载第六届水稻“一优两高”生产竞赛，并给予肯定报道。以新品种新技术中试基地为平台，促进良种良法深度融合。通过科研院所和农业公司累计引进试种国内外优质品种340余个，开展水稻化肥、农药减量绿色生产、机插秧优质超高产栽培、病虫害绿色综合防控等技术示范30余项，筛选出锦城优雅禾、荃优822、晶两优534、隆两优534、川种优3877、麟两优化占、兆优5431等适合眉山种植的优质高产品种近40个，集成杂交水稻机械化生产“缓基速追”减氮增效施肥技术等绿色安全生产新技术3项，带动东坡区48万余亩水稻全面实现优质化生产。以绿色生态种养模式为突破，拓展稳粮增收新途径，推动“农户+基地+公司”订单销售，引导发展自主品牌，成功探索出“稻、菜、药”轮作、“稻—鸭”“稻—鱼”“稻—鸭—鱼”立体生态高效种养模式，“稻、菜、药”轮作模式较“稻—菜”模式每亩增加净利润2000元，“稻—鸭—鱼”模式较普通田块农药减量20%以上，直接节省农药、肥料成本50元/亩，生态优质稻售价提高30%以上，较单种水稻每亩增加净产值1050余元。

【粮食产销模式探索】 园区与成都粮食集团洽谈共建5万亩优质水稻生产基地，达成初步意向，以“农户+基地+企业”产销合作模式实行订单生产。引进四川润地农业有限公司发展数字农业，完成项目洽谈和建设选址，拟投资5000余万元建设数字农业产销基地，建立起“基地+互联网”的销售模式。开展“合作社+超市”销售模式，协调好味稻合作社产品打入成都益民超市，销售额达880余万元。开展“合作社+社区”销售模式，引导水稻专业合作社购置自助碾米机，在成都、眉山的小区内开展大米自助销售。

【项目建设】 在市、区文广旅局指导下，撬动惠川公司投资1000余万元，以惠川食用菌产业园为核心成功创建国家AAA级旅游景区，年内完成景区基础设施规划建设，并投入运营。以东坡区岷江园区为核心的东坡区绿色粮蔬现代农业园区获得市、区现代农业园区2019年度财政奖补资金260万元，资金用于改造修建农产品运输通道2650米，硬化四维村、元宝村产业通道300米，整治高标准农田排灌沟渠380米；投资50余万元，完成东坡区晚熟柑橘产业园观景台廊桥建设项目，配套修建一座38平方米观景台公厕。推进公益性公墓建设，改善园区乡村环境，总投资1000万余元(其中市级专项资金300万元)，修建公益性公墓1万个，并配套管理用房等设施。会同区农业农村局争取到省农业农村厅优质稻结构调整示范县项目资金950万元，以园区为核心区，建立5个1000亩核心示范片，从集中育秧、优质水稻品种推广、全程机械化技术推广和社会化订单收购4个方面进行项目建设，不断优化粮食产业结构。

【品牌创建】 累计指导注册惠川泡菜、众享好味稻粮油、东坡美人蓝莓等特色商标15个，荣获著名商标1个，推出各类深加工产品60余种，有机食品认证产品2个，绿色食品8个，好味稻水稻专业合作社产品荣获“四川优秀旅游食品”称号，凯盛浩丰公司取得Global-GAP认证(全球良好农业规范认证)，获得农产品出口欧洲资格。

【招商引资】 园区与珠海美光原科技股份有限公司达成合作协议，计划投资2.8亿元，规划建设一个占地260亩的智能化全控温室大棚，为大型商超、新零售巨头、高档餐馆和五星级酒店等提供配送服务，打造成为都市圈居民安全可靠和高品质蔬果的稳定供应生产基地，并为周边区域发展现代农业提供示范。

(李如龙)

东坡

工业·建筑业

工业概况/泡菜和食品加工产业——眉山“中国泡菜城”/生物医药——眉山经开区新区/甘眉工业园区南区/建筑业

工业概况

【概况】 2021年,全区规模以上工业企业共计159户。全年税金7.07亿元。

【工业产值】 全区规模以上工业企业实现产值402.02亿元,同比增长12.24%。区属规上工业增加值增速6.8%。

【工业投资】 全年实现工业投资80.01亿元,同比增长12.1%。实现技改投资16.7亿元,同比增长26.2%。

(张静雯)

泡菜和食品加工产业——眉山“中国泡菜城”

【概况】 眉山“中国泡菜城”始建于2006年,地处成渝经济区枢纽部位、成乐经济带中心部位,北距成都60公里、双流机场和天府国际机场50公里,遂资眉高速公路和成都剑南大道南延线横贯东西,距成乐高速、成昆铁路、成绵乐城际轻轨、省道103线、国道351主干线仅3公里,距离成都三饶高速公路出口6公里,距天府大道10公里。

园区规划面积17.94平方公里,建成区面积约5.5平方公里,主导产业为泡菜及高端食品产业,是全国首批现代农业产业园,也是省级高新技术产业园、四川省“5+1”重点特色产业园区和省级农产品加工示范园区。重点打造“一中心、六基地”(泡菜加工中心、泡菜技术研发基地、泡菜质量检测基地、泡菜交易展示基地、泡菜文化旅游博览基地、泡菜教育培训基地、泡菜原料生产基地),截至2021年底已拥有七个“全国唯一”:唯一的泡菜食品产业城、唯一的国家级泡菜质量检验中心、唯一的泡菜产业技术研究院、唯一的泡菜专业博物馆、唯一经商务部审核颁布的中国泡菜行业标准、唯一的泡菜行业国家AAAA级旅游景区、唯一的泡菜食品国际博览会永久举办地。2019年,园区与眉山经济开发区新区、眉山现代工业新城核心区、金象化工产业园区一起,并入眉山高新技术产业园区(省级工业开发区)。

【目标定位】 预计到“十四五”末,园区主导产业集中度达80%以上,规模以上企业达到60家。工业产值实现翻番,突破250亿元。工业入库税金实现翻番,突破6亿元。培育上市公司2家、年产值10亿元及以上企业3家。

【创新成果转化】 四川省川南酿造有限公司“基于MVR泡菜盐渍液高效综合利用关键技术研究与示范”获省科技进步一等奖,创建农业产业化国家重点龙头企业;四川青木制药有限公司通过美国FDA cGMP现场核查;园区入选知识产权特色小镇并获100万元建设专项资金支持。

【会节承办】 2021年,眉山“中国泡菜城”承接省委常委、副省长李云泽考察和市区人大代表政协委员视察,筹办2021年全市抓项目促投资现场会、高新区2021年党建工作暨高质量发展大会等8次大型会议,获得各级领导现场肯定。

【主要经济指标】 2021年,园区50家规模以上工业企业实现产值136.92亿元,同比增长16.6%;实现税收3.2亿元,同比增长40%;全社会固定资产投资入库44.99亿元,完成区定目标45亿元的99.9%;全社会固定资产投资报送42.09亿元,同比增长42.92%,完成区定目标50亿元的84.18%;房地产投资报送9.73亿元,完成区定目标10亿元的97.3%。其中,工业固定投资完成27.64亿元,同比增长7.9%,完成区定目标30亿元的92.13%;技改固定资产投资完成8.02亿元,同比增长-2.33%,完成区定目标9亿元的89.11%。实现新增规上工业企业6家,完成区定目标5家的120%。

【园区党建】 增设“两新”党支部6个,发展预备党员15人,转正党员6人。组织中心组学习8次,完成党史学习教育4个历史专题学习,开展各种形式党课8次、特色支部活动6次,落实“我为群众办实事”31件。加强党风廉政建设和反腐败工作,党工委专题研究廉政工作8次,排查风险点30个,通报学习典型案例7次。

【经济建设】 强化“一站式”“保姆式”服务,推进李记乐宝、亲亲食品、蒙牛、海霸王一期、今麦郎等11个项目相继建成投产。实施星火计划，协助饭扫光公司开展A股上市前期准备和漫味龙厨公司股改工作，引导今麦郎、海霸王等9家公司在眉山上市，形成可持续上市后备梯队。加大企业帮扶力度，兑现企业各类奖补资金910余万元，协助海霸王、漫味龙厨等企业解决用工4500人，保障企业发展用工需求。1—12月新增规模以上工业企业6户，累计实现规上工业总产值136.92亿元，同比增长16.6%，高于全区1.45个百分点；完成工业税收2.9亿元，同比增长30%；完成项目入库30个，总投资65.25亿元。

2021年5月31日，四川天和堂食品股份有限公司高端冷冻食材研发生产基地奠基仪式

【疫情防控与服务企业】 全年累计筛查比对企业职工信息9000余人次；科学引导企业有序复工、高效复产，解决企业在生产资料供应、交通运输通行、行政审批效率等方面困难，累计帮助20家企业（项目）代办或协助办理行政事务及需求事项200次，无一家企业受疫情影响停工停产；推进企业发展软环境建设服务，协调10个企业职工子女入学；组织机关、企业职工开展疫苗接种工作，完成两针疫苗接种9000人，完成率99.55%；推进外来人员每日信息排查，累计排查中高风险及省外来（返）眉人员2500人次。

【招商引资】 全年新签约项目7个，签约金额64.13亿元，完成区定目标任务的100%，其中5亿元以上重大项目3个；招商引资总到位资金58.6054亿元，完成区定目标任务的98%。签约项目分别为：投资40亿元的亿达集团智慧工厂和食品研发生产基地项目、投资10.5亿元的蒙牛集团年产量50万吨常温牛奶智能化生产项目、投资6亿元的漫味龙厨复合调味品及配套包装项目、投资3亿元的天和堂高端冷冻食材研发生产基地三期项目、投资2亿元的四川永嘉尚善投资有限公司食品包装生产项目、投资2亿元的蒙牛集团高端鲜奶生产项目和投资1000万美元的汽车关键零部件、精密液压阀制造及销售总部基地。

【项目建设】 全年在建项目20个，总投资85.25亿元，其中申唐食品、天和堂、百品味源、废墟啤酒等4个项目开工，共投资10.3亿元；启贵商混、李记乐宝、亲亲食品、味滋美、蒙牛、海霸王一期、天辉包装、集坤一期、三益电子、今麦郎、力天农牧等11个建设项目建成试产，共投资40.2亿元；汇宇生物、兴川泰、西部风、三品食品、星馨盛等5个续建项目稳步推进，共投资34.75亿元。服务于龙蟒福生赤霉素发酵菌渣综合利用项目等技改项目15个，帮助锦蓉食品、老坛子、亿达产业园、永嘉尚善、杜商机械、仁铭印务、香乐汇、开门红、兰鑫食品等9个签约项目启动开工前期准备工作，预计投资60.03亿元。

【要素保障】 强化要素配置，完成眉山“中国泡菜城”棚户区改造项目多条高压线和蒙牛35千伏高压迁改，协调保障蒙牛、今麦郎、兴川泰、天和堂、百品味源、味滋美（增容）、三品（增容）8家企业用电，蒙牛、今麦郎、兴川泰3家企业用水，蒙牛、今麦郎、味滋美、凯旗（原恒友塑业）4家企业用气。对园区企业、居民小区燃气使用情况开展专项排查，确保用气安全；完善园区路网，推进19号路市政工程、二板堰支渠改道工程等20个市政项目竣工验收；保障项目用地，协助报批土地349.5亩,出让土地385亩,征拆土地820亩,完成眉山"中国泡菜城"棚户区改造项目84亩土地调规。

【园区环保】 累计投入2000万元进行治污设施升级改造;召开高盐废水治理推进会、生态环境保护百日攻坚推进大会等专题会议9次,开展企业环保负责人专题培训420人次、环保实操人员1000人次;处理中央环保督察组交办群众信访投诉案件2件(主办1件、协办1件),通过第二轮中央生态环境保护督察;处理污水约470万立方米,出水COD日均值为29.52毫克/升,氨氮日均值为0.215毫克/升,总磷日均值为0.334毫克/升,达到岷沱江排放标准;泡菜盐渍池逸散气味研究取得初步成果,围绕异杂味形成环节提出盐渍区和污水处理区的管理措施,制定《泡菜清洁化生产规程》;按照"八大专项行动"要求开展全面排查,建立生态环境突出问题责任清单,共计查出问题350项,下发整改通知书69份。

【安全生产】 结合园区实际,编制印发《关于调整园区安全生产委员会及责任分工的通知》《关于印发网格化管理工作方案的通知》和《园区部门安全生产监管责任划分》等制度文件。组织召开季度安委会4次,组织召开关于盐渍池、道路交通、建筑施工、危险化学品、清单制管理等专题会议12次。开展节前安全生产大检查、季度安全生产大检查、安全生产专项整治三年行动、"两个行动"安全专项检查、泡菜食品行业安全专项检查和用电用气安全专项检查等,共检查企业980个次,整治隐患1200项。督导10户企业完成安全生产标准化证书到期复证工作,指导四川省大有食品有限公司顺利通过安全生产标准化现场考评;五是抓应急管理。策划修订园区《安全生产突发事故应急预案》和《职业健康突发事故应急预案》,全年共备案预案36份。组织四川青木制药有限公司开展消防安全综合应急救援演练,督导园区企业瀚州化工、正博科创、鑫荣工贸等开展消防演练5次。组织开展安全生产宣传咨询活动,发放安全宣传画册800份,接受咨询110次。开展安全生产隐患排查治理活动,排查治理安全隐患36项。邀请市、区执法人员对宫廷食品、红四方开展执法检查,共查出不符合项6条,其中违法行为2项,处罚罚金2万元。指导企业开展作业场所职业病危害因素检测和接害员工职业健康体检,累计完成检测56户、体检65户,完成体检1700人。

【食品监管】 完成50家食品经营单位风险等级评定,其中A级21家、B级26家、C级3家;开展节假日食品安全专项巡查6次,排查食品安全隐患134个、其他安全隐患295个,查处食品安全隐患248项,下达责令整改通知书4份;妥善处理"12345"投诉举报85件,12315投诉举报100件,交办转办投诉举报28件,协办投诉举报7件;办理食品经营许可证24户、仅销售预包装食品备案登记7户,参与食品生产许可证新办、延续及变更增项现场核查22次。

【园区稳定】 全年共协助办理信访案件23起,其中企业拖欠民工工资案件15起、在建工地农民工工资问题7起、环境保护问题1起。接转办结四川省信访信息系统信访交办件2件、"12345"热线工单226件。2021年分别对汇宇项目配套市政道路工程项目、眉山"中国泡菜城"19号路市政工程项目、眉山市东坡区崇礼大道至上夬湾湿地公园排水管网工程项目、棚户区(城中村)改造项目、棚户区(城中村)电力管廊项目、棚户区(城中村)市政道路项目等6个项目开展重大事项社会稳定风险评估,保障项目实施中的安全稳定。

【园区综合管理】 全年累计投入160万元用于环境卫生保洁和社会综合治理,购买集扫地、洒水、吸尘为一体的扫地车1台,设立分类垃圾亭4个,更换分类垃圾桶60个;累计出动车辆6500台次,开展环境卫生专项整洁和突击整治65次,清运、处理生产生活垃圾达1.8万吨,无害化处理率100%;监管5个在建项目(工地)砂石资源,全年未出现盗采砂石资源情况;投入上夬湾湿地公园人工管理费用18.5万元,配置保洁人员7名、常驻巡查人员1名,累计开展专项检查43次,处理私自钓鱼、捕鱼事件54次,消杀水生杂草约26亩;投入13万元完善道路标识标牌、施画标线和翻新震荡线;开展运土大货车超速、超载、超高和抛洒滴漏的管控治理,累计单独执法35次、联合执法7次;设置22人防汛应急分队,开展汛期隐患排查整治;投入9.35万元对园区雨水管网、检查井清理疏通，清理雨水沉淀井188个、支管3183米、主管200米；投入178万元对园区建成道路约43万平方米绿化带进行绿化养护；投入144.8万元对园区4390米排洪沟进行清淤整治；开展城市井盖普查建档工作，录入系统的雨水井盖453个、污水井盖462个、雨箅子983个。

【名企推优】 四川省亲亲食品科技有限公司于2020年8月落户眉山，是亲亲(中国)投资有限公司与亲亲食品集团(香港)股份有限公司的合资企业，注册资本1500万美元，是亲亲食品集团全国布局的第八个生产基地，主要从事生产和销售“亲亲”果冻和虾条及相关系列休闲食品。

项目总投资10亿元，一期投资3亿元，建设年产2.78万吨果冻、膨化生产线项目，规划总用地面积31333.3平方米，总建筑面积31823.26平方米，一期于2021年4月建成试产，全面投产后可实现年销售收入2.6亿元，新增上缴税收约3000万元，新增就业岗位220余人，同时带动本地油脂、白糖、包材等配套产业近8000万元的经济效应；二期投资7亿元，占地约170亩，建设烘焙、调味品、饮料等食品生产基地，投产后预计实现年产值4亿元，税收2000万元。

亲亲食品集团是中国重要的休闲食品品牌企业，亲亲食品于2016年在香港独立上市，销售网络遍布全国，远销欧美、俄罗斯及东南亚等海外市场。

【产业孕育】 四川天合堂食品股份有限公司为山东天合堂食品股份有限公司全资子公司，以专业研发、生产、销售狮子头、速冻肉丸、火锅料等产品为主，依据本地优越农副产品自然条件，结合精心研制的工艺配方，生产高蛋白、低脂肪、口感细腻、味道鲜美、包装精致的“官膳”“正清和”等系列产品。

2019年7月，山东天合堂食品股份有限公司与东坡区人民政府签订投资合同，成立四川天合堂食品股份有限公司，项目选址泡菜园区泡菜城大道5号。计划总投资8亿元，分3期建设，其中一期投资3亿元、占地面积60亩，二期投资2亿元，占地面积40亩，三期投资3亿元、占地面积80亩。主要建设研发、生产、冷链、仓储于一体的高端食材研产基地，打造智慧工厂。截至2021年底，一期项目正在进行智能化生产车间、智能化冷库、办公楼及附属设施建设，预计2022年5月底建成试产。

公司全面建成后预计实现年产值10亿元，年入库税收不低于5000万元，带动就业500人以上。

（李　幸）

生物医药
——眉山经开区新区

【概况】 眉山经济开发区新区位于眉山市中心东坡区西北面，东邻成乐高速，西至工业大道，南连100千伏电力镇管线，北接科工园北一路。园区成立于2010年3月，总规划面积35.83平方公里，近期规划面积19平方公里，主导产业为生物医药。园区紧邻中心城区，区位优势明显，交通便捷，北距成都60公里，南至乐山50公里，距城际轻轨眉山东站口1.5公里，距眉山火车站1公里，距双流、天府国际机场50公里，是成都“后花园”“半小时”经济圈，天府新区的辐射区、延伸区。

【目标定位】 打造“生物医药特色园区”和“西部生物医药产业高地”。到2025年，医药产值达到150亿元、力争达到200亿元，销售收入达到300亿元、力争达到500亿元。

【主要经济指标】 2021年，园区规模以上工业企业工业总产值38.4亿元，同比增长20%。全社会固定资产投资入库45.03亿元，其中，工业投资入库23.22亿元，技改投资入库4.05亿元。全社会投资30.99亿元，其中，工业投资12.85亿元，房地产投资10亿元。新增规上工业企业3户，新增社消零2户。

【招商引资】 2021年新签约项目17个，总协议引资45.8亿元，签约项目数同比增长64%。其中，亿元项目11个，3亿元以上项目6个，5亿元以上项目4个，10亿元以上项目1个。到位资金50.96亿元。

【项目推进】 推行“项目联系服务、书记主任现场办公、会商共诊、约谈推进、红色代办”等项目服务机制，为联东、蜀西、零满等项目代办代领工商注册、立项备案、报规报建、施工许可、消防验收各种行政审批手续2000余件，实现药行二期、国为二期、零满、伊诺达博技改、爱迪、富生电器新能源汽车电机生产、眉州大院、联东、国药医药销售和仓储物流中心、昇锐等10个项目开工建设；实现天之源、广汇·汇茗城、药行一期、德峰技改、三鑫（租用鑫和厂房）、富生电器新能源汽车电机生产、国药医药销售中心和仓储物流中心、维颢等8个项目投产投运。

【企业培育】 2021年，实施“巨人计划”“成长计划”“助力计划”“精品计划”，加大对舒泰神、国为制药、自豪药业、德峰药业、森科制药等研发能力较强的医药企业、科研机构的扶持培育力度，培育出产值5亿元以上企业3家，1亿元以上5亿元以下企业6家。通过药品创新研发、上市许可持有人制度、品种转移落户、基药及医保目录调整等方式，全年培育出产值亿元以上品种2个，千万以上产值品种13个，药品上市许可持有人品种6个，集中带量采购品种3个，获得临床批件的Ⅰ类新药2个。组织企业开展各级各类项目资金申报，引导企业争取项目资金约1400多万元，其中到位资金1240多万元。

【品种培育】 2021年，重点培育园区盐酸莫西沙星系列产品、深海鱼油系列产品、金银花颗粒、复方黄连素片、除湿止痒软膏、缩宫素鼻喷雾剂等为代表的重点医药品种，培育出自豪药业用于治疗原发性高血压的化药3类新药替米沙坦氨氯地平片（国内首仿）和国为制药用于治疗甘油三酯血症的3类新药ω-3脂肪酸乙酯90软胶囊（国内首款）。截至年底，园区共有药品批文187个，其中国家独家品种（剂型）22个、医保品种62个、国家基本药物40个，国家集中带量采购品种3个，实现亿元产值品种2个，千万元以上产值品种12个。

【要素保障】 PPP项目续建七号路东片区道路工程完成清表约95%，路基开挖约90%，污水管网完成约72%（3919米）雨水管网完成约17%（972米），路基路面约15%。开工26号路、39号路、40号路、尚义大道连接线等4个项目，完成清表约90%，路基开挖约90%，雨水管网约52%（约3865米），污水管网约59%（约2299米）。西堰二期安置区建设项目完成土地“招拍挂”及回购合同相关手续办理，桩基工程完成约50%，筏板基础完成约30%，独立基础完成约20%。

【闲置资源清理】 完成四川百途医药2宗国有建设用地使用权及地面资产的收储工作，面积254.26亩。协助用地单位办理建设用地预审，协助维颢、德峰、安岚等企业办理不动产登记证12宗。

【土地供给】 制定并获批园区成片开发方案，面积约1916亩，其中项目约1133.15亩，道路约782.85亩。开展738.545亩土地的报批工作。根据项目和市场用地需求，出让土地5宗，出让面积349.53亩，完成西堰安置区二期、联东工业一期、鲁徽制药等重点项目供地。推进征地拆迁安置，完成科工园北路、15号路、24号路、26号路、32号路、33号路等项目征地889亩。

【安全与环保】 2021年组织开展安全生产大检查12次，专项检查4次，发放宣传资料600余份，全年未发生安全生产事故，未造成人员伤亡。全年开展6次环保大检查，全面清查并督促园区企业完善环保资料，督促企业正常运行环保

2021年3月31日，四川历瑞医药有限公司眉山基地建设项目开工仪式

设施。不定期抽查重点企业，主要对企业内部管网、VOC排放、水土保持、重污染天气“一厂一策”执行情况等开展排查，未发生环境污染事故。

【园区党建】 开展“我为群众办实事”活动，办理四川国为制药有限公司落实奖补资金问题、协调解决宏嘉项目民工工资事宜、眉州大道污水管网改造项目、解决园区企业人才住宿难问题等群众关注度高的事项。增设眉山市经开区新区建设投资开发有限责任公司和眉山西部药谷投资开发有限责任公司2个国有企业党支部，眉山圣丹药业有限公司、眉山容合医药有限公司、四川锦善和生物科技有限公司和四川顺丰速运有限公司眉山分公司等4个非公有制企业党支部。组织园区12名发展对象参加区委统一组织的发展对象集中培训，发展预备党员10名，按期转正党员13名，承转党员党组织关系29名。

【园区稳定】 全年上级转交人民网、信访、走访、网投等信访件283件(含交办件18件)，“12345”热线案件561件，全部稳控到位。调解广汇、川金、宏嘉等在建项目民工工资纠纷60余件次，帮助100余名群众追回工资200多万元。

【名企推优】 四川格林泰格生物科技有限公司。2015年入驻园区开工建设格林泰科新药临床前公共服务平台，投资8亿元，占地面积356亩，由国内药效研究领域权威专家创建，核心团队均为海归药效学专业人士，组建集临床前药效评价中心、国际会议中心、生物医药人才培训基地为一体的高端新药研发合同外包服务机构(CRO)，拥有专业的技术配套设施，专门为国内外新药研发机构提供一站式保姆孵化服务，致力打造集科学、专业、规范的一站式临床前新药研发技术服务平台，填补国家在规范化药效评价服务方面的空白。

四川国为制药有限公司。四川国为制药有限公司隶属于国为医药，成立于2011年，注册资金5000万元，是一家专业从事高端化学仿制药、ω-3鱼油不饱和脂肪酸系列产品、多肽药物的研发、生产和销售的国家高新技术企业，先后荣获四川省瞪羚企业、四川省技术创新示范企业、四川省科技成果转化示范企业、中国化学制药行业工业企业综合实力百强等多项称号。公司拥有年产化药20吨、口服固体制剂2亿片/粒、软胶囊5亿粒和高纯度深海鱼油300吨以上的生产能力。完成30多个项目的注册申报，取得6个药品制剂、6个原料药和2个保健食品生产批件，拥有3个国内首仿上市产品，3个国家集采产品，19项授权专利。获得1项国家重大新药创制专项、近20项省市及科技项目支持。2021年实现产值5亿元，利税749.2万元。

四川森科制药有限公司。2013年入驻园区，是一家以生产中西成药为主，集研发、生产、销售于一体的高新技术企业。公司注册资本6000万元，占地115亩，于2015年7月建成并投入生产。公司有药品批准文号92个，全国独家品种和剂型7个，纳入国家基药和医保目录的药品44个，发明专利15项。2021年实现产值6.5亿元，实现利税1600万元。

四川德峰药业有限公司。2013年入驻园区，注册资金1.3亿元，占地73亩，获得国家高新技术企业和省级企业技术中心认定，是上市公司亿帆医药股份有限公司(证券代码：002019)全资子公司，五大生产中心之一，以研究、生产、销售为主要业务形态的综合型企业，产品领域覆盖皮肤科、妇科、儿科、骨科、心脑血管科等，累计在园区投资8亿元建设一、二、三期药品生产基地，一期、二期建成投运。公司拥有药品批文81个，其中独家品种(剂型)15个。2021年实现产值3.7亿元，利税1521.7万元。

四川自豪时代药业有限公司。专业致力于生物技术药物、合成药物、天然药物及药物新制剂研发、生产和销售的现代化医药企业。公司申报发明专利7项，授权发明专利3项，外观设计专利授权13个。公司拥有3个药品生产批文，其中“复方萘酚阿奇片”是全市第一个获得军队特需药品批件的国家一类新药。

(罗　坤)

甘眉工业园区南区

【概况】 甘眉工业园区南区是眉山现代工业新城南组团重要园区之一，是眉山市重要的以机械装备智造为主导的专业园区，位于眉山市东坡区思蒙镇和修文镇，北起遂资眉高速，南至蒲井高速，东止成昆铁路,工业大道和工业环线贯穿园区南北、直达成都。园区总体规划面积3.75平方公里,有工业企业23家,其中规模以上企业7家,是全国最大的拉铆钉(销)试验检测中心和制造基地、全国重要的特种紧固件生产基地、全国重要的轨道交通装备制造基地。被商务部认定为国家首批加工贸易产业园,系全省唯一。2021年,园区总产值30.03亿元,同比增长23.42%,入库税金1.2亿元。完成全社会固定资产入库数28.05亿元。招商引资签约项目4个,到位资金19.6亿元。

2021年10月19日,在眉山东湖饭店举行四川省钢构智造产业基地项目签约仪式

【招商引资】 2021年,甘眉工业园区南区招商引资签约项目4个,即投资50亿元年产20万吨桥梁钢构产品的四川省钢构智造产业基地项目,投资5亿元年产50万套桥梁及建筑支座、年产20万延米伸缩装置的桥梁核心连接构件制造项目,投资3亿元年产900万件的铝合金挤压铸造件及压铸件的以铝代钢高端汽车承力件轻量化项目,投资1.2亿元年产500万平方米非沥青基自粘、500万平方米高分子自粘胶膜产品的飞翎防水总部生产基地项目(二期)。

依托"飞地经济"模式与武侯悦湖科技城管理委员会签订《协同发展合作协议》。与浙商银行成都分行签订战略合作协议,携手推进园区经济和浙商银行成都分行金融业务的共同协调发展。与四川发展新兴产业园建设公司拟订框架合作协议,合力打造轨道交通配套产业园中园项目。延续同成都芯谷的合作,启动并完成园区标准厂房招商运营的公开招标工作。

【平台建设】 2021年9月13日,与眉山天府新区青龙区域、仁寿经济开发区A区联合申报并获批首批国家加工贸易产业园,重点承接和发展电子信息、高端装备制造等传统优势产业。

【项目服务】 完成安德盛、岷河管业、飞翎防水项目挂图作战建设任务,协助安德盛、岷河管业、飞翎防水3个入驻项目完成入归入统并投产;完成四川省钢构智造产业基地项目以及桥梁核心连接构件制造项目立项、名称预核、工商注册以及缴纳项目用地保证金等前期工作;完成眉山市东坡区崇仁片区棚户区(建制镇)改造项目安置小区施工图设计、预算等前期工作并通过专家评审;完成车城北路西段、安置小区项目杆管线财评工作;与益民供排水公司洽谈园区供水主管网项目,完成项目报送工作,为园区预留15000立方米日均供水量;完成思南1、2回10千伏线路延伸线项目报送工作,与东坡供电中心协调由思南一、二线架设约4.5公里供电线路至车城北路,提供2万千伏安供电容量。配合北片区一期范围内企业(标准厂房、车城北路、飞翎防水)开展电力、通信、供水、天然气等要素保障工作。完成园区车城北路西段杆管线迁改合同签订,协调要素单位迁改影响企业施工的杆管线。

【投资工作】 按照眉山市审计局要求,报送眉山田园型智能产业新城PPP项目建设推进、资金使用和制度监管等方面的资料,完成专项审计工作。南方智工与四川中电致远园区运营管理有限公司合资成立眉山智创未来产业园发展有限公司,主要负责甘眉工业园区南区标准厂房项目的招商运营工作。

【融资工作】 以东坡区崇仁片区棚户区改造项目续发地方政府专项债券31600万元,到位4000万元;以甘眉工业园区南区产城配套项目发行地方政府专项债券5亿元,到位4.7亿元。

【土地出让】 完成D-629-1、D-629-2、D-629-3、D-630-1、D-630-2共计5宗土地的出让工作,出让总价为69200万元,出让平均单价为275万元/亩。5宗地均由眉山东坡发展投资集团有限公司竞得。

【安全生产】 2021年,园区被区应急管理局评为年度安全生产、森林防灭火工作先进集体单位。全年共开展安全检查58次,专项检查16次,日常检查42次。现场纠正不安全行为为37项,查出问题隐患156项,重大问题隐患1项,隐患整改率100%,完成《甘眉工业园区南区安全风险分级管控》修编工作。制发《甘眉工业园区南区防汛应急预案(试行)》,开展防火、防汛、有限空间等应急演练6次,涉及24个演练科目,参演人员240人次。开展新《中华人民共和国安全生产法》、有限空间、消防知识、应急救援、疫情防控等教育培训工作,培训人员860余人次,发放宣传手册1200余份,组织40人参加安全知识网络竞赛及新《中华人民共和国安全生产法》测试。

【园区治理】 2021年,园区制定"园企联席会议"制度,结合市区"两走一对接"工作要求,落实领导接访制度,共接访15起,受理率100%。组织园区人员学习法律法规和政策,在人员密集场所和企业开展法治宣传工作,每月及时录入社会风险评估报告、不稳定因素、上报工作动态等。

【园区环保】 全年园区党政办公会议开展环保学习6次,专题研究环保工作8次,园区组织召开环保专题会议19余次,开展环保检查60余次、环保管家巡查4次。强化

2021年5月17日至18日,在园区体育馆设置新冠疫苗临时接种点。(图为新冠疫苗接种现场)

环保宣传引导,开展培训2次,制作环保问题举报标识牌8个,宣传广告牌1个,灯箱广告20个,制发环保问题"一卡通"1500个,收集群众反映环保问题26项并完成整改。完成污水处理厂联网工作,协助污水处理厂对接市、区环保部门,2021年3月实现在线监测数据上传。配合中车推进修文堆场治理,督导施工方更换筛分设备,提高筛分效率,全年分离固废4.5万余立方,运出固废2.7万余立方米,完成工程总量的50%。

【园区党建】 全年召开党工委会、党政办公会、干部职工会等14次,学习贯彻中共十九届五中、六中全会,市五次党代会,区六次党代会等重要精神。开展党史学习教育,赴朱德故里等地开展红色教学,专题开展新民主主义革命、社会主义革命和建设、改革开放、中共十八大以来历史时期的党史集中学习讨论,开展党员宣誓、党员代表谈初心等党内政治生活。组织开展庆祝中国共产党成立100周年相关活动,全体党员重温入党誓词并讲授红色主题党课,邀请市方志办主任、区委宣讲团讲师、中车眉山公司开展党史学习教育和"三线建设"文化党课活动。强化意识形态工作责任制,召开专题工作会4次,向区委上报意识形态开展情况1次,组织党员干部培训意识形态应知应会知识1次。加强廉政建设,组织召开党风廉政建设暨反腐败工作专题会议或安排部署会10次,组织全体干部职工观看警示教育片3次,通报身边的典型案例8次,开展"吃公函"清理整治和"窗口腐败"专项整治活动。强化以案促改工作,协助区纪委监委办理违法违纪案件1起,对1名违法违纪干部给予党纪、政务处分,对2名干部进行"书面约谈"。加强重点项目跟踪审计,建立由区审计局牵头的园区重点项目跟踪审计制度,配合市审计局完成《眉山田园型智能产业新城PPP项目》跟踪审计,完成对园区管委会、南方智工公

司2019—2020年财务审计。落实换届纪律,开展区委第四巡察组巡察反馈意见整改“回头看”、2021年上半年正风肃纪专项督查问题整改工作和五届区委巡察整改后续工作。

【助力乡村振兴】 开展“我为群众办实事”活动,安排31名在职干部联系思蒙镇4个村41户联系户,开展党支部共建联系村活动,定期邀请区内4个村的支部书记、主任及群众代表座谈交流,了解群众诉求,共谋园区发展。筹措资金83万余元下沉服务园区周边村组,修复工业环线3处村口连接道路、合林村张易坡水库沟渠、张场村部分水沟路面、碧江村委会外一条行人通道,维修车城社区部分市政工程,改善交通出行安全等。

(徐　越)

建筑业

【概况】 2021年全年建筑业企业累计入库20家,在库116家。建筑业总产值215.83亿元,同比增长25.86%。

【房地产销售】 全年东坡区房地产共销售225.09万平方米,同比增长9%。

【市政固定资产投资】 全年东坡区城区范围市政公用设施建设固定资产投资项目共计7个,计划总投资21.9亿元,累计完成11.29亿元,年内完成总投资3.56亿元。

(游芷依)

交通·通信

交通运输/综合交通枢纽建设/通信业

交通运输

【概况】 2021年2月，东坡区道路运输管理所和东坡区路政管理大队整合组建为东坡区交通运输中心，机构类别明确为公益一类，机构性质保持不变。全年固定资产投资26亿元，向上争取交通建设项目和资金补助21845.22万元，建成通乡沥青路19.849公里、通村公路0.7公里，整治危(病)桥、漫水桥12座(其中完工7座)，完成国省干线预防性养护37.654公里。全年旅客周转量17468.65万人公里，与2021年同比下降19.8%；货物周转量386243.36万吨公里，与2021年同比增长2.3%。

【通乡、通村公路建设】 全年建设通乡沥青路19.849公里，其中：眉山市东坡区金顶山墓区专用道路工程项目(第二段)全长3.861公里，完成投资11506万元；鳄鱼场、专用道路及附属设施项目(东坡区工业大道至300万只蛋鸡)，全长4.216公里，完成投资5789万元；千禾味业物流通道建设工程项目建设，全长0.822公里，完成投资3961万元；眉山市经开区新区一号路南段中修工程，全长2.641公里，完成投资391万元；铝硅大道万华化学至铝硅园区段路面工程，全长3.789公里，完成投资397万元；工业环线顺龙桥至万华段路面改造工程，全长3.99公里，完成投资391万元。

完成太和镇前锋村至金光村撤并建制村通硬化路工程0.7公里，总投资100万元。此道路由太和镇组织实施，区交通运输局给予技术指导。

【危桥整治】 对万胜镇万光桥重建工程、千和味业跨通惠河桥梁建设工程、瓦岗桥拆除重建工程等12座漫水桥、危(病)桥进行改造，总投资3201万元，7座桥完工投用。

万胜镇万光桥重建工程位于东坡区万胜镇场口，于2021年2月开工，2021年6月完工。该项目原桥拆除重建，重建桥梁全长40.04米，设计桥宽9.5米，设计荷载为公路-Ⅱ级，上部采用20米预应力砼简支空心板，下部采用桩柱式墩台，总投资：396万元。

千禾味业跨通惠河桥梁建设工程位于东坡区松江镇，于2020年12月开工，2021年2月完工。桥梁长20.96米，宽15米，上部结构采用装配式预应力砼简支空心板，桥面连续，下部结构桥台采用桩柱式桥台，总投资：220万元。

瓦岗桥拆除重建工程位于东坡区尚义镇，2021年5月开工，2021年8月完工。重建桥梁长17米，宽8.5米，净宽7.5米，上部采用1×10米钢筋混凝土梁板，下部结构桥台采用U形桥台，基础采用矩形扩大基础，总投资：128万元。

富牛镇原庆丰村1组同善桥重建工程位于东坡区富牛镇原庆丰村1组，2021年1月开工，2021年7月完工。在原桥位左侧修建桥梁一座，桥长48米，桥宽5.5米，引道长30米，桥梁上部结构采用装配式预应力砼空心板梁，桥面连续；下部结构桥台采用柱式台，桥墩采用柱式墩，墩台采用桩基础，总投资210万元。

东坡区崇礼镇金江村万家咀漫水桥改造工程位于东坡区崇礼镇金江村，2021年2月开工，2021年9月完工。改造线路全长0.192公里，其中改造桥梁全长84.06米，桥面总宽5.5米，桥面净宽4.5米，桥梁两端引道参照四级公路技术标准建设，路基宽度5.5米，路面宽度4.5米，总投资363万元。

【国省干线预防性养护】 国道245(东坡区彭山界至松江镇眉青路段)、省道428东坡区段预防性养护项目于2020年8月开工，2021年5月完工。起于国道245东坡区彭山界，止于省道S428东坡区夹江界，其中国道245东坡区段长20.73公里，省道428东坡区段长16.924公里，路线全长37.654公里，二级公路，设计速度40公里/小时。工程建设主要内容为对道路路面进行修复、养护，完善道路交通标线等，总投资1062万元。

【公路养护与管理】 完成国省县道巡查2865公里，桥梁巡查5790.7延米，国省县乡道路路面维修约21283平方米，乡村道路改建工程5.7公里，村道路基保通2公里，道路改造10600平方米，修建边沟620米、停机坪1处、公交车停靠站1处，修建及维修挡墙4处307米，涵洞维修设置54米，路基损坏维修2处，路缘石及路肩维修约600米，交通基础设施灾毁维修约450米；道路安保新增信号灯9组，电子警察3组，设置音屏障70米，伸缩缝2套，设置护栏3400米，标志牌269套，旅游交通引导标识（双悬臂）10套，维护旋转吊装悬臂式引导标识牌36套，爆闪灯48套，路面标线施画8321平方米，增设铸钢减速带543米，桥梁人行道护栏安装68米；绿化维护88640平方米，补植树木300余株。投入养护维修经费2029.94万元，安保经费289.31万元，桥梁检测经费21.95万元，共计投入资金约2341.2万元。

【路产与路权管理】 全年共发放宣传资料8872份，解答路政法律、法规咨询416人次，受教育6315人。在国道245线、351线，重要桥梁路段，思蒙超限检测站和永寿超限检测站摆放宣传展板9块；利用乡镇赶集设置法律咨询点，并发放宣传资料6352份。日常巡查与重点巡查相结合，每月巡查率达90%以上。创新推行"路政110"联动机制，联合多部门依法集中开展路域环境乱象整治"清零行动"，全年累计清除辖区公路建控范围内违章乱搭乱建的建筑物、构筑物6处，清除公路路障117.3平方米/11处、依法拆除路面非交通标志标牌7块，取缔移动商业广告牌87块，清除占道经营摆摊设点112处，查处抛洒滴漏行为1台次和纠正货车转载不规范抛洒滴漏行为25台次，损坏公路等路政案件查处率达100%，结案率达100%，全年未发生因公路路障而出现的安全事故。东坡区路政、交警联合执法的思蒙超限检测站和永寿超限检测站共检查货运车辆1082033台，处罚超限车辆462台次，卸货15140.06吨，向车籍地运管部门、交警部门、装载货运源头单位发放抄告书1338份。

【春运工作】 2021年春运期间共投放营运车辆219辆，累计安全运送旅客43.93万人次，旅客周转量328.62万人公里。针对疫情防控期间医疗物资、生产物资、生活物资短缺等各种不利因素，共储备应急客车12辆，应急货车15辆。

【运输市场管理服务】 与公安、路政等部门配合，开展营运驾驶员记分管理工作，全年共对215台次营运车辆驾驶员的违规行为进行登记，共计扣分2960分。按照交通运输部和国家统计局统计制度，组织开展载货汽车能源消费调查。

【高考保驾护航】 制订高考考生接送和防疫方案，开展对参运车辆安全检查和适时消杀，督促客运企业对驾驶员就行安全教育，为高考学生提供安全优质的运输服务，共计组织280趟次客车进行高考学生接送，共载学生12963人次。

【维修市场管理】 按照"放管服"要求，于2020年8月起维修企业由行政许可转变为行政备案，网办率达到100%。全年处理涉及维修的投诉、咨询、求助共115件，回复率100%。

【驾培市场管理】 完成教练车网办新增、审验等业务733件。全年处理涉及驾校的投诉、咨询、求助共120起，回复率100%。

【行业安全管理】 全年共召开行业安全例会13次，组织检查1461次，参加检查6199人次；检查企业4726家次。检查各类营运车辆118723辆次，检查客运站24家次，全年累计查处整改安全隐患198处，培训企业安全管理人员11072人次。

【非法营运查处】 集中开展打非治违活动、砂石场源头驻点治理超限超载及非法改装行动，加大节假日及周末客流量高峰期的执法检查力度，重点打击眉青线、眉仁线非法营运嚣张气焰。检查企业433家次，检查营运车辆1624台次，全年共派出运政执法人员、交警等1506余人次，出动车辆556台次，查扣非法营运车辆42辆。

【水上交通管理】 全年全区水上交通完成渡运量6万人次，周转量3万人次，保持33年无安全事故。加强对渡口、码头的安全设施、设备的安全检查，消除各种安全隐患。投入8000余元，对张坎渡口制作警示标志牌8个，悬挂、张贴"扫黑除恶宣传画"、环境保护、安全宣传布标等安全警示标语8幅，更新救生衣和救生浮具60套。

【运输安全管理】 加强道路运输，车站、码头在建项目的安全监管，交通安全生产形势趋于稳定。汛期，明确洪期码头船舶停靠点，重点对船舶系缆设施、洪期应急救援物资和船舶准备工作进行检查，排查船舶"一船一策"及防"跑船"8条措施落实情况，8月7日将船只吊离上岸避汛，9月30日恢复渡运。

（王　曦）

2021年东坡区水陆交通运输能力情况表

表4

公路			
通车里程	总里程(公里):1359.091		
	其中	高速公路	—
		一级公路	80.493
		二级公路	53.204
		三级公路	83.263
		四级公路	1084.322
		等外公路	57.809
公路密度	按国土面积算:每百平方公里102公里		
	按人口数计算:万人229公里		
通达程度	通公路的乡镇23(个)占乡镇数的100(%)		
	通公路的村125(个)占村数的100(%)		
客运站	总数(个):11		
	其中	一级站	—
		二级站	1
		三级站	1
		四级及以下站	9
营运车辆	总数(辆):9618		
	其中	客车240(辆)6760(座)	
		货车9378(辆)93418.75(吨)	
公路运量	客运	客运量(万人次)	481.23
		旅客周转量(万人公里)	17468.65
	货运	运量(万吨)	4383.98

内河			
通航里程	总里程(公里):37		
	其中	三级航道	—
		四级航道	—
		五级航道	—
		六级航道	37
		七级航道	
港口(码头)	总数(个):2		
	吞吐量	旅客吞吐量(万人次)	1
		货物吞吐量(万吨)	—
水路运量	客运	客运量(万人次)	6
		旅客周转量(万人公里)	3
	货运	货运量(万吨)	—
		货物周转量(万吨公里)	—
营运船舶	总数(艘):2		
	其中	客船2艘90座	
		货船0艘 0吨	
城市公交运输			
营运车辆	44辆		
公交线路	3条		
公交站	82个		
运量	230万人次		
备注			

(王　曦)

综合交通枢纽建设

【概况】 眉山市东坡区综合交通枢纽建设推进中心为区政府直属正科级事业单位，由区交通运输局代管。主要职责为：分析全区综合交通发展形势及难点问题，提出对策建议；负责全区轨道交通、铁路、高速公路等重大综合交通枢纽工程建设项目的综合协调服务；负责综合交通建设项目的争取及推进工作；负责协调解决全区综合交通建设发展中的其他问题；完成区委和区政府交办的其他任务。

【完工项目】 成乐高速扩容项目二期工程：成乐高速扩容项目二期北起尚义镇蒲眉路上跨桥，南至思蒙镇新风村与青神交界处，全长约24公里，涉及东坡区尚义镇、松江镇、修文镇、思蒙镇。2021年，完成思蒙镇红线内征地487亩，征拆房屋140户；完成松江镇红线内征地397亩，拆迁房屋76户；完成修文镇红线内征地92亩，拆迁房屋61户；完成尚义镇红线内征地493亩，拆迁房屋87户。成乐高速扩容项目东坡段2021年完成投资7亿元，完成目标任务的150%，12月15日成乐高速公路扩容项目眉山至乐山段建成通车。

【在建项目】 天府大道眉山段（东坡区段）：天府大道眉山段起于眉山市天府新区视高镇，顺接天府大道仁寿段，设计里程桩号K0+000；路线沿西南方向布设，于K6+354下穿成都第三绕城高速公路，于K17+714在终点接岷东大道预留平交口，路线长17.714公里。天府大道眉山段东坡区境内全长6.5公里，2021年完成投资7.2198亿元，完成目标任务的157%。完成征地面积677亩、拆迁房屋91户；全面迁改完成10千伏及以下旧电杆135处、110千伏铁塔1处、500千伏坡彭一、二线2处、铁塔、天然气4处。新华支渠迁改和东风渠完成迁改。

2021年12月15日，成乐高速公路扩容项目眉山至乐山段通车

眉山环城公路南环线工程：眉山环城公路南环线项目总长14.39公里，东接岷东大道，西接眉山工业大道，东段长7.494公里，西段长6.896公里，全段按一级公路设计，设计双向6车道，路幅宽度60米。南环线项目2021年完成投资8亿元，完成目标任务的105%。东段全长7.5公里，主要控制性工程是岷江特大桥1.4公里及4座中桥。

2021年，无人机拍摄建设中的天府大道

2021年12月15日，成乐高速公路扩容项目眉山至乐山段通车

2021年完成征地面积807亩、拆迁436户房屋，杆管线迁改91处。岷江三号特大桥（永寿大桥）完成全部主体结构。南环线西段全长6.8公里，2021年完成征地967亩，拆迁203户，涉及松江、尚义、修文三个乡镇。

【储备项目】 成都外环铁路：全长约450公里，总投资900亿元。眉山段起于仁寿县城堰乡，经眉东新城、仁寿县城、岷东新区、眉山北、秦家镇后到蒲江县，线路全长约94公里，总投资230亿元。设眉东新城站、仁寿站、黑龙滩站、岷东新区站、眉山北站。年内完成工可初稿编制，路线方案基本稳定，项目公司股东协议及章程通过市政府常务会审议。总工期4.5年，2022—2026年。东坡区境内约40公里，总投资约100亿元。

天府新区至乐山高速：该项目起于国道108正兴互通，经成都市天府新区、双流区、眉山市彭山区、仁寿县、东坡区、青神县、乐山市中区，止于乐山绕城高速，线路全长94公里，路基宽度34.5米，双向8—6—8车道，建设年限2022—2025年，总投资277亿元。东坡区境内主线长23.97公里，连接线16.7公里，投资约93亿元。

成都市域铁路S5线：S5线项目起于成都天府新区红莲村南站、经成都天府新区、眉山天府新区、仁寿县、东坡区、止于眉山中心城区音乐广场，全长约56公里、设站12座、总投资约189亿元。其中成都段约19公里，设站5座（红莲村南站、秦皇寺站、兴隆湖西站、煎茶站、文创城站），投资约81亿元；眉山段约37公里，设站7座（视高站、南天府公园站、乐高站、黑龙滩站、岷东新区站、眉山北站、音乐广场站），投资约108亿元。总工期4年，2022—2026年。东坡区境内约12公里，总投资约30亿元。

（杨运婷）

通信业

【概况】 2021年，东坡区电信业务总量11.3亿元；年末固定电话用户22.61万户，同比增长-5.5%；移动电话用户117.14万户，同比增速5.9%；互联网宽带用户38.4万户，同比增长8.3%。

【通信建设】 全区网络信息基础设施日益完善，2021年全区增设5G基站710个，5G网络基本覆盖主城区、工业园区、镇政府所在地。全年增设光缆483公里，增加端口6.73万个，宽带覆盖率达96%，完成主城区及主要乡镇千兆光纤网络接口建设工作。

（张静雯）

東坡

商贸·旅游

商 贸

【概况】 眉山市东坡区商务博览局于2019年2月成立，机构改革前为原东坡区商务局，是眉山市东坡区人民政府工作部门，为正科级。主要负责拟订全区商务发展规划，推进流通产业结构调整，协调全区整顿和规范市场经济秩序，重要消费品市场调控和重要生产资料流通管理，电子商务发展规划，牵头全区博览事务、会展业促进与管理等工作。下设东坡区现代服务业促进中心、东坡区市场开发服务中心2个事业单位。

【主要经济指标】 全区实现第三产业增加值256.57亿元，增速8.8%；完成全社会消费品零售总额222.35亿元，增速16.2%；全区进出口总额12.02亿元，同比增长57.3%；全区餐饮销售收入达35亿元，同比增长25%；向上争取资金实际到位1161.45万元；全区限上(规模以上)服务业单位入统增加16家，总量达186家。

【市场经济秩序监管】 根据《眉山市东坡区人民政府关于在全区市场监管领域全面推行部门联合“双随机、一公开”监管的实施意见》文件精神，联合区市场监管局、区公安分局、区税务分局等部门，牵头对单用途商业预付卡、新车销售市场、二手车交易市场、报废机动车回收拆解活动4个方面开展“双随机”抽查，共出动执法人员10名，

2021年9月23日，第六届孕婴童产业博览会在眉山会展中心举行

检查企业12家，检查中发现问题3家，责令整改3家，其余均未发现问题。根据《全国安全生产专项整治三年行动计划》文件要求，制定商贸流通行业安全生产专项整治三年行动总体方案，开展专项整治行动8次，日常安全检查60余次，出动安全检查人员150余人次，出动车辆45余车次，检查企业200余家次，共查出并整改安全生产隐患共计178项。制定并印发《眉山市东坡区商务博览局关于进一步规范会展活动的通知》，规范会展行业，维护会展市场秩序。

【会展活动】 2021年3月，协助引进天津振威展览股份有限公司市场化运营眉山会展中心；5月，促成东坡区与天津振威展览股份有限公司达成战略合作协议；9月，筹备

2021年10月22日，第十三届中国泡菜食品国际博览会成都分会场

2021年2月26日，东坡区人民政府举行“惠民促消费 欢乐闹元宵”惠民消费券发放活动

第十三届中国泡菜食品国际博览会(10月，因疫情原因，组委会决定大会延期举办)。培育本土展会，引导社会资本成功举办“首届天府眉山家装节”“第八届惠民团车节”“第六届孕婴童产业博览会”等大型消费类展会10余场次，现场成交额突破3.2亿元。

【电子商务】 围绕晚熟柑橘、泡菜等特色产业，依托京东“互联网+”新经济合作项目，推进电商工作跨越式发展。2021年全区网络零售额实现31.41亿元，同比增长8.5%，占全市网络零售额比重61%。其中，实物行业网络零售额实现28.14亿元，占全网零售额的比重为89.59%；非实物行业网络零售额3.27亿元，占全网零售额的比重为10.41%。农产品网络零售额实现19.14亿元。全年全区在线活跃店铺数量达6219个，带动从业人数9053人。开展年货节、购物节等线上专题产业节活动6场次，活动实现网络销售额2.07亿元。推进乡村振兴，打造崇礼、万胜、永寿3个“乡村电商”示范点，累计销售额超450万元，上架产品种类200个。

【对外贸易】 2021年，面对新冠肺炎疫情和中美贸易摩擦等不利因素，东坡区通过鼓励企业出口转自营，内贸企业向外发展，引进外贸贸易公司等政策措施，推进东坡区外贸业绩逆势发展。全年完成进出口总额12.02亿元，较2020年同期增长57.3%，增加有实绩外贸企业2家。按照《眉山市国家外贸转型升级基地(蔬菜)建设工作方案》，建立由区政府、区财政局、区农业农村局、区商务博览局等部门组成的基地建设工作协调机制，成立东坡区国家外贸转型升级基地服务站。2021年各级外经贸资金到位361.45万元，通过商标注册及资质认证、宣传推广、海外经营点、参展、物流支持、进口贴息、信用保险等各个方面对外贸企业进行奖补。

【消费促进】 2021年，在眉山主城区开展2期惠民消费促进活动。2月，开展以“全民共抗疫，欢乐过大年”为主题的消费促进活动，累计派发“消费券”8万张、派发金额500万元，拉动消费近1.1亿元；11月，开展“初冬送暖 惠满东坡”政府消费券派发活动，派发消费券总额500万元，涵盖商超、酒店、通信、电器、药店、餐饮六大行业，拉动消费近2亿元。投入580万元开展“东坡购新车·百万油卡齐欢享”购车消费促进活动，政企合作，带动汽车消费市场逐步回暖。3月30日，眉山市首家离境退税商店——四川宏远上铖超市有限公司正式挂牌营业，助推东坡区本土商品、本土品牌“走出去”，提高企业知名度和品牌影响力。

(马丹梅)

旅 游

【概况】 2021年全区旅游收入111.41亿元，较2020年同期旅游收入增长11%，较2019年同期旅游收入下降7.3%。石佛河畔生态湿地观光园项目2021年投入资金12006万元，超额完成2021年计划投资10000万元目标。

【旅游品牌】 2021年，成功创建第二批省级全域旅游示范区，入选“中国十大文旅融合发展名县”，惠川景区入围国家AAA级旅游景区。打造品牌融汇核心标识,打造《少年苏东坡传奇》城市超级IP。

【景区建设】 推进以三苏祠为核心的东坡故里文化旅游景区建设,争取资金6000余万元,完成三苏祠式苏轩文物展厅改造提升项目和景区提升改造。完善坛罐山驿站、11公里旅游风景廊道等硬件设施建设。着眼旅游个性化,推出6大类旅游路线33条,上线"东坡文旅"APP。

【旅游宣传】 邀请《中国旅游报》《蜀韵文旅》《中国文化报》采访报道东坡区旅游发展情况,发稿6篇,提升东坡旅游的社会影响力。邀请天府旅游美食探访团打卡东坡美食,直播宣传东坡味道,在线观看人数超百万人次,取得良好宣传效果。组织工作人员前往苏州、宁波、温州、重庆等地宣传推广东坡旅游;组织重点景区和涉文旅企业到重庆、浙江、西安、峨眉山等地参加旅游博览会、宣传推介会推广东坡旅游。在"文旅中国"等国家级旅游宣传媒体上发布精品自驾路线,将三苏祠、中国泡菜城、龚村、湿地公园、网红水街与东坡美食等特色元素结合,为周边游客自驾游东坡提供便利。

(贺轶宁)

【眉山市东坡区博物馆】 眉山市东坡区博物馆原名中国泡菜博物馆,于2012年7月建成开放,展陈面积2500平方米,是国内首家以泡菜为主题的专题性博物馆。博物馆由历史与文化、生产与加工、传承与创新、产品与品牌、品鉴与体验、展望未来等多个展区构成,系统解读和传播中国泡菜文化与产业发展,充分体现科学性、科技性、原创性,是中国泡菜博览的标志性展馆。

2018年11月完成升级改造,总体设计结构为两楼一底及一层地下车库,展陈面积提升为4500平方米。一楼布局泡菜文化与历史展厅、国际国内泡菜展厅、泡菜食品售卖区;二楼布局泡菜制作工艺展示厅、科技与健康展示厅;三楼布局东坡泡菜精品展示厅,陈列东坡区12家知名泡菜食品企业的上百种泡菜食品精品。提档升级后的博物馆内容更加丰富,历史文化更加厚重,面貌焕然一新。

2021年11月,经区委编办研究,同意成立东坡泡菜博物馆,为园区下属公益一类事业单位,主要职责是负责博物馆日常管理、游客接待服务、藏品收集保存、博物馆宣传推广、泡菜学术研究、开展科普教育活动。2021年12月,东坡泡菜博物馆更名为眉山市东坡区博物馆,其机构性质及编制情况不变。

(李　幸)

東坡

财税·金融

财政/税务/金融业

财 政

【概况】 眉山市东坡区财政局是东坡区人民政府的综合经济管理部门。主要职责:拟订全区财税发展战略、规划和改革方案并组织实施;贯彻执行财政、税收、财务、会计管理的法律法规和规章;管理各项财政收支,编制本区年度预决算草案并组织执行;统一管理政府债务,防范财政风险;管理本区会计工作,监督会计规章制度的执行情况;拟订和执行本区政府采购政策;负责投资评审管理工作等。

【财政收入】 2021年地方财政一般公共预算收入完成266062万元,较上年增长10.07%。其中,税收收入122208万元,较上年同期增长2.64%;非税收入143854万元,较上年同期增长17.28%;2021年全区政府性基金收入完成417088万元。

【财政支出】 2021年全区一般公共预算支出完成489222万元,增长0.64%。其中,一般公共服务支出49844万元,国防支出320万元,公共安全支出31227万元,教育支出105244万元,科学技术支出3193万元,文化旅游体育与传媒支出3447万元,社会保障和就业支出83770万元,卫生健康支出55213万元,节能环保支出4994万元,城乡社区支出2689万元,农林水支出77072万元,交通运输支出12840万元,资源勘探工业信息等支出6303万元,商业服务业等支出1838万元,金融支出1565万元,自然资源海洋气象等支出4005万元,住房保障支出26373万元,粮油物资储备支出2225万元,灾害防治及应急管理支出9455万元,债务付息支出7586万元,债券发行费用支出19万元。2021年全区政府性基金支出472023万元。

【收支平衡】 2021年,全区一般公共预算实际收入总量为572636万元,其中:地方一般公共预算收入266062万元,上级补助收入224278万元,地方政府一般债券转贷收入22800万元,国有资本经营调入资金3516万元,政府性基金预算调入资金47460万元,上年结余和动用预算稳定调节基金8520万元。2021年一般公共预算实际支出总量为522192万元,其中:地方一般公共预算支出489222万元,上解上级支出18123万元,政府一般债券还本支出13477万元,补充预算稳定调节基金1370万元。全区一般公共预算收支总量品迭后,因部分项目跨年实施需要结转下年继续使用上级专项资金50444万元。

2021年,全区政府性基金实际收入总量为552370万元,其中:全区政府性基金收入完成417088万元,上级补助收入1882万元,地方政府专项债务转贷收入133400万元。2021年全区政府性基金实际支出总量为534471万元,其中:全区政府性基金支出472023万元,调出资金47460万元,补充预算稳定调节基金4988万元,专项债券还本支出10000万元。全区政府性基金预算收支总量品迭后,结余17899万元。

2021年,全区国有资本经营实际收入总量为11720万元,主要为国有资本经营预算企业利润收入。2021年实际支出总量为11720万元,其中,国有资本经营预算支出8204万元,调出资金3516万元。全区国有资本经营预算实际收支总量品迭后,实现收支平衡。

2021年,全区社会保险基金实际收入总量为43725万元,加上上年滚存结余64947万元,可供安排的收入总量为108672万元。2021年实际支出17019万元,全区滚存结余91653万元。

【债券资金】 2021年全区新发行地方政府债券156200万元,其中:一般债券22800万元,专项债券133400万元。全区政府债务到期本息共计39908万元,其中一般债券本金13477万元、利息7586万元;专项债券本金10000万元、利息8845万元。到期一般债券本金13477万元通过财政预算偿还1977万元,其余11500万元通过申请再融资债券偿还,到期利息及到期专项债券本金部分全部通过预算安排偿还完毕。

【债务管控】 严格执行地方政府债务限额管理和预算管理制度,提升债务管控能力,做好到期债务偿还工作,通过安排年度预算资金、盘活财政存量资金、敦促国有企业利用经营收入等方式偿还债务,完成年度化解任务。健全地方政府债务风险评估和预警机制,规范做好地方政府债务统计工作,利用全口径债务监测平台动态监测全区债务变化情况，守住不发生区域性系统性债务风险的底线。

【民生保障】 坚持“以人民为中心”的发展思想，将全部年度增加财力和八成以上财政性支出用于保障和改善民生，2021年完成民生支出占财政预算支出的80%。

【政府采购】 2021年完成政府采购项目355个，政府采购预算总金额91406万元，实际采购总金额78041万元，节约资金13365万元，节约率14.62%。

【财政投资评审】 2021年完成评审项目490项，评审投资总额269294万元，审定投资额237092万元，审减不合理资金32202万元，审减率11.96%。

【预算绩效管理】 关于绩效评估方面，2021年全区重点评估项目3个，评估金额105万元，审减35万元，调增5万元。

关于绩效监控方面，2021年全区重点监控3个部门，较2020年增加1个部门，调整预算3400万元，较2020年减少0.76万元，收回资金2400万元，较2020年增加599.24万元。2021年通过绩效监控发现并整改问题3个。

关于绩效评价方面，2021年对全区5个部门整体、2个政策和3个项目开展重点绩效评价，较2020年增加2个部门整体、1个政策和2个项目，政策和项目评价金额3222.44万元，较2020年增加1751.64万元，调整预算3881万元，较2020年增加3337万元，收回资金93.05万元，2021年通过绩效评价发现并整改问题23个，完善制度5项。

【重点支出】 第三产业发展方面，2021年全区统筹安排省市工业发展资金和区级产业扶持发展专项资金6241万元；围绕全区构建“7+3”现代农业体系，落实区级农业专项资金2.74亿元，争取制种大县财政奖励项目，获中央补贴资金1.5亿元；安排现代服务业各类专项资金3275万元，全区财政投入文化事业资金3447万元。图书馆、文化馆、公共美术馆、镇（街道）文化站全部实现免费开放。

民生保障方面，全年全区财政投入养老服务体系建设资金854.8万元；累计统筹投入各级财政资金6130万元，专项用于提高城乡低保保障水平；提高困难残疾人、重度残疾人生活保障水平，全年发放困难残疾人生活补贴54906人次、补贴资金658.872万元，发放重度残疾人护理补贴105726人次、补贴资金851.088万元；支持残疾人事业，全年累计投入资金483.8万元。投入就业创业补助资金2624.6万元、投入职业技能提升行动专项资金3144.93万元，开展各类补贴性培训。提升医疗服务水平，全年上划市级城乡居民医疗保障资金2368.99万元，城乡居民基本医疗保险补助水平由年人均550元提高到年人均580元；提升基本公共卫生服务水平，全年财政累计投入资金6482.01万元，人均基本公共卫生服务经费财政补助标准提高到79元；应对新冠肺炎疫情，全年累计安排疫情防控专项预算5000万元。

乡村振兴方面，全区财政一般公共预算安排乡村振兴投入占比为17.93%，较上年占比增长0.49%。到位上级农业及水利专项资金3.9亿元，比2020年增加0.85亿元，增幅达27.87%。全年全区争取到位上级财政衔接推进乡村振兴补助资金0.55亿元，区级配套衔接资金0.46亿元，区级预算安排的衔接资金较上年增幅3.1%。

基层治理方面，全年全区共开展镇（街道）政府购买服务项目75个，投入财政资金1500余万元。全区镇村闲置公有资产527宗，盘活527宗，盘活率100%。

生态环境保护方面，全年全区累计投入财政资金4449万元。

教育事业方面，全年全区财政投入资金105244万元。其中完善学生资助体系，注资教育扶贫救助基金600万元。

交通建设方面，全年投入资金2.1亿元，成乐高速扩容东坡段、崇礼大道、富崇大道建成通车，天府大道眉山段和环城公路南环线建设安排资金4465万元。改建农村公路122.5公里，整治病危桥、漫水桥10座，增加农村响应式出租车30辆。

（陈小霖）

税务

【概况】 国家税务总局眉山市东坡区税务局（简称东坡区税务局），负责东坡区行政区域内除经济开发区税务局征管范围以外的税费征管工作。2021年有管户3.3万户，其中企业13829户、个体19695户、其他42户。从登记注册类型来看，增值税一般纳税人3640户，小规模纳税人29926户。社保征收方面，负责征收机关事业单位社会保险费236户、1.1万人，城乡居民基本养老14.77万人、医疗保险57.24万人，企业社保3245户、医保缴费户数3100户，灵活就业社保4.6万人、医保1.4万人。

2021年12月3日，东坡区税务局"枫桥式"税务分局正式挂牌

【税费收入】 2021年完成税费收入34.43亿元，同比增长6.6%，其中区级税收完成8.25亿元，同比增长7.46%。非税收入1.31亿元，同比增长7.07%。社保收入23.24亿元，同比增长130.64%，其中企业职工基本养老保险费11.95亿元，基本医疗保险费5.9亿元，机关事业单位基本养老保险费2.03亿元，城乡居民基本医疗保险费1.89亿元，城乡居民基本养老保险费7907万元。

【减税降费】 2021年累计减免税费超10亿元。全年累计办理增值税留抵退税8.38亿元，同比增长396%，留抵退税规模居全市第1位。办理出口退税1.38亿元；办理个税汇算退税610万元。2021年第四季度实施的中小微制造业缓税政策享受面达到100%，减税红利持续释放，市场主体负担明显减轻。

【征收管理】 落地落实《关于进一步深化税收征管改革的意见》，积极构建"1+3+2"税费征管新模式，调整岗责体系，优化人力资源配备，初步实现"无风险不打扰，无清单不担责，无工单不下户"。全面落实"三项制度"，完善税务行政争议前置处置机制，公示税收执法事项16项。作为全省首批"枫桥式"税务分局试点单位，运用"3210"工作法，实现"小事不出分局、大事不出区局、矛盾就地化解"，全年成功调解税费矛盾争议11件，提供涉税咨询30余起，法律援助2次。创新电子专票"网格化"管理，完善系统岗责运行机制，明确部门职责，累计完成电专网格化服务1500户、占全市31.30%，试点纳税人累计开具电专5937份、金额3亿元，收到电专3730份，金额2.34亿余元，电专同步核定率100%。制定五大行业税收管理指引，成立土增税清算专班，全年完成土增税清算入库7630万元。做

2021年，眉山税务联合成都、德阳、资阳税务率先在全省成立"成德眉资"票证寄递中心，眉山分中心设在东坡区税务局

好风险管理工作，全年实现风险管理总体收入1.1亿元。开展财政资金奖补企业税收风险整治等专项行动，补缴企业所得税515万元。

【纳税服务】 深入开展“我为纳税人缴费人办实事暨便民办税春风行动”，不断优化“办税服务厅+税费服务支持中心+征纳互动平台+必应呼叫矩阵”四位一体的税费服务新体系，216项业务实现“全程网上办”，覆盖主要涉税服务事项90%以上，14大类255个事项实现“最多跑一次”，覆盖办税事项80%以上。推进城镇土地使用税、房产税等“十一税”合并申报，进一步简并申报，平均每户年纳税次数减少至6次，纳税时间压缩至80小时以内，办税时间最高减少48小时，增值税留抵退税、出口退税办理时间均提速至1个工作日以内，企业新开办“套餐式”服务办理时间压减至2个小时内。联合市级相关部门试点“交房即交证”便民举措，用好“成德眉资票证寄递中心”，免费向纳税人寄递发票，税(费)文书、涉税证明8.25万户次、发票10万余份，全年为纳税人节约邮寄费80余万元。深入开展“银税互动”，帮助企业通过税务端申请税务贷共2457笔，促进企业授信成功639笔，授信金额3.76亿元。

(冷一婷)

金融业

【概况】 全区金融机构60家，其中银行15家、保险机构34家、证券公司8家、小额贷款公司2家、融资担保公司1家。2021年，全区本地银行机构存款余额达1111.60亿元，贷款余额722.09亿元。全区保费收入85.55亿元。小贷公司注册资本3亿元、贷款余额4.43亿元。融资担保公司注册资本1.51亿元，在保余额2.9亿元。

【金融机构】 驻区金融机构60家，其中包括眉山农商行、乐山商业银行眉山分行等15家银行，中国人寿、人保财险等34家保险机构，华西证券眉山营业部、申银万国证券眉山营业部等8家证券公司，2家小额贷款公司及1家融资担保公司。

(朱亮波)

東坡

文化事业

新闻出版与电影/融媒体/文艺活动与创作/舞台艺术/公共文化设施/公共图书事业/群众文化/非物质文化遗产/文物保护/文化市场管理/档案管理/党史和地方志

新闻出版与电影

【概述】 2021年,全区新闻出版企业141家,其中书店86家,16家为网营书店,70家为实体书店;印刷厂60家,3家出版物印刷厂、38家其他印刷品印刷企业、19家包装装潢印刷企业;影院11家,分别是眉山华亿时光影院有限公司、眉山万达电影城有限公司(雕像广场店)、成都万达国际电影城有限公司眉山万达广场店、四川泽远影院有限公司(东坡印象影院)、四川维斯影业有限公司(维斯影城眉山玫瑰小镇店)、眉山太平洋影业有限公司(宏远盖丽店)、眉山艺威恒通影院有限公司、眉山岷江影业有限公司、眉山紫荆影业有限公司、眉山追梦之星影业有限公司、眉山中视电影城有限公司。

【行业管理】 负责全区书店出版物经营许可证和电影院放映许可证的审核颁发和年检,确保书店、影院规范合法经营。定期开展行业培训,提升行业法律意识,保障全区新闻出版行业健康向稳。

【经营单位管理】 开展主管企业安全生产检查,聘请专业安防公司每月进行隐患排查,建立企业安全生产台账,针对问题企业限时整改。全年共检查影院、书店200余家次,发现并整改隐患问题99个,全区新闻出版行业全年未发生安全事故。常态化开展防疫安全工作,建立紧急时期包保到人、平稳时期定期督查的工作机制,针对影院、书店行业特点细化防疫措施,开展行业人员防疫知识培训3次,现场检查企业300余家次,对防疫措施落实不到位的要求立即整改,问题严重的停业整改。

2021年1月4日,召集全区各影院及大型书店在区委宣传部会议室召开安全生产及疫情防控工作会

【新闻出版市场监管】 依托各级"扫黄打非"办(站),细化新闻出版市场日常监管任务,落地落实基层"扫黄打非"网格工作责任。明确由各镇(街道)每月按照属地管理原则开展辖区内书店、印刷厂的文

2021年9月10日,东坡区在小北街步行街成立全市首家公益"红色影院"

化执法检查，实行检查情况每月报、案件线索及时报的工作机制。区委宣传部负责对全区17家影院和大型书店开展重点监管并不定期抽查各镇（街道）书店、印刷厂，重点打击制售传播非法出版物、音像制品行为。2021年全区共出动检查人员1600余人次，检查影院、书店、印刷厂等1100余家次。

【公益观影服务】 打造全市唯一一家公益性质的红色影院，成立公益电影放映队，多区域、多行业开展公益电影放映。结合庆祝中国共产党成立100周年和党史学习教育，面向广大市民免费开展“我的电影党课”“红色历史影片主题观影”“100部优秀影片展映”等系列多元化活动，共组织开展红色主题观影活动300余场，累计观影1.5万余人次。依托红色影院电影放映人员组建公益电影流动放映队，结合全区公益电影农村放映民生工程，深化构建“中心地区固定放映为主，边远地区流动放映为辅”的现代农村公益放映服务网络，在广场、集镇、企业等群众聚集地，为群众提供红色观影服务。截至年底，全区125个村流动放映公益电影1000余场次。

（蹇雪梅）

融媒体

【概况】 2021年，东坡区融媒体中心建成党史学习教育电子影像馆，搜集存储3200张见证东坡发展的摄影作品，拍摄《我来》《她说》等20余部党史学习教育微视频。创新提出的“个十百千万”党史学习宣传计划被纳入全区总体学习方案，受到省委常委、宣传部部长甘霖肯定。融媒体建设经验被写入全省政务新媒体运维管理工作案例印发全国学习借鉴，黄强省长、黄河市长均作肯定性批示。年内，中心获新华社融媒体产品优秀传播奖。

【内部管控】 完善规章制度，修订完善《东坡区融媒体中心业务考核办法》《东坡区融媒体中心作品推优、申报考核管理办法》等内部制度，从源头上提高管理效能，激发记者主动性、提升新闻质效。利用每周职工大会、班子学习会、支部党员会等，传达党中央和上级党委关于意识形态工作决策部署及指示精神，组织全体干部职工学习习近平新时代中国特色社会主义思想，培育和践行社会主义核心价值观。加强新闻采编专业知识，坚持每月召开新闻阅评和业务研讨会，邀请省市资深专家开展全体专题培训。坚持“走出去”开拓视野，先后派出40余人次到外地学习考察，更新观念，提升技能，推动传统新闻从业人员向全媒记者转型。

【融媒体建设】 优化采编流程，利用一体化、智能化采编中心和全媒体内容管理系统，完善电视、网络新媒体策采编发新闻生产流程，打通频道、网站、新媒体等各端口，实现一体策划、一次采集、多元生成、多媒传播的融媒体新闻生产格局。提升“媒体+党建+政务+服务+产业”等多个延伸服务功能，集中力量打造载体多样、渠道丰富、覆盖广泛、服务性强的移动智慧终端，提高融媒体的覆盖面和影响力。畅通与中央、省、市主流媒体的通道，通过全平台融合，实现重大活动、重要事件实时播报，直抵上级主流媒体。

【全媒人才培养】 通过公招、人才引进等方式吸纳一批优秀人才充实融媒体采编人员队伍，为内容生产提供支撑；通过“走出去+请进来”模式加大人才培养力度，提升业务素质。全员实战，围绕成渝地区双城经济圈建设、成德眉资同城化发展定位，聚焦招商引资、项目建设、乡村振兴、民生工程、创建天府旅游名县等区委区政府中心工作，开设专栏、专题宣传报道东坡亮点工作，生产出《面子里子一起改 老旧小区焕新颜》《总投资120亿元“眉州大宋不夜城”签约》《穿越眉州》等一大批新媒体作品，在新华社等中央媒体发表稿件量30余篇。《穿越眉州》《在灿烂阳光下》《我来》《她说》《眉州问苏轼 黄州寻东坡》等作品分别获2021年“美乐湾”杯眉山市网络短视频大赛二、三等奖和优秀奖。

【媒体APP建设】 在“东坡老家”APP开辟“茶馆”栏目，吸引社会各界广泛参与，多视角、全方位、个性化呈现区域发展变化和个人兴趣爱好，逐渐形成“网上邻里中心”，注册通讯员500余人。开通“东坡商界”板块，为企业提供品牌展示、产品交流等公益服务。开辟“融媒号”吸引地方部门、乡镇用户入驻，上传属地新闻、信息、动态等，确保本地关键信息的“全面铺开”和“精准触达”,截至年底共有近300个单位入驻。将“问政”平台接入“眉山市‘12345’政务热线服务平台”,由系统统一分配处理派单,全年共受理群众问政570条,受理群众问答342条。拓展生活服务功能,实现APP融合集成水电、手机网络缴费、公积金查询、志愿者活动预约等便民服务10余项。截至2021年底,“东坡老家”APP、“微东坡”稿件编发总量2万余条,单条最高阅读量达100万人次以上。“东坡老家”APP粉丝近40万人,占全区总人数的43%,是全省21个市州所辖区粉丝数最多的区域APP之一。

【融媒品牌建设】 聚焦品牌建设,通过“活动+流量”提升知名度和影响力,围绕东坡文化,策划柑橘节征文等系列活动,围绕党史学习教育,策划“对党说句心里话”“东坡儿女话心语”等活动,逐渐成为“东坡百姓大舞台”。打造网红“苏小妹”,推动拍摄52集动画片《少年苏东坡传奇》,借势打造东坡城市IP,让东坡融媒品牌“树”起来、“立”起来、“亮”起来。

(刘　娟)

文艺活动与创作

【概况】 2021年,东坡区推动中心工作与文艺创作深度融合,鼓励文艺团体、文艺人才创作,加强文化精品创作,建设青年文化人才队伍,传承发展优秀传统文化。

【东坡文化创作传播】 9月28日,区美术馆选送20余件美术、书法作品参加“百年绘辉煌、百星耀双城”重庆、成都、德阳、眉山、资阳区(市)县书法、美术优秀作品展。9月28日,媒体“文旅中国”推出“金秋送祝福 国庆谱华章——艺术家曾伟作品欣赏”,其中有杂文《东坡的味道》。

【文艺成果】 9月17日,曾伟国画作品参加“金风送爽”成都诗婢家画院2021年度展。10月25日,人民日报全媒体平台《袭古创今》栏目组对曾伟进行专访,详细采访报道画家曾伟的艺术历程和艺术主张。

(罗朝鹏)

舞台艺术

【概况】 心连心艺术团全年开展各类文艺活动巡演150余场,观众8万人次。

【艺术成果】 区心连心艺术团原创方言小品《老有所依》参加四川省第十八届小戏小品比赛获得全省三等奖。

(罗朝鹏)

公共文化设施

【概况】 全区有文化馆1个,图书馆1个,美术馆1个,镇街道综合文化站16个,村级活动室222个。截至2021年底,建成区文化馆分馆9个、区图书馆分馆20个、数字文化广场6个。

【文化设施建设】 经过自主申报、综合评议、指导建设、组织验收,太和镇、万胜镇、通惠街道等8个综合文化站完成提升改造。改造后的综合文化站全部达到面积300平方米、藏书1500册的标准。

2021年,东坡区图书馆金龙分馆书香阅读区

【城市文化阵地】 城市文化阵地有文化馆、图书馆、美术馆、各社会分馆、文化广场以及社区文化室等。其中金龙图书馆位于东坡岛清影路，结合金龙社区邻里中心建设，设置公共文化阅读空间，通过免费开放场馆、组织群众文化活动，将公共文化服务辐射到整个东坡岛，进一步完善城市“15分钟文化圈”。

【农村文化阵地】 农村文化阵地包括文化大院、村文化室、村史馆等。2021年，启动公共文化阵地“补短板”行动，投入100余万元，督促不达标的综合文化站开展提升整改工作。经过自助申报、综合评议、指导建设、组织验收，太和镇、万胜镇、尚义镇等8个综合文化站完成提升整改。整改后的综合文化站全部达到面积300平方米、阅览室藏书1500册的标准。所有农村文化阵地免费向群众开放，推动农村“十里文化圈”建设。

（罗朝鹏）

公共图书事业

【概况】 眉山市东坡区图书馆成立于1979年，馆舍建筑面积1600平方米，设有综合借阅室、少儿借阅室、地方资料室、电子阅览区、多功能厅等5个服务窗口，读者阅览座位近500个。馆藏纸本图书8万多册，电子图书48万余册，年订购报刊近400种。图书馆实现二代居民身份证免押金注册读者，所有服务

2021年，区图书馆金龙分馆非遗展示区

全部免费向读者开放。实行错时、延时、节假日开放，每周开放时间63小时。2021年，区图书馆荣获“‘信仰的力量’——庆祝中国共产党成立100周年川渝‘阅读之星’诵读活动”四川地区组织奖，区图书馆总分馆制助推文化惠民先进经验在12月6日的四川文旅厅工作简报、12月7日《中国文化报》刊发。

【借阅服务】 全年注册读者增加1966个，借还图书60677册，借还期刊13206册，接待读者189140人次，采购图书5514册。

【金龙图书馆】 3月14日，东坡区图书馆第一个直属分馆金龙图书馆开馆。馆舍面积约1200平方米，阅览座位240个，融入非遗元素，设有亲子绘本区、青少年阅读区、书香阅读区、电子阅览区、图书漂流区、非遗展示区等6个区域。每天开放12小时，覆盖服务周边10余个小区3万余名群众。打造“金龙阅时光”活动品牌，截至2021年底，服务读者共2万人次，接待参观群众3万余人次，开展活动69场次，参与人数约3000人。

【全民阅读活动】 开展“学党史、猜灯谜”“快乐一夏”“非遗亲子课堂”“艺术疗育”等全民阅读活动100余场，依托微信公众号、“移动图书馆”、“云阅读平台”线上阅读APP，开展听书打卡、知识问答等15个线上活动。

（邹慧剑）

群众文化

【概况】 全年开展群众文化活动577场。

【公益文化培训】 持续打造“百坡文化课堂”公益项目，开展多种群众文化活动。春秋两季共举办线下公益培训2期，开设旗袍秀、汉唐舞、戏曲身段、声乐等13个培训

项目，培训学员6000余人次。2021年下半年“百坡文化课堂”系列公益培训开班，美术馆组织“国画成人基础”“书法成人基础”“油画成人基础”“手机基础摄影”公益课程，共135课时，服务艺术爱好群众近4000人。

【文化活动】 心连心艺术团全年开展各类文艺活动巡演150余场，观众达8万人次。其中，戏剧进校园活动开展8场，观看师生3万人。

【区域文化交流】 1月25日，区美术馆画家曾伟参加成都诗婢家画院书画笔会；1月26日参加四川省客家书画艺术院关于中国共产党成立100周年文艺创作座谈会，加强东坡区在艺术领域与成都的互联互通、互学互鉴。2月26日，区心连心艺术团携《苏祠瑞莲》《清影婵娟》2个东坡文化元素歌舞节目参加由成都市武侯区文化体育和旅游局主办的“民族大美迎佳岁，蓉城乐梦贺新春”喜乐元宵活动，用莲花、水袖等元素向成都市民展示东坡传统文化的魅力。3月24日，德阳市绵竹市文化馆与东坡区签署“成德眉资同城化”文化馆跨区域合作协议。12月15日，赴成都市武侯区参演2021年成都市武侯区“走基层”文化惠民汇报演出暨武侯—东坡同城化发展文化交流活动。

（罗朝鹏）

非物质文化遗产

【概况】 2021年，全区非物质文化遗产代表性项目名录共63项：省级6项（苏东坡传说、东坡泡菜制作技艺、苏东坡酒传统酿造技艺、何首乌饮片传统加工技艺、裕泰乾马氏芝麻糕制作技艺、东坡肘子制作技艺）、市级21项、区级36项。非物质文化遗产代表性传承人共55人：省级7人（王伟、马自生、杨宇、王晋川、何艳平、管国如、石一丁）、市级26人、区级22人。

2021年5月11日，东湖小学学生在金龙邻里中心参观非遗项目钦斋泥塑展演

省市区非物质文化遗产传习基地、生产性保护示范基地、体验基地共7处，其中2处市级非遗传习基地（眉山市谢氏木雕技艺传习基地、眉山市何首乌饮片传统加工技艺传习基地）、1处区级非遗传习基地（谢氏正骨疗法传习基地）、1处省级非遗生产性保护示范基地（苏东坡酒生产性保护示范基地）、1处市级非遗生产性保护示范基地（眉山市味聚特东坡泡菜生产性保护示范基地），2处省级非遗体验基地（眉山东坡泡菜技艺体验基地、眉山赵氏巧巧核桃糕技艺体验基地）。四川省传统工艺振兴项目2个（东坡肘子制作技艺、东坡泡菜制作技艺）。

【组织申报】 2月，区人民政府公布“麦芽糖传统制作技艺”“眉州镶碗制作技艺”“罗平腌鸡传统制作技艺”“眉州甜皮鸭传统制作技艺”“眉州米花糖传统制作技艺”“复式书法技艺”等6个第九批区级非物质文化遗产代表性项目名录。7月，东坡泡菜、东坡肘子、开元镶碗、修文老鸭汤、东坡肉、东坡鱼、龙眼酥、眉山毛血旺、酸菜豆花鱼等9道东坡美食入选眉山市天府旅游美食名录。

【非遗推广】 完成“捕鱼船制作技艺”“打铁制作技艺”共2个非遗资源项目记录。开展“致敬匠心 守护非遗”“童心向党——非遗进校园”“东坡非遗献礼建党百年”“诵

东坡月 品东坡饼”等非遗展示展演体验活动，累计进校园6次，进社区（乡村）15次，参与2万余人次。4月，东坡饼子制作技艺、东坡泡菜制作技艺、麦芽糖传统制作技艺等8家非遗项目单位参与天府旅游美食直播推广活动。东坡泡菜制作技艺、阴沉木木雕技艺、三苏龙眼酥制作技艺等3个非遗项目单位及代表性产品，亮相第六届重庆文化旅游惠民消费季活动。9月，东坡泡菜制作技艺、东坡肘子制作技艺、东坡园龙眼酥制作技艺等3个非遗项目单位，参加“宝藏四川”之“宝藏眉山”非遗美食拍摄并在成都市宽窄巷子展示。

（张艳玲）

文物保护

【概况】 全区共有不可移动文物210处，各级文物保护单位80处。全国重点文物保护单位2处（三苏祠、眉山报恩寺），省级文物保护单位12处（蟆颐山重瞳观、大旺寺白塔、连鳌山石刻、永寿报本寺、“德利源”酒坊窖池群、苏洵家族墓地、丈六院摩崖造像、陈沟千佛岩摩崖造像、寨子城、眉州武庙、石碓窝摩崖造像、盘鳌弥陀寺），市级文物保护单位21处，区级文物保护单位45处，尚未核定公布为文物保护单位的不可移动文物130处。

【地下文物保护】 完成坛罐山遗址二期、莲花坝遗址、登云古城遗址等个6项目近700亩文物勘探、考古发掘。坛罐山遗址二期出土文物逾100件，莲花坝遗址出土石器文物近4000件。

【维修保护】 争取国保资金150万元，完成眉山报恩寺消防工程建设。争取市级财政资金200万元、区级财政资金200余万元，完成蟆颐山重瞳观保护维修工程。

（杨宇春）

文化市场管理

【概况】 2021年全区文化市场经营规范，游艺娱乐场所（电玩）增加5家，注销1家；歌舞娱乐场所增加6家，变更5家，注销3家，延续有效期5家；民办非备案注销1家；旅行社分社注销1家；旅行社服务网点注销5家；艺术考级备案4家；文艺表演团体增设1家，延期2家，变更1家；营业性演出备案4家。

【文化市场服务】 依法开展文化市场行政审批工作，梳理完成机构改革后权力清单，完成一体化平台办理事项编辑上报。贯彻落实“先照后证”制度和“三证合一、一照一码”制度，优化办事程序，提高办事效率和服务水平，2021年共受理行政审批（备案）事项73条。

（杨丛瑞）

档案管理

【概况】 根据《中共眉山市东坡区委办公室关于印发〈眉山市东坡区档案馆职能配置内设机构和人员编制规定〉的通知》，区档案馆是区委直属事业单位，保留参公管理，为正科级，内设办公室、接收编研股、保管利用股，东坡区档案馆现为省二级档案馆。

【档案馆建设】 区综合档案馆建设项目总投资4410万元，建筑面积9000平方米，该项目被纳入2020年国家中西部县级综合档案馆项目计划，于2020年10月正式开工建设，2021年10月完成主体工程。

【档案安全体系建设】 制定和完善档案安全应急预案，不定期开展防火、防水等专项应急培训和演练。配齐消防和温湿度监控系统，聘请1名保安24小时值班，做到人防技防物防结合。加强数字档案安全情况检查，确保数字档案加工过程中、数据保管中、数据异地备份中无安全事故。聘请专业机构每月对全馆消防、电源电路、设施设备、排水管网开展安全隐患排查，维护保护。汛期向全区各单位下发加强档案安全的相关文件，组建安全检查组深入重点园区、乡镇、部门开展督查，保障机关档案室安全度汛。

【档案资源体系建设】 推进档案资源体系建设，专业档案、涉民档案数量明显增加，接收国有企业退休人员个人档案2597盒、8286人，接收东马、泡博会、中华人民共和国成立70周年、中国共产党成立100周年声像、照片档案资料5.4GB。强化档案信息化建设，大

2021年6月9日，区档案馆以国际档案日为契机，组织开展以“庆祝建党百年，赓续精神血脉”“档案见证百年”为主题的系列宣传服务活动

力推进“增量电子化、存量数字化”，馆藏档案全面数字化，共计著录电子目录220万条、扫描1100万页，馆藏档案目录数据库和全文数据库基本建成并实现异地备份。

【档案利用体系建设】 秉承为民服务的宗旨，优化服务窗口设置，推出“预约就办”服务举措：拨打查档电话并提供具体信息，即为来电咨询者先期查阅、调取档案并复制盖章，查档者来馆办理登记手续，可免费获取相关证明材料，节省现场查询、等候的时间，受到普遍好评。全年接待查询档案2174人次，利用6522卷次，出具证明10870页，异地查档10人次。民生档案查询占比80%，档案查阅利用率大幅提高，满意率100%。

【服务地方经济社会】 开展档案业务指导80余人次，指导49个涉改单位做好机构改革档案处置工作，验收重点建设项目档案工作3个。强化脱贫攻坚和疫情防控档案督促检查，对档案质量进行专门审核，2021年底完成全区脱贫攻坚和疫情防控档案“双套制”移交进馆任务。联合区档案局研究制订《眉山市东坡区档案行政执法检查三年行动工作方案》，2021年对88个机关、团体、企业事业单位开展档案行政执法检查，对存在的问题督促整改落实，切实提高全区档案治理水平。面向档案馆干部，开展档案法修订的实质和主要内容培训，提升服务能力；面向档案整理第三方服务公司，开展档案规范整理、数字化扫描业务培训100余人次；利用“6·9”国际档案日开展宣传，发放宣传资料1000余份，接受群众咨询500余人次。12月9日，四川省档案馆副馆长林红一行赴眉山市东坡区档案馆开展调研，参观东坡区查阅利用大厅、档案库房、“双套制”移交现场，对东坡区全面完成馆藏档案数字化加工，规范化标准化开展“双套制”移交接收，为晋升国家级数字档案馆所做的工作予以充分肯定。

（刘金毅）

党史和地方志

【概况】 东坡区党史研究和地方志编纂中心负责拟定党史、地方志工作规划和编纂方案，编辑党史著作；开展地情资料收集、整理工作，组织编纂地方志书、地方综合年鉴；开展党史、地方志理论研讨工作，发挥“资政、育人、存史”职能，组织开发、利用党史、地方志资源，组织、指导、督促和检查党史、地方志相关工作；围绕全区中心工作，服务经济和社会发展。

【党史研究和宣传教育】 编纂完成《中国共产党眉山县历史概要（1928—1978）》，再版印刷《中国共产党眉山历史（1949—1978）》（党史第二卷）、《东坡英烈》，完成《中国共产党东坡（眉山）历史（1979—2012）》（党史第三卷）初稿。完成党史专题研究《中国共产党眉山县（1950—1978）历史的回顾与总结》。完成《中共眉山市东坡区委执政实录（2020）》出版印刷。收集整理《眉山西南北12个乡镇剿匪经过的叙述》共计40余万字，并在《东坡老家》APP上连载刊发46期。督促指导全省第一个、全市唯一一个“四川省中共党史教育基地”——东坡区烈士陵园展陈内容的整改落实，并顺利通过省委党史研究室的复查验收。

【党史学习教育】 中国共产党成立100周年之际，与区委宣传部合编《党史故事口袋书》《党史知识100问》，与区委党校协作拍摄党史主题微视频；积极参加全区党史知识竞赛，并组建竞赛题库，派出2人出任评委。5月、9月到区委机关、区政府机关、相关园区、镇开展党史学习教育和习近平总书记“七一”重要讲话精神理论宣讲，派出1名党史工作者参加区委宣传部组织对全区各部门、园区、镇党史学习教育工作巡回指导。

【红色资源普查保护】 深入挖掘东坡红色资源，走访调研革命战斗遗址遗迹，在四川省红色资源普查登记系统填报东坡区红色遗址20个，并协助苏祠上游社区、松江镇、修文镇、思蒙镇、尚义镇、秦家镇开展红色研学基地和革命历史遗址标识标记工作，助推区委“个十百千万”党史学习教育活动落地落实。

【地方志编纂】 把好年鉴资料收集整理、图文编辑、审校印刷关，完成《东坡年鉴（2021）》印刷出版。按照省志办、市史志编纂中心要求，开展全区镇（街道）、村志编纂工作，制定东坡区镇（街道、）村志编纂工作实施方案，根据眉山市乡镇（街道）、村志编纂计划表，组织专家与相关人员到镇、村（社区）进行督促指导，加强对各镇、村（社区）上报文稿与资料的审核，截至2021年底，《广济乡志》进入出版印刷阶段，《三苏镇志》完成内三校，《中心村志》全面铺开并有序推进，全区共16个镇（街道）拟定于2028年前分批次完成志书编纂工作。开展《东坡区志（2001—2020）》前期准备工作，组建《东坡区志（2001—2020）》编辑部并组织专家召开《东坡区志（2001—2020）》篇目讨论会，形成总体框架结构。及时为省志办《四川年鉴》和市史志编纂中心《眉山年鉴》提供资料；为市史志编纂中心提供东坡区进士、乡贤名单及东坡区三线建设相关资料。

【地情资源开发利用】 为社会各界免费提供史志书籍和资料查阅，为区委组织部、区交通运输局提供眉山市（含原眉山县）岷江治理历史资料和相关图片；接待区公安分局、区应急管理局、区政协、东坡老家、尚义镇、修文镇等单位和个人查询资料200余人次；向国家方志馆、四川省图书馆等单位和个人赠书200余册；向省内外有关单位及个人赠阅和交换书籍；为国内外、省内外有关人士查询资料等；借助网络新媒体扩大史志工作知名度和影响力，编发《史志动态》20余期；在区委区政府新门户网站办好单位网页，上传动态信息80余篇；及时上传《东坡年鉴（2021）》到门户网站供单位和个人查阅。

【服务地方经济社会发展】 撰写资政报告《新民主主义革命在东坡》《眉山泡菜产业国际化发展方向探究——关于眉山泡菜产业发展的调研报告》，为区委决策提供依据。深入包保社区、帮扶镇（村）开展党史学习教育和地情宣传，并捐赠党史学习与地方志书籍50余册。

（周韵倩）

東坡

東坡

人民生活与社会保障

城乡居民收入与消费/劳动就业/社会保障/医疗保障/社会服务/农民工服务/退役军人事务

DONG PO NIAN JIAN

东|坡|年|鉴

城乡居民收入与消费

【概况】 在全区范围内抽选11个镇(街道),20个村(社区)共200户住户开展收入、支出调查工作。

【城镇居民】 2021年,城镇居民人均可支配收入43698元,同比增加3368元,增长8.4%。作为家庭收入的主要构成,居民人均工资性收入29846元,增长8.7%;经营净收入5373元,增长9.7%;财产净收入2855元,增长8.5%;转移净收入5625元,增长5.3%。城镇居民人均消费支出27306元,增长9.3%;人均食品烟酒消费支出9572元,同比增加372元,占生活消费支出的比重(恩格尔系数)为36.8%,比上年下降1.7个百分点。

【农村居民】 2021年,农村居民人均可支配收入24175元,同比增加2288元,增长10.5%。收入构成为工资性收入10291元,增长9.0%;家庭经营净收入10070元,增长13.5%;财产净收入1000元,增长5.3%;转移净收入2814元,增长7.1%。农村居民人均生活消费支出17885元,增长10.9%;其中居住消费支出3500元,增长6.1%;衣着消费支出1190元,增长9.9%;医疗保健消费支出1640元,增长6.5%,交通和通信支出2332元,增长24.7%;人均食品烟酒消费支出6381元,增长6.9%,占生活消费支出的比重(恩格尔系数)37%,比上年下降1.3个百分点。

(易　容)

劳动就业

【概况】 眉山市东坡区人力资源和社会保障局(简称区人社局)机关内设12个股室,下属7个事业单位,其中,区就业创业促进中心、区社保中心、劳动争议仲裁院为参公单位,区居保中心、区退休活动馆、区人才流动服务中心、劳动安全卫生检测站为事业单位,受区政府委托代管直属事业单位区农民工服务中心。

【就业市场管理】 全年全区实现城镇新增就业11631人,完成率为133%;城镇失业人员再就业1956人,完成率为163%;就业困难人员就业815人,完成率为163%;开展建档立卡贫困户实用技术培训219人,完成率为270%;开展各类职业技能培训2.5万余人,完成率为357%;开展"百人联百企"活动,安排200名人社干部直接联系服务441家企业,在人力资源市场微信公众号向求职者精准推送用工需求32期,总浏览量约10万人次,重点企业专报推送用工需求共93期,印发岗位信息海报6万份,通过人社建立的164个村(社区)基层服务队伍推送用工岗位信息5期。开展眉山重点企业暨"成德眉资"同城化发展、高校中职毕业生专场、茂县对口帮扶招聘会等线上线下各类招聘活动80场次,为1934家企业发布岗位信息6.035万余个,达成招工意向2.3万人。全年为4573名失业人员发放各类失业保险待遇、临时价格补贴、失业补助金2114.93万元,为525名企业职工发放技能提升补贴75.67万元,为316家企业发放稳岗补贴250.41万元,惠及职工18619人。

【全民创业】 发放担保贷款金额1711万元,完成率为122%;审核通过26名大学生一次性创业补贴,发放补贴26万元;发放1381名毕业生求职创业补贴207.85万元;发放26家中小微企业和社会组织吸纳毕业年度高校毕业生就业补贴5.7万元。

【东坡创客孵化园】 与四川工商学院、四川科技职业学院、四川城市职业学院初步达成合作协议,开展"青创+"眉山项目推介会等活动,加强与京东项目合作。吸纳入驻创业项目130个,实现产值7.5亿元,被省人社厅授予"省级创业孵化基地""省创业飞地孵化中心",荣获团省委2021年青创计划合作伙伴"特殊贡献奖"。

【考试招聘】 全年引进硕士研究生及以上高层次人才33名,为全区140多个单位招聘事业人员368名。其中面向社会公开考试招聘255名教师,为卫生系统考核、考试招聘78名紧缺急需优秀人才和乡镇卫生院急需的卫生类人才;为28个区级单位面向全国公开考试招聘补充35名工作人员。

【事业单位人员管理】 开展2021年"四川省专家服务团走进眉山"

活动，共有4名专家与东坡区相关单位签订长期服务协议。开展初级职称专家库推荐工作，为8个职称初评会聘任专家共计190人。千禾味业博士后创新实践基地第3位博士后康雪梅进站。推荐确认高级职称2人，推荐评审高级职称240人，完成全区415名初级职称的初定和评审；完成东坡区中等职业技术学校67名教师职称改革过渡工作；完成事业单位岗位设置变更172个单位，完成事业单位人员岗位聘用认定2305人。完成事业单位2020事业单位年度考核工作，对优秀等次人员1470人给予嘉奖。

【工资福利管理】 完成全区9206名事业单位工作人员、机关工勤人员调标增资兑现工作；完成卫生系统和其他事业单位工作人员3336人2021年度奖励性绩效工资审核工作；完成教育系统5813人2021奖励性绩效工资审核工作。完成调动人员、退役士官和新聘事业人员工资核定705人，办理连续工龄认定228人。

【劳动人事争议调解仲裁】 全年共受理424件劳动争议仲裁申请，其中不符合立案条件出具不予受理通知书的101件；符合立案条件进行立案受理的323件，结案率为100%，处理金额约770.85万元；依法中止2件。从结案方式上看，以调解、撤诉方式结案119件，处理金额约306.71万元；以裁决方式结案196件，处理金额约464.2万元。

【根治欠薪】 按照保障农民工工资支付总体目标任务，执行“根治欠薪”5项刚性制度和60项考核指标，建立根治欠薪“一把手”约谈、定期通报、联合执法等制度，对所有在建项目建立问题清单，实行销号管理，将全区划分为8个网格，落实8名劳动保障监察专职协管员。共受理举报投诉617件，结案610件，结案率为98.87%；根治欠薪线索平台受理282件，结案280件，结案率99.30%；消除省农民工工资支付监管平台预警信息18条，消除率100%。帮助6835名农民工讨回工资7384.65万元，全区未发生因劳资纠纷引发的群体性恶性事件、个人极端案件、重大负面舆情。

【和谐劳动关系】 2021年，东坡区被列为省级深化构建和谐劳动关系综合配套改革试点地区，举办全省第二轮深化构建和谐劳动关系综合配套改革试点启动会。推行工会会员（代表）大会和职工（代表）大会“两会合一”制度，全区建会公有制企业厂务公开、职工（代表）大会建制率达100%，建会非公有制企业建制率达95%；开展企业工资集体协商，2021年建会企业签订工资专项集体合同覆盖企业1514家，受益职工32390人，协商覆盖率、合同签订率100%。加强劳动关系工作队伍专业化、正规化建设，培养劳动关系协调员66名；建立镇（街道）劳动争议调解委员会16个，成立企业标准化劳动争议调解组织19个，配备村（社区）劳动关系调解员222名，就地化解劳动争议。

（李力衡）

社会保障

【概况】 2021年，东坡区加大社会保险相关法律法规政策宣传力度，引导灵活就业人员、新业态从业人员等重点群体参加企业职工养老保险，引导建筑施工单位按工程建设项目参加工伤保险。全年3项社保（养老、工伤、失业保险）及职业年金共参保养老保险参保77.48万人，征收18.33亿元，待遇支出24.18亿元。

【推行“一网通办”】 依托政务一体化平台、人社APP等网络平台载体，推进公共服务领域“最多跑一次”，社保转移、认证、社保基数变更、社保卡挂失等业务实现网上通办，办结率达到100%。

【退休人员服务】 全年共审批165名正常退休人员；审批发放全区机关事业单位一次性抚恤金、丧葬费98人，遗属生活困难补助30人次；审批发放一次性退休补助申报146人次；“九九重阳节”慰问全区机关事业单位离退休人员7400名，发放慰问品28万余元。

【养老保险】 基本养老保险参保人数59.75万人，征收16.56亿元，待遇支出24.18亿元；全年共办理养老保险关系转移2403人次，其中养老保险关系转入2032人，养老保险关系转出371人。完成2014年至2020年退休“中人”待遇发放工作，共计发放1597人，一次性补发待遇共计7687.41万元。截至年底,退休"中人"待遇兑现工作转入常态化阶段。

【工伤保险】 全年全区工伤保险参保人数10.01万人,征收3358万元,待遇支出2376万元。

【失业保险】 全年全区失业保险参保6.53万人,征收失业保险3418万元,待遇支出1641万元。

【职业年金】 全年全区职业年金参保1.19万人,征收职业年金1.09亿元。

【社保监管】 建立死亡报告制度、服刑人员承诺制、三员分离制和发放养老保险待遇审核制度,全年共追回死亡和服刑人员冒领多领待遇43.18万元;追回违规领取被征地农民养老保险待遇4.9万元。

【被征地农民养老保障】 2021年,被征地农民养老保障工作列入落实"我为群众办实事"中"征而未保"集中攻坚行动。年内东坡区共有9943名被征地农民,涉及97个项目,全部录入被征地农民养老保障经办子系统,拟定目标6000人超额165.72%完成。全年发放855人生活补贴,发放金额约2606.35万元。

(李力衡)

医疗保障

【概况】 眉山市东坡区医疗保障局(简称区医保局)主要负责落实医保筹资和待遇享受,实施医疗救助,管理定点医疗机构,监管医保基金、医药价格、医药招标采购和医保经办服务,实施医保信息化建设等工作。内设综合股、医药服务管理股、基金监管股、医药价格和招标采购股。下设参公事业单位区医疗保障事务中心和事业单位区医疗保障信息中心。

【职工医疗保险】 2021年,职工基本医疗保险最低缴费基数为5203元/月,参保人数9.96万人,征缴收入4.91亿元,待遇支出2.9亿元。

【城乡居民医疗保险】 2021年个人缴费标准280元/人,财政补助标准550元/人。参保人数66.34万人,征缴收入1.9亿元,财政补助3.65亿元,待遇支出2.97亿元。

【医疗救助】 对救助人群门诊、住院累计报销52446人次共计1819.10万元。审核认定救助对象11088人,代缴2022年度城乡居民医保费用234.7万元。

【医疗帮扶】 动态调整建档立卡脱贫人口身份,医保兜底报销28780人次共计610.45万元,报销后自费比例低于10%,无一人因病返贫。审核认定"防返贫防致贫"特殊身份22231人,按照240元/人标准代缴2022年城乡居民医疗保险533.54万元。

【异地就医】 全区开通省内异地医疗机构门诊直接结算72家、住院直接结算51家,药店直接结算371家;开通跨省医疗机构门诊直接结算36家、药店直接结算99家。全年办理异地就医备案6280人次;审批异地就医药店结算24.43万人次,个账支付2678.81万元;审批异地住院结算3078人次,统筹支付1404.55万元。

2021年10月21日,东坡区召开2022年度城乡居民基本医疗保险工作会议

2021年1月21日，东坡区召开2020年度DRG特病单议申请培训会

【医保基金监管】 与72家医疗机构、371家零售药店签订《成德眉资医疗保障定点医疗机构服务协议（医院、社区卫生服务中心和乡镇卫生院）(2021年)》，纳入日常监管，年内处理违规违约医药机构51家次，追回本金并处违约金462.21万元。加强医保“智能审核”实时跟踪，核实46家医疗机构1846笔违约计费，扣除医保支付7.85万元。配合市局基金审计，追回基金18.37万元。

【医用药品、耗材招标采购】 指导全区28家公立医疗机构落实国家和联盟集中带量采购药械，完成国家组织集中带量采购5批次中选药品共218种品规与1批次冠脉支架、2批次省际联盟中选药品29种品规和1批次冠脉扩张球囊类的集中带量采购。完成国家组织集中带量采购第六批药品和人工关节类、口腔类的器械，省际联盟组织的第三批药品、中成药和冠脉药物球囊类、心脏起搏器类等五类药械的报量工作。药械价格大幅下降，最高降幅达90%以上。

【疫情防控】 全年发热门诊患者核酸检测费用报销6.69万元，新冠疫苗接种报销141.12万人次共1411.17万元。

（黄　原）

社会服务

【概况】 眉山市东坡区民政局（简称区民政局）是眉山市东坡区人民政府工作部门，为正科级。内设办公室、社会组织管理股、社会救助股、基层政权建设与社区治理股、社会事务股、养老服务股、儿童保障和慈善事业股、区划地名和社会福利股。主要负责社会组织登记管理和执法监督；城乡居民最低生活保障、特困人员救助供养、临时救助、生活无着流浪乞讨人员救助；指导城乡社区治理体系、服务体系和治理能力建设；地名、婚姻登记、殡葬管理；监督管理城乡养老服务；未成年人关爱保护等工作。

【社会救助】 提高特困人员供养照料护理标准，生活自理能力特困人员日常照料补助提高至50元/人，增长1.5倍；特困人员在乡镇卫生院及区级以上医院的住院护理补助分别提高到50元、100元，分别增长66%和25%。将城乡低保人均补助，由2020年的210.16元提高到至327.33元，增幅达到155.75%。严格按照个人申请，第三方机构入户调查，村（社区）评议、公示，镇（街道）审核等程序，落实社会救助保障政策。截至年底，共救助151304人次，发放救助金6286.919万元。全面推进残疾人两项补贴调标工作，细化明确“十四五”期间调标时间节点和金额，确保到2025年困难残疾人生活补贴标准达到160元/人·月，一级重度残疾人护理补贴达到160元/人·月、二级重度残疾人护理补贴达到130元/人·月。截至年底，累计发放重度残疾人护理补贴96925人次780.283万元、困难残疾人生活补贴50173人次602.076万元。常态化开展流浪乞讨街头巡查救助，使用救助资金19186.05元，救助28人次，护送返乡13人次，做到应救尽救。

【养老服务】 全面完善养老服务设施，推进农村“1+N+N”养老服务三级阵地打造，建成农村养老服务中心13个、分中心73个、服务点82个；强化城市“综合体+”社区养老服务设施建设，建成养老服务综合体4个，配套社区养老服务设施38个，基本形成15分钟“养老服务圈”。全力改善养老条件，投入15.75万余元，完成63户家庭适老化改造；投入280万元，完成金花、多悦、修文养老服务中心（分中心）适老化改造。多元化提供养老服务活动，投入资金89.6万元，购买居家养老服务，服务老年人1.2余万人次；培育老年志愿服务队伍277支、老年志愿者13872名，开展为老志愿服务3000余次。

【婚姻和收养登记】 有序开展婚姻登记工作，办理结婚登记4862对，离婚登记1945对，补领结婚证7658对，补办离婚登记331对，登记合格率为100%；办理收养登记8件，合格率为100%。

【社会福利】 2021年累计发放重度残疾人护理补贴105726人次，851.088万元、困难残疾人生活补贴54906人次，595.902万元。完成残疾人两项补贴调标工作。困难残疾人生活补贴标准，2021年、2023年、2025年各提高20元，到2025年达到每人每月160元；重度残疾人护理补贴标准，2022年、2023年、2025年各提高20元，到2025年一级重度残疾人护理补贴每人每月达到160元、二级重度残疾人护理补贴每人每月达到130元。

【儿童保障和慈善事业】 探索构建“143”困境儿童分级分类关爱保护体系，创新实施“快乐小东坡”系列项目，做法被市委办《工作交流》刊发，并代表四川省在全国未成年人保护培训会上作交流发言。

实施困境儿童和农村留守儿童精准关爱，通过生活救助、教育资助、走访慰问、教育培训、心理疏导、政策宣讲等方式，精准关爱重点困境儿童和农村留守儿童1458名。全面关爱，实施“快乐小东坡”未保系列项目，开展各类关爱保护活动100余场次，服务受益儿童4600余人次。其中，“月月童伴——女童宜居改造计划”完成14户困境女童宜居改造；“伴你成长计划”创新实施非遗课堂，教授东坡剪纸、东坡泡菜、东坡饼子制作技艺等，受益儿童1200余人次；“悦伴成长计划”开展父母课堂、正向教养、东坡文化讲座等活动21场，服务儿童和家长780余人次。

（向　征）

农民工服务

【概况】 2021年，东坡区农民工服务中心以服务保障农民工工作为中心，维护农民工合法权益，全面提升全区农民工工作制度化、常态化和精准化水平，开展农民工创业就业、权益维护、技能培训等工作，实现农民工就业总体稳定，被省农民工工作领导小组评为“全省农民工工作先进集体”。

【农民工创业就业服务】 实施农村劳动力创业就业促进计划，收集农民工返乡创业项目278个，挖掘农民工返乡创业先进事例广泛宣传。在节后农民工求职就业“高峰期”、企业招人用人“黄金期”搭建双选平台，拓宽就业渠道，吸引更多农民工就近就地就业。线上开展农民工网络专场招聘会、眉山中国泡菜城专场招聘会30余场，吸纳企业117家，提供岗位3368个，服务应聘人员1.2万人次。

【农民工权益维护】 开展“利剑”行动、拖欠农民工工资清零“百日行动”和“根治欠薪”冬季专项行动，对全区167家企业及72个在建工程进行拉网排查。通过坝坝会、下企业、走工地宣传《保障农民工工资支付条例》等法律法规，畅通投诉渠道，加强网络舆情管控，实行“2小时通报、12小时处理”。全年共受理投诉617起，结案614件，到期结案率100%，涉及人数6835人，金额7384.65万元。

【服务保障专项行动】 开展农民工服务保障“五件实事”“农民工十大专项行动”，走访慰问返乡农民工和农民工家属37997人及外省籍在东坡区过年农民工956人，邮寄东坡泡菜100箱至北京、重庆，让在外就地过年的农民工品味家乡味道。依托164个村（社区）基层服务队伍，摸排全区农民工返岗情况，启动点对点、一站式“春风行动”，专车护送19名东坡籍农民工前往西昌务工。在区政务服务中心开通农民工办证服务绿色通道，服务农民工4150人次。

【驻外农民工服务工作站】 驻重庆农民工服务工作站于2021年4月挂牌成立，是继驻西藏农民工服务工作站成立后的第二个区外农民工服务机构。全年驻重庆、西藏工作站走访慰问东坡区籍农民工420余人次，提供就业帮扶200余人次，提供法律咨询20余次，协调解决劳资纠纷3起，为东坡籍农民工追讨劳务费42万余元，为100余名返乡农民工代购返乡火车票。

【农民工职业技能培训】 推行“互联网+”、新型企业学徒制、以工代训等模式，拓展培训渠道、扩大培训范围、提高培训质效，在187家企业开展各类技能培训2.5万余人。

【农民工人才培育】 储备农民工后备力量1537人，发展农民工党员174名，在村级建制调整改革中选配村干部向农民工倾斜，村级“两委”农民工委员占比超过80%。举办农民工返乡创业培训班11期，带动850余人实现就业。提供创业资金，为80名返乡创业者发放担保贷款1171万元。提供创业平台，提升创客孵化园平台功能，加强与京东项目合作，吸纳入驻创业项目130个，提供直接就业岗位1800余个。

（童良英）

退役军人事务

【概况】 2019年2月13日，东坡区退役军人事务局（以下简称区退役军人事务局）挂牌成立，内设股室5个：办公室、规划财务股、拥军优抚褒扬股、移交安置与就业创业股、政策法规与权益维护股；下属事业单位3个：区退役军人服务中心、区烈士陵园管理处、区军队离退休干部休养所。全区镇（街道）退役军人服务站共有16个，村（社区）退役军人服务站共有222个。2021年，经退役军人事务部验收，全区成功创建10个全国示范型服务中心（站）；经市退役军人事务局验收，成功创建标杆型退役军人服务站3个。

2021年9月24日，区退役军人事务局组织2021年自主就业退役士兵开展适应性培训

【退役军人基层治理】 2021年，区退役军人事务局发挥退役军人基层治理作用，推荐优秀退役军人进村（社区）班子，全区共有47名退役军人担任村(社区)党支部书记、8名担任村（居）委会主任。选聘政治过硬、思想素质高的退役军人作为特邀监督员，融入基层权力监督体系，发挥监督、调研、宣传作用。疫情防控期间，成立退役军人组成的党员先锋队，全程参与红星西路社区防控工作；号召全区退役军人成立橄榄绿志愿服务队，为基层治理、乡村振兴、创文创卫、应急救援、疫情防控、走访慰问等工作贡献力量。

【退役迎接】 9月，区退役军人事务局在眉山火车站、眉山东站、长途汽车站设立光荣返乡接待站，举行2021年秋冬季退役军人光荣返乡迎接仪式，为每一名退役军人送上鲜花、披上绶带、佩戴胸花，发放“两卡一册”回乡办事创业指南。

【优抚褒扬】 2021年，组织区退役军人事务局发放抚恤补助金6397.6余万元，解决重点优抚对象医疗保险和医疗补助274.2万元；为优抚对象解决生活、就医、住房等方面的困难，发放困难补助134.06万元；完成残疾军人、伤残国家人民警察、伤残民兵民工残疾军人证等证件换领和核查工作；为1名因公牺牲现役军人和1名病故军休干部遗属发放一次性抚恤金。

春节、庆祝中国共产党成立100周年和“八一”建军节期间，由区委书记牵头走访慰问驻区部队官兵，送去慰问物资；对全区范围内退役军人和其他优抚对象开展走访慰问活动，发放慰问金；开展“七一”走访慰问活动，深入基层看望慰问老战士、烈士遗属和烈士子女，送去慰问品。

【权益维护】 2021年，全区退役军人总体稳定，全年共接待受理群众来访180人次142件，化解省信联

2021年9月24日，区退役军人事务局组织开展(成德眉资)退役军人专场招聘会

办交办重复信访3件，受理退役军人事务部交办重复信访3件。

【转业安置】 2021年，接收安置自主就业退役士兵、符合政府安排工作士官、计划分配军队转业干部、逐月领取退役金转业干部及军休干部，发放2020年自主就业退役士兵地方一次性经济补助，符合政府安排工作士官和计划分配军队转业干部均安置在全额拨款的行政机关与事业单位，安置率100%。

【教育培训】 2021年，出台《眉山市东坡区退役军人事务局关于加强退役军人就业创业与技能培训的通知》，将符合条件的退役军人纳入培训范围。2021年筹集退役军人教育培训资金，组织自主就业退役士兵参加免费职业技能教育培训，组织全区退役军人报考高职院校，被录取259人。

【就业创业】 2021年，区退役军人事务局组织开展退役军人就业创业情况摸底调查，为退役军人就业提供精准推荐服务。全年举办退役军人及军人家属专场招聘会3场，优选(成德眉资)60余家规模以上企业参与招聘，为退役军人提供专属岗位，吸引退役军人进场求职，并达成就业意向。搭建促进人岗精准匹配的就业平台，与国有企业和规模以上企业开展战略合作并建立就业供需对接机制，全年提供就业岗位2万余个，吸纳退役军人求职并达成就业意向。

（余莉莎）

教育·体育

教育事业/素质教育/学前教育/义务教育/高中教育/职成教育/教育教学管理/教育力量建设/教育安全稳定/体育事业

教育事业

2021年，东坡区研培中心率苏洵小学郑晴霞参加四川省2021年小学语文优质课展评活动荣获一等奖

【概况】 2021年，全区教育系统坚持以习近平新时代中国特色社会主义思想为指导，深入学习贯彻落实中共十九大，十九届五中、六中全会精神，习近平总书记关于教育、体育的重要论述，主动适应并服务全区经济社会发展大局，从严加强党的建设、深入推进依法治教、深化教体改革创新、狠抓教师队伍建设，着力促进教育公平、着力提高教育质量、着力优化教育结构、着力落实立德树人。

【学校文化建设】 制发《2021年学校“一校一品”工作考核情况通报》《关于表扬2021年学校“一校一品”工作考核获奖学校的通报》，表扬文化建设获奖学校31所。开展第二期“传承东坡文化”骨干讲师团培训6场；开展“悦读东坡”文化传播活动进校园流动课堂201场，参与学生5万余人次，面向社会开展定点课堂18场次，参与市民3600余人次。

【教育改革与发展】 科研课题研究和科研成果运用、推广、评奖等工作取得新成绩，省、市、区各级课题103项。在四川省政府第七届教学成果评奖活动中，17项成果参赛，获省政府一等奖1项、省政府二等奖9项；在眉山市政府第六届教学成果评奖活动中，120项成果参赛，有72项成果获奖，其中获市政府特等奖1项、市政府二等奖9项，市政府三等奖9项，居全市第一。课堂教学的改革取得阶段性成就，年内参加“基础教育精品课”遴选暨“课堂教学大比武”活动，获教育部奖1节、省级二等奖4节、省级三等奖2节、眉山市优课奖28节，省、市各级获奖数全市第一。全年共计培训教师36519人次，先后有786名校(园)长、骨干教师参加国家、省、市级高端培训；完成“A+M”(高素质教育人才培养项目)项目培训和“东坡文化讲师团”特色项目培训；完成“儿童阅读种子教师培训”第一期工作，启动第二期培训工作和“东坡区乒乓球种子教师培训”第一期培训工作；开展幼师国培，培育22名幼儿种子教师和310名全区各园骨干幼儿教师。全年组织中小学学科教研员听课共计562节，现场指导教师课堂教学2100多人次，组织学校学科组、备课组和学校行政参加各类座谈交流活动230余场次。完善“学科中心组”“办学共同体”和“成眉同城化发展”研培网络建设，指导各共同体学校开展“优质课送教”“教学经验交流”“教学管理专题讲座”等形式的帮扶活动120余次；推动和开展同城发展工作19次，与成都市双流区、武侯区教育系统对应部门和学校结对12对，东坡区研培中心成功申报成渝地区双城经济圈“10+20研训协同体”成员单位，与广元苍溪县教师进修学校、重庆开州区教师进修学校组成成渝研训机构共同体。

【疫情防控】 与区卫健局、区疾控中心、区应急管理局、医院等部门建立联防联控机制，建立全区教体系统疫情防控常态化下的教育教学模式。落实《国家卫生健康委办公厅教育部办公厅关于印发高等学校、中小学校和托幼机构新冠肺炎疫情防控技术方案(第四版)的通知》,严格门卫管理,执行一码双验,开展学校及周边环境卫生、学校重点场所的消杀、通风等工作,指导师生员工健康监测。召开疫情防控工作会议6次,组织开展学校、体育场馆、校外培训机构新型冠状病毒疫情防控工作落实情况督查2次并形成督查通报。指导全区学校开展中高风险地区和离川返眉人员排查报备,落实相关管控措施。推进统疫苗接种工作,截至12月,全区教职员工(含编外人员)接种15568人;12—17岁学生完成第一针人数39642人,完成第二针接种人数38647人;3—11岁学生完成第一针接种62994人。

2021年,建成后的双河幼儿园

【学校项目建设】 年内完成《"十四五"基础教育学校布局规划》《"十四五"学校项目建设专项规划》《国省"十四五"规划重大工程项目申报》,规划建设齐青小学和彭科小学、扩建眉师附小和东坡小学。建成投用公办幼儿园7所,分别是:双河幼儿园、复盛幼儿园、广济幼儿园、土地幼儿园、金花幼儿园、西堰幼儿园、晋凤幼儿园,总投资7700万元,新增幼儿学位1620个。完成东坡二幼等5所城区公办幼儿园建设,增建园舍23255平方米,总投资1.58亿元,增加主城区公办幼儿学位2160个。实施农村中小学校舍安全保障长效机制项目,维修改造新华小学等9所农村中小学校舍共计10100平方米;通惠小学综合楼项目开工建设,面积1500平方米,计划投资500万元;改造实验初中、东坡中学、眉师附小、伏龙小学运动场24000平方米,总投资660万元;崇礼小学主体完工,新区小学开工建设;启动齐青小学、彭科小学和眉师附小、东坡小学扩容项目。

【教育资助】 完善义务教育"三免一补"政策,义务教育学校学生全部免收学杂费、课本费、作业本费,对3791名城区和农村家庭经济困难寄宿学生按照小学每生每年1000元、初中每生每年1250元的标准进行生活费补助,对3786名城区和农村家庭经济困难非寄宿生按小学每生每年500元、初中每生每年625元的标准进行生活费补助。对2356名普通高中家庭经济困难学生按照平均每生每年2000元的标准发放国家助学金,对542名中职一、二年级在校生,按平均每生每年2000元的标准发放国家助学金,对3409名中职学生按每生每年1900元的标准减免学费;在发放中职助学金的基础上,对161名脱贫户家庭中职学生再给予每生每期500元的生活补助。对2135名在园孤儿、残疾儿童、家庭经济困难儿童按照每生每年1000元的标准进行补助,对569名脱贫户家庭经济困难幼儿免除保教费。对159名脱贫户家庭大学生按照每生每年4000元(其中学费资助2000元、生活补助2000元)的标准进行资助。

【民办教育】 全年批准设立幼儿园3个,校外培训机构21个。全区共有民办学校271所,办学层次涵盖幼儿园到高中阶段教育,办学类别有学前教育、普通学历教育、中等职业教育、校外培训机构等,其中普通学历学校6所(眉山映天学校、眉山育英实验学校、眉山冠城七中实验学校、眉山东辰国际学校、北京外国语学校眉山东坡学校、东坡区蓝天学校),中职学校1所,幼儿园121所,校外培训机构

143所。教职员工（不含培训机构）4788人，其中普通学历学校1720人、中职校115人、幼儿园2953人。在校学生（不含培训机构）35983人，其中普通学历学校11982人、中职校1463人、幼儿园22538人。

落实民办教育机构年检公告制度，责令9所民办教育机构限期整改。贯彻落实“双减”政策，开展校外培训机构治理，义务教育段学科类校外培训机构由81所压减到6所，压减率92.6%，其中关停27所、转型48所。校外培训机构总数由175所压减到143所，压减率18.2%。

【教育宣传】 利用“眉山市东坡区教育和体育局”微信公众号、“东坡教育体育”今日头条号等政务新媒体，推送发布招生入学、教师招考、教育收费、学生资助、全民健身等教体信息1991条次。全年上报外宣信息1000余条次，其中省教育厅网站、省体育局网站采用10条，省级以上其他媒体采用100余条。区教体局获2021年省教育厅教育宣传工作先进集体表彰。

【项目引资】 根据学校布局规划，全年共争取到教育项目建设资金4329万元，其中：省级化解大班额奖补资金500万元，追加2020年中央和省学前教育发展资金409万元，2021年中央和省、市校舍维修资金750万元，2021年支持学前教育发展中央和省级部分资金895万元，2021年改薄提升项目资金1775万元。

（邹利楠）

素质教育

【德育工作】 组织“传承雷锋奉献精神弘扬志愿服务文化”活动。选派参加青少年社会实践基地活动1.1万人次；开展红色研学实践教育活动3.5万余人次；组织农村中小学学生100人参加“学党史•颂党恩•听党话•跟党走”青少年夏令营活动；组织部分德育（政教）主任、班主任参加培训75人。获省“新时代好少年”称号1人，市“新时代好少年”称号2人；举办“红心向党耀眉州”中小学生现场作文大赛，评选出一等奖11名；组织开展“感党恩听党话永远跟党走”为主题的东坡区第五届中华经典诵读比赛，推荐参加市级比赛3个节目，获一等奖2个、三等奖1个；组织参加“党史我来讲 红色照我心”主题教育演讲比赛，获省级一等奖1名、二等奖1名、三等奖2名；组织参加“百年光辉历程 全面建成小康社会”青少年爱国主义读书教育活动（小学组讲故事，中学组演讲），获市级一等奖2人、二等奖2人；组织参加眉山市中华经典诵写讲演，获一等奖35人次；获眉山市优秀童谣作品一等奖3个；确立乡村学校复兴少年宫试点学校3所；评选表扬区“红领巾奖章”二星章个人71人、集体76个。

【艺术教育】 督促指导各学校按部颁教学计划开齐艺术教育课程，开展各级各类艺术教育活动。组织全区中小学参加东坡区2021年中华经典诵写演系列活动；参加教育部“美育云端课堂”活动，组织参加四川省教育厅关于开展庆祝中国共产党成立100周年暨“欢歌新时代，颂歌献给党”百场红歌大传唱活动，齐通初中代表眉山

2021年6月21日，第五届东坡区中华经典诵读比赛在会展中心举行

市参加省级比赛。组织参加四川省校园舞台剧比赛，苏祠初中《鸭绿江边的英雄少年》荣获三等奖。《苏母的宅院》《恰似东坡少年时》等艺术作品，分别获得眉山市第九届苏东坡文学艺术奖二、三等奖、优秀奖和新人奖。主办第四届“阳光下成长”“红心向党耀眉州”师生书画作品展，历时5个多月，参赛学校96所，参赛师生8万余人次。参加眉山市第四届师生书画大赛，共获得一等奖46个、二等奖61个、三等奖38个，获奖率全市第一。组织参加四川省第十届中小学生艺术展演活动，东坡区特殊教育学校、眉师附小荣获朗诵类现场展演一等奖，苏洵小学荣获戏剧类现场展演一等奖，大北街小学、眉师附小、苏南小学、东坡中职校获舞蹈类一等奖；在艺术作品类比赛中，东坡小学、苏南小学、东湖小学、百坡中学荣获一等奖，在美育案例评选活动中，苏南小学、苏洵小学、东湖小学荣获一等奖。指导苏洵小学戏剧社团、苏南小学剪纸社团创建眉山市优秀学生艺术团；百坡小学、悦兴小学、修文小学创建眉山市艺术特色学校。

【卫生健康教育】 制发《2021年狂犬病预防控制宣传教育工作实施方案》《关于做好2021年学校“血防”健康教育工作的通知》；联合区卫计局制发《关于加强2021年中小学预防控制血吸虫病健康教育工作的通知》，印发《眉山市东坡区教育系统2021年禁毒宣传教育工作实施方案》《东坡区教体系统组织全区学校开展2021年“全民禁毒集中宣传月”活动工作方案》。组织全区中小学开展“血防”“狂防”“预防艾滋病”等健康知识教育活动，指导学校完成区卫健局对全区47所中小学结核病督导工作。组织学校卫生人员参加三轮社会卫生员培训，参训率100%；指导学校开展全省学校卫生试点工作。

【科技教育】 全年常态化开展科技周活动，组织参加2021年眉山市青少年科技创新大赛和眉山市青少年科技创新大赛实体机器人比赛。

（邹利楠）

学前教育

【概况】 2021年，全区共有幼儿园（含市一幼）172所，其中公办53所、民办119所；在园幼儿（3—6岁）27686人，其中公办13853人、民办13833人。普惠性民办园86所，在园幼儿8849人。普惠性幼儿园覆盖率81.99%，公办园在园幼儿占比50.04%。

【幼教管理】 推进普惠性资源扩容增效，制发《眉山市东坡区农村小学附设幼儿园目标管理专项考核方案》，完成双河幼儿园（小区配套园）移交，由南湖幼儿园托管管理办为公办园；完成眉山市第二幼儿园（小区配套园）回购，由齐通幼儿园托管管理办为公办园；完成8所农村小学附设园剥离并单独设园。深化幼儿园内涵建设，全年创建市级示范性幼儿园6所。开展“砥砺十年，奠基未来”全国学前教育宣传月活动，展示东坡区10年来学前教育普及普惠改革成果成就。召开眉山市优质幼儿园校联体“立足课程建设，聚焦内涵发展”专题研讨会。加大师资培训力度，组织23名园长、骨干教师参加“第九届亚洲幼教年会暨首届中国育幼大会”；25名幼儿园园长参加“温江区幼儿园SHEA管理标准化的实践研究”；171名园长参加全区半日观摩活动；171名幼儿园卫生保健人员参加全区托幼机构卫生保健技术培训会。加强幼教培养培训，355名骨干教师参加省内外国培，100名教师参加区级培训，150名教师参加省内各培训机构线上线下培训，5个幼儿园办学共同体开展送教送培下乡、结对帮扶、专家入园指导等活动22次。

【民办幼儿园】 重点支持普惠性民办幼儿园发展，设立100万元民办教育发展年度专项资金，对普惠性民办幼儿园在项目资金、贫困儿童资助、师资培训、结对帮扶等方面给予支持，全年共落实扶持资金60万元。重新制发《眉山市东坡区普惠性民办幼儿园认定和管理办法》，分类定级认定普惠性民办园93所。

【幼教招生】 完成“阳光招生”录取小班幼儿1695人；解决现役军人（含武警）、烈士和进藏干部、防疫医护人员、消防队员、援藏干部子女入公办园73人。实施主城区普惠性民办幼儿园幼儿保教费补助政策，按每人每期1000元（每人每学年2000元）的标准共计补助

1684人次168.4万元。

【学前教育改革】 公办幼儿园实施“两自一包”(管理自主,教师自聘,经费包干)管理体制改革。4月19日,经区委五届130次常委会审议同意,核定全区各园招聘教职工额度751人(不含炊事、保安161人)。8月,共计招聘教职员工612人,下达经费1591.2万元。

(邹利楠)

义务教育

【概况】 全区小学入学率100%,巩固率100%,毕业率100%,完成率100%,文盲率为0;初中入学率100%,巩固率99.53%,毕业率100%,完成率100%,均达到或超过国家规定标准;残疾儿童入学率达95%以上,完成义务教育均衡发展迎国检工作。

【小学教育】 全区小学总计54所,有1172个班,在校学生53056人。其中市属小学1所,区直属小学11所,镇乡小学41所,民办小学1所,民办十二年一贯制学校5所(均有小学班)。

【特殊教育】 开展随班就读学校巡回指导,组织7个送教团队,定期分批对全区无生活自理能力的义务教育阶段适龄重度残疾儿童少年进行“送教上门”服务。组织东坡区特殊教育学校和相关普通初中、小学对全区22个已修建资源教室的学校工作开展情况进行检查。

【初中教育】 全区普通初中34所,其中,初中学校29所,民办学校5所(5所民办学校均有初中班),共有499个班、学生23128人。

【教育信息化】 组织中小学教师参加国培2.0活动、“学生信息素养提升实践活动”“十六届校园影视活动”“中小学电脑制作活动教师培训”“四川省教育信息化大赛活动”等培训活动,促进中小学教师信息化应用能力提升。推进区级教育信息化建设项目,完成南湖幼儿园、庄店幼儿园装备采购验收工作,完成双河幼儿园玩教具项目和东坡二幼至六幼共六所幼儿园基础装备建设工作。开展“安可替换”工程设备调剂到校及固定资产交接工作。

【实验教学】 建立全区学校危化品管理、危废管理“一校一专档”,定期组织学校自查和区级检查;指导学校开展危险废物申报登记备案工作,配合公安部门指导学校开展实验室易制毒危险化学品、剧毒和易制爆危险化学品信息管理系统登记注册和使用;开展全区学校实验室危化品管理培训,培训实验室管理人员100余人。组织学校参加省市实验教学说课评选活动,共计31件作品参赛,选送6件作品省市参赛;组织学校参加省市优秀自制教具评选活动,共计14件作品参赛。

(邹利楠)

高中教育

【概况】 全区普通高中10所,259个班,在校学生13234人。

【高中管理】 规范高中招生行为,构建公平竞争平台;实施东坡区《普通高中学校教育质量奖励办法》,根据国家实施非义务教育学校教师绩效工资的实际,指导高中学校完善绩效考核机制,提高教师工作积极性。年内,东辰国际学校开始首届普高招生。

【成果】 年内,全区普通高中招生4139人,初中毕业生升入高中阶段教育的比例达到95.68%。全区高考重本上线1019人,本科上线2632人,重本上线率24%,本科(含艺体)上线率63%,高考本科上线万人比30.63。眉山中学学生覃驰程以684分成绩获全市理科第一名。

(邹利楠)

职成教育

【概况】 全区共有中职学校2所,其中公办1所(四川省东坡中等职业技术学校)、民办1所(眉山市华西航空旅游学校),全日制在校学生3546人,教职工283人;成人学校16所;教师38人。年内中职学校教师参加市教师赛课,获一等奖3个、二等奖4个、三等奖1个;

组织参加四川省中职学生技能大赛，单片机、烹饪、旅游赛项比赛获省三等奖3个；东坡中职校学生蒋思月获成渝经济职教联盟导游大赛讲解类一等奖；组织参加市中职学生技能大赛，东坡中职校获团体一等奖、华西航空旅游学校获团体三等奖。

【中职教育】 制发《2021年中等职业学校招生工作实施方案》，强化招生工作统筹力度，实施春秋两季招生政策，全年实际完成招生任务1297人。指导东坡中职校向上争取资金850万元，用于实训室建设。华西航空学校投入50多万元对校园路灯、监控等基础设施进行改造，投入20多万元购置计算机30多台，加强市级示范专业建设。引导各中职学校加强实践教学，创新合作模式，开展学生、企业面对面双选会，深化校企合作，拓宽就业市场，有效提高就业率(就业率达98.8%，其中对口就业率达89%)。实施质量提升计划，开展“中高职衔接班”教育教学管理，推动东坡中职校与泰国兰实大学、眉州东坡、四川城市建筑职业技术学院建立校校(企)合作关系。推动华西航空学校与四川省电力公司、广东高速公司运营公司、西南地区高尔夫球场、上海浦东、虹桥国际机场安检站、双流国际机场地面服务公司等建立校企合作关系。全年组织中职教师参加各级各类培训共计90余人，其中国家级培训“双师型”教师、骨干教师、青年教师到企业实践提高等9人。与眉山职业技术学院、乐山师范学院、西南科技大学、成都职业技术学院等区内外高职院校建立中高职衔接合作关系，全年高职对口单招参考人数342人，录取327人，录取率95.6%。

【成人教育】 利用市民学校、远程教育中心、农家书屋等社区教育设施，开展终身教育。各成校依托镇有关部门，结合本地实际开展农民工实用技术和劳动力转移培训工作，完成农村实用技术培训6000余人次，农村劳动力转移培训5500余人次，125人才培养培训6800余人次。

(邹利楠)

教育教学管理

【教育督导】 调整教育督导委员会成员，召开联席会议，完善工作制度和规程。强化督导队伍建设，选聘200多名优秀教师充实督学专家库，实施学校挂牌责任督学，派7名督学参加国家、省教育督导网络培训。开展专项督导，对学校“疫情防控”“五项管理”“双减”专项督查。开展常规督导，抽调督学120余人次，对40多所学校进行素质教育、体育卫生、办学行为督导。接受上级督导，迎接市和省督导委开展“区政府教育履职”“学前教育80.50攻坚”“义务教育教师工资收入”评估督查。开展网络民意调查，组织全区师生、干部群众开展对省、市、区人民政府教育履职情况满意度调查。

【学校管理】 按照《关于深化办学共同体建设的实施意见》的通知，加强对办学共同体指导和考核。按照《关于切实加强中小学校常规管理工作的通知》的要求，加强检查指导，推动学校管理工作的科学化、规范化、制度化。按照《关于贯彻落实〈四川省教育厅关于规范办学行为深入推进素质教育的实施意见〉工作安排表》的通知，规范学校教学、招生、办班、考试评价、教材使用等行为。

【招生考试】 全年共组织11次统一考试，其中全国普通高考、全国成人高考、全市高中阶段教育学校招生考各一次；全国高等教育自学考试2次；中小学教师资格考试(笔试)2次；非学历考试4次。全区普通高校招生考试共有6313名考生报名参考，共向高校输送合格新生5562人，占报考人数的88.10%；全区普通高考本科上线2634人(不含艺体类)，重点本科上线1018人，本科上线万人比居全市第一；成人高校招生考试共有3091名考生参考，向高校输送新生2657人，占报考人数的85.96%；高中阶段教育学校招生考试共有5653名考生参考，考入普通高中3527人、五年制高职录取192人；2次自学考试共有8612人次参加19832科次考试，为32人办理自考本、专科毕业证书；2次中小学教师资格考试(笔试)，共有6624人参考，考试14563；4次非学历考试(全国英语四、六级考试和全国计算机等级考试)共有8489人参考，612人取得等级证书。

(邹利楠)

教育力量建设

【概况】 制发《眉山市东坡区教育和体育局关于在全区开展“学党史崇师德”专题教育活动的通知》,开展师德师风“三个一”活动,开展专项比赛和评选等活动;在省“教师风采大赛”活动中,获得1名“二等奖”、2名“优秀奖”的好成绩。制发《眉山市东坡区教育和体育局2021年青年教师师德师风专题培训方案》,对500名教师进行为期4天的专题培训。在第37个教师节庆祝会上,区委、区政府表彰先进教师159名,优秀教育工作者20名;1名校长和32名教师分别被评为眉山市优秀校长和优秀教师。

【师资建设】 推荐上报高级职务任职资格材料185名、一级职务任职资格材料191名;完成359位教师初级职务和13名教师中级职务初定工作;完成37名教师初级职务评审工作;确认专业技术职务52名。完成教师资格认定网上申请、现场确认、证书制作及颁发工作,共受理1375例,审核认定1298人,完成教师资格定期注册3206人。年内,公开招聘教师216名,其中研究生学历教师34名,部属公费师范毕业生8名;发布《关于从区外考调优秀教师的公告》,从区外考调教师48名;制发《关于2021年教师调动工作的通知》,从农村选调126名教师到城区学校工作,平行交流调动37名,城区老学校选调43名教师到新建学校工作。

【教育扶贫】 制发《关于做好2021年秋季优质学校、人员富余学校教师到农村缺编或紧缺学科教师学校支教工作的通知》,组织31名城区教师到农村学校支教。组织两所学校骨干教师和研培中心专家成员共20人赴茂县开展“对口帮扶”送培、送教活动;组织选送骨干教师23人赴茂县开展支教工作,1名教师到美姑县支教。为茂县代培普通高中生30名,初中生21名。

【干部管理】 制发《眉山市东坡区公办学校校级领导干部和中层干部选拔管理办法(试行)》,规范学校干部管理,对1名校级干部和1名中层干部进行交流轮岗。

【行风建设】 制定《2021年党风廉政建设和反腐败工作要点》《区教体局班子成员2021年党风廉政建设责任清单》,落实党风廉政建设主体责任,规范学校办学行为。召开党风廉政工作会2次,局党委会研究部署党风廉政建设和反腐败工作6次,会前学纪学法30余次,警示教育5次,在重要时间节点开展廉洁提醒7次;修订《事业单位工作人员受处分后执行情况梳理一览表》,突出违规违纪处分执行后严重影响的警示,增强系统干部职工法纪敬畏意识。畅通“信、访、电、网、微”5种举报渠道,在学校设立96个民意举报箱,共收到来信来访42件,回复42件,回复率100%,对来信来访反映学校乱收费和教师有偿补课、体罚等问题调查处理;开展教学常规、工作纪律、学生伙食质量、疫情防控措施落实情况等专项督查40余次;开展中小学有偿补课和教师违规收受礼品礼金问题专项整治,对教师有偿补课行为明察暗访50余次;严格监督执纪问责,严肃查处管理失职、有偿补课、体罚等违纪违法问题23起,调查处理48人,清退违规违纪款12.45万元;加强内部审计,对6名在任时间较长的校长和离任校长开展任期内经济责任审计工作。落实区委巡察后续整改工作,制定措施104项,建章立制5个;落实省委巡视整改工作,细化整改措施107条。对教体系统2020年下半年至2021年上半年受到党纪政务(纪)处分的5名干部职工开展回访教育;对2020年处分决定执行情况进行排查,受到党纪政务(纪)处分人员10人的决定书均归入个人人事档案;对2020年9月至2021年8月受到组织处理的执行情况进行排查,38人奖励性绩效工资和绩效考核奖励各扣减10%。

【教育党建】 开展党史学习教育,组织开展集中学习6次,聚焦“入园难、入园贵”等五大问题,开展“我为群众办实事”实践活动,组织党员开展社区共建“街长制”暨“我为群众办实事”主题实践志愿服务活动5600多人次,开展走基层慰问群众362户次,开展“送科技到基层”服务30余次,服务200余人次。加强基层党组织建设,培育创建样板党支部2个、优秀支部书记2名、党员标兵28名;实施“两新”组织“两个覆盖”攻坚行动,成立民办学校党支部16个,为321个“两新”组织选派党建指导员34名,星梦艺术培训学校党支部被评为眉山市先进基层党组织。加强党员队伍建设,印发《全区教体系统党员教育培训工作实施方案》，开展“七一”慰问走访活动，走访慰问10名退休老党员干部，发放“光荣在党50周年”纪念章179枚，专题培训发展对象50人，发展党员48名，转正党员24名。专题研究意识形态工作4次，制发《东坡区中小学（幼儿园）意识形态工作责任制落实清单》，分季度召开教体系统意识形态工作研判联席会4次，对教职工、学生思想动态进行研判并制定应对策略。

（邹利楠）

教育安全稳定

【校园综治】 组织学校利用“3·29”中小学生安全教育日、“4·15”国家安全日、“5·12”防震减灾日等重大节点开展食品安全、国家安全、人身安全、消防安全、交通安全等宣传教育。落实校园安防建设“六个100%”，加强警校合作、警校共育，协调相关部门加强对校园周边治安综合排查整治，不定期排查校园周边精神病人、上访人员、吸毒人员、因涉校涉园矛盾纠纷扬言报复、生活无着、债务缠身等重点人员。完成市域社会治理现代化试点工作，组织开展2021年中小学幼儿园“护校安园”专项行动。开展平安校园创建，39所学校被评为区级平安校园，110所学校被评为市级平安校园。

【校园安全】 推行划片包校制度，做到至少每月1次包校专人到校督查、检查。强化安全隐患的排查整治，建立安全工作台账，会同有关部门组织开展交通、食品、消防、校车、房屋等安全专项检查8次。联合交警队对全区15辆校车进行安全大排查。联合区市场监管局开展食品安全专项检查及食品安全“双随机、一公开”抽查4次。开展商住混合体建筑火灾隐患集中攻坚行动；开展学校燃气安全隐患排查整治专项行动；开展用电用气安全风险隐患集中排查整治行动；开展2021年秋季学期教体系统消防安全专项检查。组织对全区学校、校外培训机构、体育场馆房屋建筑和人员密集场所安全风险进行专项整治。全年投入安全资金246.8万元，对49所学校62处安全隐患进行维修改造。

【安全宣传教育】 全年发放假期安全、防溺水、爱路护路、秸秆禁烧、国家安全、森林草原防灭火、《中华人民共和国反间谍法》等不同内容宣传资料和告家长书30万余份；开展区级培训8次，培训人员2800余人次；开展放学前3分钟，每周1节课，每月1次专题讲座的安全教育工作，不断强化安全意识。全年开展区级安全应急演练2次，参演人数2000余人次；指导中小学每月开展1次演练，小学一、二年级及幼儿园每季度开展1次演练。苏辙中学、大北街小学、万胜小学被评为眉山市防震减灾示范学校，区教体局被区委、区政府评为2020年度安全生产工作先进集体。

【教育稳定】 全年共办理来信来访60件，办结率100%，化解3件重复信访案件。定期开展矛盾纠纷排查研判，重大项目和重要活动开展社会稳定风险评估，全年成功调解各类矛盾纠纷41件。开展社会稳定风险评估项目11个，包案化解稳控涉稳重点人员18人次。

（邹利楠）

体育事业

【国民体质监测】 9—10月，组织开展2021年东坡区国民体质监测工作。有效监测总人数：成年人1646人，老年人533人，幼儿960人，共计3139人，完成应测总人数3000人次的104.63%。按年龄段分，在监测的20—59周岁成年人中，成年人合格、良好、优秀三项综合合格以上人数1455人，成年人合格、良好、优秀三项综合总合格率88.40%；在监测的60—69周岁老年人中，老年人合格、良好、优秀三项综合合格以上人数509人，老年人合格、良好、优秀三项综合总合格率95.50%。按城镇、乡村分，在城镇监测数据中，合格以上人数1454人，合格率90.93%；在乡村监测数据中，合格以上人数510人，合格率87.93%。

【体育比赛】 举办东坡区首届幼儿棋类比赛、东坡区中小学生篮球比赛、东坡区中小学生乒乓球比赛、东坡区中小学生田径运动会。组队参加眉山市2021年中小学生运动会，在7个大项159个小项中共获金牌76枚、银牌36枚、铜牌31枚。完成对10所学校的体育督导工作,完成全区中小学校的体育年度考核和2021年初中毕业体育考试工作。承担省运会足球、篮球、柔道、跆拳道、游泳项目的组队训练任务,组织柔道队参加省青少年锦标赛获1枚金牌、3枚铜牌(其他项目因疫情未开赛),向省体校输送32名高水平运动员。举办2021千禾眉山东坡半程马拉松暨全国半程马拉松锦标赛(东坡站)跑遍四川(东坡站)、“中国体育彩票杯”“踢遍四川”2021年四川省大众跆拳道系列赛(眉山站)、2021年眉山市东坡区第三届职工运动会、2021年四川省业余足球联赛(眉山赛区)暨成都城市足球甲级、乙级联赛(东坡赛区)、2021年四川省《国家体育锻炼标准》达标赛(眉山市东坡区分站赛)、2021年眉山市东坡区“百城千乡万村”系列赛。组织参加第十四届全运会群众展演广场舞决赛,获得健身舞分项企事业单位组三等奖;眉山市“百城千乡万村”广场健身操舞比赛获得一等奖。

2021年4月24日,2021千禾眉山东坡半程马拉松暨全国半程马拉松锦标赛(东坡站)在眉山市东坡城市湿地公园鸣枪开跑

【体育设施】 实施农民体育健身工程,建设全民健身路径,截至年底,农民体育健身工程330个,全民健身路径349条,完成更新改造30个行政村(社区)体育设施的民生实事项目。建成东坡区公共运动场1个、东坡体育场1个、崇礼镇社区多功能运动场1个、诗碑科学健身示范区1个、健身步道48公里、公共篮球场46片、足球场25片。贯彻落实老旧小区改造任务,在中心城区增建一批体育健身设施,年度计划改造288个小区,其中65个小区安装健身器材,共195套,投入资金23.4万元。截至年底,全区体育场地(室内、室外)数量合计3813个,体育场地面积共198.2209万平方米,人均体育场地面积2.37平方米。

【体育社团】 年内成立社会体育指导员协会,全区共有16个体育社团(含体育总会)。将适合不同人群、不同年龄、形式多样、科学文明的体育活动作为重点,各体育协会开展羽毛球、长跑、广场健身操舞等活动,推进全民健身计划的实施,满足群众多层次、多方面的体育文化需求。

【体育产业】 引导民间投资体育产业,全区共有体育健身场所45家,校外体育类培训机构18家;体彩站点183家(实体店100家、社会渠道83家),全年体彩销售额13675万元,其中即开彩票781万元、电彩12893万元,引导大众体育消费,不断满足群众多元化体育需求。

(邹利楠)

東坡

卫生·科技

卫生支撑与保障/医药卫生体制改革/医疗服务能力建设/公共卫生服务/中医药事业/健康服务业和老年健康/人口监测与家庭发展/科技创新/科普服务

DONG PO NIAN JIAN

东|坡|年|鉴

卫生支撑与保障

【概况】 强化卫生健康人才队伍建设，优化卫生人员结构。严格执行行政执法“三项制度”，依法办理行政审批事项。打造互联网+医疗模式，不断增强人民群众看病就医获得感。加强卫生健康事业宣传工作，传递卫健行业正能量。2021年，东坡区成功创建省级健康促进区。

【卫生队伍建设】 优化基层卫生人员结构，医学大专以上学历占69.88%，引进硕士研究生19名、博士1名，邀请80名省级专家到东坡区开展技术交流合作。实施“名医培养计划”，遴选培育第二届“东坡名医”21名；实施农村医学定向生培养项目，29名眉山市农村定向医学生全部上岗，4名四川省农村订单定向医学生入校就读；考核招聘77名专业技术人员服务基层医疗卫生单位。

（李立红）

【卫生行风建设】 加大对下属单位监管力度，对4家乡镇卫生院（社区卫生服务中心）进行内部审计。开展卫生健康行业领域突出问题专项整治，督查28家医疗卫生机构，调查4497人，发现问题数量147条，诫勉谈话29人次，院内警告18人次，涉及金额约11万元。2021年全系统共处理各类违纪违规人员24人，给予党纪处分12人，其余12人分别给予提醒谈话、批评教育、书面诫勉处理和政务撤职等处分，收缴违纪所得86.15万元。

（吉兆洪）

【卫生法治】 执行行政执法“三项制度”（行政执法公示制度、执法全过程记录制度、重大执法决定法制审核制度），对重大执法决定进行法制审核，全年对74件行政处罚决定进行法制审核并出具相关意见，对52份合同进行合法性审查并组织法律顾问出具法律意见书，受理1件行政复议案件和5件行政诉讼案件。加强“互联网+政务服务”建设，全年共办理执业医师（含助理）首次注册和变更注册合计660件，执业护士首次注册、延续注册和变更注册合计1741件，医师多机构备案138件；公共场所卫生许可证新办和延续158件；增设门诊部4个、诊所21个、中医备案诊所10个，完成医疗机构变更63件；办理放射诊疗许可证10件。

（曾　霞）

【卫生信息化】 开展互联网综合诊疗业务，开放在线咨询、网络门诊、双向转诊、预约辅检、预约入院、慢病随访、核酸报告快捷查询、病案在线复印等服务，探索“互联网医院”建设。年内，区人民医院顺利通过智慧医院二星评审。

（张浩淼）

【卫生宣传】 拍摄新冠疫苗接种动漫宣传片，在城区各路公交车、万景盖丽广场循环播放，设计东坡区疫苗接种点形象。组织开展庆祝中国共产党成立100周年暨2021年“5·12”国际护士节、东坡区首届“南丁格尔式护士”和“南丁格尔式护理团队”表扬活动，拍摄《我的祝福送给党》微视频；拍摄庆祝中国共产党成立100周年暨第四个中国医师节宣传片《守护》。建成金龙社区健康驿站，凯旋广场健康小憩项目。全年处置网络舆情3起，无涉及卫生健康重大负面舆情。5月31日，央视《新闻联播》报道东坡区大规模疫苗接种工作。6月8日，四川省卫生健康委员会下发《关于公布2018—2020年度健康促进县（区）

2021年5月31日，东坡区疫苗接种工作画面亮相央视《新闻联播》

建设技术评估结果的通知》，东坡区成功创建省级健康促进区。

（闵晓红）

医药卫生体制改革

【概况】 加快分级诊疗体系建设，推进医联体工作，合作建立城市医疗集团（松散性医联体），强化“三医联动”，提高基本医疗服务能力。2021年医联体单位增加3家，成员单位达22家。开展“优质服务基层行”活动，推进县域综合医改，加强基层紧缺人才建设，改善乡村两级医疗服务条件，乡镇卫生院、村卫生室标准化建设达标率达到82%。

【分级诊疗制度建设】 以眉山市中医医院为中心，采用先进的远程音、视频同步传输技术，与社区、乡镇卫生院等16家医疗机构建立紧密联系。2021年医联体内实现双向转诊112人次，区域就诊率达95.12%。全年共下派专家165人次，PACS（影像储存和传输系统）远程影像会诊17784次、远程心电会诊1186次。

【公立医院改革】 2021年，区人民医院在老年骨科、呼吸与危重症及高精尖三、四级手术等方面进一步提升，全年共开展MDT（多学科会诊）310例，在重大、疑难手术上有较大突破；优化资源配置，成立肺结节、胃肠肿瘤综合诊疗组和协助组，为肺结节、胃肠肿瘤患者提供规范、便捷的诊疗通道。

（张道霖）

【行业综合监管】 结合新冠疫情防控，开展打击非法行医、放射诊疗等7项专项整治行动，全年共监督检查公共场所和医疗机构2030家，下达《卫生监督意见书》1767份，对疫情防控措施落实不到位的69家医疗机构进行不良执业行为记分，对52家医疗机构给予警告、通报批评的行政处罚，对严重违反疫情防控相关要求的35家医疗机构关闭整顿，对存在严重问题的10家学校给予行政警告处分。全年共受理投诉举报32件，调查处理率100%；全年共办理行政处罚案件116件，其中一般程序73件，简易程序43件，罚款45.06万元，没收违法所得0.93万元，罚没款共计45.99万元。

（陈　凯）

医疗服务能力建设

【概况】 强化质控组织体系和标准体系建设，强化医疗质量管理，优化基层医疗卫生机构布局调整。2021年，尚义中心卫生院、通惠街道社区卫生服务中心、松江中心卫生院3个PPP投资项目完成竣工验收。

【医疗项目建设】 眉山市中医医院整体迁建项目一期工程建成投用。东坡区疾控中心综合业务楼建设项目开工建设。推进尚义中心卫生院、通惠街道社区卫生服务中心、松江中心卫生院3个项目建设（PPP模式），年底3个项目均完成竣工验收。

（胡艳彬）

【医疗质量管理】 强化质控组织体系和标准体系建设，组织开展督导检查8次。改善医疗服务，推行预约门诊、便民门诊、错峰门诊、双休日及节假日门诊等便民措施，解决“三长一短”（挂号候诊时间长、取药检查时间长、缴费报账时间长、诊疗时间短）“三少三久”（健康宣传少、人文关怀少、延伸服务少、等候入院久、等候手术久、等候检查久）等突出问题。开展卫生健康行业领域专项治理工作，整治解决不合理、违规等问题，发现问题147条，共涉及金额67899元。

【医疗保障】 完成“东马”、柑橘节、“区三会”、区职工运动会、中小学生第五届艺术节、节假日水街医疗保障等重大活动和会议医疗保障。全年完成政府指令性医疗保障142次，派出医务人员742人次、救护车辆140台次。

【基层卫生】 优化全区医疗机构设置调整，全区由25个基层医疗卫生机构调整为16个基层医疗卫生机构。首批启动思蒙区域医疗次中心建设，引入区人民医院托管，率先探索“1+N”小医共体建设，发挥片区医疗辐射带动作用。推进“优质服务基层行”达标创建，6家医疗机构创建成功。

（张道霖）

公共卫生服务

【概况】 强化疾病预防控制,巩固艾滋病防治“三线一网底”运行管理,巩固血吸虫病消除达标工作。强化精神卫生服务,联合多部门对严重精神障碍患者开展门诊救助和免费住院治疗。强化妇幼健康保健,持续实施母婴安全行动和儿童健康行动,推进全区3岁以下婴幼儿照护服务发展。巩固国家卫生城市创建成果,强化爱国卫生宣传。开展12类国家基本公共卫生服务项目工作,加强职业病防治。

【疾病预防控制】 有序推进健康东坡专项行动,打造“金龙健康驿站”“健康巴士”“星梦艺术学校青少年健康加油站”“凯旋广场健康小区”“健康憩息”等“健康家族”,筹建“营养健康食堂”,成立全市首个能收治情绪、心理患者住院的科室——心身疾病科·儿童心理卫生科。强化精神卫生服务,联合多部门对严重精神障碍患者开展门诊救助和免费住院治疗,全区门诊救助服药1281人次,免费住院患者760次。强化慢病健康管理,做好慢病监测工作,培训全民健康生活方式指导员205名。巩固艾滋病防治“三线一网底”运行管理,完成艾滋病检测308969人次,抗病毒治疗覆盖率达95.9%。全区无甲类传染病,甲乙类传染病发病率为223.46/10万。巩固血吸虫病消除达标工作,获省政府颁发的山丘型流行区阻断血吸虫病传播新型策略建立与创新技术应用科学技术进步奖二等奖。

(邓德华)

【妇幼健康服务】 全年全区活产5172人,孕产妇住院分娩率100%,无孕产妇死亡,婴儿死亡率、5岁以下儿童死亡率分别为1.35‰、3.48‰,均低于国家、省、市、区标准。全年共计开展婚检5187.5对;孕检3112对;共计完成农村妇女“两癌”23491人,其中宫颈癌筛查14615人,乳腺癌筛查8876人;帮助89名贫困孕产妇实现住院分娩零支付,共计补助医疗费用49万余元。开展全区产科急救演练、产科技术培训等活动,配备4名专职人员,规范和加强全区预防艾滋病母婴传播工作。推进东坡区3岁以下婴幼儿照护服务发展,建设位于阜城北路云樾天境小区的星辰美育培能托育中心,为全区托育服务板块的建立和完善提供标准。

(毛　娜)

【爱国卫生运动】 巩固国家卫生城市创建成果,推进基层创建工作,全年成功创建省级卫生乡镇1个、省级卫生村(社区)18个,省级卫生单位6个,省级无烟单位199个,创建健康家庭15个。开展病媒生物防制工作,城区范围内鼠、蚊、蝇、蟑螂密度达到国家病媒生物密度控制水平C级标准。开展爱国卫生月活动,以“文明健康 绿色环保”为宣传主题在全区组织开展多种形式宣传活动,弘扬爱国卫生运动精神。

(邹李雪)

【基本公共卫生服务】 开展12类国家基本公共卫生服务项目工作,实行数量和质量与项目资金分配挂钩,提高资金使用率。建立居民健康档案817413份,电子档案816825份,电子建档率97.47%,其中动态748994份,健康档案使用率91.7%,其中,0—6岁儿童健康管理数44117,健康管理率为92.23%;早孕建册率87.68%,产后访视率90.66%;65岁及以上老年人健康管理率89.69%;管理高血压患者54192人,规范管理率80.04%;管理糖尿病患者19432人,规范管理率80%。全区在册严重精神障碍患者4104人,报告患病率4.9‰,规范管理3869人,规范管理率94.27%人;管理肺结核患者284人,患者规则服药率100%;中医药健康管理率82.49%;传染病疫情报告率100%。强化签约服务团队建设,共建立251支家庭医生签约服务团队,家庭医生签约服务518894人次,签约服务率62%。加强村医、村卫生室日常管理,规范村医从业行为,定期开展考核和培训,全年共考核52名乡村医生,合格率100%。

(万　艺)

【职业病防治】 执行一报两检制度(职业病危害因素检测制度、职业健康检查制度和申报制度),共监督15家企业开展职业病危害预评价、设施设计专篇、控制效果评价及现状评价,作业场所检测和申报企业数281家,从业人员体检5500人;开展职业健康检查,加强矿山、冶金等行业领域职业健康监管力度,共检查非煤矿山1家,建材行业6家，化工行业10家，排查隐患20余处。推进四川省“健康企业”和“健康达人”创建，协调并指导蒙牛乳业（眉山）有限公司和中车眉山车辆有限公司创建“健康企业”。

（张　冯）

【公共场所卫生】 2021年“双随机”监督抽检和专项监督抽检工作共抽检各类公共场所127家，立案处罚28家，处罚金额3.48万元；开展公共场所通风情况专项监督检查，抽检辖区内电影院、舞厅等空间密闭性高、人群密集度大的公共场所14家；开展生活饮用水卫生安全专项监督检查，出动卫生监督员22人次、车辆11车次对6家现制现售水经营单位抽检，共检查设备10台，对抽检不合格的2台设备经营者给予行政处罚，罚款0.93万元；开展高中考卫生保障工作，出动卫生监督人员102人次，卫生执法车辆36车次，监督检查7所考点学校、住宿点21个，立案处罚2家酒店，罚款0.5万元。开展托幼机构抽查和学校卫生自查，对全区290所托幼机构、校外培训机构、学校开展采光照明“双随机”抽检工作，共抽检31所，对存在问题严重的10家学校给予行政警告处分。

（陈　凯）

中医药事业

【概况】 全区共有公立三级甲等中医医院1家，民营中医医院4家。基层医疗卫生机构16家均设置中医科、中药房，配备有中医药人员和中医诊疗设备，规范开展6类以上中医药适宜技术，建成中医药文化氛围浓厚、服务功能基本齐全、服务能力较强的中医药综合服务区（中医馆）；100%的社区卫生服务站和95%以上的行政村卫生室能提供简便廉的中医药服务，基层中医药服务量达47 %；65岁以上老年人和0—36个月儿童中医药健康管理目标人群覆盖率分别为64.3 %、76.6 %。

【中医药服务能力提升】 2021年，区委、区政府印发《眉山市东坡区促进中医药传承创新发展的工作方案》文件，遵循中医药发展规律，传承精华，守正创新，以传承创新为核心，提高全区中医药发展水平。实行中医诊所备案制度，截至年底，全区共有47家中医备案诊所；按期完成2021年中医馆服务能力提升项目，组织开展中医适宜技术技能培训、基层中医药适宜技术技能竞赛；培养中医临床专家、名中医学术经验继承人顺利出师18名；开展学术技术带头人、名中医等的推荐工作，截至年底，全区共有省名中医6名、省中管局学术技术带头人2名、后备学术技术带头人3名，第三届眉山市名中医6人。推进西医学习中医培训和中医类别全科医生转岗培训工作，中医全科医生转岗培训5人。传统医学师承和确有专长人员考核考试工作报考9人，中医医术确有专长医师资格考核报考17人，其中7名考生通过考核，通过率41%。

【中医医院发展】 2021年5月8日，成都中医药大学、东坡区人民政府、眉山市卫生健康委三方签署《共建成都中医药大学附属眉山医院成都中医药大学眉山临床医学院合作协议》，眉山市中医医院挂牌成都中医药大学附属眉山医院并正式开诊仪式。

（高　蓉）

健康服务业和老年健康

【概况】 推进医养结合工作，开展老龄健康服务项目，为全区65岁及以上老年人提供医养结合服务，为65岁以上失能老年人开展健康评估与健康服务，构建老年友好社会环境。

【医养结合服务】 推动辖区内医养结合机构提升服务质效，指导创建省级医养结合示范机构；完善医疗卫生机构与养老机构合作机制，推进医疗卫生机构与养老服务机构签约合作；开展社区医养结合提升项目工作，支持基层医疗机构增加养老服务职能。开展安宁疗护省级试点项目，区人民医院建成独立安宁疗护区。开展“便利老年人日常就医”行动，开展老年友善医疗机构创建活动，眉山市中医医院、心脑血管病医院成功创成“四川省第一批老年友善医疗机构”。

【老年健康服务】 开展老龄健康服务项目，为全区21334名65岁及以上老年人提供医养结合服务，服务率为22.06%；为全区831名65岁以上失能老年人开展健康评估与健康服务，服务率为11.68%。推进老年人意外伤害保险购买工作，全年参保36152人。

【老年友好环境构建】 构建老年友好社会环境，苏祠街道金龙社区成功建成全国示范性老年友好型社区。建成老年活动中心，为全区老年人日常学习、活动提供便利。开展“健康宣传周”和“敬老月”活动，弘扬敬老爱老社会风尚，营造敬老爱老社会氛围。

（陈　倩）

人口监测与家庭发展

【概况】 依法组织实施三孩生育政策，落实生育登记制度和计划生育五项政策，完成2021年农村部分计划生育家庭奖励扶助、特别扶助、18周岁以下独生子女父母奖励金发放。

【人口监测】 依法组织实施三孩生育政策，全区总人口877164人，出生5304人，符合政策生育率99.45%，人口自然增长率-1.63‰，出生性别比为109.40(以女性为100)。健全生育登记服务制度，推行网上预约办证，全年共为4351对夫妇办理生育登记。

【计划生育家庭奖励扶助】 全区农村部分计划生育家庭奖励扶助50361人、省计划生育家庭特别特别扶助2791人、其他类特别扶助49人、眉山市农村特别扶助91人、18周岁以下独生子女父母奖励金21024户，涉及资金7772.676万元，全部通过“一卡通”平台发放。

（刘　飞）

科技创新

【概况】 东坡区科技工作全面贯彻区委“对标百强，奋力突破”的总体要求，落实科技高质量发展目标任务，深化实施创新驱动战略，推进以企业为主体、市场为导向、产学研相结合的技术创新体系建设，夯实创新平台、创新产业、创新人才“三个支撑”。截至年底，全区建成省级工程技术中心5个，市级工程技术中心17个，市级创新型农业经营主体25家，有效高新技术企业20家，高新技术产业主营业务收入增长率11%。

【科技项目】 全年推荐省科技项目26个，立项7个，推荐市科技项目31个，立项8个，立项金额共计684.4万元。中车眉山车辆有限公司主导的“高速铁路无缝线路钢轨闪光焊成套技术与装备及应用”项目获2021年四川省科技进步二等奖，“适应澳洲市场的铁路货车关键技术研究及应用”项目获2021年四川省科技进步三等奖。

【创新能力建设】 遴选20名各行业业务骨干启动东坡区第二批创新型科技人才培育工作。邀请四川大学公共管理学院管理学博士、博士生导师罗哲和王谦两位教授授课对20名创新型科技人才及东坡区科技工作者开展授课培育。带领20名创新型科技人才到四川大学国家双创示范基地——高新技术企业孵化平台、成都普思生物科技股份有限公司等地实地考察学习。

【创新平台建设】 构建以“产业建研究院、行业建联盟、企业建中心”为核心的创新技术体系，与四川农业大学、四川农业科学研究院等知名高校及研究机构组建联合实验室。2021年，申报高新技术企业3家(四川省川南酿造有限公司、四川漫味龙厨生物科技有限公司、中机眉山再生能源有限公司)，创建省级工程技术中心1个(中车四川省轨道交通物流装备工程技术研究中心)，市级工程技术中心3个(川南酿造眉山市半固态调味料工程技术研究中心、国为制药眉山高纯度深海鱼油工程技术研究中心、中车眉山市轨道交通物流装备工程技术研究中心)，市级创新型农业经营主体4家(眉山市新飞农业有限公司、东坡区忆菁菁家庭农场、东坡区钰翔家庭农场、东坡区七里田园家庭农场)，备案科技型中小企业20家。推进依托华为大数据中心、猪八戒网科技创新企业建设的岷东大数据产业园建设，推进药行天府孵化园建设。

（邹利楠）

科普服务

【乡村振兴】 结合乡村振兴战略要求，以东坡区高级农艺师李永安、黄长征等9人组成的科技特派员服务团，面向农业、农村和农民，为农户、专业合作社等提供技术服务，解决产业发展技术问题，年服务农户2000余人次。2021年，李永安、吉香居食品股份有限公司高级工程师王艳丽参评全国"大美科技特派员"小视频在科技部网站展播。

【科技宣传】 开展"百年回望：中国共产党领导科技发展"为主题的科技活动周，安排科技进农村、科技进校园、科技进企业、科技进社区等示范活动。开展"科技进农村"专场活动，东坡区科技特派员服务团开展现场农技咨询，指导农户50余户，发放宣传资料1000余份。开展2021年大众创业万众创新活动，拓展创新创业覆盖广度。

（邹利楠）

東坡

東坡

环境保护与治理

气象服务/水土保持/环境综合保护与治理/城市环境治理

气象服务

【概况】 东坡区位于成都平原西南，地处岷江中游，气候温和，雨热同季，四季分明，干湿季明显，风速小，日照少，霜雪少，无霜期较长。东坡区气象局于1959年1月建站，为国家气象观测站、省二级农气站。内设机构2个，直属事业单位2个。

【基础业务】 地面观测、发报和信息录入均无错，基础业务质量稳定；国家站资料传输及时率达99.9%，区域站资料传输及时率达到99.5%，完成目标任务。

【决策气象服务】 全年共发布决策气象手机短信60万余人次。共发布各类决策服务信息201期，其中预警信号37期，雨情快报32期，专题预报15期，气象信息快报18期，天气旬报15期，农业气象旬报35期，农用天气预报33期，农业气象专题分析报告6期，气候趋势预测10期。

【气象保障服务】 加强与应急管理、自然资源、生态环境、农业农村和水利等部门的合作。11—12月，针对重污染天气，市县联动开展5次人工增雨消污作业，为大气污染防治工作做出贡献。针对森林火险和空气污染，区气象局每日发布森林火险气象等级和空气污染条件等级短信。

【公共气象服务】 通过气象微博、抖音、东坡老家APP向公众发布各类预报预警及天气信息，拓宽气象信息的发布渠道，扩大气象预报预警信息覆盖面。通过法治宣传日、“3·23”世界气象日、安全生产月、小学生科普宣传等活动，采用发放传单、现场讲解、专家讲座等方式，在村民、学生等人群中开展气象科普宣传活动。

【气象安全】 针对交通事故、人工影响天气、防雷装置安全检测等特种作业领域，建立安全管理和应急处置预案，签订《安全生产目标责任书》。严格行政审批，全年共审批防雷装置设计审核1件，系留气球施放31件。完成全区易燃易爆和危化品场所防雷安全执法检查，覆盖率100%，发出整改通知书5份；加强对系留气球施放活动的安全现场巡查，依法取缔未审批的气球施放活动1件。

（吕莲　田茂）

水土保持

【概况】 2021年，不断加强行业监管，办理行政审批174件，征收到位水土保持补偿费510万元；开展水利行业监管现场监督，发放水土保持手续限期办理通知书46份，发现取水问题23个，完成整改19个，按季完成取水户水量核定工作；持续开展节水型社会达标县建设，东坡区被评为全国第四批节水型社会建设达标县(区)；依法收回采砂许可证2个，完成20个涉河项目的现场核查，排查河道非法堆积弃渣2处并督促完成整改，依法处置岷江航电砂石舆情，发现并制止涉水类整改事项4起，办理行政执法案件1件。完成永寿电站、五皇电站、野渡电站的退出整改工作；持续推进“清四乱”专项行动，整改“四乱”问题5个。

【水资源保护和节约用水】 2021年末，全区保有取水许可证173宗，其中2021年度办理取水许可证45宗(新办理33宗、变更9宗、延续3宗)。编制《眉山市东坡区水资源公报2020》并及时公开信息，修订《眉山市东坡区水资源应急调度预案》，完成2021年水资源税水量核定和用水总量统计工作。推进企业取用水监管，出动240余人次开展取用水巡查，检查企业160余家。完成眉山市城市应急备用水源调整工作，将城市应急备用水源调整为青衣江引水工程和岷江应急水源，穆家沟水库不作为应急备用水源。利用“世界水日”“中国水周”和“科技活动周”，开展节约用水宣传；经县域节水型社会达标建设复核，7月15日水利部公告(2021年第6号)第四批节水型社会建设达标县(区)名单，东坡区名列其中。

【水土保持】 全年开展现场监督检查200余次，审批水土保持方案89个，登记免于办理水土保持方案审批项目3个，接收自主验收报备项目56个，征收到位水土保持补偿费510.91万元，完成水利部和省水利厅下发的102个疑似违法违规扰动图斑核查认定和督促整改

2021年6月，检查成乐高速扩容项目现场

工作，开展招商引资工业项目水土保持服务工作，助推工业项目建成投产。

【水利法治】 加强法律法规宣传，开展"3·22"世界水日和"水法宣传周"等水利法制宣传活动，宣传《中华人民共和国水法》《中华人民共和国防洪法》《四川省河道采砂管理条例》等法律法规。全年水政监察大队开展执法巡查110余次，出动执法人员250余人次，发现并制止涉水类整改事项4起，办理行政执法案件1件，该案涉嫌犯罪并移交公安机关。

（王 勋）

环境综合保护与治理

【概况】 眉山市东坡生态环境局（简称东坡生态环境局）位于眉山市东坡区大石桥街道杭州路北段15号，建于1994年，占地面积约2670平方米。东坡生态环境局内设六个股室：办公室、生态保护与监测股、行政审批股、大气环境管理股、水环境管理股、土壤环境管理股。2021年，环境综合保护与治理工作以三大攻坚战为中心，提高环评审批效能，加强环境监管力度，推进全区生态环境保护工作取得新进展、新成效，以良好的生态环境助推东坡经济发展。

【项目审批】 2021年，全区依法审批建设项目环评文件35个，保障今麦郎等重点项目的快速审批、快速落地。严格规范执行排污许可制度，200余家企业取得排污许可证，1300余家企业完成排污登记，实现排污许可全覆盖。

【全面减排】 2021年省市下达东坡区的化学需氧量、氨氮、氮氧化物、挥发性有机物减排目标任务分别为500.4吨、24.9吨、120.5吨、69.2吨，全年预计削减化学需氧量4700吨、氨氮790吨、氮氧化物242吨、挥发性有机物90吨，减排率分别达940%、3169%、200%、130%。

【大气污染防治】 开展废气达标整治和机动车尾气管控，完成柴油货车抽测1324台、非道路移动机械尾气检测330台，移交公安机关处罚不合格车辆44台。实施扬尘管控，常态化推进秸秆禁烧和烟花爆竹禁放。整治挥发性有机物排放企业，利用走航监测车开展精准溯源管控，走航600余公里，精准发现并及时整改问题80余个。启动10次重污染天气预警，对水泥、砖瓦、陶瓷、造纸等重点排污企业实施限产限排，降低大气污染物排放。

【水污染防治】 开展问题流域水质治理，完成金牛河、毛河、醴泉河、思蒙河等4条省级挂牌小流域水质改善任务；开展"清河、护岸、净水、保水"四项行动，动员1.1万余人次，清理河道990余公里。常态化做好河湖"清四乱"、小水电清理整治、天然水域全面禁捕等工作。规范城镇生活污水治理，对8座日处理能力500吨以上的集镇污水处理厂安装水质自动监测设备。实施农药化肥减量行动，新建减量示范点5个，推广有机肥替代、绿色防控等减量措施，农药化肥使用量实现零增长。推进农村生活污水综合治理，全区建成农村生活污水一体化设施71个，厌氧+人工湿地4000余座，全区76.25%

2021年5月24日，东坡生态环境局工作人员在广益磷化采集渗滤液

行政村生活污水得到有效处理，受益农户12万余户。

【土壤污染防治】 开展危险废物排查整治，完成227家产废企业年度危废管理计划和申报登记工作，重点产废、经营单位完成危险废物规范化环境评估，完成中明公司危废库房废气收集系统升级改造，危废处置能力提升至10.5万吨/年。开展医疗废物规范化收集、贮存、运送、处置的全过程管控，完成中明公司全省新冠肺炎医疗废物应急处置点、利民公司二期医疗废物处置项目建设，医废经营处置能力提升至2745吨/年。开展磷石膏尾矿库、芒硝排土场环境整治，采取“集水井+盲沟+拦水坝”渗水收集和一体化渗滤液污水处理方式完成广益磷化磷石膏堆场外围低洼区域渗水治理；投资约1000万元对艺精芒硝、川眉芒硝、川眉特种芒硝等4个芒硝排土场开展环境整治和截洪工程提标改造。

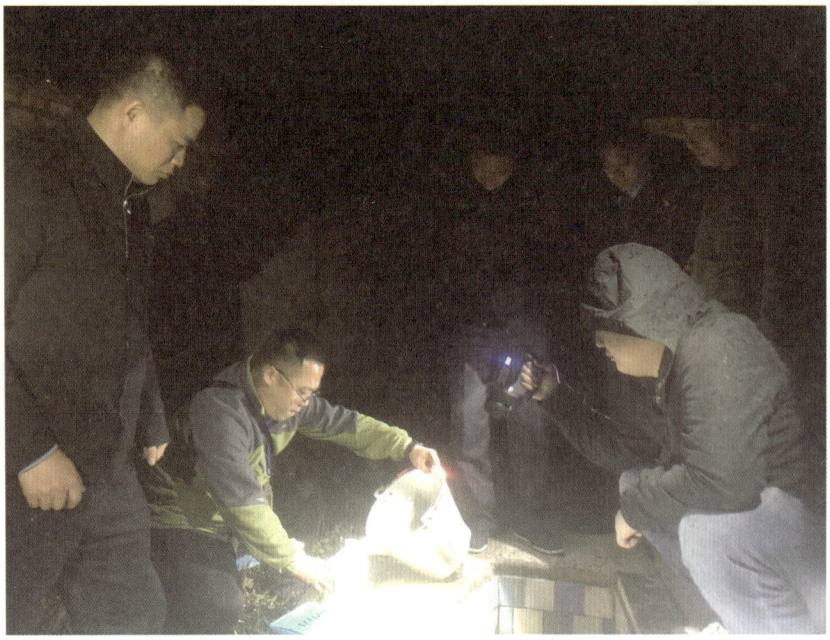
2021年4月14日，东坡大队联合区公安分局开展夜间环保暗查工作

【执法监管】 全年根据省、市统一安排部署和全区实际，开展臭氧防控、重点区域重点行业排查等专项执法行动10余次，开展重点信访问题“回头看”。探索“小白卡”工作方式，打通农村环境监管“最后一公里”，进一步畅通投诉渠道，创新做法被中国环境报予以正面报道。深化生态环境保护“网格化监管”模式，完善“区、镇、村”三级网格化环境监管体系。全年发现并处理信访投诉、环境问题110余起，其中，依法查处环境违法行为39起、行政处罚金额716.24万元；办理生态损害赔偿案件3起、赔偿金额140万元；移交公安机关涉嫌环境犯罪案件5起。其中，某化学公司污染环境案是新《中华人民共和国行政处罚法》实施以来全省首例行刑衔接案件。

【环保宣传】 全年按照“一月一主题”法治宣传活动要求，重点围绕“6·5”世界环境日、“5·22”生物多样性日等节点日开展生态环境保护法律法规宣传活动7次。开展环保知识进课堂活动，组织全区10余所小学参加四川省“美境行动”比赛。利用日常监管深入重点排污企业对《《中华人民共和国固体废物污染环境防治法》《排污许可管理条例》《关于执行大气污染物特别排放限值的公告》《四川省泡菜工业水污染物排放标准》等环保法律法规规章进行面对面宣传。利用第二轮中央环保督察契机在三苏雕像广场、金罗马广场等15个城市公共区域开展为期1个月的污染防治攻坚成果巡展，向群众展示依法治污的成果。

【环保督察】 优化迎督组织架构，成立以区委书记、区长为双组长的区迎接第二轮中央生态环境保护督察工作领导小组。组织召开全区生态环境突出问题整改会、推进会、调度会等各类会议共10余次，“四不两直”方式暗访70余次。收集、归档各项迎检资料370余盒、6000余份，上报各类迎督信息70余条。推动边督边改，针对央督交办信访件，区领导带队亲赴现场，逐项研判制定整改方案。迎督期间，全区没有被央督组通报典型案例，顺利完成迎督任务。

（叶玉红）

城市环境治理

【概况】 眉山市东坡区综合行政执法局于2019年2月22日挂牌成立，内设4个股室和1个事业单位，分别是办公室、综合行政执法股、政策法规股、财务保障股和社区共建“街长制”工作推进服务中心。主要职责为贯彻执行国家、省、市关于综合行政执法工作法律、法规、规章，组织起草综合行政执法领域相关方面的规范性文件；拟订职责范围内综合行政执法工作规划并组织实施；负责行使经省政府批准后由区综合行政执法局行使的行政执法权；负责受理职责范围内行政违法的举报、投诉或部门移送的案件线索；负责组织有关行政处罚案件的会审、听证工作，办理有关案件的行政复议相关工作和行政应诉工作；负责有关行政执法与刑事司法的衔接工作，按相关规定和程序向司法机关移送涉嫌刑事案件的线索；负责职责范围内的安全生产和职业健康、生态环境保护、服务便民化等工作；完成区委、区政府交办的其他任务。

【市容环境管理】 牵头推进主城区内违法建设整治，全年办理“12345”违建工单110件。通过“面上车巡、段上步巡、点上值守、联合执法”的方式开展联合集中整治行动50余次，开具相关处罚文书266份，劝导占道经营600余次，规范整改违章搭建亭棚13个，取缔亭棚23个，发放《眉山市市容和环境卫生管理条例》等宣传资料4000余份，投诉率同比下降56%。

【餐饮油烟污染治理】 对主城区787家餐饮企业油烟净化设备进行升级改造，投入经费260余万元，治理效果明显，“12345”“12369”油烟污染投诉率同比降低65%以上。开展餐饮服务业高污染燃料禁燃工作，发放宣传资料200余份，开展专项联合整治10余次，责令停业整顿3家，限期搬离1家。

【噪声污染治理】 开展餐饮业噪声扰民防治工作，出动1100余人次对主城区餐饮业、夜宵店、KTV、酒吧、城市广场进行巡查整治2800余次，在主城区13个公共广场设置广场舞“禁噪温馨提示”牌80余个。

（李　昊）

東坡

東坡

街道与镇

苏祠街道/大石桥街道/通惠街道/尚义镇/思蒙镇/太和镇/崇礼镇/富牛镇/修文镇/松江镇/永寿镇/三苏镇/复兴镇/多悦镇/万胜镇/秦家镇

苏祠街道

【概况】 苏祠街道位于眉山市中心城区，是全市政治、经济、文化中心。辖区面积10.3平方公里，辖17个社区、126个居民小组。2021年末户籍人口87704人，常住人口99285人，党员2771名，社区"两委"干部120人，网格员131人，公益性岗位145人，保洁员89人，医保协管员17人，居民小区535个，其中开放式小区484个。辖区内有唐宋八大家苏洵、苏轼、苏辙的故居三苏祠及三苏祠纪念馆，东坡岛湿地公园、环岛绿地景观、大型音乐喷泉水幕电影、东坡岛商业水街、王府井购物中心等。

【主要经济指标】 2021年全社会固定资产投入完成11.3亿元，完成率113%。工业固定资产投资完成1500万元，完成率100%。旅游收入任务11.6亿元，完成11.64亿元，完成100.3%。商贸发展势头迅猛，以东坡岛商业水街为代表的商业街区，吸引大量游客慕名而来打卡。

【基层党建】 推进基层组织建设管理，增建5个商圈党委、194个小区党支部和11个"两新"党支部；小北街社区、大东街社区软弱涣散党组织完成整顿升级；完成社区"两委"换届选举，选举党委委员85名，居委委员103名，社区党委班子平均年龄38.3岁，105人具有大专以上学历。加强党员队伍管理，

2021年6月29日，向50年以上党龄党员颁发"光荣在党50年"纪念章

全年发展党员29名，转正党员31名；开展党员"双报到"活动8次，参与党员8000人次，化解群众难题270余件。强化党风廉政建设，整改巡视反馈问题，认领省委巡视反馈意见8项42条，提出整改措施79条；传达学习上级会议精神、典型案例6次，组织观看《警钟长鸣》等警示片；处理违规违纪案件8起，运用第一种形态提醒教育15人。开展党史学习教育和培训，采购《习近平论中国共产党历史》《毛泽东、邓小平、江泽民、胡锦涛关于中国共产党历史论述摘编》等学习资料共计596套2384本，下发至社区及机关党员；围绕重点学习内容，共组织集体学习16次，中心组学习12次；开展党史学习教育专题讲座22次、宣讲习近平总书记"七一"重要讲话精神25次，撰写党史学习教育专题讲座心得体会9篇；在机关开展党史学习知识竞赛预赛和决赛、参与"东坡儿女话心语"视频征集活动，上报作品17件；打造党史学习教育长廊展板18个，打造党史大事件步梯100条；在职工之家开辟党史学习教育图书专区，在社区互相联合组织文艺汇演5场、组织党史联谊活动6场。

【基层环境治理】 建立街道、社区两级网格化环境监管体系，督促辖区内80余家夜宵店、600余家餐饮店安装空气净化装置，督促100余家喷漆行业规范使用环保型涂料。完成4件中央环保督察交办件整改，办结率100%。深化水污染防治工作，以河长制为抓手开展碧水保卫战，常态化落实巡河保洁任务。开展夏季臭氧污染防治攻坚行动、高污染燃料专项整治行动、冬季重污染天气应急处置等大气污染防治专项行动；针对群众反映强烈的噪声问题实行分类研究，专项治理城市噪声污染。

2021年1月21日，苏祠街道联合区卫健局、区疾控中心开展新冠肺炎疫情联防联控应急演练

【街长制工作】 全年开展综合执法12次，取缔占道经营摊点400个，督促坐商归店300余家，18个新时代文明实践站（所）制度上墙，开展志愿活动120余次，顺利通过未成年人思想道德测评。组织街道社区干部、网格员、保洁员560人，完成108条街巷的环境整治、秩序维护，入户问卷调查点位6个社区15个小区。

【基层安全监管】 强化生产安全，组织17个社区每季度对辖区内4600家生产经营单位进行日常巡查，联合商贸综合体和物业小区开展消防演练20余次，发放宣传资料6万余份；购买第三方服务，每季度对160家重点单位进行安全隐患排查，累计排查隐患1048处，完成整改964处。加强食品安全管理和疫情常态化期间餐饮业规范化管理，每季度对辖区内1300家食品经营店全覆盖检查，为177家“三小”企业办理食品备案证，升级改造“三小”单位498家，对16家中小学、幼儿园开展食品安全专项检查4轮次。

【基层治理和稳定】 推进基层治理，争取整合项目资金1000余万元，建成金龙邻里中心和白虎滩邻里中心，涵盖养老服务、未成年人保护、24小时自助服务等多个功能。探索形成金龙社区“145”、浣溪台小区“六来”、白虎滩社区“点·心”工作法等基层治理经验做法。苏祠街道、金龙社区、白虎滩社区、芙蓉路社区荣获省级基层治理示范单位，芙蓉路社区成功创建市级示范社区，金龙小区、浣溪台小区被评为全省基层治理示范小区。

全年排查各类矛盾纠纷73个，针对性管控1144人。受理接访案17件、人民网案件17件，调解矛盾纠纷68件，法律援助咨询150人次，安置帮教刑满释放人员42人，处理“12345”市民热线投诉2706件，全部办结。开展应急处突，成功稳控雕像国际、峨眉山小产权房、临江邸小区、云梦州小区

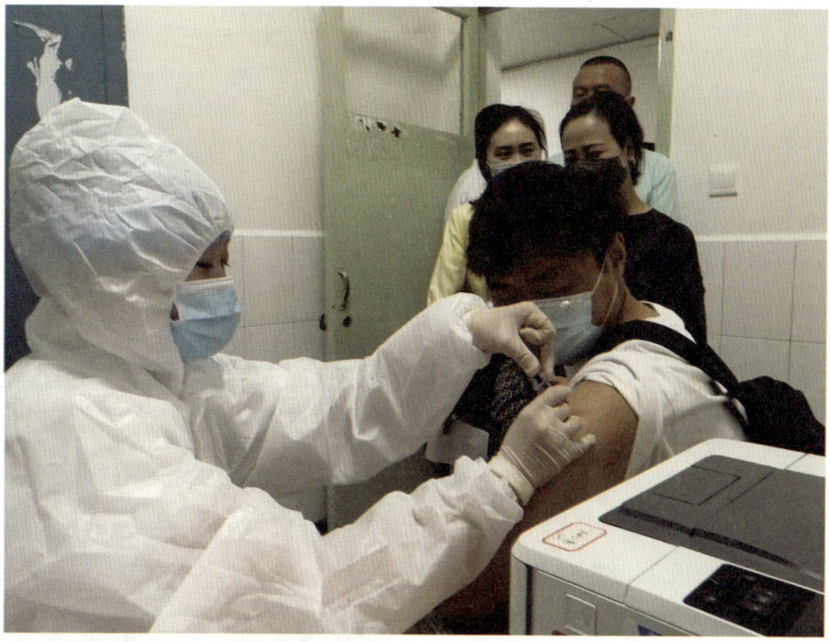

2021年5月17日，苏祠街道社区卫生服务中心正式向辖区群众开放新冠疫苗免费接种服务

等群体性事件。

【就业和社会保障】 保障劳动者合法权益,协助区劳动和社会监察大队开展根治欠薪夏季、冬季攻坚工作,开展劳动用工年检,检查辖区内企业及其他用人单位46家,用工人数4058人;完成区人社局下达的目标任务:2021年苏祠街道城镇新增就业968人,其中包含失业人员再就业114人,就业困难对象再就业273人;失业登记32人,困难认定312人,实现灵活就业435人;办理2021年“4050”灵活就业社保补贴680人。全年办理居民养老保险257件,核查辖区内参保死亡人员并注销,按时完成城镇居民医疗保险征缴工作;社会化管理退休人员认证5636人,其中异地退休认证37人。

【退役军人事务】 动员社会力量,为残疾军人、在乡老复员军人、烈军属、困难复退军人等优抚对象解决生活、医疗、住房等方面的困难和问题,解决“三难”资金128220元。开展退役军人大走访慰问活动,2021年春节前后开展走访慰问并发放慰问金13.95万元。给立功受奖现役军人送喜报,2021年收到喜报三等功10人,“四有优秀”军人嘉奖30人,发放慰问金35000元。

【疫情防控】 开展疫情常态化防控,全年集中隔离229人,居家隔离116人,摸排管控境外返眉96人,排查境内中风险地区来返眉人员1282人。开展新冠疫苗接种工作,第一剂接种82596人,完成率109.67%,全年累计接种170996剂次。

(张　啸)

大石桥街道

【概况】 大石桥街道地处眉山市中心城区,是市委、市人大、市政府、市政协及市属各部门机关所在地。南面以红星路为界与苏祠街道相邻,西以通惠河为界与通惠街道相邻,北与太和镇相邻,东接岷江河。面积约为23.5平方公里,常住总人口29万余人。辖区内交通发达,眉州大道、东坡大道贯穿全境,区位优势明显,北距成都65公里,双流国际机场55公里;南邻乐山、峨眉山60公里。街道辖19个社区(江公、鱼山、普田、明星、高灯、圣寿、旭光、白玉、定江、田店、红星西路、金罗马、文忠街、远景楼、苏辙、长庚街、文安东路、文安西路、桐花巷),325个居民小组。全街道共有党支部70个,党员3030名,其中社区党支部53个,机关党支部1个,退休党支部1个,“两新”党组织5个,退役军人服务站16个。

【农业畜牧】 发放耕地地力补贴221773.85元。检疫小家禽12600羽,小家禽产品31500公斤。市场检疫36万只,春秋二季狂犬病免疫3270只,无害化处理生猪25头。

【征地拆迁】 全年基本完成S-16等30个项目拆迁,总面积为1600余亩,交地3宗共计69.34亩。解决原中心城区22个安置小区遗留问题,共涉及3户8人,货币安置征而未安人员4人。完成东北片区S-9安置小区建设区位图、户型设计图的民意征求;完成拟安置人员人口初审工作4531人。

2021年大石桥街道远景楼夜景

2021年，大石桥街道

【基层建设】 年内增设4个社区，即文安西路、文安东路、长庚街、桐花巷社区；增设9个居民小组。旭光、苏辙、普田、白玉、鱼山、文忠街、明星、远景楼8个社区完成“区级示范社区”创建工作；协助区民政局开展对3条主干道和7条街道拟命名工作。

【住建与安居】 完成固投任务50亿，旅游收入目标任务10.44万元。审计公租房申请，分配入住8户，轮候7户。开建14个老旧小区改造项目，惠及485户。指导选举产生业主委员会11个，召开物业管理联席会议40余次，登记备案辖区内新建小区前期物业9家。

2021年，大石桥街道2021年度搬迁安置公示

【便民服务】 规范设置街道便民服务中心1个，社区便民服务站15个，街道便民服务中心共设置综合窗口3个，增设“办不成事”窗口1个，配备便民服务中心主任1人，窗口工作人员8人，各服务岗均设AB岗。建立政务服务代帮办体系，共建立代帮办队伍20支，服务人员432人，确立代帮办服务清单71项，“大石桥街道办事处群众办事目录(一件事一次办)”22项、大石桥街道办事处便民服务中心服务清单(依申请服务事项)118项；“大石桥街道优化服务事项目录(高频服务事项)”63项，“大石桥街道政务服务事项目录”198项。

【民政事业】 完成城镇居民基本医疗保险缴费45000人，养老保险311人。排查辖区内低收入人口3846人，增加城市低保户29户，取停城市低保户4户；临时困难群众救助535户；申请医疗救助3人；免除城乡困难居民基本丧葬费158人；困难残疾人生活补助95人。完成非重度智力、精神残疾人护理补助178人，救助困难残疾人100人；残疾人居家灵活就业补贴7人，残疾人一次性创业补贴2人，职业技能培训2人；残疾人居家托养服务居家托养45人，日间照料11人，寄宿托养2人；资助白内障患者实施复明手术19人，完成听力残疾儿童康复训练4人，肢残(脑瘫儿童)康复训练14人，精神病患者门诊服药41人，孤独症儿童康复训练5人，残疾人基本型辅助器具适配37人。完成5个养老基础设施建设；成立大石桥街道未成年人保护工作站，大石桥街

2021年3月16日，大石桥街道新当选社区居委会主任集体谈话会

道社工站；各类政策性助学申请资助21人，慈善·福彩帮困助学申请资助3人。

【疫情防控】 全年完成查螺21.12万平方米，查病1503人，未发现阳性。发动139名党员干部、308名网格员、141名公益性岗位人员对辖区内市外返眉人员进行走访排查，共计排查113815户、274063人。国内中高风险居家隔离人员744人，境外居家隔离人员144人，国内中高风险集中隔离人员364人。街道和社区安装健康通扫码盒子16个，摆放健康码易拉宝宣传架230个，张贴健康码宣传单2632份，注册转发健康码通告2000余次。累计接种疫苗324611人次，接种第一针158137人、第二针165289人、第三针（加强针）1185人。

【人口计生】 全年辖区内共出生369人，符合政策生育率100%，死亡218人。提高人口系统信息准确性，共清理结婚、离婚等数据信息1342条，处理迁入、迁出申请数据审核修改854条，比对出生医学证明信息369条。“两奖两助”政策农村部分计划生育奖励扶助对象369人，四川省计划生育家庭特别扶助目标人群182人。

【街长制工作】 通过多种宣传形式规范各类不文明行为，LED显示屏滚动播放标语100余条、发放各类宣传资料3万余份；整治各类占道经营现象，联合城管、交警、派出所、社区每月对辖区的流动摊贩占道经营、无商铺出店经营等进行综合治理；督促商户、农贸市场业主落实“门前五包”“院内四自”主体责任。开展网报资料、点位建设、入户宣传工作，全年出动“两违整治”车辆820余台次，人员1385人次。

【安全监管】 全年排查整改一般安全隐患1730处，重大安全隐患2处；专项整治食品加工企业安全生产隐患43处；检查重点场所安全生产108家，排查各类安全隐患760条。组织辖区生产经营企业、危化品企业、加油（气）站点，私立幼儿园、商贸行业、汽修行业等156家企业法人代表200人开展有限空间安全培训、消防安全培训；组织开展小区洪涝灾害防汛应急演练、消防演练、幼儿园地震演练、防拐骗演练等各类应急预案演练活动58次。

【综治维稳】 与19个社区、辖区有关单位签订综治工作目标责任书，每月定期召开各社区主任综治工作会。全年开展调解员培训13次，共调解纠纷232起。重点人员包案化解结案13人，梳理排查重点人员110人，不稳定群体事件38件；在矫对象105人、刑事人员157人，重点人员1人。

【环境治理】 全年受理并整改“12345”环保投诉件355件、生态环境局交办函149件、中央督查交办件10件，办结率100%。

（刘　贞）

通惠街道

【概况】 通惠街道位于眉山中心城区西南面，属城郊接合部，辖区面积14.97平方公里，辖12个社区、104个居民小组，常住人口9.4万人，辖区内有九巷十坊商业街、玫瑰小镇商业街、上市企业——千禾味业食品股份有限公司等。2021年，被眉山市委、市政府表彰为眉山市抗击新冠肺炎疫情先进集体、眉山市全国文明城市暨国家卫生城市创建工作先进集体，被区委区政府表彰为2020年度创建全国文明城市先进集体、2020年度创建国家卫生城市先进集体、2020年度新冠肺炎疫情防控工作先进集体。

【主要经济指标】 2021年完成固定资产投资3.18亿元；人均可支配收入43698元，较2020年上升8.4%。

【基层组织建设】 完善组织体系，建立街道大工委，升格社区党组织为党委，书记、主任实现"一肩挑"，建立功能性小区(区域)党支部96个，成立商圈党委1个，发展"两新"党组织1个。完成社区"两委"换届选举，社区"两委"班子平均年龄37岁，较上届下降1.8岁，35人具有大专以上学历，较上届提升6%。强化党建引领，吸纳双报到党员2030人，开展党史学习教育、环保、安全，等不同主题的志愿活动，吸引参加活动党员4000余人次，服务群众2万余人次，坚持发展"内生力"，升级社区阵地，打造"居民的第二个家"，9个社区阵地完成亲民化改造，涵盖日间照料、图书阅览、青少年活动等12项以上的便民功能。

【基层党风廉政】 加强教育学习，通过党工委会议、干部职工、社区"两委"负责人会议通报违纪违规典型案例16次；社区"两委"换届期间，组织街道干部职工和社区"两委"干部、组长、代表开展15节换届纪律和廉政党课教育。全年发出专项督查通报9期，对防疫工作、街长制工作、环保、上下班纪律等工作开展监督检查47次，发现问题52个，落实整改52个，提出意见建议56条，引领干部职工依法履职，强化执纪问责，诫勉、谈话提醒和批评教育13人次；整改落实问题32个；处理并结案违法违纪党员6人，其中开除党籍3人，党内严重警告1人，党内警告2人。

【退役军人事务】 完成街道办事处和社区退役军人服务站正规化建设和改造，300名优抚对象以上社区完成全国示范性服务站验收工作。开展走访慰问，对16名老战士党员及烈士遗属开展"七一"慰问工作，发放慰问信；"八一"慰问走访并发放慰问金；春节慰问走访并发放慰问金。提供涉军公益性岗位；为退役军人开展创业就业培训；完成退役军人"解三难"申报，关爱基金申报。

【拆迁安置与安居】 组织快乐社区4组、5组、6组开展庄店花园小区抽签、选房、安置入住工作，共安置330户、617人。完成城南2组第三批46户、63人签署安置协议；完成庄店社区5组、7组商业用房安置；完成平春社区3组征地项目，合计8.2亩。安居工程收集、上报公租房申请15份。

【项目建设】 完成国道245线味聚特大门外沟渠清淤盖板工程；完成金象大道洞子口截污提排工程、西来堰火车站片区水污染治理截污工程、平春松江提升灌溉供水工程、五洲国际生活污水一体化处理工程4个环保工程建设。

2021年12月，通惠街道苏馨苑小区完成改造

【老旧小区改造】 全年计划改造135个小区，其中苏馨苑等7个小区作为精品打造小区。124个小区开工建设，11个小区完成图纸公示。

【疫情防控】 全年共排查中高风险地区返眉1547人次，境外返眉90人次，全部按上级标准予以管控，无脱管漏管情况发生。全年共出动街道与社区干部、网格员、志愿者500余人次，督促辖区内的茶馆、农贸市场、商铺等重点场所落实测温、扫码、戴口罩等常态化防疫措施；全年共开展集中大走访大排查3次，对辖区内95%以上的群众做到见人见面；全年共张贴标语400余幅，发送短信微信提示10余万条，发放防疫告知书6万余份，录制大喇叭20余条，多种形式向群众宣传疫情防控相关政策及防护要点。推进疫苗接种，截至9月30日，共接种新冠疫苗17万剂次。

【基层社会治理】 开展全民反诈骗宣传工作，累计入户宣传33971户、转发微信和QQ群4521个、朋友圈宣传4599次、悬挂横幅479条、LED宣传26条、张贴大型宣传画3200张，发放宣传资料45860份。加强法治宣传，街道党工委共组织4次集中专题学习会，利用机关大会等开展法律知识宣讲12次，组织社区工作人员、居民等开展法治培训10次。建立健全特殊人群数据库，在册管控精神病人165人，其中符合以奖代补政策的有78人，有高风险重精患者33人；登记禁（戒）毒人员277人，尿检320人次；社区矫正对象在册人员49人，累计解矫256人；在册安置帮教人员158人。协助派出所加强对“七类”重点人员监控工作，全年共受理各类信访案67件，其中信访网9件，纳入群众满意度调查5件，满意度100%；人民网30件；走访到市到区17件。探索创建“枫桥式”司法所，实行矛盾纠纷排查制度，全年共接收各类法律援助咨询245人次，共指导调解各类民间纠纷141件，调解成功141件，调解成功率100%。

【网格化服务】 全年网格员发放各类宣传资料共计15万余份；累计协助区法院查找执行人92次；排查不稳定因素205件，其中上报3件，自行处置202件；排查突发事件259件，其中上报6件，自行处置253件；提供公共服务33341人次；开展消防宣传130179条；完成责任清单35560件。

【安全生产】 全年开展各类安全会议32场次，发放安全宣传资料4万余份，与业主、居民签订安全责任告知书6284份，组织辖区企业、居民开展消防演练培训13次。采取街道每月督查、专家每月帮查、社区日常巡查、重点时段专项排查的形式开展安全隐患排查工作，共排查安全隐患1200个，现场整改安全隐患76个，限期整改安全隐患1124个。抽调10名街道干部、12名社区干部组建安全生产联合整治工作组，由4名班子带队分片区对摸排出的重点、难点安全隐患点进行现场督导整治并邀请区应急管理局、消防大队专家进行现场教学和指导。按照街道“七有”、社区“三有”的要求开展基层应急能力建设，成立通惠街道应急队和12支社区应急分队。

【街长制】 配设12名“总督”、158名“街长”，聘请保洁员150名，与

2021年7月4日，通惠街道组织居民开展燃气安全培训

市、区部门建立社区共建联动机制，召开部门联席会4次，街道干部每周五下沉社区网格开展包保工作，确保文明城市规范化建设的落实。全年联合区综合执法大队、派出所等单位开展集中整治5次，出动人员约750人次，整治违规占道经营1510余起，清理游商650起，暂扣物品700余件，开具72张处罚文书，收缴罚款10850元。协调和督促侨银公司进行常态化保洁1200余次，共发出全国文明城市入户调查问卷1.5万余份，全国文明城市应知应会内容1万余份，卫生宣传手册1万余份。

【违建整治】 耕地保护动态巡查200余次，核查图斑319个、3289亩，拆除违法建设15处、约2000平方米，制止违法建设20余起，对24宗大棚房开展2轮交叉核查。

【民政工作】 居委换届选举工作共召开1次动员部署会、4次专题培训会和3次工作推进会，制作并悬挂宣传横幅100条，发放“通惠街道换届选举十严禁”明白卡1000份。3月13日，12个社区召开第十一届居委换届选举大会，其中8个城市社区采用间接选举的方式，4个农村社区采用直接选举的方式，共选举产生69名居委会成员。全年增加城乡低保29户，停止8户；为122户低保户149人，发放救助金57.2万元；为特困供养人员39人发放金额32.5万元；全年临时救助267户，发放救助金47万元。

【残疾人帮扶】 年内残疾人办证36人，死亡和户籍迁移注销26人；对享受居家托养的67名残疾人及家属签订托养服务协议，并为残疾人发放口罩等防疫物资；量服平台录入残疾人数715人，落实667项次；全年救助困难残疾人90人，发放救助金4.5万元；发放重度一、二级残疾人护理补贴2755人次，22.5万元；发放困难残疾人生活补贴644人次，7.7万元。

【人口计生】 年内辖区内共出生197人，其中一孩122人、二孩75人、多孩0人，不符政策生育3人，计划生育率98.5%，出生率4.58‰，婴儿出生性别比113∶100（以女性为100）；死亡205人，自然增长-8人，自然增长率-0.19‰；特扶人员住院补贴25人，2.3万元；发放奖扶405人，38.8万元；发放特扶伤残37人，30.2万元。

【劳动保障】 年内增加就业1301人，完成目标任务率121.50%；城镇失业人员再就业233人，完成目标任务率117.00%；帮助大龄困难人员实现再就业233人，完成目标任务率139.33%；截至11月，2021年城乡居民基本医疗保险有14418人参保，新型城乡居民养老保险有4683人参保，其中特殊人员185人，退休人员498人；街道便民服务中心打造成为全区医保窗口标准化建设示范点。

【食品安全】 强化食品安全法宣传，全年悬挂12条横幅，张贴食品安全彩图36份，发放宣传资料2000余份；会同区市场监督管理局召开食品安全培训两次；全面推行餐饮服务和食品经营者分级管理，截至11月，街道餐饮服务企业共612家、完成评定555家，食品销售企业共709家、完成评定583家，食品生产企业共2家、完成评定2家，“三小”企业共111家、完成评定110家，完成率87.17%；辖区共有

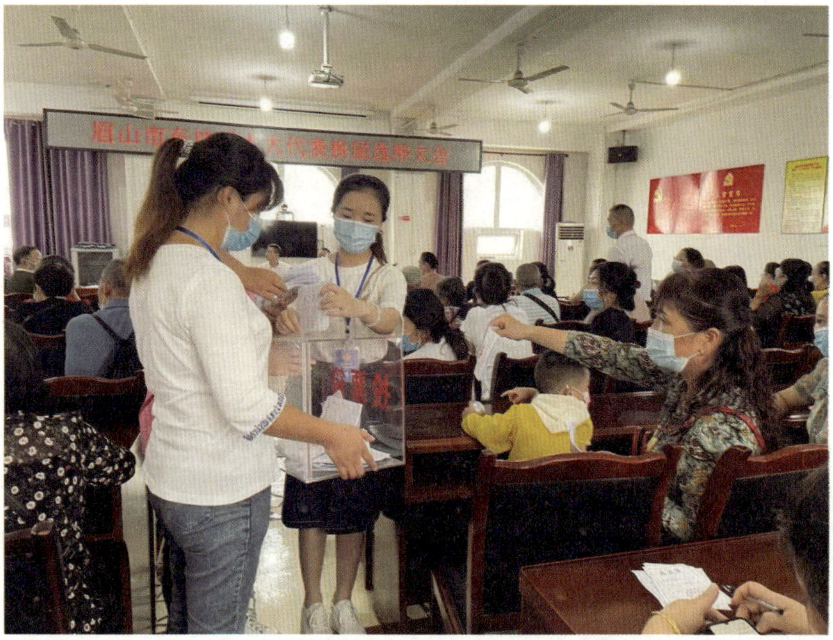

2021年9月25日，通惠街道组织居民参与区级人大代表换届选举

冷冻冷藏库44家,全部注册川冷链APP平台,确保防控冷链和进口非冷链物品新冠病毒有效。

【基层环境治理】 开展央督反馈及信访问题的调查处理工作,全年共接收区迎督办转办件98件,其中主办件84,协办件14件,办结率100%;接央督转办件7件,其中主办件2件,协办件5件,办结率100%,满意率100%。开展重污染天气巡查督察,对重点企业要求限产、停产及错峰生产;加强对重点区域、重点场所、停车场、汽修行业、喷涂行业和施工工地的巡查监管。加大秸秆禁烧和烟花爆竹禁燃宣传,出动13辆巡查车,出动巡查人员360余人次,发放宣传资料大通告50份,小通告2000份,悬挂宣传横幅6条。开展"大排查、大整治"百日攻坚行动,对16家二污普涉VOCs排放企业进行排查;对辖区污染源进行摸排,整改餐饮行业污染源351家、汽修行业污染源152家、建筑、广告行业污染源50家、在建工地(拆迁地)污染源9家、工业企业污染源18家;对辖区汽修行业和洗车行业进行全面排查,汽修行业排查出无证28家,无环保设施80家,洗车行业无证13家,无排水批复31家,未进入污水管网19家;对辖区金属切割、铝合金门窗加工经营企业(商户)展开拉网式排查,共排查出158家。对16个空气质量APP微站周边污染源进行日常巡查及处理情况考核,共处理警情13014次。

【河长制】 对辖区内醴泉河进行全面清淤,长度约1000米;对辖区内14个排污口溯源清淤约15公里;对辖区内醴泉河、东坡湖、岷江、西来堰、通惠河沿线约13公里进行全线巡查,开展巡河工作679次,出动1680余人次,清理白色垃圾35处、1.5吨,劝退劝离垂钓行为105起;对辖区内禁捕标识重新规划,制作"禁捕标识"16个;处理禁捕渔船3艘,对11个社区垃圾打捞船进行规范处理;摸排西来堰和醴泉河直排情况,查出西来堰排污口84处、醴泉河排污口13个;洞子口截污工程建成投用,污水完全截流。

(胡樱子)

尚义镇

【概况】 尚义镇位于眉山城西南,距眉山城2公里,属城乡接合部,东邻通惠街道,南邻白马镇,西邻秦家镇,北邻多悦镇。辖区面积122.95平方公里,辖7个村、10个社区,32970户、82890人,是工业重镇,辖区内有眉山高新区、甘眉工业园区、经开区新区、岷江现代农业示范园区,全镇企业230余户,2021年实现地区生产总值60.02亿元,增长8.5%,农村居民人均可支配收入24175元,是全国首批乡村治理示范乡镇、全国卫生乡镇、全省乡村振兴先进乡镇。

【乡村振兴】 坚持党建引领,提升文化服务供给,建成东坡邻里中心·白马分中心;完成镇综合文化站改造工作;依托17个村(社区)新时代文明实践站,开展理论宣讲、科普宣传、文化体育等活动共计100余场次,辐射群众3000余人;开展暑期少儿活动、东坡区国民体质监测等活动,参加人数300余人次。建成英勇村史馆,在留住乡愁的同时传播文明新风尚。组织镇村干部378人对2.7万余户、7.6万余人开展致贫风险排查,无新增监测对象。开展巩固脱贫攻坚成果"回头看"工作,组织区级帮扶干部97名,镇村级帮扶干部472名,走访全镇1121脱贫户,无一人出现返贫情况。

【镇村建设管理】 2021年征地4599.1217亩,租用土地218.12亩,涉及房屋约592座,拆迁人口约2115人,涉及万华化学、宁德时代、成乐高速、南环线等19个项目;开展西堰二期、高新区安置房建设,国土巡逻执法队开展行政执法,共拆除各种违建16起、制止25起,面积约4530平方米;完成2017年以来所征项目涉及2284人的安置审核;推进高新区、经开新区安置区8个小区5239套安置房的办证工作;完成西堰居、七里源、同心园安置区安置房问题整改处理。完成25个乱占耕地卫星图斑核查工作,共发出限期拆除通知书20份,遏制乱搭乱建、抢搭抢建现象;坚持"四到场"(批前选址到场、建时放样到场、建中巡查到场、竣工验收到场)原则,核查土地性质165户,召开规委会8次,共商议13个设施农用地项目;推进危房改造,完成全镇16214户房屋排查系统录入,对384户风险户进行鉴定,对210户危房设置警戒线并进行物理安全整治和应急处理,对满足危房改造条件的11户低保特困人员进行危房改造工作，锁定并拆除危房5座。

【基础设施建设】 硬化道路约30公里，修建沟渠1公里，安装太阳能路灯100盏，打造徒步环线5公里。铺设自来水管12750米，安装自来水389户；铺设天然气管43350米，安装天然气479户。修建象耳社区文化广场和中店社区尚礼广场，完成铁炉村小广场、口袋公园改造；改造升级9个党群服务中心、3个便民服务点。打造龚村、云阁村景观节点等23个项目，完成天府旅游名县创建准备和迎检工作。尚义镇通过全国乡村治理示范镇考核评估。龚村完成省、市、区三级乡村文化振兴样板村创建。太宝村获省级、铁炉村获市级乡村振兴试点村创建名额。

【就业与社保】 完成红旗、象耳、万华社区失地农民社保的资料收集整理，审核并上报包含6个项目共571人的失地农民社保名单，涉及社保资金共6658万元。完成2批次共计6人的“东坡农艺名师”申报和培育；协助组织举办高素质农民培训班3期，共计15人次；聘用村级果技员10人，开展各类调查和技术培训服务，累计培训11次1894人次，其中现代畜牧业科技培训260人次。

【民政救助】 2021年全镇享受城镇低保对象共116户139人；享受农村低保1087户1481人。为27人申请大病医疗救助，救助金额约10.8万元；申请临时救助224户，救助金额约27万元。残疾人办证69人，发放残疾人辅具420件；为190名困难残疾人发放补贴，完成残疾人无障碍设施改造41户。累计开展爱心送温暖活动6次，在春节、“残疾人日”、“敬老月”等主题节假日，慰问困难群众、残疾人、高龄老人等弱势群体共580人，金额40余万元。通过“福彩·慈善”项目资助在读中学生、大学生24人，资助金额7.4万元。增建10个养老服务分中心和50个村组养老服务点位，实现养老服务体系全覆盖并多次接受各地调研学习，全年开展活动140余次，惠及老人共8000余人次。成立未成年人保护委员会，协同第三方服务公司，开展入户调查，筛查各村特殊儿童群体，为11名儿童解决生活问题。

【计生与健康】 完成独生子女奖励扶助1070人、特别扶助类41人的申报工作；增加计划生育家庭奖励扶助申请1083人，计划生育家庭特别扶助47人；发放计划生育奖励扶助家庭人员补助5182人，共计资金4974720元，计划生育特别扶助239人，资金2306640元；独生子女父母奖励3839人，资金213480元。生育服务证申请登记246对；人口系统新生儿录入433人，死亡625人。组织开展血防工作，查螺205.47万平方米，灭螺48.95万平方米，调查8128框数，有螺366框数，询问检查1008人，抽血检查4115人。

【疫情防控】 镇常态化疫情防控指挥部召开专项推进会10余次，准确上报每日疫情防控数据信息，严格落实各项疫情防控措施。开展疫苗接种，全镇接种率98%；录制防疫宣传录音10余条，制作横幅、展板、通告等100余条（块）。镇纪委采取“四不两直”等方式督查疫情防控落实情况，及时发现问题短板，督促立行立改，共出督查通报11期。

【农业发展】 小春粮油作物种植面积7878.76亩、产量186719吨；小春经济作物种植面积53444.4亩、产量73241.2吨；大春粮食作物面积31831.13亩、大春经济作物38818.3亩。完成东坡区2021年小麦高产创建示范点建设项目共87亩。晚熟柑橘种植面积4.5737万亩，年产量11.5780万吨，产值5.6177亿元。水产养殖面积达8000余亩，总产值4亿元。全年生猪出栏3.5599万头，小家禽出栏48.093万羽。对接落实194.7万元的中省资金项目，用于帮扶种植业、养殖业、服务业等7个行业。盘活中店社区3组闲置宅基地45亩，推动中店社区与风荷朴宿项目达成合作，建成后作为木先生品牌公司总部所在地，预计年收入约450万元，提供就业岗位20余个，季节性用工500余人次。

【动物防疫】 坚持强制免疫制度，全年春秋普防猪瘟、口蹄疫2.3613万头，禽流感免疫44.1358万羽，狂犬病防疫2.6576万只，牛羊口蹄疫免疫1641头，小反刍兽659只，畜禽防疫密度达100%，畜禽圈舍消毒面积54.4万平方米。生猪屠宰检疫10.2万头，回收产地检疫9008份，出动执法人员365场次，1095

人次;小家禽屠宰点屠宰检疫13.6万羽,回收产地检疫391份;生猪产地检疫1.1万头、监督检查农贸市场动物产品154万公斤;饲料、兽药抗菌药专项整治检查1600余人次;无害化处理生猪6476头,奶牛28头;监测生猪养殖环节瘦肉精228头次、屠宰环节瘦肉精236头次、运输环节瘦肉精412头次,全部为阴性。全镇共有畜禽规模养殖户23户,粪污处理设施设备配套率100%,粪污资源化综合利用率达95%以上,2021年完成三家规模养殖场粪污资源化利用整县推进提升工程项目验收,兑现项目补助资金120.1万元。制定《尚义镇2021年非洲猪瘟防控工作方案》,共消毒1248.8万平方米,发放消毒药物2248.8公斤,培训915人次;全镇购买生猪保险母猪1624头,育肥猪15592头。

【基层环境治理】 制定实施《尚义镇2021年城乡环境工作实施方案》,强化巡查考核,开展巡(复)查152次,发现、整改问题2845处,处理信访举报件41件次。组织镇村干部,发动党员先锋队、志愿者队伍开展环境集中整治,巩固创文创卫成果,顺利迎接"双创"复检。完成英勇、红旗、桥楼等8个村(社区)共计280余户农户风貌改造;推进"厕所革命",完成每村两户示范户改造。开展两轮环保问题自查和回头看工作,自查问题36个,回头看上级督导问题9个;全镇共接件19件,其中中央交办件3件(1件主办,2件协办),全部妥善处理;持续对央督、省督、长江经济带反馈的问题逐一开展回访,出动宣传人员200余人次,宣传车辆150余次,不间断播放宣传音频,在辖区人群集中区域悬挂宣传标语15幅,发放、张贴公告3000份,制作工作宣传公开栏17个,召开坝坝会50余次。通过生态环境监测平台(蓝天卫士)和镇村干部日常巡逻,发现并制止焚烧秸秆行为20余起,教育批评当事人30余位,罚款1000余元。"河湖长制"设立2名镇级河长,17名村级河长,18名巡河员,聘请34名专职河道保洁员,全天候对尚义镇全流域河道进行巡河保洁;全年各级河湖长累计巡河1100次,动用人工4900人次,清理河道长度103公里,共清理垃圾4350吨、淤泥2.705万吨,绿化河岸12公里,绿化面积274亩,制作工作宣传公开栏18个,竖立警示牌300个,累计发放《水产养殖户告知书》等各类宣传资料5000份。

【基层安全生产】 坚持"安全第一,预防为主,综合治理"的方针,成功完成全国综合减灾示范社区、省级安全示范社区创建。全年累计开展安全检查137次,开展有限空间作业、商住混合体建筑火灾隐患集中攻坚、消防安全、森林草原防灭火、燃气、建筑工地施工等专项检查8次,累计发现安全隐患653处,整改隐患633处,限期整改16处,整改率99.3%;市、区挂牌督办重大隐患1处,整改完成1处。对安全生产非法违法行为严查重处,倒逼企业主动落实安全生产主体责任,责令停产停业(含限期整改)11家。成立应急救援工作领导小组,组建由民兵、预备役人员和退伍军人共20人的尚义镇应急队伍,各村社区均组建15人的应急救援小组;组织开展各类应急演练8次。联席交警及派出所开展联合执法,协助查处交通违法行为219起,劝导各类交通违法行为1456次,发放各类交通安全宣传资料3.7万余份,开展交通安全进农村、进社区宣传活动26场次,镇村两级开展各类交通安全宣传、培训150场次;清除遮挡视线的障碍物(含树木、杂草、枝丫)183处;安装交通警示标志88个,减速埂218米,凸透镜7个,护栏256米;整治社区下水道井盖压坏15处;增画车位300余个,增画道路标线8568米;整治危桥4座;整治路面13300米,整治路基7136米,道路加宽11000米,其中"黑化"道路9200米,累计总投资665.6万元。

【监督管理】 镇理论学习中心组召开"严肃换届纪律"专题民主生活会,镇村干部签署严肃换届纪律承诺书300余份,组织全体干部职工、镇党代表、镇人大代表集中观看严肃换届纪律"十个严禁"宣传片;通过微信群、QQ群等工作载体,宣传换届纪律新精神及政策解读30余条;公开换届纪律举报电话以及信访地址,营造风清气正的换届环境。坚持"廉政提醒"制度,节假日期间转发市、区纪委纪律作风建设要求,加强巡查监管,坚决防止"四风"反弹。2021年全镇共处置问题线索16件,给予党纪处分11人,其中给予党内警告8人,党内严重警告1人,开除党籍2人。

【基层食药品安全】 2021年共办

理68个“三小”备案证，出动执法检查132次，检查经营单位750余户次，发放宣传单980余份，食品抽样检测60批次，农残检测260批次。对万华化学流动摊贩进行规范管理，陆续办理流动摊贩证并规范摊位77个。打击不法经营者的侥幸心理，对所有临摊区摊贩开展高频次、广覆盖的食品药品质量监督抽检，并整顿经营秩序，为基层食药品安全提供保障。

【基层社会治理】 接办信访案件45件，其中平台交办20件，直接交办25件，成功办理43件；化解重复信访积案共8件，疑难信访6件；共调处各类型矛盾纠纷220起，公调对接案件4件，成功化解4件，化解率100%。落实法律顾问坐班制度，律师于每周一上午为群众提供法律咨询服务，司法所通过2021年第一批全省“枫桥式”司法所创建交叉检查评估。配备专职网格员21名，兼职网格协管员187名，收集群众问题诉求、提供基础信息，定期对辖区内特殊人群和重点关注人员进行实地走访，网格员全年办理事件5300余件，其中协助法院寻人27起，新闻媒体发表工作动态48篇。

（牟隽逸）

思蒙镇

【概况】 思蒙镇位于东坡区南大门，既是农业大镇，又是工业重镇，辖区地势西高东低，依次呈现出深丘、浅丘、平坝地貌，距中心城区16公里，东与青神县黑龙镇相通；南与夹江县吴场镇、青神县西龙镇接壤；西与丹棱县杨场镇毗邻；北紧邻东坡区松江镇、修文镇。遂资眉、成乐高速公路、成绵乐高铁、工业大道、S428及规划中的西山旅游环线贯穿全境，四通八达。全镇辖区面积154.22平方公里，耕地77172亩，地形以浅丘为主，地势西高东低；辖17个村、3个社区，共有2.9万户6.9万人。

【主要经济指标】 完成项目投资7个，总投资12.5亿元，超额完成8亿目标任务；增加规模以上企业1家；全镇地区生产总值47.32亿元，农民人均可支配收入21162元；全镇工业总产值76.4亿元，增加值20.69亿元。

【疫情防控】 常态化开展疫情防控工作，落实药店诊所、茶馆、商超、工业企业、市场等重点场所的管控措施，建立三级网格分片包干制度，建立各村（社区）网格化包户及在外人员的摸排管理台账，开展返乡人员排查上报工作。全年累计排查市域外返乡人员2019人，境外返乡8人，集中隔离28人，居家隔离47人。在辖区内设置新冠疫苗接种点2个，分60多个批次组织3岁以上人员接种疫苗10万余剂次。

【两项改革“后半篇”文章】 入选四川省“省级百强中心镇”，纳入四川省“百强中心镇”入库候选名单。改建黄三路长2.5公里、宽6米，补齐产业发展短板，惠及沿线6000余人出行，带动沿线柑橘、藤椒产业发展。利用集体经济扶持村100万资金，以产业规划指引村级集体经济发展，在宋堰村、铧头村试行“村企联办、入股分红”的方式与龙头企业万家好联办养猪场；在藕花村探索村级集体经济与农资连锁有限公司合作经营的发展模式，集体经济扶持村宋堰、铧头、藕花每年保底收益可达10万元以上。投入民政资金53万元，升级改造宋堰、铧头2个村级闲置阵地为公益性养老服务分中心，配套多功能平台，组建互助养老服务队、党员先锋队、志愿者服务队、专业服务队“四支队伍”，每月定时开展健康服务等公益性活动10余次，服务周边60岁以上老人群体1600余名。

【项目发展】 完成“引青入东”工程思蒙境内一、二标段近20公里，全程临时用地420亩。成乐高速扩容思蒙段征补土地205亩，拆除房屋3户12人；原拆原建天桥1座，增建天桥2座，拆旧建新天桥4座；完成6个村，760户沿线墙体、屋顶风貌统一改造工作。省级重点项目正大300万只蛋鸡场完成养殖防护距离内143辖房屋搬迁，群众安置区完成场平工作。园区标准厂房用地项目完成460亩土地征收，280亩储备用地项目完成附着物清点。

【生态农业】 发展稻、猪、鱼、蔬、果、茶“六思”特色优势产业，全镇水稻种植面积3.8万亩，鲜销蔬菜面积4.6万余亩，加工蔬菜面积1.5万余亩，以晚熟柑橘为主的水果种植面积2.5万余亩，茶叶种植面积2.4万亩，藤椒0.5万余亩。水产养殖面积2500亩,水产品年总产量2500吨,各类名优鱼苗10亿尾,生猪年出栏15.06万头,小家禽年出栏165万羽。

【新型农业经营体系】 全镇累计流转土地面积41835亩,年内增加土地流转面积2360.6亩。培育新型农业经营主体11个。指导4家家庭农场申报区级示范家庭农场,指导2家家庭农场申报市级示范家庭农场。完成新堰村、泥河村和娴婆村(原新风村)2020年高标准农田项目,改造农田1701亩并通过区级验收。

【畜牧业】 全镇生猪存栏9.6万头,其中能繁母猪8887头,年内产仔母猪增长1200头。引进建设万家好泥河原种猪场、牧源娴婆仔猪繁育场2个龙头级项目,其中万家好泥河原种猪场建成投产,存栏规模母猪3000头;娴婆村牧源繁育场完成建设并投产,与万家好新堰仔猪繁育场一起形成存栏二杂母猪1万头,年产仔猪24万头的全区最大仔猪繁育基地。常态化开展动物防疫工作和动物血防工作,免疫率96%以上,普查普治率98%,圈养率100%;非洲猪瘟防控累计消毒3.8万场次,使用消毒药7吨,消毒面积2231万平方米。

【河湖长制工作】 投入人员3500人次,机械25台次,清理河道5公里,各类斗、农、毛、渠45余公里,打捞各类垃圾1500吨,清理淤泥5000余吨。加大禁捕工作执法力度,发放宣传资料500余份,销毁违法垂钓鱼竿5根。

【生态环境治理】 发放环保宣传资料1200余份、拉横幅100余幅、播放村广播200余次,召开群众“坝坝会”80余次,镇、村社发动160余人次、宣传车323台次、631频次秸秆禁烧宣传巡查;处理“12345”环保投诉54件;对所有企业进行登记造册,建立一企一档,对不符合环保要求的企业实行停业整顿或关闭;对重点水泥、砖瓦、陶瓷企业执行错峰、轮停,落实“一厂一策”。第二轮中央环保督察期间,立案查处1家;关闭散乱污及死灰复燃企业4家;提升整改6家;协调解决思蒙卫生院、思蒙康复中心生活污水直排,新堰村黑臭水体的问题;发现13家企业各类环保问题。对整改的企业进行“回头看”,到实地对照问题查验整改情况,整改一处销号一处,整改销号央督4件,省督9件。开展秸秆禁烧常态化巡查,处理露天焚烧26起,处罚金额5500元;完成思蒙集镇、莲花集镇污水处理厂提标改造,完善污水管网建设12.71公里,维护保养思蒙污水处理站人工湿地8亩。提高场镇污水收集率,更换思蒙镇污水处理厂石桥河处破损管网150米,清淤疏通黄家、莲花支管网,更换污水管道18米,整治排水沟50米;更换莲花污水处理厂污水支管约200米,农户生活污水全部排入管网;铺设思蒙社区集镇卫生院院墙外污水管网。建成粪污资源化利用设施沼气池10万立方米、沼液储存池52万立方米、干粪堆积棚5万平方米、异味发酵床5000平方米,干湿分离机50台,输送管网10万米,粪污综合利用消纳面积10万亩。

【安全生产】 年内共张贴森林防灭火公告60份,发放宣传单3500份,出动宣传车75台次。重点防火时段严防死守,加强巡山检查,全年检查企事业单位及九小场所213家,发现隐患720处,整改680处,限期整改40处,整改率94%。增设农村道路交通安全标识标牌27个,加固危及铁路安全的彩钢棚38户,砍伐危树3763棵。排查餐饮行业30家,其中学校16家,查出42起安全问题,督促整改36起;为游厨办证52件,作坊备案77件,登记食品安全风险评定6起,处理区检察院转来件2件。

【乡村振兴】 全镇建档立卡贫困户723户2324人,其中监测户36户102人,稳定销号25户64人;4月、6月和11月开展三次巩固脱贫攻坚成果和防返贫监测集中排查,对2021年增加的防返贫监测对象11户38人通过低保兜底、公益性岗位、临时救助、教育资助、产业帮扶等措施落实帮扶,未发生“漏测失帮”。全年争取各级财政补助项目资金共计718.064万元,其中92.026万元用于617户进行种养殖业发展,20.4万元用于49户公益性岗位增收,6.238万元用于人居环境改善;落实基础设施资金149.4万元,硬化组道5条,共计4.68公里,增建700立方米蓄水池一口;落实发展村集体经济项目资金50万元发展宋堰村集体经济,带动16户38人建档立卡人口受益享受分红;落实400万元基础设施资金,改扩建通村道路6.688公里;整村推进藕花村无害化卫生厕所改造,建成无害化卫生厕所299户并通过区级验收。

【民生保障】 民政救助方面，低保保障9479人次278万余元；特困供养人员补贴2188人次139万余元；临时救助829人次90万余元。残联工作方面，资助贫困白内障患者免费复明手术34人次；邀请4名高级农技师采取“理论＋实训”的方式为90名残疾人及其家属举办为期5天的藤椒、柑橘实用技术培训；为36名残疾人提供1000元年度灵活就业补贴，为2名有一定创业规模的残疾人提供10000元的一次性创业补贴。截至年底，全镇残疾人按比例就业46人，集中就业7人，公益性岗位11人，个体就业37人，灵活就业201人，农村种养殖业330人。劳动保障方面，完成38个灵活就业人员社保补贴申报工作；开发公益性岗位，落实安置困难人员49个；完成辖区内2千余名离退休人员领取养老金年度资格认证工作。

【卫生健康】 开展健康教育知识宣传讲座36余次，刷写墙体和悬挂标语30余幅和260余幅，发放宣传资料6000余份，累计受教育群众12万人次，知晓率95%以上。开展中小学校血吸虫病防治宣传教育，学生受教育面100%，知晓率95%以上。6月至8月，发动组织群众开展查、治病工作，询检人数1008人，血检3639人，粪检105人，完成区下发任务。受理计划生育奖励扶助申请1040人、计划生育特别扶助申请30人、眉山市计划生育特别扶助申请3人，兑现奖励扶助金5118人491万元、特别扶助金298人277.7万元，发放192户特扶对象7.84万元慰问金。

【退役军人事务】 采集退役军人及其家属信息，发放“八一”慰问金27.88万元、春节慰问金20.7万元、立功受奖慰问金2.6万元、义务兵在役军人家属优待金96.7488万元。为困难退役军人家庭解忧排困14.54万元；为18名60岁农村籍退役士兵办理申请优抚金；为23名重点优抚对象申报医疗补助。

【综治维稳】 全年累计接收社区矫正对象14名，解矫27名。落实“一村(社区)一顾问”，聘请2名法律顾问。远程视频会见接收5人探视，探视12次。排查矛盾纠纷93起，化解93起，无“民转刑”案件发生。办理“12345”热线工单545件，办结545件，办结率100%。受理办结信访案件16条，其中到区上访6条，省、市交办5条，人民网留言5条。

【基层人大工作】 指导20个村(社区)完成村(居)委换届选举。完成东坡区第六届人大代表和思蒙镇第二届人大代表换届选举和代表资格审查工作，全镇8个区人大代表选区、36个镇人大代表选区通过法定程序依法选举产生区人大代表21名、镇人大代表92名，区、镇两级人大代表选举得票率均在95%以上。召开思蒙镇第二届人民代表大会，依法选举产生当届政府和人大主席团班子成员7人次。组织人大代表走访群众2869人次，共收集民生实事项目意见建议17条，通过票决最终确定3项。区、镇两级人大代表走访、接待群众3241人，走访企业44家，解决问题58个。

【基层党建】 成立村(社区)党组织下属党支部68个，年内严格按照程序发展党员21名；加强“一懂两爱”干部队伍建设，选派22名40岁以下优秀青年担任驻村干部，选派5名优秀领导干部担任“两新”党组织党建指导员；组建21支党员志愿服务队，开展政策宣讲、基层治理等志愿活动600余次。推进“枫桥经验”组织力提升行动，创建“乡贤议事会”制度，发挥党组织服务和协调作用，包案化解陈年信访积案6件，处置应急突发事件4起；落实接访制度，受理并办结上级转办、群众来信来访8件。履行党风廉政建设“第一责任人”职责，开展“以案促改”警示教育6次，换届全覆盖谈心谈话4轮，对村级换届工作开展专题警示教育1次，集中学习换届纪律1500余人次，确保换届选举风清气正；作为党委换届工作示范点，6月18日率先召开镇党代会，市、区两级换届指导组和各镇(街道)人员莅临指导。保持高压严管态势，运用“第一种形态”处理22人，诫勉、谈话提醒、批评教育等处理6人次，给予党纪政纪处分10人次。

（梅会勤）

太和镇

【概况】 太和镇位于眉山市东坡区北部，北与彭山区凤鸣街道接壤，东经岷江与富牛镇毗邻，西与尚义镇相连，距眉山中心城区6公里，为东坡区北大门。成绵乐城际轻轨、成昆铁路复线、成乐高速、省道103线、滨江大道、太和大道、岷江纵贯全境，区位优势明显，交通便利。这里曾经是岷江水路上"日吞千担货、福禄万家人"的"小香港"，是远近闻名的物资集散地。全镇辖区面积87.05平方公里，耕地面积6.34万亩，总人口6.3万人，辖12个行政村、3个社区、138个村(居)民小组，全镇共有工业企业140家，规模以上工业企业17家，其中吉香居企业被认定为"农业产业化国家级重点龙头企业"。全镇形成食品加工、印刷包装、建筑建材、饲料加工四大支柱产业。

【主要经济指标】 2021年全镇实现地区生产总值17.8亿元，同比增长8.3%，农村居民人均可支配收入21619元，同比增长4.8%。全年固定资产投入19.88亿元，同比增长77.5%，完成全年目标任务的331.33%，规模以上工业产值达39.91亿元，同比增长14.06%。

【乡村振兴】 全年持续推进脱贫攻坚成果同乡村振兴有效衔接，662户脱贫户、监测户稳定实现"两不愁三保障"，落实帮扶资金176.57万元，其中到户项目补助76.57万元，基础设施项目补助50万元，扶持村集体经济发展项目补助50万元。投资东彭融合上位规划，初具规模；完成太和安置区、华西妇儿院、吉香居扩建、坛罐山等拆迁建设；投资1200万岷江现代人文纪念园、投资90万元元宝引水工程主体等即将完工；投资180万养殖尾水示范工程、投资300万醴泉河综合治理项目、产业环线建设、本草大道拆迁等有序推进；完成创建市区乡村振兴战略工作先进镇工作，四维村、仙桥村分别成功创建为市级、区级乡村振兴战略工作示范村；围绕"一村一品"发展思路，打造"合作社+农户"模式。2021年太和镇村集体经济收入为74.28万元，收入在20万元以上的村有1个，10万元以上20万元以下的村有1个。成立太和国有公司分公司，盘活50余宗区镇村级资产，探索建立镇公有资产管理中心；完成太和镇村级经济片区规划，划定以永丰、金光、莲墩、悦兴社区为核心的粮经复种经济区和以元宝、四维、远光、群富、马堰、罗家为核心的粮食水果观光农业经济区。启动粮食水果观光农业经济区片区规划编制工作；常态推进"三大革命""三大行动"，龙亭、仙桥整村改厕644户；全面推行城乡环卫一体化，农村生活垃圾日产日清，无害化处理100%。投入资金105万元，清理农业生产废弃物67.8吨、河道垃圾141.5吨、河塘15口、沟渠49.9公里，清淤6万余立方米。社会集资35万元修建"党史红枫路"，完成成乐高速、太和大道、镇星路等干道沿线近1000户农房风貌改造。

【产业发展】 2021年，加快产业结构提标升级，现代化农业体系初步形成，持续做精稻菜轮作、花卉苗木、水果种植、水产养殖、乡村旅游五大产业，形成产业群；落实粮食安全责任制，抓实粮食蔬菜"一乡一业"试点建设，流转土地44887.71亩，建成高标准农田2.7万亩，粮食种植面积61780亩、粮食总产量达3.3万吨。培育新型农业业主，流转土地4.48万亩，新增市级家庭农场1家、区级家庭农场9家。全面完成清产核资和产权制度改革数据录入，全已发证；扶持吉香居、大自然惠川等行业龙头企业和苍蓝印务、聚织塑业等中小企业技改升级，积极推进投资1.8亿元的吉香居年产4万吨泡菜项目、0.3亿元的勤力包装等项目，启动220千瓦文万线、110千瓦文庙线电力线路建设工作。全年新增规上企业1家，全镇规上企业达18家，产值达43.2亿元，同比增长12.6%；立足"眉山之源"文化特质，完成太和"名特优新"精品挖掘宣传片拍摄，成功举办各种会节10余次，旅游综合收入9.28亿元；引入社会资本，和省级国有公司达成合作，参与坛罐山、惠川AAA级工业旅游景区等项目建设，打造农文旅融合生态特色镇。

【疫情防控】 落实"外防输入、内强管控"的要求，指挥"一盘棋"、防控"一张网"、调度"一个口"，优化完善应急体系、联防联控机制，落实防控责任，常态化开展疫情防控工作，因时因势、科学精准调整防控重点和应对举措，加强重点人群、重点场所管控，从严落实扫码、测温、戴口罩、消毒等防控措施，确保防控不松懈、疫情不反弹、发展不停步。有序组织新冠疫苗接种工作，截至2021年底，完成全程接种的人数达34926人。

【民生保障】 全年发放惠农、低保、特困、残疾人补贴、小额临时救助等资金1363.39万元；全镇城乡居民医疗保险、养老保险参保分别达52830人、25660人，覆盖率达100%，实现应保尽保。开展职业技能培训750人次，提供岗位300个，城镇登记失业率控制在3%以内；建立"智慧养老服务平台"、社工服务站、未成年保护站，政府购买服务20余项；全年累计发放城乡低保金570.39万元，发放残疾人两项补贴、临时救助、高龄补贴等各类救助金291万元；开展职业技能培训750人次，提供岗位300个，城镇登记失业率控制在3%以内；认真兑现各类计生奖励优惠政策，发放奖扶、特扶补助资金602万元。退役军人服务实现"五有"全覆盖，深入开展"双拥"活动，推行退役军人全生命周期服务保障新模式。

【维护社会稳定】 落实领导接访制度，全年调处矛盾纠纷104件，成功化解重复信访案件1件；对22名社区矫正人员、179名安置帮教人员，进行网格化帮扶管理，无一人重新犯罪。教育转化人员10人，超额完成任务；建设"雪亮工程""平安建设·慧眼工程"，安装"两车卫士"，守住重点节点。常态化开展扫黑除恶斗争，深入整治"黄赌毒""盗抢骗"、电信诈骗等突出犯罪，全年打击违法犯罪48起。

【安全生产】 2021年，持续推进安全生产三年专项整治行动，落实安全生产"清单制+责任制+销号制"；开展道路安全、消防安全、烟花爆竹、工贸企业等专项整治、联合检查，排查消除各类安全隐患416处，完善各类道路标识标牌及隐患点267处；开展食品安全专项检查145次，发放整改通知书15份，常态化重要领域巡查治理，全年未发生一起安全事故。

【环境治理】 全面落实河长制，镇内16条河流全面落实网格化监管，清理河道50余公里，市级河流水质全部达四类及以上。全镇实施污水截污纳管工程，解决附近500余户农户的生活污水问题，新建"人工+厌氧湿地"40户，48家重点排污企业均达标排放，全年处理举报案件104起，环保处罚总金额12.7万元；关停小散乱污企业和重点染污企业4家，责令暂停8家；严格落实长江流域"十年禁渔"政策，执法372次，中止捕鱼、钓鱼和捞鱼违法行为1960次，狠抓大气污染防治攻坚，全年持续开展烟花爆竹禁燃禁放、工业扬尘管控、秸秆禁烧等工作。

【基础设施建设】 推动城乡基础设施建设，城乡道路优化升级，完成太和敬老院雨水道、镇星路黑化工程，新建农村道路4.5公里，新安装自来水3143户、太阳能路灯500余盏。省级提灌站竣工投用，保障金光村、悦兴社区的水利基础设施条件。

【基层社会治理】 推进两项改革"后半篇"试点乡镇，完成镇村换届工作。完成便民服务中心、文化站、司法所、武装部标准化改造，公共服务提标升级。完善太和镇征地拆迁、国土监管、村民自治等相关制度。依法制止处理抢搭抢建、违规用地150处，近5万平方米。完成全国文明城市、国家卫生城市复检工作；健全完善重大行政决策规范化管理，依法全面履行政府职能，全面落实镇村法务顾问，坚持会前学法，深化"八五"普法，落实重大决策公众参与、风险评估等机制；完善《太和镇农村建房管理办法》《太和镇违法建设和违法用地考核管理办法》《东彭融合发展区违法建设联合行动机制》等制度；自觉接受人大监督、舆论监督和社会各方面监督，及时办理回复人大代表和政协代表议案建议，及时回应群众关心关切的问题，办理政务热线421件，办结率100%。

【基层党建】 全年坚持开展干部小讲堂、周例会等学习活动，组织干部职工集中学习和培训30余次，举办入党积极分子和发展对象培训班1次，培训人员34人次。召开党委理论学习中心组专题学习12次，撰写各类心得体会60余篇，受教育千余人次以上；发展优秀农民工入党积极分子38人，培养后备力量，组织入党积极分子集中学习，加强党的宗旨教育和纪律规矩教育，不断提高新进农村党员队伍的整体素质。

【基层党风廉政】 将廉政教育与党史学习教育相结合，常态开展党纪知识"每周一学"，推送学习卡片49期，以案说纪、解析警示案例92个。强化同级监督，专题研究党风廉政建设和反腐败工作5次，向各班子成员派送季度廉政工单48

份，梳理各部门、各环节廉政风险点39个，明确村级纪检组织监督事项57项，落实“一岗双责”，听取村级党组织负责人党风廉政工作报告15人次，对新任部门负责人、党风廉政问题突出部门分管领导、重大项目建设涉及人员开展廉政谈话9次；围绕疫情防控、生态环保、安全生产、财务管理、建房管理、项目建设等工作开展监督检查，督查通报19期，发现问题159个，督促整改159个，提出建议意见5条，移交问题线索4个；全年处置问题线索23件，受党纪处分党员干部15人，其中：党内警告8人，严重警告3人，开除党籍4人，追回违纪款66134元。

（谢沂哲）

崇礼镇

【概况】 崇礼镇是东坡区的东大门，与中心城区一桥相连，隔江相望，东邻仁寿县龙正镇，南与复兴镇、永寿镇交界，西临岷江，北与富牛镇相接。崇礼镇辖6个行政村、5个社区、90个村民小组，户籍24453户（含蟆颐、柏杨、万坝社区），人口63594人，辖区面积71.04平方公里。辖区内国道351、老106线、崇礼大道横贯东西，岷东大道、富崇大道纵贯南北，通达公交2路、18路，农村客运线路101路、102路、103路，交通便捷。崇礼镇以岷东大道为界，辖区两片发展格局初步形成，发展规划上以西是岷东新区、崇礼新城、中国泡菜城为主的城市发展区域，以东是特色农业规模种植区域；产业类型上以西为泡菜原料基地，以东为晚熟柑橘的水果发展带。

崇礼镇有丰富的地下矿产资源石膏、页岩和砂石。水利资源丰富，域内有岷江河、粤江河、蟆颐堰、东风渠、石埂子水库、桂花林水库、马家湾水库、庙儿咀水库等水资源，适应多种农作物生长和养殖业发展。境内有花海·桂花湖AAA级旅游景区，一、三产融合发展，是集花卉种植、鸟类培育、亲子休闲度假、餐饮娱乐、儿童科普知识教育集研学基地为一体的休闲农业示范园。农业资源丰硕，种植爱媛38、春见、晚柑、凤凰李、猕猴桃等特色小水果1.5万亩，建成乡村振兴示范村3个。

【基层组织建设】 全镇共有11个村（社区）党委，其中机关党支部2个、机关退休党支部1个，村党支部21个，社区党支部18个，“两新”党支部3个。全镇共有党员1751名，其中预备党员42名；女党员481名；大专以上学历的党员446名。

完成11个村（社区）党组织提档升级，完成下属45个党支部的调整优化和选举工作。严把党员发展入口关，按照党员发展25个流程，2021年发展党员35名。

【基层党风廉政】 召开党委中心组专题学习会10次，组建14个宣讲组对重要会议和重要领导讲话精神进行全覆盖宣讲，全年共开展知识讲堂20余场，覆盖700余人。分层分类开展轮训教育，全年举办入党积极分子和发展对象培训班1次、培训学员62人次，举办村（社区）干部培训班1期。镇纪委全年开展监督检查46次，发现问题38个，落实整改38个，提出意见建议16条，移送问题线索1件。紧扣群众急难愁盼的问题开展脱贫攻坚与乡村振兴相衔接专项治理、环保问题专项治理、基层治理专项治理、疫情防控专项治理、换届风气监督检查专项治理等多方面专项治理。村、社区纪委全年开展监督检查392次，发现问题89个，落实整改89个，提出意见建议36条，移送问题线索1件，收集社情民意48项，向镇纪委报告所在村（社区）党风廉政建设情况和问题22次，开展党员党性党纪教育51次。

【基层人大】 依法履行任免职权，镇人大主席团依法换届选举区人大代表20名，镇人大代表88名，得票率为95%以上，顺利完成东坡区六届和崇礼镇二届人大代表的选举工作；按时组织区人大代表参加区人代会。依法开展重大事项审议工作，多次召开镇人大主席团扩大会议，分别听取和审议镇政府专项工作报告。

【主要经济指标】 2021年，全镇经济保持稳步增长，农民可支配收入19668元，较2020年持平；粮食产量21659吨，生猪出栏3.6万头。

【基础设施建设】 全面完成新建提灌站建设（复盛社区、家相村）、基础设施建设（韩宾社区小区改造，复盛社区、中塘村、大定桥村新建道路、大定桥村新建沟渠）、乡村亮化工程（中塘村和中桂村安装路灯100盏）等3个民生项目建设任务。

【国土规建】 启动市委党校项目和小龙坎二期项目，依法查处整治违法建设38起，拆除抢搭建6420平方米。制止盗采页岩8起，主要涉及泡菜城园区企业用地、崇礼中路、富崇路延伸段等项目。

【拆迁安置】 强力推进征地拆迁工作，顺利推进崇礼新城建设项目和眉山“中国泡菜城”项目，全面完成市委党校、安置区四期、今麦郎二期、汇宇商住、小龙坎二期等项目建设征地共计2300余亩。稳妥实施安置补偿，全年共完成货币安置518户1408人，发放各类款项近7.2亿元，完成委托贷款1.5亿元。

【环境治理】 建立“散乱污”企业清单，对“散乱污”企业开展常态化检查，严格落实关停取缔类、整改提升类执行标准，24家“散乱污”企业纳入常态化管理；对全镇11家厂区外盐渍池实施“一户一册”管理，采取不定期检查和24小时镇级联网监督，严防高盐废水泄漏和外排；加强对河道两岸畜禽养殖户的监督和管理，严防畜禽粪污废水外排，强化病死畜禽尸体无害化处理，严禁将病死畜禽尸体抛入河中对水体造成污染，加强农村生活污水治理，通过安装生活污水一体化处理设备、建设“厌氧+人工湿地池”等设施，有效解决农村生活污水直排难题，有效保护河道水质，近三年来，粤江河成为全区唯一一条水质逐年上升的河流。

【乡村振兴】 实现脱贫攻坚和乡村组振兴的有效衔接，安排4支驻村工作队，12名联系干部争取3批省市扶贫资金177.607万元，实施产业发展和人居环境改造项目，涉及脱贫户497户；开展技能培训，帮助94户贫困户实现就业创业。升级打造“163”乡村治理模式，崇礼镇被市委平安眉山建设领导小组定为2021年市域社会治理现代化试点工作现场会参观点。

【民政救助】 兑付低保人员266户465人低保金；兑付特困人员生活补贴151人，支付补贴115万元；减免基本丧葬费115户11万元；为70名贫困残疾人适配基本型辅助器具，扶持86名农村贫困残疾人发展生产，发放重度残疾人护理补贴622人59.14万元，发放困难残疾人生活补贴197人24.87万元。发放各类助残、救灾救济资金共计800余万元。

【文化宣传】 组织开展“三下乡”活动，组织留守儿童参加暑期活动21场；按照乡镇文化站运行规定，组织各类公益讲座、劳技培训等多形式的活动。

【教育事业】 九年制义务教育学生入学2524名，实现适龄青少年入学率100%。

【卫生防疫】 全面做好外来人员摸排和信息收集，抓好隔离观察，全镇共摸排各类返乡人员和外来人员3493名，无疑似和确诊病例；疫苗接种全面落实，坚持“一本台账管到底”的原则，做到应种尽种、有序接种，全镇适宜接种人群共接种新冠疫苗32082人，超额完成区疫情防控指挥部下达目标任务，疫苗接种脱漏率始终控制在1.2%以内，人群免疫屏障初步形成。全年组织开展健康教育和健康知识讲座50期，血防查病5643人，妇女“两癌”筛查救治886人，艾滋病治疗率96.8%。

【基层社会治理】 全年共排查收集矛盾纠纷594起，化解589起，化解成功率99.1%；强化特殊人群服务管理，建立健全特殊人群数据库，坚持“日常排查”“节假日必查”“重要敏感时期严查”等机制，做到专群结合，重点人员联管，无一例特殊人群肇事肇祸。

（蔡荣华）

富牛镇

【概况】 富牛镇位于岷江二桥以东，西临岷江，东与仁寿县连界，南与崇礼镇为邻，北与彭山区黄丰镇交界。全镇辖区面积122平方公里，户籍人口62213人，村级建制调整后，全镇（含委托管理的）辖11个社区、6个村、158个村（居）民小组。因区位特点形成“半城半乡”的发展格局，城市规划区建成金悦汇、学府金街、岷东生活广场等商业综合体，乡村区域基本形成以晚熟柑橘、蔬菜为主，樱桃、猕猴桃、脆红李为辅的8万亩果蔬种植和生猪养殖、肉鸡养殖、水产养殖等四大支柱农业产业。全镇交通发达，形成纵贯

2021年，富牛镇的眉山樱花博览园

南北、横贯东西的立体交通网络，富牛镇主动承载东坡区融入天府大道高端发展的对接使命，成为成眉融合发展的桥头堡。

【主要经济指标】 2021年全社会固定资产投资完成13.8929亿元，全年地区生产总值为12.7亿元，其中第一产业47461万元、第二产业388万元、第三产业78975万元，农村居民可支配收入26175元。

【基层党建】 全年共发展党员44名，平均年龄30岁，大专以上文化30名，占比73.2%，增建小区党支部2个、“两新”党支部3个、村级集体经济功能性党支部16个。村级建制调整改革后，按程序组建村社党支部66个，督促指导党支部开展“三会一课”和组织生活。全年开展镇党委中心组学习研讨活动10次，组织生活会2次，为党员干部讲党课2次，集中学习20次。处理违纪违法党员干部12人，其中开除党籍2人，党内警告9人，政务处分1人；批评教育、提醒谈话、诫勉谈话等组织处理9人，移送司法机关1人。

2021年8月30日，东坡区首个农村地区邻里中心·玉龙分中心建成投运

【换届选举】 召开富牛镇第十六届党员代表大会，选举镇党代表128名，并选举党委委员9名，党委书记1名，副书记2名，纪委委员5名，纪委书记1名，纪委副书记1名。召开富牛镇第二届人民代表大会，选举区人大代表16名，选举镇长1名，人大主席1名，副镇长4名，人大副主席1名。换届后班子建设年轻化、知识化，领导班子平均年龄36岁，大专学历1人，大学学历10人，研究生学历2人，富牛镇17个村(社区)“两委”班子共配备92名，平均年龄40.6岁，高中以上学历占98.9%，村(社区)党组织书记平均年龄由51岁降至43岁，大专以上学历占88.23%，17个村(社区)实现“一肩挑”，占比100%。

【党管武装】 全年完成30人次困难优抚军人“解三难”资金申报，悬挂光荣牌46块，接待退伍军人政策咨询、思想疏导606次，全镇春节、“八一”期间走访慰问退伍军人、残疾军人、军属、烈属并发放慰问信1950份、年画2000份、油米113份，发放慰问金32万元、优待金260万余元，立功受奖补助6000元。开展征集新兵工作，大中专以上学历占比100%。投资4万元提升武装部标准化建设，配置图书200册、密码柜4台、电子秤、30人的各类战备物资、25套桌椅，退役军人服务站通过全省标准化创建评比验收。

【小区治理】 在3个安置小区分别成立小区党支部，选聘党员中心户45户，进一步健全完善“社区综合党委—小区党支部—楼栋党员中心户”组织体系。选举成立2个业委会，其中党员占总人数的84%，交叉任职率达50%。针对小区广场舞、高空抛物等问题进行专项治理，协商15次，建立《小区文明公约》，有效化解小区居民纠纷8次。小区支部书记带头入户家访、接访和回访320次，“唤醒”小区党支部缺少互动的“党员”21名。设立“小事网上办”微信群，针对高楼搭鸡棚等问题进行协商调解21次，拆除鸡棚17处，接办小广告清理、停车调度等服务事项30余件，依法调解化解业主和物业公司矛盾纠纷21件，问题受理答复办结率100%。

2021年，四川千农现代农业有限公司生产的凤凰李

【粮油种植】 完成粮食扩种套改3247.19亩，其中果园间套作面积1447.35亩，撂荒地复耕扩种26.8亩，征占未用地扩种1503.7亩，鱼塘浮板种稻1.04亩，其他改、扩耕种268.3亩，实现征（占）闲置土地应种尽种。2021年全镇实际粮食播种面积14975.03亩，总产量7787.27吨，其中小春粮食播种1831.83亩，产量1145.27吨；大春粮食播种面积13143.2亩，产量6641.5吨。全镇蔬菜实际播种面积15104亩，总产量27381.4吨；油菜实际播种面积8468.4亩，总产量1347吨。

【水产养殖】 全镇共有鱼塘114口，总面积1820亩，年总产量约30万公斤，其中50亩以上鱼塘2口，40—49亩鱼塘8口，30—39亩鱼塘7口，20—29亩鱼塘13口，5—19亩83口。全年对渔业生产户抽样检测83户，完成浮板种植户4户，召开1次渔业培训会，发放宣传画册140张、水产品产地证明本400本、悬挂大力推广鱼稻健康养殖横幅1条、水产养殖告示牌1块。

【乡村振兴】 全年共落实中央、省级、市级财政扶贫项目资金218.898万元，其中中央财政到户项目53.44万元，基础设施道路硬化50.3万元；省级财政衔接乡村振兴到户资金34.51万元，集体产业发展50万元；市级财政衔接乡村振兴到户资金16.648万元，基础设施道路硬化14万元。共计改厕1045户，曾庙村成功创建区级乡村振兴示范村、市级乡村振兴示范村；玉龙村成功创建省级乡村治理示范村、省级乡村振兴示范村；富牛镇被列为东坡区争创市级乡村治理示范乡镇之一。

【征迁安置】 完成汤坝航电枢纽工程项目征地1300亩，涉及两个村7个组，149户480人；完成维亚

2021年，富牛镇腾龙家庭农场

康母项目征迁工作150亩，涉及1个村3个组，24户73人；完成南部组团市政道路项目征地500亩；完成眉山市第三水厂增设管道临占地11公里征迁工作；完成南部组团商业安置申报审核，892人符合商业安置；配合房管局完成599套松林苑安置小区房产证办理，完成7个征迁项目宗地结算。全年拆除抢搭抢建共计41处，对全镇范围内的抢栽抢种进行治理共计8次，对已征土地上的非法开采和乱堆砂石进行治理共计6起。

【项目建设】 全年完成5个重点项目建设，共计投资1443.7万元。包含中央、省级大中型水库移民后期扶持资金项目，富牛镇便民服务中心装饰装修及办公设备采购项目，玉龙村办公阵地装修及文化氛围营造项目，岷东新区敬老院建筑主体建设及内部装修建设项目，天府大道杆管线迁改工程。全年完成3个村后扶项目的勘察、设计，其中规划、勘察、设计道路硬化项目2200米、沟渠硬化项目600米，预计投资114万元。

【基层环境治理】 全年累计出动宣传车350次，发放宣传单、宣传手册5000份，悬挂标语横幅250条，全镇重要交通路口、群众活动中心等地张贴投诉公示牌600个。全年共投入防治资金6万元，开展“蓝天保卫战”，启动2个高塔全方位热成像监控，辐射全镇11个村（社区）。加大环境违法行为打击查处力度，处罚39起焚烧秸秆违法行为；责令30家排污设施不到位的养殖户进行整改；开展富牛镇污水处理整改工作，累计投入170万元。增建提升站1座，改造污水支管网1次，改造污水提升站1座，3个主要场镇污水处理设施运行正常，新华污水处理站水质达标。全镇共处理环保投诉件180件，回头看历年突出环境投诉件20件，整治改造多年遗留环境问题9个，累计投入资金150万元。全年召开河长制工作推进会4次，爱河护河宣传2次，共计清理河渠126公里，清理河面、河岸、渠道堵塞物、白色垃圾、枯枝烂叶1000吨，投入机具300台时，出动船只12艘次、投入人力500人次，投入资金约48万元。

【疫情防控】 全年共排查外来返乡人员3013人次，核查大数据下发名单1411人，分类管控281人。加强疫苗接种，接种18岁以上人员49121人，12—17岁人群2310人，3—11岁人群1956人，接种重点人群加强针5671人。

【疾控预防】 全年血防健康教育人数6.5万人次，教育面达98%，完成查螺211.69万平方米，药物灭螺95.59万平方米，共进行询检查病3041人，血检查病5036人，扩大化疗2034人，粪检409人，检查出粪检阳性0人，血检阳性115人全部服药治疗。艾滋病人总人数116人，CD4检测107人，完成率92%，治疗人数114人，治疗率98%，病载检测总人数104人，检测99人，检测率95%。

【民政与社保】 全年办理失地农民保险3680人，领取待遇1836人，一次性领取待遇人员308人，失地农民保险缴费补贴282人。救助困难群众225人，发放救助金额23万元，结合脱贫攻坚巩固提高工作，纳入最低生活保障67人，共计保障对象937人；特困供养人员增加9名，共计特困供养人员148名，其中分散供养104名，集中供养40名。完成10户特困供养对象居家改造，为辖区310名60岁以上老人提供居家助老服务。成立未成年人保护站18个，落实困境儿童宜居改造物资关爱2人各2000元，房屋修建类改造4人6万元，建立未成年人档案1.1万份。

【安全生产】 全年发放农村户沼气池安全资料4000份，沼气横幅各村悬挂2幅，召开会议3次，培训200人次。查处酒驾6人次，超载行为5起，疲劳驾驶行为1起，整治马路市场21次，其中集中整治5次，手机APP录入7327条交通劝导信息。对17个村（社区）道路进行安全排查整治共计21次，查出一般隐患37处，整治20处，投入资金8万元，共计安装波形护栏138米、减速带121米、热熔振动标线50平方米，安装凸镜1个、标识标牌18个。辖区内有轻工企业1家，商贸企业10家，冻库合作社3家，全年共开展各类安全应急演练5次，发放防灾减灾宣传单2000份，为全镇的独居老人安装消防警报器29个，召开消防及森林防火工作推进会2次，悬挂17条宣传横幅，组织消防安全培训2次。出动监察人员30多人次，检查单位70家，排查隐患488处，隐患整改率100%。

【基层社会治理】 全年累计接待

上访群众156批次共计430人次，共受理信访案件71件，处理率100%；全镇共排查出重点矛盾纠纷和信访隐患25件，逐一落实领导包案责任制，成功化解销案10起信访积案。持续完善“雪亮工程”“慧眼工作”信息指挥平台建设，设立三级指挥平台共计19个，完成“雪亮工程”“慧眼工程”监控点位的布置建设工作。派出所接警数和各类治安案件呈下降趋势，与同期相比降幅达40%。

（陈科颖）

修文镇

【概况】 修文镇地处眉山市主城区西南15公里处，辖区面积102.6平方公里，属浅丘平坝地形，素有“小五金之乡”美誉。下辖8个村、2个社区，人口约4.4万人，有中学1所，小学3所，卫生院2所，派出所2所，信用社2个，邮政代办所1个，赶场集镇3个，农贸市场2个，有小(1)型水库1座、小(2)型水库2座。辖区内有3个工业园区，分别是甘眉工业园区北区、甘眉工业园区南区和眉山高新技术产业园。2017年被纳入《四川“十三五”特色小镇发展规划》加工制造型特色小镇。2020年成功入选中国西部百强镇，名列第71位，居全市第二位。2021年成功上榜全国千强镇，名列第223位，居全省第二位。

【党建工作】 组织动员党员干部深入学习中共十九届六中全会精神、省委十一届十次全会、市第五次党代会和区第六次党代会部署要求10余次，深研细读《中国共产党简史》《中华人民共和国简史》等党史学习教育书籍，用活用好“学习强国”“共产党员”等平台，切实补足精神之钙、筑牢思想根基。深入基层一线开展习近平新时代中国特色社会主义思想、党史学习教育等理论宣讲20余次，引导党员干部进一步增强“四个意识”、坚定“四个自信”、拥护“两个确立”、做到“两个维护”。坚持党建与乡村振兴、安全生产、环境治理、疫情防控等中心工作有机结合，发挥党员先锋模范作用，开展检查督导300余次，推动各项工作落实落细；注重党建与服务群众相结合，聚焦教育、医疗、养老等群众急难愁盼问题，通过创建“党员先锋示范岗”、党员双报到、新时代文明实践站(所)建设，推动党员“亮身份、树形象、显作用”，全年开展各类志愿服务共计100余次。强化基层组织建设，深入推进两项改革“后半篇”文章，分类盘活镇域国有资产，全镇10个集体经济收入均超过10万元，其中岳营村、大轮村超过30万元，全镇村集体经济收入突破200万元。全年共培养入党积极分子68名，发展党员25名，其中农民工党员17名。指导基层党组织全面推行“党群集中活动日”、书记领办项目制、“四晒”工作法，实行党员“三三制”积分台账。制定年度党风廉政建设主体责任清单，签订党风廉政建设主体目标责任书和监督目标责任书，专题研究党风廉政建设工作4次，通报案例15次。维护群众合法利益，在各村(社区)设置民情意见箱和信访举报箱；执行“三公”经费收支办法，对重要节假日作风情况进行重点检查，对公务用车情况进行自查自纠；严厉查处各类违纪违法案件和腐败问题，保持惩贪治腐的高压态势。

【农业经济】 发挥农业“压舱石”作用，发展晚熟柑橘、“鱼稻共生”等产业，新栽种晚熟柑橘和品改1万余亩，水果面积达4万余亩，促进农业增收1亿多元，全镇推广鱼稻共生养殖模式2000余亩，水稻扩种面积150亩，市级乡村振兴示范村岳营村“鱼稻共生”新模式在全省水产高质量现场会进行经验交流，被中央电视台关注报道。做好2021年耕地地力保护补贴农户工作，涉及农户1万余户，补贴面积5万余亩。

【城乡环境综合治理】 把创文和创卫工作一体谋划、协同推进，助推全市全国文明城市、国家卫生城市、国家森林城市顺利完成复检。定期组织镇、村(社区)干部对集镇街道开展卫生大扫除，调配车辆清运生活垃圾，设置大件物品处理场3处，安装垃圾分类亭19套、投放公共区域垃圾桶96个、制作垃圾分类宣传画300多张、宣传栏14个、宣传资料1400份、标志牌35个，营造全民参与的浓厚氛围。对集镇进行常态巡逻，对占道经营的商贩规劝到指定区，协调修文交警中队对违规停放车辆和阻碍他人通行的不文明行为进行处罚。

【基础设施建设】 投资8.5亿元引青入东项目竣工通水，切实保障群众饮水安全。投资300万元安装太阳能路灯1000余盏,新扩建农村道路80余公里,畅通群众出行的"最后一米"。修文污水处理厂因洪水原因设备停止运行,在停运期间组织车辆、人员、设备等及时做好污水收集转运工作,确保生活污水不外溢。强力推进停车场、道路维修改造、道路拓宽和垃圾分类工程等10个总投资300余万元的基础设施项目建设。对上争取公路硬化指标,助推农村公路升级改造;加大村级公路及重点路段道路养护工作力度,做好镇村道路绿化、美化、亮化工作。

【脱贫攻坚】 全年为全镇344户脱贫户申请项目资金,补助金额为74.08万元。落实教育扶贫政策,"雨露计划"补助19人共4.8万元。完成"两不愁三保障"大排查工作,通过省级检查查出7户7个问题,全部整改到位,整改率达到100%。配合农商银行做好扶贫信用贷款工作,小额贴息25户共计8584.01元。扶贫日捐款6万元,全部用于困难人群生产生活救助。

【劳动保障】 2021年度医保参保人数为30434人,目标任务数为2989,完成率达101.82%,排名全区第一。2021年修文镇城乡居民社会养老保险(新农保)参保人数为24051人,与上年同比增加606人,扣除职工社保参保及长期在外务工人员,基本做到应保尽保。完成社保和新农保年审7734人次。召开失地农民政策宣讲会16次,办理失地群众养老保障502人次。

【民政救助】 低保发放应保尽保,评定农村低保423人,城镇低保43人。修文敬老院入住特困人员31名,各村分散供养特困户70人。大病医疗救助10人,帮助残疾人灵活就业275人次,补助贫困户白内障患者复明手术20余人次。

【生育服务】 全年共计出生262人,其中:符合政策生育262人,超生0人,符合政策生育率100%,二孩生育111人,二孩生育率42.37%,育龄妇女综合节育率83.04%。对符合条件的农村部分计划生育家庭奖励扶助对象3345人进行了年审,对农村部分计划生育家庭奖励扶助申报人员652人进行了审查复核。发放奖特扶资金498.096万元,独生子女父母奖励金13.722万元。全年受理生育服务登记238对。

【综治维稳】 深挖彻查问题线索,突出打击重点,明确工作举措,扫黑除恶专项斗争取得决定性胜利。完善矛盾纠纷多元预防调处化解机制,实现越级上访事件逐年递减,做到"小事不出村、大事不出镇、矛盾不上交",全年未发生重大治安刑事案件,镇矛盾纠纷调解"说事评理"经验获区委主要领导肯定性批示。聘请四川孟鸣律师事务所李火源律师担任镇政府和村、社区的法律顾问,为政府重大决策、法治政府建设、化解疑难历史遗留问题和矛盾纠纷提供法律支持。全年征地未发生一起信访案件和群体性事件,信访案件量同比下降71.3%。全面完成架空高压线路保护区隐患排查,彻底消除森林防灭火安全隐患面积200余亩,占全市隐患总量的80%以上,实现100%柑橘种植。

【环境保护】 全年开展环保巡查50余次,出动人员200余人次,检查企业50余家。落实"散乱污"企业整改。对镇域范围内登记在册的60余户"散乱污"企业发放限期整改通知书,均已按整改意见配备处理设施,其中光永建材无法达标已经关闭。紧盯中央、省环保督察反馈问题和信访交办件,对标对表,高质量全部完成整改,保障园区环保督察以全市最低投诉顺利过关。加强日常秸秆禁烧巡查,查处焚烧秸秆事件10起。全年自查及群众举报件12件,其中查办秸秆禁烧案件5件,罚款共计1300元。持续开展"污水革命",截至年底,全镇完成一体化设备登记使用80余户,厌氧+人工湿地登记使用120余户,群众交付自筹资金60余户,共计5万元。

【拆迁安置】 围绕苏州天华、宁德时代、南环线、光伏G31等省、市重点项目用地需求,完成项目征地4000余亩,完成年度计划的110%,实现无矛盾"净地"移交。

(李俊贤)

松江镇

【概况】 松江镇位于眉山城区西南面,地处城乡接合部,镇政府驻地距中心城区5公里,境内有岷江河、通惠河、醴泉河、李桥河,国道245线、省道103线、成乐高速公路、遂资眉高速、成绵乐高铁贯穿全境，交通便利，区位优势明显。辖区面积60平方公里，浅丘、平坝、河坝各占1/3，辖区内有10个行政村，3个社区，96个村民小组，总人口3.86万人，有全日制小学3所，初中2所，卫生院2所。全镇工业企业200多家，规模以上工业企业30家，其中龙头企业有味聚特、李记泡菜、通威饲料、鑫统领等。

【工业经济】 2021年，松江镇工业总产值89亿元，约占全区工业总产值的1/5；工业固定资产投入近14亿元，入规企业增加2家，规模以上工业企业达到30家，中小企业180余家，占全区规模以上企业总数的1/5；实现旅游收入3.6亿元。

【农业经济】 2021年防止耕地“非粮化”，完成全镇粮食扩种任务762.6亩，其中大春扩种面积1467.94亩；全镇土地流转面积21085亩、缴纳流转风险保证金122.51万元；培育专业大户3个、家庭农场20个、农民合作社4个；完成耕地地力保护补贴面积2.67万亩，发放补贴328.31万元；兑现2018年度水稻补贴1.59万亩，发放补贴110.54万元。

【拆迁安置】 2021年围绕成乐高速扩容、千禾产业园、南环线、大为金山石膏西侧征地等省市区重点建设项目，共完成4个项目杆管线迁改工作，共征收并交付用地300余亩，拆迁房屋146户，完成市二号垃圾压缩站和市第二污水处理厂防护距离内112座房屋搬迁工作，全镇共有“征而未安”258人，完成货币化安置258人。

【乡村振兴】 2021年落实中央、省级、市级财政资金3批次共计45.585万元，用于支持248户脱贫户发展种养殖、人居环境改造及提供公益性岗位；在光荣村、丁塘村、山坝村推进改厕工作，完成改厕756户，在光荣村、丁塘村打造乡村振兴示范点各1个，光荣村被评为2021年度市级乡村振兴示范村；申请财政衔接资金30万元投入光荣村集体经济组织眉山市光荣人力资源有限公司，建立低收入人群利益共享机制；通过教育救助基金、雨露计划等项目救助贫困学生46人，救助金额5.86万元。

【民政事务】 2021年，松江镇共有低保户316户493人，其中农村低保274户430人，城市低保42户63人；特困人员81人，其中敬老院集中供养34人，其他供养机构5人，分散供养42人；全年临时救助585人次，发放资金47.21万元。

【残疾人帮扶】 2021年，全镇残疾人979人，其中建档立卡残疾人脱贫户33人，救助困难残疾人105人，发放救助资金5.25万元；发放非重度智力和精神残疾人护理补贴56人，共4.03万元；发放建档立卡脱贫户巩固补贴33人，共3.3万元；发放困难残疾人生活补贴191人、重度残疾人护理补贴391人、精神残疾人“以奖代补”103人次；资助白内障患者复明手术23人；救助在校残疾学生14人；代缴残疾人养老保险316人、医疗保险402人、意外保险198人；发放残疾人康复体育器械30件，惠及30人。

【卫生健康】 全年发放奖励扶助、特别扶助等资金325.50万元；总出生235人，符合政策生育率100%，总死亡300人；办理发放生育服务证190本，配合社保部门审核独生子女父母光荣证210本；申报奖励扶助470人，特别扶助13人；慰问计划生育特殊家庭2户，计划生育手术并发症人员3户；独生子女父母奖励金申领审核2099人并录入“一卡通”阳光审批系统；开展血吸虫病防治工作，查螺15.11万平方米，药物灭螺5.01万平方米，为1012名群众免费检查血吸虫病，查出阳性34人并送市中医院，复诊均为阴性；孕产妇艾滋病检测率100%，确保不发生母婴传播；配合镇卫生院为36751人次提供国家基本公共卫生服务；为1200名80岁以上老人和405名特困人员、优抚对象、农村低保人员、城镇低保人员购买意外伤害保险。

【环境治理】 全镇工业企业113家，全部建立一企一档，每个档案精确到企业的具体位置坐标、主要污染物类型和环评相关手续，其中规模以上企业30家，规模以下企业83家；全年共关闭各类“三小”企业10余家，责令10余家企业停业整改，对113家企业实行常态化管理，对一般企业每月巡查一次，重点企业丰华纸厂、丰泰纸厂、李记泡菜、味聚特、鑫顺源砖厂、广益磷化堆场等每周巡查一次，同时不定期开展夜查，发现多起企业偷排行为，并及时取证上报。对103线沿线进行绿化栽种花草6000平方米,对4个公交站台进行翻新,对五里山广益路口进行绿化改造。

【河长制】 2021年设立镇村两级河渠长工作制度,定期开展巡河,全年出动清淤人员1800余人次,各类设备车辆980余台次,清河总长度28公里,清理河岸垃圾及河面漂浮物956吨,清理河道内淤积物及行河障碍物6812吨;建立黑臭水体排查长效机制,加大岷江松江段非法捕鱼执法力度,常态化开展打击非法捕捞和清理取缔"三无"船只行动,全年镇执法队会同派出所联合执法16次,出动人员240人次,共销毁"三无"船只10艘,收缴地笼53张、鱼竿100余根,联合派出所抓获违规捕鱼者3人、缴获扣押船只4艘。

【安全生产】 2021年召开4次安全调度会,排查各类问题隐患174个,完成整改156个;镇应急办会同第三方安全公司对全镇企业逐一上门排查安全隐患,检查重点企业226家次,发现问题隐患556处,制定整改措施550条,完成整改488处,限期整改68处;投入经费9万余元排除农村道路安全隐患167处,安置凸面镜65个,警示牌230个;开展高铁沿线隐患整治1次,共计消除高铁安全隐患点146处;加强食药安全管理,定期对辖区登记备案194户食品生产企业、药店、超市等重点场所进行安全检查,加大学校、幼儿园、游厨坝坝宴等人员密集场所安全监管,共检查坝坝宴162起;利用"食品经营安全监管系统"对全镇238户食品经营单位进行风险定级;开展"三小"备案工作,共备案登记92户,其中餐饮服务42户、食品销售24户、食品小作坊26户。

【护林防护】 全年网格化推进"一林一策、一村一案",开展应急演练,建立群防群治机制,排查整改隐患30余处;巩固退耕还林成果3671.27亩;森林抚育补贴3671.27亩,每亩补助20元。

【畜禽养殖】 全年生猪存栏20680余头,出栏26200余头;羊存栏476余只,出栏365余只;禽存栏22.66万余羽,出栏44.6万余羽。普查生猪适度规模养殖场4家、散户450余户,排查生猪贩运业主4人,发放告知书和科普宣传单1.6万余份,全镇共计消毒面积1616.8万平方米。

【劳动与社会保障】 全年完成辖区内4000余人的退休验证工作;完成城乡居民医保征收工作,全镇新农保人数20739人;开展农民工劳动保障权益专项检查,全年受理举报和专察案件45起,结案45起;完成眉山环城公路南环线项目342人的社保个人缴费工作,收取成乐高速扩容项目106人社保费,收取方大蓉光碳素项目16人社保费,完成千禾产业园区、益稷农业、竹春农家乐各项目社保260人公示申报工作;全镇农村劳动力转移就业更新108人,劳动力培训意愿56人,技能培训69人,推岗就业60人,返乡创业10人,完善就业失业登记证的办理;农村劳动力转移和输出11500人。

【综合治理】 全年共受理群众来信来访件4件,办结件3件,不予受理1件;全年共接受法律援助咨询案件140件185余人次,防止群体性上访6起,化解信访案件2起,息访息诉2起,化解重大不稳定因素2起;无进京到省上访。完成松江镇辖区10个村、3个社区的公共法律服务工作室建设,制定统一的标牌标识,签订法律顾问合同,落实"一村一法律顾问"。建立健全重点特殊人员群体管理台账,对25名社区矫正人员开展社区矫正工作,对25名刑释人员进行安置帮教;推进村(社区)网格化管理,建立完善网格化社会服务管理模式。

【国土执法】 严格国土违建管控,全年在中坝新村开展3次抢搭抢建专项拆除行动以及立千塑料厂、山坝村养鸡场等违建拆除行动,共计拆除违建30处,复耕土地3800平方米;完成9340处农房实地摸排、系统录入及安全等级鉴定,确定CD级危房13处(其中无人居住8户),启动危房重建整治3户,抗震改造2户,剩余危房纳入后续年度整治计划;全年旧基改造房屋92户;完成上级下发的1790宗乱占耕地图斑实地核查及资料归档;完成"三调"图斑中184处设施农用地图斑现场摸排及上图入库资料上报。

【基层党建】 全年专题研究部署党建工作20余次,深入下属党组织调研指导16次、讲党课10余次,撰写调研报告2篇,协调解决难点问题18个,督促党政班子成员落实"一岗双责"到村(社区)指导党建工作100余人次；开展干部集中学习60余次，党政班子带头讲党课40余次；专题研究部署意识形态工作4次；开展干部培训班10余期，中层干部轮岗11人；专题研究部署党风廉政建设工作12次，开展警示教育和典型案例学习60余次；查办党员违纪案件7件，党纪处分2人，其中党内严重警告1人，开除党籍1人。

【人大履职】 年内，松江镇人大围绕全镇疫情防控、环境治理、乡村振兴、脱贫攻坚、依法治镇、安全生产、民生实事项目开展常态化监督指导。组织区、镇人大代表深入一线调研走访6次，提出乡村振兴、疫情防控等建议意见14条；组织人大代表培训5次；全镇通过法定程序，依法选举产生区人大代表13人名，镇人大代表71名；全年召开人代会3次，依法选举人大及政府班子13人。

【群团武装】 坚持"党管武装"，按期完成民兵整组和训练，为部队输送优秀士兵，全年召开征兵工作宣传动员会议2次，累计发放宣传单1000余份，悬挂宣传标语30余条，举办国防教育专栏2期，领导干部下基层走访宣传100余人次。

【疫情防控】 截至年底，累计入户排查26231户、52355人次，排查出眉山市域外返乡人员2934人，其中境外及港澳台返乡25人。严格落实管控措施，健康监测165人，居家隔离34人，集中隔离31人；开展新冠病毒疫苗接种工作，全镇18岁以上疫苗接种任务完成率107%，完成第一针接种23693人，完成第二针接种23415人，完成加强针接种4456人。

（江欣桧）

永寿镇

【概况】 眉山市东坡区永寿镇（永寿镇）位于岷江河畔以东，距眉山市中心城区6公里，东与复兴镇交界，南接青神县高台镇，西与松江镇相望，北依崇礼镇，遂资眉高速公路、岷东大道纵贯全境，顺江大道直达永寿。全镇辖区面积47.96平方公里，辖9个行政村、2个社区，87个村民小组，15个居民小组，总人口5.1万余人，下设村级党委11个，党支部55个，党员1678人。永寿镇有农贸市场2个，商业中心1个，商铺3000余间，高级中学1所，初级中学1所，中心小学2所、民办幼儿园2所，公办附设幼儿园2所，敬老院1所，日间照料中心1所，自来水厂1个，综合性文化广场2个。岷东大道、绕城南环线，天眉乐、遂资眉雅等高速穿境而过，岷江河、玻璃江、鲫江河流经镇域绝大部分村（社区）。全镇耕地面积3.4万余亩，流转2.7万余亩，主导产业为水稻、蔬菜、药材等粮经作物种植和生猪养殖，辖区万亩蔬菜基地1个、农产品标准化基地4个，获评"农业标准化生产示范镇"。

【基层党建】 开展重要会议学习贯彻宣传工作，全年召开理论学习中心组（扩大）学习会39次，集中学习研讨5次，班子成员带头到村（社）讲党课15次。将意识形态工作纳入党建工作首要责任，每月通报学习，每季度专题汇报，全年对意识形态工作进行专题安排部署2次，分析研判4次。开展"学党史、感党恩"活动20余次，领导班子讲党课11次，党史专题研讨交流5次。开展"我为群众办实事"活动，全镇120余名镇村干部下沉基层、走村入户，解决群众急难盼愁问题90余个，回应各种诉求402件。严格党员发展关口，发展预备党员19名，按期转正党员14名，储备入党积极分子22名；选拔3名"80后"、3名"90后"干部担任镇机关中层，抽调5名村（社区）干部到镇业务部门跟班学习，完成11个村（社区）党委副书记上挂轮训全覆盖，推荐2名年轻干部到区级部门上挂锻炼，培养村级后备干部12名，镇村干部年龄结构进一步优化。全年开展专项督查15次，发现问题21个，形成督查通报10期；运用监督执纪"四种形态"，全年共组织处理5人次，立案审查5件5人次，给予党纪政务处分5人，解决群众最关心、最直接、最现实的利益问题37个。

【换届选举】 严肃换届纪律风气，将"十严禁""四必须"纳入逢会必讲的工作常态，组织全覆盖换届纪律谈心谈话3次累计300余人次。完成村"两委"和镇党委、人大换届工作，村（社区）党委换届平均得票率为97.8%，村（居）委换届平均得票率94.8%，镇党委、镇人大换届得票率均为100%。村级建制调整后，组建基层党组织54个，基本实

2021年,永寿镇罗平广场

2021年,永寿镇党员干部开展《我和我的祖国》快闪活动

现规范化、实体化运行。

【基础设施建设】 完善镇级交通网络,年内建成1条镇域主要干道临江路7.2公里,拓宽永石路2.6公里,修建村组道路19.5公里,硬化沟渠2公里,在建玻璃江观光路5.5公里,农村生产生活条件大幅提质增效。加强文化设施配套,建成永寿广场、罗平广场、"田园罗平"生态湿地、罗平"旧时光"村史馆、旅游公厕,在建党群服务中心2个、罗平生态停车场1个,通过基础环境改善,吸引大量游客到罗平休闲娱乐。推进征地拆迁,完成园区企业、杆管线、崇礼中路污水管网、汇宇生物污水管网、玻璃江流域治理、东山旅游环线、集镇安置四期等7个项目用地征地拆迁共计4800余亩,涉及农户3783户、房屋2382栋、人口4966人;完成宝能项目永新村、永江村11个村民小组征地协议的签订,征地面积共3670亩。

【产业发展】 实施河塘村、石佛村、双桥村高标准农田建设1万余亩,罗平社区、双桥村制种基地项目1150亩;引进岷东大道小水果种植业主14家,申报省级家庭农场1个、市级家庭农场3个,完成农产品检测50种、330次,发放地力、购种补贴近680万元。打造永寿镇电商平台,拓宽农产品销售渠道,电商平台累计开展直播带货5场,累计销售额300万元。

【环境保护】 明确环境保护责任,成立环境保护工作领导小组,建立镇村组三级联动管控机制,签订环境保护目标责任书30余份,发放宣传资料3000余份,层层压实环境保护工作责任。强化环境污染整治,河道禁种60余亩,开展畜禽养殖污染治理,实行种养循环,对偷排、漏排、直排畜禽粪便的养殖户予以严厉打击;全年改厕507户,修建一体化微动力3座,人工湿地10个,清理河道27.4公里、干渠57.8公里,修复粤江河、玻璃江等河道河堤近1500米,推进岷江禁捕常态化巡查50余次,对全镇25艘"三无"船只进行全面排查。

【基层保健与疫情防控】 全镇共普查钉螺面积30万平方米,灭螺总面积10万平方米,完成血吸虫防治查病1000人次,完成高危人群化疗500人次,救治晚血病人1人次,开展健康教育普及3万人次。疫情防控全年排查返乡人员4073人,其中中高风险返乡人员73人,均按疫情防控要求严格落实管控;对茶馆、网吧、商超、KTV、高速路口等重点场所进行常态化管控,严格执行扫码、测温等防控措施;强化疫苗接种,全镇18—60周岁应接种23047人,第一针接种22877人,接种率99.26%;第二针接种23065人,接种率100.08%。

2021年，临江路

【基层治理】 成立应急队暨村级应急分队11支共165人，开展应急演练3次，开展道路交通、建筑工地、企业生产、住房安全、食品药品等领域隐患排查整治200余次，增设道路标识标牌43个，减速带5处。强化基层治理，推进“治重化积”，化解重复访案件9件、积访案件4件，重复访案件化解率90%；全年调处矛盾纠纷168起，矛盾纠纷化解率98%。加大社会面管控力度，实现“两降一升”，针对辖区在建工地多、在校学生多现状，开展“四抓”行动，实现全年交通安全“零死亡”目标。探索“蜂巢网格”基层治理模式，完成永胜村52个微网格试点工作，建成河塘、永胜村民议事堂2个。

【民政与社保】 建成罗平社区养老服务分中心和罗平社区养老服务点，城乡居民养老保险参保人数22862人，60周岁以上人员参保全覆盖。发放计划生育家庭特别扶助资金203人，奖励扶助对象4401人，完成扶助关怀对象走访360余次，发放计划生育家庭特别扶助资金616万余元。落实433户建档立卡贫困户种养殖两批资金103.216万元，发放各类低保金341余万元、特困供养金147.24万元。帮助8名脑瘫儿童接受康复训练，30名白内障患者申请康复手术，发放各类残疾人辅具158件，提供残疾人居家托养服务43名，为101名精神、智力残疾人发放非重度护理补贴，救助困难残疾人112人。推进殡葬改革，打破陈规、敢下深水，向“墓地”要“耕地”，变“坟地”为“绿地”，探索出一条“拆平深埋+绿植标记+还耕改造”的零散坟墓整治模式，3个月时间平坟3100余座、恢复连片耕地260余亩，全镇丧葬火化率达到100%，新增墓穴深埋覆土实现100%。

【退役军人服务】 建立退役军人服务站12个，发放慰问信封，走访慰问老复员军人、烈士遗属并发放慰问金，八一建军节慰问退役军人、现役军人家属并发放慰问金。

（冯　雷）

三苏镇

【概况】 眉山市东坡区三苏镇位于四川盆地成都平原西南部，东坡区西部，辖区面积151.38平方公里，国道351线、遂资眉高速贯穿全境，距眉山城区25公里，与丹棱县和蒲江县接壤，地形地貌以半丘半坝为主，有部分山区。全镇水资源丰富，有思蒙河、金牛河等大小河流20多条，小(1)型水库4座，小(2)型水库10座，大小山坪塘330口，河流水质常年稳定在Ⅲ类以上。2005年，原伏东乡与原三苏乡合并为三苏乡；2017年，撤乡设镇为三苏镇；2019年，原三苏镇和原广济乡合并为三苏镇。全镇总人口56087人，常住人口50510人，其中农业人口54137人。全镇耕地面积68394亩，人均耕地1.26亩。全镇下辖12个行政村、2个社区，163个村(居)民小组，1902名党员。

【基层党建】 全年镇党委专题研究党建工作11次，开展党建工作检查45次，督促指导24次，迎接上级党建工作检查5次。镇党委理论学习中心组研讨党史学习教育7次，党委书记以《从党的“三大历史决议”看党的百年奋斗历程》为专题上党课2次，邀请党史学习教育专家开展主题宣讲会4场。开展“在党的照耀下，我该如何走好自己的人生”主题座谈会，采取以会代训等方式对全镇党员干部进行业务培训15次，到村(社区)指导党建业务28次。组织村(社区)“两委”干部参加学习班88人次。全年择优发展党员21名，转正党员12名。选派驻村帮扶第一书记6名和工作队员12名。坚持每月定时开展党群活动日，带动党员群众自发参与重点道路沿线绿化美化70公里，整治房前屋后乱堆乱放6500户，自筹480万元改造彩钢棚风貌60万平方米。全年召开党委会和专题会议研究部署党风廉政工作6次，听取党风廉政建设工作汇报4次；召开专题会议4次，研判会2次；党委书记和班子成员分层分级全覆盖开展“攻心式”谈心谈话4轮385人次。

2021年9月25日，三苏镇12个村、2个社区召开区、镇人大代表选举大会

【镇村换届】 2021年，依法选举产生村(社区)“两委”班子88名，区党代表8名、区人大代表18名、镇党代表128名和镇人大代表83名，得票率均超过85%。选举产生镇第一届党委班子9名、纪委班子5名、镇第二届人大和政府班子6名，得票率均为100%。

【疫情防控】 全年疫情累计排查4万人次，居家隔离医学观察278户810人，“四川天府健康通”覆盖超3万人，全镇范围内累计悬挂标语290幅，发放防控指南31314份，宣传栏106处。组织55次疫苗接种工作，完成第一针接种人数32595人，其中，6—11周岁939人、3—5岁647人；第二针接种人数28918人，其中，12—17周岁919人，18—59周岁18609人，60周岁以上人数9390人；全镇群众在区外接种1560人，在市外省内接种2176人，在省外接种2675人；完成“e治采”核实2534人。

【乡村振兴】 全年共进行2次大排查，1次巩固脱贫攻坚回头看，全年增加监测户5户，其中2户脱贫不稳定户，2户边缘易致贫户，1户突发困难户。对2019年、2020年33户监测户建立回访台账，经排查风险均全部消除。争取到户项目资金115万元，扶持脱贫户和监测户发展产业、安排临时性公益岗位48人。争取资金46万元完善1.48公里基础设施道路。

【生态宜居建设】 全镇落实17个河段巡河保洁员共计42名，常态化开展河道保洁清理工作；投入14万元开展清河行动，清理河道约60公里，清理杂物、漂浮物、河岸垃圾50吨。完善集镇污水管网建设388米，投入资金5万元疏通污水管网。开展农村生活污水治理，完成25户厌氧＋人工湿地池污水处理设施建设。规范辖区内伏龙、老三苏、广济3个场镇的秩序和环境整治，对伏广路、伏三路、物流通道沿线进行绿化，清除杂草，补种花草13万株；对伏三路、伏广路进行道路亮化，安装路灯155盏，对伏龙、广济两个场镇进行亮化和提档升级，安装路灯70盏。更换破旧过时宣传道旗30面、宣传画40幅，在文化广场、政府大门、商超等增加公益广告20处。

【基层治理】 全年通过宣传栏、户外广告、标语等形式，开展卫生乡镇创建宣传。推动“街长制”工作落实，常态化联合派出所、城管办对集镇占道经营、乱停乱放、乱堆乱放、广告牌乱摆等进行专项治理。全年受理各类信访事件共159件，调解纠纷45件，调解成功41件，调解成功率91%；化解区信访局系统转案8件，化解区级领导包案案件2件，办结率100%。在三苏文化广场、明光广场、胜龙广场、商超等增加公益广告80处。通过评定“星级文明户”、落实红黑榜制度等方式，表扬先进、激励后进，让群众增强荣辱感，自觉践行社会主义新风尚，全年评选“星级文明户”98户，带动群众800人次参与公益劳动。2021年，三苏镇创建国家级卫生乡镇并接受国家级初步验收，创建省级卫生村1个；新西村被评为四川省乡村治理示范村、三苏村被评为眉山市乡村治理示范村、广济社区被评为东坡区乡村治理示范村。

【“引青入东”工程】 协助推动“引青入东”工程顺利实施，完成水厂入场管网安装临时性占地工作842亩，惠及全区8个镇46万名群众。2021年3月，“引青入东”工程通水仪式在三苏镇丛林村“东坡水厂”举行。

【基础设施建设】 2021年争取资金1200万元，完成广济物流通道桥等7处基础建设，胜龙村“一瓶水”道路加宽黑化项目、广济小学门口道路和陈沟水库1.5公里道路硬化项目顺利完成，投资20万元修复7座便民桥。完成天然气入户安装3400户、自来水入户安装3200户。增设4G基站8个、扩容3个，增设5G基站16个。增加10千伏线路3.74公里，低压线路18.15公里，配电变压器22台。

【民政与社保】 全镇共完成农村劳动力转移就业更新2254人、推岗就业548人、技能培训51人，农民工返乡创业39人。开发公益性岗位23个，安置23人。动态调整城乡低保110人、发放资金1556103元。2021年共受理13起拖欠655名农民工工资案例，达成人民调解协议13份，追回拖欠农民工工资60万元。共有10996名老年人享受养老保险金待遇，追回死亡冒领养老金12人4870元。全镇共1723人享受高龄补贴，其中80—90岁老人1501人，90—100岁老人222人。为104名老人提供上门健康体检，完成分散居住特困人员适老化改造5人。加大残疾人关心力度，组织开展就业培训、岗位推荐6次，发放困难残疾人生活补贴239720元、重度残疾人护理补贴334710元。开展临时救助983人次、发放资金437650元。全镇特困人员增加8名，共有117人，其中82人分散居住，35人集中供养。全镇增加2名事实无人抚养儿童，共有3名孤儿、9名事实无人抚养儿童，镇村组干部定期走访，各村（社区）设立1名儿童主任，定期对孤儿及事实无人抚养儿童进行关心走访。

【惠农补贴】 2021年耕地地力补贴共发放农户16175户，补贴面积63487.54亩，发放补贴资金8202590.17元。全镇水稻种植面积1361.52亩，涉及9个村、792户，发放补贴资金76816.96元；全镇水稻制种面积200亩，涉及2个村、3户，补贴金额8万元。

【人口健康】 2021年，出生436人，其中一孩出生229人、二孩出生199人、三孩出生8人。死亡人口465人。人口自然增长率为-0.51‰；增加计划生育家庭奖励扶助对象975人、特别扶助20人，完成独生子女奖励金系统录入3223人。

【安全与应急管理】 镇党委、政府先后召开研究安全生产工作会议、专题会议、安委会成员会议等10场次，开展安全知识培训50场次，投入隐患治理资金18万余元，治理隐患78处。在望苏地库外安装热熔振荡线6组，安装爆闪灯、距离提醒牌7个。开展联合执法19次，共计查处酒后驾驶21起、疲劳驾驶48起、非法改拼装车辆10台、货车超限超载82起、无证驾驶18人，暂扣无牌无证三轮车、摩托车、电瓶车43辆。汛期对漫水桥全覆盖落实专人看守并签订目标责任书，在全镇34座漫水桥设置安全警示标识，并配备42名看守人员，落实看守补助资金2.1万元，汛期组织地质灾害点人员转移4次，共计37户113人；对全镇28个地质灾害点进行拉网式排查，涉及72户310人；因地制宜开展地质灾害整治5处，投入资金330万元，惠及14户49人；汛期未发生人员伤亡。

【产业与经济】 2021年，全镇农村居民人均可支配收入3.168万元，农村居民人均储蓄金额3.5071万元；2021年固定资产投资完成目标任务2亿元；全镇有工业企业共计40家，盐渍池10家；规上企业增加1家，共2家。全镇水果种植面积达到11.23万亩：其中晚熟柑橘10.04万亩，产量16.33万吨，产值

12.5亿元。配套发展柑橘冷藏、保鲜、转运、分拣为一体的粗加工企业8家，带动周边劳动就业3万人次，年吞吐量10万吨，年收入2.8亿元。全镇共建有359个冷藏保鲜库，年储藏量2万吨，带动农户收入100万元。发展采果队伍、修建队伍60支，增加全镇农户收入400万元。

【资产管理】 2021年，全镇清理公有资产200宗，涉及门面房37间、住房50套、办公室50间、土地300亩，对清理出的公有资产登记造册，测定面积，绘制图形，理清历史遗留问题，对部分闲置公用资产进行盘活。

【畜牧工作】 全年共免疫猪瘟7.32万头次，猪口蹄疫7.32万头次，高致病性禽流感44万只；全年共注射狂犬病疫苗24888只次，全部建立免疫档案；全年共开展产地检疫生猪50523头，鸡204621只；对全镇饲料、兽药业主签订畜产品质量安全目标责任书(承诺书)70份，检查饲料、兽药摊点70家，共出动执法人员36人次，督查养殖大户200户；全年共普查肉牛141头次、羊881只次。全年共普治肉牛141头、血检肉牛30头次，全部为阴性；对全镇肉羊开展布病监测肉羊170只，全部为阴性。

【基层武装】 2021年，全镇组织基干民兵训练和民兵连长进行培训，组织民兵参与防疫和防汛工作；组织应征青年召开座谈会3次。全年走访慰问退役军人及其家属并发放慰问金。年内，三苏镇共收到喜报17份，表彰荣立三等功人员7人、“四有”优秀军人10人，共发放奖励金19000余元。帮助困难退役军人和优抚对象向上级申请医疗救助3人次，共计6305元。

（徐成昊）

复兴镇

【概况】 复兴镇地处东坡区东南部，遂资眉高速、岷东大道、县道永古路过境，东邻仁寿县、青神县，南与青神县接壤，西连永寿镇，北靠崇礼镇，取“复兴发展”之意而命名。民国初年属永寿镇，民国30年(1941)置复兴乡，1958年属永寿公社，1959年划出建复兴公社，1977年并入太平公社，1984年改建为复兴乡。1992年撤区并乡，扩建复兴乡，归并五皇乡。2019年乡镇行政区划调整，设立复兴镇，以原复兴乡、原柳圣乡和原金花乡通政街社区、正义村、长山埂村、白塔村、金花村、红陵村所属行政区域为复兴镇的行政区域。复兴镇人民政府驻兴旺街22号，辖复兴社区、金花社区、柳圣社区3个社区，山祠村、高塔村、五皇村、红五星村、正义村、长山埂村、白塔村、五圣村、楠桥村9个村，有初中小学7所、卫生院1所、敬老院2所。总面积76.15平方公里，总人口4.93万人，民族以汉族为主，有白族、藏族、苗族、彝族等少数民族。地处岷江冲积平原，部分丘陵地区，粤江河、沙溪河、柳溪河、东风渠过境，有小(1)型水库牯牛坡水库1座，盐井沟、斑竹湾、藕花塘等小(2)型水库3座。主产水稻、小麦、玉米、水果等，有石膏、砖瓦用页岩和砂石等地下矿藏。有全省最大的名优鱼苗繁育基地——金康渔场，省级文物保护单位大旺寺白塔。

【基层党建】 加强党组织理论学习研究，党委成员带头上党课24次，开展集体学习6次，研讨交流3次。完成东坡区第十一届村(居)民委员会换届选举工作，选拔任用15人，村“两委”班子平均年龄下降至40岁，大专及以上学历人员比例明显提高。将党团活动日、党员服务承诺和新时代文明实践活动相结合，实行红黑榜和周通报制，调动村干部的工作积极性。采用“基层党组织+”特色合作模式，在长山埂村打造复兴镇首个乡村民宿景点，以土地经营权集中流转，引导业主集中发展生态水果种植，建设采摘、垂钓、休闲一体的综合旅游产业。

【乡村振兴】 2021年，复兴镇开展市级乡村振兴先进镇创建工作，推动长山埂村、高塔村、白塔村创建乡村振兴区级示范村，推动长山埂村、高塔村创建市级乡村振兴示范村，其中，复兴镇成功创建市级乡村振兴示范镇，长山埂村成功创建市级乡村振兴示范村，高塔村成功创建区级乡村振兴示范村，长山埂村被确定为全区“乡村振兴”现场会参观点位。启动“1234”行动，以集镇为中心，整治占道经营、乱停乱放，以及街面卫生脏乱差、乱贴小广告牛皮癣等不文明行为，开展阵地、家庭、环境卫生大整治，推进垃圾革命、厕所革命、污水革命，开展小手拉大手活动、义务劳动活动、五好文明户评选和“复兴是我家，乡村振兴齐参与”捐资出力活动。调整产业结构，构建以粮油、生猪、林下鸡三大优势产业为主，晚熟柑橘和川药特色产业为重点，农旅融合等多个产业为辅的“3+2+N”农业产业体系。加大农旅融合发展力度，支持长山埂村发展民宿、休闲垂钓等乡村旅游业态，投入200万元建设长山埂村圣塘民宿。加强美丽宜居乡村建设，开展危房排查鉴定工作，共排查行政村户数10535户、社区户数2884户，其中3户为C级危房户；全年修建道路32公里、沟渠12公里，开展绿化5000平方米，安装太阳能路灯210余盏，场镇增建临时停车1处、车位300余个；对6个行政村进行厕所革命摸底，4个行政村全村推进厕所革命，改造无害化卫生厕所1351户；成立合作社73个，其中省级示范合作社3个，市级示范合作社5个。

【疫情防控】 常态化开展疫情防控和宣传工作，线上线下全面动员，提升群众防疫意识，并在卫生院长期设置预检分诊、发热门诊窗口。全年累计出动党员干部群众1.8万人次开展外来返乡人员排查，累计摸排市外及重点疫区返乡人员3.6万人次，落实隔离措施331人次，完成“天府健康通”注册工作，实现疫情“零输入”。推进疫苗接种工作，截至2021年底共完成疫苗接种4万余剂次，完成第二针接种任务。

【项目建设】 完成复兴镇干部周转房主体建设及配套基础设施建设，完成相关征地拆迁以及施工范围内涉及的电力、通信、天然气、自来水等基础设施管网搬迁工作。按照绿色殡葬补贴相关政策，完成光宝园公益性公墓回迁墓修建，迁移墓地468座。加快农业重点项目建设，推进正大白羽鸡和东坡区2021年度杂交水稻制种大县奖励项目——种子烘干加工仓储中心建设项目落地。完成东山旅游环线主体建设，修建金花集镇至五皇集镇道路和粤江河岸线产业道路扩改项目共12.5公里。

【环境保护】 开展“河长制”工作，落实常态化巡河制度，清理河库沿岸50米范围禁养区内大型养殖户，牯牛坡、沙溪河、粤江河水质均达到Ⅲ类标准。深化“街长制”工作，发动镇村干部上万人次开展“1234”行动，累计发放资料3000余份，规范不文明行为2000余次，清理建筑垃圾20余吨，转运大件垃圾10余吨，增设临时摊位270个、停车位200个，修建花台300个，增加绿化面积2000余平方米，修补道路1148米，受到市区两级通报表扬共3次；评选星级文明户、“四沿”优美庭院共120户。推进环境治理工作，出动巡逻宣传车500余次，张贴环保宣传横幅200余幅，发放宣传资料1200余份，处置环境投诉24起，处罚露天秸秆焚烧行为15次，秸秆综合利用率达95%以上。推广“种养循环”等绿色种植技术，加强农村面源污染治理，推进农药包装废弃回收体系建设，减少农药化肥使用量。

【安全管理】 2021年共组织集中安全生产宣传12次、悬挂防疫宣传横幅252幅，发放各类宣传品9900多份，其中道路交通资料5000份，地质灾害避险资料800份，食品安全资料2300份，森林防火资料1500份，消防安全资料3000份。集中组织驾驶员培训3次，防灾减灾培训3次，消防安全培训3次，现场地质灾害、防汛、森林防火演练10次，培训教育养殖行业业主200人次。组织召开安委会2次、安全生产会议10次，安排安全生产大检查8次，道路交通安全、烟花爆竹液化气销售安全等专项检查共5次，检查单位230次，排查安全隐患180家单位，督促整改安全隐患180家单位。开展游厨坝坝宴的监管30起，组织全镇游厨进行食品安全培训2次。联合路政、交警等单位进行道路安全联合检查5次，排查临水临崖道路48处，协助解决水毁道路74处，向区应急管理局申请资金解决道路交通隐患18处，安装防护栏274米，维修加固道路和便民桥各1处，协助各村安装凸透镜30个，安装减速带8条。

【基层治理】 推进“法律七进”和“法治超市”建设，强化维稳和重点人员监控。完成精神病患者核查265人，落实吸毒人员信息管控166人。完成线上线下信访交办件38件、“12345”热线回复287件，化解区级领导包案案件5件，接待群众来访400余人次。

【群团工作】 完成复兴镇村(社区)妇联换届选举工作,走访慰问贫困母亲28人,开展春节慰问困境儿童12人、“两癌”患者6人,组织开展妇儿活动52次。完成复兴镇村(社区)团委换届选举工作,开展“助学成才”关爱活动,筹资3万余元资助品学兼优的学生,并为26名家境贫困学生赠送1台“孔孟之道”国学机。

【基层教育和文化】 2021年,复兴镇中小学生共计1905名,52人考上眉山中学、眉山一中、太和高中三所重点高中;九年义务教育阶段无一人辍学。组织开展“法治春联进万家”“党史知识竞赛”“庆七一”“校园诗词朗诵”“快乐一夏”等文化活动20余场,联系区“心连心”艺术团开展送“文化”下乡3场。

【基层社会保障】 2021年共计发放新农保医保等各类宣传单4万余份,新农保人员增加300人,累计参加新农保人员31600余人,城居医保参保人员近5万人。加强劳动监察力度,对辖区内企业用工情况以及职工福利劳动保护情况、农民工工资支付等进行检查,共检查用人单位及家庭农场142家821人,配合劳动监察大队解决拖欠工资案件1起。

(刘　琴)

多悦镇

【概况】 多悦镇位于东坡区西北部,区外与邛崃、蒲江、彭山等区县接壤,区内与秦家、尚义、太和等镇相连,地理位置优越,多悦场镇距眉山城区17公里,成乐高速公路眉山入口13公里,成雅高速公路邛崃入口15公里,成都第三绕城高速悦兴入口5公里、多悦入口2.5公里,工业大道4公里,具备区域中心镇区位优势。辖区面积105平方公里,辖11个行政村和1个社区,共107个村民小组、3个居民小组,总人口42186人。

【农业发展】 全镇小春粮食农作物播种面积4909.9亩,总产量1952.37吨;大春粮食农作物播种面积18614.52亩,其中水稻8858.28亩、玉米4508.64亩、大豆2814.7亩,总产量10350.62吨;共计落实耕地地力补贴资金630.64万元,一次粮食补贴资金47.2万元,水稻种植补贴资金49万元。推进化肥农药减量工作,镇村分别召开工作会议15次,村组干部入户宣传并发放各类指导手册、宣传标语、宣传画8000余份,建立化肥农药减量示范点3个。完成乡村振兴平台的数据录入工作,更新平台上镇级、村级各项统计信息,补充完善2021年全镇农业新型主体、农业合作社、家庭农场数据128条。确保沼气安全使用,开展全镇沼气使用安全隐患排查,共计3068户。制定农产品质量安全监管实施方案,开展农产品质量安全培训2次,深入田间地头、农户家中开展农产品质量安全检查340余次,开展农产品抽样检测340余次,督促辖区内经营主体入驻国家追溯平台。

【基层党建】 全年中心组、党委会、干部例会开展学习53次,每季度研判意识形态领域风险并开展意识形态阵地检查15次,完成问题整改4处。开展党史学习大讲堂23期,69名机关干部走上讲堂分享党史心得;推进“我为群众办实事”实践活动,完成社区健身中

2021年10月22日,多悦镇举办农民丰收节

心修建、便民服务中心改造等为民事项235件。完成镇村换届选举工作,12个村(社区)选举产生新一届“两委”班子成员67人。

【基层治理】 印发多悦镇权责清单、属地事项责任清单和赋权清单,明确各部门各岗位法定权责;印发《多悦镇干部职工岗位职责分工》,将岗位职责压实至具体岗位和人员,实行双岗互补管理,实现评先选优和追责问责有据可依。推进政务公开,对违纪违规“零容忍”,立案查处5起,党内警告5人。成立多悦镇矛盾纠纷多元化解协调中心,依照“三色预警、四级调处”工作机制,调处矛盾纠纷90余起。开展“法律七进”、五四法治进校园、“6·26”国际禁毒日和“安全生产日”等系列法治宣传活动,在中、小学开展法治宣传,对学校周边及重点场所进行排查和集中整治,净化辖区社会环境,维护治安秩序;开展农村主题法治宣传,法律法规服务进村进户,培养法律明白人,加强农民工法治宣传。

【民政服务】 在全区率先开展机构编制“扁平化”管理试点,将原来的30个工作职能部门调整优化为六办三中心,明确镇法定行政权力115项,依法承接赋予镇区级行政权力53项,镇属地责任事项109项,推行“综合受理、分类办理”服务模式,设置“综合窗口”3个,将医保、养老保险、计划生育奖特扶、生育服务登记等53项群众办理频次高的政务服务事项纳入“综合窗口”统一受理;完成户籍业务、自来水、天然气服务事项入驻便民服务大厅,入驻事项达83项,集成群众办理频次高的政务服务事项77项,对30项政务服务创新开展“一件事一次办”,累计办理事项9000余项。完成多悦镇便民服务中心标准化建设工作,按照省级便民服务中心“一级标准”,将便民服务大厅升级改造至280平方米,设政务服务区、便民生活服务区、户政服务区、自助服务区等功能区域,被评为“四川省首批省级示范便民服务中心”。依托村(社区)便民服务室设立代办服务站12个,梳理生育服务证办理、宅基地审批、坝坝宴备案、特困、低保等为民“代帮办”事项51项;和四川农信合作建立金融服务站,群众足不出村即可办理金融业务。联合向日葵社会工作服务中心开展社区服务项目化工作,推出养老、医疗等10余项群众需求度高的社区服务项目;全年开展绿色殡葬宣传、义诊、公益电影展播、垃圾分类环保、农民丰收节等活动16场。

【基层武装】 完善年度武装工作与政治教育计划、预建预设党组织、请销假登记等台账资料,更新民兵信息,加强人员管理力度。积极宣传征兵政策,组织应征青年及家长参加征兵初检初审会议,多措并举为军队选拔合格兵源。

【文化事业】 加强文化市场和经营者的管理工作,每月安排专人对印刷厂、书店、网吧等单位进行巡查,全年巡查12次,出动35人次。发展和培育文化市场,优化投资环境,推动东坡区图书馆多悦分馆正式开馆,截至年底,多悦图书馆藏书储存3100本,参观浏览者达1000余人次。在12个村建立图书室,每个村图书室配备藏书2000余册。配合区文化部门、“心连心”

2021年12月8日9时3分,全国第1000亿件快递在多悦镇正山口村乡村快递超市诞生

艺术团开展文化下乡活动,带动各村老协活动开展,丰富人民业余文化生活。全年定期对镇内文物保护单位进行巡查,其中省级文物保护单位3处,市级文物保护单位3处,县级文物保护单位4处。

【集体经济】 推进农村集体产权制度改革,规范农村集体经济组织,区委组织部在多悦镇试点推行《村级集体经济收益分配使用办法》,发展新型集体经济,培育自主经营、投资经营、入股分红、代办服务、资源发包、电商经济等6种特色经营方式。在正山口村成立乡村快递超市,2021年中国第一千亿件快递诞生于此,实现村集体经济净收益32.83万元,居全区前列。全年全镇共提取奖励金13.67万元、公积金36.88万元、公益金13.70万元、福利费11.95万元,全镇村级集体经济净收益突破138万元,实现村均收益10万元以上,居全区前列。

【项目建设】 年内,落实中央、省、市衔接资金288.017万元,用于一线到户项目、基础设施建设项目和扶持村集体经济项目,推动滴水村、林埂村等村(社区)基础设施项目巩固提升建设。完成脱贫攻坚期扶贫项目清理工作,其中到户资产743个,涉及资金1590万元,集体资产63个,涉及资金5606.465万元,在镇村(社区)分别进行公示公告,制定管护措施,落实管护人员,完成省级脱贫攻坚后评估交叉检查工作。全年全社会固定资产投资完成入库5.1619亿元,工业固投入库任务完成0.48亿元。

2021年,建成多悦社区群众服务健身中心

【新农村建设】 开展辖区房屋建筑、既有建筑安全排查工作,开展“新四类人员”危房改造工作,全年排查整改安全隐患224个,2021年全国第一次自然灾害综合风险(房屋建筑)普查工作进度排全区乡镇(街道)第一名。加大农村宅基地管理力度,全年共审批建房238户,查处乱占与滥用耕地建房等违法行为25起,共计拆除违法建筑10处1.94亩(1293平方米),自行组织违建拆除相关工作入选典型案例,发至全区学习。开展集镇污水管网改造、农村污水收集,全年共排查污水管网漏接、错接50余处,将原有20余户未接入管网的全部接入,完成下游月亮湾处黑臭水体整治。推进农村厕所革命,完成海珠村、永生村2021年农村“厕所革命”整村推进示范村建设项目,改建无害化卫生厕所876户。为集镇、付庙村、林埂村、石马村的居民提供便利的运动场地,增建综合型健身场地1500平方米,含多功能健身器材20余个和1个标准篮球场。

【国资管理】 通过“发清理公告、访退休职工、查历史资料”等方式开展专项调查工作,核查登记国有资产80处(含原畜牧站、地税所),合计土地107亩、水域698亩、门市5838平方米、住房15204平方米,其中镇域资产50处,有效解决镇域国有资产“底数不清”的问题。以农贸市场改革为突破口,配合镇级资产盘活,国有资产收益2021年达到48万,比盘活前提高4倍。推动“公益事业改建一批、便民服务提升一批、集体经济提升一批、市场运营开发一批”,截至年底,产生收益11处,收益约50万元,对比改革前提高3.55倍。腾出低效资产用于消防站、第二农贸市场等利民基础设施建设,节约基建经费近300万元。

【安全生产】 年内，对竹木、食品、汽修、水果、餐饮等领域进行安全隐患排查，聘请第三方安全顾问公司，组织专项检查46次，检查企业168家，排查安全隐患581条。利用信息技术手段，建设互联网+监管平台，对中小学校、卫生医院、交叉路口等重点区域实行可视化全天候监管，增建监控点位157个，形成全域覆盖、实时可用的视频监控系统。推广使用全国自然灾害综合风险普查平台，指导各村（社区）及时报送相关数据信息，开展地质灾害巡查15次，对8个地质灾害隐患“老点”开展“入户”演练，隐患点“两卡一表”警示牌全部完成张贴悬挂，排查并核实新发现地质灾害隐患3处。每季度定期组织交警、运管及路政召开全镇道路交通安全工作联席会议，突击检查车辆7000余辆次，处罚违法违规车辆980余辆。每月定期对各村（社区）劝导员进行交通安全知识宣讲，全年培训105场，各村（社区）劝导员农交安手机APP劝导日记录入5600多条。道交办对辖区道路每月每村定期排查2次。

【群团工作】 完成村社区妇联换届选举，产生12名妇联主席，2名专职副主席，2名兼职副主席，执委180人，选举产生执委25人。慰问贫困母亲5人，“两癌”患者12人，困境儿童13人。组织志愿者在正山口村开展暑期关爱活动，与区妇联协作完成女童宜居改造1户，家庭纠纷调解10余件。开展“爱心圆梦”支助活动，共资助大学生6名，总计金额1.8万元。区科协会同多悦镇开展“喜迎建党100周年科技助力乡村振兴”活动，科技专家现场展示先进农机具，为群众讲解农机具的性能及功能，并对农业方面的问题进行解答。开展“遵守道德规范 践行文明生活”活动，分别在集镇和镇便民服务中心展开，悬挂横幅10张、发放知识折页1000余份、科普书籍500余份。在第三届职工运动会中，多悦镇以优异成绩获得乡镇组总成绩第四名，篮球单项获得乡镇组总成绩第一名。

（赵国栋）

2021年，多悦镇在地质灾害隐患点张贴悬挂“两卡一表”警示牌

万胜镇

【概况】 万胜镇地处四川盆地成都平原西南部，距市区21公里，位于东坡区、丹棱县、蒲江县一区两县结合部。辖区面积90.78平方公里，辖11个村（社区）、82个村（居）民小组，总人口3.4万人，12506户，耕地2823公顷。镇域平均海拔433米，年平均气温17℃。全年地区生产总值17.2亿元，增长6.8个百分点，农村、城镇居民可支配收入分别达到20790元、34239元，财政收入2880万元，税收收入1670万元。2021年7月成功入库省级百强中心镇候选名单，成为东坡区粮经复种片区中心镇，辖5个镇、57个村（社区），人口14.78万人，总面积533.2平方公里，辐射东坡区40%的区域。

【基层疫情防控】 推广“天府健康通”注册与使用，实现常住人口“天府健康通”注册率100%。开展疫苗接种工作，摸排3周岁以上人员名单建立台账，完成第一剂接种19709人。以片长制为基础，实行外来人员排查网格化管理，全年共排查并上报市外返乡人员3120人，落实管控156人。

【安全社区建设】 全镇商铺增配灭火器3000余具，组织排查和督促整改各类火灾隐患25处。挂牌成立全区第一支镇级应急队暨村级应急分队，全年开展应急演练和救护知识、技能培训20余次。2021年10月，万胜镇通过省级安全社区复评工作。

【乡村振兴】 成功创建市级乡村振兴先进镇，万利村、新星村创成市级乡村振兴示范村。利用“东坡区2021年以工代赈示范工程”项目建设，完善艾光村基础设施，项目区成为全省以工代赈现场会点位，助推艾光村成功创建省级乡村振兴示范村。高接换种明日见、甘平等晚熟柑橘新品种5500亩，培育“健味鲜”“觅爱媛”品牌商标，培育家庭农场132个、农业专业合作社63家、电商50余家，年网销水果500余万公斤。新希望、万家好种猪场项目建成运营，实现年产仔猪40万头以上。推进鑫攀食品投资近亿元、占地30亩的年产2万吨速冻食品生产线项目建设。建成投资3000余万元、占地6000平方米的三星级善大原酒店。

【基层社会治理】 2021年共受理矛盾纠纷102件，受理率100%，化解101件，化解成功率99%，全年无重大安全事故，无“民转刑”重大矛盾纠纷。办理“12345”热线工单195件，办复率100%、办件满意率达98.5%。完成全镇“雪亮工程”平台建设。

【民生工程建设】 投资1400万元，完成“8·11”洪涝灾害141个道路交通及水利水毁点位的重建和修复。投资400余万元，完成水毁高中桥重建。投资4000万元完成青衣江引水二期工程北环线清水主管网万胜段7.5公里建设项目。投资100余万元，建成投用全区第一个乡镇公益性公墓，合计墓位1098个。投资10万元升级改造镇综合文化站，增建3个村文化广场并完成美化绿化亮化工程。实施“路灯照明工程”，安装太阳能路灯150组。

【民政与社保】 累计发放低保、救济款等惠民资金240万元；帮助残疾人再就业18人，资助贫困学生8人；养老保险、城乡居民基本医疗保险覆盖率均达100%。

【基层生态环境建设】 卫生厕所普及率达92.1%，无害化卫生厕所普及率达81.8%；全覆盖推进生活垃圾分类处理；232户农户修建厌氧+人工湿地池，71户接入一体化处理设施，5796户农户实施生活污水分散治理。增建污水支管网2420米，开展村庄清洁行动8次，清理乱搭乱建137户，清理乱堆乱放183户，清理杂草枯枝30余吨，栽植各类花卉2万余株。开展污染防治“回头看”，顺利迎接第二轮中央环保督察。在3月区级全国文明城市模拟测评、4月和9月市级全国文明城市模拟测评中均位列乡镇第一。

（刘敏润）

2021年8月17日，全区第一支镇级应急队暨村级应急分队在试点镇万胜镇举行授牌授旗仪式

秦家镇

【概况】 秦家镇地处东坡区西部，东邻多悦镇和尚义镇，南连万胜镇，北接成都市蒲江县寿安镇，由秦家、盘鳌、晋凤3个片区组成，辖区面积129平方公里，距市区19公里，地理位置优越，公路四通八达。截至2021年末，辖8个村、84个村

民组，3个社区、43个居民小组，共有12973户，总人口36951人。

【农业经济】 2021年，秦家镇水果种植面积8万亩，一产增加值达1.56亿元。种植粮食作物5000亩、产量2476吨，水产养殖1000亩、产量1800吨，生猪存栏1.75万头、出栏2.6万头。

【乡村振兴】 发展壮大村集体经济，盘活国有资产41宗，以改造使用、转包出租、自主经营等方式激活资产价值，消灭“零收入村”。秦家镇11个村（社区）集体经济收入均突破1万元，其中大洪、弥陀、大佛3个村超过5万元，盘鳌社区突破30万元。改善农村人居环境，常态化推进“三大革命”，改造无害化卫生厕所2820户、卫生厕所普及率90%，增建生活污水处理设施709户、生态湿地池122座，生活垃圾收运市场化运作率、转运率、无害化处理率保持100%。开展贫困对象动态管理、帮扶措施落实、边缘户监测，开展脱贫攻坚成果“回头看”工作，识别监测户7户18人，先后落实3批次巩固脱贫攻坚成果同乡村振兴有效衔接财政资金384.14万元。

【项目建设】 完成“引青入东”主管网建设二期临时占地补偿工作。完成“天城庙”“三绕”安置区建设及分房工作，在全区率先完成“征而未安”问题整改销号。协助招引总投资超7亿元的名扬、汇宇、吉昌源等项目，保障项目建设落地。改善镇、村办公条件，争取项目资金30万元、55万元改造镇纪委综合阵地与镇便民服务中心，大佛村标准化党群服务中心开工建设。

【民生保障】 发放惠农、低保、特困、残疾人补贴、小额临时救助等资金合计1226.4378万元。城乡居民医保参保率98%，城乡居民养老保险参保率99%，开展职业技能培训60人次，提供就业岗位621个。推进民政殡葬改革三年行动计划，完成大佛村村级公墓建设并投入运营，建成秦家社区、盘鳌社区养老服务分中心。

【生态保护】 常态化巡河、护河，秦家河、西醴泉河、盘鳌河3条河流水质保持稳定。整改违规排污2处，处罚秸秆禁烧17起。落实资金400余万元，实施镇域三个场镇污水管网设施配套改造，彻底解决污水收集率偏低问题。开展“44211”环保重点点位整改，妥善处理“12345”举报件2件，主动发现化解环保问题12件，实现中央环保督察零问题、零交办。

【安全生产】 全年开展暴雨预警应急16次，临时断道35次，转移群众57批次，整治4个地灾隐患点、搬迁14户38人，全年无较大以上生产安全责任事故发生。

【基层治理】 实施“情柑万家平安联创”151市域社会治理模式，畅通群众反映渠道，调解各类矛盾纠纷300余件，调解成功率达90%，水淹区、艺精芒硝、“三绕”安置区等历史遗留群体性问题得到有效稳控，全年无到省进京集访、群访、越级访，无“民转刑”案件。推进“八五”普法，开展扫黑除恶常态化斗争，打击违法犯罪活动38起。

【疫情防控】 常态化开展新冠肺炎疫情防控，落实镇、村、网格三级防控体系，宣传引导新冠疫苗接种，疫苗接种脱漏率全区最低，全年无新冠肺炎确诊病例。

2021年9月18日，东坡区农村地区疫情防控组在秦家镇海螺村举行农村地区新冠肺炎重点人群处置应急演练

【基层党建】 2021年,秦家镇党委先后召开党委中心组党史学习教育专题会议10余次,组织开展"党群集中日活动"90余次。修订完善《镇党委议事决策制度》《村(社区)"两委"干部目标考核管理办法》,激励干部担当作为,调动镇村干部积极性。与11个村(社区)党委书记签订党建工作责任书,完善党建工作联系点制度,镇班子成员定期、定点指导农村党建工作。

(杨　娟)

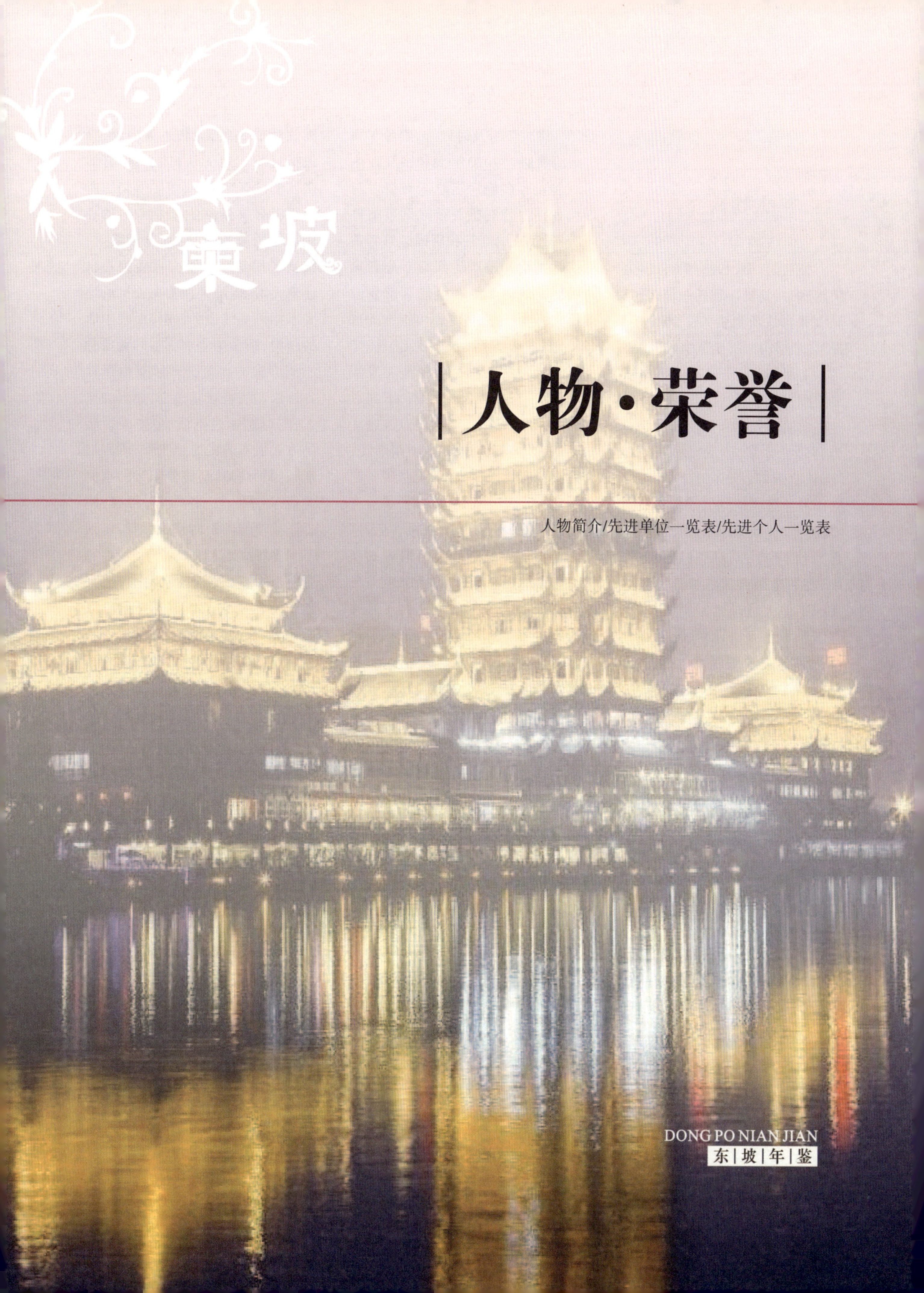

人物·荣誉

人物简介/先进单位一览表/先进个人一览表

DONG PO NIAN JIAN
东|坡|年|鉴

人物简介

吴卫国,男,1973年6月出生,汉族,中共党员。现任东坡区司法局太和司法所负责人。2021年被授予“全国司法所模范个人”。

恪尽职守,扎根基层第一线。吴卫国自从事司法工作以来,以高度的政治责任感和强烈的事业心,为营造一个稳定、和谐的发展环境,认真履职,始终坚持基层一线工作。始终牢记党的宗旨和纪律,牢固树立群众无小事观念,没有怨言,兢兢业业,全身心地投入工作中,经常星期天和节假日加班,深夜同工作人员一道做相关人员调解工作。先后指导村(社区)调委会化解各类矛盾纠纷1200起,亲自主持参与调处矛盾纠纷400余起,调解成功率达98%,履行率100%。

采用灵活多样的方法,切实为群众解决实际问题。一是在工作机制上抓落实,形成长效机制。先后制定了矛盾纠纷日排查制、日报制等制度,在村(社区)建立了信息员,并充分发挥信访调解员情况熟、信息灵、反映早、处置快的特点,及时有效地化解信访苗头和矛盾纠纷,筑牢了调解工作的“第一道防线”。二是工作方法灵活多样。对重点人员落实专人负责,能处理的问题及时调解处理;对生活困难的采取慰问、困难救助等方式,充分体现党的关怀和温暖。从情理上进行感化,使调解成功率大大增加。

重大纠纷及时处置,避免矛盾纠纷升级。2020年太和镇江发生一起顾客在烧烤店吃饭时突发身亡事件。公安机关排除刑事案件后,死者家属刘某和店铺经营者黄某就赔偿问题产生纠纷。死者家属刘某认为人是在烧烤店就餐时死亡的,烧烤店负有不可推卸的责任,要求店方赔偿30万元。烧烤店经营者黄某认为死者是突发疾病死亡,与自己没有关系,不同意赔偿,最多只愿意给付一点人道主义补偿几千元。刘某等情绪激动,采取到店门口焚烧纸钱、妨碍正常经营的方式要求对方赔偿,矛盾有可能进一步升级。双方报警后,移交到司法所处理。吴卫国等人在充分了解事情经过后,不分上下班时间,及时给双方分别进行了有关法律讲解,疏导双方情绪,特别是做刘某及其亲属的思想工作,引导其合理合法表达诉求。在双方情绪都较为稳定后,引导双方在法律框架和人情关怀双重考虑下解决问题,为照顾双方时间,自主加班在周末休息安排时间进行调解,经过耐心的讲理讲法,终于使双方达成了一致意见,避免了矛盾纠纷的升级维护了社会稳定,更得到了群众的信任和赞许。

充分理解群众诉求,为群众解忧。太和镇龙石村田某与陈某是婆媳关系,田某之子宋某在太和经营养鸭场,因拆迁获赔偿款156万元,后宋某因病身故,其配偶陈某和母亲田某因鸭场拆迁款的分配产生纠纷,双方都各自向太和镇政府、东坡区信访办等各级反映、有上访苗头。经过司法所、村委会数次调解,双方始终就拆迁款分配无法达成一致,无法达成协议,导致拆迁款迟迟无法打款。尽管多次调解没有结果,吴卫国等司法所始终没有放弃,经过分析双方的心理和矛盾胶着点,认真分析案由,摸清了田某在儿子去世后担心自己老无所依、陈某在丈夫去世后还要承担鸭场的债务,同样面临生活的压力,都希望争取更多的利益的心理诉求。在充分理解双当事双方诉求和胶着点基础上,加班加点工作,分别通过电话、单方面谈话的方式做双方的思想工作,讲解继承权相关法律,最终使双方的意见达成了统一,签订了调解协议,使拆迁款项能够及时到位,纠纷得到了圆满解决。

重矫正、安帮教,深化亲情大走访。在矫正工作和安置帮教方面,深入开展“亲情帮教大走访”和“服刑人员未成年子女关爱帮扶”活动,太和司法所累计接受矫正人员209人,已解除187人,现对太和镇范围内22名社会服刑人员进行全面矫正,无一脱管漏管、重新违法犯罪。疫情防控期间积极落实远程探监工作,使服刑人员在严厉的法律面前感受到政府的关心和温暖,纷纷表示会努力改造自己,争取早日回家。

吴卫国在工作中,兢兢业业,恪尽职守。始终坚持群众路线,积极主动作为,与同事并肩作战,以认真负责的态度努力完成任务。以灵活的方法和耐心细致的作风精心调处,当好领导信任的参谋助手。为党委政府排忧,为群众解难,为经济发展创造了良好的环境,获得了党委政府的一致好评。

蒋磊，男，1974年7月出生，汉族，中共党员，大学学历。现任眉山市东坡区人民检察院派驻富牛镇检察室主任、一级检察官、检察委员会委员。2021年被授予“四川省检察机关扫黑除恶专项斗争先进个人”。

细致审查、敢于亮剑。2019年8月，蒋磊受命参与办理东坡区太和镇三江村原党支部书记陈某某等人涉嫌寻衅滋事罪、诈骗罪、非法采矿罪、挪用资金罪、贪污罪案，主要负责对恶势力定性的审查，引导公安机关侦查取证，提前介入进行案件诉前审查。蒋磊和办案组成员一起，就犯罪性质是否涉黑涉恶等问题，先后与区纪委监委、公安机关、法院研究讨论20余次，查阅大量审判文书和司法解释，并向市检察院汇报案情听取指示，确定案件需要补充的重点证据，向侦查机关列出详细补充侦查提纲4份，提出补充侦查要求43条，提讯犯罪嫌疑人30余人次。经过细致审查，蒋磊和他的团队最终认定其恶势力团伙，同时追诉2名漏犯，追诉2起犯罪事实。2019年11月21日，该案12名被告人被判处9个月至12年不等的有期徒刑。

针对办理扫黑除恶案件暴露的行政监管漏洞及行业乱象问题，蒋磊有针对性地就案发地政府和相关行政单位在社会治理、农村基层组织建设等方面存在的问题发出检察建议，实现检察机关与行政机关的良性互动。

迎难而上，严惩黑恶。办结陈某某案后，蒋磊又紧锣密鼓地投入新的案件，即“10·13”李某某等人组织、领导、参加黑社会性质组织案，这是东坡区首例涉黑案件。该案时间跨度大、社会反映强烈、案件线索多，但成形的犯罪事实少，调查取证难度大。蒋磊和专案组成员与公安机关、法院会商20余次，从杂乱的案件线索中，确定了涉黑组织成立的标志性事件、重大影响事件，梳理出44起违法犯罪事实，为该案的成功侦办打下了坚实基础。案件移送审查起诉后，蒋磊和专案组成员详细审查了83本卷宗、44起违法犯罪事实，查看涉案光盘93张，讯问犯罪嫌疑人50余人次，辗转近3000公里前往阿坝州理县、茂县，凉山州德昌县、喜德县，乐山市马边县、峨眉山市等地讯问主要犯罪嫌疑人，最终形成2000余页近100万字的审查报告。

经过蒋磊及团队成员近4个月夜以继日的不懈努力，2021年6月22日，该案在东坡区人民法院公开开庭审理。庭审当天，中央电视台等22家媒体对庭审同步网络直播，关注850多万人次，取得良好的法律效果和社会效果。

问起蒋磊办理该案的感受，他说：“主要是认罪认罚工作。”案件办理之初，犯罪嫌疑人不了解法律，对检察办案十分抵触，他和团队成员多次与法官及辩护人就管辖权、出庭人员、回避、非法证据排除、证人出庭作证、量刑情节等达成一致意见，还分组听取各辩护人关于罪名与量刑情节的意见，通过与辩护人多次交流，促使被告人心态发生转变。后又同辩护人前往看守所与被告人见面，再次向他们进行认罪认罚从宽制度宣传和释法说理，最终促使21名涉案人员认罪认罚并签字具结。

检护未来、浇筑希望。在办理涉黑涉恶案件的同时，蒋磊还负责未成年人刑事案件办理工作。“10·13”案中，蒋磊发现个别被告人在未成年时就有违法犯罪记录，年少时缺乏法治教育，造成其成年后“破罐子破摔”，引起蒋磊对未成年人法治教育的深思。蒋磊带领未成年人案件办案团队，结合未成年人心理特点，将扫黑除恶搬上讲堂，以讲故事、游戏互动、模拟法庭、庭审进校园等方式，生动地向学生讲解黑恶势力犯罪的危害后果及对未成年人的影响，提高他们的防范意识和法治观念，有效预防未成年人被黑恶势力侵蚀。

蒋磊坚持将“社会调查与教育疏导、权益保障与感化挽救、考察帮教与顺利回归”有机结合，最大限度教育挽救涉罪未成年人，先后帮教涉罪未成年人100余人次，让5名涉罪未成年人顺利回归校园、16名涉罪未成年人走上就业岗位。

相峰，男，1986年9月出生，汉族，中共党员。现任东坡区总河长办公室工作人员。2021年被授予“2020年度河湖管理保护工作先进个人”。

从事河湖长制工作两年多来，守护碧水东流的信念从未改变。在到眉山之前，他见过寸草不生的荒漠、稀稀疏疏的灌木，也见过郁郁葱葱的森林，因此他更懂得绿水青山的价值。作为新眉山人，尤其是从事河湖长制工作，无形之中给了他更大的压力，也让他觉得守护碧水青山更有意义。

蹚水过河，了解河流走势。自从事河长制工作以来，他认真领悟习近平生态文明思想深刻内涵,积极学习中央、省、市关于全面推行河长制的系列会议精神,不断向同事请教,了解东坡区河湖分布及相关信息。他坚持奋斗在第一线,不定期开展河湖巡查并积极与属地镇(街道)工作人员沟通,与领导同事一起推动东坡区河湖长制工作持续深入开展。

为了掌握河流情况,他走过东坡区24条河流,岷江、思蒙河、毛河、醴泉河等河流都留下了他丈量时的脚步,他坚持每周巡河,沿着河道检查河面有无漂浮物,河岸有无垃圾;河道沿岸有无污水违法直排、偷排、漏排行为,有无倾倒废土废渣废弃物等违法活动;河道内有无堵塞物;水体颜色较平常有无明显异常;有无非法电鱼、炸鱼、捕鱼等行为;有无涉水违建行为;河长公示牌是否完好以及其他破坏河库生态环境和危害河库渠安全的行为等,他一边巡河一边详细记录问题。同时他还主动向父老乡亲请教、向属地镇(街道)工作人员学习,了解河道治理工作的进度,探讨改善提升水质的方法,并将自己的想法及时向分管领导汇报。

付出总会有收获,他付出的努力让他迅速融入工作并成长为一名合格的河湖卫士,对于全区河流做到了底数清、数据明,随时随地能为河湖长制工作做好服务。

夜以继日,做好问题排查。通过学习、调研,他坚信水质是表现、根源在岸上,工业污水、生活污水是导致水质恶化的第一污染源,因此截污才是水质改善的根本。他与同事一起,主动联系、邀请相关部门开展实地查看与勘验,积极向区领导进言献策,在区委区政府的领导下,东坡区开展了一系列截污活动,东坡区水质明显提升。

虽然总体水质改善明显,但难啃的骨头依然存在,特别是东坡区境内的醴泉河,水质改善进度缓慢,他对沿途企业是否按要求做好生产污水处理、是否存在企业偷排污水行为产生了疑惑。为解决心中的疑惑,2021年春季,他主动请缨,联合巡河员开展夜间巡查。通过半个月时间的巡查暗访,他得到了想要的答案,他将发现的线索转交给生态环境部门,由生态环境部门对相关企业进行立案调查。巡河时他面对来自企业的压力与威胁,个别企业负责人甚至发出威胁其家人的言语,但他并不为所动。他深知,自己一旦退让,企业就会得寸进尺,甚至会形成以点带面的连锁反应。而他提供的涉水环保线索成为打击生态环境犯罪的重要信息来源,以儆效尤的作用也凸显出来。

守住成效,加强宣传引导。截至2021年底,东坡区河流水质与河长制实施前相比,11条市级河流中,优良水体9条,Ⅳ类2条,无Ⅴ类、劣Ⅴ类水体。

他深知"众人拾柴火焰高"的道理,个人即使再努力,也不如大家群策群力。两年多来,他无时无刻不在学习河湖长制知识、政策和措施等,并利用一切可以利用的时间开展宣传工作。对群众悉心讲解和宣传河湖长制的目的和意义,介绍政策措施,通过发挥社会舆论监督引导作用,形成良好的舆论氛围,增强全民保护清洁河渠的意识。

为使河湖长制宣传工作落地落实,他结合眉山市创建全国文明城市、全国卫生城市的机会,提出在老城区打造休闲亲水公园的想法,经多次现场排查,最终选址定在苏祠桥附近。经过1个月的全力打造,苏祠桥亲水公园建设人行步道600米和文化墙100米,文化墙包含河长制、双创、东坡文化等多元素内容,把河边滩地打造成小型湿地公园,为老城区群众增添了休闲场所,既净化水质又美化沿河环境,周边群众非常满意。

绿水青山就是金山银山,相峰始终把保护绿水青山的使命一直放在心里、扛在肩上,用心用情用力地履行好一枚螺丝钉的职责。河湖守卫者一直在路上!

田茂,女,1982年4月出生,汉族,共产党员。现任眉山市东坡区气象局工程师。2021年被授予"2020年度四川省气象局重大气象服务先进个人"。

田茂从事综合岗业务工作已有十八年,工作中一丝不苟,丰富的理论知识、强烈的责任感和认真专业的工作态度,使她在2021年的气象服务工作中取得了优异的成绩。2021年由于东坡区气候异常,前期高温少雨,后期暴雨天气频繁且连续,她作为基层业务技术带头人预报准确,服务效果显著,主笔或把关的多种服务材料获得了领导的肯定和社会各界的高度赞赏;独立编写《东坡2020年农业气象服务方案》等技术规范,为地方气象事业防灾减灾做出了积极贡献。

积极学习,为气象服务打下良

好基础。田茂在工作中不断学习，认真钻研各类新的业务规范及技术规定，把各类天气过程进行分类总结，不断完善、丰富自己的预报经验，改进自己的预报方法，为做好天气预报及气象服务打下良好的技术基础。

高效完成重大天气气象服务。2021年东坡区气候异常，前期高温少雨，总降雨量较历史同期偏少5成，旱情严重。为缓解旱情，田茂不分昼夜严密分析天气、到人影作业一线，抓住有利时机开展人工增雨作业。主笔的《雨情快报》获廖小宁区长批示："区气象局主动作为，科学施策，积极开展人工增雨作业成效明显，全区旱情得到一定程度缓解，工作值得充分肯定。"

汛期暴雨天气集中，防汛形势严峻，8月11日至18日，全区先后遭遇了两轮持续性大暴雨天气，国家站累计总降雨量454.2毫米，较历史同期偏多3.2倍，突破历史极值。此次连续强降雨天气过程，田茂不辞辛苦，一直坚守岗位。其中10日20时到12日20时，全区普降大暴雨，西部沿山乡镇特大暴雨，全区32个监测站点，超过100毫米的达到22个，超过250毫米的超过6个，最大降水量在秦家镇晋凤社区为441.3毫米，1小时最大降雨量也出现在该站点为99.3毫米。

10日17时启动重大气象灾害暴雨2级应急响应，田茂立即组织业务人员加密会商频次，及时向区委、区政府相关领导汇报雨情及降雨趋势。并通过决策短信平台、防汛工作群、气象微博、OA平台发布逐小时雨情及最新天气趋势，通报上游地区雨情信息，主动开展"一对一"叫应服务。尤其是11日19时38分，田茂作为主班，电话叫应盘鳌社区政府负责人，通报累计雨量和小时雨强，以及未来6小时天气趋势，社区党支部迅速做出了提前8小时对盘鳌场至晋凤场的道路进行交通管制的决定。12日凌晨4时45分再次对秦家镇防汛干部开展叫应服务，紧急转移1300余人。凌晨6时左右山体塌方，垮塌面积达山体的1/3，约30万方，周围道路损毁1.5公里，没有造成人员伤亡。因预警及时、措施采取得当，无人员伤亡，8月13日央视13频道进行了专题报道。区委书记廖小宁在田茂主笔撰写的《重大气象信息专报》上批示："区气象局在本次持续暴雨天气过程中监测预警到位，预报准确，信息发布及时主动，为各级党委政府科学指挥防汛减灾发挥了'第一道防线'作用，工作值得充分肯定。"

扎实做好日常气象服务工作。田茂独立编写《东坡区2020年农业气象服务方案》等业务技术规范。针对不同农事季节，提前向区委区政府及社会公众发布农用指导产品，主笔或把关《农业气象旬月报》《农业气象专题分析报告》等服务材料，并提出相应的对策建议，为确保粮食产量和质量提供科学决策，服务材料获得政府等相关部门的高度评价。

在汛期，田茂作为业务骨干，不仅充实自己的业务能力，也带领全体业务人员圆满完成工作任务，但是她仍未松懈，不断地学习、总结，努力实现"三精"目标要求，切实提高气象预测预报水平和气象服务能力。

杨云，女，汉族，民盟盟员。2013年10月入职东坡区人民法院，于2020年9月被任命为员额法官。近五年，先后被眉山市委评选为"优秀军人家属"、被眉山市中级人民法院记三等功，参与创作的学术论文分别获得"四川省法院系统第二十二届学术讨论会二等奖""团省委权益部征文一等奖"。

常怀赤子之心。因为有对法治事业的热爱，及从小树立做法官的梦想，大学毕业后便考入东坡区人民法院。作为法院人首先应当永葆政治本色，她始终坚持以习近平新时代中国特色社会主义思想武装头脑，将习近平法治思想贯穿于整个工作中。在加入中国民主同盟后，更是积极参政议政，自觉主动接受中国共产党的全方位领导。

常怀进取之心。在法院工作期间，为了不断增加法律素养和积累法律经验，分别在刑事审判庭、政治部、民事审判庭、执行局工作锻炼，通过多部门轮岗交流明白自身的不足。

常怀奋斗之心。通过努力，于2020年9月正式成为一名员额法官，两年承办审执类案件450余件，并于2022年6月推选为东坡区人民法院青工委主任，组织本院青年活动。

落实有力。在担任刑事审判庭书记员期间，协助法官完成600余件案件的记录、装订工作。在政治部期间，兢兢业业完成工资发放、人员招录等组工工作。在民事审判庭期间，协助法官草拟文书200余件并参与了4件破产案件的审理。在2020年9月任命为员额法官后，承办刑事案件230余件，打击罪犯280余人，承办了余玺樟、董霞等贪贿案件、天之骄子幼儿园非法吸收公众存款罪案件、“12·8”系列电信网络犯罪案件以及作为合议庭成员审理了“3·20”周绍兵等15人涉黑恶案件。在2022年3月调入执行局工作后，承办执行案件220余件，其中承办兴客隆百货超市腾退案等一系列涉及民生的执行案件。

学习有力。除了对待工作认真负责外，还积极将工作中所遇到的问题及获取的经验积极转化为学术成果，2020年参与撰写的论文《诉源治理背景下诉前调解的实践检视及完善路径——基于对眉山市东坡区诉前调解人员的实证分析》荣获了四川省法院系统第二十二届学术讨论会二等奖，2021年参与撰写的论文《性侵未成年人案件的特征、难点及出路——以眉山市34起未成年人性侵害案件为研究对象》获得团省委权益部征文一等奖，2021年参与撰写的论文《治理涉黑恶犯罪中司法建议制度的现状、定位与完善——以眉山市2018—2020年36份建议书为样本》获眉山市法学会重点课题。

组织有力。在担任东坡区法院青工委主任后，成功策划、参与了“沿着总书记足迹——四川高院、眉山中院、东坡法院青工委联谊活动”以及“以书为友——府院·院校共话环境资源保护”读书沙龙活动，在今后的工作中将进一步加强自己的协调组织能力，将青年干警的培养与文化建设有机结合，以法院工作实际为突破口，大力推进青年文化建设，培育忠诚、团结、创先、奉献、担当、奋斗的青年文化。

张诗晨，女，1994年1月出生，汉族，研究生学历。现任眉山市东坡区人民法院繁案团队法官助理。先后荣获“2020年度四川省法院调研工作先进个人”“2021年度东坡区政法工作先进个人”。自2018年参加工作以来，她扎根民事审判一线，辅助法官办理各类民商事案件900余件，工作业绩始终保持一流。

政治立场坚定，牢记使命守初心。张诗晨政治理论素养高，熟悉党的方针、政策，对党忠诚，积极参加政治理论学习，在思想上、行动上自觉与中央、省委、市委保持高度一致，时刻彰显党员先锋形象。始终坚守廉洁底线，将政治纪律、规矩挺在前。作为一线办案辅助人员，始终坚持公平正义，热心服务群众，讲大局、识大体。

勤勉敬业，全力以赴好助手。司法改革后，法官助理岗位在提升审判效率，保障案件审判质量上起到至关重要的作用。张诗晨在2018年至2021年被安排在一名年龄较大的员额法官身边担任助理。庭审前，张诗晨主动审查卷宗材料，了解相关证据和审理思路，确保能跟上庭审节奏；庭审中，认真记录当事人的意见；庭审后，协助法官做好裁判文书草拟和校对工作，确保裁判文书质量。近4年时间，协助法官办理疑难复杂案件近800件，2019年，庭审直播数全院第一，数量超第二名一倍以上，高质量完成了各项任务。2021年至2022年，张诗晨被安排为繁案团队法官助理，协助5名法官办理案件。除积极组织庭前会议外，张诗晨也综合运用情、理、法耐心向双方当事人释明法理、说通情理，促成双方当事人达成调解协议，及时有效地避免矛盾激化。

勤学善思，助推审判提质效。张诗晨工作之余长期坚持专业学习，坚持每月阅读一本专业书籍并做好读书笔记，虚心请教。积极参与省、市、区重点课题研究，及时将工作实践中遇到的问题研究转化为论文成果，取得显著的成果，共完成12篇调研文章。其中，《诉源治理背景下诉前调解的实践检视及完善路径——基于对M市D区诉前调解人员的实证分析》在四川省法院系统第二十二届学术讨论会获二等奖；《夫妻共同债务的认定问题统计分析》在省法院《法院司法统计分析》刊登；《新时代青年成长路径探析——从M市34起案件看青少年权益保护的司法实践》在“发扬五四精神 促进青年发展”学术论坛会中获一等奖。同时参与省、市、区多个重点课题研究组并担任主笔，研究成果为司法审判实践和司法改革提供理论参考。

敢于担当奉献，勇挑改革重担。张诗晨作为东坡区法院团支部书记和创新工作小组的重要成员，站位全局、主动思考司法改革等全局问题，积极参与各项改革创新工作。在东坡区法院审判流程精细化管理改革创新工作中，经常加班到深夜，编写了7大节、87小节的民事审判流程节点，高质量完成了审判流程梳理，为改革落实做出巨大贡献。在组织需要时，总是冲锋在前，主动申请到急、难、险、重一线工作。在“双创”工作中，张诗晨作为志愿服务联络员和志愿者，长期参与卫生、交通、治安等志愿服务，圆满完成了安排协调等联络工作。

翟银玲，男，1983年2月出生，汉族，中共党员，大学学历。现任眉山市东坡区气象局副局长。2021年被授予“2020年度四川省气象局优秀气象预报员”。

预报预警业务。翟银玲作为主抓预报服务工作的负责人，带头开展预报服务工作，带领业务人员密切监视天气变化，做好灾害性、关键性、转折性天气的跟踪监测、滚动预报，及时发布各类预报、预警信息，积极主动开展服务。作为预报服务的主要负责人，重点做好对天气预报和服务材料制作、发布的把关和审核，确保预报服务质量和效果。加强对突发灾害性天气的监测，及时发布预警信号和开展预报跟踪服务。全年共发布预警信号60期，其中汛期共发布预警信号52期，发布决策气象服务手机短信共计35万余条。翟银玲在2020年值班和带班天数为88天，较同岗位人均值班天数72天多16天，在气象灾害预警信号评分中位列本单位第一。

服务和总结材料报送。积极开展决策气象服务，发挥“消息树”作用。在关键性时段，通过QQ、《东坡防汛》工作群等，实时开展决策气象服务，通报最新天气信息和趋势预测，为指导防汛减灾、合理趋利避害提供重要科学依据。作为业务带头人和技术把关人，翟银玲负责对外气象服务信息及重要天气过程总结的审核和技术把关，作为主笔人报送的材料得到区委主要领导的肯定性批示。

服务效益。在2021年的预报服务工作中，预报准确，预警及时、服务到位，为区委、区政府和地方各级政府科学应对提供重要决策依据，有效减少了气象灾害损失，收到了良好的服务效果，充分发挥气象在防汛减灾中的“第一道防线”作用。更赢得各级领导和公众的充分肯定和认可，区委书记廖小宁先后两次对气象局的预报和服务工作作出肯定性批示。

翟银玲作为业务带头人、技术把关人，充分发挥先锋模范作用，艰难时刻迎头而上，主动作为，发扬不怕苦、善打持久战的精神，带领全体业务工作人员，圆满完成2021年的预报服务工作，得到各级的充分肯定，同时也为提升气象在社会公众中的良好形象做出了重要贡献。

陈俊成，男，汉族，1973年7月出生，共产党员，大学学历。现任四川省眉山市东坡区医疗保障事务中心九级职员。2021年被授予“四川省医保信息化标准化先进个人”。

2020年，医保信息系统15项标准编码工作启动，意味着医疗保障局挂牌后，全国医保信息化一盘棋迈出了坚实的一步。陈俊成始终牢记自己的责任和义务，积极推动信息化工作的管理与建设，实现和提升自己的人生价值。

加强学习，自觉将思想统一到服务中心大局。坚决拥护党的方针政策，牢固树立“四个意识”、坚定“四个自信”、做到“两个维护”。服从组织安排，团结同事，热爱医保工作。平时注重言谈举止，树立良好的自身形象，在思想政治上与上级保持高度一致，充分理解做好本职工作的重要作用。严格规范自身行为、廉洁自律、无私奉献。

积极肯干，千方百计完成15项编码贯标任务。陈俊成从事医保信息化管理岗位工作5年多以来，认真落实东坡区15项编码贯标等信息建设工作。积极组织开展东坡区15项编码贯标工作的培训会，培训350人次，在疫情防控期间除了保障防疫物资的接收工作外，克服困难，独自完成辖区内75家定点医疗机构、350家定点药店的机构编码和人员编码录入的指导、审核和协议上传。

任劳任怨，积极稳妥推动医保信息系统上线。信息化建设是信息中心工作的重要组成部分，按照信息化建设的总体要求，坚持转变观念，服务医保，积极稳妥推进医保信息化建设。陈俊成对信息工作要求精益求精，通过学习新理论、新知识，在实践中加以运用，认真落实上级下达的各项工作和任务。9月底至10月8日，他主动放弃周末和节假日休息时间，始终坚守岗位，随时按照上级对医疗机构的各项上线要求进行初审把关，对发现的问题及时反馈相关科室或技术人员进行处理，有力地保障了东坡区新医保系统的顺利上线及运营。

谢华伟，男，汉族，1976年2月出生，中共党员，大学学历。现任眉山市东坡区水利局党组书记、局长。2021年被授予“2020年度四川省质量与安全监督工作先进个人”。

2020年,在区委、区政府的坚强领导下,坚持“项目为王”的理念,“克服了”全省水利资金重点倾斜贫困县,“小农水”“高效节水灌溉”等项目因机构改革划转到其他系统,以及“十二五”期间对“十三五”的项目储备“不足”困难和问题,主动作为、守正创新,对东坡区12处单个水利工程进行质量监督。

高度重视,提高思想认识。谢华伟始终将“为民治水、润泽东坡”的使命扛在肩上、抓在手上,以严谨高效、求真务实的作风,全力推动水利质量监督工作。2020年,亲自部署质量监督工作,多次强调做好质量监督的重要性。水利工程建设实行项目业主全面负责、监理控制、施工保证、政府监督相结合的质量监督管理体系。全年通过对全区实施的水利工程的原材料、中间产品、单元工程、分部工程、投入的机械设备等组织实施了监督和检查,合格率为100%。

未雨绸缪,充实监管法宝。谢华伟在得知水利局质量监督设备落后欠缺问题,立即按照设备采购程序,采购了一批先进的质量监督设备仪器,聘请专业老师到单位手把手授课,确保设备能够拉得出、用得来,顺利完成对各个水利项目的质量监督。

创新机制,配强监管队伍。根据《关于调整区水利局机构编制有关事项的通知》文件,眉山市东坡区水利局设立质量与安全监管股,由规划计划与建设管理股增挂,没有专职工作人员和工作经费,由参公人员1名,水利类工程师2名,水利类助理工程师2名,共5人组成,均为兼职人员构成,主要负责全区水利工程建设的质量监督工作,组织指导水利工程质量监督管理、水利建设质量考核、水利建设市场的监督管理和信用体系建设。采取的主要监督方式是现场抽查,主要内容是监督站工作人员现场抽查监督外观形象、施工流程等,工程质量等根据自检、平行检测和第三方质量检测机构提供的数据核备工程质量等级。

刘艳丽,女,1983年10月出生,汉族,研究生学历。现任东坡区综合行政执法局局长,兼眉山民革东坡区支部主委、眉山市政协委员、东坡区政协常委。2021年被授予“民革组织工作先进个人”。

作为一名民主党派人士,坚定中国共产党的领导,作为民革东坡区支部主委,带领支部全体党员,把政治学习作为作风建设的重要抓手,组织全体党员原文学习习近平总书记在党史学习教育动员大会、“七一勋章”颁授仪式、庆祝中国共产党成立100周年大会和纪念辛亥革命110周年大会的讲话,及时传达中共十九届六中全会会议、眉山市第五次党代会和东坡区第六次党代会精神,把智慧和力量凝聚到为推动东坡区高质量发展实现共同富裕献计出力的实践中来。

持续关注民生改善,围绕幼儿园办学改革、特殊教育送教上门两个课题扎实开展调研,先后前往区教体局和齐通路幼儿园实地调研座谈,到武侯区学习“两自一包”先进经验,确保形成的调研报告务实去虚,建议切实可行。与民革省、市组织共同调研特殊教育送教上门工作,致力于让更多的残疾弱势群体能沐浴到关爱的阳光,亲自撰写各类调研材料和提案,得到主要领导的书面肯定性意见并在政协大会做现场发言。

组织超过三分之一的党员参加了民革省委会和市委、区委统战部组织的各类学习培训活动,增强党员对中国共产党的认识和对中国特色社会主义道路的认同感,提高参训党员的参政议政能力。优化拟发展党员考察程序,首次通过单位出具廉政表现说明书的形式,对被考察对象工作作风及廉洁从政的情况进行了解,通过老党员提希望建议,帮助新党员树牢职责和担当意识。扎实做好人大代表、政协委员的提名推荐工作,注重人选素质、严守推荐程序,在东坡区“两会”召开前,通过集体谈话,要求新当选区人大代表和区政协委员把中央、省委、市委和区委有关换届的政策精神和要求弄清吃透,内化于心、外化于行,不断强化政治意识、纪律意识、规矩意识、自律意识,切实筑牢思想防线,本着对人民的事业和对东坡发展高度负责的态度,认真负责地行使法律赋予的选举和被选举权利。

充分利用民主党派的调研交流机会,通过接待兄弟组织、外出交流学习、开展文化交流等多种方式对外宣传东坡区文化及民革东坡区支部的党派工作特色,通过优秀的工作成绩多次邀请民革省委会及民革中央领导人到眉山考察,提高了眉山的知名度。

亲自撰写的各项工作经验材

料被团结网、团结报进行了登载，2018年参加市委统战部关于纪念改革开放四十周年征文并入选，被区委表彰为东坡区统战工作先进个人，2019年，民革东坡区支部被民革中央评为第一批“全国示范支部”。

武晋，男，1987年2月出生，汉族，中共党员，大学学历，毕业于重庆交通大学测绘工程系。现任眉山市东坡区自然资源和规划局空间规划股股长。2021年被授予“四川省自然资源系统先进个人”。

武晋讲政治、顾大局、守纪律，为人踏实勤勉，有良好的综合素质、较强的业务能力和担当尽责的工作作风。

思想素质良好，理想信念坚定。武晋始终坚持以马克思列宁主义、毛泽东思想、邓小平理论、“三个代表”重要思想、科学发展观、习近平新时代中国特色社会主义思想武装自己，增强“四个意识”、坚定“四个自信”、做到“两个维护”。在大是大非和重大考验面前头脑清醒、旗帜鲜明。坚决贯彻执行党的路线方针政策和上级各项决策部署，确保令行禁止、政令畅通。围绕岗位职责，自觉把学习和实践相结合，在勤学善思中坚定信念、筑牢思想。认真开展党的群众路线教育、“三严三实”专题教育、“两学一做”学习教育和“不忘初心、牢记使命”主题教育。

经历多岗锻炼，能力素质较强。武晋先后在犍为县自然资源局、眉山市东坡区自然资源和规划局空间规划股、耕地保护股、建设用地管理股等岗位工作，2019年3月被选派到省政府办公厅上挂锻炼，从省级机关到县级部门多岗锻炼中，在政府业务部门以及自然资源等工作方面积累了较为丰富的经验。在自然资源部门工作期间，注重业务学习，加强业务锻炼，虚心向领导、同事请教，迅速成长为本单位业务多面手；在省政府办上挂锻炼期间，积极参与处室文会事办理和重点工作，认真审核办理土地报件，服务保障省政府领导相关会议活动，逐步练就独当一面的能力和素质。

坚持主动作为，工作水平较高。始终保持旺盛的工作激情和饱满的精神状态，以强烈的事业心和责任感投入工作。在省政府办工作以来，充分发挥参谋助手作用，坚持高质量办文、高水平办会、高效率办事，起草完成各类文稿20余篇，向国务院审核报送建设用地80余件，协助办理建设用地批复2200余件、重大项目用地转批文件70个、土地利用总体规划局部修改220余件、重点项目占用生态保护红线不可避让性论证文件20个，协助办理省政府专题会、土地审批联审会等30余次，严格对省政府专题会、土地审批联审会的会议材料、会议纪要进行审核把关。为项目自然资源要素保障、地方用地布局优化、高效向国务院上报省公共卫生综合临床中心、天府国际机场高速公路、成都经济区环线高速公路等重点项目建设用地提供了优质的服务。努力做好协调服务工作，充分发挥润滑剂作用，积极主动与联系部门沟通，充分协调好各种关系，及时掌握各方信息，为领导提供决策依据，协助高质量审核《关于委托行使天府新区和中国（绵阳）科技城农用地转用和土地征收审批权通知》《关于同意各市（州）征收农用地区片综合地价标准的批复》《关于同意各市（州）征地青苗和地上附着物补偿标准的批复》等重要政策文件，保障自然资源重大事项高质量运转。2019年度被评为“眉山市东坡区乡村振兴工作先进个人”。

坚守清廉底线，勤勉实干担当。坚持原则、公道正派，待人诚恳、团结同志。始终严于律己，牢记自身身份、职责和角色，时刻做到自重、自省、自警、自励。严格遵守《准则》《条例》，经常性对照党章党规找差距，坚决抵制“四风”问题等腐朽思想侵蚀，不闯红灯，不越底线。始终勤勉敬业，把爱岗敬业作为立身之本，自觉摆正位置，尽职尽责，牢固树立落实为重、实干为先的理念，集中心思和精力干事创业。

龚俊，男，1981年8月出生，汉族，中共党员。现任东坡区水利局工作人员。2021年被授予“2020年度全省节约用水工作先进个人”。

2018年底从事水资源管理工作以来，龚俊始终坚持贯彻习近平总书记“节水优先、空间均衡、系统治理、两手发力”的治水思路，真抓实干，热爱本职工作。

为全力推进县域节水型社会达标建设和水利行业节水机关建设工作。2020年龚俊积极参与东坡区节水型社会达标建设工作，创建69个节水载体，其中：节水型公共机构45家、工业企业9家、居民小区15家,并建设1处节水教育基地;2021年,已顺利通过省水利厅组织专家验收,并报水利部备案。开展水利行业节水机关建设,如期通过眉山市水利局验收。

落实最严格的水资源管理制度,实施“双控行动”。2019年,东坡区用水总量为3.9559亿立方米,万元地区生产总值用水量为87.74立方米/万元,比2015年下降26.17%;万元工业增加值用水量为35.22立方米/万元,比2015年下降22.96%;农田灌溉水有效利用系数0.57;重主要水功能区水质达标率达到100%,城市供水管网漏损率10.1%(修正值),节水器具普及率达95%以上,全面完成水资源消耗总量和强度双控行动年度目标任务。

扎实开展东坡区取水工程(设施)核查登记整改提升工作。全区登记157个取水工程(设施),其中,101个保留类项目;3个退出类项目;53个整改类项目。2020年10月,整改类和退出类项目按照省厅要求的序时进度,全面完成整改,整改效率和质量居眉山市前列。

加强节水宣传工作,节水氛围浓厚。龚俊通过各类新闻媒体,加强节水理念、节水知识、节水技能的宣传教育,深入持久地宣传节约用水的重要意义。大力开展节水活动进机关、进单位、进企业、进灌区、进学校、进社区、进家庭等活动,进一步提升公民节水意识和节水技能。将节水宣传教育贯穿于节水工作的全过程,让节水行动深入人心,使爱水、节水、护水成为全社会的共识。

先进单位一览表

东坡区获省级(及以上)机关及其部门表彰的先进单位一览表

表5

获奖单位	获奖名称	颁奖机关
区人民检察院	2020年度全国检察新媒体作品三十佳	最高人民检察院
东坡区	第三批全国农村集体产权制度改革试点典型经验交流单位	农业农村部
区残疾人联合会	2021年度第五届全国残联专职委员知识竞赛被为区县级组织奖	中残联
区教体局	2017—2020年度全国群众体育先进单位	国家体育总局
苏祠街道金龙社区	第八批“全国民主法治示范村(社区)”	司法部、民政部
团区委	2020年西部计划绩效考核优秀县级项目办	全国大学生志愿服务西部计划项目管理办公室
东坡区	2020年住户监测调查工作先进县(市、区)	国家统计局四川调查总队
东坡区	2020年全省住户监测调查工作先进县(市、区)	国家统计局四川调查总队
东坡区	2021年全省居民收支调查工作先进县(市、区)	国家统计局四川调查总队
东坡区	2020年脱贫攻坚先进县(市、区)	省委、省政府
东坡区	2020年省内对口帮扶涉藏地区和彝区贫困县先进集体	省委、省政府
眉山第一中学	2020年省内对口帮扶涉藏地区和彝区贫困县先进集体	省委、省政府
区教体局	四川省脱贫攻坚先进集体	省委、省政府
多悦镇林埂村	2021年四川省乡村振兴示范村	省委、省政府
区人民法院	2020年度全省法院档案规范化管理工作先进集体	省高级人民法院
区人民法院	2020年度涉诉信访工作先进集体	省高级人民法院
区人民法院	2020年度陪审工作先进集体	省高级人民法院
区人民法院行政审判庭	全省法院行政审判工作先进集体	省高级人民法院
区人民法院刑事审判庭	扫黑除恶专项斗争先进集体	省高级人民法院
区人民法院民事繁案团队	建设工程领域民事司法与行政执法衔接联动机制工作先进集体	省高级人民法院
区人民检察院	四川省检察机关扫黑除恶专项斗争先进集体	省检察院
东坡区	2020年度全省平安建设先进县(市、区)	省委办
太和镇悦兴小学	全省第六批民族团结进步示范学校	省委宣传部、省委统战部、省民族宗教委
人民检察院	第五届平安中国看四川“三微”比赛《迷墙》荣获微视频(短视频)最佳作品奖	省委政法委
眉山“中国泡菜城”管理委员会	四川省工业领域脱贫攻坚先进集体	省经信厅

续表5

获奖单位	获奖名称	颁奖机关
区自然资源和规划局	林草行政部门优秀组织奖、四川“森林草原防灭火”安全教育手抄报征集活动市（州）、县（市、区）教育和林草行政部门优秀组织奖	省教育厅、省林业和草原局
通惠街道人民调解委员会张成调解工作室	四川省“金牌调解工作室”	省司法厅、省人民调解协会
区自然资源和规划局	四川省自然资源系统先进集体	四川省自然资源厅、四川省人力资源和社会保障厅
区自然资源和规划局	2020年度“厅长信箱”来信办理较好单位	省自然资源厅
区水利局	四川省水利系统先进集体	省水利厅、省人力厅
区水利局	2020年度水政工作先进集体	省水利厅
区水利局	四川省水利行业扫黑除恶专项斗争先进集体	省水利厅
区水利局	2020年四川水利宣传工作先进集体	省水利厅
区水利局	2020年度全省农村水利工作先进集体	省水利厅
区水利局	2020年度全省水资源管理工作先进集体	省水利厅
苏祠街道团工委	2020年度“四川省五四红旗团委（团支部）”	共青团四川省委
区教体局	新时代·蜀少年2020年四川省青少年文化艺术展演活动优秀组织奖	共青团四川省委
区人民检察院	四川省维护妇女儿童合法权益先进集体	省妇幼联合会
东坡区老科技工作者协会	2021年度老科协先进集体	四川省老科协
区教体局	四川省教育厅2019—2020年度四川教育宣传工作先进单位	省教融媒体中心
区人民法院	2020年四川省卫生单位	四川省爱国卫生运动委员会
区人民法院	2020年四川省无烟单位	四川省爱国卫生运动委员会
区经济和信息化局	2020年四川省无烟单位	四川省爱国卫生运动委员会
区经济和信息化局	2020年四川省卫生单位	四川省爱国卫生运动委员会
区水利局	2020年四川省卫生单位、2020年四川省无烟单位	四川省爱国卫生运动委员会
区消防救援大队	2020年度“先进基层单位”	中共四川省消防救援总队委员会
区消防救援大队党委	全省消防救援队伍干事创业好组织	中共四川省消防总队委员会
民革省委直属眉山市总支部东坡区支部	民革思想宣传工作先进集体	民革四川省委会
民革省委直属眉山市总支部东坡区支部	民革祖统工作先进集体	民革四川省委会

续表5

获奖单位	获奖名称	颁奖机关
三苏镇	四川省首批乡村治理示范镇	中共四川省委基层治理委员会
三苏镇新西村	四川省首批乡村治理示范村	中共四川省委基层治理委员会
东坡区黄埔军校同学后代联谊工作委员	“黄埔情·跟党走·聚力同圆中国梦”庆祝中国共产党成立100周年主题征文活动二等奖	四川省黄埔军校同学会
九三学社东坡区基层委员会	抗击新冠肺炎疫情先进集体	九三学社四川省委员会
多悦镇海珠村	2021年四川省乡村振兴重点帮扶优秀村	四川省委农村工作领导小组办公室
多悦镇正山口村	2021年四川省首批乡村治理示范村	四川省委城乡基层治理委员会
区委统战部	2020年度四川对台联络工作先进单位	省台办
区委统战部	全省基层侨联组织和侨胞之家典型选树单位	省侨联
团区委	四川省2020—2021年度大学生志愿服务西部计划优秀县级项目办	四川省大学生志愿服务西部计划项目管理办公室
区信访局	2021年度人民网网上群众工作民心汇聚单位	人民网股份有限公司
区水利局	四川省都江堰灌区2020年度用水管理先进集体	四川省都江堰管理局

表6

东坡区获市委、市政府表彰的先进单位一览表

获奖单位	获奖名称	颁奖机关
东坡区	2020年度党风廉政建设先进集体	市委、市政府
	2020年度30件民生实事工作先进集体	市委、市政府
	2020年度新型城乡基层治理体系建设工作先进集体	市委、市政府
	2020年度宣传思想文化工作先进集体	市委、市政府
	2020年度平安眉山建设工作先进集体	市委、市政府
	2020年度统战工作先进集体	市委、市政府
	2020年度成德眉资同城化发展工作先进集体	市委、市政府
	2020年度河湖长制工作和防汛减灾工作先进集体	市委、市政府
	2020年度促进民营经济发展工作先进集体	市委、市政府
	第十二届中国泡菜食品国际博览会筹办工作先进集体	市委、市政府
	2020中国国际竹产业交易博览会筹办工作先进集体	市委、市政府
	2020年度党管武装工作先进集体	市委、市政府

续表6

获奖单位	获奖名称	颁奖机关
东坡区	2020年度工业发展先进集体	市政府
区委组织部	2020年度全面深化改革工作先进集体	市委、市政府
区委宣传部	眉山市全国文明城市暨国家卫生城市创建工作先进集体	市委、市政府
区发改局	2020年度脱贫攻坚工作先进集体	市委、市政府
	2020年度全面深化改革工作先进集体	市委、市政府
区教体局	眉山市全国文明城市暨国家卫生城市创建工作先进集体	市委、市政府
区公安分局机关党委	眉山市先进基层党组织	市委
区公安分局	全市扫黑除恶专项斗争先进集体	市委
	眉山市全国文明城市暨国家卫生城市创建工作先进集体	市委、市政府
区住建局	眉山市全国文明城市暨国家卫生城市创建工作先进集体	市委、市政府
区水利局	2020年度河湖长制工作和防汛减灾工作先进集体	市委、市政府
区农业农村局	2020年度脱贫攻坚工作先进集体	市委、市政府
区商务博览局	眉山市全国文明城市暨国家卫生城市创建工作先进集体	市委、市政府
区文广旅局	眉山市全国文明城市暨国家卫生城市创建工作先进集体	市委、市政府
区卫健局	眉山市全国文明城市暨国家卫生城市创建工作先进集体	市委、市政府
区经合局	眉山市2020年度开放发展攻坚年先进集体	市委、市政府
区税务局	眉山市全国文明城市暨国家卫生城市创建工作先进集体	市委、市政府
区税务局机关党委	眉山市先进基层党组织	市委
团区委	眉山市全国文明城市暨国家卫生城市创建工作先进集体	市委、市政府
苏祠街道白虎滩社区党委	眉山市先进基层党组织	市委
苏祠街道白虎滩社区居委会	眉山市抗击新冠肺炎疫情先进集体	市委
苏祠街道办事处	眉山市全国文明城市暨国家卫生城市创建工作先进集体	市委、市政府
苏祠街道党工委	眉山市抗击新冠肺炎疫情先进集体	市委
	眉山市抗击新冠肺炎疫情先进基层党组织	市委
	2020年度新型城乡基层治理体系建设工作先进集体	市委、市政府
苏祠街道芙蓉路社区	眉山市全国文明城市暨国家卫生城市创建工作先进集体	市委、市政府
苏祠街道社区卫生服务中心党支部	眉山市先进基层党组织	市委
大石桥街道办事处	眉山市全国文明城市暨国家卫生城市创建工作先进集体	市委、市政府
大石桥街道党工委	眉山市抗击新冠肺炎疫情先进集体	市委
	眉山市抗击新冠肺炎疫情先进基层党组织	市委

续表6

获奖单位	获奖名称	颁奖机关
大石桥街道党工委	2020年度新型城乡基层治理体系建设工作先进集体	市委、市政府
大石桥街道旭光社区	眉山市全国文明城市暨国家卫生城市创建工作先进集体	市委、市政府
大石桥街道鱼山社区党委	眉山市抗击新冠肺炎疫情先进集体	市委
	眉山市抗击新冠肺炎疫情先进基层党组织	市委
大石桥派出所	眉山市抗击新冠肺炎疫情先进集体	市委
通惠街道办事处	眉山市全国文明城市暨国家卫生城市创建工作先进集体	市委、市政府
通惠街道党工委	眉山市抗击新冠肺炎疫情先进集体	市委
	眉山市抗击新冠肺炎疫情先进基层党组织	市委
通惠街道先锋社区	眉山市全国文明城市暨国家卫生城市创建工作先进集体	市委、市政府
通惠街道长安路社区党委	眉山市先进基层党组织	市委
通惠街道长安路社区九龙豪府小区党支部	眉山市抗击新冠肺炎疫情先进集体	市委
	眉山市抗击新冠肺炎疫情先进基层党组织	市委
东坡区集中隔离医学观察点临时党支部	眉山市抗击新冠肺炎疫情先进集体	市委
	眉山市抗击新冠肺炎疫情先进基层党组织	市委
尚义镇关工委	眉山市关心下一代工作先进集体	市委、市政府
尚义镇红旗社区党委	眉山市先进基层党组织	市委
思蒙镇	2020年度党管武装工作先进集体	市委、市政府
太和镇	2020年度统战工作先进集体	市委、市政府
	2020年度征兵工作先进单位	市委、市政府
太和镇人民政府	眉山市抗击新冠肺炎疫情先进集体	市委
	眉山市全国文明城市暨国家卫生城市创建工作先进集体	市委、市政府
太和中心卫生院	眉山市抗击新冠肺炎疫情先进集体	市委
崇礼镇人民政府	眉山市全国文明城市暨国家卫生城市创建工作先进集体	市委、市政府
富牛镇	2020年度脱贫攻坚工作先进集体	市委、市政府
修文镇岳营村党委	眉山市先进基层党组织	市委
修文中心卫生院	眉山市抗击新冠肺炎疫情先进集体	市委
永寿镇	2020年度征兵工作先进单位	市委、市政府
永寿镇人民政府	眉山市抗击新冠肺炎疫情先进集体	市委
三苏镇卫生院	眉山市抗击新冠肺炎疫情先进集体	市委
多悦镇	2020年度党管武装工作先进集体	市委、市政府
眉山市华陆大厦综合党委	眉山市先进基层党组织	市委

续表6

获奖单位	获奖名称	颁奖机关
眉山市金府房地产开发有限公司	眉山市关心下一代工作爱心企业奖	市委、市政府
眉山市阳光置业房地产开发有限公司	眉山市关心下一代工作爱心企业奖	市委、市政府
星梦艺术培训学校党支部	眉山市先进基层党组织	市委

表7　　东坡区获区委、区政府表彰的先进单位一览表

获奖单位	获奖名称	颁奖机关
眉山“中国泡菜城”	2020年度民生工作先进集体	区委、区政府
	2020年度组织工作先进集体	区委、区政府
	2020年度创建全国文明城市先进集体	区委、区政府
	2020年度政法工作先进集体	区委、区政府
	2020年度文化旅游工作先进集体	区委、区政府
	2020年度安全生产工作先进集体	区委、区政府
	2020年度卫生健康工作先进集体	区委、区政府
	2020年度民营经济工作先进集体	区委、区政府
	2020年度招商引资工作先进集体	区委、区政府
	2020年度目标绩效管理工作先进集体	区委、区政府
	2020年度信访工作先进集体	区政府
眉山经开区新区	2020年度民生工作先进集体	区委、区政府
	2020年度组织工作先进集体	区委、区政府
	2020年度创建国家卫生城市先进集体	区委、区政府
	2020年度政法工作先进集体	区委、区政府
	2020年度安全生产工作先进集体	区委、区政府
	2020年度卫生健康工作先进集体	区委、区政府
	2020年度新冠肺炎疫情防控工作先进集体	区委、区政府
	2020年度民营经济工作先进集体	区委、区政府

续表7

获奖单位	获奖名称	颁奖机关
眉山经开区新区	2020年度招商引资工作先进集体	区委、区政府
	2020年度环境保护工作先进集体	区委、区政府
	2020年度优秀区管领导班子	区委、区政府
	2020年度目标绩效管理工作先进集体	区委、区政府
	2020年度信访工作先进集体	区政府
甘眉工业园区南区	2020年度组织工作先进集体	区委、区政府
	2020年度创建国家卫生城市先进集体	区委、区政府
	2020年度统战工作先进集体	区委、区政府
	2020年度新冠肺炎疫情防控工作先进集体	区委、区政府
	2020年度民营经济工作先进集体	区委、区政府
	2020年度招商引资工作先进集体	区委、区政府
	2020年度信访工作先进集体	区政府
区岷江现代农业示范园区	2020年度组织工作先进集体	区委、区政府
	2020年度文化旅游工作先进集体	区委、区政府
区人武部	2020年度创建国家卫生城市先进集体	区委、区政府
	2020年度安全生产工作先进集体	区委、区政府
	2020年度卫生健康工作先进集体	区委、区政府
区纪委监委	2020年度组织工作先进集体	区委、区政府
	2020年度创建国家卫生城市先进集体	区委、区政府
	2020年度统战工作先进集体	区委、区政府
	2020年度乡村振兴工作先进集体	区委、区政府
	2020年度文化旅游工作先进集体	区委、区政府
	2020年度安全生产工作先进集体	区委、区政府
	2020年度新冠肺炎疫情防控工作先进集体	区委、区政府
	2020年度民营经济工作先进集体	区委、区政府
	2020年度环境保护工作先进集体	区委、区政府
	2020年度目标绩效管理工作先进集体	区委、区政府
	2020年度优秀区管领导班子	区委、区政府
	2021年度城乡基层治理先进集体	区委、区政府
	2020年度党管武装工作先进单位	区委、区人武部
	2020年度信访工作先进集体	区政府

续表7

获奖单位	获奖名称	颁奖机关
区人民法院	2020年度组织工作先进集体	区委、区政府
	2020年度创建国家卫生城市先进集体	区委、区政府
	2020年度政法工作先进集体	区委、区政府
	2020年度目标绩效管理工作先进集体	区委、区政府
	2020年度信访工作先进集体	区政府
区人民检察院	2020年度组织工作先进集体	区委、区政府
	2020年度创建国家卫生城市先进集体	区委、区政府
	2020年度政法工作先进集体	区委、区政府
	2020年度环境保护工作先进集体	区委、区政府
	2020年度目标绩效管理工作先进集体	区委、区政府
区委办	2020年度民生工作先进集体	区委、区政府
	2020年度组织工作先进集体	区委、区政府
	2020年度创建全国文明城市先进集体	区委、区政府
	2020年度统战工作先进集体	区委、区政府
	2020年度政法工作先进集体	区委、区政府
	2020年度乡村振兴工作先进集体	区委、区政府
	2020年度文化旅游工作先进集体	区委、区政府
	2020年度安全生产工作先进集体	区委、区政府
	2020年度卫生健康工作先进集体	区委、区政府
	2020年度新冠肺炎疫情防控工作先进集体	区委、区政府
	2020年度民营经济工作先进集体	区委、区政府
	2020年度招商引资工作先进集体	区委、区政府
	2020年度环境保护工作先进集体	区委、区政府
	2020年度目标绩效管理工作先进集体	区委、区政府
	2020年度优秀区管领导班子	区委、区政府
	2021年度城乡基层治理先进集体	区委、区政府
	2020年度信访工作先进集体	区政府
区人大办	2020年度组织工作先进集体	区委、区政府
	2020年度创建国家卫生城市先进集体	区委、区政府
	2020年度统战工作先进集体	区委、区政府
	2020年度乡村振兴工作先进集体	区委、区政府

续表7

获奖单位	获奖名称	颁奖机关
区人大办	2020年度文化旅游工作先进集体	区委、区政府
	2020年度卫生健康工作先进集体	区委、区政府
	2020年度新冠肺炎疫情防控工作先进集体	区委、区政府
	2020年度目标绩效管理工作先进集体	区委、区政府
区人大常委会机关	2020年度优秀区管领导班子	区委、区政府
区政府办	2020年度民生工作先进集体	区委、区政府
	2020年度组织工作先进集体	区委、区政府
	2020年度创建国家卫生城市先进集体	区委、区政府
	2020年度统战工作先进集体	区委、区政府
	2020年度乡村振兴工作先进集体	区委、区政府
	2020年度文化旅游工作先进集体	区委、区政府
	2020年度安全生产工作先进集体	区委、区政府
	2020年度卫生健康工作先进集体	区委、区政府
	2020年度新冠肺炎疫情防控工作先进集体	区委、区政府
	2020年度民营经济工作先进集体	区委、区政府
	2020年度招商引资工作先进集体	区委、区政府
	2020年度环境保护工作先进集体	区委、区政府
	2020年度目标绩效管理工作先进集体	区委、区政府
	2020年度优秀区管领导班子	区委、区政府
	2021年度城乡基层治理先进集体	区委、区政府
	2020年度信访工作先进集体	区政府
区政协办	2020年度组织工作先进集体	区委、区政府
	2020年度创建国家卫生城市先进集体	区委、区政府
	2020年度统战工作先进集体	区委、区政府
	2020年度乡村振兴工作先进集体	区委、区政府
	2020年度文化旅游工作先进集体	区委、区政府
	2020年度卫生健康工作先进集体	区委、区政府
	2020年度新冠肺炎疫情防控工作先进集体	区委、区政府
	2020年度目标绩效管理工作先进集体	区委、区政府
区政协机关	2020年度优秀区管领导班子	区委、区政府
区委组织部	2020年度组织工作先进集体	区委、区政府

续表7

获奖单位	获奖名称	颁奖机关
区委组织部	2020年度创建国家卫生城市先进集体	区委、区政府
	2020年度统战工作先进集体	区委、区政府
	2020年度政法工作先进集体	区委、区政府
	2020年度乡村振兴工作先进集体	区委、区政府
	2020年度文化旅游工作先进集体	区委、区政府
	2020年度安全生产工作先进集体	区委、区政府
	2020年度新冠肺炎疫情防控工作先进集体	区委、区政府
	2020年度民营经济工作先进集体	区委、区政府
	2020年度招商引资工作先进集体	区委、区政府
	2020年度环境保护工作先进集体	区委、区政府
	2020年度目标绩效管理工作先进集体	区委、区政府
	2020年度优秀区管领导班子	区委、区政府
	2021年度城乡基层治理先进集体	区委、区政府
区委宣传部	2020年度组织工作先进集体	区委、区政府
	2020年度统战工作先进集体	区委、区政府
	2020年度乡村振兴工作先进集体	区委、区政府
	2020年度文化旅游工作先进集体	区委、区政府
	2020年度安全生产工作先进集体	区委、区政府
	2020年度新冠肺炎疫情防控工作先进集体	区委、区政府
	2020年度民营经济工作先进集体	区委、区政府
	2020年度招商引资工作先进集体	区委、区政府
	2020年度环境保护工作先进集体	区委、区政府
	2020年度目标绩效管理工作先进集体	区委、区政府
	2020年度优秀区管领导班子	区委、区政府
	2021年度城乡基层治理先进集体	区委、区政府
	2020年度党管武装工作先进单位	区委、区人武部
	2020年度信访工作先进集体	区政府
区委统战部	2020年度组织工作先进集体	区委、区政府
	2020年度创建全国文明城市先进集体	区委、区政府
	2020年度统战工作先进集体	区委、区政府
	2020年度乡村振兴工作先进集体	区委、区政府

续表7

获奖单位	获奖名称	颁奖机关
区委统战部	2020年度民营经济工作先进集体	区委、区政府
	2020年度目标绩效管理工作先进集体	区委、区政府
	2021年度城乡基层治理先进集体	区委、区政府
	2020年度信访工作先进集体	区政府
区佛教协会	2020年度统战工作先进集体	区委、区政府
农工党东坡区支部	2020年度统战工作先进集体	区委、区政府
区委政法委	2020年度组织工作先进集体	区委、区政府
	2020年度创建全国文明城市先进集体	区委、区政府
	2020年度政法工作先进集体	区委、区政府
	2020年度乡村振兴工作先进集体	区委、区政府
	2020年度安全生产工作先进集体	区委、区政府
	2020年度卫生健康工作先进集体	区委、区政府
	2020年度民营经济工作先进集体	区委、区政府
	2020年度目标绩效管理工作先进集体	区委、区政府
	2020年度优秀区管领导班子	区委、区政府
	2021年度城乡基层治理先进集体	区委、区政府
	2020年度信访工作先进集体	区政府
区委编办	2020年度创建全国文明城市先进集体	区委、区政府
	2020年度卫生健康工作先进集体	区委、区政府
区委巡察办	2020年度卫生健康工作先进集体	区委、区政府
区委老干部局	2020年度创建全国文明城市先进集体	区委、区政府
区发改局	2020年度民生工作先进集体	区委、区政府
	2020年度创建国家卫生城市先进集体	区委、区政府
	2020年度文化旅游工作先进集体	区委、区政府
	2020年度安全生产工作先进集体	区委、区政府
	2020年度新冠肺炎疫情防控工作先进集体	区委、区政府
	2020年度民营经济工作先进集体	区委、区政府
	2020年度招商引资工作先进集体	区委、区政府
	2020年度环境保护工作先进集体	区委、区政府
	2020年度目标绩效管理工作先进集体	区委、区政府
区经信局	2020年度民生工作先进集体	区委、区政府

续表7

获奖单位	获奖名称	颁奖机关
区经信局	2020年度组织工作先进集体	区委、区政府
	2020年度创建国家卫生城市先进集体	区委、区政府
	2020年度乡村振兴工作先进集体	区委、区政府
	2020年度安全生产工作先进集体	区委、区政府
	2020年度新冠肺炎疫情防控工作先进集体	区委、区政府
	2020年度民营经济工作先进集体	区委、区政府
	2020年度招商引资工作先进集体	区委、区政府
	2020年度目标绩效管理工作先进集体	区委、区政府
	2020年度优秀区管领导班子	区委、区政府
区教体局	2020年度民生工作先进集体	区委、区政府
	2020年度组织工作先进集体	区委、区政府
	2020年度统战工作先进集体	区委、区政府
	2020年度政法工作先进集体	区委、区政府
	2020年度安全生产工作先进集体	区委、区政府
	2020年度新冠肺炎疫情防控工作先进集体	区委、区政府
	2020年度民营经济工作先进集体	区委、区政府
	2020年度目标绩效管理工作先进集体	区委、区政府
	2020年度优秀区管领导班子	区委、区政府
	2020年度党管武装工作先进单位	区委、区人武部
区公安分局	2020年度组织工作先进集体	区委、区政府
	2020年度统战工作先进集体	区委、区政府
	2020年度政法工作先进集体	区委、区政府
	2020年度文化旅游工作先进集体	区委、区政府
	2020年度安全生产工作先进集体	区委、区政府
	2020年度新冠肺炎疫情防控工作先进集体	区委、区政府
	2020年度民营经济工作先进集体	区委、区政府
	2020年度环境保护工作先进集体	区委、区政府
	2020年度目标绩效管理工作先进集体	区委、区政府
	2020年度优秀区管领导班子	区委、区政府
	2020年度信访工作先进集体	区政府
区公安分局尚义派出所	2021年度城乡基层治理先进集体	区委、区政府

续表7

获奖单位	获奖名称	颁奖机关
区民政局	2020年度民生工作先进集体	区委、区政府
	2020年度创建全国文明城市先进集体	区委、区政府
	2020年度安全生产工作先进集体	区委、区政府
	2020年度卫生健康工作先进集体	区委、区政府
	2020年度目标绩效管理工作先进集体	区委、区政府
	2021年度城乡基层治理先进集体	区委、区政府
	2020年度信访工作先进集体	区政府
区司法局	2020年度创建全国文明城市先进集体	区委、区政府
	2020年度政法工作先进集体	区委、区政府
	2020年度卫生健康工作先进集体	区委、区政府
	2020年度招商引资工作先进集体	区委、区政府
	2020年度目标绩效管理工作先进集体	区委、区政府
	2021年度城乡基层治理先进集体	区委、区政府
	2020年度信访工作先进集体	区政府
区财政局	2020年度民生工作先进集体	区委、区政府
	2020年度创建国家卫生城市先进集体	区委、区政府
	2020年度统战工作先进集体	区委、区政府
	2020年度乡村振兴工作先进集体	区委、区政府
	2020年度文化旅游工作先进集体	区委、区政府
	2020年度安全生产工作先进集体	区委、区政府
	2020年度新冠肺炎疫情防控工作先进集体	区委、区政府
	2020年度民营经济工作先进集体	区委、区政府
	2020年度招商引资工作先进集体	区委、区政府
	2020年度环境保护工作先进集体	区委、区政府
	2020年度目标绩效管理工作先进集体	区委、区政府
区人社局	2020年度民生工作先进集体	区委、区政府
	2020年度创建国家卫生城市先进集体	区委、区政府
	2020年度政法工作先进集体	区委、区政府
	2020年度卫生健康工作先进集体	区委、区政府
	2020年度民营经济工作先进集体	区委、区政府
	2020年度目标绩效管理工作先进集体	区委、区政府

续表7

获奖单位	获奖名称	颁奖机关
区人社局	2020年度信访工作先进集体	区政府
区自然资源和规划局	2020年度创建全国文明城市先进集体	区委、区政府
	2020年度文化旅游工作先进集体	区委、区政府
	2020年度卫生健康工作先进集体	区委、区政府
	2020年度招商引资工作先进集体	区委、区政府
	2020年度目标绩效管理工作先进集体	区委、区政府
区住建局	2020年度民生工作先进集体	区委、区政府
	2020年度乡村振兴工作先进集体	区委、区政府
	2020年度文化旅游工作先进集体	区委、区政府
	2020年度安全生产工作先进集体	区委、区政府
	2020年度卫生健康工作先进集体	区委、区政府
	2020年度招商引资工作先进集体	区委、区政府
	2020年度环境保护工作先进集体	区委、区政府
	2020年度目标绩效管理工作先进集体	区委、区政府
	2020年度优秀区管领导班子	区委、区政府
	2021年度城乡基层治理先进集体	区委、区政府
区交通运输局	2020年度民生工作先进集体	区委、区政府
	2020年度创建全国文明城市先进集体	区委、区政府
	2020年度文化旅游工作先进集体	区委、区政府
	2020年度目标绩效管理工作先进集体	区委、区政府
区水利局	2020年度民生工作先进集体	区委、区政府
	2020年度创建全国文明城市先进集体	区委、区政府
	2020年度乡村振兴工作先进集体	区委、区政府
	2020年度安全生产工作先进集体	区委、区政府
	2020年度卫生健康工作先进集体	区委、区政府
	2020年度民营经济工作先进集体	区委、区政府
	2020年度环境保护工作先进集体	区委、区政府
	2020年度目标绩效管理工作先进集体	区委、区政府
区农业农村局	2020年度民生工作先进集体	区委、区政府
	2020年度创建国家卫生城市先进集体	区委、区政府
	2020年度乡村振兴工作先进集体	区委、区政府

续表7

获奖单位	获奖名称	颁奖机关
区农业农村局	2020年度文化旅游工作先进集体	区委、区政府
	2020年度新冠肺炎疫情防控工作先进集体	区委、区政府
	2020年度民营经济工作先进集体	区委、区政府
	2020年度招商引资工作先进集体	区委、区政府
	2020年度环境保护工作先进集体	区委、区政府
	2020年度目标绩效管理工作先进集体	区委、区政府
	2020年度优秀区管领导班子	区委、区政府
	2021年度城乡基层治理先进集体	区委、区政府
	2020年度信访工作先进集体	区政府
区商务博览局	2020年度民生工作先进集体	区委、区政府
	2020年度文化旅游工作先进集体	区委、区政府
	2020年度安全生产工作先进集体	区委、区政府
	2020年度新冠肺炎疫情防控工作先进集体	区委、区政府
	2020年度招商引资工作先进集体	区委、区政府
	2020年度目标绩效管理工作先进集体	区委、区政府
	2020年度优秀区管领导班子	区委、区政府
	2020年度信访工作先进集体	区政府
区文广旅局	2020年度民生工作先进集体	区委、区政府
	2020年度文化旅游工作先进集体	区委、区政府
	2020年度安全生产工作先进集体	区委、区政府
	2020年度新冠肺炎疫情防控工作先进集体	区委、区政府
	2020年度民营经济工作先进集体	区委、区政府
	2020年度招商引资工作先进集体	区委、区政府
	2020年度目标绩效管理工作先进集体	区委、区政府
	2020年度优秀区管领导班子	区委、区政府
区卫健局	2020年度民生工作先进集体	区委、区政府
	2020年度组织工作先进集体	区委、区政府
	2020年度文化旅游工作先进集体	区委、区政府
	2020年度安全生产工作先进集体	区委、区政府
	2020年度卫生健康工作先进集体	区委、区政府
	2020年度新冠肺炎疫情防控工作先进集体	区委、区政府

续表7

获奖单位	获奖名称	颁奖机关
区卫健局	2020年度目标绩效管理工作先进集体	区委、区政府
	2020年度优秀区管领导班子	区委、区政府
	2021年度城乡基层治理先进集体	区委、区政府
	2020年度党管武装工作先进单位	区委、区人武部
	2020年度信访工作先进集体	区政府
区退役军人事务局	2020年度创建全国文明城市先进集体	区委、区政府
	2020年度政法工作先进集体	区委、区政府
	2020年度信访工作先进集体	区政府
区应急管理局	2020年度创建全国文明城市先进集体	区委、区政府
	2020年度统战工作先进集体	区委、区政府
	2020年度政法工作先进集体	区委、区政府
	2020年度文化旅游工作先进集体	区委、区政府
	2020年度安全生产工作先进集体	区委、区政府
	2020年度新冠肺炎疫情防控工作先进集体	区委、区政府
	2020年度环境保护工作先进集体	区委、区政府
区审计局	2020年度创建国家卫生城市先进集体	区委、区政府
	2020年度卫生健康工作先进集体	区委、区政府
	2020年度民营经济工作先进集体	区委、区政府
	2020年度环境保护工作先进集体	区委、区政府
区国资和金融工作局	2020年度组织工作先进集体	区委、区政府
	2020年度创建国家卫生城市先进集体	区委、区政府
	2020年度民营经济工作先进集体	区委、区政府
区市场监管局	2020年度创建国家卫生城市先进集体	区委、区政府
	2020年度文化旅游工作先进集体	区委、区政府
	2020年度安全生产工作先进集体	区委、区政府
	2020年度新冠肺炎疫情防控工作先进集体	区委、区政府
	2020年度民营经济工作先进集体	区委、区政府
	2020年度招商引资工作先进集体	区委、区政府
	2020年度目标绩效管理工作先进集体	区委、区政府
区经合局	2020年度创建全国文明城市先进集体	区委、区政府
	2020年度文化旅游工作先进集体	区委、区政府

续表7

获奖单位	获奖名称	颁奖机关
区经合局	2020年度民营经济工作先进集体	区委、区政府
	2020年度招商引资工作先进集体	区委、区政府
区统计局	2020年度创建国家卫生城市先进集体	区委、区政府
	2020年度乡村振兴工作先进集体	区委、区政府
	2020年度文化旅游工作先进集体	区委、区政府
	2020年度卫生健康工作先进集体	区委、区政府
	2020年度民营经济工作先进集体	区委、区政府
区信访局	2020年度创建国家卫生城市先进集体	区委、区政府
	2020年度政法工作先进集体	区委、区政府
	2020年度信访工作先进集体	区政府
区医保局	2020年度创建国家卫生城市先进集体	区委、区政府
	2020年度新冠肺炎疫情防控工作先进集体	区委、区政府
区行政审批局	2020年度创建全国文明城市先进集体	区委、区政府
	2020年度民营经济工作先进集体	区委、区政府
区综合行政执法局	2020年度创建全国文明城市先进集体	区委、区政府
东坡生态环境局	2020年度民生工作先进集体	区委、区政府
	2020年度创建全国文明城市先进集体	区委、区政府
	2020年度乡村振兴工作先进集体	区委、区政府
	2020年度卫生健康工作先进集体	区委、区政府
	2020年度民营经济工作先进集体	区委、区政府
	2020年度招商引资工作先进集体	区委、区政府
	2020年度环境保护工作先进集体	区委、区政府
	2020年度信访工作先进集体	区政府
区气象局	2020年度创建全国文明城市先进集体	区委、区政府
区税务局	2020年度民营经济工作先进集体	区委、区政府
	2020年度招商引资工作先进集体	区委、区政府
区总工会	2020年度创建国家卫生城市先进集体	区委、区政府
团区委	2020年度民生工作先进集体	区委、区政府
	2020年度组织工作先进集体	区委、区政府
	2020年度文化旅游工作先进集体	区委、区政府
	2021年度城乡基层治理先进集体	区委、区政府

续表7

获奖单位	获奖名称	颁奖机关
区妇联	2020年度组织工作先进集体	区委、区政府
	2020年度创建国家卫生城市先进集体	区委、区政府
	2021年度城乡基层治理先进集体	区委、区政府
区工商联	2020年度创建国家卫生城市先进集体	区委、区政府
区科协	2020年度创建国家卫生城市先进集体	区委、区政府
区残联	2020年度民生工作先进集体	区委、区政府
	2020年度创建国家卫生城市先进集体	区委、区政府
拆迁中心	2020年度创建国家卫生城市先进集体	区委、区政府
区委党校	2020年度创建国家卫生城市先进集体	区委、区政府
区融媒体中心	2020年度民生工作先进集体	区委、区政府
	2020年度创建全国文明城市先进集体	区委、区政府
	2020年度文化旅游工作先进集体	区委、区政府
	2020年度新冠肺炎疫情防控工作先进集体	区委、区政府
	2020年度目标绩效管理工作先进集体	区委、区政府
区档案馆	2020年度创建全国文明城市先进集体	区委、区政府
区史志编纂中心	2020年度创建国家卫生城市先进集体	区委、区政府
区机关事务服务中心	2020年度创建国家卫生城市先进集体	区委、区政府
	2020年度新冠肺炎疫情防控工作先进集体	区委、区政府
区供销社	2020年度创建国家卫生城市先进集体	区委、区政府
区征补中心	2020年度创建全国文明城市先进集体	区委、区政府
区开发建设协调中心	2020年度创建国家卫生城市先进集体	区委、区政府
区消防救援大队	2020年度创建全国文明城市先进集体	区委、区政府
	2020年度安全生产工作先进集体	区委、区政府
市交警支队直属二大队	2020年度安全生产工作先进集体	区委、区政府
区疾控中心	2020年度新冠肺炎疫情防控工作先进集体	区委、区政府
区新联会	2020年度统战工作先进集体	区委、区政府
区烟草专卖局	2020年度创建全国文明城市先进集体	区委、区政府
东坡区晚熟柑橘现代农业园区	2020年度区级实施乡村振兴战略先进现代农业园区	区委、区政府
东坡区种养循环现代农业园区	2020年度区级实施乡村振兴战略先进现代农业园区	区委、区政府
苏祠街道	2020年度民生工作先进集体	区委、区政府

续表7

获奖单位	获奖名称	颁奖机关
苏祠街道	2020年度组织工作先进集体	区委、区政府
	2020年度统战工作先进集体	区委、区政府
	2020年度政法工作先进集体	区委、区政府
	2020年度文化旅游工作先进集体	区委、区政府
	2020年度安全生产工作先进集体	区委、区政府
	2020年度新冠肺炎疫情防控工作先进集体	区委、区政府
	2020年度目标绩效管理工作先进集体	区委、区政府
	2020年度优秀区管领导班子	区委、区政府
	2021年度城乡基层治理先进集体	区委、区政府
苏祠街道白虎滩社区	2021年度城乡基层治理先进集体	区委、区政府
苏祠街道党工委	2020年度党管武装工作先进单位	区委、区人武部
苏祠街道金龙社区	2021年度城乡基层治理先进集体	区委、区政府
苏祠街道民和社区	2020年度创建全国文明城市先进集体	区委、区政府
苏祠街道学道街社区	2020年度创建国家卫生城市先进集体	区委、区政府
大石桥街道	2020年度民生工作先进集体	区委、区政府
	2020年度组织工作先进集体	区委、区政府
	2020年度政法工作先进集体	区委、区政府
	2020年度文化旅游工作先进集体	区委、区政府
	2020年度新冠肺炎疫情防控工作先进集体	区委、区政府
	2020年度民营经济工作先进集体	区委、区政府
	2021年度城乡基层治理先进集体	区委、区政府
大石桥街道党工委	2020年度党管武装工作先进单位	区委、区人武部
大石桥街道高灯社区	2020年度创建国家卫生城市先进集体	区委、区政府
大石桥街道江公社区	2020年度创建全国文明城市先进集体	区委、区政府
大石桥街道社区卫生服务中心	2020年度卫生健康工作先进集体	区委、区政府
大石桥街道苏辙社区	2021年度城乡基层治理先进集体	区委、区政府
通惠街道	2020年度政法工作先进集体	区委、区政府
	2020年度新冠肺炎疫情防控工作先进集体	区委、区政府
	2020年度环境保护工作先进集体	区委、区政府
	2020年度目标绩效管理工作先进集体	区委、区政府

续表7

获奖单位	获奖名称	颁奖机关
通惠街道	2020年度优秀区管领导班子	区委、区政府
	2021年度城乡基层治理先进集体	区委、区政府
	2020年度信访工作先进集体	区政府
通惠街道城南社区	2020年度创建国家卫生城市先进集体	区委、区政府
通惠街道长安路社区	2020年度创建全国文明城市先进集体	区委、区政府
尚义镇	2020年度目标绩效管理工作先进集体	区委、区政府
	2021年度城乡基层治理先进集体	区委、区政府
尚义镇龚村	2021年度城乡基层治理先进集体	区委、区政府
	2020年度区级实施乡村振兴战略试点村考核一等奖	区委、区政府
尚义镇桥楼村	2020年度区级实施乡村振兴战略示范村	区委、区政府
尚义镇桥楼村	2020年度区级实施乡村振兴战略试点村考核三等奖	区委、区政府
思蒙镇	2020年度民生工作先进集体	区委、区政府
	2020年度创建全国文明城市先进集体	区委、区政府
	2020年度政法工作先进集体	区委、区政府
	2020年度安全生产工作先进集体	区委、区政府
	2020年度新冠肺炎疫情防控工作先进集体	区委、区政府
	2020年度招商引资工作先进集体	区委、区政府
	2020年度信访工作先进集体	区政府
思蒙镇张场村	2020年度区级实施乡村振兴战略示范村	区委、区政府
	2020年度区级实施乡村振兴战略试点村考核三等奖	区委、区政府
思蒙镇工农村	2020年度区级实施乡村振兴战略试点村考核二等奖	区委、区政府
太和镇	2020年度民生工作先进集体	区委、区政府
	2020年度统战工作先进集体	区委、区政府
	2020年度安全生产工作先进集体	区委、区政府
	2020年度卫生健康工作先进集体	区委、区政府
	2020年度民营经济工作先进集体	区委、区政府
	2020年度招商引资工作先进集体	区委、区政府
	2020年度环境保护工作先进集体	区委、区政府
	2020年度目标绩效管理工作先进集体	区委、区政府
	2020年度优秀区管领导班子	区委、区政府
	2020年度信访工作先进集体	区政府

续表7

获奖单位	获奖名称	颁奖机关
太和镇党委	2020年度党管武装工作先进单位	区委、区人武部
太和镇四维村	2021年度城乡基层治理先进集体	区委、区政府
太和镇永丰村	2020年度区级实施乡村振兴战略示范村	区委、区政府
	2020年度区级实施乡村振兴战略试点村考核二等奖	区委、区政府
崇礼镇	2020年度民生工作先进集体	区委、区政府
	2020年度组织工作先进集体	区委、区政府
	2020年度卫生健康工作先进集体	区委、区政府
	2020年度环境保护工作先进集体	区委、区政府
	2020年度目标绩效管理工作先进集体	区委、区政府
	2020年度优秀区管领导班子	区委、区政府
	2021年度城乡基层治理先进集体	区委、区政府
崇礼镇洪庙社区	2021年度城乡基层治理先进集体	区委、区政府
崇礼镇中桂村	2020年度区级实施乡村振兴战略示范村	区委、区政府
崇礼镇家相村	2020年度区级实施乡村振兴战略示范村	区委、区政府
崇礼镇大定桥村	2020年度区级实施乡村振兴战略试点村考核一等奖	区委、区政府
富牛镇	2020年度组织工作先进集体	区委、区政府
	2020年度创建全国文明城市先进集体	区委、区政府
	2020年度卫生健康工作先进集体	区委、区政府
	2020年度民营经济工作先进集体	区委、区政府
	2021年度城乡基层治理先进集体	区委、区政府
富牛镇党委	2020年度党管武装工作先进单位	区委、区人武部
富牛镇玉龙村	2021年度城乡基层治理先进集体	区委、区政府
	2020年度区级实施乡村振兴战略示范村	区委、区政府
	2020年度区级实施乡村振兴战略试点村考核二等奖	区委、区政府
修文镇岳营村	2020年度区级实施乡村振兴战略试点村考核三等奖	区委、区政府
松江镇	2020年度民生工作先进集体	区委、区政府
	2020年度创建全国文明城市先进集体	区委、区政府
	2020年度统战工作先进集体	区委、区政府
	2020年度卫生健康工作先进集体	区委、区政府
	2020年度目标绩效管理工作先进集体	区委、区政府
	2020年度信访工作先进集体	区政府

续表7

获奖单位	获奖名称	颁奖机关
松江镇山坝村	2020年度区级实施乡村振兴战略试点村考核三等奖	区委、区政府
永寿镇	2020年度民生工作先进集体	区委、区政府
	2020年度创建全国文明城市先进集体	区委、区政府
	2020年度政法工作先进集体	区委、区政府
	2020年度文化旅游工作先进集体	区委、区政府
	2020年度卫生健康工作先进集体	区委、区政府
	2020年度招商引资工作先进集体	区委、区政府
	2020年度目标绩效管理工作先进集体	区委、区政府
	2020年度优秀区管领导班子	区委、区政府
	2020年度信访工作先进集体	区政府
永寿镇党委	2020年度党管武装工作先进单位	区委、区人武部
永寿镇石佛村	2020年度区级实施乡村振兴战略试点村考核三等奖	区委、区政府
三苏镇	2020年度组织工作先进集体	区委、区政府
	2020年度创建全国文明城市先进集体	区委、区政府
	2020年度乡村振兴工作先进集体	区委、区政府
	2020年度文化旅游工作先进集体	区委、区政府
	2020年度新冠肺炎疫情防控工作先进集体	区委、区政府
	2020年度区级实施乡村振兴战略先进镇	区委、区政府
	2020年度信访工作先进集体	区政府
三苏镇党委	2020年度党管武装工作先进单位	区委、区人武部
三苏镇望苏村	2020年度区级实施乡村振兴战略示范村	区委、区政府
	2020年度区级实施乡村振兴战略试点村考核一等奖	区委、区政府
三苏镇陈沟村	2020年度区级实施乡村振兴战略示范村	区委、区政府
三苏镇新西村	2020年度区级实施乡村振兴战略示范村	区委、区政府
复兴镇	2020年度创建全国文明城市先进集体	区委、区政府
	2020年度文化旅游工作先进集体	区委、区政府
	2020年度安全生产工作先进集体	区委、区政府
	2020年度卫生健康工作先进集体	区委、区政府
	2020年度信访工作先进集体	区政府
复兴镇五圣村	2020年度区级实施乡村振兴战略示范村	区委、区政府
复兴镇山祠村	2020年度区级实施乡村振兴战略试点村考核二等奖	区委、区政府

续表7

获奖单位	获奖名称	颁奖机关
多悦镇	2020年度组织工作先进集体	区委、区政府
	2020年度创建全国文明城市先进集体	区委、区政府
	2020年度统战工作先进集体	区委、区政府
	2020年度乡村振兴工作先进集体	区委、区政府
	2020年度安全生产工作先进集体	区委、区政府
	2020年度卫生健康工作先进集体	区委、区政府
	2020年度招商引资工作先进集体	区委、区政府
	2021年度城乡基层治理先进集体	区委、区政府
	2020年度信访工作先进集体	区政府
多悦镇正山口村	2021年度城乡基层治理先进集体	区委、区政府
	2020年度区级实施乡村振兴战略示范村	区委、区政府
多悦镇林埂村	2020年度区级实施乡村振兴战略示范村	区委、区政府
	2020年度区级实施乡村振兴战略试点村考核一等奖	区委、区政府
万胜镇	2020年度民生工作先进集体	区委、区政府
	2020年度组织工作先进集体	区委、区政府
	2020年度创建全国文明城市先进集体	区委、区政府
	2020年度乡村振兴工作先进集体	区委、区政府
	2020年度安全生产工作先进集体	区委、区政府
	2020年度卫生健康工作先进集体	区委、区政府
	2020年度环境保护工作先进集体	区委、区政府
	2020年度目标绩效管理工作先进集体	区委、区政府
	2020年度区级实施乡村振兴战略先进镇	区委、区政府
	2020年度信访工作先进集体	区政府
万胜镇艾光村	2020年度区级实施乡村振兴战略试点村考核一等奖	区委、区政府
秦家镇	2020年度民生工作先进集体	区委、区政府
	2020年度创建全国文明城市先进集体	区委、区政府
	2020年度政法工作先进集体	区委、区政府
	2020年度乡村振兴工作先进集体	区委、区政府
	2020年度卫生健康工作先进集体	区委、区政府
	2020年度信访工作先进集体	区政府
秦家镇大佛村	2020年度区级实施乡村振兴战略示范村	区委、区政府

续表7

获奖单位	获奖名称	颁奖机关
秦家镇大佛村	2020年度区级实施乡村振兴战略试点村考核二等奖	区委、区政府
苏祠中学	2019—2020学年度义务教育和中职教育教学质量先进学校(一等奖)	区政府
东坡中学	2019—2020学年度义务教育和中职教育教学质量先进学校(一等奖)	区政府
特殊学校	2019—2020学年度义务教育和中职教育教学质量先进学校(一等奖)	区政府
齐通中学	2019—2020学年度义务教育和中职教育教学质量先进学校(一等奖)	区政府
苏洵中学	2019—2020学年度义务教育和中职教育教学质量先进学校(一等奖)	区政府
百坡中学	2019—2020学年度义务教育和中职教育教学质量先进学校(一等奖)	区政府
实验中学	2019—2021学年度义务教育和中职教育教学质量先进学校(二等奖)	区政府
苏辙中学	2019—2021学年度义务教育和中职教育教学质量先进学校(二等奖)	区政府
东坡二中	2019—2021学年度义务教育和中职教育教学质量先进学校(二等奖)	区政府
尚义初中	2019—2021学年度义务教育和中职教育教学质量先进学校(二等奖)	区政府
松江初中	2019—2021学年度义务教育和中职教育教学质量先进学校(二等奖)	区政府
太和初中	2019—2021学年度义务教育和中职教育教学质量先进学校(二等奖)	区政府
广济初中	2019—2021学年度义务教育和中职教育教学质量先进学校(二等奖)	区政府
万胜初中	2019—2021学年度义务教育和中职教育教学质量先进学校(二等奖)	区政府
盘鳌初中	2019—2021学年度义务教育和中职教育教学质量先进学校(二等奖)	区政府
张坎初中	2019—2021学年度义务教育和中职教育教学质量先进学校(三等奖)	区政府
中店初中	2019—2021学年度义务教育和中职教育教学质量先进学校(三等奖)	区政府
陈竹学校	2019—2021学年度义务教育和中职教育教学质量先进学校(三等奖)	区政府
复兴初中	2019—2021学年度义务教育和中职教育教学质量先进学校(三等奖)	区政府

续表7

获奖单位	获奖名称	颁奖机关
悦兴初中	2019—2021学年度义务教育和中职教育教学质量先进学校（三等奖）	区政府
多悦初中	2019—2021学年度义务教育和中职教育教学质量先进学校（三等奖）	区政府
修文初中	2019—2021学年度义务教育和中职教育教学质量先进学校（达标奖）	区政府
象耳初中	2019—2021学年度义务教育和中职教育教学质量先进学校（达标奖）	区政府
岷东中学	2019—2021学年度义务教育和中职教育教学质量先进学校（达标奖）	区政府
崇仁初中	2019—2021学年度义务教育和中职教育教学质量先进学校（达标奖）	区政府
山宝初中	2019—2021学年度义务教育和中职教育教学质量先进学校（达标奖）	区政府
金花初中	2019—2021学年度义务教育和中职教育教学质量先进学校（达标奖）	区政府
土地初中	2019—2021学年度义务教育和中职教育教学质量先进学校（达标奖）	区政府
新四学校	2019—2021学年度义务教育和中职教育教学质量先进学校（达标奖）	区政府
秦家初中	2019—2021学年度义务教育和中职教育教学质量先进学校（达标奖）	区政府
思蒙初中	2019—2021学年度义务教育和中职教育教学质量先进学校（达标奖）	区政府
罗平初中	2019—2021学年度义务教育和中职教育教学质量先进学校（达标奖）	区政府
永寿初中	2019—2021学年度义务教育和中职教育教学质量先进学校（达标奖）	区政府
柳圣初中	2019—2021学年度义务教育和中职教育教学质量先进学校（达标奖）	区政府
三苏初中	2019—2021学年度义务教育和中职教育教学质量先进学校（达标奖）	区政府
伏龙初中	2019—2021学年度义务教育和中职教育教学质量先进学校（达标奖）	区政府
海珠学校	2019—2021学年度义务教育和中职教育教学质量先进学校（达标奖）	区政府
眉师附小	2019—2020学年度义务教育和中职教育教学质量先进学校（一等奖）	区政府

续表7

获奖单位	获奖名称	颁奖机关
东坡小学	2019—2020学年度义务教育和中职教育教学质量先进学校（一等奖）	区政府
苏南小学	2019—2020学年度义务教育和中职教育教学质量先进学校（一等奖）	区政府
苏辙小学	2019—2020学年度义务教育和中职教育教学质量先进学校（一等奖）	区政府
苏洵小学	2019—2020学年度义务教育和中职教育教学质量先进学校（一等奖）	区政府
齐通小学	2019—2020学年度义务教育和中职教育教学质量先进学校（一等奖）	区政府
百坡小学	2019—2020学年度义务教育和中职教育教学质量先进学校（一等奖）	区政府
东湖小学	2019—2020学年度义务教育和中职教育教学质量先进学校（一等奖）	区政府
万胜小学	2019—2020学年度义务教育和中职教育教学质量先进学校（一等奖）	区政府
莲花小学	2019—2020学年度义务教育和中职教育教学质量先进学校（一等奖）	区政府
大北街小学	2019—2021学年度义务教育和中职教育教学质量先进学校（二等奖）	区政府
张坎小学	2019—2021学年度义务教育和中职教育教学质量先进学校（二等奖）	区政府
三苏路小学	2019—2021学年度义务教育和中职教育教学质量先进学校（二等奖）	区政府
象耳小学	2019—2021学年度义务教育和中职教育教学质量先进学校（二等奖）	区政府
通惠小学	2019—2021学年度义务教育和中职教育教学质量先进学校（二等奖）	区政府
车辆小学	2019—2021学年度义务教育和中职教育教学质量先进学校（二等奖）	区政府
崇仁小学	2019—2021学年度义务教育和中职教育教学质量先进学校（二等奖）	区政府
崇礼小学	2019—2021学年度义务教育和中职教育教学质量先进学校（三等奖）	区政府
永寿小学	2019—2021学年度义务教育和中职教育教学质量先进学校（三等奖）	区政府
中店小学	2019—2021学年度义务教育和中职教育教学质量先进学校（三等奖）	区政府

续表7

获奖单位	获奖名称	颁奖机关
伏龙小学	2019—2021学年度义务教育和中职教育教学质量先进学校（三等奖）	区政府
新华小学	2019—2021学年度义务教育和中职教育教学质量先进学校（三等奖）	区政府
修文小学	2019—2021学年度义务教育和中职教育教学质量先进学校（三等奖）	区政府
白马小学	2019—2021学年度义务教育和中职教育教学质量先进学校（三等奖）	区政府
太和小学	2019—2021学年度义务教育和中职教育教学质量先进学校（三等奖）	区政府
松江小学	2019—2021学年度义务教育和中职教育教学质量先进学校（三等奖）	区政府
家相小学	2019—2021学年度义务教育和中职教育教学质量先进学校（三等奖）	区政府
土地小学	2019—2021学年度义务教育和中职教育教学质量先进学校（三等奖）	区政府
思蒙小学	2019—2021学年度义务教育和中职教育教学质量先进学校（三等奖）	区政府
多悦小学	2019—2021学年度义务教育和中职教育教学质量先进学校（达标奖）	区政府
晋凤小学	2019—2021学年度义务教育和中职教育教学质量先进学校（达标奖）	区政府
镇江小学	2019—2021学年度义务教育和中职教育教学质量先进学校（达标奖）	区政府
秦家小学	2019—2021学年度义务教育和中职教育教学质量先进学校（达标奖）	区政府
柳圣小学	2019—2021学年度义务教育和中职教育教学质量先进学校（达标奖）	区政府
鲜滩小学	2019—2021学年度义务教育和中职教育教学质量先进学校（达标奖）	区政府
娴婆小学	2019—2021学年度义务教育和中职教育教学质量先进学校（达标奖）	区政府
广济小学	2019—2021学年度义务教育和中职教育教学质量先进学校（达标奖）	区政府
黄家小学	2019—2021学年度义务教育和中职教育教学质量先进学校（达标奖）	区政府
复兴小学	2019—2021学年度义务教育和中职教育教学质量先进学校（达标奖）	区政府

续表 7

获奖单位	获奖名称	颁奖机关
龙兴小学	2019—2021学年度义务教育和中职教育教学质量先进学校（达标奖）	区政府
金花小学	2019—2021学年度义务教育和中职教育教学质量先进学校（达标奖）	区政府
尚义小学	2019—2021学年度义务教育和中职教育教学质量先进学校（达标奖）	区政府
五皇小学	2019—2021学年度义务教育和中职教育教学质量先进学校（达标奖）	区政府
正山口小学	2019—2021学年度义务教育和中职教育教学质量先进学校（达标奖）	区政府
三苏小学	2019—2021学年度义务教育和中职教育教学质量先进学校（达标奖）	区政府
三宝小学	2019—2021学年度义务教育和中职教育教学质量先进学校（达标奖）	区政府
盘鳌小学	2019—2021学年度义务教育和中职教育教学质量先进学校（达标奖）	区政府
五峰小学	2019—2021学年度义务教育和中职教育教学质量先进学校（达标奖）	区政府
回龙小学	2019—2021学年度义务教育和中职教育教学质量先进学校（达标奖）	区政府
石佛小学	2019—2021学年度义务教育和中职教育教学质量先进学校（达标奖）	区政府
齐通幼儿园	2019—2020学年度义务教育和中职教育教学质量先进学校（一等奖）	区政府
东坡一幼	2019—2021学年度义务教育和中职教育教学质量先进学校（二等奖）	区政府
苏洵幼儿园	2019—2021学年度义务教育和中职教育教学质量先进学校（二等奖）	区政府
实验幼儿园	2019—2021学年度义务教育和中职教育教学质量先进学校（三等奖）	区政府
机关幼儿园	2019—2021学年度义务教育和中职教育教学质量先进学校（三等奖）	区政府
东坡中职校	2019—2020学年度义务教育和中职教育教学质量先进学校（一等奖）	区政府
东坡区青少年社会实践基地	2019—2020学年度义务教育和中职教育教学质量先进学校（一等奖）	区政府

先进个人一览表

东坡区获省级(及以上)机关及其部门表彰先进个人一览表

表8

姓名	工作单位	获奖名称	颁奖机关
吴卫国	眉山市东坡区司法局	全国司法所模范个人	司法部
刘朝阳	通惠街道	全国优秀河(湖)长	水利部
豆成杰	区农业农村局	2020年脱贫攻坚一线优秀扶贫干部	省委、省政府
李 博	苏洵初级中学	2020年省内对口帮扶涉藏地区和彝区贫困县先进个人	省委、省政府
肖 宏	思蒙镇初级中学	2020年省内对口帮扶涉藏地区和彝区贫困县先进个人	省委、省政府
陈丽萍	苏祠中学	2020年省内对口帮扶涉藏地区和彝区贫困县先进个人	省委、省政府
曾咏梅	大石桥社区服务中心	2020年省内对口帮扶涉藏地区和彝区贫困县先进个人	省委、省政府
解红忠	东坡区陈沟水库管理所	2020年省内对口帮扶涉藏地区和彝区贫困县先进个人	省委、省政府
张 豪	松江镇	2020年脱贫攻坚“五个一”帮扶先进个人	省委、省政府
黄思甜	区发改局	2020年易地扶贫搬迁先进个人	省委、省政府
张诗晨	眉山市东坡区人民法院	2020年全省法院调研工作先进集体和先进个人	四川省高级人民法院
蒋 磊	眉山市东坡区人民检察院	四川省检察机关扫黑除恶专项斗争先进个人	省检察院
马 昕	眉山市东坡区人民检察院	第一届全省行政检察业务竞赛能手	省检察院
王洪光	区文化馆副馆长	乡土文化能人	中共四川省委宣传部
何 丹	眉山市东坡区人民检察院	第四届平安中国看四川“三微”比赛原创剧本类三等奖	省委政法委
何美玲	眉山市东坡区人民检察院	第四届平安中国看四川“三微”比赛原创剧本类三等奖	省委政法委
马 昕	眉山市东坡区人民检察院	第四届平安中国看四川“三微”比赛原创剧本类三等奖	省委政法委
武 晋	眉山市东坡区自然资源和规划局	四川省自然资源系统先进个人	"四川省自然资源厅、四川省人力资源和社会保障厅"
吴 斌	区公安分局	四川省档案工作先进个人	四川省档案局、四川省人力资源和社会保障厅

续表8

姓名	工作单位	获奖名称	颁奖机关
谢华伟	眉山市东坡区水利局	2020年度四川省质量与安全监督工作先进个人	省水利厅
相　峰	眉山市东坡区水利局	2020年河湖管理保护工作先进个人	省水利厅
龚　俊	眉山市东坡区水利局	2020年度全省节约用水工作先进个人	省水利厅
陈　红	东坡区心连心艺术团	四川省第十八届戏剧小品小戏大赛作品“老有所依”获三等奖	四川省文化和旅游厅
陈俊成	眉山市东坡区医疗保障局	2021年度四川省医保信息化标准化先进个人	四川省医保局办公室
田　茂	眉山市东坡区气象局	2020年度四川省气象局重大气象服务先进个人	省气象局
翟银玲	眉山市东坡区气象局	2020年度四川省气象局优秀气象预报员	省气象局
周红萍	眉山市东坡区妇女联合会	第四期中国妇女社会地位调查优秀个人奖	四川省妇女联合会
张　浩	眉山市东坡区自然资源和规划局	脱贫攻坚先进个人	四川省林业和草原局
王　莹	眉山市东坡区消防救援大队	2020年度全省消防救援队伍优秀女干部	四川省消防救援总队
陈　曦	眉山市东坡区消防救援大队	2020年度工作表现突出嘉奖	四川省消防救援总队
邓先华	眉山市东坡区消防救援大队	2020年度工作表现突出嘉奖	四川省消防救援总队
李海燕	东坡区民主党派服务中心	民进四川省委2021年优秀通讯员	中国民主促进会四川省委员会
张珊山	眉山艺蓝红舞鞋培训学校	四川民进社会服务暨脱贫攻坚工作中荣获先进个人	中国民主促进会四川省委员会
李海燕	东坡区民主党派服务中心	民进四川省委2020年度宣传工作“优秀通讯员”	中国民主促进会四川省委员会
廖予琲	东坡区永寿镇政府	民进四川省委2020年度宣传工作“优秀通讯员”	中国民主促进会四川省委员会
王晓波	甘眉工业园区南区管委会	民进四川省委履职能力建设工作先进个人	中国民主促进会四川省委员会
李海燕	东坡区民主党派服务中心	民进四川省委庆祝中国民主促进会成立75周年征稿“优秀作品”	中国民主促进会四川省委员会
伍　静	尚义镇政府	反映社情民意信息工作先进个人	中国民主建国会四川省委员会
刘艳丽	区综合行政执法局	民革组织工作先进个人	民革四川省委会
张　帆	区人大常委会	民革思想宣传工作先进个人	民革四川省委会
龚　勇	眉山东坡文化广告	民革祖统工作先进个人	民革四川省委会
喻文建	四川大自然惠川食品有限公司	民革助力脱贫攻坚工作先进个人	民革四川省委会
祝光伦	四川统揽建设集团有限公司	农工党脱贫攻坚工作先进个人	中国农工民主党中央委员会

续表8

姓名	工作单位	获奖名称	颁奖机关
殷小雨、张诗晨	眉山市东坡区人民法院	苏洵苏轼苏辙与传统法治文化高峰论坛征文优秀奖《从东坡断案看司法审判的应然状态》	中国法学会法治文化研究会、中国法律史学会、四川省法学会
杨　云、张诗晨	眉山市东坡区人民法院	庆祝中国共产党成立100周年暨“发扬五四精神 促进青年发展”学术研讨会一等奖(《新时代青年成长路径——从M市34起案件盾青少年权益保护的司法实践》)	四川省青少年研究与发展中心、四川省青少年研究会
贾仕萍	眉山市东坡区应急管理局	全省最履职的基层安全监管者	四川省安全生产委员会办公室
周江峰	四川江峰文旅传媒有限公司总经理	民进全国社会服务暨脱贫攻坚工作先进个人	民进中央
王　欢	眉山市恒辉文化传播有限公司	2021年青创计划项目专员先进个人	四川省青年创业促进会

表9　　东坡区获市委、市政府表彰的先进个人一览表

姓名	工作单位	获奖名称	颁奖机关
尚亚楠	东坡区人民医院	眉山市抗击新冠肺炎疫情先进个人	市委
衡　英	东坡区人民医院	眉山市抗击新冠肺炎疫情先进个人	市委
蒋秀梅	尚义镇白马卫生院	眉山市抗击新冠肺炎疫情先进个人	市委
何俊良	大石桥街道社区卫生服务中心	眉山市抗击新冠肺炎疫情先进个人	市委
马茂秋	太和镇悦兴卫生院	眉山市抗击新冠肺炎疫情先进个人	市委
税　应	思蒙镇崇仁卫生院	眉山市抗击新冠肺炎疫情先进个人	市委
陈　霞	苏祠街道社区卫生服务中心	眉山市抗击新冠肺炎疫情先进个人	市委
李翠花	修文中心卫生院	眉山市抗击新冠肺炎疫情先进个人	市委
李相兵	眉山心脑血管病医院	眉山市抗击新冠肺炎疫情先进个人	市委
侯　莉	眉山骨科医院	眉山市抗击新冠肺炎疫情先进个人	市委
董　敏	区疾病预防控制中心	眉山市抗击新冠肺炎疫情先进个人	市委
竹　艳	区疾病预防控制中心	眉山市抗击新冠肺炎疫情先进个人	市委
王　薇	富牛镇	眉山市抗击新冠肺炎疫情先进个人	市委
王　军	复兴镇	眉山市抗击新冠肺炎疫情先进个人	市委
何晓英	崇礼镇	眉山市抗击新冠肺炎疫情先进个人	市委
王　冉	通惠街道	眉山市抗击新冠肺炎疫情先进个人	市委

续表9

姓名	工作单位	获奖名称	颁奖机关
石洪波	四川安岚医疗科技有限公司	眉山市抗击新冠肺炎疫情先进个人	市委
徐　鸿	眉山北外附属东坡外国语	眉山市抗击新冠肺炎疫情先进个人	市委
谢　飞	东坡区紧急救援志愿者协会	眉山市抗击新冠肺炎疫情先进个人	市委
邓应军	区人民武装部	眉山市抗击新冠肺炎疫情先进个人	市委
蒋　涛	区委宣传部	眉山市抗击新冠肺炎疫情先进个人	市委
李志敏	市公安局东坡区分局	眉山市抗击新冠肺炎疫情先进个人	市委
王　为	区财政局	眉山市抗击新冠肺炎疫情先进个人	市委
耿会军	区卫生健康局	眉山市抗击新冠肺炎疫情先进个人	市委
方　顺	区交通运输局	眉山市抗击新冠肺炎疫情先进个人	市委
马茂秋	太和镇悦兴卫生院	眉山市抗击新冠肺炎疫情优秀共产党员	市委
陈　霞	苏祠街道社区卫生服务中心	眉山市抗击新冠肺炎疫情优秀共产党员	市委
王　薇	富牛镇	眉山市抗击新冠肺炎疫情优秀共产党员	市委
王　军	复兴镇	眉山市抗击新冠肺炎疫情优秀共产党员	市委
何晓英	崇礼镇	眉山市抗击新冠肺炎疫情优秀共产党员	市委
王　冉	通惠街道	眉山市抗击新冠肺炎疫情优秀共产党员	市委
吴仲才	苏祠街道	眉山市优秀共产党员	市委
文俊芳	区人民法院	眉山市优秀共产党员	市委
杨宇春	区文广旅局	眉山市优秀共产党员	市委
徐成贵	太和镇	眉山市优秀共产党员	市委
李先毅	万胜镇	眉山市优秀共产党员	市委
邹卫东	区财政局	眉山市优秀共产党员	市委
李　成	东坡区众诚养猪专业合作社	眉山市优秀共产党员	市委
刘　阳	东坡区紧急救援志愿者协会	眉山市优秀共产党员	市委
李　博	苏洵初级中学	眉山市优秀共产党员	市委
周作刚	复兴镇柳圣小学	眉山市优秀共产党员	市委
张文胜	多悦镇正山口村	眉山市优秀共产党员	市委
龚　梅	大石桥街道金罗马社区	眉山市优秀共产党员	市委
王娇露	永寿镇	眉山市优秀党务工作者	市委
周　悦	尚义镇	眉山市优秀党务工作者	市委
周艳容	复兴镇山祠村	眉山市优秀党务工作者	市委
贺　喜	松江镇	眉山市优秀党务工作者	市委

续表9

姓名	工作单位	获奖名称	颁奖机关
吴顺良	四川玫瑰园房地产开发有限公司	眉山市优秀党务工作者	市委
许春华	区关工委	眉山市关心下一代工作突出贡献奖	市委
杨明清	区关工委	眉山市关心下一代工作荣誉奖	市委
李志康	区关工委	眉山市关心下一代工作先进工作者	市委
陈文学	大石桥街道关工委	眉山市关心下一代工作先进工作者	市委
江　霞	区教育关工委	眉山市关心下一代工作先进工作者	市委
李姣玲	区关心下一代工作服务中心	眉山市关心下一代工作先进工作者	市委
李　莉	区政府办	2020年度30件民生实事工作先进个人	市委、市政府
袁　恒	区发改局	2020年度30件民生实事工作先进个人	市委、市政府
彭索霄	区委组织部	2020年度新型城乡基层治理体系建设工作先进个人	市委、市政府
冷洪林	区委政法委	2020年度新型城乡基层治理体系建设工作先进个人	市委、市政府
彭　了	区图书馆	2020年度新型城乡基层治理体系建设工作先进个人	市委、市政府
吕　佳	团区委	2020年度新型城乡基层治理体系建设工作先进个人	市委、市政府
李欣琪	万胜镇	2020年度新型城乡基层治理体系建设工作先进个人	市委、市政府
周　悦	通惠街道党工委	2020年度新型城乡基层治理体系建设工作先进个人	市委、市政府
田　琼	苏祠街道金龙社区	2020年度新型城乡基层治理体系建设工作先进个人	市委、市政府
何　英	苏祠街道金龙社区	2020年度新型城乡基层治理体系建设工作先进个人	市委、市政府
张曾翔	太和镇	2020年度宣传思想文化工作先进个人	市委、市政府
张　艳	区委宣传部	2020年度宣传思想文化工作先进个人	市委、市政府
郑　洲	区委宣传部	2020年度宣传思想文化工作先进个人	市委、市政府
彭　啸	区委组织部	2020年度平安眉山建设工作先进个人	市委、市政府
程子峰	区文广旅局	2020年度平安眉山建设工作先进个人	市委、市政府
杜光俊	区委政法委	2020年度平安眉山建设工作先进个人	市委、市政府
程　静	区委政法委	2020年度平安眉山建设工作先进个人	市委、市政府
何　偲	苏祠街道金龙社区	2020年度平安眉山建设工作先进个人	市委、市政府
李志敏	区公安分局	2020年度平安眉山建设工作先进个人	市委、市政府

续表9

姓名	工作单位	获奖名称	颁奖机关
黎玉新	苏祠街道	2020年度平安眉山建设工作先进个人	市委、市政府
刘朝阳	通惠街道	2020年度统战工作先进个人	市委、市政府
黎晓娟	区纪委监委	2020年度统战工作先进个人	市委、市政府
胡碧俊	区委组织部	2020年度统战工作先进个人	市委、市政府
左晋国	区委统战部	2020年度统战工作先进个人	市委、市政府
杜贵林	区教体局	2020年度统战工作先进个人	市委、市政府
伍　波	区应急管理局	2020年度统战工作先进个人	市委、市政府
冯国春	岷东新区	2020年度统战工作先进个人	市委、市政府
赵　平	甘眉工业园区南区	2020年度统战工作先进个人	市委、市政府
袁　恒	区发改局	2020年度成德眉资同城化发展工作先进个人	市委、市政府
郭吉祥	眉山“中国泡菜城”管委会	2020年度成德眉资同城化发展工作先进个人	市委、市政府
范利姚	区委办	2020年度依法治市和2016—2020年度法治政府建设工作先进个人	市委、市政府
梅　玫	区委第一巡察组	2020年度依法治市和2016—2020年度法治政府建设工作先进个人	市委、市政府
胡艳茹	区司法局	2020年度依法治市和2016—2020年度法治政府建设工作先进个人	市委、市政府
王志丹	区政府	2020年度河湖长制工作和防汛减灾工作先进个人	市委、市政府
陈　巍	区自然资源和规划局	2020年度河湖长制工作和防汛减灾工作先进个人	市委、市政府
徐　华	区水利局	2020年度河湖长制工作和防汛减灾工作先进个人	市委、市政府
张兴安	思蒙镇	2020年度河湖长制工作和防汛减灾工作先进个人	市委、市政府
何　勇	复兴镇	2020年度河湖长制工作和防汛减灾工作先进个人	市委、市政府
豆成杰	区农业农村局	2020年度实施乡村振兴战略工作先进个人	市委、市政府
张　敏	区生态环境局	2020年度实施乡村振兴战略工作先进个人	市委、市政府
熊　宇	三苏镇	2020年度实施乡村振兴战略工作先进个人	市委、市政府
刘　燕	崇礼镇	2020年度实施乡村振兴战略工作先进个人	市委、市政府
周凡传	区经信局	2020年度促进民营经济发展工作先进个人	市委、市政府
张旭东	区政府办	2020年度促进民营经济发展工作先进个人	市委、市政府
徐　彬	区统计局	2020年度促进民营经济发展工作先进个人	市委、市政府
廖祖珍	区市场监管局	2020年度促进民营经济发展工作先进个人	市委、市政府
张　军	区工商联	2020年度百企联百村工作先进个人	市委、市政府
李世旭	区工商联	2020年度百企联百村工作先进个人	市委、市政府

续表9

姓名	工作单位	获奖名称	颁奖机关
曾成刚	区投资审计中心	2020年度脱贫攻坚工作先进个人	市委、市政府
王　峰	区人才工作中心	2020年度脱贫攻坚工作先进个人	市委、市政府
王定坤	思蒙镇	2020年度脱贫攻坚工作先进个人	市委、市政府
徐　凯	区国有资产服务中心	2020年度脱贫攻坚工作先进个人	市委、市政府
郑志刚	甘眉工业园区南区	2020年度脱贫攻坚工作先进个人	市委、市政府
陈仲刚	区农业农村局	2020年度脱贫攻坚工作先进个人	市委、市政府
邓　松	区扶贫开发局	2020年度脱贫攻坚工作先进个人	市委、市政府
聂汉梅	松江镇	2020年度脱贫攻坚工作先进个人	市委、市政府
宋　娟	眉山"中国泡菜城"管委会	2020年度全面深化改革工作先进个人	市委、市政府
干燕梅	区委办	2020年度全面深化改革工作先进个人	市委、市政府
汪继钟	区民政局	2020年度全面深化改革工作先进个人	市委、市政府
彭　刚	区城乡环境综合治理服务中心	2020年度全面深化改革工作先进个人	市委、市政府
殷　俊	三苏镇	2020年度全面深化改革工作先进个人	市委、市政府
胡溪桥	复兴镇	2020年度全面深化改革工作先进个人	市委、市政府
廖　锦	区政府	第十二届中国泡菜食品国际博览会筹办工作先进个人	市委、市政府
徐　艳	岷东新区管委会	第十二届中国泡菜食品国际博览会筹办工作先进个人	市委、市政府
葛　澜	眉山"中国泡菜城"管委会	第十二届中国泡菜食品国际博览会筹办工作先进个人	市委、市政府
冯　娟	眉山"中国泡菜城"管委会	第十二届中国泡菜食品国际博览会筹办工作先进个人	市委、市政府
张志强	眉山经开新区管委会	第十二届中国泡菜食品国际博览会筹办工作先进个人	市委、市政府
龚索灵	区委督查室	第十二届中国泡菜食品国际博览会筹办工作先进个人	市委、市政府
蒋兴友	区委政法委	第十二届中国泡菜食品国际博览会筹办工作先进个人	市委、市政府
曾　红	区文联	第十二届中国泡菜食品国际博览会筹办工作先进个人	市委、市政府
李　莉	区医保中心	第十二届中国泡菜食品国际博览会筹办工作先进个人	市委、市政府
万进平	区公安分局	第十二届中国泡菜食品国际博览会筹办工作先进个人	市委、市政府

续表9

姓名	工作单位	获奖名称	颁奖机关
付世斌	区住建局	第十二届中国泡菜食品国际博览会筹办工作先进个人	市委、市政府
刘进德	区农业农村局	第十二届中国泡菜食品国际博览会筹办工作先进个人	市委、市政府
李宏燕	区商务博览局	第十二届中国泡菜食品国际博览会筹办工作先进个人	市委、市政府
龙　琴	区现代服务业促进中心	第十二届中国泡菜食品国际博览会筹办工作先进个人	市委、市政府
吴　静	区卫健局	第十二届中国泡菜食品国际博览会筹办工作先进个人	市委、市政府
陈思敏	区经合局	第十二届中国泡菜食品国际博览会筹办工作先进个人	市委、市政府
潘　星	区公务服务中心	第十二届中国泡菜食品国际博览会筹办工作先进个人	市委、市政府
王怀进	区融媒体中心	第十二届中国泡菜食品国际博览会筹办工作先进个人	市委、市政府
徐　曦	太和镇	第十二届中国泡菜食品国际博览会筹办工作先进个人	市委、市政府
周　鹏	区交通运输局	2020中国国际竹产业交易博览会筹办工作先进个人	市委、市政府
代思凡	区住建局	2020中国国际竹产业交易博览会筹办工作先进个人	市委、市政府
黄　睿	甘眉工业园区管委会	2020年度党管武装工作先进个人	市委、市政府
张　书	区人社局	2020年度党管武装工作先进个人	市委、市政府
伍　波	区应急管理局	2020年度党管武装工作先进个人	市委、市政府
汪　健	思蒙镇	2020年度征兵工作先进个人	市委、市政府
郑　炯	大石桥街道	2020年度征兵工作先进个人	市委、市政府
刘春云	苏祠街道大北街社区	眉山市全国文明城市暨国家卫生城市创建工作先进集体	市委、市政府
游　艳	苏祠街道环湖中路社区	眉山市全国文明城市暨国家卫生城市创建工作先进集体	市委、市政府
彭静玲	苏祠街道为民巷社区	眉山市全国文明城市暨国家卫生城市创建工作先进集体	市委、市政府
蹇红梅	苏祠街道	眉山市全国文明城市暨国家卫生城市创建工作先进集体	市委、市政府
李苏翰	苏祠街道	眉山市全国文明城市暨国家卫生城市创建工作先进集体	市委、市政府

续表9

姓名	工作单位	获奖名称	颁奖机关
龚长清	大石桥街道普田社区	眉山市全国文明城市暨国家卫生城市创建工作先进集体	市委、市政府
曾雷丽	大石桥街道白玉社区	眉山市全国文明城市暨国家卫生城市创建工作先进集体	市委、市政府
龚　梅	大石桥街道金罗马社区	眉山市全国文明城市暨国家卫生城市创建工作先进集体	市委、市政府
王　峰	大石桥街道	眉山市全国文明城市暨国家卫生城市创建工作先进集体	市委、市政府
邓婵娟	通惠街道长安路社区	眉山市全国文明城市暨国家卫生城市创建工作先进集体	市委、市政府
胡建兵	通惠街道小石堰社区	眉山市全国文明城市暨国家卫生城市创建工作先进集体	市委、市政府
毛明义	通惠街道	眉山市全国文明城市暨国家卫生城市创建工作先进集体	市委、市政府
辛政洲	通惠街道	眉山市全国文明城市暨国家卫生城市创建工作先进集体	市委、市政府
王华清	通惠街道	眉山市全国文明城市暨国家卫生城市创建工作先进集体	市委、市政府
张曾翔	太和镇	眉山市全国文明城市暨国家卫生城市创建工作先进集体	市委、市政府
王　琴	尚义镇	眉山市全国文明城市暨国家卫生城市创建工作先进集体	市委、市政府
胡雨婷	三苏镇	眉山市全国文明城市暨国家卫生城市创建工作先进集体	市委、市政府
张　耀	复兴镇	眉山市全国文明城市暨国家卫生城市创建工作先进集体	市委、市政府
李维义	区委宣传部	眉山市全国文明城市暨国家卫生城市创建工作先进集体	市委、市政府
廖　锦	区政府	眉山市全国文明城市暨国家卫生城市创建工作先进集体	市委、市政府
郭　飞	区委办	眉山市全国文明城市暨国家卫生城市创建工作先进集体	市委、市政府
陈　亮	区人大办	眉山市全国文明城市暨国家卫生城市创建工作先进集体	市委、市政府
陈　平	区政府办	眉山市全国文明城市暨国家卫生城市创建工作先进集体	市委、市政府
何玉明	区政协	眉山市全国文明城市暨国家卫生城市创建工作先进集体	市委、市政府

续表9

姓名	工作单位	获奖名称	颁奖机关
刘　鑫	区委宣传部	眉山市全国文明城市暨国家卫生城市创建工作先进集体	市委、市政府
伍　凌	区公安分局	眉山市全国文明城市暨国家卫生城市创建工作先进集体	市委、市政府
邓　璐	区民政局	眉山市全国文明城市暨国家卫生城市创建工作先进集体	市委、市政府
刘　洁	区人社局	眉山市全国文明城市暨国家卫生城市创建工作先进集体	市委、市政府
吴　静	区卫健局	眉山市全国文明城市暨国家卫生城市创建工作先进集体	市委、市政府
侯明祥	区卫健局	眉山市全国文明城市暨国家卫生城市创建工作先进集体	市委、市政府
罗　涛	区卫健局	眉山市全国文明城市暨国家卫生城市创建工作先进集体	市委、市政府
徐知非	市中医医院	眉山市全国文明城市暨国家卫生城市创建工作先进集体	市委、市政府
李飞鸿	眉山中学	眉山市全国文明城市暨国家卫生城市创建工作先进集体	市委、市政府
周　曼	东坡区爱特希望幼儿园	眉山市全国文明城市暨国家卫生城市创建工作先进集体	市委、市政府
谢　飞	东坡区紧急救援志愿者协会	眉山市全国文明城市暨国家卫生城市创建工作先进集体	市委、市政府
吴雁凌	岷东新区	眉山市2020年度开放发展攻坚年先进个人	市委、市政府
冯　娟	眉山“中国泡菜城”管委会	眉山市2020年度开放发展攻坚年先进个人	市委、市政府
李雨静	眉山经济开发新区管委会	眉山市2020年度开放发展攻坚年先进个人	市委、市政府
邹汝刚	甘眉工业园区南区管委会	眉山市2020年度开放发展攻坚年先进个人	市委、市政府
代升霖	区公安分局	全市扫黑除恶专项斗争先进个人	市委、市政府
李奕衡	区公安分局	全市扫黑除恶专项斗争先进个人	市委、市政府
杨　虹	眉山市东坡区人民检察院	眉山市第九届苏东坡文学艺术奖书法类三等奖	市政府
邹和良	区总工会	2020年度工业发展先进个人	市政府
徐　晗	眉山“中国泡菜城”管委会	2020年度工业发展先进个人	市政府

表10

东坡区获区委、区政府表彰的先进个人一览表

姓名	工作单位	获奖名称	颁奖机关
李盛冬	市岷东新区	2020年度民生工作先进个人	区委、区政府
赵　平	甘眉工业园区南区	2020年度民生工作先进个人	区委、区政府
刘兴华	区纪委监委	2020年度民生工作先进个人	区委、区政府
文　杰	区委办	2020年度民生工作先进个人	区委、区政府
肖　静	区人大办	2020年度民生工作先进个人	区委、区政府
林禹彤	区政府办	2020年度民生工作先进个人	区委、区政府
张靖涛	区政协办	2020年度民生工作先进个人	区委、区政府
张　田	区委组织部	2020年度民生工作先进个人	区委、区政府
王艳秋	区委宣传部	2020年度民生工作先进个人	区委、区政府
杨　蝶	区财政局	2020年度民生工作先进个人	区委、区政府
周　惠	区公安分局	2020年度民生工作先进个人	区委、区政府
祝　斌	区行政审批局	2020年度民生工作先进个人	区委、区政府
唐　莉	区交通运输局	2020年度民生工作先进个人	区委、区政府
周俊超	区教体局	2020年度民生工作先进个人	区委、区政府
胡生锋	区民政局	2020年度民生工作先进个人	区委、区政府
姚兴宁	区住建局	2020年度民生工作先进个人	区委、区政府
余松城	区农业农村局	2020年度民生工作先进个人	区委、区政府
兰志刚	区人社局	2020年度民生工作先进个人	区委、区政府
黎美宁	区审计局	2020年度民生工作先进个人	区委、区政府
闵晓红	区卫健局	2020年度民生工作先进个人	区委、区政府
杨雅丽	区市场监管局	2020年度民生工作先进个人	区委、区政府
胡嘉茜	区水利局	2020年度民生工作先进个人	区委、区政府
张　伟	区退役军人事务局	2020年度民生工作先进个人	区委、区政府
吴玉茹	区国资和金融工作局	2020年度民生工作先进个人	区委、区政府
许　鹏	区信访局	2020年度民生工作先进个人	区委、区政府
刘　浚	区司法局	2020年度民生工作先进个人	区委、区政府
邹　益	区医保局	2020年度民生工作先进个人	区委、区政府
兰　巍	区应急管理局	2020年度民生工作先进个人	区委、区政府
邓安媚	区自然资源和规划局	2020年度民生工作先进个人	区委、区政府
田　军	区税务局	2020年度民生工作先进个人	区委、区政府
陈红枚	东坡生态环境局	2020年度民生工作先进个人	区委、区政府

续表10

姓名	工作单位	获奖名称	颁奖机关
邓丽娟	区总工会	2020年度民生工作先进个人	区委、区政府
张露媚	团区委	2020年度民生工作先进个人	区委、区政府
杨　娟	区妇联	2020年度民生工作先进个人	区委、区政府
李福如	区残联	2020年度民生工作先进个人	区委、区政府
邓小英	区农民工服务中心	2020年度民生工作先进个人	区委、区政府
罗　霞	区机关事务服务中心	2020年度民生工作先进个人	区委、区政府
张友涛	区综交中心	2020年度民生工作先进个人	区委、区政府
周加兵	苏祠街道	2020年度民生工作先进个人	区委、区政府
王志勇	通惠街道	2020年度民生工作先进个人	区委、区政府
牟隽逸	尚义镇	2020年度民生工作先进个人	区委、区政府
张建龙	崇礼镇	2020年度民生工作先进个人	区委、区政府
赵鹏程	富牛镇	2020年度民生工作先进个人	区委、区政府
丁　玥	修文镇	2020年度民生工作先进个人	区委、区政府
卢　杨	松江镇	2020年度民生工作先进个人	区委、区政府
唐志有	三苏镇	2020年度民生工作先进个人	区委、区政府
刘　军	复兴镇	2020年度民生工作先进个人	区委、区政府
岳　潇	多悦镇	2020年度民生工作先进个人	区委、区政府
刘　洁	万胜镇	2020年度民生工作先进个人	区委、区政府
郭建波	秦家镇	2020年度民生工作先进个人	区委、区政府
周　磊	区委组织部	2020年度组织工作先进个人	区委、区政府
郭　瞻	区委编办	2020年度组织工作先进个人	区委、区政府
周　洁	区委巡察办	2020年度组织工作先进个人	区委、区政府
张文丽	区委老干部局	2020年度组织工作先进个人	区委、区政府
王梦岩	区发改局	2020年度组织工作先进个人	区委、区政府
张战岭	区民政局	2020年度组织工作先进个人	区委、区政府
李国琼	区司法局	2020年度组织工作先进个人	区委、区政府
王焕墚	区财政局	2020年度组织工作先进个人	区委、区政府
王红利	区人社局	2020年度组织工作先进个人	区委、区政府
王玉琼	区自然资源和规划局	2020年度组织工作先进个人	区委、区政府
郭　川	区住建局	2020年度组织工作先进个人	区委、区政府
杨　进	区交通运输局	2020年度组织工作先进个人	区委、区政府

续表10

姓名	工作单位	获奖名称	颁奖机关
辛淑杰	区水利局	2020年度组织工作先进个人	区委、区政府
邹丽红	区农业农村局	2020年度组织工作先进个人	区委、区政府
李绣峰	区商务博览局	2020年度组织工作先进个人	区委、区政府
刘吉玲	区文广旅局	2020年度组织工作先进个人	区委、区政府
谢佳慧	区退役军人事务局	2020年度组织工作先进个人	区委、区政府
陈盛喜	区应急管理局	2020年度组织工作先进个人	区委、区政府
徐　佳	区审计局	2020年度组织工作先进个人	区委、区政府
徐腊梅	区市场监管局	2020年度组织工作先进个人	区委、区政府
刘　琴	区经合局	2020年度组织工作先进个人	区委、区政府
马　君	区统计局	2020年度组织工作先进个人	区委、区政府
罗　蕾	区信访局	2020年度组织工作先进个人	区委、区政府
黄　原	区医保局	2020年度组织工作先进个人	区委、区政府
祝　斌	区行政审批局	2020年度组织工作先进个人	区委、区政府
王丽霞	区综合行政执法局	2020年度组织工作先进个人	区委、区政府
张　莎	东坡生态环境局	2020年度组织工作先进个人	区委、区政府
陈　欣	区委党校	2020年度组织工作先进个人	区委、区政府
冯　娟	区融媒体中心	2020年度组织工作先进个人	区委、区政府
刘华平	区史志编纂中心	2020年度组织工作先进个人	区委、区政府
杨　杰	区档案馆	2020年度组织工作先进个人	区委、区政府
黄碧英	区政务服务和公共资源交易服务中心	2020年度组织工作先进个人	区委、区政府
熊夕吟	区供销社	2020年度组织工作先进个人	区委、区政府
陈继东	拆迁中心	2020年度组织工作先进个人	区委、区政府
高亚眉	区综交中心	2020年度组织工作先进个人	区委、区政府
李　婉	区征补中心	2020年度组织工作先进个人	区委、区政府
蒲磊蕾	区机关事务服务中心	2020年度组织工作先进个人	区委、区政府
夏咏梅	区税务局	2020年度组织工作先进个人	区委、区政府
黄亚钰	区总工会	2020年度组织工作先进个人	区委、区政府
李　阳	区妇联	2020年度组织工作先进个人	区委、区政府
张　军	区工商联	2020年度组织工作先进个人	区委、区政府
李　刚	区科协	2020年度组织工作先进个人	区委、区政府

续表10

姓名	工作单位	获奖名称	颁奖机关
黄祁扬	区残联	2020年度组织工作先进个人	区委、区政府
彭　伟	区开发建设协调中心	2020年度组织工作先进个人	区委、区政府
刘　伟	苏祠街道	2020年度组织工作先进个人	区委、区政府
王　峰	大石桥街道	2020年度组织工作先进个人	区委、区政府
周　悦	通惠街道	2020年度组织工作先进个人	区委、区政府
李宛露	尚义镇	2020年度组织工作先进个人	区委、区政府
邱　瑞	思蒙镇	2020年度组织工作先进个人	区委、区政府
代宜娟	太和镇	2020年度组织工作先进个人	区委、区政府
罗　星	崇礼镇	2020年度组织工作先进个人	区委、区政府
杨雨静	富牛镇	2020年度组织工作先进个人	区委、区政府
黄　霜	修文镇	2020年度组织工作先进个人	区委、区政府
曾皇豪	松江镇	2020年度组织工作先进个人	区委、区政府
郑园园	永寿镇	2020年度组织工作先进个人	区委、区政府
宋　威	三苏镇	2020年度组织工作先进个人	区委、区政府
刘　军	复兴镇	2020年度组织工作先进个人	区委、区政府
罗姗姗	多悦镇	2020年度组织工作先进个人	区委、区政府
孙　丹	万胜镇	2020年度组织工作先进个人	区委、区政府
吴志远	秦家镇	2020年度组织工作先进个人	区委、区政府
李　强	眉山“中国泡菜城”	2020年度创建全国文明城市先进个人	区委、区政府
郑　义	眉山经开区新区	2020年度创建全国文明城市先进个人	区委、区政府
赵　平	甘眉工业园区南区	2020年度创建全国文明城市先进个人	区委、区政府
田　勇	区人武部	2020年度创建全国文明城市先进个人	区委、区政府
李欣翰	区纪委监委	2020年度创建全国文明城市先进个人	区委、区政府
王海玥	区人民法院	2020年度创建全国文明城市先进个人	区委、区政府
段小容	区人民检察院	2020年度创建全国文明城市先进个人	区委、区政府
詹智勇	区人大办	2020年度创建全国文明城市先进个人	区委、区政府
胡海微	区政府办	2020年度创建全国文明城市先进个人	区委、区政府
万志忠	区政协办	2020年度创建全国文明城市先进个人	区委、区政府
杨　杰	区委组织部	2020年度创建全国文明城市先进个人	区委、区政府
宁廖霞	区委宣传部	2020年度创建全国文明城市先进个人	区委、区政府
吴志宏	区发改局	2020年度创建全国文明城市先进个人	区委、区政府

续表10

姓名	工作单位	获奖名称	颁奖机关
汪菲菲	区经信局	2020年度创建全国文明城市先进个人	区委、区政府
廖鸿宇	区公安分局	2020年度创建全国文明城市先进个人	区委、区政府
杨建福	区教体局	2020年度创建全国文明城市先进个人	区委、区政府
李　智	区财政局	2020年度创建全国文明城市先进个人	区委、区政府
陈　俊	区人社局	2020年度创建全国文明城市先进个人	区委、区政府
王乔舟	区农业农村局	2020年度创建全国文明城市先进个人	区委、区政府
赵　微	区商务博览局	2020年度创建全国文明城市先进个人	区委、区政府
闵晓红	区卫健局	2020年度创建全国文明城市先进个人	区委、区政府
刘钰坤	区审计局	2020年度创建全国文明城市先进个人	区委、区政府
朱亮波	区国资和金融工作局	2020年度创建全国文明城市先进个人	区委、区政府
李晓娟	区统计局	2020年度创建全国文明城市先进个人	区委、区政府
查　琳	区信访局	2020年度创建全国文明城市先进个人	区委、区政府
方文莉	区医保局	2020年度创建全国文明城市先进个人	区委、区政府
胡任翔	区税务局	2020年度创建全国文明城市先进个人	区委、区政府
李世旭	区工商联	2020年度创建全国文明城市先进个人	区委、区政府
李　刚	区科协	2020年度创建全国文明城市先进个人	区委、区政府
卢　卫	区残联	2020年度创建全国文明城市先进个人	区委、区政府
雷　婷	区委党校	2020年度创建全国文明城市先进个人	区委、区政府
王丽娟	区档案馆	2020年度创建全国文明城市先进个人	区委、区政府
罗　霞	区机关事务服务中心	2020年度创建全国文明城市先进个人	区委、区政府
王　勇	区征补中心	2020年度创建全国文明城市先进个人	区委、区政府
闵　亮	区烟草专卖局	2020年度创建全国文明城市先进个人	区委、区政府
刘敬友	区消防救援大队	2020年度创建全国文明城市先进个人	区委、区政府
赵　莉	苏祠街道	2020年度创建全国文明城市先进个人	区委、区政府
邓小菲	苏祠街道	2020年度创建全国文明城市先进个人	区委、区政府
郭文彬	苏祠街道	2020年度创建全国文明城市先进个人	区委、区政府
罗馨琰	苏祠街道	2020年度创建全国文明城市先进个人	区委、区政府
蒲艳焱	苏祠街道	2020年度创建全国文明城市先进个人	区委、区政府

续表10

姓名	工作单位	获奖名称	颁奖机关
唐　婧	苏祠街道	2020年度创建全国文明城市先进个人	区委、区政府
张海燕	苏祠街道	2020年度创建全国文明城市先进个人	区委、区政府
曾照军	苏祠街道	2020年度创建全国文明城市先进个人	区委、区政府
罗　军	苏祠街道	2020年度创建全国文明城市先进个人	区委、区政府
朱　坤	苏祠街道	2020年度创建全国文明城市先进个人	区委、区政府
徐玉香	苏祠街道	2020年度创建全国文明城市先进个人	区委、区政府
胡菊英	苏祠街道	2020年度创建全国文明城市先进个人	区委、区政府
赵　欣	苏祠街道	2020年度创建全国文明城市先进个人	区委、区政府
钟方丽	苏祠街道	2020年度创建全国文明城市先进个人	区委、区政府
钟　玲	苏祠街道	2020年度创建全国文明城市先进个人	区委、区政府
颜　霞	大石桥街道	2020年度创建全国文明城市先进个人	区委、区政府
彭薪宁	大石桥街道	2020年度创建全国文明城市先进个人	区委、区政府
侯金容	大石桥街道	2020年度创建全国文明城市先进个人	区委、区政府
何雨薇	大石桥街道	2020年度创建全国文明城市先进个人	区委、区政府
周　敏	大石桥街道	2020年度创建全国文明城市先进个人	区委、区政府
胡　建	大石桥街道	2020年度创建全国文明城市先进个人	区委、区政府
魏燕刚	大石桥街道	2020年度创建全国文明城市先进个人	区委、区政府
李佳妮	大石桥街道	2020年度创建全国文明城市先进个人	区委、区政府
黄旗惠	大石桥街道	2020年度创建全国文明城市先进个人	区委、区政府
刘　玲	大石桥街道	2020年度创建全国文明城市先进个人	区委、区政府
王碧莲	大石桥街道	2020年度创建全国文明城市先进个人	区委、区政府
刘　莉	大石桥街道	2020年度创建全国文明城市先进个人	区委、区政府
陈明其	大石桥街道	2020年度创建全国文明城市先进个人	区委、区政府
吴　娟	大石桥街道	2020年度创建全国文明城市先进个人	区委、区政府
宋艳芳	大石桥街道	2020年度创建全国文明城市先进个人	区委、区政府
胡　伟	大石桥街道	2020年度创建全国文明城市先进个人	区委、区政府
杨朝学	通惠街道	2020年度创建全国文明城市先进个人	区委、区政府
杨　艳	通惠街道	2020年度创建全国文明城市先进个人	区委、区政府
周　敏	通惠街道	2020年度创建全国文明城市先进个人	区委、区政府
曾　华	通惠街道	2020年度创建全国文明城市先进个人	区委、区政府
朱志良	通惠街道	2020年度创建全国文明城市先进个人	区委、区政府

续表10

姓名	工作单位	获奖名称	颁奖机关
刘　继	通惠街道	2020年度创建全国文明城市先进个人	区委、区政府
徐学如	通惠街道	2020年度创建全国文明城市先进个人	区委、区政府
沈　琴	通惠街道	2020年度创建全国文明城市先进个人	区委、区政府
何建军	通惠街道	2020年度创建全国文明城市先进个人	区委、区政府
郭明清	通惠街道	2020年度创建全国文明城市先进个人	区委、区政府
杜　佳	通惠街道	2020年度创建全国文明城市先进个人	区委、区政府
黄　维	通惠街道	2020年度创建全国文明城市先进个人	区委、区政府
张瑞全	通惠街道	2020年度创建全国文明城市先进个人	区委、区政府
陈　洁	通惠街道	2020年度创建全国文明城市先进个人	区委、区政府
王丽红	通惠街道	2020年度创建全国文明城市先进个人	区委、区政府
刘治刚	通惠街道	2020年度创建全国文明城市先进个人	区委、区政府
邓婷婷	思蒙镇	2020年度创建全国文明城市先进个人	区委、区政府
宋美川	思蒙镇	2020年度创建全国文明城市先进个人	区委、区政府
王　导	修文镇	2020年度创建全国文明城市先进个人	区委、区政府
黎　田	修文镇	2020年度创建全国文明城市先进个人	区委、区政府
黄　霜	修文镇	2020年度创建全国文明城市先进个人	区委、区政府
李　昊	永寿镇	2020年度创建全国文明城市先进个人	区委、区政府
郑学超	永寿镇	2020年度创建全国文明城市先进个人	区委、区政府
刘彬如	三苏镇	2020年度创建全国文明城市先进个人	区委、区政府
黄庆鹏	三苏镇	2020年度创建全国文明城市先进个人	区委、区政府
沈建新	复兴镇	2020年度创建全国文明城市先进个人	区委、区政府
史如贵	复兴镇	2020年度创建全国文明城市先进个人	区委、区政府
万起浩	多悦镇	2020年度创建全国文明城市先进个人	区委、区政府
朱利超	多悦镇	2020年度创建全国文明城市先进个人	区委、区政府
曾　好	万胜镇	2020年度创建全国文明城市先进个人	区委、区政府
尹　琴	万胜镇	2020年度创建全国文明城市先进个人	区委、区政府
王　培	秦家镇	2020年度创建全国文明城市先进个人	区委、区政府
杜　军	秦家镇	2020年度创建全国文明城市先进个人	区委、区政府
牟万红	眉山“中国泡菜城”	2020年度创建国家卫生城市先进个人	区委、区政府
罗雨恒	区委办	2020年度创建国家卫生城市先进个人	区委、区政府
王艳秋	区委宣传部	2020年度创建国家卫生城市先进个人	区委、区政府

续表10

姓名	工作单位	获奖名称	颁奖机关
罗　超	区委统战部	2020年度创建国家卫生城市先进个人	区委、区政府
王海霞	区委政法委	2020年度创建国家卫生城市先进个人	区委、区政府
黄　勇	区委老干部局	2020年度创建国家卫生城市先进个人	区委、区政府
符　皓	区委编办	2020年度创建国家卫生城市先进个人	区委、区政府
周加友	区教体局	2020年度创建国家卫生城市先进个人	区委、区政府
杨　周	区教体局	2020年度创建国家卫生城市先进个人	区委、区政府
宋廷学	区公安分局	2020年度创建国家卫生城市先进个人	区委、区政府
徐　玲	区民政局	2020年度创建国家卫生城市先进个人	区委、区政府
蔡皖川	区文广旅局	2020年度创建国家卫生城市先进个人	区委、区政府
王东乙	区市场监管局	2020年度创建国家卫生城市先进个人	区委、区政府
辛仕强	区市场监管局	2020年度创建国家卫生城市先进个人	区委、区政府
张灵颖	区市场监管局	2020年度创建国家卫生城市先进个人	区委、区政府
胥静霞	区司法局	2020年度创建国家卫生城市先进个人	区委、区政府
曾先冬	区自然资源和规划局	2020年度创建国家卫生城市先进个人	区委、区政府
张　璇	区住建局	2020年度创建国家卫生城市先进个人	区委、区政府
熊　健	区交通运输局	2020年度创建国家卫生城市先进个人	区委、区政府
余海燕	区水利局	2020年度创建国家卫生城市先进个人	区委、区政府
余继革	区退役军人事务局	2020年度创建国家卫生城市先进个人	区委、区政府
邹　杰	区应急管理局	2020年度创建国家卫生城市先进个人	区委、区政府
王丽霞	区综合行政执法局	2020年度创建国家卫生城市先进个人	区委、区政府
李光亮	区综合行政执法局	2020年度创建国家卫生城市先进个人	区委、区政府
熊　纲	区经合局	2020年度创建国家卫生城市先进个人	区委、区政府
阚代文	区行政审批局	2020年度创建国家卫生城市先进个人	区委、区政府
熊丽琴	区行政审批局	2020年度创建国家卫生城市先进个人	区委、区政府
毛玉英	东坡生态环境局	2020年度创建国家卫生城市先进个人	区委、区政府
田　茂	区气象局	2020年度创建国家卫生城市先进个人	区委、区政府
林　建	区总工会	2020年度创建国家卫生城市先进个人	区委、区政府
邓　奥	团区委	2020年度创建国家卫生城市先进个人	区委、区政府
李　阳	区妇联	2020年度创建国家卫生城市先进个人	区委、区政府
宋　杰	拆迁中心	2020年度创建国家卫生城市先进个人	区委、区政府
王　萍	区开发建设协调中心	2020年度创建国家卫生城市先进个人	区委、区政府

续表10

姓名	工作单位	获奖名称	颁奖机关
朱　智	区融媒体中心	2020年度创建国家卫生城市先进个人	区委、区政府
冷红霞	区档案馆	2020年度创建国家卫生城市先进个人	区委、区政府
周韵倩	区史志编纂中心	2020年度创建国家卫生城市先进个人	区委、区政府
郑　朋	区供销社	2020年度创建国家卫生城市先进个人	区委、区政府
张思恩	苏祠街道	2020年度创建国家卫生城市先进个人	区委、区政府
时学祥	苏祠街道	2020年度创建国家卫生城市先进个人	区委、区政府
杨祖权	苏祠街道	2020年度创建国家卫生城市先进个人	区委、区政府
刘　展	苏祠街道	2020年度创建国家卫生城市先进个人	区委、区政府
彭　屺	苏祠街道	2020年度创建国家卫生城市先进个人	区委、区政府
李永红	苏祠街道	2020年度创建国家卫生城市先进个人	区委、区政府
田　琼	苏祠街道	2020年度创建国家卫生城市先进个人	区委、区政府
万荷君	苏祠街道	2020年度创建国家卫生城市先进个人	区委、区政府
徐小棠	苏祠街道	2020年度创建国家卫生城市先进个人	区委、区政府
严寒霜	苏祠街道	2020年度创建国家卫生城市先进个人	区委、区政府
周雪梅	苏祠街道	2020年度创建国家卫生城市先进个人	区委、区政府
陈　吉	苏祠街道	2020年度创建国家卫生城市先进个人	区委、区政府
万晓燕	苏祠街道	2020年度创建国家卫生城市先进个人	区委、区政府
陈　丽	苏祠街道	2020年度创建国家卫生城市先进个人	区委、区政府
杨　欢	苏祠街道	2020年度创建国家卫生城市先进个人	区委、区政府
祝金花	苏祠街道	2020年度创建国家卫生城市先进个人	区委、区政府
刘建文	大石桥街道	2020年度创建国家卫生城市先进个人	区委、区政府
陈仲利	大石桥街道	2020年度创建国家卫生城市先进个人	区委、区政府
刘长虹	大石桥街道	2020年度创建国家卫生城市先进个人	区委、区政府
方　琴	大石桥街道	2020年度创建国家卫生城市先进个人	区委、区政府
郑　霞	大石桥街道	2020年度创建国家卫生城市先进个人	区委、区政府
邓　燕	大石桥街道	2020年度创建国家卫生城市先进个人	区委、区政府
何思瑶	大石桥街道	2020年度创建国家卫生城市先进个人	区委、区政府
郭丽菲	大石桥街道	2020年度创建国家卫生城市先进个人	区委、区政府
李　敏	大石桥街道	2020年度创建国家卫生城市先进个人	区委、区政府
李　林	大石桥街道	2020年度创建国家卫生城市先进个人	区委、区政府
杨晓梅	大石桥街道	2020年度创建国家卫生城市先进个人	区委、区政府

续表10

姓名	工作单位	获奖名称	颁奖机关
余　美	大石桥街道	2020年度创建国家卫生城市先进个人	区委、区政府
刘艳峰	大石桥街道	2020年度创建国家卫生城市先进个人	区委、区政府
王　忠	大石桥街道	2020年度创建国家卫生城市先进个人	区委、区政府
文建军	大石桥街道	2020年度创建国家卫生城市先进个人	区委、区政府
万艳红	大石桥街道	2020年度创建国家卫生城市先进个人	区委、区政府
石晓平	通惠街道	2020年度创建国家卫生城市先进个人	区委、区政府
王小义	通惠街道	2020年度创建国家卫生城市先进个人	区委、区政府
杜玲伶	通惠街道	2020年度创建国家卫生城市先进个人	区委、区政府
夏　雪	通惠街道	2020年度创建国家卫生城市先进个人	区委、区政府
陶　欢	通惠街道	2020年度创建国家卫生城市先进个人	区委、区政府
汪素仙	通惠街道	2020年度创建国家卫生城市先进个人	区委、区政府
陈　娟	通惠街道	2020年度创建国家卫生城市先进个人	区委、区政府
龙玉成	通惠街道	2020年度创建国家卫生城市先进个人	区委、区政府
张学龙	通惠街道	2020年度创建国家卫生城市先进个人	区委、区政府
关　淳	通惠街道	2020年度创建国家卫生城市先进个人	区委、区政府
李长春	通惠街道	2020年度创建国家卫生城市先进个人	区委、区政府
周正宏	通惠街道	2020年度创建国家卫生城市先进个人	区委、区政府
余华伦	通惠街道	2020年度创建国家卫生城市先进个人	区委、区政府
郑云峰	通惠街道	2020年度创建国家卫生城市先进个人	区委、区政府
陈敏汐	通惠街道	2020年度创建国家卫生城市先进个人	区委、区政府
邓　丽	通惠街道	2020年度创建国家卫生城市先进个人	区委、区政府
杨　霞	尚义镇	2020年度创建国家卫生城市先进个人	区委、区政府
金　红	尚义镇	2020年度创建国家卫生城市先进个人	区委、区政府
陈永波	太和镇	2020年度创建国家卫生城市先进个人	区委、区政府
张晓红	太和镇	2020年度创建国家卫生城市先进个人	区委、区政府
何正高	崇礼镇	2020年度创建国家卫生城市先进个人	区委、区政府
李　璐	崇礼镇	2020年度创建国家卫生城市先进个人	区委、区政府
李　健	富牛镇	2020年度创建国家卫生城市先进个人	区委、区政府
周文清	富牛镇	2020年度创建国家卫生城市先进个人	区委、区政府
虞　波	松江镇	2020年度创建国家卫生城市先进个人	区委、区政府
金　鑫	松江镇	2020年度创建国家卫生城市先进个人	区委、区政府

续表10

姓名	工作单位	获奖名称	颁奖机关
杨　林	三苏镇	2020年度创建国家卫生城市先进个人	区委、区政府
杨　娟	三苏镇	2020年度创建国家卫生城市先进个人	区委、区政府
李昌琴	秦家镇	2020年度创建国家卫生城市先进个人	区委、区政府
黄雯雯	眉山“中国泡菜城”	2020年度统战工作先进个人	区委、区政府
沈　灵	眉山经开区新区	2020年度统战工作先进个人	区委、区政府
豆　敏	区人民法院	2020年度统战工作先进个人	区委、区政府
何美玲	区人民检察院	2020年度统战工作先进个人	区委、区政府
张　荣	区委政法委	2020年度统战工作先进个人	区委、区政府
何小琼	区发改局	2020年度统战工作先进个人	区委、区政府
税　钊	区经信局	2020年度统战工作先进个人	区委、区政府
朱伟明	区民政局	2020年度统战工作先进个人	区委、区政府
郭　川	区住建局	2020年度统战工作先进个人	区委、区政府
徐　勇	区农业农村局	2020年度统战工作先进个人	区委、区政府
王新莲	区卫健局	2020年度统战工作先进个人	区委、区政府
张晓丹	区国资和金融工作局	2020年度统战工作先进个人	区委、区政府
何　星	区税务局	2020年度统战工作先进个人	区委、区政府
杨　悦	团区委	2020年度统战工作先进个人	区委、区政府
广　利	区工商联	2020年度统战工作先进个人	区委、区政府
黄　云	区消防救援大队	2020年度统战工作先进个人	区委、区政府
胥中山	大石桥街道	2020年度统战工作先进个人	区委、区政府
胡建兵	通惠街道	2020年度统战工作先进个人	区委、区政府
牟隽逸	尚义镇	2020年度统战工作先进个人	区委、区政府
邓婷婷	思蒙镇	2020年度统战工作先进个人	区委、区政府
李俊贤	修文镇	2020年度统战工作先进个人	区委、区政府
郑园园	永寿镇	2020年度统战工作先进个人	区委、区政府
顾雅丽	复兴镇	2020年度统战工作先进个人	区委、区政府
李　升	民革东坡区支部	2020年度统战工作先进个人	区委、区政府
商旭梅	民盟东坡区总支	2020年度统战工作先进个人	区委、区政府
伍　静	民建东坡区总支	2020年度统战工作先进个人	区委、区政府
何灵丽	民进东坡区总支	2020年度统战工作先进个人	区委、区政府
廖　敏	九三学社东坡区基层委员会	2020年度统战工作先进个人	区委、区政府

续表10

姓名	工作单位	获奖名称	颁奖机关
庞　婷	区知联会	2020年度统战工作先进个人	区委、区政府
何全兵	区黄埔同学后代联工委	2020年度统战工作先进个人	区委、区政府
刘艳丽	甘眉工业园区南区	2020年度政法工作先进个人	区委、区政府
王良俊	区岷江现代农业示范园区	2020年度政法工作先进个人	区委、区政府
郑　松	区纪委监委	2020年度政法工作先进个人	区委、区政府
杨雪玲	区人民法院	2020年度政法工作先进个人	区委、区政府
夏　丽	区人民检察院	2020年度政法工作先进个人	区委、区政府
彭德贵	区人大办	2020年度政法工作先进个人	区委、区政府
杨　韬	区政府办	2020年度政法工作先进个人	区委、区政府
岳华均	区政协办	2020年度政法工作先进个人	区委、区政府
胡雨婷	区委宣传部	2020年度政法工作先进个人	区委、区政府
徐立波	区委统战部	2020年度政法工作先进个人	区委、区政府
赵云龙	区委编办	2020年度政法工作先进个人	区委、区政府
杨　赟	区委巡察办	2020年度政法工作先进个人	区委、区政府
何建国	区发改局	2020年度政法工作先进个人	区委、区政府
袁敬永	区经信局	2020年度政法工作先进个人	区委、区政府
李　阳	区公安分局	2020年度政法工作先进个人	区委、区政府
王雪松	区公安分局	2020年度政法工作先进个人	区委、区政府
汪继钟	区民政局	2020年度政法工作先进个人	区委、区政府
祝开平	区财政局	2020年度政法工作先进个人	区委、区政府
陈灵运	区自然资源和规划局	2020年度政法工作先进个人	区委、区政府
杜成刚	区住建局	2020年度政法工作先进个人	区委、区政府
王丽琼	区交通运输局	2020年度政法工作先进个人	区委、区政府
相　峰	区水利局	2020年度政法工作先进个人	区委、区政府
黄在永	区农业农村局	2020年度政法工作先进个人	区委、区政府
傅蕾燕	区商务博览局	2020年度政法工作先进个人	区委、区政府
邓脂丹	区文广旅局	2020年度政法工作先进个人	区委、区政府
黄金广	区卫健局	2020年度政法工作先进个人	区委、区政府
杨艳凤	区审计局	2020年度政法工作先进个人	区委、区政府
刘　静	区国资和金融工作局	2020年度政法工作先进个人	区委、区政府
王　坤	区市场监管局	2020年度政法工作先进个人	区委、区政府

续表10

姓名	工作单位	获奖名称	颁奖机关
梁又瑛	区医保局	2020年度政法工作先进个人	区委、区政府
卢安富	区综合行政执法局	2020年度政法工作先进个人	区委、区政府
佟沁兰	区总工会	2020年度政法工作先进个人	区委、区政府
邓　奥	团区委	2020年度政法工作先进个人	区委、区政府
李　阳	区妇联	2020年度政法工作先进个人	区委、区政府
许　波	拆迁中心	2020年度政法工作先进个人	区委、区政府
张　涛	区融媒体中心	2020年度政法工作先进个人	区委、区政府
黄　伟	区档案馆	2020年度政法工作先进个人	区委、区政府
黄　刚	区机关事务服务中心	2020年度政法工作先进个人	区委、区政府
李海燕	区征补中心	2020年度政法工作先进个人	区委、区政府
杨树立	大石桥街道	2020年度政法工作先进个人	区委、区政府
刘　浚	尚义镇	2020年度政法工作先进个人	区委、区政府
赵　华	崇礼镇	2020年度政法工作先进个人	区委、区政府
侯　涛	富牛镇	2020年度政法工作先进个人	区委、区政府
刘　亮	修文镇	2020年度政法工作先进个人	区委、区政府
张哲夕	松江镇	2020年度政法工作先进个人	区委、区政府
付治微	三苏镇	2020年度政法工作先进个人	区委、区政府
吴志明	复兴镇	2020年度政法工作先进个人	区委、区政府
罗海鹏	多悦镇	2020年度政法工作先进个人	区委、区政府
李智学	万胜镇	2020年度政法工作先进个人	区委、区政府
岳　娅	区纪委监委	2020年度乡村振兴工作先进个人	区委、区政府
黄浩洋	区委办	2020年度乡村振兴工作先进个人	区委、区政府
熊利民	区人大办	2020年度乡村振兴工作先进个人	区委、区政府
张　科	区政府办	2020年度乡村振兴工作先进个人	区委、区政府
李华明	区政协办	2020年度乡村振兴工作先进个人	区委、区政府
朱宇皓	区委组织部	2020年度乡村振兴工作先进个人	区委、区政府
吴丰秀	区委宣传部	2020年度乡村振兴工作先进个人	区委、区政府
王瑶瑶	区发改局	2020年度乡村振兴工作先进个人	区委、区政府
周　勇	区教体局	2020年度乡村振兴工作先进个人	区委、区政府
赵　萍	区财政局	2020年度乡村振兴工作先进个人	区委、区政府
涂夏渊	区自然资源和规划局	2020年度乡村振兴工作先进个人	区委、区政府

续表10

姓名	工作单位	获奖名称	颁奖机关
杜成刚	区住建局	2020年度乡村振兴工作先进个人	区委、区政府
郭利军	区水利局	2020年度乡村振兴工作先进个人	区委、区政府
彭　博	区农业农村局	2020年度乡村振兴工作先进个人	区委、区政府
耿会军	区卫健局	2020年度乡村振兴工作先进个人	区委、区政府
彭　莹	区市场监管局	2020年度乡村振兴工作先进个人	区委、区政府
黄　军	东坡生态环境局	2020年度乡村振兴工作先进个人	区委、区政府
黄群霞	尚义镇	2020年度乡村振兴工作先进个人	区委、区政府
唐　华	思蒙镇	2020年度乡村振兴工作先进个人	区委、区政府
刘建长	太和镇	2020年度乡村振兴工作先进个人	区委、区政府
王　瑞	崇礼镇	2020年度乡村振兴工作先进个人	区委、区政府
杨述成	富牛镇	2020年度乡村振兴工作先进个人	区委、区政府
章忠文	修文镇	2020年度乡村振兴工作先进个人	区委、区政府
付小吕	松江镇	2020年度乡村振兴工作先进个人	区委、区政府
王娇露	永寿镇	2020年度乡村振兴工作先进个人	区委、区政府
张　宇	三苏镇	2020年度乡村振兴工作先进个人	区委、区政府
黄顺林	复兴镇	2020年度乡村振兴工作先进个人	区委、区政府
刘　丹	多悦镇	2020年度乡村振兴工作先进个人	区委、区政府
杨　沙	万胜镇	2020年度乡村振兴工作先进个人	区委、区政府
颜　坤	秦家镇	2020年度乡村振兴工作先进个人	区委、区政府
陶静薇	眉山“中国泡菜城”	2020年度文化旅游工作先进个人	区委、区政府
彭宇星	眉山经开区新区	2020年度文化旅游工作先进个人	区委、区政府
徐　越	甘眉工业园区南区	2020年度文化旅游工作先进个人	区委、区政府
白琼花	区人民法院	2020年度文化旅游工作先进个人	区委、区政府
张　雪	区人民检察院	2020年度文化旅游工作先进个人	区委、区政府
袁　菲	区委办	2020年度文化旅游工作先进个人	区委、区政府
张　科	区政府办	2020年度文化旅游工作先进个人	区委、区政府
张国亮	区委组织部	2020年度文化旅游工作先进个人	区委、区政府
张　艳	区委宣传部	2020年度文化旅游工作先进个人	区委、区政府
罗　超	区委统战部	2020年度文化旅游工作先进个人	区委、区政府
彭　燕	区委政法委	2020年度文化旅游工作先进个人	区委、区政府
刘剑锋	区委编办	2020年度文化旅游工作先进个人	区委、区政府

续表10

姓名	工作单位	获奖名称	颁奖机关
黄　卫	区委巡察办	2020年度文化旅游工作先进个人	区委、区政府
申　林	区公安分局	2020年度文化旅游工作先进个人	区委、区政府
苏世嘉	区住建局	2020年度文化旅游工作先进个人	区委、区政府
罗　旺	区交通运输局	2020年度文化旅游工作先进个人	区委、区政府
黄　川	区文广旅局	2020年度文化旅游工作先进个人	区委、区政府
彭万寿	区统计局	2020年度文化旅游工作先进个人	区委、区政府
黄华静	区信访局	2020年度文化旅游工作先进个人	区委、区政府
涂　璟	区行政审批局	2020年度文化旅游工作先进个人	区委、区政府
陈　婧	区综合行政执法局	2020年度文化旅游工作先进个人	区委、区政府
颜薪郦	区经信局	2020年度文化旅游工作先进个人	区委、区政府
江　霞	区教体局	2020年度文化旅游工作先进个人	区委、区政府
张琼予	区司法局	2020年度文化旅游工作先进个人	区委、区政府
李　潇	区人社局	2020年度文化旅游工作先进个人	区委、区政府
罗　珑	区水利局	2020年度文化旅游工作先进个人	区委、区政府
张　冯	区卫健局	2020年度文化旅游工作先进个人	区委、区政府
万　霞	区审计局	2020年度文化旅游工作先进个人	区委、区政府
陈　鸿	东坡生态环境局	2020年度文化旅游工作先进个人	区委、区政府
岳良峰	区税务局	2020年度文化旅游工作先进个人	区委、区政府
刘姝岩	区气象局	2020年度文化旅游工作先进个人	区委、区政府
李龙荔	区总工会	2020年度文化旅游工作先进个人	区委、区政府
李　阳	区妇联	2020年度文化旅游工作先进个人	区委、区政府
李　菁	区残联	2020年度文化旅游工作先进个人	区委、区政府
李世旭	区工商联	2020年度文化旅游工作先进个人	区委、区政府
王　亮	区档案馆	2020年度文化旅游工作先进个人	区委、区政府
张　骥	区史志编纂中心	2020年度文化旅游工作先进个人	区委、区政府
潘　星	区公务服务中心	2020年度文化旅游工作先进个人	区委、区政府
刘小军	区农民工服务中心	2020年度文化旅游工作先进个人	区委、区政府
梁彬彬	区机关事务服务中心	2020年度文化旅游工作先进个人	区委、区政府
易　容	区城乡经济监测中心	2020年度文化旅游工作先进个人	区委、区政府
杨小勇	区消防救援大队	2020年度文化旅游工作先进个人	区委、区政府
吴志庆	区岷江航电协调中心	2020年度文化旅游工作先进个人	区委、区政府

续表10

姓名	工作单位	获奖名称	颁奖机关
张 珊	区开发建设协调中心	2020年度文化旅游工作先进个人	区委、区政府
韩秀花	通惠街道	2020年度文化旅游工作先进个人	区委、区政府
黄晓凤	尚义镇	2020年度文化旅游工作先进个人	区委、区政府
黄 伟	思蒙镇	2020年度文化旅游工作先进个人	区委、区政府
辛婷婷	太和镇	2020年度文化旅游工作先进个人	区委、区政府
赵 茂	崇礼镇	2020年度文化旅游工作先进个人	区委、区政府
陈艳梅	富牛镇	2020年度文化旅游工作先进个人	区委、区政府
杨光华	修文镇	2020年度文化旅游工作先进个人	区委、区政府
田康林	松江镇	2020年度文化旅游工作先进个人	区委、区政府
邹 智	多悦镇	2020年度文化旅游工作先进个人	区委、区政府
王 兰	万胜镇	2020年度文化旅游工作先进个人	区委、区政府
石 磊	秦家镇	2020年度文化旅游工作先进个人	区委、区政府
肖紫伟	甘眉工业园区南区	2020年度安全生产工作先进个人	区委、区政府
王建成	区人民法院	2020年度安全生产工作先进个人	区委、区政府
潘 胜	区人民检察院	2020年度安全生产工作先进个人	区委、区政府
何 涛	区人大办	2020年度安全生产工作先进个人	区委、区政府
刘子斌	区政协办	2020年度安全生产工作先进个人	区委、区政府
左晋国	区委统战部	2020年度安全生产工作先进个人	区委、区政府
冯 玉	区委编办	2020年度安全生产工作先进个人	区委、区政府
龚琳峦	区自然资源和规划局	2020年度安全生产工作先进个人	区委、区政府
何 亮	区人社局	2020年度安全生产工作先进个人	区委、区政府
方 顺	区交通运输局	2020年度安全生产工作先进个人	区委、区政府
王 新	区农业农村局	2020年度安全生产工作先进个人	区委、区政府
张云消	东坡生态环境局	2020年度安全生产工作先进个人	区委、区政府
王 然	区应急管理局	2020年度安全生产工作先进个人	区委、区政府
付 斌	区应急管理局	2020年度安全生产工作先进个人	区委、区政府
兰 巍	区应急管理局	2020年度安全生产工作先进个人	区委、区政府
黄雨晴	团区委	2020年度安全生产工作先进个人	区委、区政府
黄亚钰	区总工会	2020年度安全生产工作先进个人	区委、区政府
叶妍洁	区融媒体中心	2020年度安全生产工作先进个人	区委、区政府
胡 佳	区消防救援大队	2020年度安全生产工作先进个人	区委、区政府

续表10

姓名	工作单位	获奖名称	颁奖机关
王　莹	区消防救援大队	2020年度安全生产工作先进个人	区委、区政府
王　轲	市交警支队直属一大队	2020年度安全生产工作先进个人	区委、区政府
黎炳剑	大石桥街道	2020年度安全生产工作先进个人	区委、区政府
罗　欢	通惠街道	2020年度安全生产工作先进个人	区委、区政府
周红劲	崇礼镇	2020年度安全生产工作先进个人	区委、区政府
刘　文	富牛镇	2020年度安全生产工作先进个人	区委、区政府
王晓波	修文镇	2020年度安全生产工作先进个人	区委、区政府
周　磊	松江镇	2020年度安全生产工作先进个人	区委、区政府
石长明	永寿镇	2020年度安全生产工作先进个人	区委、区政府
李　超	三苏镇	2020年度安全生产工作先进个人	区委、区政府
范元通	秦家镇	2020年度安全生产工作先进个人	区委、区政府
陈　瑶	甘眉工业园区南区	2020年度卫生健康工作先进个人	区委、区政府
王良俊	区岷江现代农业示范园区	2020年度卫生健康工作先进个人	区委、区政府
祝杨奇	区纪委监委	2020年度卫生健康工作先进个人	区委、区政府
辛　松	区人民法院	2020年度卫生健康工作先进个人	区委、区政府
何建安	区人民检察院	2020年度卫生健康工作先进个人	区委、区政府
郑爱梅	区委组织部	2020年度卫生健康工作先进个人	区委、区政府
宁廖霞	区委宣传部	2020年度卫生健康工作先进个人	区委、区政府
刘丝羽	区委统战部	2020年度卫生健康工作先进个人	区委、区政府
张　梅	区委老干部局	2020年度卫生健康工作先进个人	区委、区政府
曾翠芳	区发改局	2020年度卫生健康工作先进个人	区委、区政府
汪菲菲	区经信局	2020年度卫生健康工作先进个人	区委、区政府
兰　剑	区教体局	2020年度卫生健康工作先进个人	区委、区政府
李来君	区教体局	2020年度卫生健康工作先进个人	区委、区政府
王林武	区公安分局	2020年度卫生健康工作先进个人	区委、区政府
邵映红	区公安分局	2020年度卫生健康工作先进个人	区委、区政府
张　艳	区财政局	2020年度卫生健康工作先进个人	区委、区政府
刘爱军	区人社局	2020年度卫生健康工作先进个人	区委、区政府
王丽琼	区交通运输局	2020年度卫生健康工作先进个人	区委、区政府
杜　雄	区农业农村局	2020年度卫生健康工作先进个人	区委、区政府
傅蕾燕	区商务博览局	2020年度卫生健康工作先进个人	区委、区政府

续表10

姓名	工作单位	获奖名称	颁奖机关
周 艇	区文广旅局	2020年度卫生健康工作先进个人	区委、区政府
侯明祥	区卫健局	2020年度卫生健康工作先进个人	区委、区政府
陶锦绣	区卫健局	2020年度卫生健康工作先进个人	区委、区政府
罗 涛	区卫健局	2020年度卫生健康工作先进个人	区委、区政府
王志祥	区卫健局	2020年度卫生健康工作先进个人	区委、区政府
白丽平	区卫健局	2020年度卫生健康工作先进个人	区委、区政府
赵仁斌	区卫健局	2020年度卫生健康工作先进个人	区委、区政府
杨在新	区退役军人事务局	2020年度卫生健康工作先进个人	区委、区政府
邹 杰	区应急管理局	2020年度卫生健康工作先进个人	区委、区政府
强琪蓉	区国资和金融工作局	2020年度卫生健康工作先进个人	区委、区政府
吴 红	区市场监管局	2020年度卫生健康工作先进个人	区委、区政府
郑 旭	区市场监管局	2020年度卫生健康工作先进个人	区委、区政府
朱立龙	区医保局	2020年度卫生健康工作先进个人	区委、区政府
邓 奥	团区委	2020年度卫生健康工作先进个人	区委、区政府
温艳红	区妇联	2020年度卫生健康工作先进个人	区委、区政府
徐 林	区科协	2020年度卫生健康工作先进个人	区委、区政府
李福如	区残联	2020年度卫生健康工作先进个人	区委、区政府
郭峻岑	区融媒体中心	2020年度卫生健康工作先进个人	区委、区政府
杨怀忠	区机关事务服务中心	2020年度卫生健康工作先进个人	区委、区政府
郑 朋	区供销社	2020年度卫生健康工作先进个人	区委、区政府
蹇红梅	苏祠街道	2020年度卫生健康工作先进个人	区委、区政府
张思恩	苏祠街道	2020年度卫生健康工作先进个人	区委、区政府
王 忠	大石桥街道	2020年度卫生健康工作先进个人	区委、区政府
钟丽萍	大石桥街道	2020年度卫生健康工作先进个人	区委、区政府
胡建兵	通惠街道	2020年度卫生健康工作先进个人	区委、区政府
郑云峰	通惠街道	2020年度卫生健康工作先进个人	区委、区政府
白 平	尚义镇	2020年度卫生健康工作先进个人	区委、区政府
肖建超	思蒙镇	2020年度卫生健康工作先进个人	区委、区政府
李 新	太和镇	2020年度卫生健康工作先进个人	区委、区政府
李祥伟	崇礼镇	2020年度卫生健康工作先进个人	区委、区政府
李群方	富牛镇	2020年度卫生健康工作先进个人	区委、区政府

续表10

姓名	工作单位	获奖名称	颁奖机关
徐建明	修文镇	2020年度卫生健康工作先进个人	区委、区政府
江欣桧	松江镇	2020年度卫生健康工作先进个人	区委、区政府
宛远彬	永寿镇	2020年度卫生健康工作先进个人	区委、区政府
雷利群	三苏镇	2020年度卫生健康工作先进个人	区委、区政府
谭君兰	复兴镇	2020年度卫生健康工作先进个人	区委、区政府
高　健	多悦镇	2020年度卫生健康工作先进个人	区委、区政府
林　青	万胜镇	2020年度卫生健康工作先进个人	区委、区政府
侯伟杰	秦家镇	2020年度卫生健康工作先进个人	区委、区政府
张　鹏	眉山“中国泡菜城”	2020年度新冠肺炎疫情防控工作先进个人	区委、区政府
邓应军	区人武部	2020年度新冠肺炎疫情防控工作先进个人	区委、区政府
李光毅	区人民法院	2020年度新冠肺炎疫情防控工作先进个人	区委、区政府
黄　枭	区人民检察院	2020年度新冠肺炎疫情防控工作先进个人	区委、区政府
龚索灵	区委办	2020年度新冠肺炎疫情防控工作先进个人	区委、区政府
王　琳	区政府办	2020年度新冠肺炎疫情防控工作先进个人	区委、区政府
宁载元	区委统战部	2020年度新冠肺炎疫情防控工作先进个人	区委、区政府
程方艺	区委政法委	2020年度新冠肺炎疫情防控工作先进个人	区委、区政府
冷秀明	区委编办	2020年度新冠肺炎疫情防控工作先进个人	区委、区政府
张永中	区委巡察办	2020年度新冠肺炎疫情防控工作先进个人	区委、区政府
宋廷学	区公安分局	2020年度新冠肺炎疫情防控工作先进个人	区委、区政府
齐　磊	区公安分局	2020年度新冠肺炎疫情防控工作先进个人	区委、区政府
朱路兵	区民政局	2020年度新冠肺炎疫情防控工作先进个人	区委、区政府
杨树立	区司法局	2020年度新冠肺炎疫情防控工作先进个人	区委、区政府
肖重文	区人社局	2020年度新冠肺炎疫情防控工作先进个人	区委、区政府
汤志涛	区自然资源和规划局	2020年度新冠肺炎疫情防控工作先进个人	区委、区政府
陈刚强	区住建局	2020年度新冠肺炎疫情防控工作先进个人	区委、区政府
余崇伟	区交通运输局	2020年度新冠肺炎疫情防控工作先进个人	区委、区政府
王　勋	区水利局	2020年度新冠肺炎疫情防控工作先进个人	区委、区政府
张雯钥	区卫健局	2020年度新冠肺炎疫情防控工作先进个人	区委、区政府
孙力刚	区卫健局	2020年度新冠肺炎疫情防控工作先进个人	区委、区政府
邓德华	区卫健局	2020年度新冠肺炎疫情防控工作先进个人	区委、区政府
侯　伟	区卫健局	2020年度新冠肺炎疫情防控工作先进个人	区委、区政府

续表10

姓名	工作单位	获奖名称	颁奖机关
汪晴宇	区卫健局	2020年度新冠肺炎疫情防控工作先进个人	区委、区政府
王　芮	区卫健局	2020年度新冠肺炎疫情防控工作先进个人	区委、区政府
朱昌杰	区卫健局	2020年度新冠肺炎疫情防控工作先进个人	区委、区政府
王　奕	区卫健局	2020年度新冠肺炎疫情防控工作先进个人	区委、区政府
张　琪	区卫健局	2020年度新冠肺炎疫情防控工作先进个人	区委、区政府
张奥莉	区退役军人事务局	2020年度新冠肺炎疫情防控工作先进个人	区委、区政府
徐　佳	区审计局	2020年度新冠肺炎疫情防控工作先进个人	区委、区政府
卢　伟	区经合局	2020年度新冠肺炎疫情防控工作先进个人	区委、区政府
石红燕	区统计局	2020年度新冠肺炎疫情防控工作先进个人	区委、区政府
陈　波	区信访局	2020年度新冠肺炎疫情防控工作先进个人	区委、区政府
熊丽琴	区行政审批局	2020年度新冠肺炎疫情防控工作先进个人	区委、区政府
王丽霞	区综合行政执法局	2020年度新冠肺炎疫情防控工作先进个人	区委、区政府
朱红丽	东坡生态环境局	2020年度新冠肺炎疫情防控工作先进个人	区委、区政府
刘　洪	区税务局	2020年度新冠肺炎疫情防控工作先进个人	区委、区政府
姚　斌	区气象局	2020年度新冠肺炎疫情防控工作先进个人	区委、区政府
何　曼	区总工会	2020年度新冠肺炎疫情防控工作先进个人	区委、区政府
王　建	区工商联	2020年度新冠肺炎疫情防控工作先进个人	区委、区政府
冷奎清	区委党校	2020年度新冠肺炎疫情防控工作先进个人	区委、区政府
王　蕾	区征补中心	2020年度新冠肺炎疫情防控工作先进个人	区委、区政府
熊艳霞	区政务服务和公共资源交易服务中心	2020年度新冠肺炎疫情防控工作先进个人	区委、区政府
黎　曦	苏祠街道	2020年度新冠肺炎疫情防控工作先进个人	区委、区政府
龚　梅	大石桥街道	2020年度新冠肺炎疫情防控工作先进个人	区委、区政府
曾　毅	通惠街道	2020年度新冠肺炎疫情防控工作先进个人	区委、区政府
邓泽伟	尚义镇	2020年度新冠肺炎疫情防控工作先进个人	区委、区政府
徐　碟	思蒙镇	2020年度新冠肺炎疫情防控工作先进个人	区委、区政府
宋佳丽	太和镇	2020年度新冠肺炎疫情防控工作先进个人	区委、区政府
刘　欢	崇礼镇	2020年度新冠肺炎疫情防控工作先进个人	区委、区政府
李群方	富牛镇	2020年度新冠肺炎疫情防控工作先进个人	区委、区政府
陈俊清	修文镇	2020年度新冠肺炎疫情防控工作先进个人	区委、区政府
金　鑫	松江镇	2020年度新冠肺炎疫情防控工作先进个人	区委、区政府

续表10

姓名	工作单位	获奖名称	颁奖机关
吕　祺	永寿镇	2020年度新冠肺炎疫情防控工作先进个人	区委、区政府
曾丽红	三苏镇	2020年度新冠肺炎疫情防控工作先进个人	区委、区政府
周　维	复兴镇	2020年度新冠肺炎疫情防控工作先进个人	区委、区政府
黄　玲	多悦镇	2020年度新冠肺炎疫情防控工作先进个人	区委、区政府
黄　蕾	万胜镇	2020年度新冠肺炎疫情防控工作先进个人	区委、区政府
石　磊	秦家镇	2020年度新冠肺炎疫情防控工作先进个人	区委、区政府
徐　晗	眉山“中国泡菜城”	2020年度民营经济工作先进个人	区委、区政府
梁志刚	眉山经开区新区	2020年度民营经济工作先进个人	区委、区政府
林江伟	甘眉工业园区南区	2020年度民营经济工作先进个人	区委、区政府
黄　琴	区纪委监委	2020年度民营经济工作先进个人	区委、区政府
杨　航	区委办	2020年度民营经济工作先进个人	区委、区政府
解昱昊	区政府办	2020年度民营经济工作先进个人	区委、区政府
温相辉	区委组织部	2020年度民营经济工作先进个人	区委、区政府
冯　曦	区委宣传部	2020年度民营经济工作先进个人	区委、区政府
刘　凯	区委统战部	2020年度民营经济工作先进个人	区委、区政府
熊　丽	区委政法委	2020年度民营经济工作先进个人	区委、区政府
邹林英	区发改局	2020年度民营经济工作先进个人	区委、区政府
宋群英	区经信局	2020年度民营经济工作先进个人	区委、区政府
何江华	区教体局	2020年度民营经济工作先进个人	区委、区政府
廖永强	区公安分局	2020年度民营经济工作先进个人	区委、区政府
卢卓妮	区财政局	2020年度民营经济工作先进个人	区委、区政府
康　月	区人社局	2020年度民营经济工作先进个人	区委、区政府
龚　俊	区水利局	2020年度民营经济工作先进个人	区委、区政府
王　美	区农业农村局	2020年度民营经济工作先进个人	区委、区政府
余艳翔	区文广旅局	2020年度民营经济工作先进个人	区委、区政府
袁　廷	区审计局	2020年度民营经济工作先进个人	区委、区政府
颜柳洁	区国资和金融工作局	2020年度民营经济工作先进个人	区委、区政府
廖祖珍	区市场监管局	2020年度民营经济工作先进个人	区委、区政府
庄　劲	区经合局	2020年度民营经济工作先进个人	区委、区政府
李源源	区统计局	2020年度民营经济工作先进个人	区委、区政府
张利露	区行政审批局	2020年度民营经济工作先进个人	区委、区政府

续表10

姓名	工作单位	获奖名称	颁奖机关
邵晓梅	区税务局	2020年度民营经济工作先进个人	区委、区政府
康　颖	东坡生态环境局	2020年度民营经济工作先进个人	区委、区政府
何柏萱	大石桥街道	2020年度民营经济工作先进个人	区委、区政府
宋　剑	太和镇	2020年度民营经济工作先进个人	区委、区政府
张明华	富牛镇	2020年度民营经济工作先进个人	区委、区政府
谷宇佩	眉山“中国泡菜城”	2020年度招商引资工作先进个人	区委、区政府
罗　昆	眉山经开区新区	2020年度招商引资工作先进个人	区委、区政府
邹汝刚	甘眉工业园区南区	2020年度招商引资工作先进个人	区委、区政府
赵　刚	区发改局	2020年度招商引资工作先进个人	区委、区政府
黄亚葳	区经信局	2020年度招商引资工作先进个人	区委、区政府
陈秋雯	区司法局	2020年度招商引资工作先进个人	区委、区政府
王　勤	区财政局	2020年度招商引资工作先进个人	区委、区政府
黄徐利	区自然资源和规划局	2020年度招商引资工作先进个人	区委、区政府
蹇艳艳	区水利局	2020年度招商引资工作先进个人	区委、区政府
吴　幽	区商务博览局	2020年度招商引资工作先进个人	区委、区政府
周　润	区应急管理局	2020年度招商引资工作先进个人	区委、区政府
廖荷田	区市场监管局	2020年度招商引资工作先进个人	区委、区政府
陈思敏	区经合局	2020年度招商引资工作先进个人	区委、区政府
李晓娟	区统计局	2020年度招商引资工作先进个人	区委、区政府
邓均辉	眉山“中国泡菜城”	2020年度环境保护工作先进个人	区委、区政府
王洪波	眉山经开区新区	2020年度环境保护工作先进个人	区委、区政府
黄双平	甘眉工业园区南区	2020年度环境保护工作先进个人	区委、区政府
谢　兵	区人民法院	2020年度环境保护工作先进个人	区委、区政府
李　庆	区人民检察院	2020年度环境保护工作先进个人	区委、区政府
王　杰	区委办	2020年度环境保护工作先进个人	区委、区政府
李　艺	区人大办	2020年度环境保护工作先进个人	区委、区政府
陈　磊	区政府办	2020年度环境保护工作先进个人	区委、区政府
刘子斌	区政协办	2020年度环境保护工作先进个人	区委、区政府
李　叶	区委政法委	2020年度环境保护工作先进个人	区委、区政府
张巧玉	区委编办	2020年度环境保护工作先进个人	区委、区政府
税　钊	区经信局	2020年度环境保护工作先进个人	区委、区政府

续表10

姓名	工作单位	获奖名称	颁奖机关
李永红	区教体局	2020年度环境保护工作先进个人	区委、区政府
张战岭	区民政局	2020年度环境保护工作先进个人	区委、区政府
李华碧	区司法局	2020年度环境保护工作先进个人	区委、区政府
何　洋	区人社局	2020年度环境保护工作先进个人	区委、区政府
周彩萍	区自然资源和规划局	2020年度环境保护工作先进个人	区委、区政府
邹在成	区交通运输局	2020年度环境保护工作先进个人	区委、区政府
王　新	区水利局	2020年度环境保护工作先进个人	区委、区政府
吴　幽	区商务博览局	2020年度环境保护工作先进个人	区委、区政府
贺轶宁	区文广旅局	2020年度环境保护工作先进个人	区委、区政府
马茂秋	区卫健局	2020年度环境保护工作先进个人	区委、区政府
周玉英	区市场监管局	2020年度环境保护工作先进个人	区委、区政府
李　薇	区经合局	2020年度环境保护工作先进个人	区委、区政府
张　力	区统计局	2020年度环境保护工作先进个人	区委、区政府
彭桂红	区信访局	2020年度环境保护工作先进个人	区委、区政府
余振利	区综合行政执法局	2020年度环境保护工作先进个人	区委、区政府
王　雨	区行政审批局	2020年度环境保护工作先进个人	区委、区政府
余志清	东坡生态环境局	2020年度环境保护工作先进个人	区委、区政府
田　茂	区气象局	2020年度环境保护工作先进个人	区委、区政府
石冬如	区总工会	2020年度环境保护工作先进个人	区委、区政府
杨　悦	团区委	2020年度环境保护工作先进个人	区委、区政府
邵　军	区融媒体中心	2020年度环境保护工作先进个人	区委、区政府
鲁远憬	苏祠街道	2020年度环境保护工作先进个人	区委、区政府
黄　庆	大石桥街道	2020年度环境保护工作先进个人	区委、区政府
曾　毅	通惠街道	2020年度环境保护工作先进个人	区委、区政府
刘　挺	尚义镇	2020年度环境保护工作先进个人	区委、区政府
李　建	思蒙镇	2020年度环境保护工作先进个人	区委、区政府
周兴龙	太和镇	2020年度环境保护工作先进个人	区委、区政府
代　玮	崇礼镇	2020年度环境保护工作先进个人	区委、区政府
周文清	富牛镇	2020年度环境保护工作先进个人	区委、区政府
刘　亮	修文镇	2020年度环境保护工作先进个人	区委、区政府
韩　有	松江镇	2020年度环境保护工作先进个人	区委、区政府

续表10

姓名	工作单位	获奖名称	颁奖机关
刘文波	永寿镇	2020年度环境保护工作先进个人	区委、区政府
张长青	三苏镇	2020年度环境保护工作先进个人	区委、区政府
曹　维	复兴镇	2020年度环境保护工作先进个人	区委、区政府
童科兵	多悦镇	2020年度环境保护工作先进个人	区委、区政府
张朝阳	万胜镇	2020年度环境保护工作先进个人	区委、区政府
郭建波	秦家镇	2020年度环境保护工作先进个人	区委、区政府
李金桥	区纪委监委	2020年度优秀等次科级领导干部	区委、区政府
邹和良	区总工会	2021年度城乡基层治理先进个人	区委、区政府
谭正中	区人大	2021年度城乡基层治理先进个人	区委、区政府
杜光俊	区人大	2021年度城乡基层治理先进个人	区委、区政府
马　琴	区人大	2021年度城乡基层治理先进个人	区委、区政府
游方全	区委统战部	2021年度城乡基层治理先进个人	区委、区政府
陈　鑫	苏祠街道	2021年度城乡基层治理先进个人	区委、区政府
周雪梅	苏祠街道	2021年度城乡基层治理先进个人	区委、区政府
杨祖权	苏祠街道	2021年度城乡基层治理先进个人	区委、区政府
祝金花	苏祠街道	2021年度城乡基层治理先进个人	区委、区政府
王　峰	大石桥街道	2021年度城乡基层治理先进个人	区委、区政府
邓传芳	大石桥街道	2021年度城乡基层治理先进个人	区委、区政府
周　敏	大石桥街道	2021年度城乡基层治理先进个人	区委、区政府
李红霞	大石桥街道	2021年度城乡基层治理先进个人	区委、区政府
石　磊	通惠街道	2021年度城乡基层治理先进个人	区委、区政府
邓诗韵	通惠街道	2021年度城乡基层治理先进个人	区委、区政府
胡建兵	通惠街道	2021年度城乡基层治理先进个人	区委、区政府
陈艳春	通惠街道	2021年度城乡基层治理先进个人	区委、区政府
袁晟佩	尚义镇	2021年度城乡基层治理先进个人	区委、区政府
李宛露	尚义镇	2021年度城乡基层治理先进个人	区委、区政府
解　帆	尚义镇	2021年度城乡基层治理先进个人	区委、区政府
周　桃	尚义镇	2021年度城乡基层治理先进个人	区委、区政府
张　露	思蒙镇	2021年度城乡基层治理先进个人	区委、区政府
张　沛	思蒙镇	2021年度城乡基层治理先进个人	区委、区政府
徐　曦	太和镇	2021年度城乡基层治理先进个人	区委、区政府

续表10

姓名	工作单位	获奖名称	颁奖机关
张晓红	太和镇	2021年度城乡基层治理先进个人	区委、区政府
郭　眉	太和镇	2021年度城乡基层治理先进个人	区委、区政府
范泽龙	崇礼镇	2021年度城乡基层治理先进个人	区委、区政府
黄崇建	崇礼镇	2021年度城乡基层治理先进个人	区委、区政府
何晓英	崇礼镇	2021年度城乡基层治理先进个人	区委、区政府
熊　威	崇礼镇	2021年度城乡基层治理先进个人	区委、区政府
寇希春	富牛镇	2021年度城乡基层治理先进个人	区委、区政府
王泽鸿	富牛镇	2021年度城乡基层治理先进个人	区委、区政府
李　健	富牛镇	2021年度城乡基层治理先进个人	区委、区政府
付成刚	富牛镇	2021年度城乡基层治理先进个人	区委、区政府
彭世红	修文镇	2021年度城乡基层治理先进个人	区委、区政府
倪明清	修文镇	2021年度城乡基层治理先进个人	区委、区政府
邓　巍	松江镇	2021年度城乡基层治理先进个人	区委、区政府
邓宏敏	松江镇	2021年度城乡基层治理先进个人	区委、区政府
李　波	永寿镇	2021年度城乡基层治理先进个人	区委、区政府
冷玉珍	永寿镇	2021年度城乡基层治理先进个人	区委、区政府
辜　颂	三苏镇	2021年度城乡基层治理先进个人	区委、区政府
董晓梅	三苏镇	2021年度城乡基层治理先进个人	区委、区政府
吕　杰	复兴镇	2021年度城乡基层治理先进个人	区委、区政府
熊　华	复兴镇	2021年度城乡基层治理先进个人	区委、区政府
方　威	多悦镇	2021年度城乡基层治理先进个人	区委、区政府
何　洋	多悦镇	2021年度城乡基层治理先进个人	区委、区政府
万治群	多悦镇	2021年度城乡基层治理先进个人	区委、区政府
张文胜	多悦镇	2021年度城乡基层治理先进个人	区委、区政府
肖玉梅	万胜镇	2021年度城乡基层治理先进个人	区委、区政府
甯英杰	万胜镇	2021年度城乡基层治理先进个人	区委、区政府
吴志远	秦家镇	2021年度城乡基层治理先进个人	区委、区政府
杜　军	秦家镇	2021年度城乡基层治理先进个人	区委、区政府
冯国春	市岷东新区	2021年度城乡基层治理先进个人	区委、区政府
彭会清	眉山“中国泡菜城”	2021年度城乡基层治理先进个人	区委、区政府
李小华	眉山经开区新区	2021年度城乡基层治理先进个人	区委、区政府

续表10

姓名	工作单位	获奖名称	颁奖机关
赵　平	甘眉工业园区南区	2021年度城乡基层治理先进个人	区委、区政府
胡　江	区岷江现代农业示范园区	2021年度城乡基层治理先进个人	区委、区政府
黄　琴	区纪委常委	2021年度城乡基层治理先进个人	区委、区政府
郭　飞	区委办常委办	2021年度城乡基层治理先进个人	区委、区政府
姚婉竹	区政府办	2021年度城乡基层治理先进个人	区委、区政府
温相辉	区委组织部	2021年度城乡基层治理先进个人	区委、区政府
郑　好	区委组织部	2021年度城乡基层治理先进个人	区委、区政府
胡雨婷	区委宣传部	2021年度城乡基层治理先进个人	区委、区政府
徐立波	区委统战部	2021年度城乡基层治理先进个人	区委、区政府
冷洪林	区委政法委	2021年度城乡基层治理先进个人	区委、区政府
李希杰	区委编办	2021年度城乡基层治理先进个人	区委、区政府
周　洁	区委巡察办	2021年度城乡基层治理先进个人	区委、区政府
余佩雯	区人大	2021年度城乡基层治理先进个人	区委、区政府
何　雨	区政协	2021年度城乡基层治理先进个人	区委、区政府
刘　忠	区法院	2021年度城乡基层治理先进个人	区委、区政府
张　雪	区人民检察院	2021年度城乡基层治理先进个人	区委、区政府
贾东宝	区发改局	2021年度城乡基层治理先进个人	区委、区政府
窦雅妮	区经信局	2021年度城乡基层治理先进个人	区委、区政府
张　伟	区教体局	2021年度城乡基层治理先进个人	区委、区政府
陈晓莉	区公安分局	2021年度城乡基层治理先进个人	区委、区政府
黄　波	区民政局	2021年度城乡基层治理先进个人	区委、区政府
汪继钟	区民政局	2021年度城乡基层治理先进个人	区委、区政府
胡春霞	区司法局	2021年度城乡基层治理先进个人	区委、区政府
祝开平	区财政局	2021年度城乡基层治理先进个人	区委、区政府
康　月	区人社局	2021年度城乡基层治理先进个人	区委、区政府
龚琳峦	区自然资源和规划局	2021年度城乡基层治理先进个人	区委、区政府
宋　莉	区住建局	2021年度城乡基层治理先进个人	区委、区政府
王　新	区水利局	2021年度城乡基层治理先进个人	区委、区政府
彭　刚	区农业农村局	2021年度城乡基层治理先进个人	区委、区政府
彭　博	区农业农村局	2021年度城乡基层治理先进个人	区委、区政府
严艳宾	区商务博览局	2021年度城乡基层治理先进个人	区委、区政府

续表10

姓名	工作单位	获奖名称	颁奖机关
邹慧剑	区文广旅局	2021年度城乡基层治理先进个人	区委、区政府
张雯钥	区卫生健康局	2021年度城乡基层治理先进个人	区委、区政府
郑　强	区市场监督管理局	2021年度城乡基层治理先进个人	区委、区政府
陈　波	区信访局	2021年度城乡基层治理先进个人	区委、区政府
涂　璟	区行政审批局	2021年度城乡基层治理先进个人	区委、区政府
王丽霞	区综合行政执法局	2021年度城乡基层治理先进个人	区委、区政府
彭贵平	东坡生态环境局	2021年度城乡基层治理先进个人	区委、区政府
石冬如	区总工会	2021年度城乡基层治理先进个人	区委、区政府
吕　佳	团区委	2021年度城乡基层治理先进个人	区委、区政府
彭静梅	区妇联	2021年度城乡基层治理先进个人	区委、区政府
李　刚	区科协	2021年度城乡基层治理先进个人	区委、区政府
张晓玉	区委基层治理办	2021年度城乡基层治理先进个人	区委、区政府
张　群	区委基层治理办	2021年度城乡基层治理先进个人	区委、区政府
刘进财	区融媒体中心	2021年度城乡基层治理先进个人	区委、区政府
刘朝阳	通惠街道	2020年度党管武装工作先进个人	区委、区人武部
张兴安	思蒙镇	2020年度党管武装工作先进个人	区委、区人武部
王开琪	崇礼镇	2020年度党管武装工作先进个人	区委、区人武部
何　勇	复兴镇	2020年度党管武装工作先进个人	区委、区人武部
山　峰	区政府办	2020年度党管武装工作先进个人	区委、区人武部
赵　翔	区经信局	2020年度党管武装工作先进个人	区委、区人武部
邹卫东	区财政局	2020年度党管武装工作先进个人	区委、区人武部
王正喜	区退役军人事务局	2020年度党管武装工作先进个人	区委、区人武部
冯雪莲	区融媒体中心	2020年度党管武装工作先进个人	区委、区人武部
牛　盼	区委组织部	2020年度党管武装工作先进个人	区委、区人武部
郝竞博	眉山“中国泡菜城”	2020年度信访工作先进个人	区政府
李小华	眉山经开新区	2020年度信访工作先进个人	区政府
梅彩宾	甘眉工业园区南区	2020年度信访工作先进个人	区政府
张　华	区纪委监委	2020年度信访工作先进个人	区政府
李　子	区纪委监委	2020年度信访工作先进个人	区政府
徐　李	区人民法院	2020年度信访工作先进个人	区政府
熊　楠	区人民检察院	2020年度信访工作先进个人	区政府

续表10

姓名	工作单位	获奖名称	颁奖机关
李　瑶	区委办	2020年度信访工作先进个人	区政府
陈　祥	区政府办	2020年度信访工作先进个人	区政府
蹇雪梅	区委宣传部	2020年度信访工作先进个人	区政府
顾代勇	区委政法委	2020年度信访工作先进个人	区政府
刘　霞	区经信局	2020年度信访工作先进个人	区政府
王　丹	区教体局	2020年度信访工作先进个人	区政府
李庆军	区公安分局	2020年度信访工作先进个人	区政府
廖崎廷	区公安分局	2020年度信访工作先进个人	区政府
陈　涛	区公安分局	2020年度信访工作先进个人	区政府
肖　红	区民政局	2020年度信访工作先进个人	区政府
唐博韬	区司法局	2020年度信访工作先进个人	区政府
吴　霞	区财政局	2020年度信访工作先进个人	区政府
童秀强	区人社局	2020年度信访工作先进个人	区政府
朱姝妍	区自然资源和规划局	2020年度信访工作先进个人	区政府
王　松	区住建局	2020年度信访工作先进个人	区政府
郭逸凡	区交通运输局	2020年度信访工作先进个人	区政府
刘锐中	区水利局	2020年度信访工作先进个人	区政府
叶维江	区农业农村局	2020年度信访工作先进个人	区政府
刘良如	区商务博览局	2020年度信访工作先进个人	区政府
王思佳	区文广旅局	2020年度信访工作先进个人	区政府
李朋洋	区卫健局	2020年度信访工作先进个人	区政府
高建平	区退役军人事务局	2020年度信访工作先进个人	区政府
代泽林	区国资金融局	2020年度信访工作先进个人	区政府
李志能	区信访局	2020年度信访工作先进个人	区政府
何灵丽	区医保局	2020年度信访工作先进个人	区政府
彭贵平	东坡生态环境局	2020年度信访工作先进个人	区政府
雷舒羽	区市场监管局	2020年度信访工作先进个人	区政府
许　波	拆迁中心	2020年度信访工作先进个人	区政府
彭　伟	区开发建设协调中心	2020年度信访工作先进个人	区政府
涂　永	苏祠街道	2020年度信访工作先进个人	区政府
刘忱忱	大石桥街道	2020年度信访工作先进个人	区政府

续表10

姓名	工作单位	获奖名称	颁奖机关
杨显华	通惠街道	2020年度信访工作先进个人	区政府
蹇燕江	思蒙镇	2020年度信访工作先进个人	区政府
郑　祥	太和镇	2020年度信访工作先进个人	区政府
赵　华	崇礼镇	2020年度信访工作先进个人	区政府
杨　帅	修文镇	2020年度信访工作先进个人	区政府
邹昆杰	松江镇	2020年度信访工作先进个人	区政府
何婷婷	永寿镇	2020年度信访工作先进个人	区政府
付治微	三苏镇	2020年度信访工作先进个人	区政府
刘　丹	多悦镇	2020年度信访工作先进个人	区政府
古斌嫦	万胜镇	2020年度信访工作先进个人	区政府
胡应兵	秦家镇	2020年度信访工作先进个人	区政府

東坡

附　录

2021年东坡区经济社会发展主要指标一览表/文件辑成/2021年领导干部名录

2021年东坡区经济社会发展主要指标一览表

表11

项　目	单位	实绩	同比增减（±%）
地区生产总值	亿元	530.21	8.4
人均地区生产总值	元	58586	8.1
第一产业增加值	亿元	62.69	6.7
第二产业增加值	亿元	210.95	8.5
工业增加值	亿元	159.25	10.8
第三产业增加值	亿元	256.57	8.8
社会消费品零售总额	亿元	222.35	16.2
全社会固定资产投资总额	亿元	—	11.0
引进到位内资总额	亿元	192.65	3.02
引进到位外资总额	万美元	4000.4	−24.5
外贸出口总额	万元	110132	56.7
地方财政收入	亿元	92.39	−6.57%
一般公共预算收入	亿元	26.61	10.1
地方财政支出	亿元	96.94	−16.04%
一般公共预算支出	亿元	48.92	0.6
城镇居民人均可支配收入	元	43698	8.4
农村居民人均可支配收入	元	24175	10.5
城乡居民储蓄存款余额	亿元	762.85	10.7
科学技术财政投入	万元	3193	20
教育和体育事业财政投入	万元	105244	7.02
中小学校数	所	102	0.9
中小学在校学生数	万人	10.09	19.3
文化旅游事业财政投入	万元	3447	−9.4
卫生健康事业财政投入	万元	55213	5.6
卫生机构数	个	498	−4.2
卫生机构床位数	张	8088	7.2
卫生技术人员	人	7686	7.2

文件辑成

中共眉山市东坡区委关于深入推进创新驱动引领高质量发展的决定

（2021年9月8日中国共产党眉山市东坡区第五届委员会第二十二次全体会议通过）

中共眉山市东坡区委

2021年9月13日

为深入贯彻习近平总书记关于创新发展的重要论述，全面落实党的十九届五中全会、省委十一届九次全会、市委四届十八次全会决策部署，更好把握新发展阶段、贯彻新发展理念、融入新发展格局，抢抓建设“成德眉资创新共同体”“现代化成都都市圈科创增长极”战略机遇，中共眉山市东坡区委五届二十二次全会就深入推进创新驱动引领高质量发展，加快建设现代化成都都市圈副中心科创新高地进行了研究，作出如下决定。

一、坚持创新在现代化建设全局中的核心地位

1.*重要意义*。党的十八大以来，习近平总书记围绕实施创新驱动发展战略、建设创新型国家提出系列新思想、新观点、新论断、新要求，党中央坚持把科技创新摆在国家发展全局的核心地位，为创新驱动提供了根本遵循。省委十一届九次全会，立足长远、深思熟虑，坚持用创新的办法谋划创新发展，提出了一系列重大思路、重大任务和重大举措，吹响了四川在新一轮科技革命和产业变革中抢占先机、赢得主动的行动号角。市委四届十八次全会，站位全局、服务发展，坚定把创新驱动作为勇担战略使命、实现弯道超车的主引擎，科学回答了眉山创新驱动的目标定位、路径方法，为全市上下深入推进创新驱动引领高质量发展坚定了信心决心。

东坡作为成眉同城发展、成都都市圈副中心的主战场，区位优势、主城优势、产业优势明显，在产创融合发展、创新要素汇聚等方面具备良好条件，理应服务省市大局、勇担创新使命。当前，我区创新主体活力不足、创新平台功能不优、创新人才队伍不强、创新体制机制不活等短板突出，必须依托科技创新推动发展动力变革、效率变革、质量变革，实现县域经济高质量发展。全区上下要提高站位、深化认识，以强烈的忧患意识、竞争意识，自觉主动把创新驱动作为实现高质量发展的核心和关键，为实现“双区八创”美好蓝图提供更可持续、更加坚实的科创支撑。

2.*总体要求*。坚定以习近平新时代中国特色社会主义思想为指导，深入学习贯彻习近平总书记对四川工作系列重要指示精神，牢固树立科学技术是第一生产力、创新是引领发展第一动力、人才是第一资源的理念，全面落实中央“四个面向”、省委“四个坚持”、市委“三个突出”，着力推进科技强区、创新强区，坚持服务国家全局与推动地方发展相统筹、深化科技创新与强化制度创新相协同、发挥政府作用与激发市场活力相结合，让创新这个“关键变量”转化为全区县域经济高质量发展的“最大增量”。

——深化对标成都、融合创新。坚持自主创新与共同创新两手共抓，打破思维定式、培育创新思维，对标成都创新发展先进理念、模式、经验，加速创新要素、环境、政策同城，推动“厚植基础、自主创新”发展；依托成都创新辐射带动效应，探索“成都研发、东坡转化”道路。

——深化市区一体、服务创新。坚持市级支持与区级支撑两级发力，突出共建导向、树牢主责意识，推动创新环境共建、平台共筑、资源共享；加速科创体制机制优化,形成与人才、技术、资本、服务相协调,与产业链、创新链、资金链、服务链相交融的一流科创服务环境。

——深化三区协同、联动创新。坚持区域集成与优势互补两端互促,遵循发展规律、贴合产业需求,发挥东坡主城区能级优势,借助彭山、眉山天府新区成眉毗邻区空间优势,加速与"一心""两港"联动,推动三区创新平台集约集群、创新要素流通流畅、创新配套高质高效,形成"一体共生、紧密连接"的中强创新共同体。

3.主要目标。经过努力,创新驱动引领高质量发展取得明显成效,"十四五"末,全区创新主体活力更加彰显、平台功能更加完善、人才队伍更加聚集、体制机制更加优化,"四区"战略支撑显著增强,建成现代化成都都市圈副中心科创新高地。

建设产学研融合发展先行区。科研院所加速集聚,创新人才加大引育,科创成果加快呈现,形成院校策源、人才支撑、转化顺畅的产学研一体创新生态。全社会R&D经费支出占地区生产总值比重增速高于全国全省全市平均水平,每万人口高价值发明专利拥有量6.5件以上,国省级领军和拔尖人才35人以上,引进培育有影响力的创新团队7个以上,每万名就业人员中研发人员9.97人以上。

建设高新技术产业示范区。创新驱动在现代产业体系构建中的支撑引领功能更加明显,推动形成创新功能完备、头部企业引领、高新企业集群的产业创新发展格局。全域建成市级以上企业工程(技术)中心66家以上,规上企业建立研发机构比例50%以上,高新技术企业达到70家以上、营业收入超过280亿元、占规上工业产值比重达到36%以上,争创国家知识产权试点园区1家,培育国家知识产权优势(示范)企业10家,与市级成功共建国家级高新区、经开区各1个。

建设数字经济创新试验区。区域数字龙头企业集群联动、互融互促,形成集数据存储、技术支撑、平台运用、场景开发、基建完备、安全保护等上下游、前后端全链条发展格局。数字产业化、产业数字化水平引领全市,数字化场景开发运用覆盖市域、辐射川南,全域建成智慧工业园区试点2家以上,未来工厂、数字化车间、智能工厂等示范企业10家以上。

建设市域创新生态标杆区。创新生态成眉同城、市区一体优势凸显、人才服务市域一流、法治保护规范完备、财税政策更趋完善、创新资本多方汇聚、创新创造蔚然成风。财政5年科技创新投入不少于7亿元,科创贷、园保贷等信贷规模超过30亿元,累计服务科技企业50家以上,居民具备基本科学素质比例超过13%。

二、聚焦科技产业赋能,加速科创空间集约

4.突出"一城"引领,打造创新发展主引擎。岷东新区聚焦建设产学研融合发展先行区,规划建设"理念模式先进、高校院所聚集、研发平台一流、科研人员汇聚"的岷东科创大学城,联动园区打通"院所研发、园区孵化、企业转化"的产学研深度融合渠道,携手眉山天府新区、仁寿城区建设"科技、产业、教育"耦合紧密的"科创金三角"。聚焦协同建设国家数字经济创新发展试验区,加快龙头骨干企业招引培育、省级数字化转型促进中心建设、数字产业化进程,成为"集群成链、辐射市域、联动川南"的数字经济创新发展策源地。

5.坚持"四园"发力,打造创新发展动力源。眉山"中国泡菜城"、眉山经开区新区、甘眉工业园区南区、千禾调味品产业园聚焦建设高新技术产业示范区,围绕食品加工、生物医药、机械电子主导产业,打造"科创高效转化、配套功能完善、高新企业云集、创新人才汇聚、政策支撑有力"的产创融合发展高地。眉山"中国泡菜城",依托龙头示范带动,加强农产品精深加工科技攻关,推动食品全链条绿色生产,构建"泡菜特色发展、食品多元集群"的产业体系,打造西部极具影响力的现代食品产业新城。眉山经开区新区,坚持生物医药主攻方向,推动创新药、高端仿制药、医疗器械、医美保健大健康产业多元发展,建设集科研创新、生产制造和医药物流于一体的天府四川西部药谷。甘眉工业园区南区,围绕智能制造、电子信息,加快形成一批自主知识产权,培育一批国家级专精特新"小巨人"、技术创新示范、制造业单项冠军企业,建设西部重要的机械电子产业承载地。千禾调味品产业园,依托千禾味业龙头效应,聚焦市场高层次需求,坚持产品绿色高端,加快品类创新研发,完善上下游链条配套,建设西部调味品核心示范园。

三、聚焦高新企业转型,加速

科创主体集聚

6. 开展头部招强引链行动。聚焦“4+2”现代制造业体系，编制产业链全景图和产业技术路线图，将高新企业项目纳入招商引资优先级，招引一批产业链头部企业、关键环节企业和上下游配套企业；紧盯国内外500强、行业百强和食品细分领域龙头企业，深挖现有、以商招商，着力引进一批龙头型、基地型、旗舰型食品企业落户东坡，推动综合食品产业集群壮链；围绕生物医药、医疗器械全产业链条，精准招引一批具有高科技含金量的医药、医疗器械、化妆品龙头企业、单品冠军和枢纽型企业，推动大健康产业集群发展；立足高端装备制造产业重点领域，瞄准大型国企、央企、上市公司，加快引进一批轨道交通、工程机械、汽车零部件等重大项目，打造国家级智能制造产业基地；加速招引一批电子元器件、集成电路、新型显示、智能终端、5G通信电子信息类专精特新企业，夯实电子信息产业体系支撑；支持岷东新区大力发展总部经济，着力招引一批创新型龙头企业总部落户。围绕创新链布局产业链，招引一批成眉协同、市域互补的战略性新兴龙头企业。

7. 开展企业培强育优行动。鼓励头部企业组建产业联盟，建立“一链一策”头部企业链式服务机制，打造食品加工、生物医药、机械电子领域战略性新兴产业集群，支持吉香居、蒙牛、今麦郎、海霸王、汇宇生物、漫味龙厨等加速产能释放、龙头打造，加快宝能大食品产业园建设投产；支持亿帆医药、国为制药、青木制药、三鑫医疗、舒泰神、蜀西制药等加大研发及创新功能配套建设；支持中车眉山公司、杜商机械、富生电器、国芯科技、三益电子等发展核心产业技术，培育产业核心竞争力；支持千禾味业强化龙头支撑引领功能，加快千亿市值、百亿产值步伐。培育一批高新企业、行业独角兽、瞪羚企业、专精特新“小巨人”，构建梯次培育格局，分类建立培育名库，“一企一策”制定培育路径图、时间表，强化政策咨询、中介推介、向上对接、驻企联系、精准扶持等配套服务；支持泡菜行业龙头加速生物发酵科技含量论证攻关、积极申报高新技术企业；无差别服务市属园区，配合甘眉工业园区、眉山高新区围绕新能源新材料建设高新企业聚集地。

8. 开展数字集群赋能行动。加快培育数字经济龙头骨干，支持华为大数据中心加大市域数据收集存储运用，打造成眉双活中心；支持京东云（东坡）数字经济产业园加大赋能产业功能建设；支持八戒数字经济科创产业园加速全周期生产服务聚集，完善信息、技术、金融等服务功能；支持启迪科技城依托全球创新网络，打造城市科技集成供应商。加快智慧园区建设，推动未来工厂、数字化车间、智能工厂等示范企业试点建设；先行先试探索数字示范镇（村）建设，建设农业农村大数据中心和重要农产品全产业链大数据，支持西南智慧农业产业园“工业化发展、数字化管理”；加快智慧城市建设，接驳邻里中心、雪亮工程等平台数据，打造集党建服务、网格管理、平安建设、救灾应急、交通指挥、环境监控等功能的城市智慧治理中心；推动三苏祠、东坡岛商业水街、维亚康姆、眉州大宋不夜城等先行试点数字化建设，引领全区商贸服务、现代物流、文体旅游、会展会节等数字化发展。

四、聚焦功能园区配套，加速科创平台集能

9. 推进园区平台升级计划。按照政府引导、企业主体、市场运营方式，招引整合、自建联建一批国省级园区技术创新中心、产业创新中心、制造业创新中心、检验检测中心、科技企业孵化器等创新平台。整合盘活园区中试平台，鼓励企业将创新平台纳入园区创新配套体系，建设拥有从概念验证、技术成熟度评价、中试熟化到小批量试生产全周期创新体系的功能型园区。支持岷东新区，聚焦“四基地一产业”，加速高校研发转化、数字经济孵化、文博园等创新平台建设。支持眉山“中国泡菜城”，加快泡菜产业技术研究院创建省级重点实验室、质检中心争创省级调味品质检中心。支持眉山经开区新区，高水平建设格林豪斯实验猕猴繁育示范基地，加快推进华西海圻比格犬实验动物基地项目，打造西部品类最多、数量最大的实验动物繁育中心；加大格林泰科国家新药药效评价中心等产业转移、研发服务平台提档，大力发展大健康科技服务业，夯实“一中心一基地四平台”功能。支持甘眉工业园区南区，依托中车眉山公司博士后科研工作站、企业技术中心等，加快建设轨道交通“一中心三基地”；加速标准厂房建设，打造中国电子产业转化转移基地。

10.推进园区金融支撑计划。鼓励各类金融机构入驻园区,推行"一产一单"金融服务,加大研发贷、成果贷、人才贷等信贷力度,完善科创贷、园保贷等运行模式;探索"政府推荐+担保+贷款""创投+担保+贷款"等模式,缓解科技型企业特别是初创型企业增信难题。优化企业创新融资供需对接服务,建立成眉交子金融"5+2"平台、各类在眉银行主体科技支行、开放性产业基金、天府(四川)联合股权交易平台、私募股权投资、天使投资、风险投资等融资产品清单,做好企业融资需求收集管理、信息推送、牵线搭桥。鼓励区属国有公司投资入股优质企业。实施上市企业"星火行动",积极助推吉香居、味滋美、天和堂、国为制药等企业上市,力争"十四五"末全区上市公司达5家以上,新三板和区域性股权交易市场挂牌企业达50家以上。

11.推进园区创新联合计划。推动成眉科创合作,鼓励园区与成都国家技术转移西南中心、天府国际技术转移中心、"天府科技云"、武侯区悦湖科技城等平台开展战略合作,为企业通过市场购买创新技术、转化创新成果夯实柔性创新基础;支持眉山经开区新区建设成眉同城大健康产业先行示范园,以飞地模式先行先试探索"成都研发、东坡转化";支持甘眉工业园区南区建设轨道交通产业园,加强与轨道交通产业新津基地、中铁轨道交通高科技产业园、成都轨道交通产业园合作,开展技术研发、成果转化、人才培养;与武侯区合作,共建新材料产业园。推动市域科创合作,支持各园区携手眉山天府新区、眉东新城国际空港、眉山国际铁路港,围绕商贸物流、科教文旅、数字产业等现代产业,共建市域协同创新体;支持岷东新区组建数字经济区域创新发展联盟,加快与眉东新城协同发展,开展数字技术、场景应用联合攻关,建设省级数字化转型促进中心,大数据产业应用示范基地。推动行业科创合作,支持眉山"中国泡菜城",联合惠通、川南酿造、李记等泡菜龙头企业,会同成渝泡榨菜企业、食品制造高校院所,围绕泡榨菜自动化生产工艺、高端产品开发、发酵废水处置等开展科研合作,为建设全球泡榨菜出口基地夯实科技支撑。办好泡博会,支持举办国际性、国家级学术会议和开展创新交流活动。

五、聚焦创新人才培育,加速科创核心集汇

12.实施创新人才筑巢工程。建设岷东科创大学城,依托四川大学眉山校区,对标现代科技创新港理念,统筹"校区、园区、社区、景区"规划,布局一批重量级实验室、科研平台;支持眉山职业技术学院、四川工商学院、四川城市职业学院等建设高水平院校和专业,鼓励开设符合市区产业体系的特色品牌专业,打造职普融通、产教融合、校企合作示范区;开展"双一流"招院引所五年行动,积极争取院士工作站落户,力争"十四五"末院士工作站达到1至3个;加大电子科大、西南交大等研究院招引力度,建设宜学宜业、宜居宜游岷东科创大学城。鼓励高校与辖区企业、科研院所就地开展战略合作,加强关键共性技术攻关。加快"产城融合"一体建设,按照"一产一园一区"模式打造产业功能区,加快工业园区及周边商业、住房、餐饮等配套建设,高标准建设、高水平运营一批园区消费场所、人才公寓、公共食堂,推动"以产聚人、以城留人、以人兴产"。

13.实施创新人才引凤工程。加快创新人才招引,深入实施"东坡英才"计划,动态构建"高精尖缺"人才目录库,加大与四川省天府峨眉计划专家联谊会合作,引进一批高层次领军人才及高水平创新团队,带知识产权、带项目来东坡;鼓励各类创新主体以联合培养、项目合作、建立站点、短期聘用等方式柔性引才聚才。加大人才培育力度,持续实施八大行业人才培育计划,开展职业技能提升行动,强化职业技能培训。加强留才政策支撑,推动人才服务协同,积极融入全市人才工作格局;完善党委联系服务专家制度,建立重点人才需求收集办理常态机制;支持主研人员申报中省人才计划,向符合条件的重大创新平台和重点用人单位予以人才计划配额倾斜;细化完善人才安居就医、子女就学、家属就业等服务措施,探索人才"一站式"综合服务;加大对青年人才创新创业支持力度,打造一批人才驿站、创客空间。

14.实施创新人才汇智工程。深化人才评价改革,探索改进市场化、社会化的多元人才评价方式,把工作履历、薪酬待遇、获得投资额度等作为人才评价的重要标准。深化职称制度改革,完善高级专家培养选拔机制,推动企业技能人才自主评价,发布企业人才投入指数榜单;改进科技项目组织方式,探索实施“揭榜挂帅”“赛马”等制度，推行技术总师负责制、信用承诺制，健全以定向委托等方式支持科研院所、高等院校承担重大科技任务机制；引导部分单位推行“岗编适度分离”管理机制，适度引导驻区高校、科研院所科研人才保留人事关系离岗或兼职创新创业。深化“亩均论英雄”改革，把人才密度、创新强度作为项目招引评价的重要指标。

六、聚焦环境品质优化，加速科创政策集合

15.健全科创政务服务机制。建立“对标成都、市区一体、三区协同”科创工作机制，推动部门常态联席、信息互通、资源共享。完善科创指标动态统计、分析研判、督促落实工作机制，将科创指标任务压实到具体部门、人员、项目。深化“放管服”改革，推进相对集中行政许可权、“证照分离”、工程建设项目审批制度改革。加快区市民服务中心建设，推进智慧政务，打造“苏心办”政务服务品牌，推动个人和企业全生命周期一体化、便捷化、智能化创新管理服务。开通各类创新主体证照、税务、社保等办理“绿色通道”，全面开展“一网通办”、跨省通办，加快成德眉资资质互认、异地电子缴纳税费。加大知识产权保护，推行新经济包容审慎监管，加大“两法”衔接力度，营造良好创新法治环境。

16.健全科创财税服务机制。优化财政支出结构，建立区级财政科技投入稳定增长机制，推进财政科技支出全过程预算管理，完善财政科技支出绩效评价与管理体系。设立多元化、多渠道组成的政府投资引导基金，适当提高投资失败容忍度，引导全社会资金更多投向科技创新。根据东坡创新发展实际，完善配套财税激励政策及兑现保障机制，加大首台(套)装备、首批次材料、首版次软件应用奖补政策，促进重大创新产品推广应用。全面落实企业研发费用税前加计扣除、高新技术企业和孵化器税收优惠、研发补贴等政策；创新推出分行业税收指引，明确税务意见，降低市场主体创新成本；建立税务、司法、市场主体全生命周期三调联动机制，降低市场主体退出成本。

17.健全科创文化服务机制。大力弘扬新时代科学家精神、“两弹一星”精神、三线精神和载人航天精神；提升中国泡菜博物馆、千禾博物馆等科普功能，以企业为载体新建一批生物医药、轨道交通产业科普阵地，推进科普场馆与教育、文化、旅游融合发展；积极引导科技创新宣传进校园、进社区、进企业、进机关，讲好创新故事，提升居民创新意识、创新素养和创新本领，引领全社会形成尊重知识、崇尚创新、尊重人才、热爱科学、献身科学的浓厚氛围，全面提升居民基本科学素质。

七、加强党对创新发展全面领导

18.加强组织领导。坚持党对创新发展工作的全面领导，组建党政主要负责人为双组长的区推进创新发展领导小组，加强对创新发展的统筹领导；科学设立创新发展专项工作组，明确区级牵头领导，部门责任分工；聚焦重大改革、重大事项、重大工程、重大问题健全协同工作、联席协商机制，为创新发展提供坚强组织保障。落实园区、镇(街道)党政领导组织本区域创新发展主体责任，制定创新发展专项方案。

19.鲜明考核导向。健全突出创新驱动引领高质量发展考核体系，大幅提高全社会研发投入强度、规模以上工业企业研发投入强度、高新技术企业增量、每万人口发明专利拥有量等创新指标考核权重。加强统计监测，根据创新发展要求和行业部门实际，差异化设置并动态调整创新发展考核指标。完善高校、科研院所、国有企业和事业单位创新激励考核机制。对全区创新驱动引领高质量发展做出积极贡献的部门和个人给予奖励。

20.强化政策落实。制定实施全区中长期科技发展规划和“十四五”科技创新规划。配套出台进一步支持科技创新的若干政策。及时按程序修订或废止现有不符合创新发展要求的政策文件，把是否制约创新发展作为审核标准，推动新规范性文件制定。加强监督保障和专项督查，推动创新驱动发展战略在东坡落地落实。

名词解释

双区八创:在“十四五”期间以建设现代化成德眉资同城发展先行区、成都都市圈副中心示范区为总体目标,以创建成德眉资同城发展交通配套、开放合作、改革创新、品质生活“四个先行区”和成都都市圈副中心产业发展、宜居城市、山水人文、社会治理“四个示范区”为发展支撑的战略总布局。

四个面向:面向世界科技前沿、面向经济主战场、面向国家重大需求、面向人民生命健康,不断向科学技术广度和深度进军。

四个坚持:坚持服务国家全局与推动地方发展相统筹;坚持深化科技创新与强化制度创新相协同;坚持激活资源存量与做优资源增量相促进;坚持发挥政府作用与激发市场活力相结合。

三个突出:突出融入成都、转化优势、协同创新;突出融合产创、强化平台、驱动创新;突出融汇服务、优化环境、支撑创新。

一心:以眉山天府新区视高区域为核心,打造紧密协同成都、集聚科创资源的“眉山创新谷”。

两港:围绕链接国内外创新资源要素,充分发挥眉东新城国际空港、眉山国际铁路港优势,打造融入国内国际双循环的门户枢纽。

R&D经费支出:统计年度内全社会实际用于基础研究、应用研究和试验发展的经费支出。

专精特新“小巨人”:专精特新“小巨人”企业专注于细分市场、创新能力强、市场占有率高、掌握关键核心技术、质量效益优的排头兵企业,是全国中小企业评定工作中最高等级、最具权威的荣誉称号。

“4+2”现代制造业体系:食品加工、医药化工、机械电子、新能源新材料、建筑业、数字经济。

四基地一产业:度假旅游医疗康养、文化创意、高端教育“四个基地”和数字经济产业园 。

一中心一基地四平台:一中心,即新药药效评价中心;一基地,即实验猕猴繁育基地;四平台,即医疗器械孵化平台、药品第三方仓储物流服务平台、细胞药物中试生产公共服务平台、制剂委托生产公共服务平台。

一中心三基地:一中心,即中车眉山公司研发中心;三基地,即关键轨道交通装备产业基地、以标准部品部件为基础的装配式建筑生产基地、中车货车厂修维修资格运营维护保障基地。

成眉金融交子“5+2”平台:以“科创通、盈创动力、农贷通、天府融通、创富天府”五大中小微企业融资服务平台和“地方金融监管、信用信息共享”两大金融生态保障平台为核心的综合性投融资服务体系。

揭榜挂帅:以重大需求为导向,以解决问题成效为衡量标准,用市场竞争来激发创新活力的一种科研课题分派机制和激励机制,本质是让能者上、智者上、谁有本事谁上,是科研管理的重大理念革新、革命性制度创新,对建立更开放的创新体系、优化科研经费的管理方式具有重要意义。

赛马:搭建竞赛平台,对关键人员、专业技术人员细化量化指标,分解落实责任,按照总分值进行排名,通过月度奖优罚差、季度诫勉谈话、半年末位淘汰、年度总结提升,实现流程规范化、过程透明化、结果数据化、绩效公开化,以业绩论英雄,以结果论能力,不断形成追赶超越、争先创优的竞争氛围和“能者上,优者奖,庸者下,劣者汰”的用人格局。

“亩均论英雄”改革:以提高“亩产效益”为核心,围绕节约集约用地、节能降耗减排等重点而进行的一系列体制机制改革,其目的是促进经济增长方式从粗放到集约、从求量到求质。

证照分离:工商部门颁发的营业执照和各相关行业主管部门颁发的经营许可证审批的改革,即只要到工商部门领取一个营业执照,就可以从事一般性的生产经营活动,如果从事需要许可的生产经营活动,再到相关审批部门办理许可手续。

一网通办:指打通不同部门的信息系统,群众只需操作一个办事系统,就能办成不同领域的事项,解决办不完的手续、盖不完的章、跑不完的路这些“关键小事”。

“两弹一星”精神:指我国科研人员在研制导弹、原子弹和科学试验卫星的过程中形成的“热爱祖国、无私奉献,自力更生、艰苦奋斗,大力协同、勇于登攀”二十四字精神。

三线精神:指我国三线建设时期形成的“艰苦创业、无私奉献、团结协作、勇于创新”十六字精神。

载人航天精神:指我国实施载人航天工程以来形成的“特别能吃苦,特别能战斗,特别能攻关,特别能奉献”二十字精神。

中共眉山市东坡区委
关于制定东坡区国民经济和社会发展第十四个五年规划
和二〇三五年远景目标的建议

（2021年1月4日中国共产党眉山市东坡区第五届委员会第十九次全体会议通过）

中共眉山市东坡区委五届十九次全体会议认真贯彻党的十九届五中全会、省委十一届八次全会和市委四届十六次全会精神，全面分析"十四五"时期东坡发展面临的机遇形势，深入研究事关全局和长远的重大问题，就制定"十四五"规划和二〇三五年远景目标提出如下建议。

一、坚持以习近平新时代中国特色社会主义思想为指导，开启全面建设现代化成德眉资同城发展先行区、成都都市圈副中心示范区新征程

1."十三五"时期经济社会发展的主要成就。"十三五"时期，是我区决战脱贫攻坚、决胜全面小康取得决定性成就的五年，也是经济跨越发展、能级全面提升的关键五年。五年来，区委始终坚持以习近平新时代中国特色社会主义思想为指引，坚决贯彻落实中央、省委、市委决策部署，团结带领全区人民始终肩负首位责任、保持领先发展，应对了一系列重大挑战，克服了一系列艰难险阻，开创了经济社会高质量发展的崭新局面。这五年最振奋的变化，是综合实力日益提升。供给侧结构性改革纵深推进，工业主导产业、优势特色现代农业、现代服务业体系基本成型，地区生产总值年均增速7.3%，即将突破500亿元能级关口，县域经济综合实力始终位居全省第一方阵。这五年最突出的变化，是发展后劲不断增强。先后引进通威太阳能、万华化学、眉州文化村、维亚康姆、川大第四校区等高端优质项目119个，总投资突破2000亿元，项目体量和质量均刷新纪录。工业园区承载功能显著提升，工业集中度达到78%，全区产业集群集约发展迈上新台阶。这五年最可喜的变化，是区域协作取得突破。主动融入成渝双城、成眉同城，先后与双流区、涪陵区、武侯区等区县签订协同发展合作协议，在人才交流、产业合作、技术共享、标准制定等领域深度合作，"资源共用、服务共享、基础共网"其势已成。这五年最直观的变化，是城乡面貌焕然一新。新城建设加速推进、城市框架持续拓展，建成区面积达到57.9平方公里，城镇化率提升至60.6%；国家园林城市、森林城市、卫生城市和全国文明城市首创即成，城市品质大幅提升；"两项改革"圆满完成，农村人居环境显著改善，城乡融合步伐不断加快。这五年最靓丽的变化，是生态环境大幅改善。全面打响"蓝天、碧水、净土"保卫战，城市空气质量优良率达到87.7%，11条市级河流全面消除V类水体，土壤污染治理取得显著成效，生态好、环境优成为东坡常态。这五年最温情的变化，是民生福祉持续递增。城乡居民人均可支配收入较"十二五"末分别增长1.49倍、1.57倍，全区2.9万余贫困人口全部脱贫，城镇登记失业率始终控制在4%以内；新建公办学校16所，新建改建医疗机构14个，社会保障体系更加完善，疫情防控取得重大战略成果，人民群众获得感、幸福感、安全感明显增强。这五年最深刻的变化，是党的建设全面加强。全面从严治党纵深推进，干部队伍和党风廉政建设开创新局面，党风清、政风实、民风正的良好政治生态持续巩固。经过不懈努力，"十三五"规划目标任务即将完成，全面建成小康社会胜利在望，东坡发展站在了新的历史起点上。

2."十四五"时期经济社会发展的机遇形势。当前和今后一个时期，我们仍然处于重要战略机遇

期,但机遇和挑战都有新的发展变化,将进入全面建设社会主义现代化国家、向第二个百年奋斗目标进军的新发展阶段。一方面,机遇前所未有。政策红利多重叠加,"一带一路"倡议、长江经济带、新时代推进西部大开发、成渝地区双城经济圈建设、成德眉资同城、成都都市圈副中心等国家、省、市重大战略深入实施,为东坡"走出去""引进来"提供了广阔舞台和战略纵深。区位优势加速变现,"三高三铁四快"交通骨架基本形成,坐拥天府双流两大国际机场优势,岷江航道通江达海,已全域融入成都半小时通勤圈,"东坡就在成都"的区位优势更加凸显,势必加速技术、人才、资金、项目、信息等优质要素资源汇聚东坡。发展动能持续释放,近年来,东坡区聚集了一大批覆盖三次产业、贯通产业链条的优质项目,将在"十四五"期间支撑引领全区产业基础现代化、高端化发展。另一方面,挑战不容忽视。综合实力不强,与全国综合实力百强区对比,我区与国内省内"百强区"差距还在拉大,与全省县域经济强县对比,我区在经济总量和发展质量上仍有相当差距,实现新"双强区"目标面临巨大压力。产业结构不优,三次产业一产占比过高,农业除泡菜产业外,其余以农副产品、初加工类为主,产业化程度不高、产业链条较短;战略性新兴产业占比较低;科研、文旅等高端现代服务新产业、新业态占比较小,消费层次较低。主城能级不高,城市规模、功能和品质与主城区的地位还不匹配,首位度不高、承载力不足,对市域的辐射带动作用不强,人气不足、商气不旺仍然是制约城市发展的最大短板。创新驱动不足。高新技术产业发展滞后,研发投入低于全国、全省平均水平,高水平创新平台和高层次创新人才较为缺乏,企业创新内生动力不足,"东坡制造"走向"东坡智造"之路任重道远。

在承前启后全面谋划"十四五"发展的关键时期,我们必须保持战略定力,进一步增强机遇意识和忧患意识,准确把握时代要求和区情特征,顺应发展规律,努力在危机中育先机、于变局中开新局,为全国、全省、全市社会主义现代化建设贡献东坡力量。

3."十四五"时期经济社会发展的指导思想。高举中国特色社会主义伟大旗帜,深入贯彻党的十九大和十九届二中、三中、四中、五中全会精神,坚持以马克思列宁主义、毛泽东思想、邓小平理论、"三个代表"重要思想、科学发展观、习近平新时代中国特色社会主义思想为指导,全面贯彻党的基本理论、基本路线、基本方略,深入落实习近平总书记对四川工作系列重要指示精神,统筹推进经济建设、政治建设、文化建设、社会建设、生态文明建设的总体布局,协调推进全面建设社会主义现代化国家、全面深化改革、全面依法治国、全面从严治党的战略布局,坚定不移贯彻创新、协调、绿色、开放、共享的新发展理念,坚持稳中求进工作总基调,以推动高质量发展为主题,以深化供给侧结构性改革为主线,注重需求侧管理,以改革创新为根本动力,以满足人民日益增长的美好生活需要为根本目的,高位对标中央、省委、市委决策部署,加快推动成渝地区双城经济圈建设、成德眉资同城化发展、建设成都都市圈副中心等战略部署在东坡落地生根,在奋进高质量发展中闯出新路子、在融入新发展格局中展现新作为,统筹发展和安全,推进治理能力和治理体系现代化,实现经济行稳致远、社会安定和谐,为全面建设现代化成德眉资同城发展先行区、成都都市圈副中心示范区开好局、起好步。

4."十四五"时期经济社会发展的主要目标和二〇三五年远景目标。今后五年,全区要以"双区八创"为主要任务,力争2023年跻身全国综合实力百强区,2025年创成全省县域经济发展强县,GDP总量突破800亿元,主要经济指标增幅高于全省、全市平均水平。

——**创建成德眉资同城发展交通配套先行区**。加快实现区域内轨道交通网、高速路网、城际快速干线路网织密提标、高效接驳,汤坝航电、北部新城枢纽中心建成投用,形成集水域航道、高铁高速、轻轨重轨为一体的现代综合交通体系,"空铁公水"四位一体多种运输方式协同配合物流体系,物流成本明显降低,枢纽经济快速发展。基本建成成都南下、川南北上的交通次枢纽。

——**创建成德眉资同城发展开放合作先行区**。对接国内国际先进生产力,打造高层次合作平台、高水平营商环境,世界知名企业和高端项目引进取得更大突破,开放高地建设取得重大进展。"融入成都、全域开放"态势更加巩固,开放型经济新体制基本形成,让更高水平开放的东坡走在全省、全市前列。

——**创建成德眉资同城发展改革创新先行区。**重点领域和关键环节改革取得重大进展,高标准市场体系基本建成。创新人才队伍建设、体制机制改革、重大平台打造、创新主体培育等取得重大突破,区域协同创新体系不断完善,自主创新能力显著提升。科技创新对经济增长贡献显著增强,研发投入强度提升幅度高于全省、全市。创新成果加速转化,传统产业转型升级步伐加快,战略性新兴产业比重加大。

——**创建成德眉资同城发展品质生活先行区。**实现更高质量、更加充分的就业,居民收入增长和经济增长基本同步,分配结构明显改善,基本公共服务均等化水平显著提高,全民受教育程度不断提升,人民精神文化生活日益丰富,多层次社会保障体系更加健全,卫生健康体系更加完善,民生福祉显著增强。

——**创建成都都市圈副中心产业发展示范区。**经济发展质量明显提升,现代产业体系基本形成。农业基础更加稳固,建成都市现代绿色农业示范区;现代工业体系更加完备,建成高新技术产业集聚示范区;现代服务业提速增效,建成现代服务业发展示范区。国土空间格局更加优化,能源资源配置更加合理、利用效率大幅提高。

——**创建成都都市圈副中心宜居城市示范区。**紧扣"文化城、公园城、活力城"建设要求,加快城市建设,抓实乡村振兴,推动城乡融合。进一步清晰岷江两岸城市功能布局,建成人气商气规模集聚、基础配套优化升级、生活品质全面提升的多核多心、协调互补的宜居现代城市,推动城市能级、极核功能增量提质,形成拥江发展城市新格局。

——**创建成都都市圈副中心山水人文示范区。**生产生活方式绿色转型成效显著,主要污染物排放总量持续减少,生态环境持续改善,生态安全屏障更加牢固。依托特有的人文资源禀赋,实施文化复兴工程,传承保护文化文物遗迹,文化载体不断丰富,文化产业加速培育,持续擦亮东坡文化金字招牌。

——**创建成都都市圈副中心社会治理示范区。**社会主义民主法治更加健全,社会公平正义持续彰显,依法治区方略全面落实,社会更加安定和谐,政府作用更好发挥,行政效率和公信力显著提升,基层治理水平明显提高,防范化解重大风险体制机制不断健全,突发公共事件应急能力显著增强,自然灾害防御水平明显提升,发展安全保障更加有力。

展望二〇三五年,东坡将与全国、全省、全市同步基本实现社会主义现代化,建成现代化成德眉资同城发展先行区、成都都市圈副中心示范区。综合实力大幅跃升。建成现代产业体系,经济总量和城乡居民人均收入迈上新台阶,基本实现新型工业化、信息化、城镇化和农业现代化。创新驱动大幅跃升。科技创新能力得到极大提升,主导产业重点领域关键核心技术实现新突破,基本建成创新城市、科技强区、人才强区。城市能级大幅跃升。城市综合承载能力显著提升、集聚辐射能力大为增强、配套功能高端现代,新型城乡关系更加融洽。文化影响大幅跃升。文化载体更加多元、产品更加丰富,公共文化服务体系基本建成,文化产业成为全区支柱性产业之一。民生福祉大幅跃升。人民生活更加美好,中等收入群体显著扩大,城乡区域发展差距和居民生活水平差距显著缩小,基本建成覆盖城乡、布局合理、供需均衡的现代公共服务体系。人的全面发展、全体人民共同富裕取得更为明显的实质性进展,市民素质和社会文明程度达到新高度。治理水平大幅跃升。基本实现治理体系和治理能力现代化,人民平等参与、平等发展权利得到充分保障,基本建成高水平法治政府、法治社会;广泛形成绿色生产生活方式,生态环境根本好转,建成美丽中国东坡样板。

5."十四五"时期经济社会发展的重要原则和基本要求。

推动"十四五"时期东坡经济社会高质量发展,必须坚持党的全面领导、坚持以人民为中心、坚持新发展理念、坚持深化改革开放、坚持系统观念。规划实施中还要重点把握以下基本要求。

——**紧跟战略指引、目标导向。**积极抢抓中央、省、市重大战略叠加机遇,聚势谋远、定位发力,以建设现代化成德眉资同城发展先行区、成都都市圈副中心示范区为牵引,着力补短板、打基础、提能级、利长远,加快把战略势能转化为发展动能。

——**强化创新驱动、改革先行。**牢固树立抓改革就是抓发展、谋创新就是谋未来的理念,深入推进市场化改革,打造一流营商环境,加速国内外优质要素资源汇聚,坚定不移推动创新发展、转型发展,为东坡经济社会高质量发展提供强大持久动力。

——着力协调共进、区域协同,围绕市委“东彭同城发展、东彭仁新一体相融”战略谋划,坚持协调发展、融合发展思维,强化市外互动广度、市内联动深度,加速实现战略对接、政策衔接、功能链接,推动形成中心城区百万人口大城市发展格局,助力成都都市圈副中心建设。

——突出绿色发展、生态优先。全面践行绿水青山就是金山银山的发展理念,坚定不移打好生态环境治理攻坚战,以环境改善助推经济发展,以稳定发展促进生态文明建设,走出一条生态保护与经济发展的双赢之路。

——坚持开放理念、全球视野。主动顺应世界格局变化,遵循经济发展客观规律,立足现实需求和长远目标,坚持世界眼光、对标先发地区、厚植发展优势,形成全方位、深层次、多元化的开放合作新格局,奋力建设成都都市圈开放发展新窗口。

——聚焦共享共建、民生为本。深刻践行人民对美好生活的向往就是我们的奋斗目标,加快推进治理体系和治理能力现代化,着力解决人民群众最关切的公共安全、权益保障、社会服务、公平正义问题,不断增强人民群众获得感、幸福感、安全感。

二、抢抓战略机遇,推动现代化成德眉资同城发展先行区、成都都市圈副中心示范区加快成势

紧扣成渝地区双城经济圈“一极两中心两地”目标定位,统筹省市战略部署,从全局谋划一域、以一域服务全局,加快构建功能互补、竞相发展的区域经济地理版图,加速推动现代化成德眉资同城发展先行区、成都都市圈副中心示范区建设成势突破。

6.坚持“融成入圈”主路径,服务国内国际双循环新格局。坚定不移以“面向成都、融入成渝”为战略实施主路径,充分激活“两种资源”,持续深挖“两个市场”,深度融入双循环新格局。加速优质要素汇聚。依托成渝要素集聚优势,积极推动各行业、各领域开展更大范围、更深层次的要素流通与转化,实现水电气等传统要素和信息科技等现代要素优质均衡供给,打造成都都市圈优质资源集聚新高地。增强产业发展承载。坚持“软硬提升”双轮驱动,积极探索行政区与经济区适度分离、协调互补的管理体制,推动产业发展服务保障、营商环境全面优化;加快完善园区基础设施建设,搭建产业协同、培育孵化等平台,显著提升产业承载功能。提升市场供给质量。主动顺应后疫情时代国际贸易形势变化和开拓国内强大市场政策趋势,坚持以市场需求为先导,推动企业提级赋能,支持企业开拓多元贸易渠道,抢占国内国际市场,形成需求牵引供给、供给创造需求的更高水平发展格局。

7.坚持“市区一体”主战略,助力成都都市圈副中心构建。“市区一体、合力发展”是东坡最显著的比较优势;“依市兴区、共享双赢”是东坡最坚定的战略选择。坚持政策同向。对标对表市委要求,推动空间规划、产业发展、科技创新、市场监管、公共服务、生态环境等重点领域同向发力、同频共振,力争更多利好政策、重大项目落户东坡。推动品牌共建。始终把城市品牌塑造作为现代城市发展的核心竞争力,在三苏文化、会展会节、夜间经济、宜居环境等城市品牌建设上,坚持市区互动、协同发力,不断提升品牌影响、释放品牌效应,全面彰显底蕴深厚、活力迸发、开放包容的城市魅力。加速平台同筑。牢固树立“全域全产业”思维,全力支持区属园区与市属园区抱团合作,进一步理顺协同发展体制机制,坚定不移向市属园区提供无差别的优质服务,携手摘取国家级高新区、国家级经开区两大“国字号”桂冠。

8.坚持“中强功能”主定位,重塑区域发展经济地理版图。紧扣市委赋予的“中强、西优、南联”发展定位,突出中强首位责任,抓实“一江、两岸、三城、四园、五畅”战略支撑,优化区域功能布局,推动全域协同发展。做大城市能级。深入实施“拥江北拓、跨江东扩、做活新城、做优老城”城市发展战略,持续加速老城优化升级改造,推动新城人气商气集聚,促进城市相连、产业互促、要素畅流,稳步提升城市综合承载力、要素吸引力、辐射带动力。畅通产业环线。以眉山环城公路北环线、岷东大道、遂资眉高速、工业大道等干线通道为纽带,串联沿线产业园区,形成亲邻城市、绿色低碳的产业经济集聚环线;依托简蒲高速、天眉乐高速、

S401线、西山旅游环线等交通路网，联通东山、西山片区，形成都市休闲旅游康养和现代绿色农业示范环线。构建经济长廊。依托国道351线打造市域合作长廊，推动沿线区县人流、物流、资金流、信息流加速流通；依托天府大道打造区域创新产业长廊，在境内形成泛天府大道高新技术产业创新集聚带、文旅创新项目集聚带、生物医药产业集聚带。

三、立足区位优势，创建成德眉资同城发展交通配套先行区

坚持把综合交通建设作为基础设施建设的重点，主动融入省市交通规划，实施综合交通投资“倍增”计划，力争全区综合交通水平在全省、全市领先。

9.加快综合交通网络建设。围绕建设交通强区，畅通“通关经脉”、织密“毛细血管”，打造全域立体化、便捷化的交通路网。轨道交通方面，加快推进S5线、S13线、成都外环铁路等轨道建设，依托成昆铁路、成昆复线扩能提量，全力推动北部新城市域铁路主枢纽建设，提升成眉交通同城、外延辐射功能。干线通道方面，全力推动眉州大道东西延线、天府大道眉山城区段、S104线、S401线及其连接线等主干道建设，高标准推进旅游公路、县乡公路改造，提标扩面“四好农村路”，推动城乡道路建设水平全面提升。高速路网方面，重点推动成乐高速扩容南段工程，加快规划建设天眉乐高速，拓展区域南北互通能力；水域航道方面，重点加快岷江汤坝航电枢纽工程建设，积极推进岷江张坎航电枢纽工程项目，提升通江达海承载能力。

10.完善现代物流区域布局。打造以张坎作业区、三坝液货码头、东坡码头、崇礼旅游停靠点和东坡岛旅游停靠点为主体的东坡港区，推动形成岷江航道重要物流枢纽。引进培育一批具有全球供应链运营能力的龙头企业，加快形成多式联运国际物流服务网络。聚焦园区生产性、城乡生活性物流需求，加大集仓储、配送、综合服务等功能于一体的物流基地布局。建立数字化供应链公共服务平台，加快推动智慧流通、智能仓储、智能货柜和供应链技术创新平台的布局建设。

11.优化城市公共交通体系。依托成绵乐城际铁路等轨道交通“多点停靠、多列直达、公交运营”优势，加速成眉两地交通同城步伐。完善微循环和慢行系统，优化公交站点布局，加强常规公共交通与轨道交通、枢纽站场高效接驳，形成全域畅通、立体多元、无缝衔接的公共交通体系。规划建设城市轨道交通，创建多联运节点推动城市交通重组，串联主城区、高铁站、火车站等城际交通站点。大力发展城市智慧交通，探索“路网可计算、人车可测量”的精细化、智慧化交通管理模式，推进智慧停车、共享停车，积极发展定制客运。

四、拓宽发展视野，创建成德眉资同城发展开放合作先行区

坚持“开放引领”对全区经济社会高质量发展的先导功能，提高全产业、全领域对外开放合作层次和水平。

12.推动更高质量招商引资。深入实施全球招商引资计划，坚持“两走一对接”，聚焦优势特色产业招强引优。完善全域三次产业“两图一表”招商机制，开展“地图式招商”。完善招商信息捕捉机制，推动招商资源多方汇聚。加强专业性招商队伍建设，全面提升商务洽谈、优质服务的能力水平。完善招商项目评估机制，建立产业、学者、政府、金融等多方参与的项目评估专家库，提高项目准入质量。

13.开展更高层次门交流合作。持续拓宽与成渝区域交流合作，推动基础设施、科创资源、产业平台、公共服务等共建共享。持续构建与成都产业功能区(园区)协同、龙头企业带动的产业协作生态系统，走出一条“研发在成都、制造在东坡”的产业承接之路；持续深化与重庆产业融合、技术互补、人才共育、资源共享，在全力推动重庆巨能集团与东岸建设公司、涪陵榨菜集团与惠通食业、重庆太极集团与西部药谷结对合作的基础上，加快拓展两地领域间、行业间、企业间合作空间。

14.丰富更高水平开放载体。持续办好中国泡菜食品国际博览会、东坡半程马拉松赛事、东坡庙会等会展会节活动，争取承接更多重大国际会议、国际会展、国际赛事。积极参加进博会、广交会、西博会等国际性会展，深入推动东坡文化、东坡味道、东坡IP全球推介展销；拓展友好城市缔结范围，加强友城交往，不断唱响城市品牌“知名度”、做大合作共赢“朋友圈”。

五、顺应时代趋势，创建成德眉资同城发展改革创新先行区

坚持和完善社会主义市场经济体制，深入推动创造型、引领型

改革,坚持创新在现代化建设全局中的核心地位,为融入新发展格局提供强劲动力。

15.推进重点领域改革。推动有效市场和有为政府更好结合,统筹推进资本、技术、数据等要素市场化改革。完善项目交办督办机制,确保签约项目6个月内开工建设;加强工业用地保障,深化"亩均论英雄"改革,完善"标准地"制度;深化"三比三看""四看四问"项目推进机制,落实"五个明白"项目工作法和"红黑榜"通报机制,全面提高抓项目促投资质效。实施国有企业改革三年行动,深化国有资本投资运营公司改革,积极稳妥推进混合所有制改革,多方式引入各类外部资本,注重转换经营机制,放大国有资本功能。积极探索对危困企业救助和破产保护工作机制。健全以管资本为主的国有资本监管机制,促进国有资产保值增值。高效对接多层次资本市场,积极培育企业上市,提高直接融资比重。深化预算管理制度改革,强化预算约束和绩效管理。

16.持续优化营商环境。深入推进"放管服"改革,全面实行"三张清单"制度,全面深化政府数字化转型,高质量建设"掌上通",用好用活政务大厅"成德眉资企业服务专窗",探索"一件事"集成,实现政务服务一网通办、全域通办、就近可办。全面建立"不见面审批"事项清单,积极探索"一枚印章管审批"。深化商事制度改革,探索以承诺制为核心的极简审批,全面推广行政审批"三不"工作机制。依法平等保护企业产权和企业家权益,健全产权执法司法保护制度,全力构建"亲清"新型政商关系。深化"互联网+监管",对新产业、新业态实行包容审慎监管。健全重点企业、重大项目服务代表制度,推动力量下沉、靠前服务。更好发挥行业协会、商会和中介组织作用。

17.提升科技创新能力。深入实施科教兴区、人才强区发展战略,走创新驱动内涵式发展道路。搭建创新平台。依托岷东新区高标准规划建设天府科创城,瞄准高新技术领域,争取布局一批国省级重点实验室、工程研究中心,吸引高新技术企业入驻。打造人才高地。深入实施"东坡英才"计划,持续优化完善人才政策,坚持高校和企业双向汇聚,增强对人才的吸附力度;深入推动成渝两地高校、科研院所合作,建立产学研联盟;创新"引智"模式,通过聘请顾问、"周末工程师"等柔性引进一批高精尖人才。加速成果转化。坚持和完善以企业为主体的科技转化体系,鼓励企业加大科研投入,培育一批拥有核心知识产权、实力强、潜力足的高新技术企业,建立科技转化中介平台,培育科技"经纪人",加速创新成果资本运作和市场转变。

六、优化服务供给,创建成德眉资同城发展品质生活先行区

坚持"以人民为中心"的发展思想,大力提升公共服务供给和民生保障水平,推动劳有厚得、学有优教、病有良医、住有宜居、弱有众扶,不断满足人民幸福美好生活向往。

18.深入实施就业优先战略。积极构建城乡均等的就业创业公共服务体系,形成"政府推动创业、社会支持创业、创业带动就业"的良好格局。实施职业技能提升三年行动计划,健全职业技能培养和创业服务体系。做好高校毕业生、退役军人、农民工、残疾人等重点人群就业创业指导。推进薪酬制度和工资分配制度改革,完善收入分配调控机制和政策体系,全力保障职工合法权益。建立失业人员定期联系和分级分类服务机制,为各类人群提供精准化、差异化就业服务。

19.建设成眉同质教育强区。按照"依法办校、名师办校、开放办校、勤俭办校"理念,持续擦亮本土"百年名校"金字招牌,全力推动各学段学校与成都优质教育资源深度合作,实现"平台共建、管培共商、资源共享"。加快推动川大第四校区、川音文化艺术小镇等高校项目落地建设,提升区域高等教育层次和校地合作能级;依托北京外国语大学附属东坡外国语学校、眉山冠城七中实验学校、眉山东辰国际学校、成都实验外国语东坡分校等K12中小学名校,提升本土高端学前教育、基础教育运营品质;深化眉山中学与成都石室中学结对共建,打造成眉教育合作样板。改革教育评价体系,构建"五育并举"教育人才培养机制,实施镇中心幼儿园等薄弱环节改善与办园质量提升工程,加速推进全区中小学科学布局、资源整合和标准化建设,高水平建设研培中心。提升职业教育、特殊教育质效。推动全区教育优质均衡发展。

20.打造高端区域医疗中心。坚持预防为主、防治结合的"大健康理念",深入实施健康东坡行动,按照“名院领办、名医领治”理念，全力支持川大华西第二医院眉山市妇女儿童医院、川大华西眉山医院高水平运营，抢抓成都中医药大学附属眉山医院建设契机，全面提升眉山市中医医院综合能力，创建门类齐全、成眉同质的区域医疗中心。加强疾病预防控制、重大突发公共卫生事件医疗救治体系建设，加快医药卫生体制改革，推动以医联体为载体的分级诊疗体系建设。加强镇（街道）卫生服务中心阵地建设，筑牢基层医疗卫生保障基础。创新医卫人才培养机制，培育“遵医德、守医风、强医能”的高素质医疗队伍。

21. 健全社会保障服务体系。构建覆盖全民、统筹城乡、公平统一、可持续的多层次社会保障体系。加大孤弃儿童、重度困难残疾人等困难群体社会救助、关心关爱力度。强化基本医疗保险、大病保险与医疗救助三重保障功能，促进各类医疗保障互补衔接，提高重特大疾病和多元医疗需求保障水平。提升养老服务品质，建成以居家为基础、社区为依托、机构为补充、医养相结合的养老服务体系。健全妇女儿童关爱保护保障工作机制，加强未成年人保护，做好关心下一代工作，促进青少年健康成长。探索公租房、共有产权房等多元保障性住房供给模式，提高住房保障能力和水平。

七、增强经济极核，创建成都都市圈副中心产业发展示范区

坚持以现代产业体系为支柱，持续壮大特色优势产业，谋划布局战略性新兴产业，不断提升经济质量效益和核心竞争力。

22. 夯实“7+3”现代农业支撑。坚持高端供给、绿色发展，解决好人才、土地、资金问题，加快建设“7+3”现代农业产业体系，促进三次产业深度融合发展，推动农业大区向农业强区转变。做强四大主导产业。深入实施藏粮于地、藏粮于技战略，大力推动粮油产业发展；坚持标准化主导、规模化发展路径，破除泡菜产业发展瓶颈；聚焦“三品一标”建设，持续巩固晚熟柑橘产业核心优势，提升“东坡春见”全国知名度；坚持项目引领，加快生猪集约化、规范化基地建设，构建生猪全产业链。做优三大特色产业。以现代水产种业园为龙头，大力推动水产种苗发展，打造西部水产种业园标杆；以建设现代蜂业产业园为抓手，延伸配套产业链，打造全省蜂业第一区；以东坡种养循环农业园为引领，推进家禽养殖标准化、规模化、智能化，打造全省蛋业强区。做实三大支撑产业。不断强化农业科技赋能作用，深化农业供给侧结构性改革，大力推动现代农业种业、现代农业装备、现代农业烘干冷链物流发展，为东坡加快构建特色鲜明、结构合理、链条完整的现代农业体系提供坚实保障。加快农业园区建设。坚持以国家级现代农业产业园为统领，合理布局种养循环、加工物流、休闲旅游等功能板块，稳步提升基础硬件设施，全力构建国、省、市现代农业园区三级梯次发展体系。

23. 做强“4+2”先进制造集群。发挥先进制造业的支撑引领作用，拓展主导产业链条，丰富主导产业类别，完善“4+2”现代制造业体系，加快建设制造强区。打造食品加工产业集群。依托眉山“中国泡菜城”、千禾调味品产业园，发展以泡菜为特色，调味品、饮料、速冻食品、休闲食品及食品配套等多业态共同发展的食品加工产业集群，建成世界知名食品行业高质量创新发展集聚区。打造医药化工产业集群。依托“西部药谷”，重点聚焦疫苗、制药、医疗器械和前端研发领域，加快建设“一基地一中心四平台”，构建药品研发到上市全流程服务体系，建设西部生物医药示范区；依托眉山高新区（金象园区），发展以天然气化工、日用化学品为主的精细化工产业，构建绿色循环发展的产业生态圈，打造西部绿色化工示范区。打造机械电子产业集群。依托甘眉工业园区南区，大力发展轨道交通装备、关键零部件、电子信息产业，围绕“新基建”七大领域建链强链补链，打造西部高端智能制造新高地，建设西部重要的机械电子产业承载地。打造新能源新材料产业集群。依托甘眉工业园区，发展光伏、金属、无机非金属、高性能纤维及制品等新能源新材料产业，构建具有战略优势的产业生态圈，打造西部新能源新材料产业高地。推动建筑业高质量发展。优化建筑业产业结构，培育建筑业龙头企业，发展建筑产业总部经济。加快推动绿色建筑、装配式建筑制造企业发展，支持企业参与国内国际重大项目基础设施建设。深入实施“东坡工匠”培育计划。积极培育数字经济产业。依托眉山华为大数据中心、眉山猪八戒数字经济产业园，打造成眉双活数据中心、大数据产业应用示范基地,与京东云东坡数字经济产业园形成协同产业布局,强化国家信息消费示范市支撑。依托启迪眉山科技城、川大中试基地,前瞻布局人工智能、5G、大科学装置、信息技术应用等未来产业。

24.构建"3+6"现代服务体系。推动生产性服务业向专业化和价值链高端延伸、生活性服务业向高品质和多样化升级。培育三大高端生产性服务业。充分发挥科技服务平台示范引领作用,推动技术研发、产品检验检测与认证、科技测试、技术转让、质量技术监督等科技服务业加速发展。利用便捷交通优势,加快发展城乡联动、共建共享的现代物流业。引进专业化、市场化团队运营好眉山会展中心,大力发展商务会展经济。做强六大品质生活性服务业。以争创天府旅游名县、省级全域旅游示范区、国家文明旅游示范区为抓手,突出抓好眉山维亚康姆国际文创、眉州文化村等重大项目建设,加快品质文旅融合发展。挖掘"东坡养生文化"内涵,持续优化城乡养老服务模式,完善配套设施,稳步发展医疗康养。深挖优质教育资源,积极发展体育赛事,加快推动健身休闲、技能培训、场馆服务等高端教体产业发展。优化主城区商圈布局,完善城市核心商务功能,加快城市高端酒店配套建设,促进城市商业转型发展。依托眉州东坡·世界川菜园等平台,加快发展特色餐饮,建设"川味"产业集群核心区,打造川菜名城。实施家政产业"倍增"计划,培育壮大"苏小妹"等一批具有区域引领和示范效应的家政企业,推动品牌家政快速发展。

八、提升城市能级,创建成都都市圈副中心宜居城市示范区

遵循城乡发展客观规律和历史脉络,进一步清晰功能布局,立体化串联"产""城""景",建成"近者悦、远者来"的品质宜居家园。

25.拓展城市规模。加快岷东新区、北部新城、崇礼新城开发建设,打造主城区"北上""东进"全域融入成都的战略支点。岷东新区立足"四基地一产业园",打造产城一体、景城一体、文城一体的品质之城。北部新城着力引进知名城市运营集团,实施整体建设,加快形成"一核三心三轴"城市框架,打造集中央商务区、交通枢纽、品质社区、产业孵化为一体的城市新中心。崇礼新城依托眉州文化村和汤坝航电工程,打造东坡夜间经济示范点"月亮小镇",再造一座疏密有度、错落有致、显山露水的城市新城区。

26.做优城市品质。加快推进主城区提质扩容改造,持续完善优质基础设施、公共服务等配套,推动人口向主城区集聚。用活用好"街长制""党员双报到""街道吹哨、部门报到"等一系列城市治理创新机制,持续巩固国家卫生城市、全国文明城市创建成效。加速老城区优化升级,系统连片推进老旧小区改造,加快既有住宅加装电梯,规划建设邻里中心,增设园艺休闲区域,加强小区物业管理及业委会指导,补齐停车充电、综合管廊、公共安全等市政设施短板。加快智慧政务、智慧警务、智慧医卫等城市服务体系建设,实现基础设施智能化、公共服务便捷化。探索韧性城市建设,开展海绵城市建设试点。实施城市绿化美化工程,开展"见缝插绿"行动,织密城市绿道,不断增加城市绿植覆盖率、公园配备率。实施"水润眉州"工程,引水入城,打造蓝绿交织、人水相依的"西南水城"。

27.加速城乡融合。突出城镇连接城市和农村的纽带作用,形成"区域中心镇—工业重点镇—生态特色镇"竞相发展的城镇格局。支持多悦镇、万胜镇、思蒙镇、复兴镇发挥"西优""南联"比较优势,推动人口集中、产业集聚、功能集成、要素集约,协同带动周边区域发展,打造区域中心镇。支持尚义镇、思蒙镇、修文镇、松江镇、永寿镇依托工业园区发展,释放区位优势,助力"工业强区"建设,打造极具竞争优势的百亿级工业重镇。支持尚义镇、太和镇、三苏镇、万胜镇、秦家镇推动产业发展与绿色生态和谐共赢,打造集烂漫山水风光、风情田园人家、时尚观光骑行和文化休闲体验为一体的农旅融合生态特色镇。

28.抓实乡村振兴。加快农业农村现代化建设,全面推进"五大振兴",创建全省乡村振兴先进区。统筹城镇和村庄规划建设管理,保护传统村落和乡村风貌,建设"小规模、组团式、微田园、生态化"的美丽宜居乡村,打造乡村振兴示范带。建立健全乡村多元投入保障机制,加快补齐农业农村基础设施短板,推动数字乡村建设。深入推进农业农村改革,探索宅基地所有权、资格权、使用权分置实现形式,探索实施农村集体经营性建设用地入市制度,加快培育农民合作社、家庭农场等新型农业经营主体，发展壮大新型农村集体经济，拓宽农民增收渠道。探索建立新型职业农民制度。健全防止返贫监测和帮扶机制，实现巩固拓展脱贫攻坚成果同乡村振兴有效衔接。

九、融合生态文明，创建成都都市圈副中心山水人文示范区

坚定不移贯彻落实习近平生态文明思想，纵深推进“大气、水、土壤”综合治理，深挖山水田园林湖生态资源禀赋，厚植生态涵养，做好生态修复。涵养历史底蕴，延续文化根脉，持续推动“三苏文化”创造性转化、创新性发展，充分彰显“千载诗书城、人文第一州”的文化自信。

29.持续推动生态文明建设。强化生态环境空间管控，严守自然生态安全边界。强化环境污染防治。扎实推进成渝地区大气联防联控、温室气体与污染物协同控制。严格落实水污染物总量控制制度、长江十年禁渔政策，抓实河（湖）长制，加强岷江等重点流域环境综合整治。持续开展城乡生活污染、农业面源污染和工业污染治理，严控新增土壤污染，促进固废管理无害化、减量化、资源化。提升环境治理能力。健全环境保护多元化投入机制和市场化运行机制。完善生态文明指标考核体系，落实环保责任终身追究制度。健全生态补偿、用水权排污初始分配等制度，推动污染排放许可证制度全面覆盖。加速绿色低碳转型。持续优化能源结构，深入开展工业节能降耗，加大落后产能淘汰力度，落实土地用途管制与指标约束。建立资源高效循环利用机制，推进工业园区能评，打造一批绿色工厂、绿色园区。全面推动节能减排，积极倡导绿色生活方式，广泛开展绿色机关、绿色学校、绿色社区创建。

30.擦亮东坡文化金字招牌。大力推进东坡文化传承创新“七个一”工程建设，积极创建国家历史文化名城。配合做好三苏祠争创AAAAA级景区工作，建设国家一级博物馆，启动申报世界文化遗产。加强大旺山白塔、罗平古镇、报恩寺、蟆颐山重瞳观、苏坟山等古建筑及文物保护与修复，打造坛罐山遗址公园和博物馆，积极申报全国、省级、市级文物保护单位。加强非物质文化遗产保护传承，推动传统医药、泥塑、木雕、泡菜、火绘、剪纸等传习发展，丰富东坡特色研学线路。充分发掘传统文化价值，推进品牌文化活动、民俗文化表演、精品演艺产品等文化资源向旅游资源转变。高标准推进文化馆、图书馆、博物馆、文学院、史志馆、档案馆等重大标志性文化设施和公共文化基础设施建设，建成“十分钟文化服务圈”。实施文化惠民工程，引导文化资源向镇村倾斜，支持东坡书院等文化阵地建设，弘扬东坡文化。大力发展新闻出版、广播影视、文学艺术、哲学社会科学、地方志事业，不断满足人民群众日益增长的精神文化需求，创成四川省现代公共文化服务体系示范县。

十、推动共建共享，创建成都都市圈副中心社会治理示范区

坚持预防为主、综合施策，有效发挥法治固根本、稳预期、利长远的保障作用，着力夯基础、建机制、提能力、强治理，构建与推进现代化建设、实现高质量发展相适应的社会治理和安全保障体系。

31.全面建设“法治东坡”。以习近平法治思想为指引，坚持法治东坡、法治政府、法治社会一体化建设。深入开展“八五”普法、“法律七进”，实施基层法治示范创建活动，健全覆盖城乡的公共法律服务体系，推进公共法律服务专业化、供给主体多元化。加强行政执法监督，全面推进公益诉讼和“两法衔接”工作，严格规范公正文明执法，提升依法执政能力和水平。深化司法责任制综合配套改革和诉讼制度改革，构建权责统一的司法权运行新机制。

32.加快建设“善治东坡”。完善“一核引领”基层治理体制，形成党委领导、政府负责、社会协同、公众参与的社会共治体系。健全“两域善治”基层治理机制，坚持权力向基层下放、平台向基层延伸；健全高效城市治理机制，推动街道社区赋权扩能。提升“三治融合”基层治理能力，推广“五议两公开”工作经验；坚持和完善民生实事项目人大代表票决制；深入挖掘本土优秀传统文化德治资源，构建城乡基层德治教化体系。创新“四化联动”基层治理方式，推进网格化管理、信息化指挥、扁平化执法、就近化服务。做实“五强保障”基层治理支撑，强化组织领导、投入支持、人才支撑、示范创建、激励约束，扎实推进县域社会治理现代化试点，推动现代科技与社会治理深度融合。

33.大力建设“平安东坡”。不

断丰富新时代“枫桥经验”东坡实践,进一步完善社会治安防控体系,有效化解各类社会矛盾风险。健全信访制度,完善矛盾纠纷多元预防调处化解综合机制。深化综治中心建设运用,强化源头治理和网格化服务管理。完善社会治安防控体系,推动扫黑除恶常态化,严厉打击各类违法犯罪,持续推进禁毒人民战争和防艾综合治理。扎实开展反渗透、反颠覆、反分裂、反邪教、反恐怖斗争,切实加强意识形态领域工作。严防重大公共卫生和生物安全风险,严守食品药品安全底线。加强洪涝灾害、森林火灾、地质灾害、地震等领域监测预警和防灾减灾救灾能力建设,提高应急装备和物资保障管理协调水平。完善和落实安全生产责任制,有效遏制危化品、建筑施工、道路交通等领域重特大安全事故。构建应急管理全民参与格局,强化社会协同应对能力建设。

34.持续建设“诚信东坡”。构建广泛有效的政务诚信监督体系和政务信用管理体系。建立个人公共信用信息基础数据库。深度对接“东坡区诚信评价平台”与“信用中国(四川眉山)”,开展生产、交易、支付、物流、售后等市场交易诚信建设,建立产品信息溯源、实名登记认证等制度。防范化解金融风险,强化政府债务管理,守住不发生系统性区域性风险底线。

十一、凝聚推动建设现代化成德眉资同城发展先行区、成都都市圈副中心示范区的强大合力,为实现“十四五”规划和二〇三五年远景目标努力奋斗

坚持用习近平新时代中国特色社会主义思想武装头脑、指导实践,充分调动全区各级党组织、广大党员干部和人民群众主动性、积极性和创造性,形成建设现代化成德眉资同城发展先行区、成都都市圈副中心示范区的强大合力。

35.坚持党的全面领导。深入学习贯彻习近平新时代中国特色社会主义思想,增强“四个意识”、坚定“四个自信”、做到“两个维护”,纵深推进全面从严治党,坚定不移深入推进党风廉政建设,确保中央、省、市各项决策部署有效落实。贯彻党把方向、谋大局、定政策、促改革的要求,完善党委研究经济社会发展战略、定期分析经济形势、制定重大方针政策的工作机制。发扬斗争精神,做好较长时间应对外部环境复杂变化的思想准备和工作准备。全面贯彻新时代党的组织路线,以正确用人导向激励干部干事创业。

36.汇聚各方智慧力量。坚持和完善人民代表大会制度,健全人大对“一府一委两院”监督制度。坚持和完善中国共产党领导的多党合作和政治协商制度,充分发挥民主党派、工商联和无党派人士作用,加强人民政协专门协商机构建设,坚持建言资政和凝聚共识双向发力,提高政治协商、民主监督、参政议政水平。完善大统战工作格局,健全同党外知识分子、非公有制经济人士、新的社会阶层人士的沟通联络机制,健全民族宗教工作体制机制,加快少数民族事业发展,创新完善新时代侨务工作机制。坚持党建带群建,推动群团组织有机结合、资源整合,巩固大群团工作格局,充分发挥工会、共青团、妇联、残联、科协等群团组织的桥梁纽带作用,健全联系广泛、服务群众的群团工作体系。完善基层党组织领导的充满活力的基层群众自治机制,丰富完善基层民主实践形式。

37.健全规划推进机制。全面落实规划建议的部署要求,充分发挥发展规划的战略指引作用,科学制定区“十四五”规划纲要和专项规划,加强规划衔接,形成规划合力。围绕“十四五”规划确定的目标任务,完善规划推进机制,细化规划纲要年度计划,实行项目化、清单化管理。健全政策协调和工作协同机制,加强规划实施效果评估、监督和考核,提高规划执行力和落实力。

重任在肩当奋进,使命系身须图强。全区广大党员干部群众要紧密团结在以习近平同志为核心的党中央周围,坚持以习近平新时代中国特色社会主义思想为指导,勠力同心、砥砺前行,抢抓机遇、苦干实干,为建设现代化成德眉资同城发展先行区、成都都市圈副中心示范区不懈奋斗!

名词解释

“两项改革”:即乡镇行政区划调整改革、村级建制调整改革。

“三高三铁四快”:“三高”,即成乐高速、遂资眉高速、简蒲高速;“三铁”,即成绵乐客运专线、成昆铁路、成昆铁路复线;“四快”,即岷东大道、滨江大道、工业大道、太和大道。

“东彭仁新一体相融”:即东坡区、彭山城区、仁寿县城和眉山天府新区一体相融。

“一极两中心两地”:党中央对成

渝地区双城经济圈的目标定位，是在西部形成高质量发展的重要增长极，建设具有全国影响力的重要经济中心、科技创新中心，建设改革开放新高地、高品质生活宜居地。

“两种资源、两个市场”：指开拓国内国际两个市场，国内资源和国外资源两种资源，这个资源主要是指资本、技术等。

“中强、北上、东进、西优、南联”：“中强”，即做强中心，通过做大主城规模、做强产业支撑、做优城市建设，能够全面扩大中心城区核心能力，持续增强中心城区极核功能；“北上”，即坚定北上，北部区域通过做强眉山天府新区“核心”，带动北部“一带”，打造开放水平高、创新能力强、生态环境美的国际化现代化城市新区；“东进”，即突出东进，东部区域通过加快规划建设、机制建设、运行建设，做强眉山东部新城、仁寿东部片区，与成都共同打造国际空港门户重要枢纽；“西优”，即加快西优，西部区域通过厚植自然生态本底、发展壮大绿色经济、重塑区域空间价值，打造重要的生态功能涵养区、高端旅游核心区和绿色产业集聚区；“南联”，即推动南联，南部区域通过强化南部区域要素汇聚功能，依托青神和东坡、仁寿、洪雅、丹棱南部区域，建设联动川南的高质量发展引领区、西部陆海新通道重要节点。

“一江、两岸、三城、四园、五畅”：区委五届十八次全会形成的发展战略，“一江”，即依托岷江流域丰富的生态文旅资源，高水平打造岷江生态文旅经济带。“两岸”，即进一步清晰岷江东西两岸城市功能布局和产业发展规划，形成拥江发展城市新格局，建成“近者悦、远者来”的开放宜居生态人文城市。“三城”，即加快建设岷东新区、北部新城、崇礼新城三个城市新城，推动主城区城市能级、经济体量、极核功能增量提质，成为主城区“北上”“东进”全域融入成都的战略支点。“四园”，即以眉山高新区（含眉山“中国泡菜城”、眉山经开区新区）、甘眉工业园区（含甘眉工业园区南区）为主阵地，加快建设千禾产业园、中明循环经济产业园两大特色园区。“五畅”，即聚焦干线通道、高速路网、水域航道、轨道交通、铁路枢纽建设，建成成都南下、川南北上的交通次枢纽。

“两走一对接”：积极“走下去”促进项目、听取意见、解决问题，服务重点项目、重点企业。积极“走出去”，招商引资、营销城市、推介产品，实现开放合作新突破。积极“对上衔接”，主动向上汇报，争取政策、项目和资金支持。

“两图一表”：产业全景图、产业生态圈路径图，重点企业和配套企业产业链上下游企业目录表。

“地图式招商”：根据区域战略规划和产业发展需求定制化绘制的潜在招商目标图系。

“三比三看”“四看四问”和“五个明白”项目工作法：“三比三看”，即比项目落地、看担当作为；比项目进度、看工作能力；比项目效果、看工作实绩。“四看四问”，即看项目建设进度、问工作困难；看项目经理履职情况、问项目施工计划；看项目监理履职情况、问施工质量及安全情况；看工人工作情况，问工资发放、生活保障情况。“五个明白”，即看明白、听明白、想明白、讲明白、干明白。

“红黑榜”制度：四川省正在建立“红黑榜”制度，每季度对省重点项目推进和投资运行情况进行通报，评分排在总数前40%的进入“红榜”，后5%进入“黑榜”，对进入年度“红榜”的市州，省上将在专项债券安排、转移支付、产业发展资金、用地指标等方面，给予政策激励。

“三张清单”制度：“权力清单”“责任清单”和“负面清单”。

行政审批“三不”工作机制：建立不予审批集体会商制度、不能以规费缴纳拒绝行政审批、不把其他部门的行政审批结果作为前置条件。

“周末工程师”：指我区用人单位在不改变区外人才的人事、档案、户籍、社保等关系的前提下，吸引区外高层次人才利用周末等节假日或业余时间，通过挂职、兼职、技术咨询等形式，为我区经济社会发展提供智力支持。

K12: kindergarten through twelfth grade的英文简写，是一种教育类专用名词，是学前教育至高中教育的缩写，现在普遍被用来代指基础教育。

“五育并举”教育人才培养机制：“德、智、体、美、劳”五育并举的教育人才培养体系。

“三品一标”建设：无公害农产品、绿色食品、有机农产品和农产品地理标志。

“一基地一中心四平台”：“一基地”，即实验猕猴繁育基地；“一中心”，即新药药效评价中心；“四平台”，即医疗器械孵化平台、药品第三方仓储物流服务平台、细胞药物中试生产公共服务平台、制剂委托生产公共服务平台。

“新基建”七大领域：5G基建、特高压、城际高速铁路和城际轨道交通、新能源汽车充电桩、大数据中心、人工智能和工业互联网。

“四基地一产业园”：“四基地”，即度假旅游基地、医疗康养基地、文化创意基地、高端教育基地；“一产业园”：即数字经济产业园。

“一核三心三轴”：“一核”，即同城化综合服务核；“三心”，即中央商务区、中央活力区和文化艺术中心；“三轴”，即天府大道活力轴、东坡大道文化形象轴、文定街生态景观轴。

“街长制”：即在指定路段或区域

内设定1名或多名管理街长。每位街长负责管辖区域内街道的环境卫生、市容秩序、广告店招、园林绿化、市政设施安全等巡查劝导工作，做到发现问题立即劝导、立即上报。

“党员双报到”：指机关(部门或企事业单位)的党员，其组织关系在机关(部门或企事业单位)，同时又到其居住地的所在社区居委党组织“报到”。做到既在所在机关参加党的活动，行使党员权利、履行党员义务，又可根据社区党组织的安排和要求，参加社区党组织开展的有关活动，发挥其应有作用。

东坡文化传承创新“七个一”工程：做精一个博物馆，举办一场研讨会，打造一部舞台剧，拍摄一部电视剧，筹办一所东坡文学院，承办一台中央级晚会，打造一条精品文化旅游路线。

“两法衔接”：指行政执法与刑事司法衔接，是检察机关、监察机关、公安机关、政府主管部门和有关行政执法机关探索实行的旨在防止以罚代刑、有罪不究、渎职违纪等社会管理问题而形成行政执法与司法合力的工作机制。

“五议两公开”：“五议”，即村“两委”负责人建议、村党支部会提议、村“两委”会商议、党员大会审议、村民代表会议或村民会议决议；“两公开”，即决议公开、实施结果公开。

“枫桥经验”：即20世纪60年代，浙江诸暨县(现诸暨市)枫桥镇创造的“小事不出村，大事不出镇，矛盾不上交，就地化解”的矛盾纠纷化解经验做法。之后，“枫桥经验”得到不断发展，形成了具有鲜明时代特色的“党政动手、依靠群众、预防纠纷、化解矛盾、维护稳定、促进发展”的枫桥新经验，成为新时期把党的群众路线坚持好、贯彻好的典范。

眉山市东坡区人民政府关于推进健康东坡行动的实施意见

眉山市东坡区人民政府

2021年3月9日

市岷东新区管委会，各园区管委会，各镇人民政府、街道办事处，区级各部门：

为贯彻落实《眉山市人民政府关于推进健康眉山行动的实施意见》（眉府发〔2020〕23号）精神，加快推进健康东坡建设，结合东坡区实际，提出如下实施意见。

一、总体要求

坚持以习近平新时代中国特色社会主义思想为指导，认真贯彻落实健康中国战略，坚持以人民为中心的发展思想，牢固树立“大卫生、大健康”理念，坚持预防为主、防治结合的原则，强化政府、社会、个人责任，加快推动卫生健康工作理念、服务方式从以治病为中心转变为以人民健康为中心，全面普及健康知识，全面干预健康影响因素，全面防控重大疾病，全方位全周期保障人民健康，为建设健康东坡奠定坚实基础。

二、基本原则

（一）普及知识、提升素养。把提升健康素养作为增进全民健康的前提，根据不同人群特点有针对性地加强健康教育与促进，让健康知识、行为和技能成为全民普遍具备的素质和能力，实现健康素养人人有。

（二）自主自律、健康生活。倡导每个人是自己健康第一责任人的理念，激发居民热爱健康、追求健康的热情，养成符合自身和家庭特点的健康生活方式，合理膳食、科学运动、戒烟限酒、心理平衡，实现健康生活少生病。

（三）早期干预、完善服务。对主要健康问题及影响因素尽早采取有效干预措施，完善防治策略，推动健康服务供给侧结构性改革，提供系统连续的预防、治疗、康复、健康促进一体化服务，加强医疗保障政策与健康服务的衔接，实现早诊早治早康复。

（四）全民参与、共建共享。强化跨部门协作，鼓励和引导单位、村（社区）、家庭和个人行动起来，形成政府积极主导、社会广泛动员、人人尽责尽力的良好局面，实现健康东坡行动齐参与。

三、总体目标

到2022年，健康促进政策体系基本建立，全民健康素养水平稳步提高，健康生活方式加快推广，健康服务能力得以提升，健康环境持续得到改善，重大慢性病发病率上升趋势得到遏制，重点传染病、严重精神障碍、地方病、职业病得到有效防控，致残和死亡风险逐步降低，重点人群健康状况显著改善，居民主要健康指标水平逐步提升。

到2030年，健康促进政策体系更加完善，全民健康素养水平大幅提升，健康生活方式基本普及，健康服务能力达到较高水平，健康环境得到显著改善，居民主要健康影响因素有效控制，重大慢性病导致的过早死亡率明显降低，重点传染病、严重精神障碍、地方病、职业病进一步得到有效防控，人均健康预期寿命得到较大提高，居民主要健康指标达到或超过全市平均水平，实现《“健康东坡2030”规划纲要》有关目标。

四、主要任务

（一）全方位干预健康影响因素。

1. 实施健康知识普及行动。健全全民健康素养促进工作体系，建立完善健康科普专家库和资源库，深入开展“健康中国行”宣传教育活动。鼓励主要媒体和商业网站开设优质健康科普栏目，构建全媒体全平台健康科普知识发布和传播机制。全面开展健康促进区建设，提升居民健康素养。推动中医药健康文化普及。到2022年和2030年，我区居民健康素养水平分别不低于22%和30%。

2. 实施合理膳食行动。推广平衡膳食、合理营养、吃动平衡等健康知识理念,引导居民养成健康生活方式。鼓励全社会参与“三减三健”活动,开展食品生产企业、中央厨房质量管理认证体系建设和健康食堂、健康餐厅的示范创建活动,针对孕妇、婴幼儿、学生、老年人等重点人群分类实施营养干预。到2022年和2030年,成人肥胖增长率持续减缓,5岁以下儿童生长迟缓率分别低于7%和5%。

3. 实施全民健身行动。加强社会体育指导员队伍建设,健全发展各级体育总会、协会。打造“15分钟健身圈”,推进公共体育设施免费或低收费开放,弘扬群众身边的体育健身文化。推动形成体医结合的疾病管理和健康服务模式。到2022年和2030年,城乡居民达到《国民体质测定标准》合格以上的人数比例分别不少于88.20%和92.17%,经常参加体育锻炼人数比例达到35%及以上和40%及以上。

4. 实施控烟行动。制定东坡区控制吸烟工作长效管理办法,加大控烟执法力度,促进控烟工作规范化制度化。发挥公务人员、医务人员和教师控烟示范引领作用,全面推进机关、医院、学校等无烟环境建设。加强未成年人控烟宣传引导,禁止向未成年人销售烟草制品。加大控烟劝导力度,畅通投诉举报渠道,强化控烟监督执法,实施控烟联合惩戒。加强戒烟门诊建设,规范戒烟医疗服务。强化专业机构控烟工作,加强科学控烟业务培训。到2022年和2030年,全面无烟法规保护的人口比例分别达到30%及以上和80%及以上。

5. 实施心理健康促进行动。健全社会心理服务体系,搭建区、镇(街道)、村(社区)三级心理服务平台,加强各类人群心理健康服务。开展心理危机干预工作,加强人才培养,夯实心理危机干预队伍,建立心理援助热线。开展常见心理疾病的预防治疗工作,深化精神卫生综合管理,加大患者救治救助力度,加快建设社区精神卫生康复体系。到2022年和2030年,居民心理健康素养水平分别提升到22%和30%,心理相关疾病发生的上升趋势减缓。

6. 实施健康环境促进行动。广泛开展爱国卫生运动,巩固提升国家卫生城镇创建成果,开展健康城市和健康村镇建设。推进大气、水、土壤污染防治。逐步实施垃圾减量和分类回收。保障饮用水和食品安全,综合整治农兽药残留、土壤重金属污染和食品非法添加,加强消费品安全管理。加强健康支持性环境和公共安全环境建设,开展环境与健康监测调查和风险评估。到2022年和2030年,居民饮用水水质达标情况明显改善,并持续改善。

(二)维护全生命周期健康。

7. 实施妇幼健康促进行动。深入实施母婴安全和儿童健康行动计划,完善妇幼健康服务体系,积极引导家庭科学孕育和养育健康新生命,加快妇幼保健机构标准化建设和产儿科救治能力建设,全力维护母婴安全。健全出生缺陷防治体系,完善产前筛查(诊断)、新生儿疾病筛查、出生缺陷康复救助服务网络,大力提高出生人口素质。优化妇幼健康公共服务,健全残疾儿童康复救助制度,做实妇女儿童全生命周期健康管理,提高妇幼健康管理水平。促进生殖健康,推进农村妇女宫颈癌和乳腺癌检查。到2022年和2030年,婴儿死亡率分别控制在6.1‰及以下和5‰及以下,孕产妇死亡率分别下降到18/10万及以下和12/10万及以下。

8. 实施学校健康促进行动。加强学校重点传染病防控工作和健康安全干预。推进阳光体育运动,支持学生参加体育锻炼,促进学生健康习惯养成。实施教室采光照明和课桌椅达标工程,营造健康学习环境。科学开展儿童青少年视力健康监测与分析,完善学生健康体检制度和学生体质健康监测制度。到2022年和2030年,中小学生体质健康标准达标优良率分别达到50%及以上和70%及以上,全区儿童青少年总体近视率力争每年降低0.5个百分点以上,新发近视率明显下降。

9. 实施职业健康保护行动。倡导健康工作方式,增强劳动者职业健康保护意识。健全职业健康工作机制,落实用人单位主体责任和政府监管责任,改善工作环境,完善健康设施,完善职业病防治支撑体系,预防和控制职业病危害。开展职业卫生分类分级监督执法试点工作,建立分级分类监管机制,强化职业病危害专项治理,严厉查处违法行为。推动签订集体合同,扩大工伤保险参保覆盖面,将违法企业纳入“信用东坡”平台予以公示。到2022年和2030年,接尘工龄不足5年的劳动者新发尘肺病报告例数占年度报告总例数的比例实现明显下降,并持续下降。

10. 实施老年健康促进行动。建立综合连续、覆盖城乡的老年健康服务体系。提升老年健康管理水平，强化老年人心理健康，以区域中医诊疗中心为龙头，开展中医特色服务，促进老年主动健康。推动医养康养产业发展，实现多元化服务供给。依托院校、机构培养老年健康服务人才，提升老年医学科技水平，推进老年健康信息化建设。深化居家社区养老服务，打造老年宜居环境，促进老年人社会参与。到2022年和2030年，65至74岁老年人失能发生率下降，65岁及以上人群老年期痴呆患病率增速下降。

（三）防控重大疾病。

11. 实施心脑血管疾病防治行动。鼓励和支持医疗机构、红十字会、社会组织等开展群众应急救护培训，引导群众学习掌握自救互救知识，推动公共场所急救设施设备配备。培养心脑血管疾病患者自我健康管理的习惯和技能。全面推进18岁以上人群首诊测血压制度，开展高危人群筛查干预。推进标准化高血压中心、胸痛中心、卒中中心建设，加强医疗质量控制，规范心脑血管疾病的管理和治疗，提高院前急救、静脉溶栓、动脉取栓等应急处置能力。到2022年和2030年，心脑血管疾病死亡率分别下降到209.7/10万及以下和190.7/10万及以下。

12. 实施癌症防治行动。健全死因监测和肿瘤登记报告制度，定期开展癌症相关危险因素监测。建设健康支持性环境，倡导健康生活方式，提高癌症防治核心知识知晓率，推进早筛查、早诊断、早治疗。加强乙肝疫苗、人乳头状瘤病毒疫苗接种的科学宣传，促进适宜人群接种。推进癌症筛查，探索建立癌症早诊早治长效机制。落实常见癌症诊疗规范和临床路径，促进癌症规范化诊疗，探索癌症康复模式，推进安宁疗护工作。完善癌症患者医保和救助政策，加强癌症防治科技创新。到2022年和2030年，总体癌症5年生存率分别不低于43.3%和46.6%。

13. 实施慢性呼吸系统疾病防治行动。引导重点人群早期发现慢性呼吸系统疾病，控制危险因素，预防疾病发生发展。加强危险因素防控，推进慢性呼吸系统疾病筛查和高危人群首诊测量肺功能。规范慢性呼吸系统疾病诊疗技术。推进基层诊疗设施和药物配备，开展基层医疗机构慢阻肺健康管理标准化服务能力建设，向居民提供健康教育、筛查干预、规范诊疗、随访管理等全程健康管理服务。积极推动将慢阻肺、哮喘门诊治疗费用纳入医保支付范围，探索试点高危人群肺炎球菌和流感疫苗接种补助政策。至2022年和2030年，70岁及以下人群慢性呼吸系统疾病死亡率分别下降到22/10万以下和18/10万以下。

14. 实施糖尿病防治行动。建立完善糖尿病预防诊治服务体系，提升村（社区）糖尿病检测能力。规范糖尿病诊断、治疗和健康管理服务。指导糖尿病患者加强饮食控制和运动干预，促进自我健康管理。推进糖尿病及并发症筛查工作，开展糖尿病相关危险因素监测。探索建立糖尿病中西医结合全程标准化管理模式。到2022年和2030年，糖尿病患者规范管理率分别达到71%及以上和75%及以上。

15. 实施传染病及地方病防控行动。普及传染病与地方病防控知识。加强鼠疫、霍乱以及急性输入性传染病监测，拓展监测技术储备，优化病例排查流程。推进预防接种服务体系、疫苗冷链及免疫规划信息系统建设，加强预防接种规范化管理。完善艾滋病综合防治体系，强化源头控制，加强宣传干预、监测检测、抗病毒治疗和预防母婴传播，支持社会组织参与艾滋病防治。巩固提升结核病分级诊疗和综合防治服务模式试点成果，加强检测发现，规范临床诊疗，落实学校防控措施。落实预防乙肝母婴传播措施，开展重点人员乙肝、甲肝疫苗免费接种试点。推进血吸虫病消除达标，持续保持和巩固地方病消除成果。全面推进犬只狂犬病疫苗接种。到2022年和2030年，以镇（街道）为单位，适龄儿童免疫规划疫苗接种率保持在90%以上。

16. 实施中医治未病健康促进行动。加快构建城乡治未病健康服务网络，建设区治未病中心，引导社会力量参与治未病服务。以中医体质辨识为基础，推进治未病干预调理，为群众提供个性化服务。鼓励医疗机构和企业合作，研发推广适宜中医养生保健产品。促进中医养生保健及治疗与互联网、旅游、餐饮等行业协同发展，构建治未病产业链，开发运动保健养生项目。到2022年和2030年，中医医院设置治未病科室比例分别达到90%和100%。

17.实施口腔健康促进行动。开展口腔疾病监测和高风险因素行为干预,强化全生命周期口腔健康管理。推广适宜技术,提升口腔健康服务能力。建立口腔健康监测网络,加强数据分析利用。引领口腔健康服务业优质发展,推动口腔健康制造业创新升级。到2022年和2030年,12岁儿童龋患率分别控制在30%和27%以下。

五、组织实施

(一)强化组织领导。成立健康东坡行动推进委员会,制定《健康东坡专项行动方案(2020—2030年)》,细化17个专项行动目标、任务及职责分工,统筹推进健康东坡行动的组织实施、监测和考核相关工作,研究协调相关重大事项,指导督促各园区,各镇(街道)、各相关部门抓好落实。成立专项行动专家咨询组,提供健康东坡行动技术支持。各园区,各镇(街道)要加强组织领导,结合辖区实际,统筹抓好各项措施落地;各部门要落实健康优先发展战略,切实将"预防为主、防病在先"融入各项政策举措,研究具体政策措施,推动落实重点任务,确保健康东坡行动落地落实。

(二)加强体系建设。全面加强涉及健康东坡行动相关领域的体系建设和能力建设。加强公共卫生体系建设和人才培养,提高疾病防治和应急处置能力。加强财政支持,强化资金统筹,优化资源配置,提高资金使用的针对性和有效性。加强制度建设,推进疾病筛查、早诊早治、分级诊疗、质量控制等制度完善和落实。加强监督执法,建立运行有效的质量审查机制,保障各项目标实现。加强信息支撑,推进"互联网+医疗健康"体系建设,推动各部门各区域健康相关信息共享。

(三)动员多方参与。最大限度凝聚社会力量,形成健康促进的强大合力。鼓励个人和家庭积极参与健康东坡行动,落实个人健康责任,养成健康生活方式。各单位特别是学校、村(社区)等要充分挖掘和利用自身资源,积极开展健康细胞工程建设,创建健康支持性环境。鼓励社会捐资,依托社会力量依法成立健康东坡行动基金会,探索建立资金来源多元化保障机制。充分发挥群团组织、卫生健康相关行业学(协)会及其他社会组织作用,组织、推动健康促进和健康科普等工作。

(四)强化部门职责。卫生健康、教育体育等部门要切实发挥牵头抓总作用,推动各专项行动的组织实施;宣传部门要切实发挥全社会宣传动员作用;发改、财政、人社、经信、科技、公安、民政、生态环境、住建、农业农村、商务、医保、市场监管等部门要根据职能职责,全面落实健康东坡行动各项任务,加强对镇(街道)的督促指导。

(五)加强宣传引导。采取多种方式,强化舆论宣传,积极开展政策解读,及时回应社会关切。大力宣传实施健康东坡行动、促进全民健康的重大意义、目标任务和重大举措,不断培育"大卫生、大健康"理念,推动形成"健康东坡、人人参与、人人受益"的社会共识,推进健康教育和健康科普,引导群众了解和掌握必备的健康知识,自觉养成健康生活方式,营造实施健康东坡行动的良好氛围。

(六)强化绩效考核。推进委员会负责考核工作的组织领导,推进委员会办公室会同相关部门具体实施,每年开展一次绩效考核工作。强化对约束性指标的考核,并将主要健康指标纳入各级党委、政府绩效考核指标,综合考核结果经推进委员会审定后通报,作为各有关部门党政领导班子和领导干部综合考核评价、干部奖惩使用的重要参考。

附件:1.健康东坡行动考核评价指导方案

2.健康东坡行动推进委员会职责及成员名单

附件1

健康东坡行动考核评价方案

为贯彻落实《健康眉山行动考核评价指导方案》精神，特制定本方案。

一、组织架构

在区委、区政府领导下，由区健康东坡行动推进委员会（以下简称“推进委员会”）制定印发《健康东坡专项行动方案（2020—2030年）》（简称《健康东坡行动》），细化《健康东坡行动》目标、任务及职责分工，统筹推进全区《健康东坡行动》的组织实施、监测和考核相关工作。推进委员会设立专家咨询委员会，聘请相关领域专家组成，负责为健康东坡行动推进实施提供技术支持。推进委员会下设各专项行动工作组，负责专项行动的具体实施和监测工作。

二、考核评价

（一）内容及指标。围绕健康东坡行动的主要目标、任务及有关要求，确定26项考核评价指标（见附表）。

（二）评价方式。按照分级负责、逐级考核的要求，对健康东坡行动总体推进情况实施年度考核评价。对各园区，各镇（街道）考核100%覆盖。可采取大数据监测、查阅资料、现场调研、实地抽查、电话访谈等方式，对考核指标的完成情况进行调查核实。

推进委员会办公室根据考核评价结果，形成我区推进健康东坡行动年度考核报告。

三、组织实施

（一）强化考核评价。在推进委员会统筹领导下，推进委员会办公室组织制定考核评价实施方案和细则，并组织实施，专家咨询委员会提供技术支撑。

（二）注重结果运用。将主要健康指标纳入对各级党委、政府绩效考核指标，考核评价结果经推进委员会审定后通报，作为各园区、各镇（街道）、各相关部门党政领导班子和领导干部综合考核评价、干部奖惩使用的重要参考。有关部门（单位）要对考核评价结果进行深入分析研究，及时调整工作策略，促进健康东坡行动顺利实施。

（三）坚持科学方法。统筹兼顾、注重质量，力戒形式主义、官僚主义。推进委员会根据市级标准、疾病谱变化及医学进步等情况，实时调整考核指标。

附表：健康东坡行动考核评价指标及年度目标一览表

附表12

健康东坡行动考核评价指标及年度目标一览表

序号	牵头单位	考核指标	目标值										
			2020年	2021年	2022年	2023年	2024年	2025年	2026年	2027年	2028年	2029年	2030年
1	区卫生健康局	人均预期寿命（岁）	77.4	77.5	77.7	77.9	78.1	78.3	78.5	78.7	78.8	78.9	79
2	区卫生健康局	婴儿死亡率（‰）	≤6.5	≤6.3	≤6.1	≤6.1	≤5.8	≤5.5	≤5.4	≤5.3	≤5.2	≤5.1	≤5
3	区卫生健康局	5岁以下儿童死亡率（‰）	≤7.5	≤7.4	≤7.3	≤7.2	≤7.1	≤7.0	≤6.6	≤6.4	≤6.2	≤6.1	≤6

续表12

序号	牵头单位	考核指标	目标值										
			2020年	2021年	2022年	2023年	2024年	2025年	2026年	2027年	2028年	2029年	2030年
4	区卫生健康局	孕产妇死亡率(1/10万)	≤19	≤18.5	≤18	≤17.5	≤17	≤15	≤14.5	≤14	≤13.5	≤13	≤12
5	区教育和体育局	城乡居民达到《国民体质测定标准》合格以上的人数比例(%)	≥87.3	≥87.8	≥88.20	≥88.8	≥89.5	≥89.9	≥90.4	≥90.7	≥91.1	≥91.6	≥92.17
6	区卫生健康局	居民健康素养水平(%)	≥20	≥21	≥22	≥23	≥24	≥25	≥26	≥27	≥28	≥29	≥30
7	区教育和体育局	经常参加体育锻炼人数比例(%)	≥33.6	≥34.5	≥35	≥35.7	≥36.3	≥36.7	≥37.2	≥37.9	≥38.5	≥39.2	≥40
8	区卫生健康局	重大慢性病过早死亡率(%)	≤16.7	≤16.3	≤15.9	≤15.5	≤15.1	≤14.7	≤14.3	≤13.9	≤13.6	≤13.3	≤13.0
9	区卫生健康局	每千常住人口执业(助理)医师数(人)	2.5	2.54	2.58	2.62	2.66	2.71	2.77	2.83	2.89	2.95	3
10	区卫生健康局	个人卫生支出占卫生总费用的比重(%)	<30	<30	<30	<30	<30	<30	<30	<30	<30	<30	<30
11	区卫生健康局	建立并完善健康科普专家库和资源库,构建健康科普知识发布和传播机制	全面开展	基本完成	实现	实现	实现	实现	实现	实现	实现	实现	实现
12	区卫生健康局	建立医疗机构和医务人员开展健康教育和健康推进的绩效考核机制	全面开展	基本完成	实现	实现	实现	实现	实现	实现	实现	实现	实现

续表12

序号	牵头单位	考核指标	目标值										
			2020年	2021年	2022年	2023年	2024年	2025年	2026年	2027年	2028年	2029年	2030年
13	区卫生健康局	产前筛查率（%）	≥65	≥68	≥70	≥71	≥72	≥73	≥74	≥75	≥76	≥78	≥80
14	区卫生健康局	新生儿遗传代谢性疾病筛查率（%）	≥97	≥97.5	≥98	≥98	≥98	≥98	≥98	≥98	≥98	≥98	≥98
15	区卫生健康局	农村适龄妇女宫颈癌和乳腺癌筛查覆盖率（%）	≥40	≥60	≥80	≥81	≥83	≥84	≥85	≥86	≥88	≥89	≥90
			≥35	≥60	≥80	≥81	≥83	≥84	≥85	≥86	≥88	≥89	≥90
16	区教育和体育局	国家学生体质健康标准达标优良率（%）	≥40.5	≥45.25	≥50	≥52.5	≥55	≥57.5	≥60	≥62.5	≥65	≥67.5	≥70
17	区教育和体育局	符合要求的中小学体育与健康课程开课率（%）	≥95	100	100	100	100	100	100	100	100	100	100
18	区教育和体育局	中小学生每天校内体育活动时间（小时）	≥1	≥1	≥1	≥1	≥1	≥1	≥1	≥1	≥1	≥1	≥1
19	区教育和体育局	寄宿制中小学校或600名学生以上的非寄宿制中小学校配备专职卫生专业技术人员、600名学生以下的非寄宿制中小学校配备专兼职保健教师或卫生专业技术人员的比例（%）	≥48.5	≥59.25	≥70	≥72.5	≥75	≥77.5	≥80	≥82.5	≥85	≥87.5	≥90

续表12

序号	牵头单位	考核指标	目标值										
			2020年	2021年	2022年	2023年	2024年	2025年	2026年	2027年	2028年	2029年	2030年
20	区教育和体育局	配备专兼职心理健康工作人员的中小学校比例(%)	≥80	100	100	100	100	100	100	100	100	100	100
21	区卫生健康局	接尘工龄不足5年的劳动者新发尘肺病报告例数占年度报告总例数比例(%)	10.5	10	9.5	9	8.5	8	7.5	7	6.5	6	5.5
22	区卫生健康局	二级以上综合性医院设老年医学科比例(%)	≥40	≥45	≥50	≥55	≥60	≥65	≥70	≥75	≥80	≥85	≥90
23	区卫生健康局	高血压患者规范管理率(%)	80	81	81	82	82	83	83	84	84	85	85
24	区卫生健康局	糖尿病患者规范管理率(%)	70	71	71	72	72	73	73	74	74	75	75
25	区卫生健康局	镇卫生院、社区卫生服务中心提供中医非药物疗法的比例(%),村卫生室提供中医非药物疗法的比例(%)	96	98	100	100	100	100	100	100	100	100	100
			73	74	75	75	76	76	77	77	78	79	80
26	区卫生健康局	以乡(镇、街道)为单位适龄儿童免疫规划疫苗接种率(%)	>90	>90	>90	>90	>90	>90	>90	>90	>90	>90	>90

附件2

健康东坡行动推进委员会职责及成员名单

一、主要职责

统筹推进健康东坡行动组织实施、监测和考核相关工作。研究部署推进健康东坡行动重大事项和重点工作，协调推动各有关部门工作落实。根据我区疾病谱变化及医疗科技进步等情况，进一步完善健康教育和重大疾病预防、治疗、康复、健康促进措施等。完成健康眉山行动推进委员会和区委区政府交办的其他事项。

二、组成人员

主　任：负责卫生健康工作的副区长

副主任：区政府办副主任
区卫健局主要负责人
区教体局主要负责人

成　员：区委宣传部、区发改局、区经信局、区教体局、区公安分局、区民政局、区财政局、区人社局、区自然资源和规划局、东坡生态环境局、区住建局、区交通运输局、区水利局、区农业农村局、区商务博览局、区文广旅局、区卫健局、区应急管理局、区市场监管局、区医保局、区总工会、团区委、区妇联、区科协、区残联、区红十字会、区融媒体中心、眉山烟草专卖局东坡分局分管负责人。相关领域专家、区人大代表、区政协委员和社会知名人士代表若干名（具体人员由推进委员会按程序确定）。

三、其他事项

推进委员会办公室设在区卫健局，承担推进委员会的日常工作。办公室主任由区卫健局主要负责人兼任，办公室成员由推进委员会成员单位有关股室负责同志、专家代表等担任。推进委员会成员因工作情况需要增加或调整的，由推进委员会办公室提出，按程序报推进委员会主任批准。推进委员会设立专家咨询委员会，为实施健康东坡行动提供专业技术支持。

（眉东府发〔2021〕5号
2021年3月9日）

眉山市东坡区人民政府
关于委托下放2项行政权力事项和5项公共服务事项的通知

市岷东新区管委会，各园区管委会，各镇人民政府、街道办事处，区级各部门：

为深入推进政府职能转变和“放管服”改革工作，按照中央、省、市有关工作要求，经区政府第五届91次常务会议审议通过，现将委托下放2项行政权力事项和5项公共服务事项通知如下。

将区公安分局、区商务博览局2个区级部门共2项行政权力事项和区卫健局、区市场监管局、区退役军人事务局3个区级部门共5项公共服务事项，委托下放至镇(街道)。

委托下放部门要加强对镇(街道)的业务培训和监督指导，确保工作权力落到实处，更加便民。

附件：委托下放至镇(街道)的事项目录

眉山市东坡区人民政府
2021年1月18日

附件

委托下放至镇(街道)的事项目录

表13

序号	赋权部门	权力名称	事项类型	赋权方式		承接主体		备注
				直接下放	委托下放	镇	街道	
1	区公安分局	养犬登记	行政确认		√		√	
2	区商务博览局	举办会展备案	其他行政权力		√	√	√	
3	区卫健局	从业人员健康检查/公共场所直接为顾客服务人员健康检查	公共服务		√	√	√	区疾控中心将不再承担辖区内从业人员健康体检工作，从业人员健康体检在眉山肿瘤医院、眉山心脑血管病医院、眉山市中医医院、苏祠街道社区卫生服务中心、大石桥街道社区卫生服务中心和崇礼中心卫生院开展。
4	区市场监管局	企业信息联络员备案	公共服务		√	√	√	由各镇(街道)市场监管所承担。
5	区市场监管局	申报使用国家地理标志保护产品专用标志	公共服务		√	√	√	由各镇(街道)市场监管所承担。
6	区市场监管局	食品安全科普宣传活动	公共服务		√	√	√	由各镇(街道)市场监管所承担。
7	区退役军人事务局	优抚政策咨询	公共服务		√	√	√	

(眉东府发〔2021〕1号)
2021年1月18日

眉山市东坡区人民政府
关于印发《眉山市东坡区突发事件总体应急预案（试行）》的通知

市岷东新区管委会，各园区管委会，各镇人民政府、街道办事处，区级各部门：

《眉山市东坡区突发事件总体应急预案（试行）》已经区第六届人民政府5次常务会议审议同意，现予印发，请遵照执行。

眉山市东坡区人民政府

2021年12月21日

眉山市东坡区突发事件总体应急预案（试行）

1.总则

为贯彻落实习近平总书记关于应急管理、安全生产、防灾减灾救灾重要论述及重要指示批示精神，坚决有效防控全局性系统性重大风险，规范东坡区突发事件处置工作，全面提高应对各种突发事件和风险的能力，保障人民群众生命财产安全，维护城市安全和社会稳定，依据《中华人民共和国突发事件应对法》《突发事件应急预案管理办法》《四川省突发事件应对办法》《四川省突发事件总体应急预案（试行）》《眉山市突发事件总体应急预案（试行）》《眉山市东坡区机构改革方案》等有关法律法规和文件，结合东坡区实际，制定本预案。

1.1适用范围

本预案是东坡区防范应对各类突发事件的总纲，指导全区突发事件的风险防控、应急准备、监测预警、应对处置、恢复重建等工作。

本预案所称突发事件是指突然发生，造成或者可能造成严重社会危害，需要采取应急措施予以应对处置的自然灾害、事故灾难、公共卫生事件和社会安全事件。

1.2工作原则

（1）坚持人民至上、生命至上。牢固树立以人为本，安全第一的理念，切实把保障公众生命财产安全作为首要任务，强化预防为主、源头防控，夯实基层基础，最大程度地减少突发事件及其造成的人员伤亡和危害。

（2）坚持统一领导、整体联动。建立健全党委领导下的应急管理行政领导负责制，加快构建统一指挥、专常兼备、反应灵敏、上下联动、平战结合的应急能力体系。充分发挥应急管理部门的综合优势和各相关部门的专业优势，衔接好防抗救的责任链条，形成整体合力。

（3）坚持分级负责、属地为主。在区委领导下，区政府统筹指导、协调、调度各类资源，发生较大及以上突发事件时靠前组织指挥；事发地镇（街道）、园区在区委、区政府和本级党委领导下，履行主体责任，全面负责本行政区域突发事件的组织应对工作，及时启动应急响应，统一调度应急资源，组织动员社会力量广泛参与；村（社区）、企事业基层单位或组织等做好信息报告、先期处置等工作。

（4）坚持高效有序、协同应对。建立健全以综合性消防救援队伍为主力、以武警和民兵等力量为突击、以专业应急救援队伍为骨干、以各类社会力量为辅助的应急力量体系。健全完善快速反应、协调联动机制，科学安全、高效有序应对各类突发事件。

（5）坚持依法规范、科技支撑。严格依法依规，切实维护公众合法权益，提高突发事件应对法治化、规范化水平。充分发挥专家队伍和专业技术人员作用，强化突发事件防范应对科技支撑，优化整合各类科技资源，提高应急管理科学化、专业化、智能化、精细化水平。

1.3突发事件分类分级

本预案所指突发事件包括四大类：

（1）自然灾害。主要包括洪涝、内涝等水旱灾害，风暴、冰雹、冰雪等气象灾害，地震灾害，滑坡、地面塌陷等地质灾害，生物灾害和森林草原火灾等。

（2）事故灾难。主要包括工矿商贸等企业生产、建筑工地高坠等安全事故，道路交通、道路桥梁、铁路等交通运输事故，商业综合体及公共场所拥挤踩踏等安全事故，通信线路及设施事故，燃气火灾及高层建筑火灾等安全事故，以及特种设备、油库等安全事故，环境污染和生态破坏事件、网络与信息安全事件等。

(3)公共卫生事件。主要包括传染病疫情、群体性不明原因疾病、急性中毒事件、食品和药品安全事件、动物疫情、其他严重影响公众健康和生命安全的事件。

(4)社会安全事件。主要包括恐怖袭击事件、刑事案件、群体性事件、油气供应中断突发事件、金融突发事件、涉外突发事件、民族宗教事件等。

各类突发事件按照其性质、造成损失、危害程度、可控性和影响范围等因素，分为特别重大、重大、较大和一般四级。各类突发事件具体分级标准参照国家、省、市现行有关规定执行，并在相应的专项应急预案、部门应急预案中予以明确。

1.4分级应对与响应分级

1.4.1分级应对

突发事件分级应对遵循分级负责、属地为主，层级响应、协调联动的原则。当突发事件超出属地应对能力时，由上级政府提供支援或者负责应对，属地按上级要求开展工作。

当初判发生特别重大、重大和较大突发事件，或一般突发事件超出区级应对能力，或涉及跨县级行政区域时，区政府组织先期应对，同时报请市政府提供支援或组织应对。

一般及以下突发事件分别由区委、区政府及相关部门、镇(街道)负责应对。涉及跨镇(街道)的，由区委、区政府或者指定部门、镇(街道)负责应对。

1.4.2响应分级

突发事件发生后，按照分级响应原则，各相关部门、镇(街道)、园区、基层组织和单位根据突发事件初判级别、应急处置能力、预期影响后果等，综合研判确定本层级是否启动响应和启动响应的级别及开展先期应急处置，并向区委、区政府报告。对于事件本身比较敏感，或引发舆论热议和社会各界高度关注，或发生在重点地区、重要会议及重大活动期间的，可适当提高响应级别。应急响应启动后，可视突发事件事态发展情况及时对响应级别进行调整。

发生突发事件，区级层面立即启动应急响应。区级层面应急响应原则上由高到低分为三级：一级响应由区委、区政府主要领导组织指挥应对并担任指挥长，实行对应专项指挥机构为主的扩大响应；二级响应由区委、区政府分管领导组织协调并担任指挥长，对应专项指挥机构组织指挥事发地镇(街道)及相关部门应对处置；三级响应由区政府指定区级牵头部门组织指导协调或者具体组织应对。响应分级标准在相关专项应急预案中予以明确。

启动一级响应由区委、区政府主要领导决定；启动二级响应由区委、区政府分管领导决定并报告区委、区政府主要领导；启动三级响应由区委、区政府分管领导决定并指定牵头部门。区级有关专项、部门应急预案响应级别(包括分级标准)可根据实际情况进一步细化明确。

镇(街道)、园区、村(社区)响应级别可参照区级层面应急响应级别设置，结合辖区情况予以明确。

1.5东坡区主要风险及应急处置力量

1.5.1东坡区主要风险

根据历史数据和现实状况综合分析，东坡区主要的风险有：

表14

东坡区主要风险

突发事件类别	主要风险
自然灾害	三苏镇、多悦镇、秦家镇、万胜镇等山洪灾害，城区内涝灾害；全域内风暴、冰雹、冰雪等气象灾害；全域内地震波及伤害；眉青路眉青交界处边坡垮塌等滑坡类地质灾害；三苏镇、崇礼镇、万胜镇、秦家镇、思蒙镇、多悦镇等森林火灾。
事故灾难	万胜镇、多悦镇、秦家镇等芒硝、页岩等工矿事故；东坡区万达广场、宏远盖丽广场、大润发等商贸行业事故；下穿隧道、滨江大道—彭山城市快速路等道路交通事故；建设工程事故；住宅和商业场所火灾、太和镇木材加工火灾事故；眉山“中国泡菜城”和眉山经开区新区危险化学品事故、有限空间作业事故；燃气事故；三苏祠、东坡岛商业水街等人员密集场所拥挤及踩踏事故；泡博会重大活动事故等

续表14

突发事件类别	主要风险
公共卫生事件	东坡岛商业水街食品安全事件；药品安全事件；眉山“中国泡菜城”职业中毒事件；传染病疫情；群体性不明原因疾病；急性中毒事件等
社会安全事件	刑事案件、群体性事件、涉外突发事件、个人极端事件、民族宗教事件等

1.5.2 东坡区应急处置力量

东坡区应急救援处置力量主要有：眉山市东坡区消防救援大队（160人），东坡区森林防火救援队（40人，筹建中），永寿、思蒙、万胜、白马、多悦5个乡镇专职消防救援队（共60人，筹建中），眉山市应急救援志愿者协会、飞虎、蓝天、狼牙等4支社会应急队伍（共270人），以及驻区民兵应急连（137人）、镇（街道）应急排（各30人），眉山市地质灾害应急救援中心，四川大学华西医院眉山医院·眉山市人民医院、眉山市中医医院、眉山东坡东方医院等医疗机构，环境监测，各相关部门、镇（街道）、园区和企事业单位所属应急救援队伍和各行业专家等。

1.6 应急预案体系

应急预案体系包括区政府及其部门、镇（街道）、园区管委会、基层组织、企事业单位、社会组织等制定的各类突发事件应急预案，以及为应急预案提供支撑的工作方案等。全区建立横向到边、纵向到底的应急预案体系。

（1）总体应急预案。总体应急预案是区政府在区委领导下组织应对各类突发事件的总体制度安排，是东坡区应对突发事件的规范性文件。

（2）专项应急预案。专项应急预案是区政府及其有关部门、镇（街道）为应对涉及面广、情况复杂的某一类型或某几种类型突发事件，或针对重要目标物保护、重大活动保障、应急资源保障等重要专项工作而预先制定的涉及多个部门（单位）、镇（街道）职责的工作方案。

（3）部门应急预案。部门应急预案是东坡区有关部门根据总体应急预案、专项应急预案和相关部门职责，为应对本部门（行业、领域）突发事件，或者针对重要目标物保护、重大活动保障、应急资源保障等涉及部门工作而预先制定的工作方案。

（4）镇（街道）、园区管委会应急预案。镇（街道）、园区管委会应急预案是指镇（街道）、园区管委会参照总体应急预案、专项应急预案，并根据辖区实际情况制定的，应对辖区突发事件的规范性文件。

村（社区）在镇（街道）指导下，针对本辖区面临的风险，制定村（社区）应急预案。

（5）企事业单位应急预案。由有关企事业单位根据有关法律、法规制定。直属单位、重点单位的应急预案，报区政府有关部门备案。重点单位由区政府有关部门确定并实施动态管理。

（6）重大活动应急预案。重大活动应急预案是较大规模的集会、节会、庆典、会展等活动安全的应急预案。

（7）重大危险源防控、重要目标和重要基础设施保护应急预案，以及跨区域、流域等关联性强的联合应急预案由各层面相关单位根据实际制定。

1.6.2 应急预案支撑性文件

预案所涉及的相关部门（单位）要结合实际，制定配套的工作手册、行动方案等支撑性文件，提高应急预案的针对性、操作性。

工作手册是有关部门（单位）对自身承担职责任务进一步分解细化的工作方案，是本部门（单位）应对突发事件的工作指南，必须按规定编制相应工作手册，把每一项职责任务细化、具体化，明确工作内容和流程，并落实到具体责任单位和责任人。各企事业单位、镇（街道）、园区、村（社区）等应急预案涉及有关方面根据自身实际情况，可单独编制工作手册，也可将有关内容融入预案合并编制。

事件行动方案是根据应急预案、工作手册或上级指挥机构等要求而制定的工作安排。行动方案应明确现场处置的队伍、装备、物资等应急资源和队伍编成、力量预置、指挥协同、行动预想、战勤保障、通信联络等具体内容，以及采取的具体对策措施和实施步骤。

2.组织指挥体系

2.1 区级层面组织指挥体系

2.1.1 区级层面组织领导

在区委统一领导下,区政府是全区突发事件应急管理工作的最高行政领导机关,区政府主要领导全面负责,区政府分管领导按照工作分工在相应的专项突发事件应急指挥机构兼任指挥长。通过区政府常务会、专题会等研究决定和部署全区突发事件应急管理工作。

东坡区应急委员会(以下简称"区应急委")作为全区应急管理工作的议事协调和综合管理机构,纳入区级层面组织领导体系,在区委区政府领导下,研究提出全区应急管理工作措施;部署和总结全区应急管理年度工作;组织指挥、统筹协调全区突发事件的应对处置工作等;定期、不定期分析全区公共安全形势,部署突发事件防范准备工作;根据实际工作需要及时健全完善组织架构及其运行规则。

区级层面可与相邻(县、区)建立协调联动机制,共同做好跨区域、跨流域等关联性强的突发事件防范应对工作。鼓励相邻、相近的镇政府、街道办事处及其有关部门联合制定应对区域性、流域性突发事件应急预案。

2.1.2 较大及以上突发事件组织指挥

发生较大及以上突发事件,立即成立"东坡区应对××事件指挥部"。区委、区政府负责进行先期处置,实施以区应急委专项指挥机构为基础的扩大响应。区级应急能力不足时,可及时向市委、市政府请求支援。

2.1.3 一般突发事件组织指挥

发生一般突发事件,事发所在镇(街道)、园区要做好先期处置,由对应的区应急委专项指挥机构负责应对,承担专项指挥机构办公室职责的区级部门发挥综合运转枢纽作用,同时明确一名副指挥长牵头,抽派指挥部各成员单位分管负责同志在区应急指挥中心集中办公,加强值班值守,做好信息汇总,协调督促落实应对处置的各项决策部署;必要时,指挥长带领相关工作组赶赴现场,与事发地镇(街道)、园区组建现场指挥部统筹指挥,协调支援应急队伍、专家和装备、物资等应急资源。

2.1.4 区级工作机构

区级层面有关部门(单位)要按照职责分工,负责本部门(行业、领域)突发事件应急管理工作,承担相关类别突发事件专项和部门应急预案的起草与实施,组织协调指导风险防控、应急准备、监测预警、应急处置与救援、资源保障、恢复与重建等工作。

2.2 镇(街道)、园区级组织指挥体系

镇(街道)、园区级组织指挥体系参照区级组织指挥架构设置,主要体现科学安全、高效有序应对一般突发事件,以及各级各类突发事件发生后的先期处置。

2.3 专家委员会与专家组

区应急管理部门(应急委办公室)会同本级有关部门(单位)建立应急管理专家委员会,研究应急管理重大问题,提出全局性、前瞻性政策措施建议;建立突发事件防范应对专家库,事发后根据需要抽调有关专家组成专家组,开展突发事件防范、应急处置和救援、调查评估等决策咨询服务工作。

3.运行机制

区级、镇(街道)、园区级层面要建立健全应对突发事件的风险防控、监测与预警、应急处置与救援、恢复与重建等机制。

3.1 风险防控

(1)各级各部门和区属各类企事业单位应建立常态化值班值守制度,确保通信畅通,及时处理应急事项。

(2)区级有关部门和镇(街道)、园区管委会健全风险防范化解机制,提升多灾种和灾害链综合监测与风险早期识别能力。依法对各类风险点、危险源、危险区域等进行调查、辨识、评估、分级、登记,建立台账,定期进行检查、监控,责令有关单位采取安全防范措施,积极防范化解风险,并建立信息共享机制,按照国家规定及时向社会公布。有关部门(单位)要按照职责分工对可能发生的突发事件进行综合性评估和趋势分析,研究制定风险分级分类标准和管理办法。突发事件应对主要牵头部门于每年年底对下一年度突发事件发生发展趋势进行研判和预测分析,提出防范措施建议,报区委、区政府及上一级主管部门,抄送区应急管理局。

(3)坚持社会共治。统筹建立完善镇(街道)、园区、村(社区)、重点单位风险防控体系。有关部门(单位)要及时发现和处置各类风险和隐患,落实风险管控措施。对重大风险点和危险源,要制定防控措施、整改方案和应急预案,同时做好监控和应急准备工作;对一些影响大、群众反映强烈的普遍性和倾向性社会问题，要研究制定符合法律、政策的治本措施，力求从根本上解决。必要时，要立即向区政府报告，并向上级有关部门和可能受到危害的毗邻或相关地区通报。

(4)加强安全监督管理。战略物资储备库、重点水利水电工程、油气输送管道、水上航道、铁路线、高压输变电工程、重要桥梁、重要通信枢纽、广播电视台和供水、排水、供电等重大基础设施设计单位要科学选址、优化布局，进行风险评估、可行性论证，增强防灾抗灾和风险管控能力；建设、运营与维护单位要建立完善日常安全和风险管理制度，加强安全检查，制定专项防控和应急处置方案。学校、医院、车站、渡口、体育场馆、博物馆、文物古建筑、文化馆、图书馆、影剧院、网吧、商场、宾馆、饭店、公园、旅游景区、宗教活动场所等公共场所和其他人员密集场所，以及长途客运、城市公共交通等经营、管理单位，应当在安全出口与疏散路线、通道处，设立显著醒目的警示标志，配备必要的预警和应急救援设备，建立安全巡检制度，保证安全通道、出口的畅通。

(5)东坡区城乡规划应当充分考虑公共安全风险因素，符合预防和处置突发事件工作的需要，树牢底线思维，统筹安排应对突发事件所必需的设备和基础设施建设。要加强城乡防灾减灾抗灾救灾能力建设，抓好源头治理为重点的安全生产基础能力建设，完善城乡医疗救治体系和疾病预防控制为重点的公共卫生保障体系，加强以利益协调机制、诉求表达机制、矛盾调处机制为重点的社会安全基础能力建设。

(6)驻区各类企业应当根据属地管理原则，加强与应急管理部门、属地镇(街道)、园区的沟通联系和信息共享，做好风险防控各项工作。

3.2 监测与预警

3.2.1 监测

有关部门、镇(街道)、园区要建立健全突发事件监测制度，整合监测信息资源，完善信息资源获取和共享机制；各类突发事件主要牵头部门负责相应突发事件监测信息集成。要根据突发事件种类和特点，建立健全地震、地质、气象、洪涝、干旱、森林火灾、矿山开采、危险化学品及烟花爆竹储运、城乡火灾、重大关键基础设施、生态环境、传染病疫情、食品药品安全、动物疫情、主要生产生活必需品市场供求、社会治安、金融运行、粮食安全等基础信息数据库，完善监测网络，划分监测区域，确定监测点，明确监测项目，提供必要的设备、设施，配备专职或兼职人员，对可能发生的突发事件进行监测。

区级有关部门要加强有关行业重大风险监控方面的研究，对重大风险点、危险源进行有效的辨识、监测，以便采取针对性措施进行防范，减少或杜绝发生重大损失。

3.2.2 预警

有关部门和镇(街道)、园区要建立健全突发事件预警制度，统筹预警信息发布，运用应急广播、手机短信等多种方式和渠道，解决预警信息发布“最后一公里”问题。

(1)确定预警级别。对可以预警的自然灾害、事故灾难或公共卫生事件，有关部门(单位)、镇(街道)、园区接到相关征兆信息后，及时组织进行分析评估，研判发生的可能性、强度和影响范围以及可能发生的次生衍生突发事件类别，确定预警级别。按照紧急程度、发展势态和可能造成的危害程度，预警级别可分为一级、二级、三级和四级，分别用红色、橙色、黄色和蓝色标示，一级为最高级别。区政府、镇政府(街道办事处)、园区管委会要依据国家、省、市级牵头部门制订的预警级别划分标准，结合实际制定具体实施办法。对其他突发事件，要根据情况及时向有关方面通报提醒，必要时向社会公众发布安全警示。

(2)发布预警信息。分析评估结果确认突发事件即将发生或者发生的可能性增大时，区级层面根据分析评估结果，按有关规定立即发布预警信息，并及时向市委、市政府或市级相关部门报告。必要时可以越级上报，并向可能受到危害的毗邻或相关地区通报。根据事态发展，适时调整预警级别并重新报告、通报和发布有关突发事件预测信息和分析评估结果。

预警信息的发布及调整要充分发挥突发事件预警信息发布系统作用，通过广播、电视、手机、报刊、通信与信息网络、警报器、宣传车、大喇叭或组织人员逐户通知等方式进行，对老、幼、病、残、孕等特殊人群和学校等特殊场所以及警报盲区应当采取有针对性的通知方式。承担应急处置职责的相关部门(单位)接收到预警信息后，应及时向发布预警信息的单位反馈接收结果。

预警信息包括可能发生的突发事件类别、预警级别、起始时间、可能影响范围、警示事项、应采取的措施和发布机关等。

(3)采取预警措施。发布预警信息后，相关部门、镇(街道)、园区管委会、村(社区)、企事业单位要根据预警级别和实际情况以及分级负责的原则，采取下列一项或多项措施：

①增加监测频次，及时收集、报告有关信息；

②加强公众沟通，公布信息接收和咨询电话，向社会公告采取的有关特定措施、避免或减轻危害的建议和劝告等；

③组织应急队伍和负有特定职责的人员进入待命状态，动员后备人员做好参加应急处置和救援工作的准备，视情预置有关队伍、装备、物资等应急资源；

④调集应急处置和救援所需物资、设备、工具，准备应急设施和避难场所，并确保其处于良好状态、随时可以投入正常使用；

⑤加强对重点单位、重要部位和重要基础设施的安全保卫，维护社会治安秩序；

⑥采取必要措施，确保交通、通信、供水、排水、供电、供气等公共设施的安全和正常运行；

⑦转移、疏散或者撤离易受突发事件危害的人员并予以妥善安置，转移重要财产，对老、幼、病、残、孕等特殊人群以及学生要采取优先或针对性的措施；

⑧关闭或者限制使用易受突发事件危害的场所，控制或者限制在容易导致危害扩大的公共场所开展活动；

⑨毗邻或相关地区、部门发布预警后，其他相关地区和部门要及时组织分析本地区和本行业可能受到影响的范围、程度等，安排部署有关防范性措施；

⑩媒体单位应优先做好预警信息传播和应急宣传工作；

⑪法律、法规、规章规定的其他必要的防范性、保护性措施。

(4)解除预警措施。当突发事件风险已经解除，区政府宣布解除警报，终止预警期，同时解除已经采取的有关措施。

3.3 应急处置与救援

3.3.1 信息报告

突发事件信息上报应遵从“及时、客观、真实”原则，坚持属地为主、分级报送、先报后核、横向报送和以快为主的原则，按照“初报要快、核报要实、续报要准、终报要全”要求向上级报告信息，并通报可能受影响的地区、部门和企业等。

(1)镇(街道)在区委、区政府的统筹安排下，积极推进应急管理网格化，创新基层网格员管理体制机制，统筹灾害信息员、防灾责任人、气象信息员、网格员等资源，建立统一规范的基层网格员管理和激励制度，实现村(社区)网格员全覆盖、无死角，同时承担风险隐患巡查、灾情统计、事发情况的报告等职责。

(2)突发事件发生或发现重大风险、隐患后，网格员和有关学校、医院、企业、村(社区)、社会组织及相关专业机构、监测网点等要立即向属地镇(街道)及区级有关主管部门报告突发事件信息。有关主管部门、事发地镇(街道)、园区、企业按《眉山市东坡区应急委员会办公室关于进一步加强值班值守信息报送和应急处置工作的通知》规定向区政府总值班室、区应急委办公室报送突发事件信息，并根据事态进展，及时续报突发事件处置等有关情况。

(3)报告内容一般包括突发事件发生的时间、地点、信息来源、性质、简要经过、影响范围(含环境影响)、人员伤(病)亡和失联情况、房屋倒塌损坏情况、交通通信电力等基础设施损毁情况、现场救援情况和已经采取的其他措施等。极端情况下，确实无法及时获得完整信息时，可调整报告内容，并跟踪汇报。

(4)区委、区政府及其有关部门要全面掌握区内各类突发事件信息。发生较大及以上突发事件，信息要及时上报市委、市政府、市级有关部门。相关部门(单位)要在事件发生后立即向区委、区政府报送信息。对于一些事件本身比较敏感或发生在重点地区、重要时期，或可能演化为特别重大、重大、较大突发事件的，不受突发事件分级标准限制。

(5)接到突发事件信息后，镇(街道)、园区管委会和有关部门要立即如实向区应急委办公室及其主管部门报告。严格落实信息报告制度，执行“事发后20分钟内电话报告，40分钟内书面报告”，并坚持“边处置边报送、边核实边报送”原则，不得迟报、谎报、瞒报和漏报，同时通报可能受影响的镇(街道)和部门(单位)。较大及以上突发事件发生后或特殊情况下，区委、区政府按照相关规定立即报告市委、市政府及其有关部门。特别重大、重大突发事件发生后,可按规定越级上报省委、省政府。

(6)涉及港澳台侨、外籍人员,或影响到境外的突发事件,需要向有关国家、地区、国际机构通报的,按照相关规定办理。

(7)各类突发事件应急处置牵头部门要建立健全信息快速获取机制,完善突发事件信息报送和信息共享系统,融合相关部门及社会的应急基础信息、地理信息、应急资源信息、预案和案例信息、事件动态信息等,为突发事件应对提供信息保障。鼓励获悉突发事件信息的公民主动向所在地人民政府及其有关主管部门或指定的专业机构报告。

3.3.2先期处置

(1)事发或受影响单位要立即组织本单位应急队伍和工作人员营救受害人员,疏散、撤离、安置受威胁人员;控制危险源,标明危险区域,封锁危险场所,并采取措施,防止危害扩大;迅速控制可疑传染源,积极救治病人,组织医疗卫生人员加强个人防护。对因本单位问题引发的或主体是本单位人员的社会安全事件,有关单位要迅速派出负责人赶赴现场开展劝解、疏导工作。

(2)事发地村(社区)和其他组织要立即进行宣传动员,组织群众开展自救和互救,协助维护社会秩序,或按照镇(街道)党委、政府的决定、命令组织开展突发事件应对工作。

(3)事发地镇政府、街道办事处和园区管委会就近组织应急力量,采取措施控制事态发展,开展应急处置与救援工作,并及时向区委、区政府及相关部门报告。

(4)在境外发生涉及东坡区公民和机构的突发事件,区政府及其有关部门应第一时间启动应急机制,按照相关规定办理。

3.3.3指挥协调

(1)组织指挥。区政府按照前述分级应对与响应分级原则,统一高效指挥突发事件应对工作,指导镇(街道)、园区开展先期应对工作。上级组织指挥机构设立后,下级组织指挥机构按照要求做好应急处置有关工作。超出事发地人民政府处置能力的,根据应对工作需要,请求指挥权提升至上级人民政府层面。

(2)现场指挥。根据现场应急处置工作需要,成立现场应急指挥部。区级层面设立现场指挥机构的,事发地镇(街道)组织指挥机构纳入区级现场指挥机构,在区级现场指挥机构的统一领导下组织开展突发事件应对工作。现场应急指挥部由指挥长、副指挥长和各工作组组长组成,实行指挥长负责制。可根据情况设综合协调组、人员搜救组、军队工作组、医疗卫生组、交通管制与社会治安组、交通运输与能源供应组、工程抢险与基础设施恢复组、灾害信息与检测组、信息发布和新闻宣传组、生活救助与善后处置组、物资装备供应组、基础设施保障和生产恢复组、专家支持组、救灾捐赠接收组、灾损评估与调查组、社会力量组等相关工作组,并确定联系人和通讯方式。在现场的各方面应急力量要在现场指挥机构的统一指挥协调下开展应急处置与救援工作。主要任务是:组织营救、救治和转移、疏散人员;按照有关程序决定封闭、隔离或者限制使用有关场所;调集和配置本区域资源和其他援助资源;组织抢修损坏的基础设施等;开设统一的救援队伍集结点、物资接收点和分发点、新闻发布中心,提供必要的后勤保障;及时向区委、区政府或区级相关应急指挥机构报告情况等。

当国家、省、市前方指挥部(工作组)到东坡区突发事件现场时,东坡区现场指挥机构需与其对接,并接受业务指导,做好相应保障工作。

(3)协同联动。驻区武警眉山支队、预备役部队、民兵、区综合性消防救援队伍、专业应急救援队伍、社会应急队伍等,在区委、区政府的统一协调下参加突发事件应急处置和救援,按规定的指挥关系和指挥权限指挥。社会组织参与突发事件应急处置与救援,纳入现场指挥机构统一管理、统一调动、统一行动。现场指挥机构根据突发事件实际情况,及时调度指挥相关应急资源开展应急处置与救援行动。现场所有应急力量要服从现场指挥机构的统一指挥协调,严格遵守交通管理、信息发布等工作要求,及时报告工作情况,实现各方信息共享。

3.3.4处置措施

(1)自然灾害、事故灾难或公共卫生事件发生后,区委、区政府、有关部门和事发地镇(街道)、园区管委会应采取下列一项或者多项应急措施:

①现场信息获取。组织现场

人员、应急队伍等利用有效手段获取现场信息,分析研判道路桥梁、通信、电力、供(排)水等基础设施和居民住房损毁情况,重要目标物、人员密集场所和人口分布等信息,提出初步评估意见,并向现场指挥机构和有关部门报告;

②组织营救受灾和被困人员,疏散、撤离并妥善安置受威胁人员,必要时组织动员社会应急力量有序参与应急处置与救援、受灾人员救助工作;

③组织开展伤病员救治、卫生防疫和公共卫生调查处理、应急心理援助等医疗卫生救援工作,治疗传染病人和疑似病例,控制传染源,观察密切接触者,对易感人群采取应急接种、预防性服药和卫生防疫知识宣传;

④迅速组织开展抢险工作,控制危险源、减轻或消除危害,并标明危险区域,封锁危险场所,划定警戒区,实行交通管制以及其他控制措施,交通运输、铁路、公安等有关部门要保证紧急情况下应急交通工具的优先安排、优先调度、优先放行,确保抢险救灾物资和人员能够及时、安全送达;

⑤立即抢修被损坏的交通、水利、通信、供(排)水、供电、供气、供热等公共设施,短时难以恢复的,要实施临时过渡方案,保障社会生产生活基本需要;

⑥开展环境应急监测,追踪研判污染范围、程度和发展趋势,切断污染源,控制和处置污染物,保护饮用水水源地等环境敏感目标,减轻环境影响,开展灾后环境风险排查,整治污染隐患,妥善处置事件应对产生的废物;

⑦禁止或者限制使用有关设备、设施,关闭或者限制使用有关场所,中止人员密集的活动或者可能导致危害扩大的生产经营活动以及采取其他保护措施;

⑧启用区政府设置的预算预备费或预算安排的应急经费和储备的应急救援和救灾物资,必要时依法征用其他急需物资、设备、设施、工具;

⑨做好受灾群众的基本生活保障工作,提供食品、饮用水、衣被、燃料等基本生活物资和临时住所,开展卫生防疫工作,确保灾区群众有饭吃、有水喝、有衣穿、有住处、有学上、有病能及时医治,确保大灾之后无大疫;

⑩开展遇难人员善后处置工作,妥善处理遇难人员遗体,做好遇难人员家属安抚等工作;

⑪组织开展救灾捐赠活动,接收、管理、分配救灾捐赠款物;

⑫依法从严惩处囤积居奇、哄抬物价、制假售假等扰乱市场秩序的行为,稳定市场价格,维护市场秩序;

⑬依法从严惩处哄抢财物、干扰破坏应急处置工作等扰乱社会秩序的行为,维护社会治安;

⑭采取防止发生次生、衍生灾害和事件的必要措施。

(2)社会安全事件发生后,区委、区政府要立即组织有关部门、事发地镇(街道)、园区管委会针对事件的性质和特点,采取下列一项或者多项应急措施:

①尽快了解和分析事件起因,有针对性地开展法制宣传和说服教育,及时疏导、化解矛盾和冲突;

②维护现场治安秩序,对使用器械相互对抗或以暴力行为参与冲突的当事人实行强制隔离,妥善解决现场纠纷和争端,控制事态发展;

③对特定区域内的建筑物、交通工具、设备、设施以及燃料、燃气、电力、水的供应进行控制,必要时依法依规对网络、通信进行管控;

④封锁有关场所、道路,查验现场人员的身份证件,限制有关公共场所内的活动;

⑤加强对易受冲击的机关和单位的警卫,在党和国家机关、军事机关、学校、广播电台、电视台等单位附近设置临时警戒线,加强对重点敏感人员、场所、部位的安全保护;

⑥严重危害社会治安秩序的事件发生时,立即依法出动警力,加大社会面检查、巡逻、控制力度,根据现场情况依法采取相应的强制性措施,尽快使社会秩序恢复正常;

⑦法律法规等规定的其他必要措施。

(3)交通运输、医学救援、能源供应、通信保障、抢险救援物资装备、自然灾害救助、社会秩序、新闻宣传等应急保障工作牵头协调部门和支持部门应快速联动,按照职能职责做好应急保障工作。

(4)当突发事件严重影响全区经济社会正常运行时,区政府或授权的有关主管部门可以采取救助、保障、控制等必要的应急措施,保障人民群众的基本生产生活需要,最大程度地减轻突发事件的影响。

3.3.5信息发布与舆论引导

按照前述分级应对与响应分

级原则，承担应对职责的各级组织指挥机构要制定统一的信息发布与舆论研判、引导方案，与突发事件应对处置同时研究、同时部署、同步行动。对于可能受到突发事件后果直接威胁的社会公众，应按照“3.2 监测与预警”部分的要求及时发布预警信息。

（1）发生一般突发事件后，区政府按国家、省、市相关规定及时发布权威信息，根据处置进展动态发布信息。发生较大及以上突发事件后，区级层面在市级指挥部（工作组）的领导下，做好信息采集、收集、宣传、发布、报道等方面工作。法律、行政法规和国家另有规定的，从其规定。

（2）信息发布由区委宣传部负责指导相关部门统一口径发布，事发地镇（街道）、园区、区应急管理局及有关部门做好信息核实等相关工作。必要时，按照市级专项指挥机构要求，由市级层面有关部门统筹协调。

（3）信息发布形式主要包括授权新闻发布、举行新闻发布会、发布新闻通稿、接受媒体采访等，通过区属媒体和主要新闻媒体、重点新闻网站、有关政府网站、移动新媒体和手机短信等官方信息平台发布信息，具体按照有关规定执行。

（4）要加强网络媒体和移动新媒体信息发布内容管理和舆情分析，及时回应社会关切，迅速澄清谣言，引导网民依法、理性表达意见，形成积极健康的社会舆论。

（5）未经区委、区政府批准，参与突发事件应急处置工作的各有关单位和个人不得擅自对外发布事件原因、伤亡数字、责任追究等相关信息。任何单位和个人不得编造、传播有关突发事件事态发展或者应急处置工作的虚假信息。

3.3.6 紧急状态

发生或者即将发生特别重大、重大和较大突发事件，采取一般处置措施无法控制和消除其严重社会危害，需要宣布东坡区或者部分区域进入紧急状态的，依法由区委、区政府向市委、市政府提出申请。

新闻媒体公布紧急状态的决定，按照国家有关规定进行。

3.3.7 应急结束

突发事件应急处置工作结束，或相关威胁和危害得到控制、消除后，区委、区政府可宣布应急结束，或逐步停止有关应急处置措施，应急队伍和工作人员有序撤离。同时，采取或者继续实施必要措施，防止发生自然灾害、事故灾难、公共卫生事件的次生、衍生事件或者重新引发社会安全事件。现场指挥机构停止运行后，通知相关方面解除应急措施，进入过渡时期，逐步恢复生产生活秩序。

3.4 恢复与重建

3.4.1 善后处置

在区委统一领导下，区政府和受突发事件影响的有关镇（街道）、园区管委会应当根据本辖区遭受损失的情况，制定救助、补偿、抚慰、抚恤、安置等善后工作方案，对突发事件中的伤亡人员、应急处置工作人员，以及紧急调集、征用有关单位及个人的物资，按照规定给予抚恤、补助或补偿，并提供心理咨询及司法援助，妥善解决因处置突发事件引发的矛盾和纠纷。各级有关部门（单位）要做好疫病防治和环境污染消除工作。有关部门要组织、督促有关保险机构及时开展查勘和理赔工作。

3.4.2 恢复重建

积极争取中央、省级、市级救灾与恢复重建政策、项目和资金支持，落实区级救灾与恢复重建资金、项目。区级层面加大资金、政策、规划统筹，强化灾区重建主体责任，建立务实高效的灾后恢复重建推进体系。尊重群众首创精神，引导开展自力更生、生产自救活动。

（1）区委、区政府负责恢复重建工作。突发事件应急处置工作结束后，区委、区政府要立即组织制定恢复重建计划，并向市委、市政府报告。区委、区政府或专项指挥机构要及时组织和协调发改、财政、民政、公安、交通运输、经信、住建、水利等有关部门（单位）恢复社会秩序，尽快修复被损坏的交通、水利、通信、供水、排水、供电、供气等公共设施，及时组织救援物资和生活必需品的调拨和供应，尽快恢复受影响地区正常生产生活秩序。

（2）区委、区政府及相关部门要统筹全区救灾和恢复重建资金、物资和人力资源，根据实际情况对需要支持的镇（街道）提供资金、物资支持和技术指导。需要市上援助的，由区委、区政府向市委、市政府提出请求。区委、区政府根据受突发事件影响地区遭受损失的情况，按权限制定扶持东坡区社会经济和有关行业发展的优惠政策。

3.4.3 调查与评估

（1）突发事件处置结束后，区政府应当及时组织有关部门和专业技术力量，按照有关规定对突发事件造成的损失进行统计、核实和评估，镇（街道）、园区管委会要配合协助上级有关部门进行调查评估。组织参与处置的部门（单位）对突发事件的起因、性质、影响、责任等问题开展调查和分析，对信息报送、应急决策、预警、处置与救援等应对情况进行全面客观地评估，总结经验教训，制定改进措施；将调查与评估情况向上一级党委、政府报告。对于较大及以上突发事件，区政府要配合协助上级调查组进行调查评估。法律法规对事故调查另有规定的，依照其规定。

（2）各镇政府（街道办事处）、园区管委会、区级有关部门于每年第一季度组织对上年度发生的突发事件进行全面评估，由区应急委办公室统一汇总并及时上报区委、区政府，抄送市应急局。

4.准备与支持

4.1人力资源

（1）综合性消防救援队伍是我区应急救援的主力军，相关部门和各镇（街道）、园区管委会提供必要支持保障。

（2）各类专业应急队伍是应急救援的骨干力量。宣传（网信）、经信、公安、自然资源和规划（林业）、住建、交通运输、水利、生态环境、农业农村、卫生健康、应急管理、电信、移动、联通等部门（单位）根据职能分工和实际需要，建设和管理本行业、本领域的专业应急队伍。

（3）驻区武警部队和预备役部队、民兵是救援的突击力量。按照《军队参加抢险救灾条例》规定和军地联动机制，参与应急处置工作。

（4）基层应急队伍是第一时间开展先期处置的重要力量。各镇政府（街道办事处）、园区管委会、村（居）民委员会应当单独建立或者与有关单位、社会组织共同建立基层应急队伍，并广泛发动群众开展自救互救、群防群治工作。

（5）社会应急队伍是应急处置和救援的辅助力量。区级有关部门要制定相关政策措施，通过政府购买服务等形式，支持加强东坡区巾帼志愿者服务队等应急志愿者队伍建设，充分发挥红十字会、共青团和妇联等群团组织的作用，鼓励企事业单位、社会组织及公民个人等有序参与应急救援工作。

（6）共产党员应急抢险突击队。由区委组织部牵头组建各类共产党员应急抢险突击队，纳入全区应急救援体系，在应急抢险中要冲锋在前，敢打硬仗，展现共产党员不怕困难、不怕牺牲的精神。

（7）鼓励区内各应急队伍和应急专业技术人员参加跨区域的交流与合作。按照省、市、区统一部署和要求，积极参与应急救援行动。

4.2财力支持

（1）区政府、各镇（街道）、园区管委会应当将突发事件防范和处置应对、应急预案编制与演练、平台建设、物资储备、培训和宣传教育、救援队伍建设，以及监测与预警等工作所需经费纳入同级财政预算，并加强资金管理，提高资金使用绩效。

（2）处置突发事件所需财政负担的经费，按照财政事权和支出责任划分，分级负担。区级启动应急响应的，由区级财政根据响应级别、影响程度等给予镇（街道）适当支持。区级未启动应急响应的，由事发地镇（街道）负责相关经费保障。对其他特殊突发事件，结合事发地实际情况，区财政适当予以经费补助。

（3）区级有关部门参照省、市有关标准，研究提出相应的征用补偿或救助政策，报区委、区政府审批。区财政局、区审计局要对突发事件财政应急保障资金的使用和效果进行监督和评估。

（4）鼓励公民、法人或其他组织按照《中华人民共和国慈善法》《中华人民共和国公益事业捐赠法》等有关法律的规定，为应对突发事件提供物资、装备、资金、技术支持和捐赠。

（5）发挥保险保障功能，健全风险管理体系，鼓励单位和公民投保商业保险。加快推进巨灾保险制度，推行安全生产、环境污染和食品安全责任保险等。区政府和有关部门（单位）安排应急救援人员参与可能发生人身伤害的抢险救援行动前，应当为其投保相关保险产品。鼓励保险机构参与支持全区应急管理工作。

4.3物资装备

（1）各类突发事件牵头应对部门，要会同区发展和改革局、区财政局等制定应急物资储备和应急救援装备规划并组织实施；有关区级部门要按照职能职责分领域、分类型建立应急物资装备数据库，健全完善管理协调机制。区发改、经信、公安、财政、自然资源和规划（林业）、交通运输、水利、农业农村、商务博览、卫生健康、应急管理、医疗保障等有关部门(单位)按照职能分工,建立健全重要应急物资监测网络、预警体系和应急物资生产、储备、调拨及紧急配送体系,完善应急工作程序,确保应急所需物资和生活用品的及时供应,并加强对物资储备的监督管理,及时予以补充和更新。

(2)各镇(街道)、园区管委会应根据有关法律、法规和应急预案的规定,做好物资装备储备工作,或与有关企业、社会组织签订协议,保障应急救援物资、生活必需品和应急处置装备的生产、供给。

4.4科技支撑

(1)区级各部门、各镇(街道)、园区应当加强科技装备使用,提高应急管理科技水平;强化应急管理装备技术支撑,优化整合各类科技资源,推进应急管理科技自主创新,依靠科技提高应急管理的科学化、专业化、智能化、精细化水平。

(2)建立健全全区应急指挥平台体系。区政府及有关部门要充分利用现有政府系统办公业务资源和专业网络系统,建立健全应急指挥场所、基础支撑系统和综合应用系统,规范技术标准,配置移动指挥系统。完善区应急指挥平台功能,并与省、市有关平台互联互通,满足突发事件监测监控、预测预警、值守应急、信息报告汇总与发布、视频会商、综合研判、辅助决策、指挥协调、预案管理、资源调用和总结评估等功能。有条件的镇(街道)、园区也要建设适用的应急指挥平台,并与属地应急指挥平台互联互通。

4.5人员防护保障

(1)涉及人员密集场所的公共交通工具、公共场所和其他经营单位或管理单位要制定人员密集场所疏导方案,为交通工具和有关场所配备报警装置和必要的应急避险设备、设施,注明其使用方法,标明安全撤离路线,保证安全通道的畅通。有关单位要定期检测、维护其报警装置和应急避险设备、设施,使其处于良好状态,确保正常使用。

(2)区政府及公安、卫健、应急等部门要统筹考虑老、幼、病、残、孕等特殊人群需要,提供突发事件风险提醒、应急避难场所提示、“一键呼叫”应急救援、受灾人群转移安置、救灾物资分配发放等线上线下相结合的应急救援和保障服务,切实解决在应对处置状态下该特殊人群遇到的困难。

(3)区政府及有关部门根据事件性质和危害程度,确定应急救援队伍及涉险人员的安全防护等级,采取必要的防护措施,按照有关规定,科学开展应急救援工作,确保人员安全。

4.6治安保障

(1)区公安分局组织有关警力,协调武警眉山支队予以配合,做好重要目标物、重要场所和基础设施的警卫工作,严防危害社会安全稳定的事件发生。加强社会面治安秩序管控和大型群众性活动的治安保卫工作,依法查处、打击违法犯罪行为,提高处置危害公共安全突发事件的能力。

(2)突发事件发生后,按照区委、区政府要求,由公安部门负责,在现场周围设立警戒区和警戒哨,做好现场控制、交通管制、疏散救助群众等工作,指导镇(街道)、园区管委会及村(居)民委员会组织发动社会力量开展自救互救,维护公共秩序。

4.7医疗卫生保障

(1)区卫生健康局负责东坡区医疗卫生应急救援体系建设工作。完善公共卫生事件监测与信息报送网络,加强医疗卫生系统救援队伍建设管理。整合医疗救援力量,根据现场抢救、卫生防疫等环节的需要,调度、安排医务人员和医疗物资装备,有效发挥突发事件现场伤员救治、转运和后方收治的作用。建立医疗救治单位和疾病预防控制机构相关信息数据库,同时建立各医学学科尖端人才专家库,确定医疗救护队伍和医疗设施、物资的调度方案等。

(2)区红十字会和社会救援组织应当做好医疗救助志愿者队伍培训工作,对伤病人员和其他受害者提供紧急救援和人道援助。

(3)区卫生健康局(区疾控中心)负责做好有关防疫工作。

4.8交通运输保障

区公安、交通运输等部门(单位)负责应对处置交通运输保障的组织实施。建立健全交通运输保障联动机制,制定相应应急预案。突发事件发生后,区交通运输局、区水利局、区住建局组织专业应急救援队伍,尽快恢复被毁坏的公路、交通干线等有关设施,保障交通路线的畅通。负责组织调集应急所需的各类运输工具,必要时,可紧急动员和征用其他部门及社会的交通设施装备。

建立完善应急通行机制,保证紧急情况下应急交通工具的优先安排、优先调度、优先放行。区公安分局负责建立健全突发事件现场的交通管制等保障制度;负责根据需要开设应急救援“绿色通道”,保证应急工作的顺利开展。

4.9通信保障

区经济和信息化局组织移动、联通、电信等通信运营企业负责建立跨部门、多路径、有线和无线相结合的稳定可靠的应急通信系统和视频会商传输系统,全面建成覆盖区、镇(街道)、村(社区)的三级应急通信网络体系和较完善的视频网络。必要时启动应急通信车或其他特种通信装备,实现现场应急指挥部与区应急指挥中心之间视频、音频和数据信息的实时传输,确保突发事件应急处置时的通信畅通。

4.10避难设施保障

区应急管理局牵头,会同区住房和城乡建设局等部门,依照国家相关规范、标准,组织制定应急避难场所的规划、建设、管理规定。

公园、绿地、广场、体育场馆、学校等场所在建设过程中应考虑应急避难的要求,配备必要设施。区级有关部门和各镇(街道)要加强建设和维护管理应急避难场所,保障在紧急情况下为民众提供疏散避难和临时生活的安全场所,并根据各自职责,提供必要的保障,确保避难人员的正常生活。

4.11基础服务保障

(1)应急供电保障。区经济和信息化局组织国网眉山供电公司东坡区供电中心进行电网抢修,会同区发展和改革局、区交通运输局等部门做好应急供电装备燃料调配。国网眉山供电公司东坡区供电中心建立健全供电应急保障队伍,完善供电保障设备设施,有效保障现场指挥部、灾害救援和事故抢修现场、应急避难场所的应急供电。

(2)气象服务保障。区气象局负责及时开展突发事件发生地的气象监测和预报工作,根据天气条件,适时组织实施增雨、防雹等人工影响天气应急作业。储备必要的物资和装备,有效开展相关突发事件的气象保障服务工作。

(3)测绘保障。区自然资源和规划局组织开展应急测绘保障工作。建立健全应急测绘响应调度、部门协作、资源共享等机制,提高应急测绘工作的制度化、规范化水平。加强应急测绘队伍和专家队伍建设,完善数据采集和快速制图设备,实现突发事件现场地理信息的快速获取、分析和传输,提高应急测绘保障能力。

(4)水文信息保障。区水利局应当及时提供江河、水库水情的监测、预报和预警,为应对处置提供水文资料和信息服务。

(5)司法保障。区司法局将突发事件应对法律法规和相关政策纳入公民普法的重要内容,指导有关部门广泛宣传普及应急管理法律、法规知识,指导普法责任单位在执法和服务过程中切实履行社会普法责任。组建法律服务应急队伍,根据突发事件处置主责机构的要求,组织指导律师协会为突发事件处置和善后处置工作提供法律咨询援助。

(6)做好应急平台和基础数据信息系统建设对接,建立并规范数据采集、维护、交换、更新长效机制,实现监测、监控、预警等工作信息化、现代化。

4.12区域合作保障

区政府及其有关部门应当加强应急管理区域合作与联动,加强与毗邻地区的应急管理交流合作,不断完善与彭山区、仁寿县,青神县、丹棱县的应急联动,建立健全应急管理区域联动、应急资源区域共享等机制,为应对突发事件提供合作与联动保障。

5.预案管理

应急预案管理遵循统一规划、分类指导、分级负责、动态管理原则,主要包括应急预案的规划、编制、审批、发布、备案、演练、修订等工作。

5.1预案编制

(1)预案编制应在风险评估和应急资源调查基础上进行,以确保应急预案的针对性、实用性和可操作性。应急预案编制修订工作完成前,鼓励探索在印发前以情景构建方式模拟突发事件场景,检验应急预案各项措施的有效性。

(2)总体应急预案、专项应急预案和部门应急预案在编制过程中应广泛听取有关部门、单位、社会组织和专家的意见,并进行评审或论证。涉及其他单位职责的,应当书面征求相关单位意见。必要时,向社会公开征求意见。基层组织和单位应急预案在编制过程中应征求相关公民、法人或其他组织的意见。

(3)总体应急预案主要规定突发事件应对的基本原则、组织体系、运行机制,以及应急保障的总体安排等,明确相关各方的职责和任务。区级专项和部门应急预案侧重明确突发事件的组织指挥机制、风险评估、监测预警、信息报告、应急处置措施、队伍物资保障及调动程序等内容，重点规范区级层面应对行动，体现应急处置的主体职能。各园区管委会和镇（街道）级应急预案侧重明确突发事件的预警信息传播、组织先期处置和自救互救、信息收集报告、人员临时安置等内容，重点规范本级层面应对行动，体现先期处置特点。基层组织和单位应急预案主要针对本单位和基层组织面临的风险，规范突发事件应对内部工作，侧重明确应急响应责任人、风险隐患监测、信息报告、预警响应、应急处置、人员疏散撤离组织和路线、可调用或可请求援助的应急资源情况及如何实施等，体现自救互救、信息报告、先期处置特点。

（5）突发事件应急保障工作牵头协调和支持部门制定的专项及部门应急预案，侧重明确组织指挥机制、资源布局、不同种类和级别突发事件发生后的资源调用程序等内容。跨区域、跨流域等关联性强的联合应急预案，侧重明确信息通报、处置措施衔接、应急资源共享等应急联动机制。

（6）重大活动保障、重要基础设施保护应急预案，按照“谁举办、谁负责，谁主管、谁负责”的原则，根据实际情况组织开展编制工作。针对重大活动保障制定的专项和部门应急预案，侧重明确活动安全风险隐患及防范措施、监测预警、信息报告、应急处置、人员疏散路线和撤离组织等内容；针对重要基础设施、生命线工程等重要目标物保护的专项和部门应急预案，侧重明确风险隐患及防范措施、监测预警、信息报告、应急处置和紧急恢复等内容。

（7）各企事业单位根据相关标准规范，结合实际工作需要制定本单位综合应急预案、专项应急预案和现场处置方案。

5.2 预案审批与衔接

各级各类应急预案衔接遵循“下级服从上级，专项、部门服从总体，预案之间不得相互矛盾”的原则。应急预案牵头编制单位应当在预案印发后的20个工作日内依照规定向有关单位备案。

（1）区总体应急预案由区应急管理局牵头组织编制，按程序报请区政府常务会审议批准后，由区政府公布实施，报市政府备案，抄送市应急管理局。

（2）区专项应急预案按职责分工由区应急委对应的专项指挥机构或相应突发事件牵头部门负责编制，按程序报请区政府批准由区政府办公室或专项指挥机构名义印发实施，报市级相应部门、市应急管理局备案，抄送区应急委办公室。各类突发事件应急保障类预案，大型集会、庆典、会展、文艺演出、体育赛事、宗教仪式等重大活动保障应急预案，重大关键基础设施保护应急预案，跨区域、流域等关联性强的联合应急预案等，参照专项应急预案进行管理。

（3）区级部门应急预案由有关部门编制，经本部门主要负责同志批准后印发实施，报区政府办公室、市级相应部门备案，并抄送区应急委办公室。部门应急预案印发前，应征求区应急管理局意见。

（4）镇（街道）综合应急预案由本级制定，报区政府备案，抄送区应急管理局。

（5）村（社区）应急预案由本级制定，报当地镇政府（街道办事处）备案。

（6）园区管委会综合应急预案由本单位编制，报区政府备案，抄送区应急委办公室。

（7）企事业单位（国有、民营、外资等企业）应急预案经本组织或本单位主要负责人签发，按“属地管理、行业负责、分类备案”原则进行管理。

法律、行政法规对应急预案备案另有规定的从其规定。

应急预案支撑性文件的审批程序由制定单位根据实际情况确定。

自然灾害、事故灾难、公共卫生事件类应急预案，应向社会公布。对确需保密的应急预案，按有关规定执行。

5.3 预案演练

（1）应急预案编制单位应当建立应急演练制度，根据实际情况采取实战演练、桌面推演等方式，组织开展人员广泛参与、处置联动性强、形式多样、节约高效的应急演练，主动与区级有关部门加强联系，将突发事件的新闻处置与舆论引导同时纳入突发事件的演练方案。区级专项应急预案、部门应急预案每年至少进行一次应急演练，相关部门和单位积极配合参与，演练方案报区应急委办公室备案。法律、行政法规和国家另有规定的，从其规定。如预案发生重大调整，需及时按照新的预案开展演练。区应急管理局负责预案演练的指导。

(2)区政府及其有关部门要结合本地实际，有计划、有重点地组织有关单位对应急预案进行演练，特别是对涉及领域多、需多方配合的应急预案要开展综合性演练，同时加强与周边地区协同联动演练。

(3)各镇政府(街道办事处)、园区管委会要组织开展必要的应急演练。村(居)委会、企事业单位也要结合实际经常开展应急演练。

(4)洪涝、地质灾害等自然灾害易发区域所在地镇(街道)，重要基础设施和城市供水、供电、供气及燃油供应等生命线工程经营管理单位，采矿、建筑施工单位和易燃易爆物品、危险化学品等危险物品生产、经营、储运、使用单位，公共交通工具、公共场所和医院等人员密集场所的经营单位或者管理单位等，应当有针对性地经常组织开展应急演练。各级各类学校及幼儿园每年至少组织2次“应急避险、疏散撤离、紧急逃生”应急演练。

5.4 预案评估与修订

(1)应急预案编制单位应当建立定期评估制度，分析评价预案内容的针对性、实用性和可操作性，实现应急预案的动态优化和科学规范管理。

(2)有下列情形之一的，应当及时修订应急预案：

①有关法律、法规、规章、标准、上位预案中的有关规定发生变化的；

②应急指挥机构及其职责发生重大调整的；

③面临的风险发生重大变化的；

④重要应急资源发生重大变化的；

⑤预案中的其他重要信息发生变化的；

⑥在突发事件实际应对和应急演练中发现问题需要作出重大调整的；

⑦应急预案编制单位认为应当修订的其他情况。

(3)应急预案修订涉及组织指挥体系与职责、应急处置程序、主要处置措施、响应分级标准等重要内容的，修订工作应按照本预案“5.2预案审批与衔接”部分有关要求组织进行。仅涉及其他内容的，修订程序可适当简化。

(4)各有关部门、镇(街道)、园区管委会、企事业单位、社会团体、公民等，可以向有关预案编制单位提出修订建议。

6.宣传与培训

(1)加强公益宣传和社会动员，普及安全知识，培育安全文化。应急管理、宣传、文广旅等部门要通过图书、报刊、音像制品和电子出版物、广播、电视、网络、手机等，广泛宣传应急法律法规和预防、避险、自救、互救、减灾等常识，增强公众忧患意识、社会责任意识、公共安全和风险防范意识，提高全社会防灾避险能力和自救互救能力。

(2)完善公民安全教育体系。各级各类学校、幼儿园应在区教育和体育局指导下，把应急知识和技能培训教育纳入教学内容，对学生进行应急知识教育和技能培训，培养学生的安全意识和自救互救能力。区教育和体育局应当对学校开展应急知识教育和技能培训进行指导和监督。

(3)区政府及其有关部门要建立健全应急管理培训制度，纳入干部教育培训体系，针对本地区特点定期开展突发事件应急预案的宣传和教育培训工作。

(4)新闻媒体应无偿开展突发事件预防与应急、自救与互救知识的公益宣传。企事业单位应定期开展应急管理法律法规、安全管理制度、安全操作规程以及应急知识等方面的教育与培训。

(5)切实加强公共安全文化、应急文化、灾害预警文化的宣传和培训，推进应急知识和技能进学校、进机关、进企事业单位、进社区、进农村、进家庭、进公共场所。鼓励建设和提供应急教育体验场馆、应急避难场所，各类应急教育体验场馆、科普场馆、文化馆等应积极开展应急宣传普及活动。

7.责任与奖惩

(1)根据有关规定，建立健全应急管理工作领导负责制和责任追究制，将突发事件应对工作纳入区委、区政府及其有关部门绩效考核。

(2)公民按照人民政府要求，参加应急救援工作或者协助维护社会秩序期间，其在本单位的工资待遇和福利不变，可视情给予补助；对突发事件应急管理工作中作出突出贡献的先进集体和个人，按照国家和东坡区有关规定给予表彰奖励。

(3)对迟报、谎报、瞒报和漏报突发事件重要情况，应急处置不力，或者应急管理工作中有其他失职、渎职行为的，依照有关规定给予处分；构成犯罪的，依法追究刑事责任。

(4)建立健全社会公众有奖举报安全生产隐患制度。

8.附则

(1)本预案涉及的有关部门、镇(街道)、园区管委会等,要按本预案的规定履行职责并制定、完善相应的应急预案及其支撑性文件。区应急管理局要加强本预案实施的跟踪分析、督促检查、综合协调,并根据需要及时组织评估,向区政府提出修订建议。

(2)本预案由区应急管理局负责解释。

(3)本预案自发布之日起实施。2006年7月10日眉山市东坡区人民政府办公室印发的《眉山市东坡区突发公共事件总体应急预案》同时废止。

9.附件

9.1 区级主要应急预案及其牵头部门

9.1.1 区级主要专项应急预案

表15

(1)突发事件类

序号	应急预案名称	牵头部门
1	东坡区防汛抗旱应急预案	区应急管理局
2	东坡区气象灾害应急预案	区气象局 区应急管理局
3	东坡区地震应急预案	区应急管理局
4	东坡区突发地质灾害应急预案	区自然资源和规划局
5	东坡区森林火灾应急预案	区应急管理局
6	东坡区生产安全事故应急预案	区应急管理局
7	东坡区危险化学品事故应急预案	区应急管理局
8	东坡区水上运输事故应急预案	区交通运输局
9	东坡区大面积停电事件应急预案	区经信局 区供电中心
10	东坡区通信网络事故应急预案	区经信局
11	东坡区重污染天气应急预案	东坡生态环境局
12	东坡区重大环境污染事件应急预案	东坡生态环境局
13	东坡区网络安全事件应急预案	区委宣传部
14	东坡区突发公共卫生事件应急预案	区卫健局
15	东坡区食品安全事件应急预案	区市场监管局
16	东坡区药品安全事件应急预案	区市场监管局
17	东坡区处置恐怖袭击事件应急预案	区公安分局
18	东坡区群体性事件应急预案	区委政法委
19	东坡区成品油供应应急预案	区经信局
20	东坡区金融突发事件应急预案	区财政局
21	东坡区涉外突发事件应急预案	区委办
22	东坡区粮食应急预案	区发改局

续表15

序号	应急预案名称	牵头部门
23	东坡区舆情突发事件应急预案	区委宣传部
24	东坡区旅游突发事件应急预案	区文广旅局
25	东坡区船舶污染事故应急预案	区交通运输局
26	东坡区突发事件医疗卫生救援应急预案	区卫健局
27	东坡区民用爆炸物品事故灾难应急预案	区公安分局
28	东坡区水库大坝突发事件应急预案	区水利局
29	东坡区鼠疫控制应急预案	区卫健局
30	东坡区应对低温雨雪冰冻灾害应急预案	区应急管理局
31	东坡区消防安全事件应急预案	区消防救援大队

表16

(2)应急保障类

序号	应急预案名称	牵头部门	支持部门和单位
1	东坡区突发事件交通运输保障应急预案	区交通运输局	区公安分局、区应急管理局
2	东坡区突发事件能源供应保障应急预案	区经信局 区发改局	区财政局、区应急管理局、区供电中心、武警眉山支队、中国石油东坡区销售分公司
3	东坡区突发事件通信保障应急预案	区经信局	区公安分局、区交通运输局、区应急管理局、市广播电视台、武警眉山支队、中国电信东坡分公司、中国移动东坡分公司、中国联通东坡分公司
4	东坡区突发事件应急物资装备保障应急预案	区经信局 区发改局 区财政局	区公安分局、区民政局、区交通运输局、区水利局、区自然资源和规划局、武警眉山支队
5	东坡区自然灾害救助应急预案	区应急管理局	区发改局、区民政局、区财政局、区住建局、区农业农村局、区商务博览局、区卫健局、武警眉山支队、区红十字会
6	东坡区突发事件维护社会秩序应急预案	区公安分局	区司法局、区应急管理局、武警眉山支队
7	东坡区突发事件新闻宣传应急预案	区委宣传部	广电网络公司东坡区分公司、区应急管理局、市广播电视台

备注:牵头部门为多部门的,排序首个部门为第一牵头部门。

表17

9.1.2区级主要部门(单位)应急预案

序号	事件类别	牵头部门
1	重大生物灾害应急预案	区农业农村局
2	非煤矿山事故灾难应急预案	区应急管理局
3	工贸行业事故灾难应急预案	区应急管理局
4	火灾事故应急预案	区应急管理局
5	道路交通事故应急预案	区公安分局

表18

9.1.2区级主要部门(单位)应急预案

序号	事件类别	牵头部门
6	交通基础设施建设工程事故应急预案	区交通运输局
7	房屋建筑和市政基础设施工程事故应急预案	区住建局
8	城市供水突发事件应急预案	区住建局
9	城镇燃气事故应急预案	区住建局
10	长输管线事故应急预案	区发改局
11	特种设备事故应急预案	区市场监管局
12	辐射事故应急预案	东坡生态环境局
13	生态破坏事件应急预案	东坡生态环境局
14	动物疫情应急预案	区农业农村局
15	刑事案件应急预案	区公安分局
16	生活必需品市场供应应急预案	区商务博览局
17	民族宗教事件应急预案	区委统战部
18	农业机械事故应急预案	区农业农村局

备注:牵头部门为多部门的,排序首个部门为第一牵头部门。

9.2东坡区突发事件应急组织体系机构图与专项指挥机构

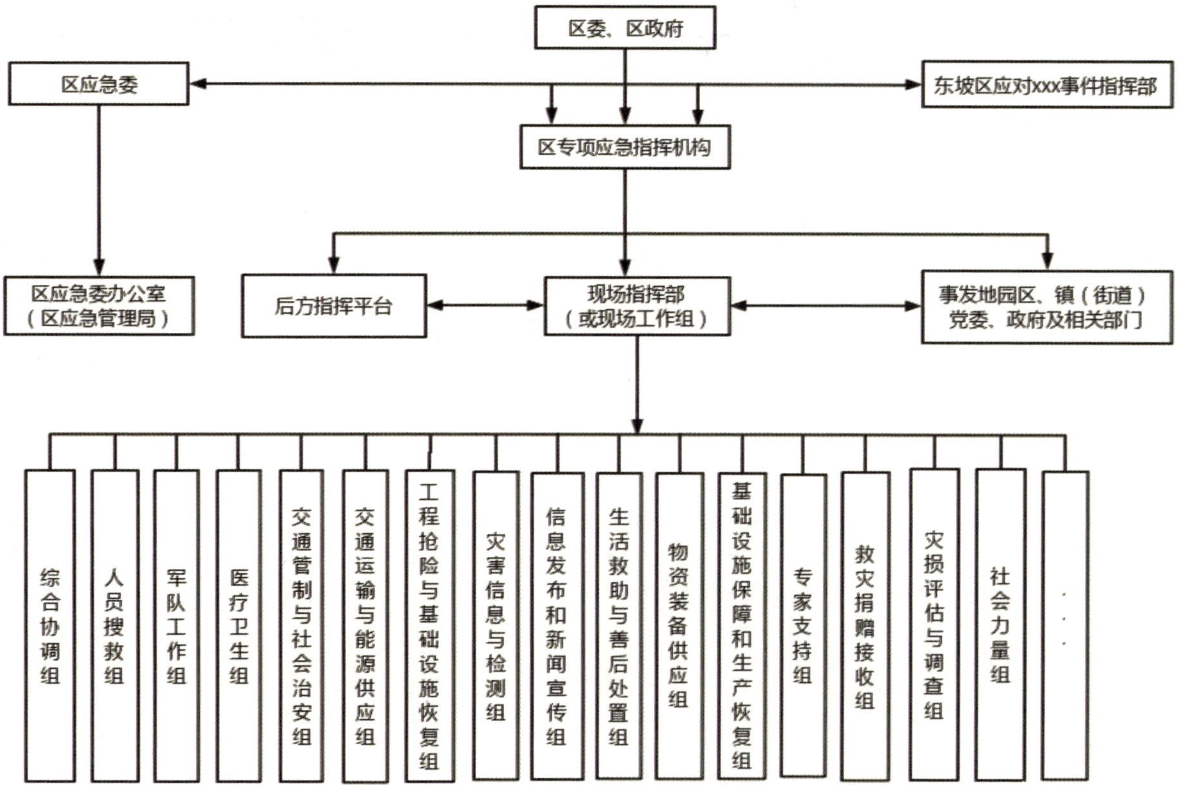

9.3区级突发事件应急响应流程图

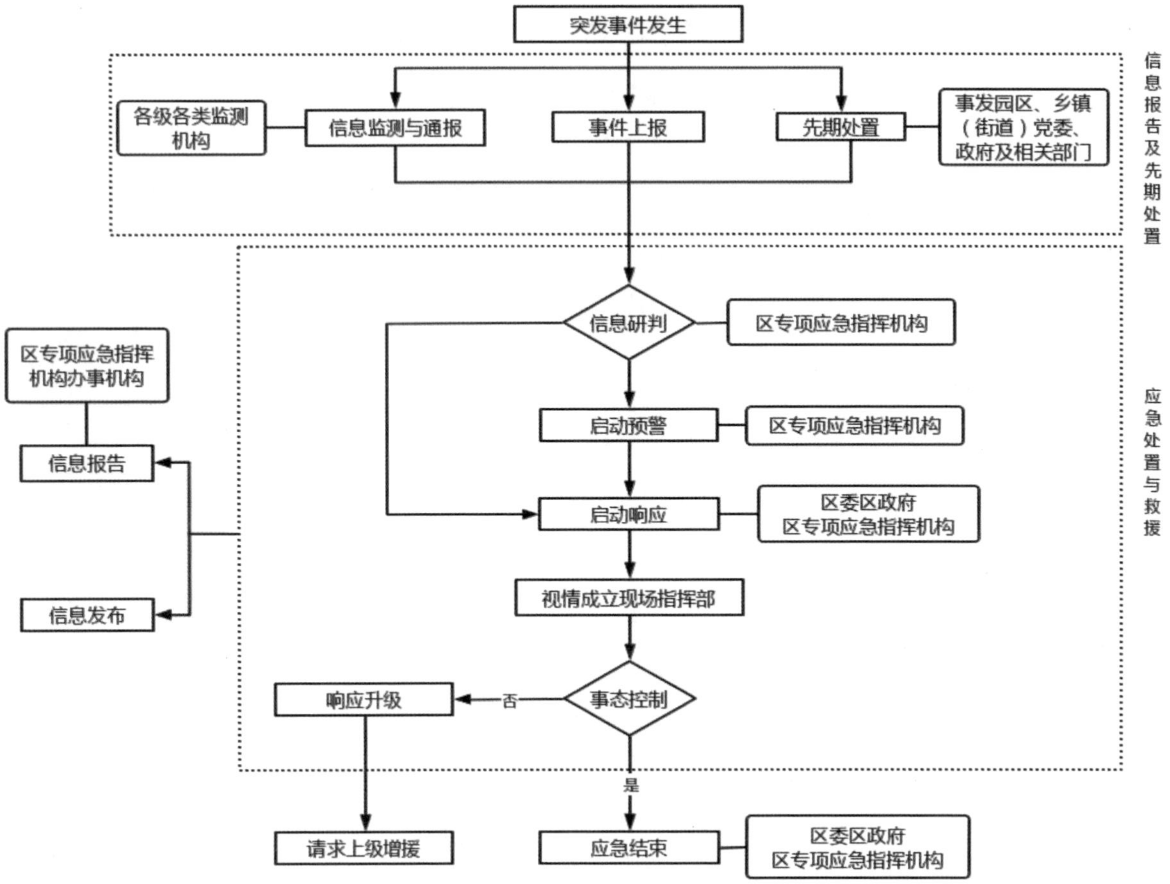

（眉东府发〔2021〕8号）
2021年12月21日

2021年领导干部名录

（截至12月31日）

一、中共眉山市东坡区委

书　记　廖小宁

副书记　杨翔宇

张文鹏（2021年4月离任）

张　瑾（2021年4月挂任；2021年9月离任）

郭　益（2021年9月任职）

谭正中（2021年10月离任）

常　委　廖　锦

邹和良

熊宝策（2021年8月任职）

李顺奎（2021年8月离任）

杨　程（2021年9月任职）

张　健（2021年9月任职）

杨江海（2021年9月任职）

程　玉（2021年9月任职）

陈　霞（2021年9月离任）

王　军（2021年9月离任）

唐本清（2021年10月任职）

游方全（2021年10月离任）

李维义（2021年10月离任）

杜光俊（2021年10月离任）

二、眉山市东坡区人大常委会

主　任　何万高

副主任　岳志红

谭正中（2021年11月任职）

杜光俊（2021年11月任职）

杜贵林（2021年11月任职）

李　莉（2021年11月离任）

张友清（2021年11月离任）

刘然国（2021年11月离任）

三、眉山市东坡区人民政府

区　长　杨翔宇（2021年1月任职）

常务副区长　廖　锦

副区长　马　琴

王志丹

余　鹏（2021年1月任职）

周茂云（2021年1月离任）

徐学锋（2021年1月提名；2021年2月任职）

朱科良（2021年9月任职）

唐本清（2021年11月离任）

王维强（2021年12月离任）

四、政协眉山市东坡区委

主　席　郭建华（2021年9月提名；2021年11月任职）

李胜华（2021年11月离任）

副主席　陈岸芷

李继成（2021年1月提名；2021年5月任职）

宿丽霞（2021年4月提名；2021年5月任职）

张　燕（2021年4月离任）

许云贵（2021年11月任职）

田中文（2021年11月离任）

五、中共眉山市东坡区纪律检查委员会、眉山市东坡区监察委员会

纪　委
书　记　张　健（2021年9月任职）
　　陈　霞（2021年9月离任）
副书记　李金桥
　　朱大林（挂职）
　　蒲盛超（2021年6月离任）
　　谢林江（2021年6月任职）
纪委常委　吴　艳
　　罗　伟
　　张　华（2021年4月离任）
　　杨　萍（2021年5月离任）
　　游　军（2021年6月任职）
　　黄　琴（2021年6月任职）
监　委
主　任　张　健（2021年9月代理主任；2021年11月任职）
　　陈　霞（2021年9月离任）
副主任　李金桥
　　蒲盛超（2021年6月离任）
　　谢林江（2021年6月任职）
监委委员　吴　艳
　　游　军
　　黄　琴（2021年2月任职；2021年6月离任）
　　杨　萍（2021年5月离任）
　　李　子（2021年6月提名；2021年7月任职）
　　邓　波（2021年6月提名；2021年7月任职）
机关党委书记　李欣翰（2021年5月离任）
　　侯婷婷（2021年6月任职）
办公室主任　李　子（2021年3月任职）
组织部部长　刘思言
宣传部部长　史南西
党风政风监督室主任　刘果华
信访室主任　李　凯（2021年3月任职）
　　刘奕廷（2021年3月离任）
案件审理室主任　王砚斌
案件管理室主任　陈迪维
第一纪检室主任　周　松
第二纪检室主任　祝杨奇（2021年6月任职）
　　邓　波（2021年6月离任）
第三纪检室主任　郭骊静
第四纪检室主任　王仁文
第五纪检室主任　李星俊
第六纪检室主任　倪　弘
第七纪检室主任　刘兴华（2021年4月离任）
　　郑　松（2021年6月任职）
区纪委监委派驻部门纪检监察组
区委办组长　谌　立
副组长　李　丽（保留副科职）
区委组织部组长　陈　利（2021年4月离任）
　　祝泽秀（2021年5月任职）
区委宣传部组长　陈运辉
副组长　花毓兰（保留副科职）
区委政法委组长　张仕英
副组长　肖玉珍（保留副科职）（2021年4月离任）
区政府办组长　彭　伟
副组长　郑晓玲（保留副科职）
区发改局组长　彭霜浓
副组长　聂明清（保留正科职）
区教体局组长　刘奕廷（2021年3月任职）
副组长　黎晓娟（2021年5月任职）
区公安分局组长　汪学东（2021年1月离任）
　　游建伟（2021年3月任职）
区民政局组长　杨莉娜
副组长　叶建军（保留副科职）
区财政局组长　王世文
副组长　胡建春（保留副科职；2021年4月离任）
区住建局组长　徐　涌
副组长　张艳梅（保留副科职）
区农业农村局组长　张　平（2021年7月任职）
　　岳　娅（2021年7月离任）
副组长　刘全忠（保留副科职；2021年4月离任）
区卫健局组长　周加红（2021年2月离任）
　　周　萍（2021年5月任职）
副组长　李　斌（保留副科职）

六、区人民法院

院　长　刘　锋
常务副院长　冷　晶（2021年2月离任）
邱　继（2021年4月任职）（2021年3月任党组副书记）
诉讼服务中心主任（正科）　李燕勤（2021年6月离任）
副院长　姚良全（2021年1月离任）
李　艳（2021年2月提名；2021年7月任职）
邱　继（2021年4月离任）
杨鲁静（挂职）
政治部主任　颜　勇（2021年2月任职）
毛青春（2021年2月离任）
执行局局长　冯艳红（2021年2月任职）
郑　斌（2021年2月离任）
机关党委书记　曾　雯（2021年2月任职）
专职审判委员会委员　张小芹（2021年6月任职）
陈　曼（2021年6月任职）
彭　英（2021年6月离任）
文俊芳（2021年6月离任）
陶　剑（2021年6月离任）
流动法庭庭长　孙　斌（2021年6月提名；2021年7月任职）
王　平（2021年6月离任）
多悦法庭庭长　刘　杰（2021年3月离任）
崇礼法庭庭长　刘晓丽（2021年6月离任）
万胜法庭庭长　冯艳红（2021年2月离任）
思蒙法庭庭长　刘　忠
永寿法庭庭长　覃建伟（2021年2月提名；2021年4月任职）
富牛法庭庭长　姚良全（2021年1月提名；2021年4月任职）
区司法调解中心副主任　张春燕

七、区人民检察院

检察长　张春林（2021年7月提名；2021年8月代理检察长；2021年11月任职）
牟　敏（2021年7月离任）
常务副检察长　杨　虹
副检察长　方　英（2021年3月离任）
贺志勇（2021年8月提名；2021年10月任职）
何　丹（2021年8月提名；2021年10月任职）
王世维（2021年8月离任）
政治处主任　汤利琴（2021年8月任职）
曾　薇（2021年8月离任）
机关党委书记　曾　薇（2021年8月任职）
汤利琴（2021年8月离任）
专职检察委员会委员　张　丽
许　静
秦晓丽（2021年6月任职）
贺志勇（2021年6月离任）
派驻富牛检察室主任　王雪颜（2021年6月离任）
派驻尚义检察室主任　李新文（2021年1月离任）
派驻崇礼检察室主任　熊　楠

八、区委各部、委、办

1.区委办公室

主任兼区档案局局长　何　波（2021年2月离任）
王文绪（2021年2月任职）
副主任　钟建雄
幸　颂（2021年1月离任）
罗　尧（2021年4月离任）
李粼睿（2021年7月任职）
兰　韬（2021年9月离任）
李　平（2021年11月任职）
机关党委书记兼保密机要局局长　肖　锋
区委常委办主任　帅　婷
区委督查室主任　龚索灵（2021年7月任职）
陈　丽（2021年7月离任）
区目标办主任　李　宽（2021年5月任职）
区委专职密码督查员　罗雨恒（2021年7月任职）

区目标绩效服务中心

主　任　邹泽玉
副主任　袁　菲（2021年5月任职）

2.区委组织部

部　长　程　玉（2021年9月任职）

王　军(2021年9月离任)
常务副部长　张　东(2021年9月任职)
胡碧俊(2021年9月离任)
副部长兼党建办主任　彭索霄(2021年1月任职)
副部长　张　东(2021年9月离任)
彭　啸(2021年11月任职)
刘正德(兼)
蒲盛超(兼,2021年4月任职)
贾志宏(兼,2021年4月离任)
部务委员　何　浩
刘　静
彭　啸(2021年11月离任)
机关党委书记　张国亮(2021年5月任职)
区委党员干部现代远程教育中心
主任(正科)　彭　啸(2021年11月任职)
张　东(2021年9月离任)
区城乡基层治理服务中心
主　任　徐　勇(2021年2月离任)

3.区委宣传部

部　长　杨　程(2021年10月任职)
李维义(2021年10月离任)
常务副部长　张曾翔(2021年4月离任)
蒋　涛(2021年5月任职)
副部长兼区精神文明办主任
邓　璐(2021年1月离任)
副部长　李欣翰(2021年5月任职)
李旭忠(2021年5月离任)
蒋　涛(2021年5月离任)
张睿眉(兼,2021年9月离任)
兰　韬(兼,2021年9月任职)
部务委员　刘　矜
程子峰(2021年11月任职)
张　艳(2021年11月离任)
机关党委书记　陆建林(2021年3月任职)
区文联
主　席　冯雪莲(2021年11月提名)
曾　红(2021年11月离任)
副主席　陆建林(2021年3月离任)
区社科联
主　席　倪艳红
副主席　刘　鑫(2021年1月任职)
区委外宣办
主　任　蒋　涛(2021年5月离任)

4.区委统战部

部　长　唐本清(2021年10月任职)
游方全(2021年10月离任)
常务副部长　侯继作(2021年1月离任)
刘　凯(2021年1月任职;
2021年11月离任)
陈　亮(2021年11月任职)
副部长兼区民宗局局长　左晋国
副部长、侨港澳台办主任　王　洪
副部长　刘　凯(兼,2021年1月离任)
王海英(2021年4月离任)
杨舜雄(兼,2021年4月任职)
部务委员　吴　伟

5.区委政法委员会

书　记　杨江海(2021年10月任职)
杜光俊(2021年10月离任)
常务副书记　帅志军(2021年6月任职)
杨国全(2021年6月离任)
副书记兼区多元化矛盾纠纷调解中心主任
程　静(2021年6月离任)
副书记　熊　丽(2021年5月任职)
李　飞(2021年6月任职)
蒋兴友(2021年6月离任)
王海霞(2021年6月离任)
政治部主任　穆　剑(2021年6月任职)
李昊松(2021年6月离任)
机关党委书记　侯松涛(2021年3月任职)
专职政法委员　杨　琪(2021年6月任职)
穆　剑(2021年6月离任)
区矛盾纠纷多元化解协调中心
专职副主任　李　艳(2021年2月离任)
刘　杰(2021年3月任职)
区法学会
专职副会长　熊　丽(2021年5月离任)
秘书长　李　叶
区社会治安综合治理中心
主　任　汪　慧
副主任　黄　珍

6.区委编办

主　任　刘正德
副主任　陈　娟

康 敏

区事业单位登记服务中心

主 任 曾姝姣(2021年2月任职)

7.区委巡察办

主 任 袁 恒(2021年11月任职)
黄 山(2021年11月离任)

副主任 周 洁(2021年5月任职)
李 静(2021年5月离任)

巡察组

第一组组长 梅 玫(2021年4月任职)
黄定国(2021年4月离任)

第一组副组长 王雪琴
岳 杰(2021年5月任职)
李德忠(2021年5月离任)

第二组组长 杨 萍(2021年5月任职)
谢林江(2021年5月离任)

第二组副组长 叶文娟
徐仕伦

第三组组长 林 春

第三组副组长 袁家红
王林君(2021年11月任职)
严晓英(2021年11月离任)

第四组组长 李海燕

第四组副组长 刘崇钰
周加红(2021年2月任职)
潘小飞(2021年2月离任)

8.区委老干部局

局 长 蒲盛超(2021年4月任职)
贾志宏(2021年4月离任)

副局长 张雪珍
曹秀萍(2021年4月离任)

九、其他县级干部

张晓勇
李顺奎(2021年12月专业安置)
冷青峰
李知易(2021年7月区外调入)
宋廷学
向加琪
陈贵廷
梅明聪
刘 锐
吴吉辉
何 艳
王爱运
杜明琅
贺正良
彭环洲
周兴勤
王良栋
孙陆业
薛志燕
王 兵

十、区人大各委、室

1.人大办

主 任 周 颖(2021年11月提名;2021年12月任职)
陈 亮(2021年11月离任)

副主任 何 涛

机关党委书记 余佩雯

2.人事工委

主 任 肖 静(2021年9月提名;2021年12月任职)
张清红(2021年4月离任)

副主任 肖 静(2021年9月离任)

3.研究室

主 任 周 麟

副主任 张 帆

4.信访办

主 任 刘 凯(2021年11月提名;2021年12月任职)

副主任 何 原(2021年4月离任)

5.法制委员会

主任委员 胡志明(2021年3月提名;2021年11月任职)
窦海生(2021年3月离任)

副主任委员 万仲辉(2021年4月离任)
袁承斌(2021年4月提名;2021年6月任职)

6.监察和司法委员会

主任委员 彭德贵

副主任委员　李书伟(2021年3月提名；2021年4月任职)

7.经济委员会

主任委员　侯继作(2021年1月提名；2021年11月任职)

副主任委员　夏安坤(2021年4月离任)

陈　丽(2021年7月提名；2021年11月任职)

8.教育科技文化卫生民族委员会

主任委员　刘纪兵(2021年4月离任)

程剑宏(2021年4月提名；2021年11月任职)

副主任委员　朱永忠

9.农业与农村委员会

主任委员　熊利民(2021年4月离任)

王元辉(2021年9月提名；2021年11月任职)

副主任委员　李明力(2021年12月任职)

10月.城乡建设环境资源保护委员会

主任委员　李　艺

副主任委员　周　颖(2021年11月离任)

李海燕(2021年11月提名；2021年12月任职)

11月.预算委员会

主任委员　刘　群(2021年4月离任)

张睿眉(2021年9月提名；2021年11月任职)

副主任委员　张卫华(2021年4月离任)

陈　浩(2021年4月提名；2021年6月任职)

12.社会建设委员会

主任委员　秦应春

副主任委员　王之铭

侯崇军(2021年12月提名)

十一、政府各部门

1.区政府办公室

主　任　唐晓黎(2021年9月任职)

刘江涛(2021年9月离任)

副主任　山　峰

张旭东

王时福(兼,2021年1月离任)

汪学东(兼,2021年1月任职)

李　莉(2021年4月离任)

严　岳(2021年5月提名；2021年6月任职)

机关党委书记　陈　平(2021年10月离任)

张　科(2021年11月任职)

区政府督查室主任　黄泳嘉

区城乡监测中心主任　周 勇

2.区发展和改革局

局长兼粮食和物资储备局局长

黄　山(2021年11月提名；2021年12月任职)

袁　恒(2021年11月离任)

副局长　李建林

杨　勇

邓德忠

总经济师　徐长华

机关党委书记　张海峰(2021年6月离任)

岳　娅(2021年7月任职)

区项目工作推进中心

副主任　刘家强(2021年11月提名；2021年12月任职)

3.区经济和信息化局

局长兼数字经济发展局局长　赵 翔

副局长　肖　伟

周凡传

王利聪(2021年11月离任)

周　义(2021年12月提名)

总经济师　方志刚(2021年5月离任)

陈　磊(2021年7月提名；2021年8月任职)

机关党委书记　郭洪力(2021年2月离任)

窦雅妮(2021年2月任职)

4.区教育和体育局

局长兼科技局局长　杜贵林(2021年11月离任)

熊　宇(2021年12月提名)

副局长　罗　静

邹义强(2021年1月离任)

兰　剑(2021年1月离任)

杜　伟(2021年11月任职)

党委副书记　兰　剑(2021年1月任职；

2021年4月离任）
机关党委书记 周加友（2021年1月离任）

区政府教育督导室

主任督学 程剑宏（2021年4月离任）
副主任督学 黄峥嵘

5.区公安分局

局　长 周茂云（2021年2月离任）
徐学锋（2021年2月提名；
2021年3月任职）
政　委 李志敏（2021年9月离任）
副书记 李志敏（2021年9月离任）
宋廷学（正县）
常务副局长 万进平
副政委 周　亮
韩丽梅
副局长 周　涛
陈锡贵
唐夏计
政治部主任 王　翔
机关党委书记 杨文武
交警大队大队长 唐夏计
教导员 徐　浩
副大队长 符建兵
副教导员 陈　苇
纪检监察室主任 杨　义
经济犯罪侦查大队大队长 王文华
教导员 左　庆
网络安全保卫大队大队长 李鹏程
指挥中心主任 韩伦彪
刑事侦查一大队大队长 王雪松
教导员 刘　云
刑事侦查二大队大队长 郑海鹏
教导员 王　铭
特巡警大队教导员 侯　锐（2021年6月任职）
冉　液（2021年6月离任）
治安管理大队大队长 伍　凌（2021年9月撤职）
教导员 林泽锋
禁毒办主任 胡伦忠
禁毒大队大队长 吴　东
教导员 彭　庚
国保大队大队长 景建华
教导员 冯　强
法制大队大队长 杨　泉
教导员 鲁天勇
森林警察大队大队长 杨　卫
教导员 赵　丹
环境犯罪侦查大队教导员 廖卫东
开发区派出所所长 李　俊
教导员 李　忠
城南派出所所长 章　平
教导员 全显嵩（2021年6月任职）
侯　锐（2021年6月离任）
紫竹派出所所长 廖　懿
教导员 邹　嵩
苏祠派出所所长 王爱军
教导员 刘国初
通惠派出所所长 李自强
教导员 毛建勇
大石桥派出所所长 鲜　发
教导员 刘晓波（2021年9月撤职）
尚义派出所所长 李林刚
教导员 童鸿豪
思蒙派出所所长 黎明皓
教导员 王林武（2021年6月离任）
太和派出所所长 杨舒文
教导员 肖文凭
崇礼派出所所长 吴　屿
教导员 徐　坤
富牛派出所所长 徐　强
教导员 李　毅
修文派出所所长 姜天顺
教导员 白正平
松江派出所所长 欧阳波
教导员 陈　敏
永寿派出所所长 肖卫如（2021年6月离任）
教导员 聂耳聪
三苏派出所所长 陈燕军
教导员 胡光林
复兴派出所所长 何嵘丰
教导员 杨小飞
多悦派出所所长 孙　磊
教导员 肖　川
万胜派出所所长 沈　巍
教导员 易　威
秦家派出所所长 宋　华

教导员　李　超
车城派出所所长　谢小钢
教导员　王　亮(2021年6月任职)

6.区民政局

局　长　邓　璐(2021年1月任职)
叶红梅(2021年1月离任)
副局长　洪艳梅
黄　波
李明力(2021年12月离任)
机关党委书记　许　闯
区未成年人保护中心主任　范利姚(2021年11月提名;2021年12月任职)

7.区司法局

局　长　窦　斌(2021年6月离任)
程　静(2021年6月提名;2021年7月任职)
副局长　张　军
帅志军(2021年6月离任)
李昊松(2021年6月提名;2021年7月任职)
周永宁(2021年7月离任)
李　娇(2021年7月提名;2021年8月任职)
政治部主任　唐博韬(2021年7月任职)
李　娇(2021年7月离任)
机关党委书记　熊　超

8.区财政局

局　长　邹卫东
副局长　王　异
王　刚(2021年4月离任)
徐大勇(2021年7月离任)
黄立林(2021年7月提名;2021年8月任职)
王　为(2021年7月提名;2021年8月任职)
江　澜(挂职)
总会计师　王　为(2021年7月离任)
蒋心红(2021年7月提名;2021年8月任职)
机关党委书记　徐大勇(2021年7月任职)
蒋心红(2021年7月离任)
区国库集中支付中心主任　彭　义(2021年7月提名;2021年8月任职)

区金融风险防范中心
主　任　黄立林(2021年7月离任)
王　峰(2021年11月提名;2021年12月任职)
副主任　李华江(2021年2月离任)
徐　梅(2021年2月提名;2021年3月任职)

9.区人力资源和社会保障局

局　长　张　书(2021年2月任职)
唐晓黎(2021年2月离任)
副局长　邹莉娜
陈　丽
范　琪(2021年12月离任)
机关党委书记　江　丽(2021年4月离任)
代　欢(2021年7月任职)

区职工社会保险事务中心
主　任　袁　梅(2021年7月提名;2021年8月任职)
副主任　章　雪(2021年7月提名;2021年8月任职)
康　月(2021年7月提名;2021年8月任职)

10月.区自然资源和规划局

局长兼林业局局长　陈　巍
副局长　周　夷
白晓晋
武　晋(2021年6月任职)
总规划师　汤　洋(2021年6月任职)
总工程师　刘志辉(2021年3月离任)
机关党委书记　孙旭东(2021年4月离任)
区不动产登记中心主任　汤　洋(2021年6月离任)

区砂石资源工作中心
主　任　周　威
副主任　杨利民
李　素

11月.区住房和城乡建设局

局　长　李洪庆
副局长　黄　建
付世斌
刘　平(2021年4月离任)
刘　丽(2021年5月提名;

2021年6月任职）
机关党委书记　豆晓英（2021年7月任职）
王　松（2021年7月离任）
人防办主任　李　鑫（2021年7月离任）
王　松（2021年7月提名；
2021年8月任职）

12.区交通运输局

局　长　李　建
副局长　周　鹏
方　顺
李登科（2021年2月离任）
谢天宇（2021年3月提名；
2021年4月任职）
总工程师　谢天宇（2021年3月离任）
陈竞科（2021年5月任职）
机关党委书记　何丽英（2021年3月离任）
李　静（2021年5月任职）
地方海事处处长　杜　静（2021年5月离任）

市交通运输综合行政执法支队一大队（东坡支队）

大队长　杜　静（2021年6月任职）

13.区水利局

局　长　谢华伟（2021年9月离任）
冷　斌（2021年11月提名；
2021年12月任职）
副局长　徐　华
陈周庆
总工程师　李世权（2021年4月离任）
李思佩（2021年7月提名；
2021年8月任职）
机关党委书记　徐世超（2021年1月离任）
明莉莉（2021年5月任职）
区河道管理站站长　万　亮（2021年2月提名；
2021年3月任职）

14.区农业农村局

局长兼乡村振兴局局长　豆成杰
副局长　彭　刚
曹　闵
李　勇（2021年3月离任）
刘进德（2021年4月离任）
总经济师　徐　勇（2021年2月提名；
2021年6月任职）
总畜牧师　王乔舟
总农艺师　张　钰（2021年2月提名；
2021年3月任职）
机关党委书记　余爱琼（2021年2月任职）
徐　勇（2021年2月离任）
区委农办专职副主任　王萌梅（2021年11月任职）

区城乡环境综合治理服务中心

主　任　彭　刚
副主任　陈小华
陈　煦（2021年2月离任）

15.区商务博览局

局　长　李宏燕
副局长　赵　微
王　弦（2021年1月离任）
严艳宾（2021年2月提名；
2021年3月任职）
机关党委书记　严艳宾（2021年2月离任）
王　珍（2021年3月任职）

区现代服务业促进中心

主　任　张　军
副主任　陈　磊
唐信红（2021年2月离任）
龙　琴（2021年3月提名；
2021年4月任职）

16.区文化广播电视和旅游局

局　长　张睿眉（2021年9月离任）
兰　韬（2021年9月提名；
2021年12月任职）
副局长　何渝佳
蔡皖川
张　艳（2021年11月任职）
总规划师　黄　川
机关党委书记　罗艳丽
原文化市场执法大队队长　王光敏

17.区卫生健康局

局　长　吴　静
党委副书记　张雯钥
侯明祥（2021年4月离任）
副局长　孙力刚
耿会军（2021年11月离任）
陶天珠（2021年11月提名；
2021年12月任职）
机关党委书记　张雯钥

区老龄健康服务中心

主　任　陶锦绣（2021年10月离任）
耿会军（2021年11月提名；2021年12月任职）

18.区退役军人事务局

局　长　王正喜
副局长　周　鹏
舒卫中（2021年11月离任）
岳玉祥（2021年11月提名；2021年12月任职）
机关党委书记　张　敏（2021年3月任职）

区退役军人服务中心

主　任　杜　伟（2021年11月离任）

19.区应急管理局

局长兼安全生产委员会办公室主任　伍　波
副局长　曾华刚
陈明健
王　攀（2021年5月提名；2021年6月任职）
总工程师　贾仕萍
原安全生产执法大队队长　郭建忠

区应急保障服务中心

主　任　王　进（2021年12月提名）
胡光西（2021年12月离任）
副主任　赵　军

20.区审计局

局　长　王文绪（2021年2月离任）
唐晓黎（2021年2月任职；2021年11月离任）
陈　丽（2021年11月提名；2021年12月任职）
副局长　赵华林
段耀勤（2021年4月离任）
黄素琼（2021年11月离任）
范　琪（2021年11月提名；2021年12月任职）
总审计师　舒晓彬
经济责任审计分局局长　段耀勤（2021年1月任职；2021年4月离任）
袁敬伟（2021年7月提名；2021年8月任职）

21.区国有资产和金融工作局

局　长　刘　杰
副局长　王　枫
孙　倩
赵　青（2021年7月离任）
机关党委书记　刘　强

22.区市场监督管理局

局长兼食品安全委员会办公室主任
朱柏芳（2021年4月离任）
王开琪（2021年4月提名；2021年6月任职）
党组副书记　冯永奇（2021年4月离任）
副局长　王　坤
李小波
王　平
涂康林
李德伟
龚晓芳
李　阳（2021年4月离任）
总工程师　陈　涛
药品安全总监　林　松
食品安全总监　王东乙
机关党委书记　吴　红
苏祠市场监管所所长　马　涛（2021年2月提名；2021年3月任职）
大石桥市场监管所所长　唐铁军（2021年2月提名；2021年3月任职）
通惠市场监管所所长　冯禹乐（2021年2月提名；2021年3月任职）
思蒙市场监管所所长　邹雨田（2021年2月提名；2021年3月任职）
太和市场监管所所长　彭晓伟（2021年2月提名；2021年3月任职）
崇礼市场监管所所长　陈宏伟（2021年2月提名；2021年3月任职）
富牛市场监管所所长　曾雄伟（2021年2月提名；2021年3月任职）
修文市场监管所所长　马夙箫（2021年2月提名；2021年3月任职）

23.区经济合作局

局　长　徐泽贵（2021年6月离任）
辜　艳（2021年6月提名；2021年7月任职）

副局长　雷　茜（2021年11月提名；2021年12月任职）
解昱昊（2021年11月提名；2021年12月任职）
江　梦（2021年2月离任）
原区投资服务中心主任　庄　劲

区经济合作服务中心

主　任　辜　艳（2021年6月离任）
蒋　薇（2021年6月提名；2021年7月任职）
副主任　李　威（2021年2月提名；2021年3月任职）
潘　迪（2021年3月提名；2021年4月任职）

24. 区统计局

局　长　陈　丽（2021年11月离任）
周　勇（2021年11月提名；2021年12月任职）
副局长　王　熠
朱　丹（2021年7月提名；2021年8月任职）
张　平（2021年7月离任）
总统计师　朱　丹（2021年7月离任）
徐　彬（2021年7月提名；2021年8月任职）
总经济师　刘　禹

25. 区信访局

局　长　王时福（2021年1月离任）
汪学东（2021年1月提名；2021年2月任职）
副局长　张黎敏
郑庆红
管福玉

26. 区医疗保障局

局　长　梁　颖（2021年4月离任）
祝　雷（2021年11月提名；2021年12月任职）
党组书记　祝　雷
副局长　牟　松
袁继辉（2021年5月离任）
彭　丽（2021年5月提名；2021年6月任职）

区医疗保障事务中心

主　任　李　莉（2021年4月提名；2021年5月任职）
副主任　余海燕（2021年5月提名；2021年6月任职）
江国刚（2021年5月提名；2021年6月任职）

27. 区行政审批局

局长兼政务服务管理局局长　李　翔
副局长　涂　璟
梅　文（2021年4月离任）
曾　桦（2021年4月离任）
辛政洲（2021年5月提名；2021年6月任职）
区政务热线服务中心主任　刘　翔

28. 区综合行政执法局

局　长　段　棚（2021年11月离任）
刘艳丽（2021年11月提名；2021年12月任职）
副局长　余振利（2021年5月撤职）
汪　绘（2021年5月离任）
李志文（2021年5月提名；2021年6月任职）
邹　夕（2021年5月提名；2021年6月任职）

十二、区政协各委、室

1. 区政协办

政协秘书长　何玉明（2021年9月离任）
胡碧俊（2021年9月提名；2021年10月任职）
办公室主任　陈智兵
副主任　刘子斌（2021年9月离任）
机关党委书记　张靖涛

2. 研究室

主　任　李旭忠（2021年5月提名；2021年7月任职）

3. 提案委员会

主　任　王　璐（2021年4月离任）
伍　强（2021年9月提名；2021年10月任职）

副主任　　蒋晓英(2021年11月提名;2021年12月任职)
　　　　　彭卫红(2021年4月离任)

4.经济科技委员会

主　任　　梁利勇(2021年3月离任)
　　　　　周文武(2021年4月提名;2021年5月任职)
副主任　　陈月华(2021年4月离任)
　　　　　韩述军(2021年4月离任)
　　　　　广　利(2021年7月任职)

5.农业和农村委员会

主　任　　李华明(2021年4月离任)
　　　　　谢华伟(2021年9月提名;2021年10月任职)
副主任　　李桂彬(2021年4月离任)
　　　　　王　兵(2021年5月提名;2021年7月任职)

6.教体医卫委员会

主　任　　李明德
副主任　　姚　兵(2021年4月离任)
　　　　　彭昭红(2021年4月离任)
　　　　　袁继辉(2021年5月提名;2021年7月任职)

7.资源环境保护监督委员会

主　任　　伍　强(2021年9月离任)
　　　　　刘子斌(2021年9月提名;2021年10月任职)
副主任　　王志辉(2021年4月离任)
　　　　　李德忠(2021年5月提名;2021年7月任职)
　　　　　黄素琼(2021年11月提名)
　　　　　胡光西(2021年12月提名)

8.法制群团委员会

主　任　　岳华均(2021年4月离任)
　　　　　何玉明(2021年9月提名;2021年10月任职)
副主任　　张达辉

9.民族宗教港澳台侨外事委员会

主　任　　霍　刚
副主任　　彭雪丽

10月.文化文史和学习委员会

主　任　　许洪林(2021年4月离任)
　　　　　胡应江(2021年9月提名;2021年10月任职)
副主任　　石璧洲(2021年4月离任)
　　　　　卢　卫(2021年7月任职)
　　　　　徐金如(2021年12月提名)

11月.委员联络管理委员会

主　任　　彭明霞
副主任　　邓君芬(2021年4月离任)
　　　　　何　雨
　　　　　曾　红(2021年11月提名)

十三、按章程规定及工作需要设置的机构

1.区总工会

主　席　　邹和良
党组书记　石冬如
常务副主席　石冬如
副主席　　徐博宇
　　　　　黄亚钰

2.共青团东坡区委

书　记　　徐　曦(2021年1月离任)
　　　　　李登科(2021年2月提名;2021年3月任职)
副书记　　吕　佳(2020年10月任职)

3.区妇女联合会

主　席　　彭静梅
副主席　　周红萍

4.区科学技术协会

主　席　　邹　柱
副主席　　张方儒(2021年1月提名;2021年4月任职)
　　　　　王治平(2021年4月离任)
　　　　　李明义(2021年4月离任)

5.区工商联合会

主　席　　马　琴(2021年4月离任)
　　　　　梁　颖(2021年4月任职)
　　　　　许云贵(2021年10月提名;2021年12月任职)
党组书记　刘　凯(2021年1月离任)
　　　　　王海英(2021年1月任职;2021年4月离任)
　　　　　杨舜雄(2021年4月任职)

副主席 张 军
广 利（2021年7月离任）

6.区残疾人联合会

理事长 胡志明（2021年3月离任）
梁 霄（2021年3月提名；2021年5月任职）
副理事长 周永宁（2021年7月提名）
章 雪（2021年7月离任）
卢 卫（2021年7月离任）

7.区红十字会

会 长 邹和良（2021年10月提名；2021年12月任职）
常务副会长 陶锦绣（2021年10月提名；2021年12月任职）
副会长 沈 阳（2021年10月提名；2021年12月任职）

十四、区委区政府直属事业单位

1.区委党校

校 长 程 玉（2021年9月任职）
王 军（2021年9月离任）
常务副校长 王 勇
副校长 张方儒（2021年1月离任）
郭继红（2021年4月离任）
张 盖（2021年4月离任）
叶 宏（2021年5月任职）
张火箭（2021年7月任职）

2.区融媒体中心

主 任 冯雪莲
原党组书记 苟庆文（2021年4月离任）
副主任 刘 竹
杜 涛（2021年2月离任）
总编辑 叶妍洁（2021年3月任职）

3.区党史研究和地方志编纂中心

主 任 彭怀春
副主任 豆翠娥
赵 青（2021年7月任职）
张火箭（2021年7月离任）

4.区人才工作中心

主 任 宋媛莉（2021年1月任职）
辜 颂（2021年1月离任）
副主任 郑爱梅（2021年7月任职）
王 峰（2021年11月离任）

5.区公务服务中心

主 任 蒋伯浩
副主任 潘 星
刘 婵

6.区档案馆

馆 长 王 炜
副馆长 陈 阳
申 杨（2021年4月离任）
万洪林（2021年4月离任）
赵 颖（2021年5月任职）

7.区政务服务和公共资源交易服务中心

主 任 李 宏（2021年11月离任）
王利聪（2021年11月提名；2021年12月任职）
副主任 李卫红
邹 炜

8.区成眉同城发展推进中心

主 任 梅 玫（2021年4月离任）
副主任 廖 静

9.区岷江航电项目建设协调中心

主 任 黄 勇（2021年2月离任）
陈 刚（2021年2月提名；2021年3月任职）
副主任 吴纪军（2021年4月离任）

10月.区综合交通枢纽建设推进中心

主 任 刘成洪（2021年12月离任）
陈万强（2021年12月提名）
副主任 豆晓英（2021年7月离任）
李 鑫（2021年7月提名；2021年8月任职）
郑子荷（2021年12月提名）
陈万强（2021年12月离任）

11月.区国有土地上房屋征收与补偿工作中心

主 任 王元辉（2021年9月离任）
赵丽娜（2021年9月提名；2021年11月任职）
党组副书记 李海燕（2021年11月离任）
副主任 范开忠
赵丽娜（2021年9月离任）
李海燕（2021年11月离任）

吕志刚(2021年11月提名;
2021年12月任职)

12.区机关事务服务中心

主　任　冷　斌(2021年11月离任)
舒卫中(2021年11月提名;
2021年12月任职)

副主任　汪学林(2021年2月离任)
蒋晓英(2021年11月离任)
严晓英(2021年11月提名;
2021年12月任职)

13.区农民工服务中心

主　任　袁　梅(2021年7月离任)
王　霞(2021年11月提名;
2021年12月任职)

副主任　余海燕(2021年5月离任)
陈　敏(2021年7月提名;
2021年8月任职)
王　霞(2021年11月离任)

14.区供销社

主　任　张永红(2021年4月离任)
张　涛(2021年4月提名;
2021年5月任职;
2021年11月离任)

理事会主任　张　涛(2021年11月提名;
2021年12月任职)

监事会主任　李　宏(2021年11月提名;
2021年12月任职)

(理事会)副主任　王　勇
王利芳
王小容

15.区开发建设协调中心

主　任　胡应江(2021年11月离任)

副主任　伍向东
张建利(2021年4月离任)
周建明(2021年5月提名;
2021年6月任职)

十五、其他机构

1.市岷东新区(金象化工产业园区)

党工委书记　杨翔宇

管委会主任　黄世文

管委会副主任　向　涛

纪检监察工委书记　陈　杰

自然资源局局长　何友清

住房和城乡建设局(综合执法局、市岷东新区人民防空办公室)局长　周　俊

党群工作部副部长　徐世超(2021年1月任职)

统筹城乡工作局局长　肖文成(2021年10月提名;
2021年11月任职)

2.眉山"中国泡菜城"

党工委书记　郭吉祥

管委会主任　彭　毅(2021年6月离任)
徐泽贵(2021年6月提名;
2021年7月任职)

党工委专职副书记　袁晓霞(2021年11月离任)
刘成洪(2021年12月任职)

纪工委书记　王争勤(2021年12月任职)

管委会副主任　徐金如(2021年1月任职;
2021年12月离任)
葛　澜(2021年4月离任)
冯　娟(兼,2021年5月提名;
2021年6月任职)
徐　义(2021年11月提名;
2021年12月任职)
孙晓冬(2021年12月任职)

3.眉山经济开发区新区

党工委书记　杨　程(2021年9月任职)
王　军(2021年9月离任)

管委会主任　段　棚(2021年11月任职)
杨　程(2021年11月离任)

党工委专职副书记　王世栋(2021年11月任职)

纪工委书记　邓　凡(2021年11月任职)

管委会副主任　谢红刚
王　辉
李语静(2021年11月任职)

4.甘眉工业园区南区

党工委书记　王淑琳(市委常委兼任,
2021年12月任职)
丁全洪(2021年12月离任)

管委会主任　李永康

党工委副书记　王世海

管委会副主任　莫文建
彭　毅

党政办公室

主 任 刘梦霞
副主任 李祥正
住房和规划建设局
局 长 许云贵(2021年10月离任)
副局长 周永坤(2021年1月离任)
刘志辉(2021年3月提名;2021年4月任职)
财政局
局 长 周永坤(2021年1月任职)
投资促进局
局 长 邹汝刚
党群工作部
部 长 江 梦(2021年2月提名;2021年3月任职)
副部长 赵 平(2021年11月离任)
孙 苑(2021年12月任职)
经济发展局
局 长 郑志刚
副局长 邹 夕(2021年5月离任)
王晓波(2021年5月提名;2021年6月任职)
监察审计局
局 长 刘艳丽(2021年11月离任)
赵 平(2021年11月提名;2021年12月任职)
副局长 何 军
城镇管理局
局 长 张 建
副局长 王东经(2021年7月提名;2021年8月任职)
综治维稳办
主 任 赵思泽(2021年5月撤职)
杜 静(2021年5月提名;2021年6月任职;2021年11月离任)
熊 壮(2021年11月提名;2021年12月任职)
副主任 刘 飞
项目服务中心
主 任 冯 娟(2021年1月任职)
副主任 黄双平(2021年12月离任)
土地储备中心
主 任 王成果
副主任 马 明(2021年3月离任)
徐建兵(2021年3月提名;2021年4月任职)

5.区岷江现代农业示范园区

党工委书记 周志军(2021年11月离任)
袁晓霞(2021年11月任职)
管委会主任 张启红(2021年4月离任)
何 喜(2021年5月提名;2021年6月任职)
党工委副书记兼纪工委书记 李树华(2021年4月离任)
段龙全(2021年11月任职)
管委会副主任 何 喜(2021年1月离任)
牟万洪(2021年5月提名;2021年6月任职)

6.眉山城市规划区征地拆迁安置补偿工作中心

主 任 杨翔宇
专职副主任 周年明
岳玉平
综合科科长 王 进(2021年12月离任)
副科长 张喜萍(2021年7月提名;2021年8月任职)
政策法规科科长 黄双平(2021年12月任职)
朱柯旭(2021年12月离任)
副科长 夏 明
王林君(2021年11月离任)
财务科科长 周 波
副科长 宋 杰(2021年4月离任)
安置补偿科科长 段龙全(2021年11月离任)
赵银川(2021年12月任职)
副科长 赵银川(2021年12月离任)
何 杰(2021年4月离任)
群众工作科科长 徐 义(2021年11月离任)
副科长 万庆超(2021年4月离任)
岳玉祥(2021年11月离任)

十六、镇、街道

1.苏祠街道

党工委书记 冷林锋(2021年4月任职)
黎玉新(2021年4月离任)

办事处主任　冷林锋(2021年4月离任)
葛　澜(2021年4月提名；2021年5月任职)
人大工委主任　赵　曦(2021年4月离任)
赵　莉(2021年4月提名；2021年6月任职)
副书记　蹇红梅(2021年5月任职)
赵　莉(2021年4月离任)
龙均臣(挂职，2021年7月离任)
纪工委书记兼监察室主任　马卓明(2021年5月任职)
赵宇良(2021年4月离任)
政法委员　袁　伟(2021年5月任职)
蹇红梅(2021年5月离任)
组织宣统委员　刘　娜(2021年5月任职)
刘　伟(2021年5月离任)
人武部部长　李苏翰
副主任　管俊华
马卓明(2021年5月离任)
彭　丽(2021年5月离任)
罗　欢(2021年5月提名；2021年6月任职)
陈　鑫(2021年5月提名；2021年6月任职)
便民服务中心主任　王　婷

2.大石桥街道

党工委书记　李福明(2021年4月离任)
沈志宏(2021年4月任职)
办事处主任　周文武(2021年4月离任)
王　峰(2021年4月提名；2021年5月任职)
人大工委主任　赵　武(2021年4月离任)
张　华(2021年4月提名；2021年6月任职)
副书记　王　峰(2021年4月离任)
高和元(2021年5月任职)
刘　嘉(挂职，2021年7月离任)
纪工委书记兼监察室主任　颜　霞
政法委员　徐　杰(2021年1月任职)
张卫平(20201月离任)
组织宣统委员　邓传芳
人武部部长　郑　炯
副主任　黎炳剑
毛明义(2021年4月离任)
辛婷婷(2021年5月提名；2021年6月任职)
熊　壮(2021年11月离任)
钟　凯(2021年11月提名；2021年12月任职)
便民服务中心主任　郭彭秀(2021年2月任职)

3.通惠街道

党工委书记　刘朝阳
办事处主任　杨舜雄(2021年4月离任)
毛明义(2021年4月提名；2021年5月任职)
人大工委主任　姜仲义
副书记　石　磊(挂职)
邹　伟(2021年5月任职)
辛政洲(2021年5月离任)
纪工委书记兼监察室主任　王华清(2021年4月离任)
杨朝学(2021年5月任职)
政法委员　曾　毅(2021年5月任职)
邹　伟(2021年5月离任)
组织宣统委员　李禹静(2021年5月任职)
周　悦(2021年5月离任)
人武部部长　杨朝学(2021年5月离任)
任李强(2021年5月提名；2021年6月任职)
副主任　邹　伟(2021年5月离任)
曾　毅(2021年5月离任)
罗　欢(2021年5月离任)
刘　伟(2021年5月提名；2021年6月任职)
罗为易(2021年5月提名；2021年6月任职)

4.尚义镇

书　记　周成志
镇　长　徐新雅
人大主席　王晓军(2021年1月任职)
副书记　袁晟佩
彭　秋(挂职)
纪委书记兼监察室主任　赵万鹏
政法委员　王　攀(2021年5月离任)
李　平(2021年5月任职；2021年11月离任)
组织宣统委员　袁乙戈(2021年1月任职)

人武部部长兼副镇长 李　平（2021年5月离任）
徐　宁（2021年5月提名；2021年10月任职）
副镇长 杨晋珂（2021年1月任职）
彭爱军（2021年5月离任）
黄晓凤（2021年5月离任）
贺宝峰（2021年5月提名；2021年10月任职）
周　悦（2021年5月提名；2021年10月任职）
人大副主席 贺宝峰（2021年5月离任）
夏　娟（2021年6月提名；2021年10月任职）

5.思蒙镇

书　记 张兴安
镇　长 张　娟
人大主席 朱柯旭（2021年12月提名）
侯崇军（2021年12月离任）
副书记 李　翔
纪委书记兼监察室主任 胡思思（2021年5月任职）
祝泽秀（2021年5月离任）
政法委员 郑杰予（2021年5月任职）
周建明（2021年5月离任）
组织宣统委员 张　露（2021年2月任职）
人武部部长兼副镇长 汪　建
副镇长 黄　杰（2021年1月任职）
彭志礼（2021年4月离任）
郑杰予（2021年5月离任）
殷　杰（2021年5月提名；2021年10月任职）
周　伟（2021年6月提名；2021年10月任职）
人大副主席 黄　欣（2021年1月离任）
郭欣柳（2021年2月提名；2021年10月任职）

6.太和镇

书　记 张曾翔（2021年4月任职）
沈志宏（2021年4月离任）
镇　长 徐　曦（2021年1月任职）
人大主席 袁承斌（2021年4月离任）
王　飞（2021年4月提名；2021年10月任职）
副书记 刘　超
刘为佳（挂职）
纪委书记兼监察室主任 贺赐娟
政法委员 王　飞（2021年4月离任）
周兴龙（2021年5月任职）
组织宣统委员 林禹彤（2021年5月任职）
代宜娟（2021年5月离任）
人武部部长兼副镇长 任李强（2021年5月离任）
邵　航（2021年5月提名；2021年10月任职）
副镇长 宋　剑
周兴龙（2021年5月离任）
辛婷婷（2021年5月离任）
王小龙（2021年5月提名；2021年10月任职）
何永威（2021年5月提名；2021年10月任职）
人大副主席 陈　鑫（2021年5月离任）
曾成刚（2021年6月提名；2021年10月任职）
便民服务中心主任 李华鹏

7.崇礼镇

书　记 赵　曦（2021年4月任职）
王开琪（2021年4月离任）
镇　长 刘　燕
人大主席 许　刚（2021年1月任职）
副书记 范泽龙
蒋　仁（挂职，2021年5月离任）
纪委书记兼监察室主任 邓　彬（2021年5月任职）
严　岳（2021年5月离任）
政法委员 梁永利（2021年5月任职）
王　兵（2021年5月离任）
组织宣统委员 颜　涵（2021年5月任职）
刘　娜（2021年5月离任）
人武部部长兼副镇长 宋　庆
副镇长 李鄰睿（2021年2月离任）
卫超飞（2021年2月提名；2021年5月离任）
梁永利（2021年5月离任）
邓　彬（2021年5月离任）
徐　伟（2021年5月提名；2021年10月任职）
黄崇建（2021年5月提名；

2021年10月任职)
刘　亮(2021年5月提名;
2021年10月任职)
人大副主席　雷　茜(2021年5月离任)
陈艳梅(2021年6月提名;
2021年10月任职)
便民服务中心主任　石　娟(2021年5月离任)
蒋民霄(2021年11月任职)

8.富牛镇

书　记　王　薇
镇　长　肖文成(2021年1月离任)
梁　雨(2021年1月提名;
2021年3月任职)
人大主席　梁　雨(2021年1月离任)
张卫平(2021年1月提名;
2021年4月任职)
副书记　王璐静(2021年5月任职)
周　萍(2021年5月离任)
纪委书记兼监察室主任　黄晓凤(2021年5月任职)
袁　伟(2021年5月离任)
政法委员　寇希春(2021年1月任职)
何　轶(2021年1月离任)
组织宣统委员　王泽鸿(2021年2月任职)
赵　祠(2021年2月离任)
人武部部长兼副镇长　寇希春(2021年1月离任)
刘云杰(2021年1月提名;
2021年3月任职)
副镇长　胡　忆
王璐静(2021年5月离任)
王　琳(2021年5月提名;
2021年10月任职)
刘兆东(2021年5月提名;
2021年10月任职)
人大副主席　刘云杰(2021年1月离任)
张海峰(2021年6月提名;
2021年10月任职)
便民服务中心主任　张尊霞(2021年6月任职)

9.修文镇

书　记　刘　备
镇　长　刘西珍
人大主席　张志红
副书记　彭世红
纪委书记兼监察室主任　丁　玥(2021年5月任职)
明莉莉(2021年5月离任)
政法委员　陈宏伟
组织宣统委员　郑宇光
人武部部长兼副镇长　黄卫中
副镇长　丁　玥(2021年5月离任)
曾爱华(2021年5月离任)
王晓波(2021年5月离任)
宋佳丽(2021年5月提名;
2021年10月任职)
杨宇迪(2021年5月提名;
2021年10月任职)
邹雨豪(2021年5月提名;
2021年10月任职)
人大副主席　肖　敏(2021年6月提名;
2021年10月任职)

10月.松江镇

书　记　魏雪樵
镇　长　陈　希
人大主席　张家明(2021年4月离任)
刘彬如(2021年4月提名;
2021年10月任职)
副书记　贺　喜
兰云霞(挂职,2021年10月离任)
纪委书记兼监察室主任　张　波
政法委员　邹昆杰
组织宣统委员　郑园园(2021年5月任职)
黎晓娟(2021年5月离任)
人武部部长兼副镇长　彭宇旭(2021年5月离任)
杜　财(2021年5月提名;
2021年10月任职)
副镇长　聂汉梅
向洋莹
李　宽(2021年5月离任)
蒋　敏(2021年6月提名;
2021年10月任职)

11月.永寿镇

书　记　姚鹏飞
镇　长　邹　曦(2021年1月离任)
王　弦(2021年1月提名;
2021年2月任职)
人大主席　王　垦

副书记 王娇露
马春贵(挂职,2021年5月离任)
纪委书记兼监察室主任 宋浩然(2021年5月任职)
李 波(2021年5月离任)
政法委员 李 波(2021年5月任职)
李 飞(2021年5月离任)
组织宣统委员 刘晓艳(2021年5月任职)
胡思思(2021年5月离任)
人武部部长兼副镇长 冒国军
副镇长 何婷婷(2021年3月提名;
2021年10月任职)
周 靖(2021年5月离任)
杨海林(2021年5月提名;
2021年10月任职)
许 奥(2021年5月提名;
2021年10月任职)
人大副主席 吕 祺(2021年6月提名;
2021年10月任职)
便民服务中心主任 李 博(2021年7月任职)

12.三苏镇

书 记 熊 宇
镇 长 宋媛莉(2021年1月离任)
辜 颂(2021年1月提名;
2021年2月任职)
人大主席 王朝章(2021年4月离任)
叶柏松(2021年4月提名;
2021年10月任职)
副书记 刘彬如(2021年4月离任)
殷 俊(2021年5月任职)
纪委书记兼监察室主任 周 利
政法委员 叶柏松(2021年4月离任)
王金华(2021年5月任职)
组织宣统委员 代宜娟(2021年5月任职)
赵 颖(2021年5月离任)
人武部部长兼副镇长 李志文(2021年5月离任)
彭宇旭(2021年5月提名;
2021年10月任职)
副镇长 刘镇源(2021年2月提名;
2021年3月任职)
殷 俊(2021年5月离任)
李希琳(2021年5月提名;
2021年10月任职)
辜 涛(2021年6月提名;
2021年10月任职)
人大副主席 王金华(2021年5月离任)

13.复兴镇

书 记 何 勇(2021年3月任职)
梁 霄(2021年3月离任)
镇 长 胡溪桥
人大主席 李永清
副书记 万 剑(2021年5月任职)
牟万洪(2021年5月离任)
纪委书记兼监察室主任 王 军(2021年1月任职)
政法委员 严 潇(2021年3月任职)
李 子(2021年3月离任)
组织宣统委员 骆南豆
人武部部长兼副镇长 严 潇(2021年3月离任)
胡逸枫(2021年3月提名;
2021年4月任职)
副镇长 王 军(2021年1月离任)
黄 欣(2021年1月提名;
2021年4月任职;
2021年5月离任)
叶 宏(2021年5月离任)
刘忱忱(2021年5月提名;
2021年10月任职)
张文璟(2021年5月提名;
2021年10月任职)
余 璐(2021年6月提名;
2021年10月任职)
人大副主席 江国刚(2021年5月离任)
便民服务中心主任 陈波帆(2021年3月任职)

14.多悦镇

书 记 张 凯(2021年3月任职)
张 书(2021年3月离任)
镇 长 张 凯(2021年3月离任)
罗 尧(2021年4月提名;
2021年10月任职)
人大主席 周德文
副书记 文 杨(2021年5月任职)
岳 杰(2021年5月离任)
纪委书记兼监察室主任 李余平(2021年5月任职)
万 剑(2021年5月离任)
政法委员 方 威(2021年5月任职)
李余平(2021年5月离任)

组织宣统委员　王宇霄(2021年5月任职)
徐　伟(2021年5月离任)
人武部部长兼副镇长　方　威(2021年5月离任)
何　洋(2021年5月提名;2021年10月任职)
副镇长　王　琳(2021年5月离任)
王小龙(2021年5月离任)
罗为易(2021年5月离任)
徐　浩(2021年5月提名;2021年10月任职)
刘　凯(2021年6月提名;2021年10月任职)
便民服务中心主任　余东海(2021年7月任职)

15.万胜镇

书　记　邹　曦(2021年1月任职)
何向东(2021年1月离任)
镇　长　余　达
人大主席　王华兵(2021年4月离任)
李欣琪(2021年4月提名;2021年10月任职)
副书记　张开磊(2021年5月任职)
李欣琪(2021年5月离任)
纪委书记兼监察室主任　姚　波(2021年5月任职)
毛　艳(2021年5月离任)
政法委员　张智勇
组织宣统委员　肖玉梅
人武部部长兼副镇长　邵　航(2021年5月离任)
彭检吉(2021年5月提名;2021年10月任职)
副镇长　王啸宇(2021年2月提名;2021年3月任职)
刘　丽(2021年5月离任)
张开磊(2021年5月离任)
张　丁(2021年6月提名;2021年10月任职)

16.秦家镇

书　记　周　川(2021年3月任职)
何　勇(2021年3月离任)
镇　长　王　培
人大主席　陈　浩(2021年4月离任)
彭志礼(2021年4月提名;2021年10月任职)
副书记　甘凌枫(2021年1月任职)
何　喜(2021年1月离任)
纪委书记兼监察室主任　毛　艳(2021年5月任职)
姚　波(2021年5月离任)
政法委员　梁雪丽
组织宣统委员　江鹏涛
人武部部长兼副镇长　徐　宁(2021年5月离任)
胡梦阳(2021年5月提名;2021年10月任职)
副镇长　杨宇迪(2021年5月离任)
颜　坤(2021年5月提名;2021年10月任职)
石　娟(2021年6月提名;2021年10月任职)
人大副主席　倪诗佩(2021年5月离任)
便民服务中心主任　穆仕民(2021年11月离任)

索 引

0~9

A

B

C

D

K

L

M

N

P

Q

R

S

T

W

Z